आतंक के साये
में
सुरक्षा समस्याएं

(भारतीय उपमहाद्वीप के विशेष संदर्भ में)

आतंक के साये में सुरक्षा समस्याएं

(भारतीय उपमहाद्वीप के विशेष संदर्भ में)

डॉ. आर. बी. सिंह

अंकित पब्लिकेशन्स
दिल्ली- 110009

आतंक के साये में सुरक्षा समस्याएं

प्रथम संस्करणः 2013

आई.एस.बी.एन. 978-93-81234-12-9

₹ 1295

प्रकाशक : **अंकित पब्लिकेशन्स**
R- 69, तीसरा तल,
मॉडल टाउन- III, दिल्ली- 110009
दूरभाष- 011-23250939, 09811010939
ई मेल- ankitpublications@gmail.com

शब्द संयोजक : अंकिता ग्राफिक्स, दिल्ली - 110002

मुद्रक : बालाजी आर्फसेट प्रिन्टर्स, दिल्ली- 110052

भारत से मुद्रित

विषयानुक्रम

तृतीय खंड

चतुर्थ खंड

पंचम खंड

षष्ठम खंड

सप्तम खंड

आमुख

आज अंतर्राष्ट्रीय मानचित्र में खतरे के नित नए बिंदु बनते जा रहे हैं। वैसे हर देश और समाज अपने यहां अनेकानेक समस्याओं से त्रस्त हैं, लेकिन ऐसी समस्या जो अंतर्राष्ट्रीय मानचित्र में सबसे ऊपर है, और बेहद खतरनाक है, जिसका नाम सुनते ही रोंगटे खड़े हो जाते हैं और जिससे आज विश्व के तीन चौथाई देश बुरी तरह प्रभावित हैं - वह है- आतंकवाद।

आतंकवाद के भयावह चेहरे ने युद्ध की विभीषिका को भी पीछे छोड़ दिया है। आज आतंकवाद विश्व रणनीति का इस कदर एक अंग बन चुका है कि लगभग हर अंतर्राष्ट्रीय बैठक में यह कार्य सूची में ऊपर होता है। यह संयुक्त राष्ट्र संघ से लेकर देशों और प्रांतों के प्रशासन के स्तर तक आधुनिक राजनीति और समाज व्यवस्था के सरोकार का प्रमुख मुद्दा बन चुका है।

दुनिया के बहुत से अन्य देशों की तुलना में भारत की स्थिति कहीं अधिक जटिल है और विभिन्न भौगोलिक क्षेत्रों में आतंकवाद के लिए पर्याप्त उर्वरा भी। भारत में जितनी अधिक जातीय, भाषायी, धार्मिक, क्षेत्रीय व सांस्कृतिक आदि बहुलताएं हैं उतनी ही अधिक यहां आतंकवाद और अलगांववाद के विकास की संभावनाएं भी हैं। यहां यह भी ध्यान में रखना चाहिए कि जब भी आतंकवाद राजनीतिक उद्देश्यों से प्रेरित होता है और राजनीति के औजार के रूप में काम करता है तब वह अलगांववाद का पर्याय बन कर ही सामने आता है, पंजाब, कश्मीर और

पूर्वोत्तर की उग्र गतिविधियाँ इसका साक्ष्य रही हैं।

यह कड़वी सच्चाई तो अपने गले के नीचे उतारनी ही होगी कि भारत नए प्रकार के बहुआयामी आतंकवाद की क्रीड़ास्थली बन चुका है। चाहे इसके लिए बाहरी तत्वों की दुर्भावना जिम्मेदार हो या हमारे अपने तंत्र की दुर्बलता। इस आतंकवाद का मुकाबला परंपरागत उपायों से नहीं किया जा सकता, इसके लिए न तो कानून और व्यवस्था के तरीके से निपटने के उपाय कारगर होंगे और न ही तश्करी रोकने के तरीकों से इसका मुकाबला किया जा सकता है, बल्कि इसके लिए व्यापक स्तर पर समन्वित रणनीति अपनानी होगी।

दुनिया के बहुत से देश आतंकवादी गुटों की कार्यवाहियां झेल रहे हैं लेकिन इनमें सबसे अधिक आक्रामक तेवर इस्लामी आतंकवाद के हैं। इससे न केवल पूर्वी व पश्चिमी जगत बल्कि स्वयं इस्लामी देश भी परेशान है, एशिया अफ्रीका और यूरोप के कुछ भागों में इस्लामी आतंकवाद अपनी गहरी जड़ें जमा चुका है और इसकी काली छाया पूरी दुनिया में व्याप्त है। वर्तमान में दुनिया को सबसे अधिक खतरा इस्लामी आतंकवाद से है क्योंकि परम्परागत उपायों के साथ-साथ अलकायदा, तालिबान जैसे आतंकी संगठन आणुविक हथियारों की खोज में लगे है, यदि इन्हें ऐसे हथियार मिल गये तो धरती पर तबाही तय है। अन्य देशों के अलावा भारत भी इसके मुख्य निशाने पर है। पाक-परस्त इन संगठनों पर हमें कड़ी नजर रखनी होगी और बचाव तथा सुरक्षा के सभी संभावित विकल्पों की समय रहते खोज करनी होगी, अन्यथा पछतावे के अलावा कुछ नहीं मिलेगा।

इस पुस्तक के लेखन में सर्वाधिक सहयोग के भागीदार रहे हमारे प्रेरणा स्रोत आदरणीय चाचाजी प्रोफेसर अशोक सिंह, सैन्य अध्ययन विभाग, फीरोज गांधी कॉलेज, रायबरेली के प्रति आभार प्रकट करना मैं अपना पहला नैतिक दायित्व समझता हूँ, क्योंकि इनके निर्देश, आदेश और अभिप्रेरणा ने सदैव ही मेरा मार्ग प्रशस्त किया है।

इस पुस्तक को पूर्णता प्रदान करने में जिनका योगदान सर्वाधिक रहा है ऐसे गुरू श्रेष्ठ डा. आर.एन. बैजल, पूर्व-विभागाध्यक्ष, सैन्य अध्ययन विभाग, फीरोज गांधी कालेज, रायबरेली के विशेष आभारी है, इन्होंने हर संभव सहयोग देकर मेरे ऊपर सर्वथा कृपा बनाए रखा।

सैन्य अध्ययन विभाग, फीरोज गांधी कॉलेज के पूज्य गुरुजन डॉ. श्रीकांत तिवारी, डॉ. रामबाबू कटियार और सत्यम सर्वेश तिवारी का सहयोग व आशीर्वाद भी हमें मिलता रहा है तथा डी.ए.वी. कॉलेज, कानपुर के गुरुगण व मार्ग दर्शक रहे डॉ. जवाहर पाल, डा. पी. प्रधान, डॉ. अनिल कुमार निगम, डॉ. पी.एस. श्रीवास्तव, डॉ. आर.एस. सिंह, डॉ. अशोक कुमार द्विवेदी, डॉ. वी.के. शुक्ल, डॉ. निरंकार तिवारी, डॉ. वेद प्रकाश तिवारी तथा वी.एस.एस.डी. कॉलेज कानपुर के वरिष्ठ शिक्षक डॉ. जगवीर सिंह तोमर और डॉ. संतोष कुमार सिंह सेंगर के प्रति भी हार्दिक कृतज्ञता ज्ञापित करता हूं क्योंकि इन सबका मार्गदर्शन हमें हमेशा मिलता रहा है।

अंत में अपनी धर्म पत्नी श्रीमती वीना सिंह के प्रति भी आभार प्रकट करता हूं इन्होंने हमें इस पुस्तक के प्रकाशन हेतु बार-बार प्रेरित किया है। अपनी पुत्री प्रेरणा और पुत्र जनमेजय को उनके बाल सहयोग के लिए स्नेह सुमन अर्पित करता हूँ, इन दोनों बच्चों ने अपने शरारतों से समझौता कर शान्त वातावरण के सृजन में अप्रतिम सहयोग प्रदान किया। प्रकाशन हेतु रुचि दिखाने के लिए मैं अपने प्रकाशक का भी बहुत आभारी हूँ।

---- डॉ. आर.बी. सिंह

प्रथम खण्ड

1. आतंकवाद अर्थ एवं परिभाषाएं
2. आतंकवाद से उत्पन्न खतरा
3. आतंकवाद की समस्या

1

आतंकवाद—अर्थ व परिभाषाएं

आतंकवाद, शाब्दिक रूप में ''टेरर' (आतंक) शब्द लैटिन भाषा से आया है और रोमन समूह की भाषाओं में प्रचलन के बाद यह शब्द यूरोप की अन्य भाषाओं में भी प्रचलित हो गया।[1] इस शब्द से व्युत्पन्न 'टैररिज्म' (आतंकवाद) और 'एक्ट ऑफ टेररिज्म' (आतंकवादी कृत्य) अब बहुत प्रचलित हो गए हैं।

कुछ विचारकों ने आतंकवाद की व्याख्या सामाजिक खतरा उत्पन्न करने में समर्थ कार्य के रूप में की है। रोमानियां के प्रोफेसर शदुलेस्कू के अनुसार 'आतंकवाद मूलतः संपत्ति तथा जीवन को भारी नुकसान पहुंचाने में प्रयुक्त बम तथा ऐसी ही अन्य युक्तियां जो विस्फोटों के रूप में स्वयं को प्रकट करता है तथा सामाजिक, राजनैतिक और कानूनी संगठनों के हिंसक विध्वंस की पुष्टि से किए गए अतिक्रमण इसमें शामिल होते हैं।''[2]

आतंकवाद को परिभाषित करते समय ब्रिटेन के आधुनिक लेखक पाल बिल्किसन ने निम्नलिखित कार्य करना आवश्यक बताया है :—

1. युद्ध आतंक
2. दमनात्मक आतंक
3. क्रांतिकारी आतंक

4. उप-क्रांतिकारी आतंक (राजनैतिक तथा वैचारिक उद्देश्यों के लिए किए गए कृत्य जो राज्य स्तर पर अधिकार करने के लिए किए गए अभियान के भाग नहीं होते।)

अमेरिका के कैलिम्स ग्रास ने आतंकवाद की परिभाषा देते हुए निम्नलिखित में भेद करना ही इसका अर्थ समझा है :–

1. घरेलू निरंकुशता के विरुद्ध संघर्ष और हिंसा,
2. उन विदेशी विजेताओं के विरुद्ध हिंसा जो अपने राष्ट्रों को नष्ट कर देते हैं और नागरिकों को गुलाम बना लेते हैं।
3. जनतांत्रिक संस्थाओं के विरुद्ध हिंसा, जैसा कि नाजियों, फासिस्टों और उनके सहायकों ने किया था।

बेल्जियम के लेखक पियरे मेरटेंस के अनुसार ''युद्ध और शांति'' के समय आतंकवाद कृत्यों के भिन्न अर्थ होते हैं। युद्ध और शांति के समय यह कृत्य युद्धीय कानून के ढांचे में आते हैं और अनावश्यक रूप से क्रूर तथा घृणित दिखाई देने वाली कार्यवाहियों को सूचित करते हैं। अतः उनकी व्याख्या युद्ध अपराध, मानवता के विरुद्ध अपराध अथवा मानवतावादी कानून के अतिक्रमण के रूप में होती है।'[3]

लियोन जे. बैंकरे और चार्ल्स ए. रूसेल ने आतंकवाद की व्याख्या 'भय, बल प्रयोग, डाट डपट से राजनैतिक उद्देश्यों की सिद्धि के लिए शक्ति अथवा हिंसा के प्रयोग की धमकी अथवा वास्तविक प्रयोग' के रूप में की है।'' उनके अनुसार आधुनिक आतंकवाद की जड़ साठ के दशक के उन छात्र एवं उग्रवादी आंदोलन में है जो वर्तमान संस्थाओं के विरुद्ध लक्षित था। पाल बिल्किसन ने आतंकवाद की व्याख्या उस नीति अथवा प्रक्रिया के रूप में की है जिसमें तीन तत्व होते हैं –

1. आतंकवाद को व्यवस्थित शस्त्र के रूप में प्रयोग करने का निर्णय,
2. सामान्य से अधिक हिंसा की धमकी या हिंसक कृत्य और
3. तत्कालिक शिकार तथा व्यापक राष्ट्रीय एवं अंतर्राष्ट्रीय स्तर पर हिंसा का प्रभाव।

प्रो. कारपेंत्स ने लिखा है –''आतंक, हिंसा, हत्या, फिरौती या अन्य मांगों के लिए मनुष्यों को बंधक बनाने और स्वतंत्रता को बलात अपहरण करने के लिए

विशेष संगठन व गुट बनाने तथा उन्हें राष्ट्रीय अथवा अंतर्राष्ट्रीय रूप में अभिप्रेरित घटना अथवा अन्य गतिविधि ही आंतकवाद है।''

आतंकवाद की नई परिभाषा यह है कि आतंकवाद, अपने प्रत्यक्ष शिकार से अधिक व्यापक समूह पर मनोवैज्ञानिक प्रभाव डालने हेतु लक्षित हिंसा की धमकी अथवा हिंसा का प्रयोग है। राजनैतिक उद्देश्यों को प्राप्त करने हेतु आतंकवादी, उग्रवादी भयंकर से भी भयंकर हिंसा के मार्ग अपनाने से नहीं चूकते।

बेल्जियम के शोधकर्त्ता प्रेरिक डेविड ने आतंकवादी कृत्य की परिभाषा इस प्रकार दी है 'राजनैतिक, सामाजिक, दार्शनिक विचार धारात्मक या धार्मिक उद्देश्यों के लिए किया गया कोई भी ऐसा हिंसक कृत्य जो मानवतावादी कानून के आदेशों (जिनमें क्रूर तथा बर्बर तरीकों का निषेध, असैनिक तथा निर्दोष व्यक्तियों पर आक्रमण का निषेध शामिल है) का उल्लंघन करता हो।''[4]

आतंकवाद को परिभाषित करते हुए एम.एच. हेल्परिन ने 1978 में 'इंस्टीट्यूट फार वर्ल्ड आर्डर' द्वारा आयोजित सेमिनार में दिए गए शोध पत्र में लिखा था कि आतंकवाद कमजोर का शक्तिशाली के विरुद्ध प्रयोग किया जाने वाला एक हथियार है।''

'इन्टरनेशनल सोसाइटी ऑफ पालिटिकल साइकोलाजी' की संस्थापिका डॉ. जीन नटसन ने कहा था कि ''आतंकवादी अपने को अपराधी के बजाय स्वतंत्रता सेनानी मानते हैं जबकि वे अपराधपूर्ण कार्य ही करते हैं।' ''उन्होंने यह भी कहा कि ''ज्यादातर ऐसा देखा गया है कि सरकार का कड़ा रवैया ही उन्हें हिंसा पर उतरने को विवश करता है।''

भारतीय स्वतंत्रता आंदोलन के महान क्रांतिकारी सरदार भगत सिंह ने उस समय अपने लेख में लिखा था कि ''आतंकवाद शासक के मन में भय और दबी हुई जनता के मन में प्रतिकार और मुक्ति की भावना जगाता है। घबराई हुई जनता को यह साहस और आत्मविश्वास देता है।''[5]

संक्षेप में आतंकवाद की पूर्ण परिभाषा इस प्रकार होगी - अंतर्राष्ट्रीय कानून के एक पात्र द्वारा दूसरे पात्र के विरुद्ध निष्पादित आतंकवादी कृत्य इसमें (अ) राज्य, (ब) मुक्ति के लिए युद्धरत राष्ट्र, (स) अंतर्राष्ट्रीय संगठन द्वारा निष्पादित आतंकवादी कृत्य शामिल होगा।

शासकीय आतंकवाद की व्याख्या में राजनैतिक, जातीय और धार्मिक उद्देश्यों

से व्यक्तियों के समूह या जनसंख्या के विरुद्ध सरकारी अधिकारियों के द्वारा अपनाई गई आतंकवादी नीति समाविष्ट होगी। एक राज्य की गुप्तचर सेवाओं द्वारा दूसरे राज्य में की गई आतंकवादी गतिविधियां भी इसमें शामिल होंगी।

आतंकवाद के अध्ययन के आधार पर इसकी तीन प्रमुख विशेषताएं परिभाषित होती हैं :–

1. इसका सम्बन्ध अपराधपूर्ण कार्यों से होता है।
2. कोई उग्रवादी राजनैतिक वर्ग यह मानकर कि उसका उद्‌देश्य न्यायोचित है, उसे हासिल करने के लिए हिंसक साधनों का सहारा लेता है।
3. अंतर्राष्ट्रीय आतंकवाद किसी विशेष व्यक्ति को शिकार बनाकर किसी अन्य देश की सीमा क्षेत्र में अपराधपूर्ण कार्यवाही करने या किसी अन्य देश की नीतियों को प्रभावित करने का प्रयास करके अपना फैलाव राष्ट्रीय सीमा को पार कर उसके और आगे तक करता है।

अंतर्राष्ट्रीय संबंधों को प्रभावित करने वाला आतंकवादी कृत्य निम्न कारणों से अंतर्राष्ट्रीय कानून के रूप में विचारणीय बन जाता है :–

अ. अंतर्राष्ट्रीय कानून के विषयों (पात्रों) द्वारा निष्पादित होने के कारण

ब. अंतर्राष्ट्रीय संबंधों को उत्पन्न खतरे के कारण

स. उसमें निहित अंतर्राष्ट्रीय तत्व के कारण

द. किसी विशेष आतंकवादी कृत्य से उत्पन्न सामाजिक खतरे के कारण।

प. इस तरह के कृत्यों के विरुद्ध संघर्ष करने के लिए अंतर्राष्ट्रीय स्तर पर कार्यवाही संगठित करने में राज्य की दिलचस्पी के कारण।

आतंकवाद की प्रगति का विश्लेषण करने पर हमें ज्ञात होता है कि हिंसक घटनाओं की वर्तमान प्रवृत्ति को बढ़ावा देने में 5 कारकों ने विशेष योगदान दिया है :–

1. आधुनिकीकरण की धारणा

विश्व के अधिकांश देश क्रांतिकारी सामाजिक, आर्थिक और राजनैतिक परिवर्तन के दौर से गुजर रहे हैं। फलस्वरूप हर जगह ऐसे वर्ग पाए जाते हैं जो अपने आपको विपन्न व सुविधाओं से वंचित मानते हैं। अतः वे राजनीतिक विरोध व्यक्त

करने के लिए आतंकवाद का सहारा लेते हैं।

2. जातीय व धार्मिक उन्माद

समाज के अंदर हो रहे तीव्र गति से सामाजिक और आर्थिक परिवर्तन ने बहुतों में व्यक्तिगत आरक्षा की भावना पैदा कर दी है। कुछ वर्ग अपने अस्तित्व के संकट के नाम पर हिंसक उपायों का सहारा लेते हैं। इस प्रकार जातीयता एवं आर्थिक प्रतिद्वंद्विता भी आतंकवाद को बढ़ावा दे रही है।

3. हिंसा का प्रभाव

प्रसिद्ध मनोरोग विशेषज्ञ फ्रांक फेनन ने अपने 'रेवार्ड आव अर्थ' नामक पुस्तक में लिखा है कि हिंसा व्यक्तियों पर रचनात्मक प्रभाव डालती है और राष्ट्रीय चेतना को जागृत करती है तथा लोगों को राष्ट्रीयता के एक सूत्र में आबद्ध करती है। जो संगठन हिंसा के द्वारा अपने उद्देश्यों में सफल हो जाते हैं वे प्रतिक्रिया स्वरूप औरों के लिए आदर्श व मिसाल छोड़ जाते हैं जो उन्हें हिंसा के लिए प्रेरित करती है।

4. उपनिवेशवाद के समाप्ति संबंधी अनुभव

आतंकवाद पर प्रभाव डालने वाले प्रकाशित लेखों पर कई विद्वानों ने दलील दी है कि आतंकवाद साम्राज्यवाद और उपनिवेशवाद के विरुद्ध राजनैतिक और वैचारिक संघर्षों की अभिव्यक्ति है। कई उग्रवादी संगठनों का मानना है कि भारत व अमेरिका सहित कई ऐसे देश जो आज महाशक्ति हैं, पहले वे किसी और के आधिपत्य में रह चुके हैं और वहां के जनांदोलन तथा वहां के उग्र संगठनों के प्रयास से स्वतंत्र हो पाए। अतः यदि किसी देश या प्रदेश की बहुसंख्यक जनता अपने को स्वतंत्र रहने में विश्वास करती है और उसको यह अधिकार नहीं मिलता है तो वे इस कार्य के लिए उग्रवाद व आतंकवाद का सहारा लेती है।

5. छापामार मिथक

इसका आशय यह है कि जो भी आंदोलन छापामार युद्ध या आतंकवाद की रणनीति को अपनाता है, इसकी सफलता अकाट्य समझता है, उग्रवादियों व आतंकवादियों की यह प्रमुख प्रवृत्ति है।[6]

2

आतंकवाद से उत्पन्न खतरा

आतंकवाद आज लाइलाज मर्ज की तरह सर्वत्र फैल चुका है। मानवीयता की बिसात पर अपराध की मोहरें अपने शरारती पंजे इस कदर जमा दी हैं कि अब मानव मूल्यों के नैतिक पतन के दृश्य साफ दिखाई देने लगे हैं। संसार का शायद कोई भी ऐसा देश नहीं है जो इस रोग से पीड़ित न हो। निश्चित रूप से इसने आर्थिक, राजनैतिक और सामाजिक क्षेत्रों में असीमित क्षति पहुंचाई है। भारत में भी यह कश्मीर से कन्याकुमारी (तमिलनाडु) और अमृतसर (पंजाब) से आसाम तक चतुर्दिश पिछले कई दशकों से फैला हुआ है, इसने हमारी आंतरिक सुरक्षा व्यवस्था को भयंकर रूप से प्रभावित किया है। आतंकवाद के कारण आर्थिक, राजनैतिक व सामाजिक क्षेत्रों में जो गंभीर खतरे उत्पन्न हुए हैं, वे इस प्रकार है :—

1. आर्थिक क्षेत्रों में उत्पन्न खतरा

हमारे देश में आतंकवाद से सबसे ज्यादा नुकसान आर्थिक क्षेत्रों में हुआ है। आतंक और तबाही में आर्थिक नुकसान का सही आंकलन संभव नहीं है। पंजाब हमेशा भारत के आर्थिक प्रगति में अग्रणी राज्य रहा है लेकिन आतंक की चपेट में आकर उसे अपूरणीय क्षति उठानी पड़ी। वहां के कारोबार, कृषि, उद्योग व अन्य व्यवस्थाओं पर आतंकवाद का इतना बुरा प्रभाव पड़ा कि उसकी कमर टूट गई। अन्य

प्रांतों से गए बाहरी श्रमिक आतंकवादियों के भय से पंजाब से पलायन कर गए थे। सारे उद्योगपति व पूंजीपति अपहरण व हत्या के डर से घर से बाहर निकलने से डरते थे, उन्हें वहां की सुरक्षा व्यवस्था पर से विश्वास उठ गया था। फलतः वहां की आर्थिक प्रगति अवरुद्ध हो चुकी थी, लेकिन आज जब वहां आतंकवाद मृतप्राय है तो पुनः पंजाब आर्थिक प्रगति और खुशहाली की ओर तेजी से अग्रसर हुआ है। इसी प्रकार कश्मीर में भी आतंकवाद ने कालीन और पर्यटन जैसे उद्योगों को पूर्णतः चौपट कर दिया है। भारत सरकार के तमाम प्रयासों के बावजूद वहां की हालत बद से बदतर होती जा रही है। वहां की फूलों की घाटियां बारूदों के कुप्रभाव से स्याह होती जा रही हैं। आसाम में भी आतंकवाद का बुरा प्रभाव सबसे अधिक आर्थिक क्षेत्रों पर ही पड़ा है, खासतौर से असम का चाय उद्योग इससे बुरी तरह प्रभावित हुआ है। ब्रह्मपुत्र की घाटी में विश्व का सर्वप्रथम गौरव हासिल करने वाला चाय उद्योग अपहरण, वसूली, हत्या और उपेक्षा से बहुत प्रभावित हुआ है।

इसके साथ ही देश के तमाम क्षेत्रों में हुए दंगों, हड़तालों, तोड़-फोड़ों और बम-विस्फोट की कार्यवाही में अरबों का नुकसान हुआ है जिसने आर्थिक प्रगति में बाधा पहुंचाई है। बंबई, कलकत्ता, दिल्ली आदि महानगरों पर हुए आतंकवादी कार्यवाहियों को देखें तो पता चलता है कि आतंकवादी अपना निशाना महत्वपूर्ण इलाकों और व्यक्तियों तथा स्थानों को बना रहे हैं जिससे कि निश्चित रूप से ज्यादा जानमाल का नुकसान किया जा सके। आतंकवाद के चौराहे से आर्थिक बदहाली का रास्त गुजरता है, खुशहाली का नहीं। इसमें परिवर्तन कर परिवर्तन चौक का रूप देना ही होगा तभी खुशहाली की दिशा दृष्टिगोचर हो पाएगी।

2. सामाजिक उथल-पुथल

आतंकवादी गतिविधियों द्वारा समाज को तोड़ने का पूरा प्रयास किया जाता है। जातिवाद व धार्मिक भावनाओं को भड़काकर जनता के एक वर्ग विशेष पर प्रभुत्व जमाने का भरसक प्रयास किया जाता है। आज भारत में हिंदू, मुस्लिम और सिख जैसे धार्मिक कौमों के बीच आपसी ईर्ष्या द्वेष व रंजिश का एकमात्र कारण आतंकवाद ही है। देश की एकता को विखंडित कर आतंकवादियों ने हमारी आंतरिक व्यवस्था में अनेक गड़बड़ियां पैदा कर दी हैं। देश के किसी कोने में होने वाले उथल-पुथल से बहुत कम समय में ही पूरा देश व देश का अधिकांश हिस्सा हिंसा से प्रभावित होने

लगता है। 1984 में श्रीमती इंदिरा गांधी की मौत के फलस्वरूप हुए प्रतिरोधात्मक दंगे व हजरत मोहम्मद के बाल गायब होने पर हुए दंगे तथा राम-जन्म भूमि व बाबरी मस्जिद के ढहने के उपरांत हुए दंगे एवं आरक्षण विवाद आदि ऐसे उदाहरण हैं जिनको राष्ट्र कभी भुला नहीं सकता। इन दंगों ने निश्चित रूप से अपार जन-धन की हानि के साथ ही समाज के अंदर एक दूसरी कौमों के प्रति आपसी प्रेम और भाई-चारे की दीवार तोड़कर ईर्ष्या-द्वेष और प्रतिशोध व नफरत तथा विद्रोह को जन्म दिया। गांधी का भारत और भारतीय समाज बस मात्र समाजशास्त्रियों के चिंतन का विषय बनकर रह गया है। इस समाज को तोड़ने में न केवल भारत की आंतरिक शक्तियां वरन् बाह्य शक्तियां भी पूर्णतः सक्रिय हैं, आतंकवाद उनका प्रमुख हथियार बन चुका है। जब तक आतंकवाद, उग्रवाद और अलगाववाद को समाप्त नहीं किया जाएगा, तब तक एकता और अखंडता असंभव होगी और महज एक कल्पना बन कर रह जाएगी।

3. राजनैतिक पतन

कहा जाता है कि आतंकवाद और अपराध राजनीति के साए तले फलता-फूलता है। प्रायः देखा गया है कि किसी भी आतंकवादी गुट का नायक एक परिपक्व राजनीतिज्ञ होता है। वह अपनी मांगों को राजनैतिक स्तर से उठाता अवश्य है लेकिन उसे मनवाने के लिए उग्र गतिविधियों द्वारा उस पर दबाव डालता है। चाहे पंजाब हो या कश्मीर अथवा आसाम हो या अन्य कोई भी आतंकवाद ग्रस्त क्षेत्र, वहां के उग्रवादियों का राजनैतिक नेतृत्व जिन नेताओं के हाथ में है उनका केंद्र की राजनीति व भारतीय शासन व्यवस्था में संबंध और हस्तक्षेप बना रहता है। हमारी केंद्रीय सरकार लचर नीतियों के चलते देशद्रोही उग्रवादियों के खिलाफ कोई कड़ा रुख नहीं अपना पाती है। जम्मू-कश्मीर के पूर्व गवर्नर श्री जगमोहन ने अपनी पुस्तक 'माई फ्रोजेन तर्बुलेंस इन कश्मीर' में इस बात का खुलासा करते हुए कहा है कि "वास्तव में कश्मीर के आतंकवाद की जड़ भारतीय संसद भवन में है। वहां का शोरगुल और सियासी झड़पें कश्मीरी आतंकवादी और वहां की सुरक्षाबलों के बीच होने वाली झड़पों से कहीं अधिक खतरनाक है। दिल्ली दृढ़ हो तो कश्मीर समस्या कुछ ही महीने में सुलझ जाएगी।" लेकिन इन गवर्नर साहब की बातों पर सोचने के बजाए उन्हें उनके पद से हटाकर उनका मुख बंद करने का प्रयास किया गया। आज हमारे नेता और

राजनैतिक पार्टियाँ उन अकालियों और मोहाजिरो से समझौता करती है जो आतंकवाद का खुला समर्थन करते हैं, इस प्रकार की राजनीति देश की अखंडता के लिए बहुत खतरनाक साबित होगी। हमें दोस्त और दुश्मन की पहचान करना होगा, देशद्रोहियों से कोई भी समझौता देश हित में कभी नहीं हो सकता है, हमारे नेताओं को इस ओर खुले दिमाग से सोचना चाहिए।

4. सैन्य दुर्बलाएं

आतंकवाद ने भारत की आंतरिक सुरक्षा व्यवस्था में गंभीर खतरा उत्पन्न कर दिया है। इससे निपटने के लिए सेना और सुरक्षा बलों को एक बड़ी संख्या में तैनात करना पड़ा। निश्चित ही पुलिस और फोर्स इन्हीं समस्याओं से निपटने के लिए होती हैं लेकिन इनको अधिक समय तक किसी मसले में उलझाए रखना उनकी कार्य क्षमता को घटाती है। कम से कम सेना को आंतरिक सुरक्षा व्यवस्था हेतु कम ही प्रयोग करना चाहिए क्योंकि बाह्य समस्याएं भी मुंह फाड़े खड़ी हैं। हमारी सीमा पर पाकिस्तान और चीन जैसे शत्रु हैं अतः यह बहुत जरूरी है कि सेना की कार्यक्षमता को आरक्षित रखा जाना चाहिए। दुर्भाग्य है कि कश्मीर जैसे क्षेत्रों में सेना को न केवल तैनात किया गया है बल्कि उन्हें सैन्य अधिकार विहीन करने का प्रयास किया जा रहा है, वे आतंकवादी के खिलाफ स्वतंत्र कार्यवाही करने से रोके गए हैं। फलतः उनके जान-माल के नुकसान के साथ ही उनके मनोबल को ठेस पहुंची है जो वास्तव में भविष्य के लिए सैनिक शक्तियों की दुर्बलता एवं हमारी सुरक्षा व्यवस्था के लिए घातक सिद्ध हो सकती है।

आतंकवाद को बढ़ावा देने वाले कारक

आतंकवाद की प्रगति का विश्लेषण करने पर हमें ज्ञात होता है कि हिंसक घटनाओं की वर्तमान प्रवृत्ति को बढ़ावा देने में 5 कारकों ने विशेष योगदान दिया है :-

1. आधुनिकीकरण की धारणा :-

विश्व के अधिकांश देश क्रांतिकारी सामाजिक, आर्थिक और राजनैतिक परिवर्तन के दौर से गुजर रहे हैं। फलस्वरूप हर जगह ऐसे वर्ग पाए जाते हैं जो अपने आपको विपन्न व सुविधाओं से वंचित मानते हैं, अतः वे राजनीतिक विरोध व्यक्त

करने के लिए आतंकवाद का सहारा लेते हैं।

2. जातीय व धार्मिक उन्माद :-

समाज के अंदर हो रहे तीव्र गति से सामाजिक और आर्थिक परिवर्तन ने बहुतों से व्यक्तिगत आरक्षा की भावना पैदा कर दी है। कुछ वर्ग अपने अस्तित्व के संकट की रक्षा के नाम पर हिंसक उपायों का सहारा लेते हैं, जातीयता एवं आर्थिक प्रतिद्वंद्विता आतंकवाद को बढ़ावा दे रही है।

3. हिंसा का प्रभाव :-

प्रसिद्ध मनोरोग विशेषज्ञ फ्रांक फेनन ने अपने 'रेवार्ड आव अर्थ' नामक पुस्तक में लिखा है कि "हिंसा व्यक्तियों पर रचनात्मक प्रभाव डालती है और राष्ट्रीय चेतना को जागृत करती है तथा लोगों को राष्ट्रीयता के एक सूत्र में आबद्ध करती है। जो संगठन हिंसा के द्वारा अपने उद्देश्यों में सफल हो जाते हैं वे प्रतिक्रिया स्वरूप औरों के लिए आदर्श व मिसाल छोड़ जाते हैं जो उन्हें हिंसा के लिए प्रेरित करती है।"

4. उपनिवेशवाद के समाप्ति संबंधी अनुभव :-

आतंकवाद पर प्रभाव डालने वाले प्रकाशित लेखों पर कई विद्वानों ने दलील दी है कि आतंकवाद, साम्राज्यवाद और उपनिवेशवाद के विरूद्ध राजनैतिक और वैचारिक संघर्षों की अभिव्यक्ति है। कई उग्रवादी संगठनों का मानना है कि भारत व अमेरिका सहित कई देश जो आज महाशक्ति है, पहले वे किसी और के आधिपत्य में रह चुके हैं और वहां के जनांदोलन तथा वहां के उग्र संगठनों के प्रयास से स्वतंत्र हो पाए। अतः यदि किसी देश या प्रदेश की बहुसंख्यक जनता अपने को स्वतंत्र रहने में विश्वास करती है और उसको यह अधिकार नहीं मिलता है तो वह इस कार्य के लिए उग्रवाद व आतंकवाद का सहारा लेती है।

5. छापामार मिथक :-

इसका आशय यह है कि जो भी आंदोलन छापामार युद्ध या आतंकवाद की रणनीति को अपनाता है इसकी सफलता अकाट्य समझता है, उग्रवादियों व आतंकवादियों की यह प्रमुख प्रवृत्ति है।

3

आतंकवाद की समस्या

आतंकवाद का इतिहास कोई नया नहीं वरन् सदियों पुराना है। अनादिकाल से ही मानव आतंकवादी कार्यवाहियों जैसे हत्या, लूट, बंधक बनाने तथा अन्य प्रकार की कार्यवाही करता आया है, ऐसा प्रायः सभी कालों में देखा गया है कि कमजोर वर्ग शक्तिशाली वर्ग के प्रभुत्व का हिंसा व निवेदन आदि से प्रतिकार करता रहा है। प्राचीन युग में भी खंजर पुरुष नामक शिकारी शस्त्रों से शक्तिशाली रोमन सेनाएं भी भयभीत रहती थीं और मध्ययुगीन खलीफा हत्यारों के षड्यंत्रों से सदा भयभीत रहते थे।

10वीं शताब्दी में रूसी अराजकतावादी, बाल्कन राष्ट्रवादी तथा असंतुष्ट कृषकों ने अपने लक्ष्य प्राप्ति हेतु आतंकवादी कला को विधिवत अपनाया था। प्रथम विश्व युद्ध का प्रारंभ भी आतंकवाद से हुआ था जिसमें आस्ट्रिया के राजकुमार आर्कड्यूक की कुछ आतंकवादियों ने हत्या कर दी थी। विभिन्न छोटे बड़े देशों के गृह युद्ध का कारण भी आतंकवाद रहा है। भारत जैसे देश में भी अपनी आजादी हेतु अंग्रेजों के विरुद्ध गरमपंथी दलों द्वारा कुछ इसी प्रकार की कार्यवाही को अपनाया गया था। वही भारत आज पुनः आतंकवादी जाल में बुरी तरह फंस गया है।

आज के युग में आतंकवाद अपनी चरमसीमा पर व्याप्त है तथा आतंकवादियों ने विश्वव्यापी संकट उत्पन्न कर दिए हैं। आज आतंकवादी स्वचालित राइफलों, आटोमोबाइल, प्लास्टिक बम, मानव बम, पत्र बम तथा अत्याधुनिक अस्त्र-शस्त्रों का

प्रयोग कर रहे हें। कुछ बड़े संगठन टैंकों, तोपों और राकेटों तक का इस्तेमाल कर रहे हैं।

हत्या, अपराध, अपहरण व बम विस्फोट इनके लिए आम बात है। तबाही के लिए ये भीड़भाड़ व महत्वपूर्ण ठिकानों को चुनते हैं। ये आतंकवादी जेहाद के नाम पर व कुछ भाड़े के सिपाहियों के रूप में काम कर रहे हैं। सोमालिया, यूगोस्लाविया व बोस्निया आदि विश्व के अनेक देश अपनी तबाही व सब कुछ खो देने के बावजूद भी इस रोग से छुटकारा नहीं पा सके हैं। भारत, श्रीलंका, दक्षिण अफ्रीका, अमेरिका व रूसी गणतंत्र के अनेक देश इस रोग से भयंकर रूप से पीड़ित हैं।

वैसे दुनिया के बहुत से देश आतंकवादी कार्यवाहियों को झेल रहे हैं लेकिन इसमें सबसे अधिक आक्रामक तेवर इस्लामी आतंकवाद के हैं। इससे न केवल पश्चिम व पूर्व के देश बल्कि स्वयं इस्लामी देश भी परेशान हैं। आतंकवाद चाहे जिस आस्था व मत की नकाब ओढ़े हो, वह सभ्य समाज विरोधी दुष्प्रवृत्ति है जिसको पालने पोसने वाले निश्चय ही जीवन के बेहतर मूल्यों में आस्था नहीं रखते हैं, इसीलिए वे कोई भी घिनौनी कार्यवाही करने से भी नहीं हिचकिचाते हैं।

दुनिया के बहुत से अन्य देशों की तुलना में भारत की स्थिति कहीं अधिक जटिल है, यहां की जातीय, भाषायी, क्षेत्रीय व सांस्कृतिक बहुलताएं आतंकवाद व अलगांववाद के विकास में सहयोगी हैं। इसके साथ ही आतंकवाद जब भी राजनीति से प्रेरित होता है तो राजनीतिक औजार के रूप में काम आता है और अलगांववाद व आतंकवाद का पर्याय बन जाता है। पंजाब, कश्मीर व पूर्वोत्तर की उग्रगतिविधियां इसका साक्ष्य हैं।

आज आतंकवाद विश्व राजनीति का इस कदर अंग बन चुका है कि लगभग हर अंतर्राष्ट्रीय बैठक में यह कार्यसूची में सबसे ऊपर होता है। निश्चित ही दुनिया अब आतंकवाद से त्रस्त है और इसे और अधिक त्रस्त करने में इस्लामी आतंकवादियों का हाथ सबसे अधिक है। ऐसे में बांग्लादेश की राजधानी ढांका में हुए सार्क सम्मेलन में आतंकवाद से लड़ने की कसमें बहुत सार्थक हैं लेकिन यह यथार्थ में तभी बदल सकती हैं जब पाकिस्तान जैसा राष्ट्र ईमानदारी से सहयोग करे वरना ये विचार और गतिविधियां सिर्फ मंचों तक ही सीमित रह जाएंगी।

आतंकवाद का एक और रूप आणुविक आतंकवाद के रूप में सामने आया

है, जो एक बेहद भयानक रूप है। आणुविक आतंकवाद के द्वारा शक्तिशाली से शक्तिशाली को भी किसी समय झुकाया जा सकता है, साथ ही इसकी सामर्थ्य भी असीमित होती है। आतंकवाद में प्रतिस्पर्धा के साथ ही आतंकवादी गुटों द्वारा अत्याधुनिक विनाशक क्षमता के हथियारों के प्रयोग में वृद्धि होती जा रही है। यह अनेक प्रकार के बमों को बनाने में भी माहिर होते जा रहे हैं। भविष्य में यदि ये प्लूटोनियम की तश्करी कर परमाणु बमों को बनाने में सफल हो गए तो वे दुनिया को तबाही के रास्ते पर अवश्य पहुंचा देंगे। ब्रिटेन के अंडर करंट व आयरिश रिपब्लिकन आर्मी जैसे आतंकवादी संगठन अणु बम बनाने की तकनीकी का दावा करते हैं। लिट्टे जैसे संगठन मानव बमों का निर्माण कर अपनी करामात अनेकों बार दिखा चुके हैं। बहुत संभव है कि आतंकवादियों को अपने आश्रयदाताओं से कुछ प्लूटोनियम प्राप्त हो जाए अथवा वे चुराने में सफल हो जाएं या फिर किसी आणुविक संस्थानों में तैनात कोई कर्मचारी इनके लिए ऐसा कर दे तो निश्चय ही विनाश के रास्ते खुल जाएंगे। यदि वे ऐसा करने में असफल रहते हैं तो भी छोटे अणुवमों, रासायनिक गैसों व अन्य घातक हथियारों से तबाही व आतंक फैलाते रहेंगे। तोपों, टैंकों, राकेटों की गड़गड़ाहट में गूंजती मानवीय चीत्कार और मातम को खुशियों में बदलना आज हर देश और विश्व की सबसे बड़ी समस्या है। भारत, श्रीलंका जैसे तमाम देश विकास की ओर अग्रसर हैं वहीं आतंकवाद इनके पैरों में बेड़ियों की तरह जकड़े हुए हैं। निश्चय ही विश्व के तमाम देश आज आतंकवाद से परेशान हैं, उन सबको मिलकर लड़ाई लड़नी होगी तभी दानवता पर मानवता की जीत संभव हो सकेगी।

द्वितीय खंड

1. भारत में आतंकवाद
2. भारत में आतंकवाद के कारण
3. भारत के आतंकग्रस्त क्षेत्र
    अ. उत्तरी क्षेत्र (कश्मीर, उ. प्र. का तराई क्षेत्र व नेपाल से जुड़ा सीमावर्ती क्षेत्र)
    ब. पश्चिमी क्षेत्र (पंजाब और राजस्थान से जुड़ा सीमावर्ती क्षेत्र)
    स. पूर्वी क्षेत्र (आसाम का वृहद क्षेत्र, चीन, बांग्लादेश तथा बर्मा से जुड़ा सीमावर्ती क्षेत्र)
    द. दक्षिणी क्षेत्र (तमिलनाडु व श्रीलंकाई आतंकवाद से प्रभावित क्षेत्र)

1

भारत में आतंकवाद

जहां तक भारत में आतंकवाद का सवाल है इस उपमहाद्वीप का लगभग संपूर्ण तटीय क्षेत्र चाहे कश्मीर, पंजाब व बंबई हो या उत्तर प्रदेश, आसाम, तमिलनाडु - आतंकवाद से त्रस्त है, कश्मीर आज भारतीय आतंकवाद का मुख्य केंद्र बन गया है इस क्षेत्र पर नियंत्रण को लेकर स्वतंत्रता के बाद से ही भारत व पाकिस्तान के बीच तीव्र गतिरोध चल रहा है। पिछले चार-चार युद्धों में हुई शर्मनाक पराजय के बाद भी पाकिस्तान भारत के विरुद्ध अघोषित युद्ध छेड़ रखा है और भारत की बर्बादी पर तुला हुआ है। यहां तक कि उसकी महत्वाकांक्षा इस्लामिक प्रमुख बनने की है जो आतंकवाद के जरिए प्राप्त करना चाहता है। कुछ इस्लामिक देशों ने इसे मौन स्वीकृति भी दे दी है जिससे एशिया में शांति की आशाएं क्षीण होती जा रही हैं।

भूमंडल का स्वर्ग कश्मीर आज नरक में तब्दील हो गया है आजादी के बाद से आज तक वह आतंक और तबाही को झेलता आ रहा है। वहां आज जैसा आतंक का खेल खेला जा रहा है वह मानवता के नाम पर कलंक है। इस समय स्थिति यह है कि कश्मीर को आतंकवाद से मुक्त कराने के भारतीय प्रयास को मानवाधिकारों का हनन माना जा रहा है जबकि आतंकवादी कश्मीर में मानवाधिकारों की सीमा को किस हद तक कब के पार कर चुके हैं यह तथ्य छुपा नहीं है। आज कश्मीरी पंडितों और भारत भक्तों को कश्मीर छोड़कर विस्थापितों के रूप में नारकीय जीवन व्यतीत

करना पड़ रहा है। कश्मीर का उद्योग और पर्यटन सब समाप्ति की ओर है। कश्मीर घाटी में समस्याओं को सुलझाने और वहां राजनीतिक प्रक्रिया बहाल करने हेतु भारतीय सरकार प्रयत्नशील है। फिलहाल घाटी में आतंकवादियों के हौंसले काफी बुलंद हैं।

इन सबको देखकर यह विचार लोगों के दिमाग में कौंध जाना स्वाभाविक है कि क्या होगा कश्मीर का? क्या इतनी सारी जिम्मेदारियां भारत सरकार निभा पाएगी? क्या कश्मीर की समस्या का स्थायी समाधान हो पाएगा? क्या कश्मीर के विस्थापित सकुशल अपने घरों को लौट सकेंगे? और क्या फूलों की घाटी में दोबारा अमन चैन बहाल होगा? तथा इन तबाहियों और खून खराबों पर विराम कब लगेगा? फिलहाल यह सब समय के गर्त में है इन सारी परिस्थितियों ने सोचने को मजबूर किया है। किसी निष्कर्ष पर पहुंचने के लिए विशेष रूप से अनुसंधान, अध्ययन और सर्वेक्षण की आवश्यकता है ।

इसी से मिलती-जुलती स्थिति अब से कुछ समय पहले पंजाब की थी। एक समय था जब इस राज्य में भी आतंकवाद अपने चरम सीमा पर था, यद्यपि पंजाब की आग आज बुझ चुकी है लेकिन अभी उनमें वे चिंगारियां शेष हैं जो इसे पुनः प्रज्ज्वलित कर सकती हैं और पंजाब अपनी पुरानी राह पर लौट सकता है। पंजाब में आतंकवादी हिंसा पर निश्चय ही काबू पाया जा चुका है लेकिन पंजाब की वे समस्याएं आज भी मौजूद हैं जिनके कारण वहां आतंकवाद का उद्भव और विकास हुआ था। सरकार का यह मानना कि पंजाब में कानून और व्यवस्था का मसला हल हो गया है तथा पंजाबियों के आक्रोश को देखकर जिस पंजाब पैकेज की बात कही जाती है ये सभी समस्या समाधान के लिए पर्याप्त नहीं हैं। आज भले ही उग्रवादियों को नेस्तनाबूद कर भूमिगत हो जाने पर मजबूर कर दिया गया है लेकिन वे सिक्ख होमलैंड' की मांग को लेकर आज भी कायम हैं और नरमपंथियों का उस पर मौन समर्थन उन्हें हासिल है। समय आने पर वे अपनी हरकत पुनः शुरू कर सकते हैं तथा पंजाब को फिर तबाही की ओर ढकेल सकते हैं। यदि ऐसा हुआ तो भारतीय केंद्रीय सरकार, राज्य प्रशासन और उनकी नीतियां जिम्मेदार होंगी, इसलिये पंजाब समस्या के खात्मे के सकारात्मक प्रयास किए जाने चाहिए ताकि इसके पुनरावृत्ति के आसार न रहें।

जहां तक असम के आतंकवाद का सवाल है इसके पर्वतीय मिट्टी में आतंक की जड़ बहुत गहराई में फैली हुई हैं। सुरक्षाबलों की कार्यवाहियों के साथ-साथ वहां

आतंक में उतार-चढ़ाव आता रहता है। वास्तव में असम एक दुष्चक्र से ग्रसित है, आर्थिक विकास में गिरावट का नतीजा और केंद्र के राज्य के साथ सौतेलेपन जैसा व्यवहार वहां हताशा और हिंसा के रूप में सामने आया है। जब तक ये स्थितियां वहां कायम रहेंगी तब तक न तो वहां की समस्याओं से निपटा जा सकेगा और न ही सार्थक निवेश ही संभव हो पाएगा। इसीलिए गुवाहाटी और दिल्ली सरकार की आपसी तालमेल और सहयोग की परम आवश्यकता है। आसाम के अलावा मणिपुर के क्रूर नागा, कूकी, मेइती तथा नागालैंड व मिजोरम के नागा मीजो विद्रोही भी समय-समय पर सक्रिय होकर कानून और व्यवस्था को प्रभावित करते रहते हैं। भारत सरकार यहां भी आतंकवाद को मिटाने में अक्षम सिद्ध हुई है।

इसी से मिलता-जुलता हाल हिमालय की तराई का है। वहां पंजाब पुलिस के दबाव के चलते अनेक संगठनों के खूंखार आतंकवादी शरण लिए हुए हैं और यहीं से गुप्त रूप से अपनी गतिविधियों का संचालन कर रहे हैं। यद्यपि प्रशासन की चौकसी से आतंक पर विराम अवश्य लगा हुआ है लेकिन इस पर स्थायी रूप से काबू नहीं पाया जा सका है। गुप्तचर माध्यमों से पता चला है कि आई.एस.आई. के सदस्य पूरे देश में सक्रिय हैं, बंबई व कलकत्ता जैसे भयानक विस्फोटों में उनका पूरा-पूरा हाथ रहा है और आज भी हत्यारों को बचाने में यह संगठन पूर्ण प्रयत्नशील है। इन कांडों में इस्लाममिक आतंकवादियों की मिलीभगत का भी पता चलता है। बंबई बमकांड के धमाकों के विषय में अमेरिकन साप्ताहिक 'यू.एस. न्यूज एंड वर्ल्ड रिपोर्ट' में स्पष्ट कहा गया है कि न्यूयार्क के 'वर्ल्ड ट्रेड सेंटर' में बम विस्फोट के पीछे जिन लोगों के हाथ थे वे बंबई के धमाकों में भी उन्हीं के हाथ हैं। इसलिएः भारत सरकार को स्वीकार करना चाहिए कि मध्य एशिया का आतंकवाद उसकी सीमाओं में प्रवेश कर गया है। अब यह मानना कि इन घटनाओं से इस्लामी आतंकवाद व पाक का संबंध संदिग्ध है और ऐसी घटनाओं की पुनरावृत्ति नहीं होगी तो एक ठोस वास्तविकता से मुंह चुराना होगा, इस तरह के और अधिक घटनाओं का सामना करने के लिए तैयार रहना होगा।

आज आतंक की बढ़त में हमारी प्रशासनिक व राजनैतिक कमजोरी प्रत्यक्ष रूप से दृष्टिगोचर होती है। देश के शीर्षस्थ पुलिस व खुफिया संगठन गुप्तचर ब्यूरो, केंद्रीय जांच ब्यूरो और रॉ जो देश की अस्मिता के सजग प्रहरी माने जाते हैं वे सत्तारूढ़ दलों के राजनैतिक व प्रशासनिक हितों के रक्षक चाकर मात्र समझे जाने

लगे हैं। इनकी स्थितियों में गुणात्मक सुधार करने होंगे ताकि आतंकवाद जैसी ज्वलंत समस्याओं में ये कामयाबी हासिल कर सकें।

अब प्रश्न यह उठता है कि क्या भारत सरकार इन खूंखार आतंकवादियों के विरुद्ध कोई कारगर कदम उठाने में सक्षम है? क्या नफरत और घृणा को भाई चारे में बदला जा सकेगा? क्या यहां के लोगों के दिलों से आतंक का भय खत्म किया जा सकता है? और भारत सरकार इस दिशा में क्या कर रही है? उसे क्या करना चाहिए? क्या गोलियों का जवाब सिर्फ गोलियों से ही देना उचित होगा? क्या इन समस्याओं का हल मिल बैठकर निकाला जा सकता है? भारत सरकार आतंक के मुकाबले कितनी तैयार है? आतंकवादियों के मन्सूबे क्या हैं? दुनिया में आतंकवाद से निपटने की क्या तैयारियां चल रही हैं? उनमें भारत की क्या भूमिका हो? क्या वैचारिक स्तर पर संघर्ष चलाए बिना प्रशासनिक स्तर पर इस समस्या से निपटा जा सकता है? वैचारिक संघर्ष क्या हो, कैसा हो? इन सारे सवालों के जवाब के लिए इसकी तह में जाना होगा।

भारत सुरक्षा के एक कठिन दौर से गुजर रहा है। एक ओर कश्मीर और उत्तरी पूर्वी सीमांतों में आतंकवाद अपने जोरों पर है तो दूसरी ओर उत्तराखंड, झारखंड, के बाद तेलंगाना, रूहेलखण्ड, हरितप्रदेश, गोरखालैंड, बुंदेलखंड जैसे आंदोलन भी देश में अव्यवस्था फैला रहे हैं। उधर हमारा परंपरागत प्रतिद्वंद्वी पाकिस्तान, चीन आदि के साथ मिलकर अपने यहां अत्याधुनिक हथियारों का जखीरा खड़ा करता आ रहा है, ऐसे में सुरक्षा का माहौल बिगड़ता जा रहा है। पुरुलिया कांड ने तो हमारी सुरक्षा व्यवस्था की खामियों को उजागर कर दिया। आतंकवाद की काली साया हर व्यक्ति की जुबान और दिलों दिमाग पर फैली हुई है जिसे दूर करना शासन और सरकार की प्रथम प्राथमिकता बन गयी है।

2

भारत में आतंकवाद के कारण

आज भारतीय सुरक्षा को एक नहीं अनेकानेक चुनौतियों का सामना करना पड़ रहा है। अमृतसर से आसाम और कश्मीर से कन्याकुमारी तक संपूर्ण भारत सुलग रहा है। प्रदेशिकता, जातीयता, भाषा विवाद, धार्मिक कट्टरवाद, सांप्रदायिकता, निर्धनता तथा श्रमिकों व जलबटवारे जैसे विवाद में सभी ऐसे भयानक तत्व शामिल हैं जो राष्ट्रीय एकता की आधारशिला को कमजोर करके राष्ट्रीय सुरक्षा के मार्ग में बाधा उत्पन्न करते हैं। इसके विपरीत सभी वर्गों के व्यक्ति एक साथ कार्य करके राष्ट्र के आर्थिक व औद्योगिक निर्माण में सहायता देते हैं तो उससे राष्ट्रीय एकता को बल मिलता है। वास्तव में विश्व के किसी भी राष्ट्र में इस प्रकार के विवाद और विद्रोहों का होना इसलिए स्वाभाविक है क्योंकि विश्व राष्ट्रों पर आधुनिकीकरण का प्रभाव दिन-प्रतिदिन बढ़ता जा रहा है। समाज के ये सब भाग जो पहले संकुचित अवस्था मे थे आज उन्होंने अपने क्षेत्र को विस्तृत करके विभिन्न उपद्रवों के रूप में राष्ट्रों की शांति व्यवस्था व अखंडता के लिए गंभीर खतरा उत्पन्न कर दिया है। भारत के सन्दर्भ में भी इस आधुनिकीकरण के प्रभाव को सामाजिक वर्गों व संपूर्ण राष्ट्र के विभिन्न पहलुओं पर देखा जा सकता है। भारत एक विशाल देश है, यह जातियों, संस्कृतियों, पंथ, भाषाओं व मत मतांतरों का अजायबघर कहा जाता है। यहां ऐसी जातियां व पंथ के लोग रहते हैं जो अपने को एक भिन्न भौगोलिक अवस्था में रहने

का स्वप्न देखते हैं। जगह-जगह क्षेत्रीयता वाद, जातीय विद्रोह व श्रमिक तथा मिल मालिकों के व्यवसायिक झगड़े और जल बंटवारे जैसे विवादों ने हमारी सुरक्षा व्यवस्था को विशेष तौर से प्रभावित किया है। इसके साथ ही सरकार की गैर जिम्मेदाराना नीतियों से जहां निर्धनता, गरीबी व बेरोजगारी तथा अशिक्षा को बढ़ावा मिला है वही इन्हीं नीतियों ने स्थानीय जनता को अपने विरुद्ध विद्रोह करने पर भी मजबूर किया है। राज्य और केंद्र के बीच आपसी तालमेल के अभाव में जनता के साथ सौतेलेपन का व्यवहार किया जाता है, परिणामस्वरूप वहां की जनता में असंतोष व घृणा की भावना ने तनाव और उग्रवाद को जन्म दिया है।

हमारी आंतरिक विषमताओं व समस्याओं के अलावा पड़ोसी देश भी भारत को अशांत बनाने में पीछे नहीं हैं। इस तथ्य को सारी दुनियां जानती है कि कई दौर की वार्ताओं के बाद भी चीनी नेतृत्व सीमा के प्रश्न पर अपनी विस्तारवादी नीति का परित्याग करने को तैयार नहीं है। भारत के अलगांववादियों एवं राष्ट्र विरोधी तत्वों को अमेरिका, पाकिस्तान तथा चीन से सदैव मदद मिलती रही है। पाकिस्तान द्वारा निरंतर अपने सैन्य व्यय में बढ़ोत्तरी एवं अमेरिका सहित अन्य पश्चिमी देशों से अपनी सुरक्षा की आवश्यकताओं से अधिक और आक्रामक हथियार प्राप्त करना तथा परमाणु बम का निर्माण भारतीय सुरक्षा के लिए, एक नए खतरे का सूचक है । अब यह बात किसी से छिपी नहीं है कि पाकिस्तानी शासक भारत को ही अपना शत्रु मानते हैं। यदि पाकिस्तान ऐसा नहीं समझता तो फिर उसे 80 प्रतिशत सैन्यबल हमारी सीमा पर तैनात करने का क्या औचित्य है? यह प्रश्न अप्रासंगिक नहीं है कि क्या अधिकृत कश्मीर के क्षेत्र में पाकिस्तान का चीन के साथ मिलकर फौजी अड्डे कायम करना संबंधों को सुधारने की दिशा में बढ़ा कदम है? और भारत को इसे अपनी सुरक्षा के लिए खतरा मानना तर्क संगत बात नहीं है? यह बताने की आवश्यकता नहीं है कि किस प्रकार अफगानिस्तान की घटनाओं से लाभ उठाकर पाकिस्तान अपने एकमात्र शत्रु से 1965 और 1971 की पराजय का बदला लेने के लिए व्याकुल है। यह तथ्य भी ध्यान में रखना चाहिए कि चीन द्वारा कुछ समय पूर्व अरुणाचल प्रदेश तथा हमारे देश के अन्य कई भू-भागों को चीनी प्रदेश बताकर यह स्पष्ट कर दिया है कि चीन की कथनी और करनी में अंतर पूर्ववत बना हुआ है।

सुरक्षा विशेषज्ञों के आंकड़े यह बताते हैं कि आंतरिक अस्थिरता के साथ महाशक्तियों के षड्यंत्र के आगामी खेल की शतरंज में भारत ठीक मध्य में फंसा

है क्योंकि हिंदमहासागरीय प्रतिस्पर्धा, महाशक्तियों के टकराते स्वार्थ, ईरान, ईराक व अफगानिस्तान में अस्थिरता, तनाव, आतंक व युद्ध का मनोवैज्ञानिक प्रभाव मानवता के कल्याण और महानतम मूल्यों के प्रति समर्पित विकासशील भारत के बीच निरंतर बढ़ता ही जा रहा है।

मोटे तौर पर भारत आंतरिक और बाह्य दोनों ही प्रकार के खतरों से घिरा हुआ है। इतिहास साक्षी है कि जब-जब कोई देश आंतरिक एवं बाह्य चुनौतियों का सामना करने में असमर्थ रहा है तब-तब वहां की स्वतंत्रता परतंत्रता की बेड़ियों में जकड़ गई है।

भारतीय सुरक्षा के समक्ष उत्पन्न खतरे अग्रांकित हैं जो कि उग्रवाद, व अलगांववाद को बढ़ावा दे रहे हैं तथा आतंकवाद के मुख्य कारण के रूप में सामने आये हैं :-

1. प्रादेशिकता एवं क्षेत्रीयवाद

भारत में विभिन्न प्राकृतिक क्षेत्र एवं प्रांत अपनी विविधता के साथ विद्यमान है, प्रत्येक क्षेत्र में स्पष्ट विभिन्नता दिखाई देती है। डॉ. राधाकुमुद मुखर्जी के शब्दों में 'भारत को मतों तथा पंथों, प्रथाओं तथा संस्कृतियों, धर्मों तथा भाषाओं, विभिन्न जातियों एवं सामाजिक संस्थाओं का अजायबघर कहा जाता है परंतु मृतक वस्तुओं तथा भौतिक पदार्थों का नहीं अपितु जीवित संप्रदाय एवं आध्यात्मिक व्यवस्थाओं का अजायबघर है।'

स्वतंत्रता के पश्चात् प्रांतीयता तथा क्षेत्रीयता की भावना ने गंभीर रूप धारण कर लिया जिससे राष्ट्रीय विकास को गहरा आघात पहुंचा। प्रादेशिकता के अंतर्गत अनेक सीमा विवाद, जल बंटवारे संबंधी विवाद, आर्थिक साधनों के वितरण संबंधी विवाद आते हैं। महाराष्ट्र, मैसूर, हरियाणा और पंजाब में ऐसे विवादों के ढेर सारे उदाहरण हैं। अनेक वर्षों तक स्वतंत्र तमिल प्रदेश बनाने की मांग को लेकर काफी उपद्रव होते रहे। खालिस्तानियों की मांग और उनकी बर्बर नीतियों ने यह स्पष्ट कर दिया है कि आंदोलनकारियों की संकीर्णता हृदय के कटघरे को तोड़कर बाहर आ गई है, उन्होंने राष्ट्रीय एकता के बदले क्षेत्रीयता को सर्वोपरि मान लिया है। अकालियों को अपना स्वतंत्र प्रदेश चाहिए तथा सिक्ख एक अलग राज्य है की धारणा ने पंजाब

को विषाक्त कर दिया है, असम में भी इसी प्रकार का आंदोलन जारी है और 'सदै आसाम' की मांग को लेकर अलगांववादियों ने समय-समय पर वहां की सुरक्षा व्यवस्था को प्रभावित किया है।

आज देश में अलगांववाद की लहर अपनी चरम सीमा पर है। कश्मीर की स्थिति दिन-प्रतिदिन अत्यंत विस्फोटक होती जा रही है। यदि केंद्र सरकार पाकिस्तानी कुचक्रों के विरुद्ध जवाबी कार्यवाही में जरा भी हीला हवाली करती है तो निश्चय ही कश्मीर भारत के हाथ से निकल जाएगा क्योंकि वहां की स्थिति इस समय विशेष रूप से सोचनीय है। प्रांतीयता एवं क्षेत्रीयता की भावनाएं राष्ट्रीय एकता को खंडित करने के साथ-साथ आर्थिक एवं औद्योगिक विकास में बाधा पहुंचाती हैं। जनजीवन में बाधा उत्पन्न कर प्रदेशिकता एवं क्षेत्रीयता के माध्यम से देश को खंडित करने का कुचक्र चलाने वालों पर विशेष दृष्टि रखना अनिवार्य है। ऐसे तत्वों के प्रति दया या करुणा का नहीं बल्कि कठोरता का व्यवहार किया जाना चाहिए।

2. जातिवाद एवं सांप्रदायिकता

विभिन्न जातियां, जातिवाद के आधार पर राष्ट्र हित की बात न सोचकर अपने-अपने जातीय समुदाय के हितों पर ही ध्यान दे रही हैं। इस भावना की वजह से व्यक्तियों, समुदायों में अपने में अपमान, मान हानि एवं अलग रहने की प्रवृत्ति पनपती है। आज जातीयता के आधार पर सरकारी अथवा गैर-सरकारी संस्थाओं में नियुक्तियां, चयन और पदोन्नति होती हैं। एक स्थानीय संस्था से लेकर संसद स्तर तक जातीयता के आधार पर निर्णय होते हैं, विभिन्न राज्य सरकारों में इसका प्रभाव है। बिहार, उत्तर प्रदेश जैसे राज्य में जातीयता का प्रभाव कुछ ज्यादा ही है इसलिए जातीयता का असर राजनीति, वाणिज्य, शिक्षा और सामाजिक क्षेत्रों में बढ़ता जा रहा है।

भारत विश्व का सबसे बड़ा प्रजातांत्रिक देश है। प्रजातंत्र जातिवाद के कारण कभी पनप नहीं सकता क्योंकि जातिवाद और प्रजातंत्र दोनों परस्पर विरोधी व्यवस्थाएं हैं। प्रजातंत्र समानता, स्वतंत्रता व बंधुत्व के सिद्धांतों पर आधारित है जबकि जातिवाद शोषण, असमानता एवं वर्ग भावना के स्तंभों पर टिकी है। जातिवाद के कारण ही भ्रष्टाचार को प्रोत्साहन मिला है राजनीति के क्षेत्र में अधिकांश लोग जातिवाद के सहारे नेतृत्व स्थापित करने में लगे हैं। लोकतंत्र, समाजवाद व मानवीय अस्मिता के इतिहास में यह एक निराशाजनक पृष्ठ है, निश्चय ही वे एक न एक दिन वर्ग संघर्ष

व जाति विद्रोह का रूप देकर देश की आंतरिक सुरक्षा व्यवस्था पर कुठाराघात करेंगे।

सांप्रदायिकता की जड़ें भी भारत में गहरी होती जा रही हैं। ग्यारहवीं शताब्दी में जब अरब की ओर से भारत पर इस्लामी आक्रमण हुए तो नितांत भिन्न संस्कृतियों की टकराहट ने परस्पर अविश्वास और सांप्रदायिक भावना को जन्म दिया। भारत का विभाजन भी सांप्रदायिकता के आधार पर ही हुआ। देश विभाजन के बाद से अब तक के आंकड़ों को देखा जाए तो ज्ञात होता है कि अब तक हजारों दंगे हो चुके हैं जिससे लाखों लोगों की जानें गई हैं और करोड़ों की संपत्ति बरबाद हुई है। हिंदू-मुस्लिम के मध्य सांप्रदायिक सद्भाव का अभाव एक लंबे समय से दंगों के भड़काने का मुख्य कारण रहा है।

भारत में अयोध्या (फैजाबाद), कानपुर, अलीगढ़, अहमदाबाद, मेरठ, मुरादाबाद, बंबई, कलकत्ता सहित अनेक नगर व महानगर बुरी तरह प्रभावित हुए हैं। अब तो न केवल हिंदू मुस्लिम या हिंदू सिख, अपितु हिंदू धर्म की जातियों में भी आपसी तनाव बढ़ता जा रहा है जिसका एक मुख्य कारण गंदी राजनीति और स्वार्थपरक नीतियां हैं। मुस्लिमों में भी जगह-जगह समय-समय पर शिया-सुन्नी के बीच आपसी तनाव और छुटपुट घटनाएं होती रहती है। श्रीमती इंदिरा गांधी ने इस मद्दे पर अपने विचार रखते हुए कहा था कि 'सांप्रदायिकता का खतरा बराबर बना हुआ है और जब तक उग्रवादी और धर्मांध लोग मौजूद हैं चाहे वे हिंदू, मुसलमान, सिख व ईसाई, कोई भी हों तब तक हम चैन से नहीं बैठ सकते। हमें देश का वातावरण बदलने की कोशिश करनी ही होगी।' उन्होंने कहा कि 'सांप्रदायिकता और जातिवाद दोनों एक ही सिक्के के दो पहलू हैं। हम बाहरी खतरों का आसानी से सामना कर सकते हैं लेकिन सांप्रदायिकता और जातिवादी जहर को आसानी से घटाया नहीं जा सकता। ये समाज को दीमक की तरह खाने का प्रयास करते हैं।

सांप्रदायिकता आज भारतीय सुरक्षा और सार्वभौमिकता के लिए एक अभिशाप बन गया है। इसके निवारण हेतु भारत सरकार व यहां के नेताओं को मिलकर प्रभावी भूमिका निभानी होगी।

3. भाषावाद

भारत में एक दो नहीं वरन् अनेक संख्या में भाषाएं प्रचलित हैं। सरकारी अनुमान के अनुसार यहां 179 भाषाएं तथा 544 उपभाषाएं हैं। साहित्य और संस्कृति

की दृष्टि से मुख्य भाषाएं 15 हैं जिसे भारतीय संविधान में भी मान्यता प्राप्त हैं। भाषावाद को लेकर विभिन्न भाषा प्रेमी एक दूसरे को घृणा एवं द्वेष की दृष्टि से देखते हैं। हिंदी एक ऐसी भाषा है जो देश के अधिकांश क्षेत्रों में बोली व समझी जाती है। उसमें सामाजिक, आध्यात्मिक, आर्थिक और राजनैतिक विचारों को अभिव्यक्त करने की क्षमता होने के साथ-साथ विभिन्न मतमतांतरों व धर्मावलंबियों के विचारों को संवहन करने की सामर्थ्य है। आज यह सात बड़े प्रदेश की भाषा कहलाती है। भाषा विवाद को लेकर उत्तर और दक्षिण भारत में लूटमार व आगजनी की अनेक घटनाएं घटित हो चुकी हैं।

भारत में भाषावाद के झगड़े, दक्षिण में म्रदास, पूर्व में आसाम, पश्चिम में बंगाल तथा हिंदी भाषी उत्तरी भारत में गत वर्षों में होते रहे हैं। देश के विभिन्न भाषाओं के बोलने वालों की संख्या इस प्रकार है :–

(अ) **इंडो आर्य भाषाएं :** इनमें हिंदी, उर्दू, गुजराती, राजस्थानी, पंजाबी, पहाड़ी, बंगाली, मराठी, बिहारी, उड़िया, आसामी तथा अन्य है। इन सबके बोलने वालों का प्रतिशत 73.3 : रहा है।

(ब) **द्रविड़ियनः** इसमें तमिल, तेलगू, कन्नड़, मलयालम तथा अन्य हैं। इन सबके बोलने वालों का प्रतिशत 24.5: रहा है।

(स) **आस्ट्रो-एशियाटिक** - इनका प्रतिशत 1.5: रहा है।

(द) **तिब्बती-चीनी** : - इनका प्रतिशत 0.7: रहा है।

भाषावाद ने निश्चय ही हमारी सुरक्षा व्यवस्था में जटिलतायें पैदा की हैं। भारत सरकार का प्रयास है कि इस दिशा में शब्दावालियों और भाषा कोषों के विकास के माध्यम से इस विवाद को कम किया जाये। आचार्य केशव चन्द्रसेन ने ठीक ही कहा है ''सम्पूर्ण देश के लिए एक भाषा न होने पर एकता सम्भव नहीं है और हिन्दी को यदि देश की एक मात्र भाषा मान लिया जाये तो सहज ही वह एकता सम्भव हो जायेगी।''

4. निर्धनता एवं आर्थिक विषमता

निर्धनता आर्थिक समस्या ही नहीं वरन् एक अभिशाप है। गोडार्ड ने कहा है कि 'गरीबी उन वस्तुओं का अभाव है जो कि एक व्यक्ति और उसके आश्रितों को स्वस्थ और पुष्ट रखने के लिए आवश्यक है। 'यह नितांत सत्य है कि कोई भी राष्ट्र

सुरक्षा के बारे में तभी सोच सकेगा जब वह शारीरिक और मानसिक रूप से स्वस्थ हो। भारत में आर्थिक विषमता ने निर्धनता की खाई को और भी गहरी बना दिया है। भारी जनसंख्या और उत्पादन के क्षेत्र में धीमी गति बेरोजगारी और भुखमरी बढ़ाते हैं। बेरोजगारी और भुखमरी के कारण आज आक्रोश बढ़ रहा है और आए दिन हड़ताल, तोड़-फोड़ एवं आगजनी की घटनाएं घटती रहती हैं, श्रम उपद्रवों द्वारा राष्ट्र की संपत्ति और सुरक्षा का ह्रास होता है। उद्योगपतियों और श्रमिकों के बीच विवाद चलते रहते हैं, इसके कई कारण हैं :–

1. समान कार्य के लिए समान वेतन का न मिलना।
2. निर्धारित समय से अधिक कार्य करवाना।
3. जीवन निर्वाह के लिए अतिरिक्त अनुकूल सुविधाएं प्राप्त न होना।
4. समाज में अन्य उच्च वर्गों की भांति उचित स्थान न मिलना।
5. उद्योगपतियों द्वारा श्रमिकों के साथ दुर्व्यवहार होना।

इन सब कारणों से श्रमिकों में असंतोष और यूनियन की भावना जागृत होती है जो उग्र और तोड़ फोड़ की कार्यवाहियों को जन्म देती है जिसके कारण आर्थिक अस्वस्थता के साथ-साथ सुरक्षा व्यवस्था भी प्रभावित होती है। इसलिए इस विवाद को रोकने के लिए सरकार को उद्योगपतियों और श्रमिकों के बीच अच्छे संबंध निर्धारण की आवश्यक रूपरेखा बनानी चाहिए।

5. राजनैतिक स्तर में गिरावट व स्वार्थपरक नीतियां

आज देश के नेताओं की छवि तेजी से धूमिल होती जा रही है, इसका कारण है अधिकांश नेता रिश्वतखोरी और भ्रष्टाचार में लिप्त हैं तथा आए दिनों नए-नए घोटाले हो रहे हैं। इन घोटालों में न केवल बड़े-बड़े राजनेता वरन् प्रधानमंत्री तक दोषारोपित हुए हैं। परिणामस्वरूप देश की जनता का अब इन नेताओं पर से विश्वास उठता जा रहा है। सिर्फ वोट और कुर्सी की राजनीति हो रही है, विकास और समाज हित की बातें दूसरे दर्जे की हो गई हैं। किसी भी पार्टी अथवा दल का कोई मौलिक व जनहित सिद्धांत नहीं दिखाई देता और जिसका है भी उनके करनी और कथनी में धरती आसमान का अंतर है। सत्ता को हथियाने के लिए वे कुछ भी यहां तक कि देशद्रोहात्मक गतिविधियां भी करने को तैयार हैं।

वास्तव में भारत जैसे लोकतांत्रिक राष्ट्र में इस प्रकार की राजनैतिक गिरावट अत्यंत चिंता का विषय है। देश को 21वीं सदी में ले जाने वाले ये कर्णधार कहीं देश को पचासों वर्ष पीछे न ढकेल दें जिसके लिए आजादी की लड़ाई लड़ना पड़ा था। जैसे भी हो, बुद्धिजीवियों एवं राष्ट्रभक्तों को परिस्थितियों में सुधार लाने हेतु तत्काल आगे आना चाहिए और देशद्रोहात्मक तथा स्वार्थी तत्वों का जमकर विरोध करना चाहिए ताकि ऐसे तत्व अपने कुत्सित कारनामों में कामयाब न हो सकें। जनता को चाहिए कि अपने अमूल्य मताधिकार का प्रयोग सचेत और सोच-समझ कर करे तथा एक स्वच्छ, बेदाग चरित्र वाले व्यक्ति को ही अपना प्रतिनिधि चुने ताकि वह उनकी लड़ाई निर्भय होकर लड़ सके और उनका यथोचित हक दिलाते हुए समाज और देश की सेवा करने में सक्षम हो।

3

भारत के आतंकग्रस्त क्षेत्र

(अ) उत्तरी क्षेत्र (ब) पश्चिमी क्षेत्र (स) पूर्वी क्षेत्र (स) दक्षिणी क्षेत्र (स) साम्प्रदायिक क्षेत्र

(अ) उत्तरी क्षेत्र

(1) कश्मीर और आतंकवाद
(2) तराई में आतंकवाद और उत्तर प्रदेश

(1) कश्मीर और आतंकवाद

भूमिका : क्या होगा कश्मीर का?

क्या होगा कश्मीर का? कश्मीर भारत में रहेगा? भारत का रहेगा? भारत बनकर रहेगा? कि एक स्वायत्त, स्वतंत्र एवं प्रभुसत्ता संपन्न पड़ोसी राज्य की तरह? भारत का नंदन बन कश्मीर कब तक हिंसा, हत्या, आतंक और अलगांववाद की आग में जलता रहेगा। प्रश्न केवल यही नहीं प्रश्न यह भी है कि कश्मीर इस स्थिति में क्यों पहुंचा? किसने इन केशर की क्यारियों में आग लगाने का अवसर प्रदान किया? किसने इनको भारत से अलग रहने की संवैधानिक व्यवस्था की? इन प्रश्नों का उत्तर एक वाक्य में भी दिया जा सकता है और विस्तार से भी। जिन्हें कश्मीर की व्यथा कथा पता है और जो उस व्यथा के भुक्त भोगी हैं, उनकी बात कोई सुनता नहीं,

जो सत्ता के सौदागर हैं, जिनका सरोकार केवल अपने दल और समुदाय से है, जो देश विभाजन के विशेषज्ञ हैं, जिन्हें अपने देश और राष्ट्र की मूलभूत संकल्पनाओं और मान्यताओं को अमान्य करने में प्रगतिवादी और आधुनिक होने की सुखानुभूति होती है, उन्हीं ने यह प्रश्न पैदा किए हैं और वे ही इसके उत्तर भी हैं।

जिस दिन हमने अपने संविधान में यह लिखा कि ''भारत राज्यों का संघ होगा उस दिन हमने स्वयं ही अलगाव के बीज बोए थे। एक अखंड, एकात्म एवं सनातन भारत राष्ट्र को अमेरिका की तर्ज पर संघीय राज्य बनाया गया, राष्ट्र राज्य का भेद भुलाकर इस देश की चिरंतन चेतना के साथ छल किया गया, चतुर अंग्रेजों ने 15 अगस्त, 1947 को केवल ''ब्रिटिश इंडिया' को आजाद किया था संपूर्ण भारत देश को नहीं। ब्रिटिश इंडिया और भारत देश के अंतर को हम समझ ही नहीं पाएं। इंडिया तो आजाद हो गया लेकिन इसके पांच सौ से अधिक छोटे-बड़े राजे रजवाड़ों को यह अधिकार था कि वे चाहे तो भारत के साथ व चाहे पाकिस्तान के साथ या इन दोनों से अलग स्वतंत्र रहना चाहें तो रह सकते हैं। भारत को पांच सौ से भी अधिक टुकड़ों में विभाजित करके अंग्रेजों द्वारा दी गई आजादी बहुत ही शरारतपूर्ण थी। उसने वैदिक काल से चली आ रही भारत की एकात्मक सांस्कृतिक जीवन धारा पर बहुत ही चतुराई से चोट की थी। ''राष्ट्रे जाग्रयाम वंय'' की ऋग्वेदीय ऋचा को भुलाने और हम अभी एक नए राष्ट्र की स्थापना मे हैं को स्वीकार करने के लिए हमें विवश कर दिया गया। यही वह मानसिक बंजरता है जिसने केवल कश्मीर ही नहीं उस जैसी अनेक समस्याओं को जन्म दिया है। आजाद होने के पूर्व भारत अखंड था लेकिन आजादी मिलने के बाद यह खंडित हुआ है, भारत की भूमि के बंटवारे के साथ-साथ उसकी भावना भी बंट गई। यही विभाजित भावना, यही भारत का खंडित व्यक्तित्व कश्मीर की समस्या का मूलाधार है, संविधान की धारा 370, वहां की विशिष्ट भौगोलिक स्थिति का तर्क और अन्य दूसरी बातें बाद की देन हैं। 15 अगस्त 1947 को वस्तुतः भारत आजाद नहीं हुआ था उस दिन केवल सत्ता का हस्तांतरण हुआ था, फलतः अंग्रेजों की ही सत्ता एवं राजनीतिक सांस्कृतिक स्वरूप एक तरीके से आज भी विद्यमान हैं।

इस समय स्थिति यह है कि कश्मीर घाटी में हमारा सुरक्षा बल तो है लेकिन लगता है कश्मीर भारत में नहीं है। कश्मीर को 1953 की उस स्थिति में ले जाने की परिस्थिति पैदा करने का प्रयास किया जा रहा है जब शेख अब्दुल्ला उसे एक

स्वतंत्र राज्य बनाने का षडयंत्र किए थे। तब डॉ. मुखर्जी ने कश्मीर के लिए भारत की आजादी का दूसरा युद्ध लड़ा था जिसमें उन्हें स्वतंत्रता हेतु शहीद होना पड़ा। उनके इस बलिदान से कश्मीर बच गया था और शेख अब्दुल्ला को देशद्रोह में बंदी बना लिया गया था, तभी से भारत के सर्वोच्च न्यायालय, निर्वाचन आयोग और महालेखा परीक्षक आदि के कार्य एवं अधिकार क्षेत्र में कश्मीर को भी शामिल किया गया था। इसके बाद से ही कश्मीर में बिना परमिट के आवाजाही शुरू हुई थी।

संपूर्ण देश आज इस प्रश्न का उत्तर खोज रहा है कि क्या होगा कश्मीर का? अमेरिका के क्लिंटन संपूर्ण कश्मीर को केवल विवादित क्षेत्र ही नहीं मानते बल्कि उनकी अंतर्राष्ट्रीय राजनीति में एक स्वतंत्र कश्मीर का शरारत पूर्ण सपना भी शामिल है। विदेशी और कुछ स्वदेशी बुद्धिजीवी कश्मीर को पाकिस्तानी आतंकवाद से मुक्ति करने के भारतीय प्रयास को मानवाधिकारों का हनन मानते हैं। पाकिस्तान का प्रधान मंत्री चाहे जो हो उसे कश्मीर के बिना पाकिस्तान अधूरा लगता है, भारतीय संसद में भारत के प्रधानमंत्री व गृहमंत्री कई बार कह चुके हैं कि हमें यह पता है कि पाकिस्तान में प्रशिक्षित आतंकवादी कश्मीर घाटी में हत्या, हिंसा कर रहे हैं, हम यह भी जानते हैं कि उनके प्रशिक्षण शिविर कहां-कहां है। प्रश्न यह है कि यदि भारत सरकार को सब कुछ पता है, यदि वह पाकिस्तान द्वारा छेड़े गए अघोषित युद्ध या, छाया युद्ध से अवगत हैं तो वह उसका प्रतिकार क्यों नहीं करती, वह कौन सी और कैसी विवशता है जो उसे पाकिस्तान में स्थापित शिविरों को नष्ट कर देने से रोकती है।

एक बार कश्मीर में तैनात एक सैनिक अधिकारी से भेंट हुई, वह अवकाश पर आए हुए थे। वह अपने मित्रों को बता रहे थे कि क्या होगा कश्मीर का? जो कुछ उन्होंने कहा और बताया उसका संकेत यह था कि कश्मीर वस्तुतः एक स्वतंत्र और स्वायत्त राज्य तो बनना ही है। वह एक ऐसा स्वायत्त राज्य बनेगा जहाँ भारत की आधी अधूरी प्रभुसत्ता भी नहीं होगी। यह भी हो सकता है कि कश्मीर में तैनात सुरक्षा बल किसी दिन स्वयं ही वहां से वापस चला आए और भारत सरकार देखती रह जाए। सुरक्षाबलों में असंतोष बढ़ रहा है, उन्हें मरने का अधिकार तो है पर गोली चलाने की मनाही है। आतंकवादी गोली चलाते हैं भारतीय सैनिक हथियार हाथ में लिए लिए मारे जाते हैं। वे जिन आतंकवादियों के हाथ मारे जाते हैं हमारे नेता उन्हीं के साथ अपना राजनीतिक हाथ मिलाते हैं। कब तक मरते रहेंगे जवान यह मजबूर मौत? उनके इस प्रश्न का उत्तर किसी के पास नहीं था, उन्होंने कहा मैं बताऊं

कश्मीर घाटी में हमारे सैनिकों की स्थिति क्या है? वहां किस प्रकार रह रहे हैं? स्थिति यह है कि वहां अब नित्य कर्म भी निरापद नहीं है। प्रातःकाल पचास-पचास जवानों को एक साथ पंक्तिबद्ध होकर शौच करने के लिए बैठना पड़ता है और सौ जवान उनकी रक्षा करने के लिए उन्हें घेरे खड़े रहते हैं, यह है हमारी दशा, जब हमारा सुरक्षा बल ही असुरक्षित है तो देश की सीमाओं और कश्मीर की रक्षा कौन करेगा। जिन फारूख अब्दुल्ला को कश्मीर समस्या के समाधान का माध्यम बनाया जा रहा है वह समस्या उनके ही पिता शेख साहब की देन है, कश्मीर को मजहबी बारुद की ढेर पर उन्होंने ही बिठाया था। कश्मीर के अधिकांश अफसर पाकिस्तान के एजेंट हैं, गुप्तचर विभाग भारत सरकार को यह जानकारी दे चुका है।

जो लोग कश्मीर घाटी में नहीं गए हैं वे वहां की स्थिति की गंभीरता का अनुमान नहीं लगा सकते। समाचार पत्रों में जो कुछ प्रकाशित होता है वह संपूर्ण का शतांश भी नहीं है। मुझे डॉ. मुरली मनोहर जोशी जी की वह एकता यात्रा की याद आज भी यथावत तरोताजा है, जिस हकीकत से मैं गुजरा था वह वास्तव में राष्ट्रीय एकता, एकात्मता और अखंडता की अनुभूति का भी चरम दिवस था। 25 जनवरी की रात में हम सैनिक छावनी में थे, दीपावली के पटाखों की तरह रात भर गोलियां चलती रहीं, पास-पड़ोस के सैनिक परिवारों में कथा पूजा चल रही थी कि हम शकुशल वापस आ सकें। मैं कई परिवारों में गया रोली अक्षत लगाकर कई माताओं बहनों ने मुझे इस तरह भावभीनी विदाई दी थी जैसे मैं मृत्यु के मुंह में जा रहा हूं। कहा था कि घर पहुंचकर खत लिखना कि तुम सकुशल पहुंच गए। सैनिक अस्पताल घायल और पंगु हो गए सैनिकों से पटा पड़ा था, मुझे देखकर वे रो पड़े थे कहते थे कि हमें गोली चलाने में पहल करने की मनाही है। हम दुश्मनों की गोली से मर तो सकते हैं लेकिन उन्हें मार नहीं सकते। आप लोग हमारे लिए देवदूत जैसे हैं, हमारा राष्ट्रध्वज लेकर आए हैं। कल आप तिरंगा फहराएंगे तो हम अपना दुख-दर्द भूलकर सुख से मर तो सकेंगे कि जिस तिरंगे को लाल चौक पर आतंकवादियों ने अपने पैरों से कुचला और जूतों से पीटा था वही तिरंगा उसी लाल चौक पर शान के साथ आसमान में पुनः लहरा उठा। हम इसी से खुश हैं कि अभी आशा मरी नहीं है, अभी देश में ऐसे लोग हैं जिन्हें कश्मीर और हमारी चिंता है और जो अपनी जान जोखिम में डालकर हमसे मिलने आते हैं और राष्ट्रध्वज के सम्मान को बचाने के लिए अपना सर्वस्व न्योछावर कर सकते हैं।

बहुत ही गंभीर स्थिति है कश्मीर की। जम्मू-कश्मीर में देश भक्ति गुनाह है

वहां देशभक्ति दंडित और गद्दारी पुरस्कृत होती हैं। वहां मानवाधिकार का अर्थ है पाकिस्तान परस्तों, अलगांववादियों और आतंकवादियों की सुरक्षा, उनका पालन-पोषण और सुरक्षा बलों तथा देशभक्ति नागरिकों की निंदा, निष्कासन और उनकी हत्या। यही वह मानवाधिकार है जिसकी अमेरिका ही नहीं भारत के भी तथा कथित मानवाधिकारवादी वकालत करते हैं। इन मानवाधिकारवादियों को अपने ही देश में विस्थापित बना दिए गए तीन लाख से भी अधिक वे कश्मीरी विस्थापित दिखाई नहीं देते जो जम्बू और दिल्ली के विस्थापित शिविरों में नारकीय जीवन बिताने के लिए विवश हैं। क्या अपराध किया था इन कश्मीरी पंडितों ने कि उन्हें अपना घर संपत्ति छोड़कर भागना पड़ा? कश्मीरी पंडितों को गलाघोंट कर मार देना, पेड़ों पर टांग कर फांसी दे देना, छाती में कील ठोककर मार देना, शरीर की बोटी-बोटी काटकर चील कौओं के सामने फेंक देना, तपते लोहे से दाग-दाग कर मारना, हत्या के पूर्व उनकी आंखें निकाल लेना, पानी में डुबो-डुबो कर मारना माता-पिता और भाई के आंखों के सामने उनकी पुत्री व बहन के साथ बलात्कार करके जलती सलाखों से उनकी जांघों और छातियों पर ''पाकिस्तान जिंदाबाद'' लिख देना क्या मानवाधिकार हनन की परिभाषा में नहीं आता? यदि यह मानवाधिकार हनन है तो विस्थापित कश्मीरी पंडितों की व्यथा कथा की चर्चा करने को कश्मीर समस्या का संप्रदायीकरण करना क्यों कहा जाता है? क्या केवल इसलिए कि भारत की ''सेकुलरिटी संप्रदाय निरपेक्ष नहीं ''संप्रदाय सापेक्ष'' है और किसी संप्रदाय विशेष के प्रति अतिशय सदाशय है? क्या हिंदू होना गुनाह है? क्या हिंदुओं पर मानवाधिकार लागू नहीं होता और मानवाधिकार प्राप्त करने के लिए अल्पसंख्यक अर्थात् मुसलमान होना अनिवार्य है? क्या हिंदू मनुष्य नहीं है। बार-बार कहा जाता है कि कश्मीर घाटी सांप्रदायिक सद्भावना का ज्वलंत प्रतीक है, जो एक सफेद झूठ से अधिक कुछ भी नहीं।

कश्मीर के अब तक के प्रशासनिक उतार-चढ़ाव में सबसे अधिक पैनी दृष्टि पूर्व गवर्नर जगमोहन की रही है। वे वहां के आंतरिक और वाह्य दोनों ही परिस्थितियों से पूर्ण अवगत थे। वे कश्मीर समस्या को काफी हद तक एक निर्णायक मोड़पर ले जाने में सक्षम थे लेकिन केंद्रीय आकाओं को उनकी यह पसंद और कार्य प्रणाली रास नहीं आई, अंततः जगमोहन को कश्मीर से हटना पड़ा था। उनके जम्मू-कश्मीर के शासन काल में लिखी गई उनकी पुस्तक ''माई फ्रोजेन टर्बुलेंस इन कश्मीर'' कई रहस्यों पर से पर्दा उठाती है।

कश्मीर भारत का अंग नहीं, भारत है, वह सिर से पांव तक एकात्म और एकरस मनुष्य शरीर की तरह संपूर्ण राष्ट्र शरीर है, समस्या कश्मीर नहीं है समस्या है उसे भारत में न रहने दिए जाने के लिए किए जा रहे षडयंत्रों क़ी गंभीरता को न समझ पाना, वोट की राजनीति में लटकाए रखना और अमेरिका के इरादों की गहराई में उतरने से कतराना तथा कश्मीर को भारत की समस्या बनाने के लिए जिम्मेदार फारूख अब्दुल्ला जैसों को अभी भी मानवाधिकारों के संरक्षक के रूप में स्थापित करने की कोशिशें, कश्मीर का मजहबीकरण, भारत को तोड़ने वाली ताकतों क़ो बढ़ावा देना, अपने देशवासियों को जनमत संग्रह और आत्मनिर्णय की आग में झोंककर उनकी मन भूमि में अलगांववादी प्रवृत्तियों का बीज बोया जाना, भारत के बुद्धिजीवियों की अनर्गल दलीलें, लेन-देन करके समस्या का समाधान ढूढने की दुष्प्रवृत्ति और देश माता को संपत्ति समझने की दुर्बाद्ध ही मुख्य समस्या है।

समस्या आतंकवाद ही नहीं समस्या भारत सरकार की नीतियां हैं, भारत सरकार समस्याओं का समाधान नहीं करती वह समस्याएं पैदा करती हैं। जब तक समस्या समाधान का मन नहीं बनाएगी तब तक समस्या बनती और बढ़ती रहेगी। जिस दिन उसने समस्या समाधान के वास्ते खुले मन से आगे बढ़ेगी उसी दिन से उसे कामयाबी के दृश्य दिखाई देने लगेंगे।

गुलाम कश्मीर, गिलगित और बालटिस्तान के सम्बन्ध में विवरण

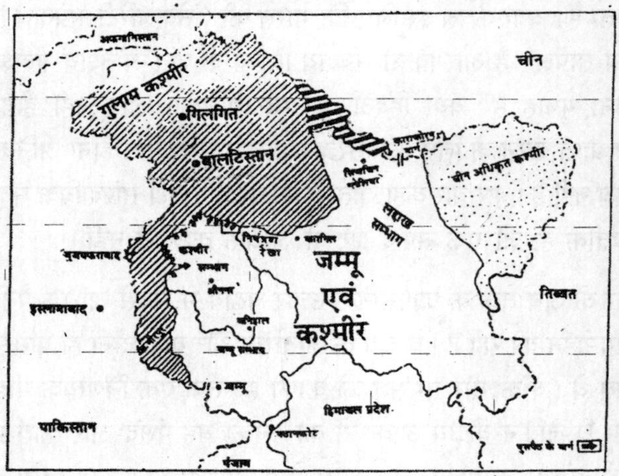

गुलाम कश्मीर कब मुक्त होगा?

जम्मू-कश्मीर का भौगोलिक परिचय तथा भारत के लिए कश्मीर का महत्व

क्षेत्रफल

जम्मू-कश्मीर राज्य (कश्मीर घाटी, जम्मू तथा लद्दाक गिलगिल व बाल्टिस्तान) का संपूर्ण क्षेत्रफल 2 लाख 22 हजार 236 वर्ग कि. मी. है। इसमें से अवैध रूप से पाकिस्तान अधिकृत क्षेत्र (गुलाम-कश्मीर) 78,114 वर्ग कि. मी. है। चीन ने 37,555 वर्ग कि. मी. क्षेत्र हथिया लिया है, उसके अतिरिक्त 5,180 वर्ग कि. मी. क्षेत्र पाकिस्तान ने चीन को अवैध रूप से और दे दिया है। भारत के अधीन क्षेत्र अब केवल एक लाख एक हजार तीन सौ सत्तासी वर्ग कि. मी. बचा है। इसमें लद्दाक क्षेत्र सबसे अधिक बड़ा है ज़िसका क्षेत्रफल 59 हजार 146 वर्ग कि. मी. है। जम्मू क्षेत्र दूसरे क्रम पर है, जिसका क्षेत्रफल 26 हजार 293 वर्ग कि. मी. है। कश्मीर घाटी सबसे छोटी अर्थात् कुल 15 हजार 948 वर्ग कि. मी. क्षेत्रफल की है।

जनसंख्या

जनसंख्या के अनुसार तीनों क्षेत्रों में सारे राज्य की जनसंख्या का (1981 की जनगणना के अनुसार) 64.2 प्रतिशत मुसलमान हैं। इनमें से कश्मीर घाटी के मुसलमान राज्य की कुल जनसंख्या का 49.7 प्रतिशत है। हिंदुओं की जनसंख्या (1981 की जनगणना के अनुसार) राज्य की कुल जनसंख्या का 32.24 प्रतिशत है। प्रदेश मे बौद्धों तथा सिक्खों की जनसंख्या क्रमशः 1.1 प्रतिशत तथा 2.1 प्रतिशत है। घाटी की कुल जनसंख्या में से मुस्लिमों की जनसंख्या 94.7 प्रतिशत है और जम्मू की कुल जनसंख्या में हिंदुओं का प्रतिशत 66.32 है। प्रदेश की कुल जनसंख्या में कश्मीर घाटी में हिंदुओं की जनसंख्या 2.07 प्रतिशत है यह सरकारी आंकड़े के अनुसार है, ये आंकड़े 1981 के जनगणना के अनुसार है तबसे अब तक जनगणना नहीं हो पाई है। इस जनगणना के बारे में आम शिकायत है कि यह गणना मुस्लिम बहुल प्रशासन द्वारा की गई थी जिसमें प्रायः हिंदुओं की संख्या को कम से कम दिखाने का प्रयत्न किया गया है। यह आरोप इस तथ्य से भी सिद्ध होता है कि जहां 1981 की गणना घाटी में रहने वाले हिंदुओं की संख्या मात्र 1,24,078 दर्शाती है वही सरकारी अभिलेखों के आधार पर 1990 के निष्क्रमण में अब तक 2.5 लाख से ज्यादा कश्मीरी पंडित घाटी छोड़ चुके हैं।

सेवा व साक्षरता

कश्मीरी पंडितों की साक्षरता 1981 की गणना के अनुसार 80 प्रतिशत है जबकि संपूर्ण राज्य की शिक्षा दर 26.6 प्रतिशत ही है। वे जम्मू कश्मीर राज्य की ज़नसंख्या के सर्वाधिक प्रतिभा संपन्न तथा जागरुक अंश के प्रतिनिधि हैं। किसी भी सरकारी नौकरी के क्षेत्र में पंथनिर्पेक्ष भर्ती नीति के द्वारा विशुद्ध योग्यता के आधार पर उन्हें स्वाभाविक रूप से सर्वाधिक बड़ा अंश प्राप्त होना चाहिए था परंतु अभी हाल की निष्क्रमण से पूर्व राज्य की नौकरियों में उनका हिस्सा केवल 6 प्रतिशत था जबकि उसमें से केवल 3 प्रतिशत ही उन्हें मिला है।

केंद्र से आर्थिक सहायता

पिछले 60 वर्षों के दौरान केंद्र सरकार ने जम्मू कश्मीर राज्य में कई हजार करोड़ रुपए झोंके हैं, एक अनुमान के अनुसार 1989-90 तक यह राशि 70 हजार करोड़ के लगभग थी। इस राज्य के मामले में केंद्र से यहां प्रति व्यक्ति सहायता राशि राष्ट्रीय औसत से काफी अधिक है। जहां उसकी जनसंख्या पूरे देश की जनसंख्या का केवल .081 प्रतिशत है वहीं उसे केद्र द्वारा वितरित सहायता का 2. 57 प्रतिशत मिलता है। उदाहरण के लिए वर्ष 1989-90 के दौरान जम्मू-कश्मीर के लिए प्रतिव्यक्ति सहायता राशि 1122 रुपए थी जबकि हिंमाचल प्रदेश के लिए 552 रु. असम के लिए 425 रु., विहार के लिए 109 रुपए, उत्तर प्रदेश के लिए 91 रुपए एवं पश्चिम बंगाल के लिए 67 रुपए प्रति व्यक्ति थी।

महाराजा के शासनकाल में प्रति व्यक्ति आय केवल 11 रुपए थी और उसमें से भी 21 प्रतिशत करो के रूप में देने होते थे। जनसंख्या 93.4 प्रतिशत निरक्षर थी, प्रति 467 वर्ग मील में एक बाल प्राथमिक विद्यालय था और इतने ही वर्गमील पर कन्या विद्यालय था, तथा कृषि, लोक स्वास्थ्य, उद्योग, सड़क सिंचाई और शिक्षा विभागों पर केवल 36 लाख रुपए वार्षिक व्यय था। (ये आंकड़े राज्य की 1941 की जनगणना के आधार पर हैं।) भारत में विलय के बाद 1947-48 में राज्य का कुल बजट 4 करोड़ 81 लाख का हुआ, 1989 में वही 1,237 करोड़ हो गया। 1947 में प्रति व्यक्ति प्रदेश व्यय 15 रुपए था, 1988-89 में प्रति व्यक्ति प्रदेश व्यय 645 रुपए हो गया था।

जम्मू और लद्दाख के विरुद्ध भेद-भाव

केंद्र सरकार द्वारा प्राप्त आर्थिक सहायता का अधिकांश भाग घाटी के मुसलमानों द्वारा हड़प लिया गया और जम्मू तथा लद्दाक क्षेत्रों और कश्मीरी हिंदुओं की उपेक्षा की गई। उल्लेखनीय है कि जम्मू-कश्मीर राज्य के आर्थिक साधनों में जम्मू संभाग का योगदान सर्वाधिक है। जम्मू संभाग में कुल बन क्षेत्र 12166.04 वर्ग कि. मी. है तथा कश्मीर में 8,776.62 वर्ग कि. मी. एवं लद्दाक में 11.3 वर्ग कि. मी. है। पशु संख्या जम्मू में 2,802 और कश्मीर तथा लद्दाक में क्रमशः 12,339 एवं 1319 है (ये आंकड़े 1985-86 की पशुगणना के आधार पर हैं।)

जम्मू क्षेत्र में 3614 गांव हैं, कश्मीर में 2899 और लद्दाक में 242 गांव हैं। तीनों संभागों में कृषि क्षेत्र में जम्मू प्रथम है जिसमें 37,222 हेक्टेयर भूमि में बुआई होती है। दूसरे क्रम पर कश्मीर में 34,090 हेक्टेयर और लद्दाख में 1860 हेक्टेयर में बुआई होती है। जम्मू का उत्पादन कश्मीर से 1.5 प्रतिशत अधिक है। कश्मीर में 35.6 प्रतिशत देहाती क्षेत्र में विद्युतीकरण हुआ है वही (1986-87 को आंकड़ों के अनुसार) जम्मू में 82.02 प्रतिशत तथा लद्दाक में 38.5 प्रतिशत है। सार्वजनिक स्वास्थ्य इंजीनियरिंग सेवा क़ी दृष्टि से 1985-86 में कश्मीर में 2,105 गांवों में सुविधाएं दी गई हैं, जम्मू में 1987 गांवों में और लद्दाक में केवल 88 गावों में। सड़कों की कुल लंबाई 1985-86 तक कश्मीर में 5,286 कि. मी. जम्मू में 3,840 कि. मी. और लद्दाक में 1,131 कि. मी. है।

मुस्लिम फल उत्पादकों को 5 रु. प्रति किग्रा के हिसाब से सेब की कीमत गोदाम में ही दी गई, जबकि हिंदुओं के 37 करोड़ रुपए से ऊपर के सेव सरकार ने नहीं खरीदें, निष्क्रमण के कारण वे स्वयं बेचने में असमर्थ रहे। मुसलमानों को करोड़ों रुपए की कृत्रिम खाद दी गई जबकि हिंदुओं को मूल्य में कोई रियायत भी नहीं मिली।

क्षेत्रफल :

जे. एंड के. - (जम्मू-कश्मीर) का कुल क्षेत्रफल	2,22,236	वर्ग कि.मी.
पाकिस्तान - पाकिस्तान द्वारा अधिकृत क्षेत्रफल	78,114	वर्ग कि.मी.
चीन द्वारा अधिकृत क्षेत्रफल	37,555	वर्ग कि.मी.

चीन - पाक द्वारा चीन को सौंपा गया क्षेत्र - 5,180 वर्ग कि.मी.

चीन - इस प्रकार चीन के कब्जे में कुल क्षेत्र : - 42,735 वर्ग कि.मी.

भारत - भारत के अपने कब्जे में कुल क्षेत्र :- 1,01,387 वर्ग कि.मी.

जनसंख्या :

1981 की जनगणना के अनुसार राज्य की कुल आबादी (पाक और चीन के कब्जे वाले क्षेत्रों को छोड़कर)	77,18,700
जनसंख्या का घनत्व प्रति वर्ग किमी.	76 व्यक्ति
अनुसूचित जाति	4,97,000
गरीबी रेखा के नीचे रहने वाले लोग शहरी	16,4 प्रतिशत
ग्रामीण	15.8 प्रतिशत
1981 की जनगणना के अनुसार साक्षरता	27 प्रतिशत

भाषा : उर्दू, हिंदी, कश्मीरी, डोगरी, बाल्टी, लद्दाखी, पंजाबी।

राजधानी : ग्रीष्मकालीन राजधानी - श्रीनगर

शरदकालीन राजधानी - जम्मू

जिलों की संख्या	- 14
लोकसभा क्षेत्र	- 06
विधानसभा क्षेत्र	- 87
कश्मीर घाटी क्षेत्र :	15,948 वर्ग कि.मी.
जम्मू क्षेत्र	26,293 वर्ग कि.मी.
लद्दाख क्षेत्र	59,146 वर्ग कि.मी.

1981 की जनगणना के अनुसार संख्या :

— कश्मीर घाटी क्षेत्र :-	31,34,904
— जम्मू क्षेत्र :-	27,18,113
— लद्दाख क्षेत्र :-	1,34,372

कश्मीर में इस्लामीकरण :

1947 में मस्जिदों की संख्या	2,500

1987 में मस्जिदों की संख्या	15,000
1993 में मस्जिदों की संख्या लगभग	22,000
उर्दू तथा अरबी माध्यम के मदरसे	11,000

आतंकवादियों की गतिविधियां :

सशस्त्र विद्रोहियों की संख्या का अनुमान	4000 से 10000
नजरबंद विद्रोही लगभग	2000
घाटी में आतंकवादी संगठन	100 से 200 के बीच

घाटी में नए-नए आतंकवादी संगठनों का गठन, करके पाकिस्तान ने यह षडयंत्र रचा है कि भारत सरकार किसी भी आतंकवादी संगठन से बात करने में सफल न हो।

आतंकवादियों के पास शस्त्रों का अनुमान :

ए. के. 47 राइफलें, ए. के. 56 राइफलें	15,000
ए.के. 54 और कलाश्निकोव	11,000
राकेट लांचर	5,000
एल.एम.जी.	500
राकेट	11,000

वाकी टाकी ट्रांसमीटर पर्याप्त संख्या में, टैंक मारक सुरंगें पर्याप्त संख्या में। बारूद 2 टन एवं फ्यूजवायर प्लास्टिक सामग्री आदि प्रर्याप्त मात्रा में है।

आतंकवादियों को आर्थिक सहायता :

- सऊदी अरब, ईरान व पाकिस्तान से कश्मीर में आतंकवादियों को बहुत धन मिलता है। भारत में दिल्ली, बंबई, मुजफ्फरनगर, कानपुर, अलीगढ़, बरेली आदि नगरों से भी आतंकवादी अपने हम मजहबियों से धन संग्रह कर रहे हैं।

घाटी में हिंदुओं की संख्या में कमी :

1. 1947 में हिंदू जनसंख्या	10 प्रतिशत
1989 में हिंदू जनसंख्या	6 प्रतिशत
1991 में हिंदू जनसंख्या	0.1 प्रतिशत
1993 में हिंदू जनसंख्या	0.1 प्रतिशत

2. 1947 में मंदिरों तथा पूजा स्थलों की संख्या 1,400
1991 में मंदिरों तथा पूजा स्थलों की संख्या 1,100
1986 के दंगों में लूटे तथा जलाए गए व वलात् कब्जे किए गए 55 कस्बे

3. कश्मीर में छोड़ी गई हिंदुओं की संपत्ति (1990-93)

मकान तथा चल संपत्ति	55,000	करोड़ मूल्य के
दुकानें, करोड़ों रु. के माल सहित	7,000	-"-
छोटे बड़े उद्योग	3,000	-"-
प्रति वर्ष आम के बाग तथा खेत	30	करोड़ वार्षिक आय
हिंदुओं के मंदिर तथा पूजा स्थल	11,000	
हिंदुओं के मकान जो जलाए गए	18,000	
मारे गए हिंदुओं की संख्या लगभग	2,000	(सरकारी आंकड़ों पर)

कश्मीर में गांवों का इस्लामीकरण : जम्मू कश्मीर सरकार 1981 के सरकारी आदेश नं. आर.ई.वी.एस./340 दिनांक 24.10.81 के तहत 684 गांवों के नाम बदल दिए गये।[7]

जम्मू-कश्मीर क्षेत्र का महत्व

जम्मू-कश्मीर मे कई जातीय, वर्ग व भाषाओं के लोग रहते हैं। मुसलमान जिनकी संख्या बहुतायत है दो संप्रदायों में बंटे हैं, शिया और सुन्नी। अन्य जातियों में कश्मीरी, गूजर, मीरपुरी, बल्टी, हुंजी, पुछी, गिलगिटी, डोगरा, सिक्ख, बौद्ध व कश्मीरी पंडित आदि मुख्य हैं। हिंदू डोगरे और कश्मीरी पंडित अधिकांशतः जम्मू में रहते हैं, इनकी एक बड़ी संख्या विस्थापितों के रूप में जम्मू तथा दिल्ली के शरणार्थी शिविरों में नारकीय जीवन बिता रही है। सिक्ख अल्पसंख्यक के रूप में हर जगह पाए जाते हैं जबकि लद्‌दाखी बौद्ध लद्‌दाख क्षेत्र में रहते हैं। महत्व की दृष्टि से इस पूरे राज्य को हम तीन भागों में बांट सकते हैं :

– गिलगिट या पाक अधिकृत-कश्मीर
– लद्‌दाख या चीन अधिकृत-कश्मीर
– जम्मू कश्मीर और घाटी क्षेत्र

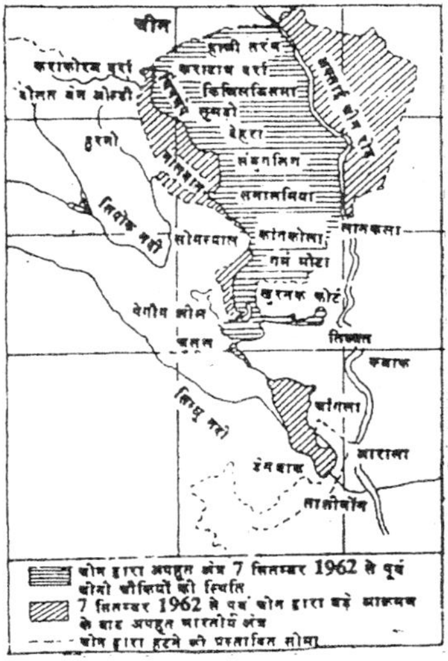

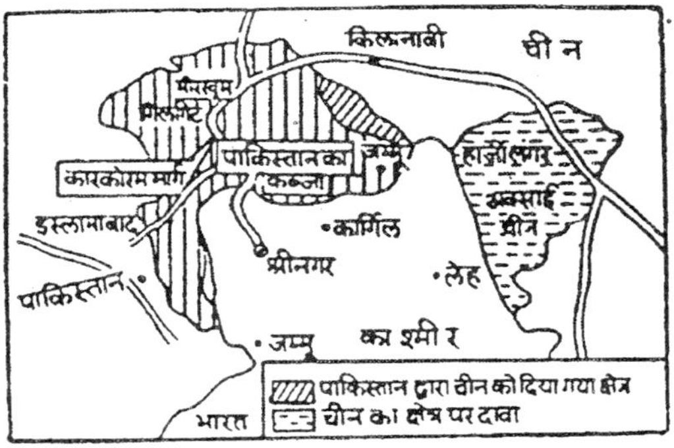

1. गिलगिट क्षेत्र तथा उसका महत्व

यह क्षेत्र भारत का उत्तरी पश्चिमी सीमांत क्षेत्र है यहां पाकिस्तान, अफगानिस्तान व चीन की सीमाएं एक साथ मिलती हैं। यहां से सोवियत रूस की सीमा भी काफी निकट है। गिलगिट एक उच्च एवं बर्फीला प्रदेश है यह क्षेत्र पाक के नियंत्रण में होने के कारण पाक अधिकृत कश्मीर कहलाता है। अपनी सामरिक महत्ता के कारण यह महाशक्तियों के स्वार्थ का केंद्र बन गया है क्योंकि इस पर अधिकार जमाकर संपूर्ण दक्षिणी पूर्व एशिया को दृष्टिगत किया जा सकता है। (Indus Valley) गिलगिट रोड इसी क्षेत्र से होकर गुजरता है, इस महत्वपूर्ण रोड का निर्माण पाकिस्तान ने 1967 में

चीन की सहायता से करवाया था। इसी रोड से होकर चीन पाकिस्तान तथा अरब सागर व हिंद महासागर तक पहुंचता है अतः यह रोड सामरिक दृष्टि से अत्यंत महत्वपूर्ण है।

2. लद्दाख तथा उसका महत्व

लद्दाख को लतांग, मारयुल, लाल प्रदेश, व बर्फीला प्रदेश के नामों से भी जाना जाता है। यह सिंधु नदी के उत्तर में पश्चिमी हिमालय के कुनमुल पर्वत श्रेणियों तथा कश्मीर की घाटियों से घिरा हुआ है इसका क्षेत्रफल लगभग 4000 वर्ग मील है। लद्दाख जिले की तीन तहसीलें लेह, कार्गिल, और स्काईू (जो बाल्टिस्तान के नाम से भी जाना जाता है।) पाकिस्तान के कब्जे में है। लेह पहुंचने हेतु श्रीनगर से एक पक्की सड़क बनाई गई है इसका एक बड़ा हिस्सा चीन के कब्जे में है अतः इसे चीन अधिकृत कश्मीर भी कहते हैं। 7 नवंबर, 1959 की रेखा को वास्तविक नियंत्रण रेखा (Line of Actual Control) माना गया है जो कि चीनी आक्रमण के बाद निर्धारित हुई है। लद्दाक में 45.1 प्रतिशत मुस्लिम और 55 प्रतिशत बौद्ध जाति के लोग हैं। चूंकि यह अत्यधिक उच्च एवं बर्फीला प्रदेश है इसलिये यहां सड़कों और यातायात के साधनों का नितांत अभाव है; इसकी सुरक्षा व्यवस्था में भारतीय सैनिकों को बड़ी कठिनाई का सामना करना पड़ता है।

3. जम्मू कश्मीर तथा घाटी क्षेत्र

जम्मू कश्मीर का सौंदर्य व घाटी क्षेत्र भारत के कब्जे में हैं इस प्रदेश की आधिकांश जनसंख्या इसी मुख्य भाग में निवास करती है। मुख्य जम्मू शहर में आतंकवाद बेअसर रहा है, लेकिन इसके घाटी क्षेत्रों में यह विनाशकारी रूप ले चुका है। इस क्षेत्र के राजौरी और डोडा क्षेत्र में मुस्लिम आबादी अधिक है जम्मू और उधमपुर हिंदू बाहुल्य क्षेत्र है यहां की भाषा कश्मीरी, डोगरी, लद्दाकी, उर्दू मुख्य भाषाएं हैं। मुख्य उद्योगों में मखमली चादरें, गलीचे, शाल, सुंदर फर्नीचर के अलावा पर्यटन विशेष महत्व रखता है। दुर्भाग्य से आतंकवाद के चलते सारे उद्योगों पर बुरा असर पड़ा है जनता केंद्र सरकार के राहत सामग्रियों पर निर्भर है रोटी रोजी हेतु कश्मीरियों को कश्मीर छोड़ना पड़ रहा है।

कश्मीर समस्या का जन्म, काबायली युद्ध तथा कश्मीर का औपचारिक व संवैधानिक तौर पर भारत में विलय

स्वतंत्रता प्राप्ति व ब्रिटिश शासन समाप्ति के बाद कुछ राजाओं ने अपने

स्वतंत्र राज्य निर्माण का स्वप्न देखा था उनमें से एक कश्मीर रियासत भी थी। कश्मीर के शासक राजा हरी सिंह हिंदू थे जबकि उनकी 40 लाख की जनसंख्या में 66 प्रतिशत भाग मुसलमानों का था। कश्मीर में द्विविधापूर्ण, व अनिश्चय की स्थिति बनी हुई थी इसकी सीमाएं दोनों देशों से लगी हुई थीं। राजा हरी सिंह कोई निर्णय नहीं कर पा रहे थे, उन्होंने 12 अगस्त को भारत और पाकिस्तान के साथ यथा स्थिति समझौता (Stand Still Agreement) का प्रस्ताव रखा जिसे दोनों सरकारों ने स्वीकार कर लिया। समझौते के कुछ ही दिन बाद पाकिस्तान ने इसका उल्लंघन करना शुरू कर दिया और पाकिस्तान-कश्मीरी शासक पर पाकिस्तान के साथ सम्मिलित होने के लिए दबाव डालने लगा। चेतावनी का कोई असर न होते देख पाकिस्तान ने पश्चिमी सीमा प्रांत के काबायलियों को कश्मीर में घुसपैठ करने और तोड़फोड़ की कार्यवाही को प्रोत्साहित किया ताकि कश्मीरी जनता जो कि मुस्लिम बाहुल्य थी अपने शासक के विरुद्ध विद्रोह कर बैठे और पाकिस्तान के साथ मिलने के लिए बाध्य कर दे।

20 अक्टूबर, 1947 को पाकिस्तान ने कश्मीर पर आक्रमण कर दिया। काबायलियों की आड़ में लगभग 20,000 पाकिस्तानी सैनिक, स्टेनगन तथा ग्रेनेड इत्यादि से लैस होकर 5 दिन में ही कश्मीर की राजधानी श्रीनगर से 15 मील दूर बारामूला तक पहुंच गए, 24 अक्टूबर को ही महुरा बिजली घर पर नियंत्रण कर श्रीनगर में अंधेरा फैला दिया। इस पर महाराजा हरी सिंह ने भारत से सहायता मांगी तो तत्कालीन भारतीय प्रधानमंत्री श्री जवाहर लाल नेहरू ने गृहमंत्री सरदार पटेल के दबाव में प्रतिक्रिया स्वरूप स्पष्ट कहा कि कश्मीर को हम तभी सहायता दे सकते हैं जब कश्मीर भारत में सम्मिलित हो जाए। इधर कश्मीर पर पाकिस्तान का दबाव बढ़ता जा रहा था, श्रीनगर की ओर पाकिस्तानी फौज द्रुत गति से बढ़ रही थी कोई रास्ता न देख अंततः 26 अक्टूबर, 1947 को कश्मीर के राजा हरी सिंह ने विलय पत्र पर हस्ताक्षर कर दिया इसी के साथ संवैधानिक दृष्टि से सारा जम्मू कश्मीर क्षेत्र भारत का अंग बन गया।

कश्मीर पर पाकिस्तान का दावा व भारतीय नीति तथा धारा 370

कश्मीर के प्रश्न पर पाकिस्तान के तर्क

1. कश्मीर का भारत में विलय भारत द्वारा प्रयोग की गई शक्ति और भय प्रदर्शन का परिणाम था।

2. कश्मीर एक मुस्लिम बाहुल्य प्रदेश है अतः वह क्षेत्र उसे प्राप्त होना चाहिए।
3. कश्मीर के महाराजा और पाकिस्तान के मध्य यथास्थिति समझौता संपन्न हो चुका था तब पाकिस्तान के बिना अनुमति के महाराजा द्वारा कश्मीर को भारत के साथ सम्मिलित करना न्याय संगत नहीं है।
4. कश्मीर के महाराजा द्वारा भारत के साथ जो समझौता हुआ था वह कुछ शर्तों पर आधारित था जो स्थायी नहीं कहा जा सकता, समयावधि के उपरांत उसे रद्द समझा जाना चाहिए।
5. कश्मीर के महाराजा द्वारा भारत के साथ विलय पत्र पर हस्ताक्षर करने के समय तक कश्मीर का अधिकांश भूभाग आंदोलनकारियों द्वारा अपने कब्जे में किया जा चुका था अतः इस विजित भूभाग पर भारत का अधिकार असंवैधानिक है।
6. कश्मीर का विलय जनमत संग्रह पर आधारित था इस प्रश्न पर पाकिस्तान को समानता का अधिकार है क्यांकि सभी निर्णय कांग्रेस और मुस्लिम लीग के रजामंदी से हुए थे।
7. कश्मीर के महाराजा ने जनता की इच्छा के विरुद्ध भारत में सम्मिलित होना स्वीकार किया था अतः यह वैधानिक नहीं है।
8. कश्मीर में उथल-पुथल जनता द्वारा भारतीय सरकार के प्रति अविश्वास का परिचायक है सुरक्षा बलों के प्रयोग से उनकी आवाजों को दबाया जाना व आंदोलनकारी नेताओं की गिरफ्तारी अनुचित है। यह भारत सरकार की कमजोरी दर्शाती है।

कश्मीर के प्रश्न पर भारत का तर्क

1. भारतीय स्वतंत्रता अधिनियम 1935 में यह व्यवस्था थी कि देशी रियासतों के शासक अपने भाग्य का निर्णय करने के लिए स्वतंत्र हैं। अन्य रियासतों के लिए भी यही प्रवेश पत्रक तथा प्रक्रिया अपनाई गई थी, अतः कश्मीर का भारत में विलय पूर्ण वैधानिक तौर पर हुआ है।
2. कश्मीर की जनता द्वारा भी अपनी स्वतंत्र रूप से निर्वाचित संविधान सभा के माध्यम से कश्मीर को भारतीय संघ का अभिन्न अंग घोषित किया गया है अतः जनमत संग्रह की बात पूर्ण आधारहीन है।

3. आत्मनिर्णय का प्रश्न एक लोकतंत्रीय प्रश्न है इसका प्रयोग राज्यों को टुकड़ों में विभाजित करने के लिए नहीं किया जाता है। उदाहरणार्थ क्या लंदन को यह स्वीकार होगा कि बेल्स के निवासियों को आत्मनिर्णय का अधिकार मिले और क्या पाकिस्तान सिंध प्रांत के निवासियों को आत्मनिर्णय का अधिकार दे देगा, क्योंकि ऐसे अधिकार दे देने से प्रत्येक देश की अखंडता खतरे में पड़ जाएगी।
4. भारत का दावा है कि पाकिस्तान एक आक्रामक देश है इसने शांति व सुरक्षा के वातावरण को दूषित कर दिया है। भारत ने सुरक्षा परिषद में यह मांग रखी थी कि पाकिस्तान को आक्रमणकारी घोषित कर इस पर प्रतिबंध लगाए जाएं।
5. पाकिस्तान सुरक्षा परिषद के निर्णयों को सरलता व निष्ठा से स्वीकार नहीं करता उसने कूटनीतिक दाव पेंचों का सहारा लेकर स्थिति को जटिल बना दिया है।
6. पाकिस्तान एक तृतीय पक्ष है जो किसी प्रकार का दावा प्रस्तुत नहीं कर सकता।
7. पाकिस्तान आतंकवादी देश है जम्मू कश्मीर में ही नहीं वह संपूर्ण भारत की शांति व्यवस्था भंग करना चाहता है भारत ने अंतर्राष्ट्रीय स्तर पर मांग की है कि इसे आतंकवादी देश घोषित कर इस पर कड़े प्रतिबंध लगाए जाएं।
8. पाकिस्तान किसी शांति वार्ता में दिलचस्पी नहीं लेता चाहे सुरक्षा परिषद हो या गुटनिर्पेक्ष आंदोलन। पाकिस्तान ने कश्मीर का मामला उठाकर गतिरोध उत्पन्न किया है।

"कश्मीर के प्रश्न पर सत्य व अहिंसा के पुजारी महात्मा गांधी का दृढ़ विश्वास था कि भारत का तर्क सत्य है, उन्होंने अपनी प्रार्थना सभा में लार्ड माउंट बेटन से कहा कि *"कश्मीर की रक्षा के लिए यदि भारत की सारी सेना कुर्बान हो जाए तो भी मेरी आंख से एक बूंद आंसू नहीं टपकेगा क्योंकि भारत सरकार का यह कार्य सत्य के मार्ग पर है।"*[8]

भारतीय नीति तथा धारा 370

आजाद कश्मीर फोर्स के नाम पर 24 अक्टूबर, 1947 को जब पाकिस्तान ने जम्मू कश्मीर राज्य पर हमला किया तो महाराजा हरी सिंह ने भारत सरकार से मदद मांगी। 26 अक्टूबर, 1947 को उन्होंने भारत सरकार के साथ एक विलय समझौता किया, जिसके तहत रक्षा, विदेशी मामलों तथा संचार क्षेत्र के सभी अधिकार

भारत सरकार को दे दिए गए। इस विलय समझौते की रूपरेखा दूसरी रियासतों के साथ किए गए समझौते जैसे ही थी लेकिन भारत सरकार के कहने पर यह तय हुआ कि जम्मू कश्मीर के भारत में विलय का अंतिम फैसला जम्मू कश्मीर की संविधान सभा देगी। विलय समझौता होने और राज्य की संविधान सभा द्वारा इस पर विचार करने के बीच की अवधि के लिए भारत के संविधान में कुछ अस्थायी प्रावधान किए गए, यह व्यवस्था संविधान में धारा 370 के जरिए की गई।

धारा 370 का मतलब यह है कि रक्षा, विदेशी मामलों तथा संचार के अलावा भारतीय संसद संघीय एवं समवर्ती विषयों की सूची पर के विषयों पर कानून बना सकती है, लेकिन जम्मू कश्मीर के मामले में इन पर राज्य सरकार की मंजूरी जरूरी है। इस तरह जम्मू कश्मीर राज्य को विशेष दर्जा मिल गया जो कि अन्य राज्यों में ऐसा नहीं है। यद्यपि धारा 370 की विषयवस्तु एक अस्थायी व्यवस्था थी जम्मू कश्मीर की संविधान सभा ने फरवरी, 1956 में भारत में राज्य के विलय की अभिपुष्टि कर दी, जिसके साथ ही विलय का मसला पूरी तरह निपट गया लेकिन रक्षा, विदेशी मामलों व संचार को छोड़कर अन्य विषयों पर संसद के अधिकार क्षेत्र का मसला यथावत लचीला बना रहा जो कि हमारी सरकार की कमजोरी उजागर करती है। धारा 370 के तहत भारत के राष्ट्रपति ने 1950 में पहला आदेश जारी किया था, यह आदेश जम्मू कश्मीर पर भारतीय संविधान के उन प्रावधानों को लागू करने से संबंधित था जिनका संबंध विलय समझौते में उल्लिखित तीनों विषयों से था। इन प्रावधानों को लागू करने के प्रस्ताव पर सरकार के प्रतिनिधियों तथा तत्कालीन जम्मू कश्मीर प्रधानमंत्री शेख अब्दुल्ला के बीच 1952 में दिल्ली में एक समझौता हुआ जो ''दिल्ली समझौता'' के नाम से जाना जाता है। इसके तहत भारतीय राष्ट्रपति द्वारा 1954 में एक संवैधानिक आदेश जारी कर अन्य दूसरे प्रावधानों को भी राज्य पर लागू किया गया। 1966 में जम्मू कश्मीर संविधान में संशोधन किया गया जिसमें सदर ए-रियासत के पदनाम को बदलकर राज्यपाल तथा प्रधानमंत्री को मुख्यमंत्री कर दिया गया और अन्य प्रावधानों का विस्तार कर धारा 356 उच्चतम न्यायालय, नियंत्रक एवं महालेखा परीक्षा तथा निर्वाचक आयोग के क्षेत्राधिकार में जम्मू कश्मीर को शामिल कर लिया गया। इसके अतिरिक्त राष्ट्रपति से असीमित अधिकार जैसे धारा 352, आपात घोषणा हेतु धारा 360 तथा संविधान स्थगन व दिशा निर्देशन 356 जैसे वैधानिक शक्तियां नियंत्रण से बाहर हैं। अतः

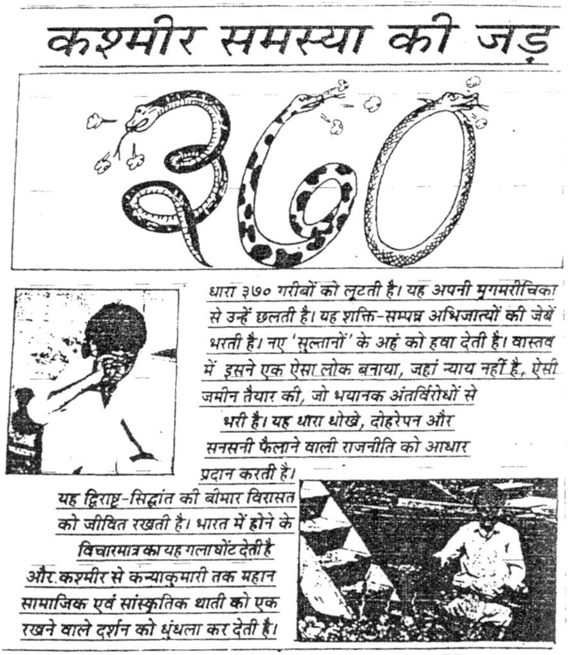

कश्मीर समस्या की जड़

360

धारा ३७० गरीबों को लूटती है। यह अपनी मृगमरीचिका से उन्हें छलती है। यह शक्ति-सम्पन्न अभिजात्यों की जेबें भरती है। नए 'सुल्तानों' के अहं को हवा देती है। वास्तव में इसने एक ऐसा लोक बनाया, जहां न्याय नहीं है, ऐसी जमीन तैयार की, जो भयानक अंतर्विरोधों से भरी है। यह धारा धोखे, दोहरेपन और सनसनी फैलाने वाली राजनीति को आधार प्रदान करती है।

यह द्विराष्ट्र-सिद्धांत की बीमार विरासत को जीवित रखती है। भारत में होने के विचारमात्र का यह गला घोंट देती है और कश्मीर से कन्याकुमारी तक महान सामाजिक एवं सांस्कृतिक थाती को एक रखने वाले दर्शन को धुंधला कर देती है।

राज्य का यही अपना अलग संविधान ही धारा 370 की देन है।

प्रदेश संविधान के प्रावधान

जम्मू कश्मीर के संविधान की खास दिक्कतें संपत्ति, नागरिकता और निवास के अधिकारों से जुड़ी है। भारत के नागरिक जम्मू कश्मीर के नागरिक नहीं होते उन्हें राज्य में बसने का कोई संवैधानिक अधिकार नहीं है, लेकिन जम्मू कश्मीर के लोगों को दो नागरिकताएं प्राप्त हैं, भारत और राज्य के नागरिक के रूप में। जो जम्मू कश्मीर के नागरिक नहीं हैं वे राज्य में संपत्ति नहीं बना सकते, उन्हें राज्य विधान सभा, स्थानीय निकायों, पंचायतों या सहकारिता संघों के लिए मतदान करने का कोई अधिकार नहीं है। इससे भी अन्याय पूर्ण बात यह है कि यदि कोई महिला ऐसे व्यक्ति से विवाह करती है जो राष्ट्र का नागरिक होते हुए भी राज्य का नागरिक नहीं है तो उसे संपत्ति से बेदखल कर दिया जाता है, वह अपने माता-पिता के संपत्ति की उत्तराधिकारी भी नहीं रहती। राज्य का अपना झंडा और अपना चिन्ह है, सरकारी

भवनों पर राष्ट्र व राज्य के झंडे एक साथ लहराते हैं, यह प्रावधान भावनात्मक अलगांववाद पैदा करता है।

भारत के संविधान की धारा - 370 के अंतर्गत जम्मू-कश्मीर के संबंध में अस्थायी प्रावधान

1. [3]इस संविधान की व्यवस्थाओं के बावजूद

(क) धारा 238 के प्रावधान जम्मू कश्मीर में लागू नहीं होंगे।

(ख) इस राज्य के लिए संसद की कानून बनाने की शक्तियां निम्नांकित मामलों तक सीमित रहेंगी :–

1. संघीय सूची और समवर्ती सूची के वे विषय जिनका भारतीय संघ में जम्मू कश्मीर के विलय संबंधी समझौते में उल्लेख है और जिन्हें राष्ट्रपति ने राज्य सरकार के साथ विचार-विमर्श के बाद बाकायदा घोषित कर रखा है। अन्य विषयों पर कानून राज्य सरकार बनाएगी।
2. इन सूचियों के ऐसे अन्य विषय जिन्हें राष्ट्रपति राज्य सरकार की सहमति से घोषित करें।

1. व्याख्या

इस धारा के संदर्भ में राज्य सरकार का अर्थ राष्ट्रपति द्वारा तत्कालिक तौर पर मान्यता प्राप्त व्यक्ति से है जैसे जम्मू कश्मीर के महाराजा अपनी 5 मार्च, 1948 की घोषणा के अंतर्गत अपनी मंत्रिपरिषद की सलाह से राजकाज चलाते रहे।

(ग) इस धारा तथा धारा-2 के प्रावधान इस राज्य पर लागू होंगे।

(ध) इस संविधान के ऐसे अन्य प्रावधान भी राज्य पर प्रभावी होंगे जिन्हें राष्ट्रपति अपवाद स्वरूप संशोधित रूप में लागू करने का आदेश दें।

इसके लिए शर्त यह है कि भारत में जम्मू कश्मीर के विलय संबंधी समझौते के उपखंड (i) के पैराग्राफ; (1) में वर्णित विषयों के लिए राष्ट्रपति कोई भी आदेश राज्य सरकार के साथ विचार विमर्श के वगैर जारी नहीं करेंगे।

एक और शर्त यह है कि समझौते में उल्लिखित विषयों के अतिरिक्त किसी भी विषय पर कानून बनाने के लिए राष्ट्रपति को राज्य सरकार की सहमति अनिवार्यतः प्राप्त करनी होगी।

2. यदि इस धारा के खंड; (i) के उपखंड (ख) के पैराग्राफ; (ii) या उपखंड (घ) की दूसरी शर्त के अनुरूप कानून बनाने के लिए राज्य सरकार की सहमति राज्य का संविधान न बनाने के लिए संविधान सभा के गठन से पूर्ण ली गई हो तो उसे राज्य विधान सभा के समक्ष रखना होगा, फिर वह चाहे जो फैसला करें।
3. इस धारा के समस्त पूर्ववर्ती प्रावधानों के बावजूद राष्ट्रपति सार्वजनिक अधिसूचना के जरिए यह घोषणा कर सकते हैं कि यह धारा अधिसूचना जारी किए जाने की तिथि के तत्काल प्रभाव से निरस्त कर दी गई है। या इस धारा के वे आपवादिक और संशोधित प्रावधान प्रभावी रहेंगे जिनका उल्लेख अधिघोषणा में किया गया है। इसके लिए शर्त यह है कि राष्ट्रपति द्वारा ऐसी अधिसूचना जारी किए जाने से पूर्व खंड (2) में वर्णित राज्य की संविधान सभा की सिफारिश अनिवार्य होगी।

दिल्ली समझौता

14 जुलाई 1952 को तत्कालीन भारतीय प्रधानमंत्री पं. जवाहर लाल नेहरू और कश्मीरी नेता शेख अब्दुल्ला के बीच एक विस्तृत समझौता हुआ। इस समझौते के प्रावधानों की घोषणा नेहरू ने 24 जुलाई 1952 को केंद्रीय संसद में की जिसे 19 अगस्त 1952 को जंबू और कश्मीर राज्य की संविधान सभा ने भी स्वीकृत प्रदान कर दी, इसे दिल्ली समझौता के नाम से जाना जाता है। इस समझौते के प्रमुख बिंदु निम्न हैं :–

(1) धारा 370 के प्रति प्रतिबद्धता

(2) सभी कश्मीरी भारत के नागरिक होंगे लेकिन राज्य विधायिका में यह शक्ति निहित होगी कि वह उन विशेष अधिकारों को राज्य के निवासियों को प्रदान करें, जो 1927 और 1932 के आंदोलन के फलस्वरूप उन्हें प्रदान हुए थे।

(बी. जे. ग्लैक्सी कमीशन 1932 की सिफारिश के आधार पर जो विशेष अधिकार प्रदान किए गए थे वह इस प्रकार थे –(I) खुतबा और अजान की पुर्नस्थापना, (II) किसी भी धर्म का अपमान करने पर कठोर सजा, (III) मुसलमानों की शिक्षा और नौकरी में सकारात्मक भेद, (IV) राज्य

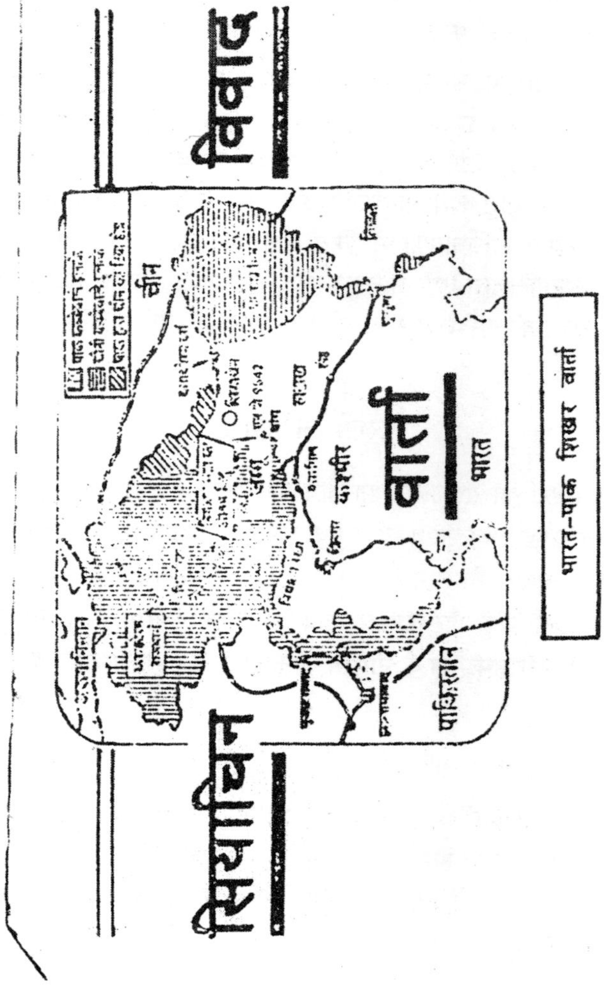

नौकरियां राज्य निवासियों के लिए सिद्धांत का कठोरता से पालन।)

(3) कश्मीर सहित संपूर्ण भारत का प्रधान भारत का राष्ट्रपति होगा।

(4) यद्यपि सदर-ए-रियासत केंद्र द्वारा मनोनीत किए जाने के बजाय राज्य विधायिका द्वारा निर्वाचित किया जाएगा, लेकिन भारत के राष्ट्रपति के सहमति के बिना वह पदभार ग्रहण नहीं कर सकेगा।

(5) कश्मीर का अपना अलग राजकीय ध्वज होगा, लेकिन राष्ट्रीय ध्वज (तिरंगा) को अलग और विशिष्ट स्थान देते हुए ही राजकीय ध्वज फहराया जा सकेगा।

(6) फौरी तौर पर सर्वोच्च न्यायालय के क्षेत्र से संबंधित प्रावधान जंबू और कश्मीर पर लागू होंगे।

(7) आंतरिक आपातकाल के उपबंध केवल राज्य विधायिका की सहमति से ही लागू किए जा सकेंगे (दिल्ली समझौते की घोषणा के बाद पैत्रिक राजतंत्र को समाप्त कर राज्याध्यक्ष को सदर-ए-रियासत की पदवी दे दी गई।)

कश्मीर समझौता

निम्नांकित बिंदुओं पर सहमति के बाद प्रधानमंत्री श्रीमती इंदिरा गांधी के साथ शेख मुहम्मद अब्दुल्ला का एक और समझौता हुआ जिसके परिणाम स्वरूप फरवरी 1975 में उन्होंने राज्य के मुख्यमंत्री का पद संभाला।

(1) जम्बू और कश्मीर भारतीय संघ का अविभाज्य अंग है तथा संघ के साथ उसके संबंधों का निर्धारण भविष्य में भारतीय संविधान की धारा 370 के अंतर्गत ही होगा।

(2) यद्यपि कानून बनाने की अवशिष्ट शक्तियां राज्य के पास रहेगी तथापि संघीय संसद का ऐसे तमाम विषयों पर कानून बनाने का अधिकार बरकरार रहेगा जिनका संबंध भारत की क्षेत्रीय अखंडता और प्रभुसत्ता को भंग करने, चुनौती देने या नकारने के किसी प्रत्यक्ष अथवा अप्रत्यक्ष प्रभाव

तथा भारतीय क्षेत्र के किसी भाग को उससे अलग करने या भारत के किसी क्षेत्र को संघ से अलग करने या भारतीय राष्ट्रीय ध्वज, भारतीय राष्ट्रीय गान एवं भारतीय संविधान का अपमान करने की किसी भी गतिविधि को रोकने से हो।

(3) यदि जम्मू कश्मीर राज्य में भारतीय संविधान के किसी प्रावधान को अनुकूलित और संशोधित अवस्था में लागू किया गया हो तो ऐसे अनुकूलनों और संशोधनों को धारा 370 के अंतर्गत राष्ट्रपति के आदेश के जरिए बदला या निरस्त किया जा सकता है तथा इस बारे में हर निजी प्रस्ताव को उसके दोषों व गुणों के आधार पर देखा जाएगा, लेकिन जम्बू राज्य में पहले से ही लागू संविधान के उन प्रावधानों को जो संशोधित या अनुकूलित अवस्था में लागू किए गए थे बदला नहीं जाएगा।

(4) कल्याण कार्यों, सांस्कृतिक मामलों, सामाजिक सुरक्षा, वैयक्तिक कानून तथा व्यावहारिक कानून आदि के मामलों में अपने खुद के कानून की जम्बू कश्मीर की स्वतंत्रता को राज्य की विशेष परिस्थितियों के अनुरूप सुनिश्चित करने की गरज से इस बात पर सहमति व्यक्त की जाती है कि राज्य सरकार 1953 के बाद संसद द्वारा राज्य के लिए बनाए गए या राज्य में लागू किए गए समवर्ती सूची के विषयों से जुड़े किसी भी कानून की समीक्षा कर सकती है, उसमें संशोधन कर सकती है या चाहे तो उसे रद्द कर सकती है। लिहाजा संविधान की 254वीं धारा के अंतर्गत समुचित कदम उठाए जाएं, ऐसे मामलों में राज्य सरकार राष्ट्रपति की सहमति लेने के बारे में सहानुभूति पूर्वक विचार करेगी, यही दृष्टिकोण उक्त धारा की उपधारा 2 के अंतर्गत संसद द्वारा भविष्य में बनाए जाने वाले कानूनों के बारे में भी अपनाया जाएगा। राज्य में ऐसा कोई भी कानून लागू करने से पहले उस राज्य सरकार से विचार विमर्श किया जाएगा और राज्य सरकार के विचारों पर अधिकतम ध्यान दिया जाएगा।

(5) जैसा कि संविधान की धारा 368 के अंतर्गत पारंपरिक प्रावधान है, राज्य में लागू इस धारा को राष्ट्रपति के आदेश के जरिए संशोधित करके ऐसी

व्यवस्था की जाए कि निम्नलिखित विषयों को प्रत्यक्षत या अप्रत्यक्षत प्रभावित करने की मंशा से जम्मू कश्मीर के संविधान में संशोधन हेतु राज्य विधायिका द्वारा बनाया जाने वाला कोई भी कानून तब तक लागू न हो जब तक कि उस कानून के विधेयक पर राष्ट्रपति की स्वीकृत नहीं ले ली जाती।

वे विषय हैं –

(अ) राज्यपाल की नियुक्ति, उसकी शक्तियां, उसके कार्य, कर्त्तव्य, विशेषाधिकार एवं उन्मुक्तियां तथा

(ब) चुनावों से जुड़े मामलों पर भारत के चुनाव आयोग का पर्यवेक्षण, दिशा निर्देशन, नियंत्रण एवं बिना किसी भेदभाव के मतदाता सूचियों में प्रविष्टियां, बालिग मताधिकार को सुनिश्चित करना और विधान परिषद का गठन, जिसका जम्मू कश्मीर के संविधान की धाराओं-138, 139, 140 एवं 50 में प्रावधान है।

(6) राज्यपाल और मुख्यमंत्री के पदनाम के सवाल पर कोई समझौता संभव नहीं था लिहाजा इस मामले को छोड़ दिया जाता है।

कहा जाता है कि राज्य का नागरिक संबंधी प्रावधान महाराजा के समय से ही चला आ रहा है, राज्य में अंग्रेजों को संपत्ति अर्जित करने और बस जाने से रोकने के लिए तथा बाद में बाकी भारत के अमीरों को जमीन हासिल करने से रोकने के लिए यह प्रावधान किया गया था ताकि इससे जमीन की कीमतें न बढ़ें और स्थानीय लोग बेदखल न हो जाए। यह भी कहा जाता है कि 20 और 30 के दशक में वे कश्मीरी पंडित ही थे जिन्होंने ऐसे कानून के लिए जोर दिया था, क्योंकि वे चाहते थे कि राज्य में संपत्ति अर्जित करने और उस पर अपना स्वामित्व बनाए रखने में उन्हें आसानी हो जाए और उन्हें इसके लिए किसी प्रतिस्पर्धा का सामना न करना पडे। यही उनकी भूल थी क्योंकि हाल की घटनाओं से उन्हें सबक ले लेना चाहिए वे अपने दम पर राज्य में इस्लामिक हमलों का मुकाबला करने में समर्थ नहीं होगे और न ही लद्दाख के बौद्धों में यह सामर्थ्य है।

इसलिए यह सुनिश्चित करने के लिए संविधान में संशोधन करना चाहिए

कि कोई भी कानून जो निवास आदि के आधार पर भारत के किसी भी नागरिक के साथ पक्षपात करता हो, संघीय संसद के सिवा किसी अन्य विधान मंडल द्वारा पारित नहीं किया जा सकता। बाल ठाकरे के महाराष्ट्र महाराष्ट्रियों के लिए आवाहन पर छातियां पीटने वाले धर्मनिरपेक्षता वादियों को कश्मीरी प्रावधान पर अलग अंदाज में सोचना ठीक नहीं होगा। दूसरे यह कि धारा 35 "क" जिसे जम्मू और कश्मीर में लागू होने वाले भारत के संविधान में राज्य के संविधान के नागरिक प्रावधानों वाले भाग तीन के साथ-साथ शामिल किया गया है उसे समाप्त कर देनी चाहिए क्योंकि राज्य में विद्रोहात्मक स्थिति व्याप्त है बाकी भारतीय नागरिकों को इस राज्य में बसने की छूट दे देनी चाहिए, ताकि व्यापार आदि गतिविधियों को बढ़ाकर तेजी से आर्थिक कमजोरी को सुधारा जा सके। घाटी आदि खतरनाक क्षेत्रों में सर्वप्रथम उन्हें बसाना चाहिए जो अपना जान जोखिम में डालकर देश की सुरक्षा करते हैं, सेना और केंद्रीय पैरामिल्ट्री बलों को जमीन खरीदने तथा बस जाने हेतु अनुदान देना चाहिए।

दुर्भाग्यवश आज हमारे नेता इन बातों पर ध्यान न देकर नौकरशाहों की कठपुतली बने हुए हैं। इन इलाकों के लोगों से सीधे संपर्क साधने के बजाय तथा उनकी समस्याओं पर गौर करने के बजाय दिल्ली के सत्ताधारियों ने उन्हें एजेंटों, स्थानीय नेताओं के जरिए मैनेज करना चाहा है, परिणामस्वरूप ये लोग इन स्थानीय नेताओं को, वह सब करने देने के लिए मजबूर हैं जो वे करना चाहते हैं। धारा 370 के विषय में वे कहते हैं कि कश्मीरियों की पहचान बचाने के लिए यह जरूरी है तो क्या अन्य लोगों के पहचानों का गला घोटने के लिए ऐसा किया गया है क्या, और लोग अपनी पहचान बचाए रखने लायक नहीं हैं। ये धर्मनिरपेक्षतावादी व स्वयत्ववादी असमियों की पहचान को लेकर चिंतित नहीं रहते जिन्हें बांग्लादेशियों, की बाढ़ ने घेर लिया है। यह विशेष दर्जा, यह संवैधानिक आदेश पूर्ण बचन क्या जम्मू कश्मीर के मुसलमान बहुसंख्यकों के लिए राज्य के अल्पसंख्यकों को कुचलने की तरकीब नहीं हो गए है। वे हिंदू जिन्हें खदेड़ दिया गया है, और लद्दाक के बौद्ध जिन्हें धर्म परिवर्तन के लिए बाध्य किया जाता है ये सब उनकी चिंता का विषय नहीं सिर्फ मुसलमानों की पहचान के लिए वे चिंतित हैं।

यदि उच्च न्यायालय के न्यायाधीश, विधायक पद भार ग्रहण करते वक्त भारतीय संविधान नहीं वरन राज्य संविधान का शपथ लेंगे तो अलग झंडा, अलग संविधान अलग शपथें, संसद द्वारा पारित कानून और राष्ट्रीय संविधान को लागू करने की

अलग प्रणाली यह सब सिर्फ अलगांववाद की भावना को बढ़ावा देगी। ऐसा ही हमने आनंदपुर साहिब के मामले में देखा, यह धारा दूसरी जगहों पर अलगांववाद का प्रेरक बन जाती है इस पर पुनर्विचार आवश्यक है।

जम्मू कश्मीर के पूर्व गवर्नर जगमोहन ने शासन के दौरान 1986 में अपनी डायरी में लिखा कि 'धारा 370 जनता के दिल में पर जीवियों को आहार उपलब्ध कराने से अधिक कुछ नहीं है। यह गरीबों को लूटती है यह अपनी मृगिमरीचिका से उन्हें छलती है। यह शक्ति संपन्न अभिजात्यों की जेबें भरती हैं नए सुल्तानों के अहं को हवा देती है। वास्तव में इसने एक ऐसा लोक बनाया है जहां न्याय नहीं हैं, ऐसी जमीन तैयार की है जो भयानक अंतर्विरोधों से भरी है। यह धारा धोखे, दोहरेपन और सनसनी फैलाने वाली राजनीति को आधार प्रदान करती है। यह द्विराष्ट्र सिद्धांत की बीमार विरासत को जीवित रखती है भारत में होने के विचार मात्र का यह गला घोंट देती है और कश्मीर से कन्या कुमारी तक महान सामाजिक और सांस्कृतिक थाती को एक रखने वाले दर्शन को धुंधला कर देती है। यह घाटी में एक प्रचंड भूकंप का केंद्र हो सकती है, एक ऐसा भूकंप जिसका कंपन्न पूरे देश में महसूस होगा और जिसके नतीजे अनपेक्षित होंगे।''[9]

कश्मीर हेतु हुए तीन संघर्ष व उनके परिणाम

भारत-पाक युद्ध-1948: संवैधानिक दृष्टि से कश्मीर के राजा हरी सिंह के विलय पत्र पर हस्ताक्षर कर देने के साथ ही कश्मीर भारत का अभिन्न अंग बन गया अतः भारत सरकार ने अपने दायित्वों का पालन करते हुए दुश्मन का मुंह पीछे घुमाने के लिए अपनी सेनाओं को कश्मीर में उतारना शुरू कर दिया। इस बीच पाकिस्तानी सेना लगातार आगे बढ़ रही थी लेकिन साहस और वीरता के दैदीप्यमान नक्षत्र ब्रिगेडियर राजेंद्र सिंह, लेफ्टीनेंट कर्नल डी. आर. राय और मेजर सोमनाथ जैसे कमांडरों ने पाकिस्तानी सेना को आगे बढ़ने से रोक दिया।

श्रीनगर के वाह्य क्षेत्र शोलाकोटा में 7 नवंबर 1947 को बड़ा ही घमासान युद्ध हुआ। 14 नवंबर तक 65 मील दूर उरी में शत्रुओं को पीछे धकेल दिया गया। इस समय भारतीय सेना नायक विश्व प्रसिद्ध जनरल पैटर्न के इस वाक्य पर अमल कर रहे थे जिन्होंने कहा था ''कोई भी कभी किसी चीज पर सफलता पूर्वक सुरक्षा नहीं कर सका है, बार-बार आक्रमण करो, सफल लड़ाई लड़ने का यही एक तरीका है।''

नौशेरा में भी भीषण युद्ध हुआ, ब्रिगेडियर उस्मान ने नौशेरा क्षेत्र से शत्रु को मार भगाया। भारतीय वायुसेना का इस क्षेत्र में बड़ा अच्छा प्रदर्शन रहा। राजौरी अभियान में अदम्य साहस का परिचय देते हुए 12 अप्रैल को सेकेंड लेफ्टीनेंट आर. आर. राणे ने तिरंगा फहराया। 23 नवंबर को कारगिल भी भारतीय सेना के अधीन हो गया। जोजीला पर सात स्टुवर्ट टैंक चढ़ाकर भारतीय सेना ने कमाल कर दिया। पुंछ क्षेत्र में भी 23 नवंबर को भारतीय सेना ने कब्जा कर लिया। 30 दिसंबर को भारत ने कश्मीर पर पाकिस्तानी हस्तक्षेप को लेकर संयुक्त राष्ट्र संघ में आवाज उठाई अंततः संयुक्त राष्ट्र के प्रयत्नों के फलस्वरूप 1 जनवरी 1949 को युद्ध विराम लागू हुआ लेकिन तब से अब तक सुरक्षा परिषद इस विवाद का कोई समाधान नहीं ढूढ़ सकी है।

इस उथल-पुथल के फलस्वरूप 1947 से 1957 तक लगभग 70 लाख मुसलमान भारत से पाकिस्तान गए और 65 लाख गैर मुस्लिम पाक से भारत आए। अनुमानतः भारतीयों ने पाकिस्तान में 3 हजार करोड़ और मुसलमानों ने भारत में 300 करोड़ की संपत्ति छोड़ी, 2 अप्रैल 1950 को सांप्रदायिक उपद्रवों को रोकने व अल्पसंख्यकों में रक्षा की भावना उत्पन्न करने के लिए भारत पाक प्रधानमंत्रियों के बीच "नेहरू लियाकत समझौता" हुआ था। सतलज, व्यास, रावी नदियों के हेड वर्क्स भारत में पड़ गए अतः नहरी विवाद की समस्या उठ खड़ी हुई। 1960 में भारत पाक में सिंध नदी के पानी के बंटवारे के बारे में नहरी पानी समझौता हुआ, आज भी ज्यादातर पाकिस्तान द्वारा इन शर्तों का उल्लंघन होता रहता है।

भारत-पाक युद्ध - 1965 : सन् 1965 में पाकिस्तान ने भारत पर दो बार आक्रमण किया। पहला आक्रमण अप्रैल में कच्छ के रन प्रदेश और दूसरा आक्रमण अगस्त सितंबर में कश्मीर पर हुआ। कच्छ के विषय में पाकिस्तान का मानना है कि 24 अक्षांश के ऊपर में 35 सौ वर्ग मील का क्षेत्र पुराने सिंध प्रदेश के अंदर था अतः देश विभाजन के बाद इसे पाकिस्तान के हिस्से में आना चाहिए इसे भारत ने अवैधानिक रूप से कब्जा कर रखा है। भारत का तर्क है कि यह संपूर्ण इलाका कच्छ के राजा के मातहत था जिसे राजा ने 1947 में ही भारत के साथ मिला दिया था अतः यह पूर्णतः भारतीय क्षेत्र है। उपरोक्त दावे के चलते पाकिस्तानी सेना टुकड़ियों ने भारतीय क्षेत्र में घुसकर कच्छ के कई क्षेत्रों पर अधिकार कर लिया। 9 अप्रैल से प्रारंभ हुई यह लड़ाई जून तक चलती रही। भारत ने इस पर तीव्र प्रतिरोध किया,

ब्रिटिश प्रधानमंत्री विल्सन की अध्यक्षता में युद्ध विराम हुआ।

इस समझौते के उपरांत पाकिस्तान ने गुरिल्ला सेनाओं के माध्यम से कश्मीर में पुनः तोड़-फोड़ उपद्रव की कार्यवाही करवाना शुरू कर दिया जिसका नेतृत्व पाकिस्तानी मेजर जनरल अख्तर हुसैन कर रहे थे। भारत के लिए भी जरूरी हो गया कि पाकिस्तानी इरादों को कुचल दे। इसी इरादे से भारतीय सैनिकों ने सर्वप्रथम श्रीनगर-लेह सड़क पर कब्जे के साथ कारगिल क्षेत्र के उन तीनों प्रतिष्ठानों पर अधिकार कर लिया जहां घुस पैठिए भारतीय क्षेत्र में प्रवेश करते थे। 25 अगस्त को टिथवाल क्षेत्र में भारतीय सेना ने दो और पाकिस्तानी प्रतिष्ठानों पर कब्जा कर लिया, इसके बाद उरी पुंछ क्षेत्र में सैनिक कार्यवाही में 8,600 फुट ऊंचा सामरिकी महत्व का हाजी पीर दर्रे पर भी हमारी सेनाओं ने कब्जा कर लिया।

अपनी विफलताओं को देखते हुए पाकिस्तान ने 1 सितंबर 1965 को टैंक तथा आधुनिकतम हथियारों से लैस होकर छम्ब प्रदेश पर आक्रमण कर दिया। पाकिस्तान का यह आक्रमण हिटलर के बिलट्ज क्रिग सामारिकी पर आधारित था उसका इरादा कश्मीर के साथ-साथ दिल्ली पर भी कब्जा करने का था। इस कार्यवाही को उसने "ग्रैंड स्लैम" नाम दिया। इसमें उसे तात्कालिक सफलता अवश्य मिलीं उसकी सेनाएं 5 सितंबर तक जैरिया अखनूर होते हुए चिनाव नदी के उस पुल तक पहुंच गई जो राजौरी और पुंछ को जोड़ता है। 5 सितंबर को पाकिस्तानी वायुसेना ने अमृतसर पर आक्रमण कर दिया अब भारत के लिए जवाबी कार्यवाही अनिवार्य हो गई भारत ने 6 सितंबर को पाकिस्तान के पंजाब प्रांत पर आक्रमण कर दिया। भारतीय सेनाएं लाहौर होती हुई स्यालकोट तक घुस गईं। छम्ब जौरिया क्षेत्र में पाकिस्तान का सैनिक दबाव कम हो गया।

पंजाब क्षेत्र में घमासान युद्ध हुआ, खेमकरण का मोर्चा टैंकों की लड़ाई में ऐतिहासिक रण स्थल बन गया। इसी मोर्चे पर बीर अब्दुल हमीद ने उन अजेय समझे जाने वाले पैटर्न टैंकों को अपने स्वदेश निर्मित हथगोले से मिट्टी के खिलौने की भांति तोड़ दिया जिसे अमेरिका ने पाकिस्तान को इस लड़ाई के लिए विशेष रूप से दिया था। 12 सितंबर को फिल्लौरा क्षेत्र में 65 पाकिस्तानी टैंकों को तोड़ दिया गया। इस कार्यवाही के प्रथम दिन ही प्रसिद्ध टैंक विरोधी इच्छोगिल नहर को तीसरी जाट बटालियन द्वारा पार कर ली गई। अन्य अनेक जगहों पर भी पाकिस्तानी मोर्चे कमजोर पड़ने लगे।

अब पाकिस्तानी शासकों के समक्ष युद्ध विराम के अतिरिक्त कोई चारा नहीं था, अंततः 20 सितंबर के सुरक्षा परिषद के प्रस्ताव का पालन करते हुए 22-23 सितंबर की रात को 3.30 बजे युद्ध बंद कर दिया गया।

युद्ध विराम के कारण : भारत ने युद्ध विराम इस लिए माना क्योंकि उसके अपने उद्देश्य पूरे हो चुके थे। ये उद्देश्य इस प्रकार थे :–

1. बल प्रयोग द्वारा कश्मीर लेने के पाकिस्तानी प्रयास को विफल करना।
2. पाक को और विश्व को यह बताना कि कश्मीर भारत का अंग है और आक्रमणकारी को कुचल दिया जाएगा।
3. इस बात को सिद्ध करना कि भारत एक शांति प्रिय राष्ट्र है लेकिन आवश्यकता पड़ने पर वह शत्रु से मुकाबला करने में सक्षम है।
4. अमेरिका को यह स्पष्ट करना था कि साम्यवाद के प्रतिरोध के नाम पर पाक को जो विशाल सैन्य सहायता दी गई थी उनका पाक द्वारा एक प्रजातांत्रिक राष्ट्र पर कितना दुरुपयोग किया गया।
5. सर्वोपरि उद्देश्य भारत के लिए संकट बनी पाक सैनिक संधि को गंभीर क्षति पहुंचा देना था।

भारत पाक युद्ध के परिणाम

1. इस युद्ध से यह सिद्ध हो गया कि अंततः अपनी ही शक्ति काम आती है पाकिस्तान को यह आशा थी कि अमेरिका, चीन, व सीटों, सेंटों जैसे संगठन हमारी मदद करेंगे, किंतु उसे निराश होना पड़ा।
2. इससे यह स्पष्ट हो गया कि आपसी झगड़े सहमति से निपटाए जाते हैं न कि युद्ध द्वारा।
3. इस युद्ध में यह सिद्ध हो गया कि मात्र श्रेष्ठतम शस्त्र ही किसी की रक्षा नहीं कर सकते अपितु उच्च मनोबल व कुशल नेतृत्व तथा सैनिक योजनाओं का कुशल नियोजन भी अनिवार्य है।
4. इस युद्ध ने बता दिया है कि शांति काल में हिंदू, मुस्लिम, सिक्ख, ईसाई में मतभेद हो सकते हैं पर संकट में राष्ट्र हित हेतु एकता की मजबूत कड़ी बन जाएंगे।

5. इस युद्ध में यह सिद्ध हो गया कि नेहरू के भारत को शास्त्री जैसे योग्य उत्तराधिकारी और बीर कमांडर संभाले हुए है जो किसी भी दशा में पीछे नहीं हटेंगे।
6. इस युद्ध में भारत को अपने शत्रु और मित्र राष्ट्रों का पता चल गया, ब्रिटेन ने आलोचना की, इंडोनेशिया, टर्की, ईरान आदि देशों ने भारत के प्रति शत्रुतापूर्ण और सोवियत रूस ने मित्रता पूर्ण रवैया अपनाया।

भारत पाक युद्ध - 1971 : पाकिस्तान की स्थापना के समय से ही इसके दोनों भागों पश्चिमी एवं पूर्वी पाकिस्तान के संबंध मधुर नहीं थे। सत्ता पश्चिम पाकिस्तान के नियंत्रण में थी, पाकिस्तानी सरकार ने पश्चिम पाकिस्तान और पूर्वी पाकिस्तान के संबंधों में शासक देश और शासित देश के औपनिवेशिक संबंधों का रूप धारण कर लिया। इसके विरोध में पूर्वी पाकिस्तान में प्रारंभ से ही स्वायत्तता के लिए आंदोलन प्रारंभ हो गया। यह एक जनशक्ति आंदोलन था, इसके मुखिया शेख मुजीर्बुरहमान थे। याह्या खां ने आदेश दिया कि अवामी पार्टी व आंदोलनकारियों को कुचल दिया जाए अतः 25 मार्च 1971 को पाकिस्तानी सेना ने तोपों और टैंकों से ढाका पर हमला बोल दिया। शेख मुजीबुर्रहमान को गिरफ्तार कर लिया गया कई नगरों तथा महत्वपूर्ण स्थानों को ध्वस्त कर दिया गया। हिंदू इलाकों तथा विश्वविद्यालय को सेना ने मुख्य केंद्र बनाया बहुत से आंदोलनकारियों को मार दिया गया और महिलाओं का अपहरण करके जबरन सैनिक बैरकों में ले जाया गया। याह्या खान सरकार के नृशंसता, प्रशुता व अत्याचार से पीड़ित पूर्वी बंगाल के लगभग एक करोड़ व्यक्ति अपना घर-बार छोड़कर भारत में शरण लेने आ पहुंचे। राजनैतिक और आर्थिक दृष्टि से भारत् पर इसका जबरदस्त प्रभाव पड़ा, देश का स्थायित्व व सुरक्षा व्यवस्था डगमगाने लगी। शेख मुजीबुर्रहमान ने जेल में रहकर अपनी चार मांगें रखी जिसे याह्या खां सरकार ने नामंजूर कर दिया। ये मांगें निम्न थीं :–

1. सैनिक शासन समाप्त किया जाए।
2. सैनिकों को बैरिकों में वापस भेजा जाए।
3. हत्याओं की जांच कराई ज़ाए।
4. जनता के निर्वाचित प्रतिनिधियों को सत्ता सौंपी जाए।

भारत ने पाकिस्तान को उचित सलाह दी कि वह पूर्वी पाकिस्तान में हो रहे

अत्याचार को बंद करें, वहां शांति स्थापना का प्रयास करें तथा शरणार्थियों को वापस बुलाए, लेकिन पाकिस्तानी सरकार ने न केवल इन सुझावों को नजर-अंदाज किया वरन् भारत पर आक्रमण का मन बना लिया। पंजाब और सिंध में उसने ''क्रशइंडिया'' के तहत अभियान शुरू कर दिया और अपना युद्धोन्माद सीमाओं तक ले आया। याह्या खां ने न्यूज वीक साप्ताहिक की भेंटवार्ता में साफ शब्दों में कहा कि ''हमारा भारत के साथ युद्ध अवश्यंभावी है।[10] अतः तीन दिसंबर को पाकिस्तानी वायुसेना ने एक साथ श्रीनगर, पठान कोट, अवंतीपुर, उत्तलाई, जोधपुर, अंबाला और आगरा पर हवाई हमला बोल दिया। उसकी स्थल सेना ने जम्मू कश्मीर से राजस्थान तक की पश्चिमी सीमा पर धावा बोल दिया तथा अगले दिन 4 दिसंबर को उसने भारत के विरुद्ध युद्ध की घोषणा कर दी।

इस आक्रमण से सारा देश स्तब्ध रह गया, देश की प्रधानमंत्री श्रीमती इंदिरा गांधी देश के बाहर थीं तत्काल प्रधानमंत्री, प्रतिरक्षा मंत्री और वित्त मंत्री दिल्ली लौट आए, देश में आपातकाल की घोषणा कर दी गई। भारतीय सेनाओं के तीनों अंगों ने चुनौती को स्वीकार कर अभेद लौह दुर्ग का रूप ले लिया। तीन दिसंबर की रात्रि को ही भारतीय वायुसेना जवाबी हमले के तहत पाकिस्तान के सरगोधा, चंगामंगा (लाहौर) मसरूर (करांची), रिसालवाला (रावलपिंडी), बादीन (कच्छ), आदि हवाई अड्डों पर आक्रमण कर कई विमानों को नष्ट कर दिया। तीन दिसंबर को ही हमारी पूर्वी बेड़े के निकट विनाशक आई.एन.एस. राजपूत ने पाकिस्तान के प्रसिद्ध जलपोत ''गांजी'' को डुबो दिया। चार दिसंबर को थोड़े समय के लिए आक्रमण रोक दिया गया और अमेरिकन आदि नागरिकों को स्वदेश लौट जाने को कहा गया। इस बीच 4 दिसंबर को पाकिस्तानी विमानों ने पठानकोट, अमृतसर, श्रीनगर, उत्तलाई व आगरा आदि पर बम बरसाए लेकिन कोई विशेष नुकसान नहीं हुआ।

पांच दिसंबर को आक्रमण की गति तेजकर दी गई हमारी नौसेना और वायु सेना ने पाक के बंदरगाहों और हवाई अड्डों पर जोरदार बमबारी की। करांची बंदरगाह पर हुए आक्रमण ने पाकिस्तान के तीन विनाशक पोत को क्षतिग्रस्त कर दिया और ''खैबर'' तथा ''शाहजहां'' को डुबो दिया। मसरूर हवाई अड्डे को भी नष्ट कर दिया गया, बंगाल की खाड़ी में भी हमारी नौसेना ने पाकिस्तानी पनडुब्बी को डुबो दिया। चटगांव बंदरगाह पर विश्राम कर रहे तटस्थ जलपोतों को तुरंत खाड़ी छोड़ देने की चेतावनी दे दी गई।

लोगोंवाला पर पाकिस्तानी सैनिकों ने 40 टैंकों और तोपाखानों के साथ आक्रमण कर दिया। हमारे सैनिकों ने हंटर और मिग विमानों की मदद से शत्रु के 30 टैंकों को नष्ट कर पाकिस्तानी सेना को पीछे ढकेल दिया। पाकिस्तानी विमानों के राजस्थान के बीकानेर और गंगा नगर पर किए गये आक्रमण को भी हमारी विमान भेदी तोपों ने विफल कर दिया। अमृतसर सेक्टर में भारतीय सेना ने जोरदार आक्रमण करके गुर्की, येहपुरा, को अपने कब्जे में कर लिया तथा हमारी विमान भेदी तोपों ने शत्रु के तीन स्टार फाइटर विमान मार गिराया।

6 दिसंबर को भारतीय नौसेना ने पूर्वी पाकिस्तान के चटगांव, मोगला, काक्स बाजार तथा चालना बंदरगाह पर बम बरसा कर काफी नुकसान पहुंचाया। इसी दिन प्रधानमंत्री श्रीमती इंदिरा गांधी ने लोक सभा और राज्य सभा में प्रजातांत्रिक बांग्ला देश को मान्यता देने की ऐतिहासिक घोषणा की जिसका सभी राजनीतिक दलों ने स्वागत किया। सैनिकों ने 1965 के अंतर्राष्ट्रीय निर्णय के तहत दिए गए कच्छ के छाड़वेट क्षेत्र पर पुनः कब्जा कर लिया। पूर्वी क्षेत्र में केनी शहर तथा कुश्तिया जिले में काजीपुर, मैमनसिंह, बक्शीगंज और सिलहट में लाटू-जूरी, करौला, मुंशी बाजार पर अधिकार प्राप्त कर लिया। लंदन से प्रकाशित डेली मिरर के संवाददाता ने बांग्लादेश से भेजी अपनी रिपोर्ट में लिखा था कि "भारतीय सेनाओं का युद्ध द्वितीय विश्व युद्ध की याद ताजा कराता है। कृष्णानगर से बांग्लादेश में प्रविष्ट होकर हम एक स्थान से दूसरे स्थान पर बढ़ते गए जैसे हम 1944 में फ्रांस में मित्र देशों की प्रगति देख रहे हों।"[11]

सात दिसंबर को भारतीय सेना ने जैसोर पर अधिकार कर लिया तथा छम्ब और मुब्बरतवी का पश्चिमी हिस्सा पाक के अधिकार में चला गया। जम्मू कश्मीर के कारगिल क्षेत्र में दो पाकिस्तानी चौकियां जीत ली गईं तथा पाक के 6 टैंक नष्ट कर दिये गए, बांग्लादेश के सिलहट पर भी हमारा कब्जा हो गया। आठ दिसंबर को झेनिवा और जैसोर के पूर्व की ओर बढकर भारतीय सेना ने प्रमुख रेल सड़क जंक्शन मांगुरा पर कब्जा कर लिया इस क्षेत्र के उत्तर से पाक सैनिकों का संपर्क टूट गया। चारखाई से आगे बढ़कर पीरगंज पर भी हमारा कब्जा हो गया जो कि एक महत्वपूर्ण सड़क जंक्शन है। नौ तथा दस दिसंबर को भारतीय वायु सेना ने जमालपुर पर भयंकर गोलाबारी की तथा स्थल सेना की एक टुकड़ी चोरी छिपे बख्शीगंज से नदी पार कर जमालपुर में पाक सेना की घेरेबंदी कर ली। अब पाकिस्तानी सेनाएं पूर्णतः घिर चुकी थीं उसके सैनिकों ने हमारे कमांडर सुल्तान अहमद के पास आत्म समर्पण

का संदेश भेजा। ग्यारह दिसंबर को भारतीय और मुक्तिवाहिनी सेनाओं ने मिलकर मैमन सिंह पर कब्जा कर लिया तथा ढाका की ओर चल पड़े, हमारी वायु सेना ने इस दिन खुलना बंदरगाह पर बम वर्षा करके शत्रु के 6 छोटे जलपोतों और 10 स्टीमरों को नष्ट कर दिया। ग्यारह दिसंबर को भारतीय सेनाध्यक्ष जनरल मानेकशां ने पाक सेनाओं को आत्म समर्पण के लिए कहा। उन्होंने अपने संदेश में कहा कि ''आपके प्रयत्न शौर्यपूर्ण किंतु निरर्थक है। आप व्यर्थ हताहत हो रहे हैं। आपके कमांडर आपको झूठी आशाएं दिला रहे हैं। आपके निकल भागने का कोई रास्ता नहीं है अतः आप अपने घर वालों के लिए आत्म समर्पण कर दीजिए, और जल्दी कीजिए।''

12 दिसंबर को नौसेना के पूर्वी बेड़े ने चटगांव के पास पाकिस्तानी सैनिकों से लदे जलपोतों को नष्ट कर दिया। विक्रांत ने चटगांव, काक्सबाजार, चरिंगा, बारीसाल के राजापुर पर बम वर्षा कर हवाई पट्टियों व सैनिक ठिकाने को नुकसान पहुंचाई घमासान लड़ाई के बाद महापाड़ा को भी अपने नियंत्रण में ले लिया गया।

13 दिसंबर को राजस्थान के पर्वत अली पर धावा बोलकर लगभग एक हजार वर्ग मील क्षेत्र पर भारतीय सेना ने अधिकार कर लिया उधर ढाका भारतीय तोपखाने के मार के अंदर आ गया। चूंकि अमेरिका ने पाकिस्तान को यह वचन दिया था कि साम्यवाद या साम्यवादी गुट से प्रभावित और नियंत्रित किसी भी देश के आक्रमण से वह पाकिस्तान की पूरी रक्षा करेगा। पाकिस्तान के अनुरोध पर वह अपना परमाणु शक्ति संपन्न बेड़ा ''इंटर प्राइजेज'' को खाड़ी में रवाना कर दिया ताकि भारतीय सेनाओं को हतोत्साहित और पाकिस्तानी सेनाओं को उत्साहित कर सके। किंतु भारत के अनुरोध पर अपनी मित्रता की अमिट छाप छोड़ते हुए सोवियत रूस ने इंटर प्राइजेज के जवाब में अपना परमाणु विक बेड़ा ''सेविन फील्ड'' को खाड़ी में छोड़ दिया और अमेरिका को खुली चुनौती दे दी। अमेरिका ने स्थिति को समझते हुए अपना बेड़ा वापस बुला लिया फलस्वरूप एक और विश्व युद्ध होते-होते बच गया। अब पाकिस्तान के पास आत्मसमर्पण के अलावा कोई चारा नहीं था।

चौदह दिसंबर को भारतीय सेना ने शंकरगढ़ की 900 वर्ग मील क्षेत्र को रौंद डाला, 15-16 दिसंबर को शंकरगढ़ क्षेत्र में बसवार नदी के तट पर सबसे बड़ा टैंक युद्ध हुआ, इसमें 15 टैंकों को गवांकर शत्रु के 45 पैटर्न टैंकों को धूल में मिला दिया गया, अंततः पूर्वी कमान के कमांडर जनरल नियाजी ने 16 दिसंबर को 4.30 बजे आत्म समर्पण के दस्तावेज पर हस्ताक्षर कर दिए, तुरंत भारतीय प्रधानमंत्री ने आजाद

बांग्लादेश की घोषणा की जिसे कई राष्ट्रों ने स्वीकार कर लिया।

यह अजीब संयोग था कि 16 दिसंबर को ढाका के उसी रेसकोर्स मैदान में आत्मसमर्पण किया जहां से अवामी लीग के अग्रदूत शेख मुजीबुर्रहमान ने कुर्बानियों से भरा बगावत का झंडा ऊंचा किया था। यह भी अजीब संयोग रहा कि किसी समय जनरल नियाजी और जगजीत सिंह अरोड़ा एक ही अकादमी में एक सत्र में साथ-साथ सैन्य अभ्यास करते थे। कौन जानता था कि बाद में यह दोनों आमने-सामने विजित और विजेता के रूप में मिलेंगे।

युद्ध के परिणाम :

1. श्रीमती इंदिरा गांधी की दूर दर्शिता और कुशल नेतृत्व से यह सिद्ध हो गया कि भारत में कुशल राजनीतिज्ञों की कमी नहीं है। राजनैतिक मोर्चे पर हमारी विजय का कारण हमारे राजनीतिज्ञों की भव्य कूटनीति रही है।
2. तीनों सेनाओं का पारस्परिक सहयोग एवं इनका साहसिक प्रयोग ने सिद्ध कर दिया कि हम किसी से कम नहीं हैं। पाकिस्तान के 90 हजार सैनिकों का आत्म समर्पण इतिहास की पहली घटना है जिसमें कि इतने कम समय के युद्ध में इतनी अच्छी विजय प्राप्त हुई हो।
3. इस युद्ध ने यह सिद्ध कर दिया कि जहां धर्म का पालन हो रहा हो वहां विजय अवश्यंभावी है तथा अन्यायी को दंडित करना धर्म ही नहीं अपितु अनिवार्य है।
4. इस युद्ध ने यह भी दिखा दिया कि न्याय के लिए चल रहा सच्चा जनांदोलन कभी भी किसी सरकार द्वारा दबाया नहीं जा सकता।
5. इस युद्ध में यह भी सिद्ध हो गया कि बदलते राजनीतिक परिवेश में न कोई किसी का शत्रु है और न मित्र, सिर्फ अपने-अपने स्वार्थ हैं जो शत्रु और मित्र बनाते हैं।
6. इस युद्ध ने यह प्रमाणित कर दिया कि युद्ध में विजय के लिए न केवल आधुनिकतम शस्त्र काम देते हैं वरन् साहस, विवेक और प्रगतिशील नीतियों की महत्वपूर्ण भूमिका होती है।
7. इस युद्ध में हमने यह भी सीखा कि सभी क्षेत्रों में आत्मनिर्भरता भविष्य के युद्धों में सफलता की कुंजी है।

अवकाश प्राप्त मेजर जनरल डी.के. पालित ने इस युद्ध के विषय में कहा है कि '*'दुनिया के लंबे इतिहास में पहले ऐसा कभी नहीं हुआ कि इतने थोड़े दिनों में किसी सेना ने साढ़े सात करोड़ लोगों को आजाद कर दिया हो।*''[12]

ब्रिटिश सैन्य अधिकारी कैनेथ हंट ने कहा कि *''भारतीय सेना ने 13 दिनों में बांग्लादेश के 50 हजार वर्ग मील क्षेत्र में एक लाख से अधिक पाकिस्तानी सेना को परास्त करके विश्व सैन्य इतिहास में शौर्य और रण कौशल की नई मिसाल कायम की है।*[13]

शिमला व ताशकंद समझौता तथा उनकी विफलता

ताशकंद समझौता - 1966 : सन् 1965 की हार के बाद पाकिस्तान को यह आभास हो गया कि कश्मीर को सैनिक ताकत से हासिल नहीं किया जा सकता, अतः उसने इस मुद्दे पर समझौते का मन बना लिया क्योंकि ऐसा संयुक्त राष्ट्र का दबाव भी पड़ रहा था। भारत इसके लिए सहर्ष तैयार था इसीलिए 10 जनवरी 1966 को ताशकंद में भारत और पाकिस्तानी प्रधानमंत्रियों के बीच ताशंकद समझौता हुआ। यह समझौता संयुक्त राष्ट्र संघ की मध्यस्थता में हुआ। पाकिस्तान द्वारा शुरू से ही उल्लंघन की घटनाएं पूर्वतः जारी रही, जबकि भारत ने ताशकंद में हाजीपीर, कारगिल और टिथवाल दर्रो से अपनी सेना हटाने वाला शांति प्रस्ताव स्वीकार कर लिया, इसके अनेक कारण थे :–

श्री चाह्वाण ने 31 जनवरी 1966 को पटना मे एक सार्वजनिक सभा में कहा कि –'ताशकंद रवाना होने से पूर्व शास्त्री जी के दिमांग में तीन बातें थीं :–

1. पाकिस्तान के साथ हमारे जो भी मतभेद हैं उनका हल निकालने के लिए बल का प्रयोग नहीं होना चाहिए।
2. युद्ध विराम की शर्तें ईमानदारी से मानी जाएं।
3. एक दूसरे के मामले में हस्तक्षेप नहीं होना चाहिए।

श्री शास्त्री जी का विचार था कि यदि ताशकंद में पाकिस्तान कोसीगिन के सामने यह मान लेता है कि वह युद्ध नहीं करेगा तो वह एक बड़ी बात होगी क्योंकि भविष्य में पाकिस्तान द्वारा वचन भंग की स्थिति में भारत को रूस की सहायता मिलती रहेगी।

10 जनवरी 1966 को हर्ष और उल्लास के बीच जिस ऐतिहासिक ताशकंद पर हस्ताक्षर हुए वह निष्पक्ष थी। श्री कोसीगिन ने यह कहा कि "यह घोषणा भारत पाकिस्तान संबंधों में एक नवयुग को सूचित करती है व सैनिक संघर्ष समाप्त करती है। दो बड़ी एशियाई शक्तियों के सामान्य संबंधों में बाधाएं डालने वाली कठिनाइयों पर विजय पाने के मार्ग का निर्देशन करती है और हमारी सम्मति में विजय के इस महत्वपूर्ण क्षेत्र में शांतिपूर्ण स्थिति बनाए रखने की वास्तविक आधार शिला प्रस्तुत करती है। लेकिन समझौते के तुरंत बाद भारतीय प्रधानमंत्री श्री लाल बहादुर शास्त्री की रहस्यमय मौत और पाकिस्तान की आनाकानी से यह समझौता अधर में लटक गया।

शिमला समझौता - 1972 : शिमला समझौता वास्तव में एक गोल मोल समझौता है। 1972 में जब श्रीमती इंदिरा गांधी और जुल्फिकार अली भुट्टो के बीच शिमला वार्ता चल रही थी तो कश्मीर के मामले में मतभेद इतने अधिक थे कि किसी समझौते की संभावना नहीं थी। मगर उस समय राजनैतिक स्थिति दोनों देशों की ऐसी थी कि कोई न कोई समझौता करना आवश्यक था अतः गोल-मोल भाषा वाला एक समझौता हो गया।

आज कोई भी यह बात पूछ सकता है कि जब कश्मीर भारत का अभिन्न अंग है तो फिर विवाद ग्रस्त क्यों माना गया और द्विपक्षीय वार्ताओं की जरूरत क्यों समझी गई। कहा जाता है कि इसमें पाक अधिकृत कश्मीर भी शामिल है तो समझौतों में दोनों कश्मीरों का उल्लेख क्यों नहीं किया गया। फिर भी यह सब जानते हुए भी कि इसका क्या अंजाम होगा भारत ने ताशकंद की तरह एक और समझौता किया, जो 2 जुलाई 1972 को शिमला में श्रीमती इंदिरा गांधी और जुल्फिकार अली भुट्टो के बीच हुआ, इसकी मुख्य शर्तें निम्नांकित हैं :-

1. दोनों देशों के आपसी समस्याओं का समाधान।
2. युद्ध बंदियों का आदान-प्रदान।
3. यातायात की सुविधा।
4. व्यापारिक संबंधों को सुधारना।

कुछ वर्ष पूर्व पाकिस्तान के विदेश मंत्री ने कश्मीर की समस्या के साथ दोनों देशों की सैन्य शक्ति का एक-दूसरे द्वारा निर्धारण और निरीक्षण की घोषणा की

लेकिन इस पर किसी की तरफ से कोई सकारात्मक कदम नहीं उठाए गए। 1980 में पाकिस्तानी विदेश मंत्री पत्रकारों के सामने इस बात को जोर देकर कहा था कि उनका इरादा दोनों देशों में समानता का सुझाव देना नहीं है और न ही कश्मीर मुद्दे पर अंतर्राष्ट्रीय चर्चा करना है, इसका उद्देश्य सिर्फ पाकिस्तान की विदेश-नीति संबंधी दृष्टिकोण को उजागर करना है कि वह कश्मीर समस्या का हल शिमला समझौते के तहत करने के लिए तैयार हैं। लेकिन क्या सचमुच पाकिस्तान-कश्मीर में सुधार चाहता है, यदि हाँ तो उसे मानकर चलना होगा कि कश्मीर समस्या का हल निकल चुका है।

बेनजीर भुट्टो स्वयं जानती थी कि इंदिरा गांधी युद्ध में प्राप्त सभी लाभों को त्यागने पर सहमत हुई थी जब जुल्फिकार भुट्टो ने ईमानदारी से मौखिक बचन दिया था कि कश्मीर की समस्या मात्र दोनों देशों की आपसी बातचीत से सुलझाई जाएगी जिसके माध्यम से कुछ भूभागीय लेन-देन के उपरांत वास्तविक नियंत्रण रेखा (Line of Actual Control) को विधिवत अंतर्राष्ट्रीय सीमा में बदल दी जाएगी। इस प्रकार पाकिस्तान के पास अधिकृत कश्मीर रहेगा, जबकि जम्मू कश्मीर का शेष भू-भाग भारत के अधिकार में रहेगा। राष्ट्र संघ के जनमत संबंधी मूलभूत प्रस्ताओं को कार्य रूप नहीं दिया जा सका, क्योंकि दो दशकों तक पाकिस्तान पाक अधिकृत कश्मीर से अपनी सेनाएं नहीं हटाई हैं। हमने युद्ध के दौरान बंदी बनाए गए पाकिस्तानी युद्ध बंदियों को ससम्मान वापस जाने दिया लेकिन हमारे कुछ जवान जो पाकिस्तान द्वारा बंदी बना लिए गए थे, उनकी जेलों में खुंखार कैदियों से भी बदतर जीवन गुजार रहे हें, जिनमें बहुतों ने जान गंवा दिए हैं। भारत सरकार के बार-बार अनुरोध के बावजूद पाकिस्तान इस बात को नजरअंदाज कर देता है, इसी कारण शिमला समझौते की प्रासंगिकता दिखाई नहीं देती।

आज पाकिस्तान जुल्फिकार अली भुट्टो के इस मसले पर आपसी बातचीत को भी महत्व नहीं देता, वह मध्यस्थता या तीसरे पक्षों की आवश्यकता पर बल देता है। सितंबर 1993 में इस मसले पर पत्रकार वार्ता में पाकिस्तानी उच्चायुक्त रियाज खोखर ने कहा कि "पाकिस्तान को इसका पूरा अधिकार है कि वह कश्मीर मामले को अंतर्राष्ट्रीय स्तर पर उठाए, 1972 के शिमला समझौते में इसका कोई निषेध नहीं किया गया है। उन्होंने यह भी कहा कि हम इसको अंतर्राष्ट्रीय विवाद मानते हैं, और भारत 1972 से अब तक इस विवाद को निबटाने की पहल नहीं की। इस पर जबरदस्त प्रतिक्रिया व्यक्त करते हुए कांगेस प्रवक्ता बी. एन. गाडगिल ने कहा, कि

"हम वार्ता के लिए सहर्ष तैयार हैं लेकिन पाकिस्तान ही इसके लिए तैयार नहीं है।"

वैसे शिमला समझौता हुए लगभग चार दशक से ज्यादा हो रहा है, लेकिन इस बीच कोई समाधान नहीं हो सका, आगे भी इसकी द्विपक्षीय वार्ता की संभावनाएं नजर नहीं आती हैं। अब एक ही रास्ता है कि भारत यह घोषित कर दे कि कश्मीर के बारे में अब कोई विवाद नहीं है और वह उसका अभिन्न अंग है, लेकिन दिक्कत यह है कि कश्मीर को विवाद का विषय भारत ने स्वयं बनाया है। संयुक्त राष्ट्र संघ में इसे ले जाने वाला देश भारत ही है, भारत ने ही जनमत संग्रह की बात स्वीकार की थी और शिमला वार्ता में भी उसने विवादित मसला माना था और द्विपक्षीय बातचीत द्वारा इसे निपटाने पर जोर दिया था, लेकिन जब द्विपक्षीय वार्ता का सवाल उठता है तो भारत की ओर से कहा जाता है कि पहले पाकिस्तान कश्मीर में आतंकवादी हस्तक्षेप बंद करें तभी आगे बातचीत होगी जबकि पाकिस्तान का कहना है कि कश्मीर के आतंकवाद में उसका कोई हाथ नहीं हैं, इसलिये मामला यथावत पड़ा रह जाता है।

अभी भी समय है सरकार यथार्थ को नजरअंदाज करने की प्रवृत्ति छोड़ दे तो वह बेहतर अंतर्राष्ट्रीय समर्थन जुटा सकती है। कश्मीर का मसला अब शिमला समझौते का भावनात्मक राग अलापने भर से हल नहीं होगा। इसके लिए नए सिरे से विचार करना होगा और नए संकल्प लेने होंगे नहीं तो यह गतिरोध और दोनों देशों के बीच शीतयुद्ध की स्थिति जाने कब तक बरकरार रहेगी।

शिमला समझौते के प्रमुख प्रावधान इस प्रकार हैं:-

1. दोनों राष्ट्रों के संबंध संयुक्त राष्ट्र प्रस्ताव के सिद्धांतों एवं उद्देश्यों पर आधारित होंगे।
2. दोनों देश अपने तमाम मतभेदों को आपसी सहमति के आधार पर समाप्त करने का संकल्प लेते हैं। किसी भी समस्या का अंतिम समाधान होने तक दोनों देश यथा स्थिति बनाए रखेंगे। इसके साथ ही दोनों देश शांति व सद्भावपूर्ण संबंधों को बिगाड़ने वाला कोई कार्य न तो स्वयं करेंगे और न ही ऐसी किसी गतिविधि को सहायता या प्रोत्साहन ही देंगे।
3. दोनों देश समानता व पारस्परिक लाभ के आधार पर शांतिपूर्ण सह-अस्तित्व बनाए रखेंगे, क्षेत्रीय अखंडता व प्रभुसत्ता का सम्मान करेंगे तथा एक दूसरे के आंतरिक मामलों में हस्तक्षेप नहीं करेंगे।

4. विगत 60 वर्षों से दोनों देशों के संबंधों को खराब करने वाले बुनियादी कारणों को शांतिपूर्ण ढंग से हल किया जाएगा।
5. दोनों देश एक-दूसरे की राष्ट्रीय एकता, क्षेत्रीय अखंडता, राजनीतिक स्वतंत्रता व संप्रभुता का सदैव सम्मान करेंगे।
6. दोनों देश संयुक्त राष्ट्र प्रस्ताव के अनुरूप एक-दूसरे की क्षेत्रीय अखंडता या राजनैतिक स्वतंत्रता के विरुद्ध शक्ति का प्रयोग या उसकी धमकी से बचेंगे। एक-दूसरे के विरुद्ध शत्रुतापूर्ण प्रचार को रोकने के लिए दोनों देश हर संभव प्रयास करेंगे साथ ही वे ऐसी सूचनाओं के प्रसार को प्रोत्साहित करेंगे जो उनके संबंधों को प्रगाढ़ बनाने में सहायक हो सके।
7. दोनों देशों के मध्य संचार, डाक तार व जल, थल, परिवहन सेवाओं को शुरू करने की दिशा में कदम उठाएं जाएंगे, सीमाएं खोलने व अंतर्राष्ट्रीय उड़ानों को शुरू करने का प्रयास किया जाएगा।
8. दोनों देशों के नागरिकों को अधिकाधिक यात्रा सुविधाएं प्रदान करने के लिए प्रयास किया जाएगा।
9. व्यापार व आर्थिक संबंधों को विकसित किया जाएगा।
10. विज्ञान एवं संस्कृति के क्षेत्र में आदान-प्रदान में वृद्धि की जाएगी।
11. भारतीय व पाकिस्तानी सेनाएं अंतर्राष्ट्रीय सीमा पर से वापस बुला ली जाएगी।
12. 17 दिसंबर, 1971 की युद्धबंदी के बाद दोनों देश वगैर किसी पूर्वाग्रह के जम्मू कश्मीर की नियंत्रण रेखा का उल्लंघन करने के लिए शक्ति का प्रयोग नहीं करेंगे।
13. समझौते के अमल में आते ही सेनाओं की वापसी और युद्ध बंदियों के विनिमय की प्रक्रिया शुरू हो जाएगी। जो 30 दिनों में पूर्ण हो जाएगी।

कश्मीर पर पाकिस्तान के खतरनाक मंसूबे

जनरल जिया के पहले व बाद तक के काल की समीक्षाः-

हिंदू- मुस्लिम आधार पर भारत के विभाजन की सार्वजनिक रूप से चर्चा सर्वप्रथम मौलाना मुहम्मद अली ने की थी। सन् 1924 मे अलीगढ़ की एक सभा में कहा था कि ''यदि हिंदू मुस्लिम समस्या का हल तुरंत न निकाला गया तो भारत हिंदू इंडिया और मुस्लिम इंडिया में बंट जाएगा।'' जिन्ना ने तो अपनी महत्वाकांक्षाओं

के चलते बंटवारे पर खूब जोर दिया, महात्मा गांधी विभाजन के विरुद्ध थे, उनका कहना था कि "पाकिस्तान मेरी लाश पर बनेगा।" उन्होंने हिंदू, मुस्लिम, सिक्ख, ईसाई में कोई भेद नहीं किया, लेकिन गांधी जानते थे कि जिन्ना का राष्ट्रीय सिद्धांत कभी न कभी अवश्य सामने आएगा और उसी दृष्टिकोण से राजगोपालाचारी मुस्लिम लीग से समझौता करने का प्रयास करने लगे।[14] उन्होंने फरवरी 1943 में एक फार्मूला तैयार किया, जो इस प्रकार था :–

1. स्वतंत्र भारत के संविधान के विषय में नीचे दिए गए मुद्दों के आधार पर मुस्लिम लीग भारत की स्वतंत्रता की मांग का समर्थन करती है।
2. युद्धोपरांत एक कमीशन नियुक्त किया जाएगा जो भारत के पूर्व व पश्चिम में ऐसे क्षेत्र का रेखांकन करेगा जिसमें मुसलमानों की बहुसंख्या है। सभी लोग वयस्क मताधिकार के द्वारा यह तय करेंगे कि क्या वे भारत के साथ रहना चाहते हैं, यदि वे बहुमत से अलग राष्ट्र की मांग करेंगे तो उन्हें स्वीकृत दे दी जाएगी।
3. सभी दलों को यह अधिकार होगा कि वह जनमत संग्रह के पूर्व अपने विचार जनता के सामने रखे।
4. विभाजन की स्थिति में दोनों राज्यों के बीच सुरक्षा, व्यापार और संचार संबंधी संधियां की जाएंगी।
5. जनसंख्या का तबादला स्वेच्छा के आधार पर ही किया जाएगा।
6. ये शर्तें उसी हालत में लागू होंगी जब ब्रिटिश सरकार भारत को सत्ता पूर्ण रूप से हस्तांतरित कर देगी।

यह फार्मूला मुस्लिम लीग को पूर्णतः स्वीकार नहीं हुआ फिर भी राजनैतिक, सामाजिक तथा कूटियोजनात्मक दृष्टिकोण से इस पर गंभीरता पूर्वक विचार किया गया कि पाकिस्तान की मांग के अनुसार उसे अलग राष्ट्र घोषित किया जाए तभी भारत में शांति आ पाएगी। 1947 की घटनाओं ने इस विचार को और दृढ़ कर दिया, क्योंकि भारत की अखंडता मात्र उसके भौगोलिक एकता से संभव नहीं वरन् भारतीय दृष्टिकोण में पूर्ण आस्था से ही संभव हो पाएगी। जहां एक ओर देश के बंटवारे से भौगोलिक एकता खंडित हुई वही दूसरी ओर हमने भूमि, जन और संस्कृति को और मजबूत करने का प्रयास किया। फलस्वरूप ऊपरी भिन्नताएं चाहे जितनी रही हों

लेकिन संपूर्ण जीवन में मूलभूत एकता का दर्शन अखंड भारत का प्रत्येक पुजारी करता है। हमारी धर्मनीति, अर्थनीति और राजनीति हमारे साहित्य, कला और दर्शन, हमारे इतिहास, पुराण व उपनिषद तथा स्मृतियां और विधान में वाह्य भिन्नताएं होते हुए भी भारत भक्त की भावनाएं एक रही हैं। भारत के लगभग 16 करोड़ मुसलमानों को यहां वही सम्मान, अधिकार और सुविधाएं प्राप्त हैं जो एक हिंदू नागरिक को हैं। इसीलिए आज भी अटक से कटक व कच्छ से कामरूप कश्मीर से कन्याकुमारी और अमृतसर से आसाम तक सारा भारत एक है।

जिन्ना का कार्यकाल

जिन्ना भारत को तोड़ने के लिए हमेशा प्रयत्नशील रहें, इसके लिए उन्हें ब्रिटिश शासन से पर्याप्त मदद भी मिलती रही क्योंकि अंग्रेजों ने भारत को स्वतंत्रता देने से पहले ही यह निश्चित कर लिया था कि यह देश दो या तीन भागों में बंटकर रहेगा। अंततः 14 अगस्त 1947 को भारतीय उपमहाद्वीप का विभाजन करके पाकिस्तान की स्थापना हुई। मुस्लिम लीग के अध्यक्ष जिन्ना पाकिस्तान के प्रथम गवर्नर जनरल तथा लियाकत अली खां प्रथम प्रधानमंत्री हुए।

कश्मीर का भारत में विलय से पूर्व जिन्ना को भरोसा था कि मुस्लिम बहुल कश्मीर पाकिस्तान का अंग बनेगा, उन्होंने इसके लिए बहुत हाथ पैर मारे। कभी कश्मीर के राजा हरी सिंह के प्रधानमंत्री रामचंद्र कोक को सत्ता का लालच देकर भ्रष्ट किया तो कभी बीमारी के बहाने कश्मीर की यात्रा करनी चाही। यहां तक कि राजा हरी सिंह के अपहरण तक की योजना बनाई गई लेकिन कोई सफलता हाथ नहीं लगी, अंततः जिन्ना ने 27 अक्टूबर 1947 को काबायली पठानों द्वारा कश्मीर पर चढ़ाई कर दी। पठानों को यह कहकर उकसाया गया कि ब्रिटिश और अफगानिस्तान सरकार के मध्य एक समझौता हुआ था, जिसके तहत अंग्रेजों ने यह कहा था कि जब वे हिंदुस्तान से जाएंगे उस समय कश्मीर को अफगानिस्तान को सौंप देंगे लेकिन अंग्रेजों ने ऐसा नहीं किया, इसलिए जिन्ना ने पठानों को उकसाया कि समय रहते वे कश्मीर को भारत से छीन लें। इस प्रकार जिन्ना के राजनैतिक, सैनिक मदद से पठान बड़ी बहादुरी से लड़े लेकिन बुरी तरह पराजित हुए। इस पराजय के साथ ही जिन्ना का कश्मीर हड़पने का सपना भी टूट गया। इस प्रकार जम्मू कश्मीर में घुसपैठ की राजनीति जिन्ना के समय से ही शुरू होकर आज तक अनवरत जारी है।

पाकिस्तान का झूठा प्रलाप आज से नहीं वरन् जिन्ना के समय से चला आ रहा है। अपनी आंतरिक विफलता से घबराए पाक शासक समय-समय पर बाहरी मोर्चे खोल दिया करते थे ताकि जनता का ध्यान घरेलू मुद्दों से हटाया जा सके। पाकिस्तान हर तथ्य को अपने अनुसार तोड़ मरोड़कर प्रस्तुत करता आया है जिससे विश्व समुदाय में उसकी साख तेजी से गिरी है। 1960 में हुए नदी व नहरी जल बंटवारे से संबंधित हुए नेहरू लियाकत समझौते पर भी पाकिस्तान ने मनमानी की है। 1948 के काबायली युद्ध में अपना पूर्ण सैन्य समर्थन देने के बावजूद भी लियाकत अली ने अपने 30 दिसंबर के जवाब में लिखा था कि "यह आरोप झूठा है कि पाकिस्तान सरकार काबायली हमलावरों को कोई सहायता दे रही है।"[15]

आज हर कांफ्रेंस में पाकिस्तान की ओर से जनमत संग्रह की मांग बड़ी जोरों से उठाई जाती है जबकि शुरू में पाकिस्तान जनमत संग्रह के खिलाफ था। जम्मू कश्मीर के पत्रकार व प्रमुख सामाजिक कार्यकर्त्ता बलराज पुरी ने अपनी पुस्तक "कश्मीर टु वार्ड्स इमर्जेंसी" (कश्मीर अंर्तध्वस्त की ओर) में लिखा है कि 1947 में पाकिस्तान जनमत संग्रह के खिलाफ था और उसने राज्य के विलय के बारे में निर्णय लेने के लिए कश्मीरी शासक के अधिकारों का समर्थन किया था। एक नवंबर 1947 को लाहौर में भारत पाकिस्तान गवर्नर जनरलों की एक बैठक हुई थी उसमें मुहम्मद अली जिन्ना ने बेइमानी और गैर जरूरी कहकर लार्डमाउंटबेटन के जनमत संग्रह के प्रस्ताव को नामंजूर कर दिया था क्योंकि शायद जिन्ना को यह आभास था कि कश्मीर की जनता पाकिस्तान के साथ विलय के विकल्प को स्वीकार नहीं करेगी। पाक अधिकृत कश्मीर के पूर्व राष्ट्रपति अब्दुल कयूम ने भी 1991 में एक गोष्ठी में यह बात स्वीकार किया था कि "शुरू- शुरू में पाकिस्तान जनमत संग्रह से बचना चाहता था।"[16] चूंकि कश्मीर के महाराजा द्वारा भारत में विलय के प्रस्ताव को वहां की जनता मौन समर्थन देकर सहर्ष स्वीकार कर लिया था यही नहीं 1956 में कश्मीरी विधान सभा से इसके विलय की पुष्टि हो जाती है, इसलिए अब जनमत संग्रह की बात उठाना बड़ा हास्यास्पद लगता है।

अयूब खां व जुल्फिकार अली भुट्टो शासनकाल

जिन्ना के बाद पाकिस्तान में राजनैतिक उथल-पुथल बढ़ता ही गया। अयूब खां पाकिस्तान सैनिक तानाशाह बन गए और जुल्फिकार अली भुट्टो को प्रधानमंत्री बना दिया गया। जनता के राजनैतिक अधिकार सीमित कर दिए गए, पाकिस्तानी

विदेश नीति का एक ही लक्ष्य था, भारत को नीचा दिखाना। इसके साथ ही पाक शासकों की इस्लामी नेतृत्व की इच्छा भी बलवती होती गई। अपने को दक्षिण पूर्वी एशिया में एक सैनिक शक्ति के रूप में उभरने के लिए पाकिस्तान ने पश्चिमी देशों से हाथ मिलाया जिसका दूसरा उद्देश्य भारत को आतंकित कर कश्मीर पर कब्जा करना भी था। इन गुटबंदी देशों की मदद से ही पाकिस्तान अपनी शक्ति बढ़ाकर 1965 में भारत पर आक्रमण करने का दुस्साहस कर सका। हमारे तत्कालीन प्रधानमंत्री स्वर्गीय श्री शास्त्री जी की दृढ़ता और सैनिकों के अदम्य साहस ने दुश्मन के इरादे ध्वस्त कर दिए। उनको अपनी "ग्रैंडस्लैम" सैन्य कार्यवाही असफल सिद्ध हुई जिसका उद्‌देश्य कश्मीर के साथ-साथ दिल्ली तक पहुंचना था और उसे सुरक्षा परिषद के दबाव में आकर 10 जनवरी 1966 के ताशकंद समझौते के लिए बाध्य होना पड़ा।

दुर्भाग्य से यह समझौता एक औपचारिकता मात्र बनकर रह गया। पाकिस्तान ने इसका शुरू से ही उल्लंघन करना शुरू कर दिया जिसका परिणाम एक दशक के अंदर ही दूसरे भारत पाक युद्ध के रूप में सामने आया।

याहियां खां शासन

अयूब खां के बाद याहिया खां ने पाकिस्तानी हुकूमत की बागडोर संभाली। इनके समय में उग्रवादी गतिविधियों में और इज़ाफा हुआ, इनके अत्याचार का मुख्य केंद्र पूर्वी पाकिस्तान बना। 1970 के पाकिस्तानी राष्ट्रीय संविधान सभा के चुनावों में भारी बहुमत से विजयी शेख मुजीबुर्रहमान की आवामी लीग पार्टी को न केवल सत्ता से वंचित होना पड़ा अपितु उनके गांधीवादी आंदोलन का जवाब याहिया शासन ने बड़ी क्रूरता से दिया। आवामीलीग को कुचल देने का आदेश दिया गया और शेख मुजीबुर्रहमान को बंदी बना लिया गया। उनके अत्याचार से लाखों लोग भारत में शरण लेने आ पहुंचे, जिससे यहां की सामाजिक, राजनैतिक व आर्थिक व्यवस्था पर गंभीर प्रभाव पड़ा, एक युद्ध जैसी स्थिति बन गई। भारत नहीं चाहता था कि भविष्य में वह एक और युद्ध लड़े उसने पाकिस्तान से इस समस्या से निपटने में सहयोग की अपील की, लेकिन याहियां शासन का रवैया इसके बिल्कुल विपरीत रहा। इस पर ध्यान देने के बजाय पाकिस्तान ने पश्चिम मोर्चे से भारत के ऊपर हमला कर दिया और दूसरे दिन युद्ध की घोषणा कर दी। अब भारत को जवाबी कार्यवाही अनिवार्य हो गई, अंततः 1971 की भीषण लड़ाई में पाकिस्तान को बुरी तरह हरा कर भारतीय जवानों ने बांग्लादेश को आजाद करा दिया। पश्चिमी मोर्चे से भी दुश्मन

को पीछे ढकेल दिया गया, इस युद्ध में याहिया शासन लड़खड़ा उठा, परिणाम स्वरूप दबंग व चालाक गवर्नर जनरल जिया उलहक ने पाकिस्तान की सत्ता हथिया ली।

जनरल जिया उल हक

जिया ने पाकिस्तान की राजनीति व सैन्य इतिहास में एक नई व्यवस्था को जन्म दिया, वह था अघोषित युद्ध। भारत से हुए तीन-तीन शर्मनाक पराजय के कारण जनरल जिया ने अपने शासन काल में यह नीति निर्धारित कर ली कि भारत से अब सीधी लड़ाई नहीं लडनी है अपितु पंजाब और कश्मीर में आतंकवाद को बढ़ावा देकर भारत के खिलाफ गुप-चुप कम खर्च वाला अप्रत्यक्ष युद्ध छेड़ा जाए। इस काम के लिए उन्होंने ऑपरेशन "टोपेक" और आपरेशन "जिब्राल्टर" को क्रियान्वित किया। उनकी योजना थी कि सर्वप्रथम सिक्खों को भारत के विरुद्ध भड़काकर खालिस्तान की मांग को लेकर पंजाब को अशांत कर देना है, क्योंकि जब सरकार पंजाब समस्या में उलझेगी तो कश्मीर पर सेना व सुरक्षा बलों का दबाव कम हो जाएगा तथा कश्मीर में हमें घुसपैठ कराने में आसानी रहेगी और यदि पंजाब भारत से अलग हो जाता है तो कश्मीर को नियंत्रण करना और आसान हो जाएगा। इस पूरी योजना के क्रियान्वयन हेतु जिया ने आई.एस.आई. (इंटर सर्विसेज इंटेलिजेंस) नामक संस्था बनाकर उसे यह कार्य सौंपा। यही संस्था पाकिस्तान की उच्चकोटि की खुफिया संस्था है, इसकी स्थापना जनरल हमीदगुल के नेतृत्व में की गई थी। इसका कार्य युवकों को प्रशिक्षित कर, उनमें धार्मिक भावनाएं भरकर तथा अत्याधुनिक अस्त्र-शस्त्रों से सुसज्जित कर तोड़फोड़ के लिए शत्रु सीमा के अंदर घुसपैठ कराना है और कश्मीर से संबंधित समस्त जानकारी अपने उच्चायुक्त को देना है। जिया के समय यह संस्था उनके नियंत्रण व निर्देशन में कार्य करती रही लेकिन उनके मरने के बाद आई.एस. आई. ने दूसरी किसी भी असैनिक सत्ता को अहमियत नहीं दी और इस कदर बेकाबू हो गई कि बाद के शासकों का उस पर कोई नियंत्रण नहीं रहा। आज इससे न केवल पंजाब व कश्मीर अपितु देश के अंदर एक से एक भयंकर व अप्रत्याशित घटनाएं घटती रही हैं। यद्यपि जिया तो बहुत दिन तक नहीं रहे वरना उनके तानाशाही रवैये से एक और युद्ध की प्रबल संभावना बनी हुई थी, फिर भी उनके द्वारा शुरू की गई यह अप्रत्यक्ष लड़ाई पूरे भारतीय उपमहाद्वीप को झकझोर कर रख दिया। यहां तक कि आई.एस.आई. की कुछ गतिविधियों का पता स्वयं पाकिस्तान के प्रधानमंत्री तक को नहीं होता है जैसा[17] कि अमेरिकन लेखक विलियमईवरोज और रावर्टविड्रम ने अपनी

पुस्तक "द क्रिटिकल मास" में उद्धृत किया है कि पाकिस्तानी राष्ट्रपति जनरल जिया तथा आई.एस.आई. की परमाणु कार्यक्रम की जानकारी स्वयं प्रधानमंत्री श्रीमती भुट्टो को भी नहीं थी। सी.आई.ए. के निदेशक ने पहली बार उन्हें सचेत किया था कि भारत और पाकिस्तान के बीच परमाणु युद्ध की नौबत आ गई थी। इस बात का 1986 से 89 के दौरान कैबिनेट सचिव और 1989-90 के दौरान प्रधानमंत्री के मुख्य सचिव रहे बी.जी. देशमुख ने खुलासा किया, उन्होंने बताया कि राजस्थान में हुए भारतीय सैन्य अभ्यास ऑपरेशन "ब्रासटैक्स" से घबराकर पाक सेना ने युद्ध की स्थिति ले लिया था। जनरल जिया रात-रात भर कैविनेट और सलाहकारों की बैठकें करते रहे और ऐसी ही एक बैठक में बंबई के भाभा परमाणु अनुसंधान केंद्र पर बम गिराने और लघु पनडुब्बी के इश्तेमाल से बांबे हाई के गैस संयन्त्र को भारी नुकसान पहुंचाने के प्रस्ताव पर विचार किया गया। सौभाग्य से उन्हें सद्बुद्धि आ गई और उनके बढ़ते कदम रुक गए क्योंकि जनरल जिया ने दिसंबर 1982 में न्यूयार्क के विदेश नीति एसोसिएशन में इस बात का यकीन दिलाया था कि उनके देश का परमाणु कार्यक्रम शांति व विकास कार्यों के लिए है। हमारा इरादा परमाणु बम बनाने का नहीं है क्योंकि पाकिस्तान के पास न तो ऐसे साधन हैं और नहीं उसकी इच्छा है। दिसंबर में ही राजीव गांधी और जिया के बीच कुछ इसी प्रकार के समझौते पर हस्ताक्षर हुए थे कि वे एक दूसरे के परमाणु ठिकाने पर हमला नहीं करेंगे।[18]

इसीलिये इन सब के चलते एक बार परमाणु युद्ध की विभीषिका से संपूर्ण दक्षिण एशिया को बचा लिया गया। बाद में एक रहस्यमय हवाई दुर्घटना में जनरल जिया की 1988 में हुई मृत्यु से सारा भारतीय उपमहाद्वीप व शांतिप्रिय राष्ट्रों ने चैन की सांस ली। ज़िया का भारत को बर्बाद करने तथा दक्षिण एशिया का हिटलर बनने के सपने अधूरे रह गए।

बेनजीर भुट्टो, नवाज सरीफ व इश्तिहाक खां शासनकाल

जनरल जिया के बाद बेनजीर ने भी उसी रास्ते पर कदम बढ़ाया जिस पर जनरल जिया चल रहे थे, उन्होंने कश्मीर और पंजाब में आतंकवादी समर्थन जारी रखा। बेनजीर ने अपना सारा ध्यान भारत और कश्मीर में ही केंद्रित किया।[19] पाकिस्तानी सेनाध्यक्ष जनरल बेग खोई हुई सैनिक मर्यादा को फिर से पाने के लिए भारत के साथ एक और युद्ध को आवश्यक मानते रहे। पाक प्रधानमंत्री बेनजीर भुट्टो ने भी पाक अधिकृत कश्मीर के दौरे में उन्मादियों सा भाषण दिया 1990-91 में पाकिस्तान

की तरफ से सैनिक हलचलें काफी बढ़ गईं, जम्मू कश्मीर सीमा में घुसपैठ की पूरी कोशिशें की गईं। बेनजीर ने ''हजार साल तक जंग का ऐलान किया, यद्यपि इस नारे के पीछे उन्हें अपनी लड़खड़ाती सत्ता को संभाले रखने की कोशिश भी थी। अगस्त 1990 में आतंकवादी सरगर्मियां इतनी तेजी से बढ़ी कि दोनों देश युद्ध की स्थिति में आ गए। पाकिस्तान का इरादा था कि आतंकवादी श्रीनगर में घुसकर कश्मीरियों को भारत के विरुद्ध भड़काकर उन्हें भारत से अलग होने का एलान करें और अपनी रक्षा के लिए पाकिस्तानी फौज को आमंत्रित करें। पाकिस्तान ने सोचा था कि उनके लिए कश्मीर मे वैध तरीके से घुसने और सारी दुनिया में भारत को हमलावार साबित करने के लिए इतना आधार पर्याप्त होगा, लेकिन हमारी फौजी सतर्कता से उसके इरादे नाकाम हो गए। मई 1990 में भारतीय दौरे पर आए अमेरिकी प्रतिनिधिमंडल रिचर्ड हैस और जान फेली ने तत्कालीन भारतीय प्रधानमंत्री श्री बी.पी. सिंह को बताया था कि पाकिस्तान आतंकवादियों के प्रशिक्षण शिविर बंद करने को राजी हो गया है उन्होंने यह भी बताया कि पाकिस्तान को युद्ध छेड़ने की स्थिति में अमेरिका से किसी मदद की उम्मीद न रखने को कहा गया है। ऐसी ही चेतावनी हमें भी दी गई।[20]

आतंकवादी घुसपैठ के साथ-साथ बेनजीर ने मानवाधिकारों को लेकर राजनयिक मुहिम छेड़ी हुई थी जिससे कश्मीर समस्या को अंतर्राष्ट्रीय स्वरूप प्रदान किया जा सके। इसी परिप्रेक्ष्य में अंतर्राष्ट्रीय समर्थन जुटाने के लिए उन्होंने दावोस, सरायेवों और जिनेवा के मानवाधिकार सम्मेलन में एड़ी चोटी का जोर लगाया तथा कई अन्य राष्ट्रों का दौरा भी किया। उन्होंने आतंकवाद के विरुद्ध जुटी भारतीय फौजों पर मानवाधिकार हनन का आरोप लगाती रही और अपने आतंकवादी करतूतों को नजर अंदाज करती रही। इस समस्या पर बोलते हुए भारतीय राष्ट्रपति डॉ. शंकर दयाल शर्मा ने कहा था कि ''कश्मीर में मानवाधिकार के उल्लंघन की वकालत करने वाली पाकिस्तान की प्रधानमंत्री बेनजीर भुट्टो को पहले अपना घर देखना चाहिए। जो प्रधानमंत्री अपने भाई और मां को जेल में डाल सकती है उसके मुंह से मानवाधिकार की वकालत हास्यापद है। भारत में एक सशक्त मानवाधिकार आयोग है, जिसमें तीन-तीन न्यायाधीश है, भारत में अल्पसंख्यकों की जनसंख्या बढ़कर 16 करोड़ हो चुकी है जबकि पाकिस्तान में अल्पसंख्यक हिंदुओं की संख्या लगातार घटी है जो इस बात का स्पष्ट संकेत है कि पाकिस्तान में हिंदुओं पर दमन बढ़ा है। अयोध्या आंदोलन के विरोध में पाकिस्तान में अनेकों मंदिरों को ध्वस्त किया गया था।

पाकिस्तान की आंतरिक समस्याएं बहुत जटिल हैं। पाकिस्तान एशिया महाद्वीप

का सबसे अधिक कर्जदार देश है वहां की अर्थव्यवस्था बिल्कुल चौपट है और विकास कार्य नहीं के बराबर है। इक्कीसवीं सदी के निकट होने के बावजूद वहां 75 प्रतिशत निरक्षर लोग हैं। आठ करोड़ की आबादी वाला देश पाकिस्तान नशीले पदार्थों व आतंकवादी गतिविधियों का केंद्र बना हुआ है। वहां का नेतृत्व अपने नागरिकों का ध्यान आंतरिक मूलभूत समस्याओं से हटाकर भारत के विरुद्ध कश्मीर मामले को लेकर जहर उगल रहा है।[21]

पाकिस्तान के पूर्व प्रधानमंत्री नवाजशरीफ का कहना है कि भारत के साथ कभी भी युद्ध छिड़ सकता है, उन्होंने पाकिस्तान द्वारा परमाणु बम का हासिल होना न केवल स्वीकार किया वरन् जोर देकर कहा कि यदि भारत पाकिस्तान या पाक अधिकृत कश्मीर पर आक्रमण करता है तो उसे पाकिस्तानी परमाणु बम की मार झेलनी होगी। यह रहस्योद्घाटन 23 अगस्त 94 को पाक अधिकृत कश्मीर के नीलाबट्ट की सभा में नवाज शरीफ ने किया था, जबकि पाकिस्तान आधिकारिक तौर पर हमेशा इससे इन्कार करता रहा है। इससे नई दिल्ली और पाकिस्तानी राजधानियों में काफी खलबली मची। वैसे अमेरिका ने इस बयान पर कोई आश्चर्य प्रकट नहीं किया, अमेरिकी सीनेटर लैरी प्रेसलर ने कहा कि इसका पता तो हमारे खुफिया विभाग ने वर्षों पहले ही लगा लिया था इसलिए हम इस बात को ध्यान में रखकर ही कदम बढ़ा रहे हैं।[22]

इस प्रकार पाकिस्तान का संपूर्ण राजनीतिक व सैनिक इतिहास कश्मीर से शुरू होकर कश्मीर में ही सिमट कर रहा गया है। जिन्ना और जिया से लेकर आज तक पाकिस्तान शासन इसी लकीर को पीटती रही है, उसने इस समस्या से हटकर सोचना अनावश्यक समझा और उसी अंधी दौड़ में दौड़ते रहे जिसका लक्ष्य विनाश की ओर जाता है। उन्हें इस ओर सदैव असफलता ही हाथ लगी है, फिर भी अपनी भूल को दोहराने के प्रयास करते रहे हैं और संभवतः भविष्य में भी ऐसे ही होते रहेंगे, धरती का स्वर्ग कश्मीर भारत और पाकिस्तान के लिए एक नासूर बन गया है, भारत भी अडिग है कश्मीर पर कोई दबाव बर्दास्त नहीं होगा। हजरत बल दरगाह प्रकरण के समय डॉ. फारूख अब्दुल्ला ने अमेरिका को समझाते हुए ठीक ही कहा है कि "भारत भला कश्मीर से अपना संबंध किस प्रकार विच्छेद कर सकता है क्योंकि हिंदुस्तान का एक भी देहात ऐसा नहीं है, जिसने कश्मीर के लिए पाकिस्तान से हुए तीन युद्धों में अपना कोई प्रियजन नहीं खोया हो। कश्मीर का दर्शन उसका साहित्य और उसकी संस्कृति भारतीयता से इतना ओत-प्रोत है कि इसका त्याग नामुमकिन है।[23]

आतंकवादियों की गतिविधियाँ

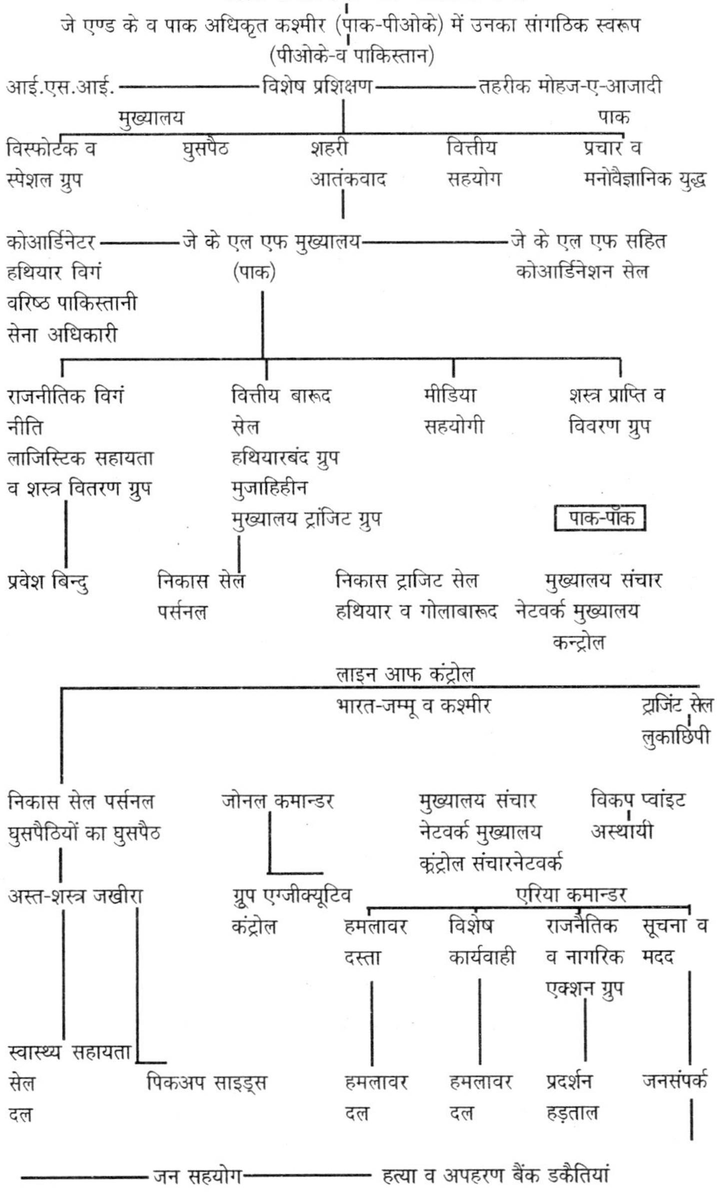

पाकिस्तान द्वारा कश्मीर में आतंक को बढ़ावा

आतंक व अस्थिरता फैलाने तथा देश तोड़ने की साजिश : कश्मीर घाटी में आतंक का जहर बहुत तेजी से गहरा होता गया। इस समस्या के समाधान में किसी को कोई रुचि नहीं प्रतीत होती दिखाई दे रही है, क्योंकि केंद्रीय नेताओं ने राष्ट्रीय हित से कहीं अधिक महत्व स्वयं की छवि और निजी स्वार्थ पर दिया है। कश्मीर का आतंकवाद उस इस्लामिक आतंकवाद का एक अंग है जिससे आज समस्त विश्व त्रस्त है। पाकिस्तान जैसे देशों के समर्थन से भारत में आतंकवाद की स्थिति और गंभीर हो गई क्योंकि दुनिया के तमाम देश यह नहीं समझ पा रहे हैं कि कश्मीर के संदर्भ में भारत की नीति क्या है। दुनिया का ऐसा कोई देश नहीं है जहां देश के किसी विशेष भाग को संवैधानिक तौर पर विशेष दर्जा दिया गया हो निःसंदेह धारा 370 एक घातक भूल साबित हुई है।

कश्मीर की वर्तमान समस्या केवल आतंकवाद ही नहीं है, समस्या कश्मीर के प्रति देश के राजनैतिक दलों के नजरिए का भी है, दोहरे मानदंडों वाले नजरिए के माध्यम से कश्मीर समस्या का समाधान नहीं हो सकता। कश्मीर घाटी में इस्लामी संस्कृति, मुसलमानों की पृथक पहचान और उनकी संस्कृति की रक्षा की बात करने वाले पंथ निरपेक्षतावादी कश्मीर घाटी की मस्जिदों से की जाने वाली विद्वेष की राजनीति की आलोचना क्यों नहीं करते। कश्मीर घाटी में दर्जनों मंदिरें गिराई गई लाखों हिंदू बेघर हो गए हैं उनके संबंध में आवाजें नहीं उठाते। यही दोहरा मानदंड इस समस्या के समाधान में बाधक बना हुआ है। कश्मीर की स्थिति इसलिए भी बहुत अधिक गंभीर हो गई है क्योंकि सेना को आतंकवादियों से निपटने के लिए पूर्ण अधिकार देने से केंद्रीय गृहमंत्रालय आज भी हिचक रहा है और इसके बिना आतंकवाद पर नियंत्रण करना मुश्किल है।

देश का स्वर्ग कहलाने वाले कश्मीर का दामन आज दिल को अंदर तक ताजगी महसूस करा देने वाली चादरों से नहीं बल्कि तन मन में भय का संचार कर देने वाली चीख- चीत्कार एवं अत्याधुनिक हथियारों से निकलती चिंगारियों से भर चुका है। जब से रूबिया सईद को केंद्रीय सरकार ने रिहा करवाने के लिए जे.के.एल.एफ. के कट्टर आतंकवादियों को रिहा किया तब से कश्मीर में अपहरण की घटनाओं में तेजी से वृद्धि हुई है। अपहरण के सहारे जे.के.एल.एफ, हिजबुल्लाह, इखवानउल मुसलमीन तथा मुस्लिम जांबाजफोर्स जैसे आतंकवादी संगठनों ने अपने कई साथियों को छुड़ाने में कामयाब हुए है।

अपहरण की वारदातें 1989 से प्रारंभ होकर 1991 तक अपने चरम सीमा तक पहुंच गई। सन् 1991 में ही अपहरण की दर्जनों घटनाएं घटी, जिसमें राज्य के पर्यटनमंत्री खेमलता वाखलू और उनके पति डॉ. ओ.एन. वाखलू, डॉ. एस. खोसला (शाखा प्रबंधक न्यू इंडिया कं.), श्री विजय कौल (निदेशक प्राइवेट इंजीनियरिंग इंस्टीट्यूट), आर.सी. गुप्ता (वरिष्ठ प्रबंधक - पंजाब नेशनल बैंक), श्री गुलाम अब्बास (संयुक्त भूतपूर्व डिप्टी कमिश्नर), शबनम लोने (एच.एस.ओ.), रजावेग अब्दुल (भूतपूर्व नेशनल कांफ्रेंस विधायक) सहित अनेक अन्य महत्वपूर्ण व्यक्तियों का अपहरण हुआ, जो इन आतंकवादियों के हुकम को मानने से आनाकानी करते थे उनमें अधिकांश लोगों की हत्या कर दी गई।[24] सरकार अपहरण के मामले हल करने में सदैव असफल रही है। जब भी अपहरण की घटना सामने आती है तो तलाशियां और अनेक प्रतिबंध लगाए जाते हैं, पर अपहरण कर्त्ताओं को पकड़ने के बजाय जन साधारण को परेशान किया जाता है। उग्रवादी भी यही चाहते हैं क्योंकि इससे लोग आमतौर पर सरकार विरोधी बन जाते हैं। विश्वसनीय सूत्रों के अनुसार घाटी में उग्रवादी संगठनों में अपहरण करने की होड़ लगी हुई है, अभी हाल में पांच विदेशी पर्यटकों का अपहरण कर बारह खुंखार आतंकवादियों को छोड़ने की शर्तें उग्रवादियों द्वारा रखी गई। एक अपहरण जिनमें नार्वे के नागरिक हैस क्रिश्चियन ओस्ट्रो की हत्या कर दी गई, शेष चार बंधकों के रिहाई के प्रयास अंतर्राष्ट्रीय स्तर पर चलाए गए। इनके रिहाई के लिए जमीयत उल-उलेमा-ए-पाकिस्तान के प्रमुख मौलाना फर्जुलरहमान ने कुछ आतंकवादियों को छोड़ने के लिए भारत सरकार से अपील की थी जिसे भारतीय केंद्रीय सरकार ने ठुकरा दिया। इनकी सकुशल रिहाई के लिए अमेरिका, इंग्लैंड, जर्मनी के विशेष सुरक्षा दस्ते लगाए गए, इस पर हमारे सैनिक कमांडरों ने अपनी बहादुरी और विश्वसनीयता पर कलंक मानते हुए अपना तीव्र विरोध प्रकट किया था। कश्मीरी आतंकवाद से आज तक इतनी अधिक धन जन की हानि हो चुकी है जिसका कि सही आंकलन करना असंभव है। सरकारी आंकड़ों पर आधारित 1990 से 1993 के बीच 1122 सरकारी इमारतें, 235 स्कूल, 135 महत्वपूर्ण संचार संपर्क 3600 निजीभवन, 1208 दुकानें तथा और भी अनेक प्रकार की संपत्ति का नुकसान हुआ है इसके साथ ही हजारों बेगुनाहों को असमय मौत दे दी गई है। 15 अगस्त 93, को आतंकवादियों ने डोडा जिले के किश्तवार में 15 बस यात्रियों को गोलीमार दी ऐसी ही अनेक अप्रत्यासित घटनाएं अनवरत घटती रही हैं।[25]

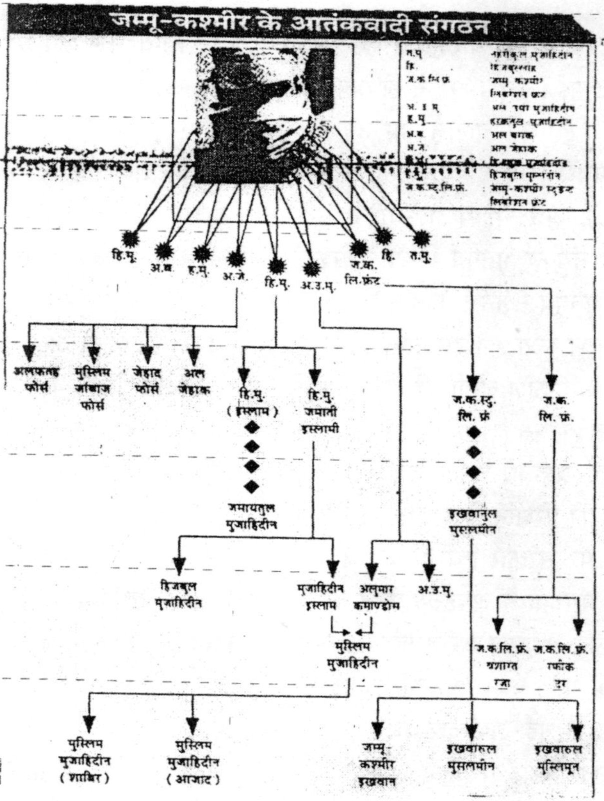

इस समय कश्मीर में पाकिस्तानी मदद से चल रहे उग्रवादी संगठनों में प्रमुख जम्मू कश्मीर लिवरेशन फ्रंट, हिजबुल मुजाहिद्दीन, पीपुल्स लीग, हिजबुल्ला हज्वे इस्लामी, हज्वउलजेहाद, अलउमरमुजाहिद्दीन, हरकत ए अंसार या मुजाहिद्दीन, इस्लामिक स्टूडेंट लीग, मुस्लिम स्टूडेंटफ्रिडरेशन, अल्लाह टाइगर्स, जियामिशनरी फोरेज, जे.के.एल.एफ., स्टूडेंट विंग, मुस्लिम गुरिल्ला, टाइगर्स और मुस्लिम जावाज फोर्स मुख्य है। अब तक हिंसक अथवा आतंकवादी गतिविधियों में लिप्त जो भी सदस्य हमारी गिरफ्त में आए हैं, लगभग सभी ने स्वीकारा है कि उनका सीधा संबंध पकिस्तान से है। पाकिस्तान उन्हें न केवल भारत विरोधी अभियान के लिए प्रेरित करता है बल्कि इसके लिए आधुनिकतम हथियारों के साथ-साथ आवश्यक प्रशिक्षण एवं आर्थिक सहयोग भी मुहैया कराता है। अब प्रश्न उठता है कि भारत को इन

पाकिस्तानी साजिसों के परिप्रेक्ष्य में क्या करना चाहिए, क्योंकि सौहार्दपूर्ण संबंध की बात बार-बार दोहराई जाती है लेकिन इस ओर कदम बढ़ाना व्यर्थ समझा जाता है। पिछला अनुभव बताता है कि हम चाहे जितना भी पाकिस्तान के साथ दोस्ती का हाथ बढ़ाएं वह भारत का शुभचिंतक नहीं बन सकता। इसलिएः भारत को अपनी विदेश नीति में खासकर पाकिस्तान के संबंध में आवश्यक परिवर्तन करने होंगे ताकि भविष्य में किसी भी योजना को कार्यरूप देने से पहले पाकिस्तान एक बार सोचने को विवश हो जाए तथा कश्मीर मुद्दे को वह अंतर्राष्ट्रीय मंचों पर उठाने से अपने आपको रोके पहले आतंकवाद को समर्थन बंद करें और विस्थापित गैर मुस्लिम परिवारों को पुनः सुरक्षापूर्वक बसाया जाए, तभी पाकिस्तान से वार्ता की जाए।

देखना है कि हमारी सरकार इस दिशा में राजनैतिक इच्छा शक्ति का प्रदर्शन करते हुए देश की एकता, अखंडता, लोकतंत्र और उसके उद्देश्यों, मूल्यों, अपेक्षाओं, प्रक्रियाओं एवं राष्ट्र के सम्मुख आसन्न प्रत्यक्ष व परोक्ष खतरों का सामना किस हद तक कर पाती है।

कश्मीर का वीभत्स रूप

– राजनैतिक हत्याएं

– जन सामान्य की दुर्दशा

– घाटी की बर्बादी

कश्मीर में भारत से अलग होने का जो जुनून है उसने इस राज्य में नागरिक प्रशासन के तमाम नियमों को व्यर्थ साबित किया है, क्योंकि कोई भी प्रशासन जनता पर भावनात्मक, मनोवैज्ञानिक, राजनैतिक व व्यवस्थागत अवयवों के सहारे राज करता है लेकिन इस राज्य में ये सारे अवयव नाकाम सिद्ध हुए हैं। कट्टरपंथी पाकिस्तान समर्थक हिज्बुल मुजाहिद्दीन और आजादी के लिए संघर्षरत नरमपंथी जे.के.एल.एफ. के नेतृत्व में स्थानीय लोगों के सहयोग से चल रही हथियार बंद लड़ाई ने पिछले 70 वर्षों में जो भारी रक्तपात और अराजकता फैलाई है उससे भारत की केंद्रीय सरकार संकट में पड़ गई है।

पूर्व वर्षो की स्थितियों में भारी गिरावट आई है, भारी दमन, नेताओं की हत्या और गिरफ्तारियों के बावजूद उग्रवाद को इधर जो कामयाबियां मिली हैं उनकी

कल्पना पहले कभी नहीं की गई थी। बागियों ने बारामूला, श्रीनगर और अनंतनाग जिलों में पहली बार आजाद इलाके बना लिए हैं, जहां भारतीय सेना भी नहीं घुस सकती यही नहीं राज्य में पहली बार पुलिस विद्रोह का सामना करना पड़ा।

एक सरकारी आंकड़ों के अनुसार 1990 में यहां अर्धसैनिक बलों की सिर्फ 36 कंपनियां थी वही आज 400 कंपनियां हैं।[26] गत 5 सालों में 4 हजार से अधिक नागरिक मारे गए और इससे भी कहीं अधिक लोग घायल हुए। नई दिल्ली कश्मीर के मामले में सख्त रवैया और नरम रवैया अपनाने की दुविधा में पड़ी है, जबकि अलगांववादियों ने बम विस्फोटों, हत्याओं, अपहरणों और नव अर्जित राकेटों, मशीनगनों जैसे अत्याधुनिक हथियारों के जोर पर अपनी गतिविधियां पूरे जम्मू तक फैला दी हैं। खामोशी, दिशाहीनता, आहत भावनाओं और हिंसा के बीच झूलती वादी में हथियार बंद बगावत का ताजा दौर यहां की स्थितियों की एक खास पहचान बन गई है।

राजेश पायलट जैसे नेता व केंद्रीय मंत्री के श्रीनगर के सोपोर दौरा के दौरान, उनके नरम रुख की बातों ने मोर्चे पर तैनात सुरक्षबलों को भ्रम में डाल दिया था, इससे आतंकवादियो के हौंसले पस्त होने के बजाय और बुलंद हुए, आतंकवादियों ने अपनी रणनीति को तेज कर दिया।[27] हिज्बुल मुजाहिद्दीन का एरिया कमांडर यूसुफ सलीम के अनुसार ''हमारी लड़ाई सुरक्षा बलों के साथ है और हम उन्हें अपनी कौम के आगे घुटने टेकने पर मजबूर कर देंगे। ''सोपोर पर पूर्णतः आतंकवादियों का नियंत्रण है और इसे वे अपनी भावी राजधानी बताते हैं। सोपोर के वरिष्ठ अधिकारी भी उन्हीं की बात मानते हैं। भारतीय सेना को भी इस क्षेत्र में घुसने व तलाशी लेने में नाकामयाबी मिली है उन्हें आतंकवादियों के जबरदस्त प्रतिरोध के चलते मजबूरन वापस लौटना पड़ा था, अनंतनाग जिले में और श्रीनगर के नागिन तथा ईदगाह में भी ऐसे ही आजाद इलाके बन गए हैं। अनंतनाग जिले को जमाते इस्लामी के कट्टर पंथियों का गढ़ और हिज्बुल का मुख्यालय होने के कारण छोटा पाकिस्तान भी कहा जाने लगा है।

घाटी में खून खराबे की एक दुखद कहानी है। 1990 में यहां कुल 1177 लोग मारे गए थे, इसमें 11 प्रतिशत सुरक्षाबलों के लोग थे और 15 प्रतिशत आतंकवादी थे, 1992 में लगभग ढाई हजार लोग मारे गए जिनमें 8 प्रतिशत सुरक्षाबल और 51 प्रतिशत आतंकवादी थे। संपत्ति की बरबादी का हाल भी इसी रूप में रहा, सरकारी

इमारतों, स्कूलों, पुलों आदि की भयंकर क्षति पहुंचाई गई। आतंकवादियों के धर्म पर आधारित एक सुनिश्चित अतिवाद के परिणामस्वरूप 2,50,000 हिंदू, सिक्ख, बौद्ध और ईसाई कश्मीर घाटी से पलायन कर गए तथा लगभग 5000 मुसलमान भी घाटी छोड़ दिए।[28] इस वक्त कश्मीर घाटी में लगभग 10 हजार आतंकवादी अत्याधुनिक अस्त्रशस्त्रों से सुसज्जित है परिणाम स्वरूप इस उथल-पुथल के बीच राजनीतिक हत्याएं भी बढ़ती जा रही है क्योकि भारतीय केंद्रीय सरकार के राजनीतिक प्रक्रिया का आतंकवादी संगठनों ने विरोध किया है। आतंकवादियों ने जम्मू कश्मीर में चुनाव के लिए माहौल बनाने को बेताब राज्यपाल जनरल के.बी. कृष्णराव को भी अपना निशाना बनाने से नहीं छोड़ा लेकिन सौभाग्य से वे बच गए। जम्मू को प्रशासन के लिए घाटी के हर संकट से बचने व भागने की आश्रयस्थली समझा जाता था लेकिन जम्मू कश्मीर की इस शीतकालीन राजधानी में गणतंत्र दिवस 1995 के समारोह में हुए लगातार तीन बम विस्फोटों से यह भ्रम टूट गया तथा मौलाना आजाद स्टेडियम में परेड की सलामी ले रहे राज्यपाल जनरल के.बी. कृष्णराव उनके सलाहकार सैनिक व वरिष्ठ प्रशासनिक अधिकारी बार-बार बच गए। इसमें 8 लोगों की मृत्यु हो गई और सैकड़ों लोग घायल हुए थे।[29] जम्मू कश्मीर की पुलिस की भूमिका पूरे प्रकरण में संदेह के घेरे में रही क्योंकि गुप्तचर संस्थाओं ने इस प्रकार के किसी भी दुर्घटना का अंदेशा पहले ही व्यक्त किया था, और जम्मू कश्मीर पुलिस को सतर्क रहने को कहा गया था, फिर भी आतंकवादी अपने षडयंत्र में काफी हद तक सफल हुए जो उनकी प्रशासन तंत्र में घुसपैठ की ओर इशारा करता है। हजरत बल में इदरीस खान की हत्या कर दी गई फलतः जे.के.एल.एफ. और हिजबुलमुजाहिद्दीन के बीच आपसी संघर्ष की संभावनाऐं बढ़ गईं। जे.के.एल.एफ. आजादी का प्रबल समर्थक है जबकि हिजबुल मुजाहिद्दीन पर पाकिस्तान के जमात-ए-इस्लामी का नियंत्रण है। इदरीस की हत्या उस वक्त की गई जब दो हुर्रियत नेताओं मीरवायज मौलवी उमर फारूख और मौलाना अब्बास अंसारी के विदेश यात्रा से लौटने की संभावना थी, यह घटना उन लोगों के लिए भी चेतावनी है जो बंदूक की राजनीति की सराहना करने के बजाय विवादास्पद मुद्दों के हल के लिए लोकतांत्रिक वार्ता के जरिए समझौते का रास्ता अपनाना पसंद करते हैं। जे.के.एल.एफ. में इदरीस को एक बड़ा उग्रवादी नेता माना जाता था, वह कश्मीर की आजादी के पक्षधर उग्रवादी गुट के गुप्तचर विभाग का एक स्वयंभू नेता था। इदरीस के नेतृत्व में ही उग्रवादियों ने

हजरत बल पर नियंत्रण स्थापित किया था बाद में उन्होंने एक समझौते के उपरांत हजरत बल को खाली कर दिया और वादा किया कि भविष्य में इस दरगाह का उग्रवादी गतिविधियों हेतु उपयोग नहीं किया जाएगा। उसके इस शांति प्रयास से नाराज होकर हिज्बुलमुजाहिद्दीन आतंकवादियों ने उस पर गद्दारी का इल्जाम लगाते हुए उसकी हत्या कर दी। इस प्रकार से अनेकों हत्याएं शांति प्रयासों को धक्का पहुंचाती रही हैं।

जम्मू-कश्मीर में मारे गये प्रमुख मुस्लिम राजनीतिक और धार्मिक नेता

मौलाना मसूदी	*स्वतंत्रता संग्राम सेनानी और सांसद*	*12 दिसम्बर, 1988*
मौलवी मोहम्मद फारूख	धार्मिक नेता, ए.ए.सो.	21 मई, 1989
मो. मुस्तफा	विधायक, कलाकार	23 मार्च, 1990
शेख अब्दुल जब्बार	मंत्री	04 अप्रैल, 1990
शेख मोहम्मद मंसूर	विधायक, नेशनल कांफ्रेस	11 मई, 1990
नाजिर अहमद बानी	विधायक, नेशनल कांफ्रेस	10 जून, 1990
नाजिर अहमद नलूरा	विधायक	26 अगस्त, 1990
गुलाम रसूल मलिक	विधायक नेशनल कांफ्रेस	1 अक्टूबर, 1990
पीर मोहम्मद शफी		15 अक्टूबर, 1990
मोहम्मद शबन दार	विधायक, नेशनल कांफ्रेस	4 अप्रैल, 1991
गुलाम मुस्तफा शाह	विधायक	21 अप्रैल, 1991

हिमामुद्दीन बट	मंत्री	6 जून, 1991
गुलाम कादिर बानी	विधायक, नेशनल कांफ्रेस	4 दिसम्बर, 1991
बनी मोहम्मद इद्दू	विधायक	18 मार्च, 1994
गुलाम कादिर मीर	विधायक	11 अप्रैल, 1994
अब्दुल माजिद बट	विधायक	15 जुलाई, 1994
गुलाम हसन पिगलाना	विधायक	9 अप्रैल, 1996
सैयद अहमद सैयद	विधायक	12 जुलाई, 1996

अन्य सामाजिक और राजनीतिक कार्यकर्ता

अनवर खान	तहसील अध्यक्ष, नेशनल कांफ्रेस	23 मार्च, 1990
गुलाम नवी बट	कार्यकर्ता, कांग्रेस	23 मार्च, 1990
मोहम्मद रमजान	कार्यकर्ता, नेशानल कांफ्रेस	21 अगस्त, 1991
जफर अहमद	कार्यकर्ता, नेशनल कांफ्रेस	4 सितम्बर, 1991
मोहम्मद अब्दुल्ला मलिक	कार्यकर्ता, नेशनल कांफ्रेस	17 अक्टूबर, 1991
हबीबुल्लाह दार	तहसील अध्यक्ष, नेशनल कांफ्रेस	1 नवम्बर, 1991
साजाद मोहम्मद	कार्यकर्ता, नेशनल कांफ्रेस	25 नवम्बर, 1991
मोहम्मद साद	तहसील अध्यक्ष, नेशनल कांफ्रेस	9 अप्रैल, 1992
मोहम्मद इकबाल	कार्यकर्ता, नेशनल कांफ्रेस	27 अप्रैल, 1992
गनी मोहम्मद लोन	कार्यकर्ता, नेशनल कांफ्रेस	2 जुलाई, 1992
अब्दुल रशीद मलिक	कार्यकर्ता, कांग्रेस	2 जुलाई, 1992
मोहम्मद इस्माइल	जिला अध्यक्ष, कांग्रेस	7 जुलाई, 1992
लतीफ शेख	कार्यकर्ता,नेशनल कांफ्रेस	17 जुलाई, 1992

मुनीर अहमद लोन	कार्यकर्ता, नेशनल कांफ्रेस	9 अगस्त, 1992
गुलाम मोहम्मद गनी	कार्यकर्ता, नेशनल कांफ्रेस	16 अगस्त, 1992
मोहम्मद आरिफ	कार्यकर्ता, नेशनल कांफ्रेस	20 अगस्त, 1992
अब्दुल बट	कार्यकर्ता, नेशनल कांफ्रेस	20 अगस्त, 1992
समीर भट्‌ट	कार्यकर्ता, भाजपा	19 दिसम्बर, 1992
दीवान भट्‌ट	कार्यकर्ता, भाजपा	20 फरवरी, 1993
सतीश भट्‌ट	कार्यकर्ता, हिन्दू रक्षा समिति	20 मई, 1993
गुलाम मोहम्मद	कार्यकर्ता, नेशनल कांफ्रेस	28 अप्रैल, 1994
स्वामी राम दयाल	कार्यकर्ता, भाजपा	30 अप्रैल, 1994
मीना कुमार	कार्यकर्ता, भाजपा	7 जून, 1994
मोहम्मद अहमद	मुस्लिम नेता (अनन्तनाग)	20 जून, 1994
मोहम्मद जैद	कार्यकर्ता, कांग्रेस	28 जुलाई, 1995

कश्मीर घाटी में जो लोग आतंकवादियों के इशारों पर नाचने से मना करते हैं उन्हें सताने की समरनीति के तहत अब युवतियों के साथ आतंकवादी बलात्कार और उनका यौन शोषण करने लगे हैं। आतंकवादियों के साथ मुठभेड़ में सुरक्षाबलों ने शकीला बानों सहित 150 ऐसी औरतों को आजाद कराया जो आतंकवादियों की गिरफ्त में थी। जंबू के डोडा जिले के किस्तवाड़ क्षेत्र में मुठभेड के बाद सुरक्षा बलों ने 10 युवतियों को आजाद कराया।[30] जिनके पास साधन हैं वे अपने परिवार को अन्यत्र बाहर भेज दिए हैं लेकिन गरीब लोगों को आतंकवादियों की मनमानी झेलनी उनकी मजबूरी है। कश्मीर में मानवाधिकारों के उल्लंघन पर अंतर्राष्ट्रीय मंचों पर हो हल्ला मचाने वाले, खासतौर से पाकिस्तान सरकार और उनके अमेरिकी आकाओं को - इन असहाय कश्मीरी औरतों के मानवाधिकारों की चिंता नहीं होती। जेहाद के नाम पर ये आतंकवादी इस्लाम विरोधी हरकतें कर रहे हैं बलात्कार व अपहरण को आतंक फैलाने का हथियार बनाए हुए हैं।

एक समय था जब कश्मीर की वादियों में प्रेम की धुनें गूंजती थीं, हजारों की संख्या में नव विवाहित युगल धरती पर जन्नत का आनंद लेने कश्मीर आया करते थे। बर्फ से ढंकी चोटियां, देवदार के घने बन और सेव की बागानों में काम करती सौंदर्य की देवियां दुनियाभर के प्रकृति प्रेमियों को सम्मोहित करती थी, पर आज यही जन्नत (स्वर्ग) दोजख (नरक) में तब्दील हो गया है। यहां तक कि कश्मीर की

कलियों की आबरू भी सुरक्षित नहीं रही।

अपहरण, बलात्कार, जिस्मखोरी, गर्भपात, हत्याएं सब घाटी की औसत युवती की नियति बन गई हैं। एक आंकड़े के अनुसार देश के तमाम महानगरों के निजी[31] नर्सिंग होम में प्रतिवर्ष लगभग 10,000 कश्मीरी युवतियों के गर्भ गिरवाये जाते हैं। इस्लामियत के जुनून में पाकिस्तान ने दुनिया के कई इस्लामी देशों से भाड़े पर हासिल जिन तथाकथित जंगजुओं को घाटी में उतारा है उनके लिए औरत का जिस्म पहले और कश्मीर या इस्लामी हुकूमत की रेस बाद की बात है। इस्लामियत के इन योद्धाओं ने मुस्लिम युवतियों को भी नहीं छोड़ा है, उनके अभिभावकों के मौजूदगी में औरतों को हमेशा बेइज्जत किया जाता रहा है।

सजदा हुसैन एक स्कूली लड़की थी, दिसंबर, 1991 में इसका अपहरण कर हत्या कर दी गई। शमी मुख्ता का डोडा जिले से अपहरण किया गया। मु. सुल्तान की बेटी जरीफ का उसके भाई बशीर अहमद सहित बारामूला से अपहरण किया गया इसका विवाह जबरन एक आतंकवादी से कर दिया गया। बारामूला से ही सकीला का अपहरण किया गया। बारामूला की हलीमा श्रीनगर से एक मुस्लिम औरत और उसकी युवा बेटी का अपहरण किया, जिस पर इस संगठन के मुखिया मुस्ताक अहमद की गिरफ्तारी की मुखबिरी का आरोप था। बारामूला की डॉली, मिस्कीन बाग की गुड्डी, कलासपोरा (श्रीनगर) की रफीका तथा जिला शिक्षा अधिकारी आशिफ अमीन सहित 400 से अधिक युवतियों का अपहरण व उत्पीड़न कर उनकी हत्या प्रकाश में आई है।

हिंदू या कश्मीरी पंडितों की युवतियों पर जंग जुओं ने और भी अधिक भयावह जुल्म ढाए हैं। मार्च 1990 में श्रीनगर से एक बी.एस.एफ. इंस्पेक्टर की पत्नी एम.एन. पाल का अपहरण कर उनकी दुर्दशा की गई और बाद में उनकी लाश मिली। अनंतनाग की सरला भट्ट श्रीनगर के एक मेडिकल इंस्टीट्यूट में नर्स थी उसके साथ भी उपरोक्त व्यवहार किया गया। 35 वर्षीय प्राणा गांजू, सोपोर की बबली रैना, पं. युवती आशा कौल, दीपा, शालू, बसंती आदि का भी वही हाल हुआ। कूपवारा के बांदीपुर मुहल्ले की गिरजा रिंकू जो कि राजकीय कन्या उच्च विद्यालय में प्रयोगशाला सहायक थी को बेइज्जत करके आरामशीन से उसके टुकड़े-टुकड़े करके फेंक दिया गया।[32]

ऐसे हजारों हिंदू मुस्लिम व कश्मीरी युवतियों की अलिखित सूची है जो दिल्ली, बंबई, बैंगलोर, कलकत्ता, जम्मू ऊधमपुर व लखनऊ आदि महानगरों में अपने रिश्तेदारों या प्रियजनों के यहां अपने मां-बाप समेत पलायन कर गई हैं। हालांकि

वियना मानवाधिकार सम्मेलन व जिनेवा मानवाधिकार सम्मेलन में कश्मीर संबंधी ''एमनेस्टी इंटरनेशनल'' के आरोपों का भारत के केंद्रीय मंत्रालय ने खंडन करने की कोशिश की लेकिन अब भी मुस्तैदी से हम यह सावित करने में नाकाम रहे हैं कि इन अपहरणों, हत्याओं, बलात्कारों और गर्भपात के लिए वे घुसपैठिए जिम्मेदार हैं जिन्हें पाकिस्तान की खुफिया एजेंसी आई.एस.आई. ने भाड़े पर अफगानिस्तान, सूडान, बहरीन, ईरान, लीबिया, तुर्की व सऊदी अरब आदि इस्लामी देशों से हासिल किया है। घाटी में उनकी तैनाती व गश्त पर कोई टिप्पणी नहीं होती है। ''एमनेस्टी एशिया वाच'' व अन्य मानवाधिकार संगठन इसे भारत के खिलाफ परोक्ष युद्ध नहीं मानते।

कश्मीर : हिरासत में मौत

श्रीनगर हाईकोर्ट बार एसोसिएशन के आंकड़े

वर्ष	*हिरासत में मरे लोगों की संख्या*
1990	**48**
1991	**72**
1992	**95**
1993 (सितम्बर तक)	**289**
कुल (1990-93)	**508**

एमनेस्टी इन्टरनेशनल के आंकड़े

1990	**37**
1991	**47**
1992	**253**
1993	**248**
1994 (सितम्बर तक)	**130**
कुल (1990-94)	**715**

कश्मीर के समाचार पत्रों में प्रकाशित आंकड़े

जून, 1994	**24**
जुलाई, 1994	**37**
अगस्त, 1994	**24**

सितम्बर, 1994	40
अक्टूबर, 1994	20
दिसम्बर, 1994	23
जनवरी, 1995	12
फरवरी, 1995	11
मार्च, 1995	17
अप्रैल, 1995	14
कुल	222

घाटी में औरतों से भी कहीं अधिक दर्दनाक दुर्दशा पुरुषों की है, जिन्हें देशभक्त के अपराध में तड़प-तड़पकर मरने के लिये हमेशा मजबूर किया गया और आतंकवादी उनके मरने तक नाच गाने के साथ जश्न मनाते रहे हैं। पुरुषों में छोटे-बड़े वे सभी लोग हैं जो या तो आतंकवादियों की इच्छाओं व हुक्कारनामों को कुबूल नहीं करते या फिर आतंकवादियों के जेहाद में उनके द्वारा प्रत्यक्ष या अप्रत्यक्ष रूप से कोई बाधा उत्पन्न की जाती है अथवा ऐसी संभावनाएं बनी हुई होती हैं।

घाटी में प्रभावशाली लोगों के अपहरण का सिलसिला उस समय से और बढ़ गया जब से पूर्व गृहमंत्री श्री मुफ्ती मो. सईद की पुत्री रूबिया के बदले 10 खुंखार आतंकवादियों को सरकार ने छोड़ा था। इसी क्रम में 1992 में इख्वानुल मुसलमीन के आतंकवादियों ने तीन प्रभावशाली लोगों का अपहरण किया था, जिनमें ए.के. हार (क्षेत्रीय अनुसंधानशाला के निदेशक), टी.के. रैना (रिटायर्ड सहायक सचिव) और नसरुल्लाह (एक पूर्व मंत्री का बेटा) था। जिनके बदले में डॉ. हैदर अल्ताफ हुसैन, अब्दुल मजीद, प्रवीण अख्तर, नसीर अहमद बट्ट, अब्दुल मजीदमीर, और फिरोज अहमद जैसे 7 खूंखार आतंकवादियों को छोड़ा गया। इसके बाद से आतंकवादी कार्यवाहियों में बेतरतीब इजाफा हुआ। एच.एल. खेड़ा, डॉ. सतिंदर कुमार देवन के अपहरण के बाद दर्दनाक तरीके से हत्या कर दी गई। 24 जनवरी 1992 को श्रीनगर में पुलिस महानिदेशक के ही कार्यालय में हुए जबरदस्त बम विस्फोटों में पुलिस महानिदेशक जे.एन. सक्सेना, सहायक निदेशक अशोक पटेल, केंद्रीय रिजर्व पुलिस के इंस्पेक्टर जनरल एन.के. सिंह, कश्मीर रेंज के इंस्पेक्टर जनरल वी. अलेवेल्ली और कश्मीर रेंज के डी.आई.जी. आर. बख्शी समेत कई लोग गंभीर रूप से घायल हुए

थे। 21 जनवरी को डी.आई.जी. सुरक्षा हफीज अल्लाह का अपहरण किया गया और बाद में डी.एस.पी. पूरण आनंद का अपहरण कर हत्या की गई।[33] इस प्रकार जब सुरक्षा हेतु मुस्तैद सुरक्षा अधिकारी ही असुरक्षित हैं तो आम लोगों की सुरक्षा की बात वहां महज एक कल्पना सी लगती है।

घाटी में हत्या और अपहरण की सूची बहुत लंबी है, लेकिन कुछ हत्याएं आतंकवादियों के बर्बरता की चरम सीमा को उजागर करती हैं। 8-9 अक्टूबर 1993 को डोडा जिले के नाग सेन गांव से दो भाई राकेश कुमार और रतन लाल की न केवल हत्या कर दी गई वरन् राकेश की छाती काटकर दिल निकाल लिया गया और रतन लाल के चेहरा व सिर का पूरा मांस उखाड़ दिया गया। ऐसी ही दशा कन्हैयालाल कौल और डॉ. मोहन कृष्ण टेग की भी की गई। भूषण लाल रैना जो शेरे कश्मीर मेडिकल इंस्टीट्यूट में सरकारी कर्मचारी था की 28 अप्रैल 1990 को उसके घर से पकड़कर सबके सामने ही उसके सिर में छेद करके उसे तड़पा-तड़पाकर मारा गया, उसकी बूढ़ी मां रोती, बिलखती व गिड़गिड़ाती रही लेकिन इन दरिंदों ने उसकी एक न सुनी। तेज कृष्ण राजदान जो कि सरकारी कर्मचारी था, 12 फरवरी 1990 को कश्मीर में उसकी हत्या कर नुमाइश के लिए उसका शव मस्जिद में ले

जाकर टांग दिया। अशोक कुमार काजी की इससे भी अधिक बुरी तरीके से हत्या की गई। प्रसिद्ध कश्मीरी कवि सर्वानंद कौल और उसके पुत्र वीरेंद्र कौल को फांसी पर लटका कर हत्या की गई। इसी क्रम में दामोदर स्वरूप रैना (अनंतनाग), दीनानाथ मुज्जू, नवीन सपू (श्रीनगर) जैसे अनेकों लोगों की दर्दनाक हत्या की गई।[34]

2 मई 1994 को इस्लामाबाद में भारतीय राजनयिक श्री राजेश मित्तल को आतंकवादियों ने अपहरण कर भारत को खुली चुनौती दे दी और कश्मीर तथा आतंकवाद को अंतर्राष्ट्रीय चर्चा में ला दिया, अलफरान गुट द्वारा बंधक बनाए गए इन निर्दोष पर्यटकों को छुड़ाने के लिए अंतर्राष्ट्रीय स्तर पर राजनैतिक प्रयास तेज किए गए, फिर भी कोई सफलता नहीं मिली। इनमें से एक नार्वे के पर्यटक की हत्या कर दी गई थी। इन पर्यटकों को सुरक्षित आतंकवादियों के सिकंजे से मुक्त कराने के लिए जर्मनी, अमेरिका और ब्रिटेन के कुशल कमांडो कश्मीर आए थे, जिस पर हमारे सैन्य कमांडरों ने विरोध दर्ज किया था क्योंकि हमारे भारतीय जांबाज जवान किसी से कम नहीं हैं सिर्फ उन्हें पूरी खुली छूट दिये जाने की आवश्यकता है। हमारे सरकार के दोहरे रवैये से वे समय पर कोई कारगर कदम नहीं उठा पाते हैं, ये विदेशी कमांडो भले ही इन बंधकों को छुड़ाने में कामयाब न हों लेकिन वे हमारे सुरक्षा बलों के मनोबल को अवश्य तोड़ रहे हैं। अपहरण और रिहाई के मसले पर ब्रिटेन जैसे देश का नजरिया आतंकवादियों के प्रति कितना कठोर है, इसकी झलक ब्रिटेन के समुद्र पारीय मामलों की मंत्री श्रीमती लिन्डा चाकर के कश्मीर संबंधी उल्लेख से मिलता है, जिसमें उन्होंने स्पष्ट कहा था कि "ब्रिटेन बंधकों की रिहाई के बदले भारतीय जेलों में बंद आतंकवादियों के छोड़े जाने के पक्ष में नहीं है। ब्रिटेन सरकार इस नीति का हमेशा विरोध करती आई है।"

हालांकि पाकिस्तान भौगोलिक, संख्यात्मक तथा आर्थिक दृष्टि से भारत से काफी कमजोर है लेकिन गत कुछ वर्षों से अघोषित युद्ध के द्वारा जितनी अधिक हानि उसने पहुंचाई है उतनी हानि भारत को 1947, 1965 और 1971 के युद्धों में भी नहीं हुई थी। 1989 से कश्मीर में पाकिस्तान समर्पित आतंकवाद ने जोर पकड़ा तब से बीस हजार से अधिक लोग मारे गए और करोड़ों रुपए की संपत्ति नष्ट हुई। करोड़ों का व्यापार चौपट हो गया और 3 लाख से अधिक लोगों को अपने ही देश में निर्वासित जीवन बिताने के लिए विवश होना पड़ा।

भारत की अपेक्षा पाकिस्तान को कम नुकसान हुआ। फरवरी 1989 से 1994

तक अधिकारिक आंकड़ों के अनुसार 3794 आतंकवादी विभिन्न मुठभेड़ों में मारे गए, जिनमें 3722 कश्मीरी आतंकवादी और 72 भाड़े के विदेशी आतंकवादी शामिल हैं। सुरक्षा बलों के लगभग 800 अधिकारी मारे गए और 6500 जवान घायल हुए। आतंकवादियों ने 4200 मकानों, 1500 दुकानों, 1347 सरकारी भवनों, 154 छोटे पुलों तथा 317 सरकारी स्कूलों को जलाकर राख कर दिया।[35]

इस प्रकार इतने बड़े पैमाने पर हुए हिंसक आंदोलन ने कश्मीर घाटी को बर्बाद करके रख दिया, वहां का सुरम्य वातावरण पूर्णतः दूषित हो गया है, जिसकी भरपाई चाहकर भी कोई नहीं कर पाएगा। अब कश्मीर की सुंदरता नहीं सिर्फ कश्मीर बचाने की कोशिश की जा रही है। यह सवाल समय के गर्त में है कि क्या कश्मीर बच पाएगा या भारत और पाकिस्तान के टकराव में ध्वस्त और बीरान हो जाएगा।

खुफिया एजेंसियों और पुलिस बल की मदद से गृहमंत्रालय द्वारा तैयार की गई रिपोर्ट में कश्मीर का उपरोक्त वीभत्स दौर मानवाधिकार के उन पैरवीकारों के दावों पर करारा तमाचा है जो वियना के विश्व सम्मेलन में पाकिस्तान के छद्म चिल्लपों के शोर में गूंगे होकर रह गए थे। घाटी में यौन उत्पीड़न व बर्बादी का यह खेल हिज्बुलमुजाहिद्दीन सरीखे 150 आतंकवादी संगठनों के जंगजुओं का है जिसका कलंक हर बार भारतीय सुरक्षाबलों के अमर्यादित वासना के मत्थे मढ़ दिया जाता रहा है। दरिंदगी के ये झंझावात हमारे व्यवस्था तंत्र और राजनैतिक इच्छाशक्ति के नकरापन का सबूत भी हैं, क्योंकि हमारे केंद्रीय नेतृत्व द्वारा घाटी में स्थिति संवरने का बार-बार दावा किया गया है और उन्हीं महकमों की रिपोर्ट व सूचनाएं तथा समीक्षाएं विपरीत माहौल का खुलासा करती हैं। अब 'कश्मीर भारत का अविभाज्य अंग'' है की बातें कब तक दोहराई जाती रहेंगी।

आतंकवादियों के नापाक इरादों के समक्ष लुटी हुई युवतियों के जो ब्योरे गृहमंत्रालय की रपटों में कैद है उससे यह सिद्ध होता है कि निःसंदेह धरती की जन्नत (स्वर्ग) कही जाने वाली कश्मीर घाटी नरक में तब्दील हो गई है, यानी देश के भीतर एक और बोस्निया उभर रहा है।

पाकिस्तान का भारत व कश्मीर के विरुद्ध कुप्रचार

सफेद झूठ तथा विस्थापितों की समस्या : कश्मीर मसले को अंतर्राष्ट्रीय रंगत देने की पाकिस्तानी कोशिश ने दोनों देशों के संबंधों को चौपट कर दिए हैं

और दोतरफा बातचीत की संभावनाओं पर पानी फेर दिया है, नतीजतन भारत भी देश और विदेश में चौकस होने के लिए मजबूर हुआ है। कश्मीर के हालत पर पाकिस्तान की नवनिर्वाचित संसद ने जो प्रस्ताव आम सहमति से पारित किया है उसमें कश्मीरियों के आत्म-निश्चय के अधिकार तथा भारतीय सुरक्षा बलों या प्रशासन द्वारा उनके मानवाधिकारों के दमन सरीखे मुद्दों पर पुनः लीक पीटी गई है। ऐसे प्रस्तावों के जरिए पाकिस्तान भारत पर कूटनीतिक दबाव बनाए रखना चाहता है। पाकिस्तान संसद ने दोहराया है कि 70 साल पहले इसी माह में भारत के सुरक्षा बलों ने जम्मू और कश्मीर के लोगों की इच्छा के खिलाफ घाटी की ओर कूच किया था। इतिहास के इस काले झूठ की तरह कश्मीर पर पाकिस्तान का दावा मिथ्या कल्पना तथा दोगले पन पर टिका है निःसंदेह पाकिस्तानी संसद का यह प्रस्ताव अमेरिका की सहायक विदेश उपमंत्री रॉबिन राफेल के उस विवादास्पद बयान के उकसाऐ के रूप में आया था जिसमें कश्मीर के भारत में विलय और उसके अनुबंध पत्र पर तत्कालीन शासक महाराजा हरि सिहं के हस्ताक्षरों को स्थायी व अंतिम मानने की ऐतिहासिकता तथा वैधता पर सवालिया निशान जड़ दिया गया था। वास्तव में क्या कश्मीरियों के आत्म निश्चय के अधिकार का मुद्दा उठाने का पाकिस्तान को कोई वैध अधिकार है? क्या समूचा कश्मीर भारत से घृणा करता है और क्या कश्मीर पाकिस्तान का हिस्सा बनने के लिए तैयार है?

दरअसल बहुत पहले से ही भारत की कश्मीर नीति में बुनियादी दोष रहे हैं। वह पाकिस्तान के हर दावे को जरूरत से ज्यादा महत्व देता आया है और भारत हमेशा अपनी सुरक्षात्मक स्थिति में ही पड़ा रहा, यही भारतीय कमजोरी है। वह हनें आक्रामक होने की बातें करता है जबकि पिछले तीनों युद्धों की शुरुआत उसी के द्वारा हुई थी।

यह इतिहास की विडंबना है कि कश्मीर पर पाकिस्तान का कोई वैद्य या राजनैतिक दावा नहीं बनता तो भी भारत की अपनी अदूरदर्शी कश्मीर नीति के कारण विवाद का यह मुद्दा विश्वव्यापी बन गया है। अब अमेरिका पाकिस्तान की आड़ लेकर इस मुद्दे का अंतर्राष्ट्रीय करण करने पर तुला हुआ है। आतंकवादियों द्वारा कश्मीरियों पर ढाए गए जुल्म आज मानवाधिकार की सारी सीमाएं पार कर गई हैं जबकि पाकिस्तान हमारे सुरक्षा बलों पर इस कुकृत्य का इल्जाम थोपता रहा है। इस मुद्दे को उसने समय-समय पर अंतर्राष्ट्रीय मानवाधिकार कांफ्रेस में उठाया है। पाकिस्तानी शासकों ने शुरू से ही झूठ बोलने की कसम खा ली है वह येन-केन प्रकार से भारत को अंतर्राष्ट्रीय स्तर पर लज्जित करने तथा कश्मीर मुद्दे को गरमाए रखने

और अपने पक्ष में अंतर्राष्ट्रीय तैयार करने हेतु सतत् प्रयत्नशील है।

जम्मू कश्मीर के विस्थापित

नरक में जी रहे हैं, स्वर्ग के बाशिंदे : धरती का स्वर्ग यानी कश्मीर घाटी में अब स्वर्ग जैसा कुछ नहीं रहा। अब यहां आतंक, असुरक्षा और अनिश्चितता का घना अंधेरा है और यहां से जान बचाकर भागे विस्थापितों की जिंदगी में, भी जो जम्मू व दिल्ली के शरणार्थी शिविरों में बदहाल जिंदगी गुजार रहे हैं। अपना घरबार, नौकरी-व्यवसाय जमीन-जायदाद आदि सब छोड़कर शरणार्थी बने हजारों कश्मीरी नागरिक जिस हाल में अपना जीवन गुजार रहे हैं वह किसी नर्क से कम नहीं है। सरकार की उपेक्षा से त्रस्त इन कश्मीरी बाशिंदों की समस्याओं का कोई ओर-छोर नहीं है। अंधकारमय भविश्य से जूझते इन विस्थापितों को अभी भयावह जिंदगी की कितनी और त्रासदियों को झेलना पड़ेगा कुछ कहा नहीं जा सकता क्योंकि अब जम्मू में भी विस्थापितों की जिंदगी पर आतंक का साया मंडराने लगा है। शरणार्थी शिविरों में रह रहे। विस्थापितों को धमकियां मिल रही हैं तथा हत्या, अपहरण और लूट-पाट की बारदातें भी तेज हो गई हैं। उग्रवादी विस्थापितों को जम्मू से भी खदेड़ना चाहते हैं। विस्थापितों का कहना है कि कश्मीरी उग्रवादी जम्मू के पेशेवर उग्रवादियों से मिलकर हम लोगों को यहां से भगाने का कुचक्र रच रहे हैं लेकिन कश्मीरी विस्थापित इन तमाम तकलीफों का सामना करने के बावजूद अपने दिलों में अपनी मातृभूमि लौटने का जज्बा जगाए हैं। कुंठित, क्षुब्ध और जिंदगी की दारुण समस्याओं से त्रस्त इन विस्थापितों ने अब सरकार से किसी सार्थक पहल की उम्मीद छोड़कर अपने बल पर ''पनुन कश्मीर'' नाम का एक संगठन बना लिया है जिसका मकसद घाटी में वापस लौटने के लिए जेहाद शुरू करना है। इनका कहना है कि अब हम हथियार उठाने से भी नहीं हिचकेंगे, ठीक यही स्थिति दिल्ली में रह रहे करीब 18 हजार कश्मीरी विस्थापितों की भी है।

सरकारी आंकड़ों के मुताबिक जम्मू में रह रहे कश्मीरी विस्थापित परिवारों की कुलसंख्या 53.750 है। इनमें 8 हजार सिक्ख, 290 मुस्लिम और 250 डोगरा परिवार हैं शेष कश्मीरी पंडित हैं। इन विस्थापित परिवारों में से लगभग 8 हजार परिवार जम्मू के अलग-अलग इलाकों में बने शिविरों में रह रहे हैं बाकी 46 हजार विस्थापित परिवार किराए के मकानों और नाते-रिश्तेदारों के यहां अपने दिन काट रहे हैं। इन

लगभग 54 हजार परिवारों में से 12 हजार सरकारी कर्मचारी को छोड़कर शेष विस्थापित परिवार को राशन कार्ड के आधार पर एक हजार रुपए नगद, एक किलो चीनी, एक लीटर किरोसिन और प्रति व्यक्ति 9 किलो चावल, 2 किलो आटा हर महीने सरकारी राहत के नाम पर मिलने का डंका पीटा जा रहा है, लेकिन मौके पर वास्तविकता कुछ और ही है।[36]

सरकारी राहत पाने के लिए जरूरी राशन कार्ड बनवाने में विस्थापितों को तमाम परेशानियां झेलनी पड़ती हैं, जबकि फर्जी राशन कार्ड के सहारे ऊपर तक अपनी पहुंच बनाए हुए लोग जरूरत से ज्यादा वस्तुएं ले लेते हैं। विस्थापितों को घटिया किस्म का सामान दिया जा रहा है उनके टेंट भी सड़ गए हैं तथा बच्चों के पढ़ाई के लिए कोई व्यवस्था सुचारू रूप से नहीं चल पा रही है। विस्थापितों की स्वास्थ्य सेवा के नाम पर लाखों खर्च किया जा रहा है, लेकिन उनके शिविरों में न तो डाक्टर आते हैं और न ही दवा। अतः जरूरतमंद चीजें भी सरकार मुहैया कराने में अक्षम है।

इन विस्थापितों की त्रासद जिंदगी का एक अन्य भयावह पहलू यह है कि कश्मीरी युवतियों का सौंदर्य ही आज उनके लिए खतरा बन चुका है। जम्मू में बसे अधिकांश विस्थापितों ने सिर्फ इसलिए घाटी में अपना मकान, जमीन-जायदाद छोड़ा, क्योकि या तो उनका कोई अपना उग्रवादियों के हाथों मारा गया या उन्हें घरबार छोड़कर चले जाने की धमकी दी गई तथा उनके मकान व दुकान जलाए गए। इसके अलावा सैकड़ों विस्थापितों ने सिर्फ इसलिए घर छोड़ा क्योंकि उनके बहू-बेटियों की अस्मिता को खतरा उत्पन्न हो गया था। दुखद यह है कि जम्मू की विस्थापित बस्तियों में भी ये कश्मीरी महिलाएं सुरक्षित नहीं रह गई हैं। यद्यपि हर विस्थापित शिविर में अर्धसैनिक बलों की सुरक्षा चौकियां कायम हैं फिर भी विस्थापितों पर हमले हो रहे हैं, उन्हें धमकियां दी जा रही हैं। नारकीय जीवन जी रहे विस्थापित कश्मीरी हताशा के बावजूद अपनी मातृभूमि में लौटने को बेताब हैं। पम्पलेट पोस्टर, जनसभाओं और जन संपर्क के माध्यम से विस्थापित युवक एक नए आंदोलन का आधार तैयार कर रहे हैं।

पनुन कश्मीर (हमारा कश्मीर) के नाम से शुरू इस आंदोलन के तहत विस्थापित कश्मीरियों ने घाटी में हर हाल में वापस जाने के संकल्प को अंतिम लक्ष्य बना लिया है। डॉ. अग्निशेखर की अध्यक्षता में शुरू यह आंदोलन आज काफी आगे बढ़ चुका है, इनका मानना है कि घाटी में केवल उग्रवाद या शीत युद्ध ही नहीं बल्कि प्रत्यक्ष युद्ध चल रहा है, घाटी में इस्लामी कट्टरपंथ का सैन्यीकरण दिखाई दे रहा

है और अब इस पर फौजी कार्यवाही ही एक मात्र चारा है जिसके लिए भारत सरकार हिचकिचा रही है और यदि उसने समय रहते उचित कदम नहीं उठाए तो कश्मीर पर से भारत का सदा के लिए नियंत्रण समाप्त हो जाएगा।

आई.एस.आई.

गानवाधिकार और कश्मीर

पाकिस्तान को 70 वाले दशक के अंत तक यह एहसास हो गया था कि वे जोर जबरदस्ती से कश्मीर को भारत से नहीं ले सकते इसलिए जनरल जिया ने पंजाब और कश्मीर में आतंकवाद और अलगांववाद को बढ़ावा देकर भारत के खिलाफ गुपचुप अप्रत्यक्ष व कम खर्च वाला युद्ध छेड़ने का फैसला किया। इस पूरी योजना के क्रियान्वयन के लिए आई.एस.आई.'' (इंटर सर्विसेज इंटेलिजेंस) को क्रियाशील किया गया। यह संस्था अपने आप में एक पूरी सत्ता है और सीधे जिया को सूचनाएं देती थी। इसकी स्थापना जिया द्वारा जनरल हमीद गुल के नेतृत्व में की गई। उक्त संस्था का काम तोड़-फोड़ से लेकर घुसपैंठ कराना और भारतीय कश्मीर में घटने वाली घटनाओं की जानकारी पाकिस्तान सरकार को देना था। जनरल जिया की मौत के बाद आई.एस.आई. ने किसी असैनिक सत्ता को अहमियत नहीं दी और इस कदर बेकाबू हो गई कि बाद के पाकिस्तान शासकों का उस पर नियंत्रण नहीं रहा और उसने भारत के विरुद्ध वृहद उग्र संघर्ष छेड़ दिया, जिसने न केवल भारत पाकिस्तान सीमावर्ती क्षेत्र वरन् संपूर्ण भारतीय उमहाद्वीप को अशांत कर रखा है।

आई.एस.आई. ने पुछ सेक्टर में उग्रवाद को बढ़ावा देने के लिए अपने मुख्य अड्डे को पाक अधिकृत कश्मीर के मुजफ्फराबाद से वास्तविक नियंत्रण रेखा के पार सत्ता कोटली में स्थानांतरित कर लिया है। आई.एस.आई. घाटी में अत्याधुनिक हथियारों की तश्करी के साथ-साथ महिलाओं और अफगान मुजाहिद्दीनों को विध्वंसक गतिविधियों के लिए इश्तेमाल कर रही है।[37]

सैन्य अधिकारियों ने बताया कि पाक अधिकृत कश्मीर में जाकर बसने वाले लोगों को वास्तविक नियंत्रण रेखा पार कर यहां तोड़-फोड़ करने के लिए मजबूर किया जा रहा है। उग्रवाद के शुरुवाती दौर में 1990 में आई.एस.आई. पीरपंजाल पहाड़ियों से कश्मीर में प्रशिक्षित उग्रवादी व हथियार भेजने के लिए पुंछ और राजौरी को मार्ग के रूप मे इस्तेमाल करना चाहता था, यहां उग्रवाद फैलाने की कोशिश भी

की गई लेकिन उन्हें कोई सफलता नहीं मिल पाई परन्तु अन्य जगहों से घुसपैठ की कोशिशें जा रहीं।

सैनिक सूत्रों के अनुसार नियंत्रण रेखा के पार निकसी गढ़ी, दुपट्टा आलियाबाद, हजीरा, हीरकोट और दुरांड़ी में बड़ी संख्या में उग्रवादी घुसपैंठ की प्रतीक्षा कर रहे हैं, तथा पच्चासों बार घुसपैठ की कोशिशें भी की गईं। आई.एस.आई. अब अपनी रणनीति के तहत औरतों को संदेशवाहक बनाकर भेजने लगा है। ऐसी कई युवतियां घुसपैठ करने की कोशिश में पकड़ी गई हैं जिनका आई.एस. आई. से संपर्क के सबूत मिले हैं।[38]

मुल्तान में एक घमासान संघर्ष के बाद डुडवारा के निकट आई.एस.आई. एजेंट फतुल्लाह को सेना ने गिरफ्तार किया उसने बताया कि आई.एस.आई. यह महसूस करती है कि कश्मीरी उग्रवादियों के हौसले कुछ पस्त हुए हैं, इसलिए छापामार युद्ध में पारंगत सूडानी, मिश्री और अफगानी छापामारों को कश्मीर भेजने की योजना बनाई गई है। इन गुटों को एक शीर्ष संगठन के तहत गठित करके ''हरकत उल-जेहादी इस्लामिया नाम दिया गया है, ये लोग मशीनगनों और मोर्टरों से लैस हैं।

फतुल्लाह ने बताया कि वह ''मरकज डावर'' नाम के एक इस्लामी संगठन से जुड़ा था जिसे आई.एस.आई. से पूरी मदद मिलती है। इस संगठन के प्रमुख मौलवी जफी ने उनसे कहा था कि अल्लाह की सारी जमीन को काफिरों से मुक्त कराने के लिए उन्हें संघर्ष करना है, उसने बताया कि उनके गुट में अल्जीरिया, सूडान और मिश्र के मुस्लिम संगठनों के लोग शामिल हैं। इस गुट ने दशकों तक अफगानिस्तान में संघर्ष किया अब इसे कश्मीर में लगाया गया है।

इस तरह भारतीय सेना अधिकारियों ने आतंकवादी गुटों से संबंधित कई विदेशी नागरिकों को पकड़कर उनके बयान लिए हैं जिनसे आई.एस.आई. के इरादों का पर्दाफाश हुआ है। कश्मीर के राज्यपाल जनरल के.बी. कृष्णाराव ने बताया कि आई.एस.आई. द्वारा विदेशी भाड़े के सैनिकों को भेजने का उद्देश्य स्थानीय उग्रवादियों का हौसला बढ़ाना है। आई.एस.आई. ने घाटी में पूरी तरह आतंक फैला रखा है इसने न केवल जनमानस को वरन सरकारी तंत्र को भी बुरी तरह प्रभावित किया है। लोकतंत्र के चौथे स्तंभ प्रेस पर भी आतंकवादियों ने कहर ढाए हैं, निर्भीक और निष्पक्ष पत्रकारों का समय-समय पर हत्या व अपहरण किया गया है।

आज आई.एस.आई. की गतिविधियां न केवल पंजाब और कश्मीर तक सीमित हैं वरन् बंबई और कलकत्ता जैसी औद्योगिक नगरी को भी निशाना बनाया गया तथा बड़े पैमाने पर शक्तिशाली विस्फोट कर अपने विस्तृत मोर्चा खोल देने का संकेत दे दिया है। यह षडयंत्र आई.एस.आई. ने अंतर्राष्ट्रीय स्तर पर रचा था तथा इसमें उसने दाऊद इब्राहिम जैसे खुंखार तश्कर का सहयोग लिया। एक खबर के अनुसार गृहमंत्रालय ने पाकिस्तान की गुप्तचर ऐजेंसी इंटर सर्विसेज इंजेलीजेंस द्वारा खड़े किए जा रहे खतरों का मुकाबला करने के लिए गुप्तचरी का एक राष्ट्र व्यापी नेटवर्क तैयार किया है, इसमें एक समन्वित कार्यक्रम के अनुसार देश भर की गुप्तचर एजेंसिओं को शामिल किया जाएगा।[39] पूर्वोत्तर राज्यों में इस प्रकार की समन्वित प्रणाली पहले से ही कार्य कर रही है। पूर्व आंतरिक सुरक्षा राज्यमंत्री राजेश पायलट ने कहा था कि आई.एस.आई. के मंसूबे को कामयाब नहीं होने दिया जाएगा। उन्होंने बताया कि उसकी गतिविधियों पर अंकुश लगाने के लिए चलाए गए समन्वित कार्यक्रमों में काफी सफलता मिली है और इसके लिए राज्यों में एक ऑपरेशन कमांड तैयार किया जाएगा। गुप्तचर ब्यूरो को निर्देश दिया गया है कि जिला स्तर पर हर सप्ताह वरिष्ठ पुलिस तथा प्रशासनिक अधिकारियों के साथ बैठक करें ताकि स्थिति पूरी तरह स्पष्ट हो सके और इस ओर समय रहते आवश्यक कदम उठाए जा सकें। इस प्रकार आई.एस.आई. के जवाब में हमारी सरकार द्वारा बनाई योजना निश्चित रूप से कारगर व प्रभावशाली सिद्ध होगी, इससे उसके आतंकवादी गतिविधियों पर अंकुश लगाने में भी सफलता मिलेगी।

कश्मीर में मानवाधिकार के उल्लंघन का सच

(1) हिंसा की घटनाएं

वर्ष	*कुल घटनाएं*	*सुरक्षाबलों पर*	*अन्य व्यक्तियों*	*विस्फोट व अन्य घटनाएं*	
			हमले	*लूटपाट*	*लूटपाट*
1988	**390**	**6**	**1**	**142**	**241**
1989	**2154**	**49**	**73**	**840**	**1192**
1990	**3905**	**1098**	**485**	**1810**	**512**
1991	**3122**	**1999**	**321**	**611**	**191**
1992	**4971**	**3413**	**507**	**744**	**307**
	14542	**6565**	**1307**	**4147**	**2443**

(2) हत्याएं

हत्याएं	*1988*	*1989*	*1990*	*1991*	*1992*	*कुल*
कुल हत्याएं	31	92	1184	1393	1902	4602
सुरक्षा अंधिकारी	1	13	192	185	117	508
भारत सरकार के अधिकारी	1	3	62	57	36	158
शीर्ष राज - नीतिक नेता	---	---	1	---	---	1
राजनीतिज्ञ	---	3	24	10	4	41
न्यायपालिका	---	3	---	1	---	4
पत्रकार	---	---	1	1	1	3
नागरिक	28	70	774	525	857	2256
आतंकवादी	1	---	183	614	873	1671

(3) अपहरण

	1988	1989	1990	1991	1992	कुल
घटनाएं	—	2	57	102	124	285
अपहृत व्यक्तियों की संख्या	---	2	57	159	182	414
विदेशी	---	---	---	12	---	12
महिलाएं	---	---	8	9	13	29
राजनीतिज्ञ	---	---	33	53	26	112
सरकारी अधिकारी	---	---	21	27	43	91
सुरक्षा अधिकारी			12	44	30	86
मारे गये	---	1	29	29	36	97
छोड़े गये	---	1	32	73	112	218

(4) सम्पत्ति का विनाश

वर्ष	कुल घटनाएं	सरकारी भवन	शिक्षण संस्थायें	निजी घर	कुल
1988	128	4	4	19	1
1989	294	191	171	417	16
1990	646	501	129	1252	172
1991	391	45	25	819	24
1992	564	65	57	2312	28
कुल	2023	806	386	4819	241

नोट : अगस्त, 93 तक कश्मीर में हत्याओं की संख्या अनुमानतः 15000 तक पहुंच गयी थी, यहाँ पर उपलब्ध आंकड़ों का विवरण ही दिया गया है।

मानवाधिकार के मुद्दे और कश्मीर

1948 में संयुक्त राष्ट्र संघ महासभा ने मानवाधिकारों की वैश्विक घोषणा की, जिसमें कहा गया कि इसे सभी लोगों के लिए समान मानदंड माना है और प्रत्येक व्यक्ति और समाज के प्रत्येक अंग को इस उद्देश्य को ध्यान में रखते हुए दूसरे के अधिकारों और स्वतंत्रताओं के प्रति सम्मान बढ़ाना चाहिए। अनुच्छेद एक के अनुसार ''सभी मनुष्य जन्म से स्वतंत्र हैं तथा गरिमा और अधिकारों की दृष्टि में समान हैं उनके पास तर्क शक्ति और विवेक है और उनको एक-दूसरे के प्रति भातृत्व की भावना से व्यवहार करना चाहिए।''[40]

संगठित समूहों द्वारा की गई हिंसा मानवाधिकारों की वैश्विक घोषणा का खुला उल्लंघन और मानवता के विरुद्ध घोर अपराध है जिसके खिलाफ न केवल स्थानीय कानून के अंतर्गत ही बल्कि अंतर्राष्ट्रीय कानून के अंतर्गत भी कार्यवाही होनी चाहिए। वर्तमान रूप में जिस हिंसा को दुनिया जानती है उसकी शुरुआत 14 सितंबर, 1989 को पाकिस्तान द्वारा समर्थित संगठनों ने कश्मीर में अल्पसंख्यक हिंदुओं के प्रति की थी।

सबसे बड़े शर्म की बात यह है कि कश्मीर में आतंकवादी हिंसा के शिकार

हिंदुओं के मानवाधिकारों के उल्लंघन की बात पहली बार भारत के किसी मानवाधिकार संगठन या भारत के किसी राजनीतिज्ञ ने नहीं उठाई बल्कि दक्षिण एशिया और प्रशांत महासागर के मामलों की अमरीकी कांग्रेस उप समिति के अध्यक्ष स्टीफन सोलार्ज ने उठाई। उन्होंने जून 1992 में विश्व को पहली बार बताया कि कश्मीर में हिंदुओं के मानवाधिकारों का हनन हो रहा है।

यह एक गलत धारणा है कि मानवाधिकार कानूनी रक्षा की दृष्टि से केवल राज्य के गतिविधियों के खिलाफ ही गांरटी देता है, जबकि मानवाधिकारों की घोषणा के 31 अनुच्छेदों में निहित अवधारणाएं न केवल कानूनी संरक्षण ही देती हैं बल्कि मानवजाति के मूलभूत अधिकारों का विश्व स्तर पर मान्यता देती हैं। इन अनुच्छेदों में मुख्यता: ये विंदु शामिल हैं :--

1. व्यक्तियों की समानता और भातृत्व भावना
2. विचार, अभिव्यक्ति और आस्था की स्वतंत्रता
3. कानून की समान प्रक्रिया
4. संगठन की स्वतंत्रता
5. प्रतिनिधित्व के आधार पर राजनीतिक शक्ति
6. आर्थिक और सामाजिक संगठन में समानता का अधिकार

अतः मानवाधिकार को वैश्विक कहना ही उचित है इसलिए उनकी रक्षा का दायित्व सिर्फ राज्य के अधिकार तक ही सीमित नहीं हैं। यह सभी प्रकार के सामाजिक, राजनैतिक सत्ता या संगठनों और समूहों तथा सभी अंतर्राष्ट्रीय संगठनों पर लागू होता है क्योंकि मानवाधिकारों की वैश्विक घोषणा का अर्थ विश्व समुदाय के न्यायिक राजनैतिक संगठन को स्वीकार करना है, जिसमें मानव जीवन और व्यक्ति की गरिमा का आदर किया जाएगा। मानवाधिकारों की वैश्विक घोषणा में ऐसे मुस्लिम राज्य की कल्पना नहीं की गई है जो मानवाधिकारों का उल्लंघन कर मुसलमानों की रक्षा करें। मानवाधिकार कश्मीर के मुसलमानों को राज्य के स्वेच्छाचारी आचरण से संरक्षण देते हैं परंतु वे हिंदू या अन्य नस्लीय और पंथिक समूहों को भी आतंकवादियों के मजहबी उत्पीड़न और दासत्व से भी संरक्षण प्रदान करवाते हैं यदि वे इस्लामिक राज्य में शामिल होने के लिए तैयार नहीं है।

कश्मीर में पाकिस्तान द्वारा निम्नांकित तरीकों से मानवाधिकार का उल्लंघन हो रहा है :—

1. हिंदुओं की हत्या और महिलाओं के साथ बलात्कार
2. हिंदुओं का उत्पीड़न एवं अपहरण
3. कश्मीर से हिंदुओं को जबरदस्ती खदेड़ना ताकि उनका नस्लीय उन्मूलन हो
4. हिंदुओं के अतिरिक्त उन मुसलमानों या अन्य वर्गों के लोगों का उत्पीड़न करना शामिल है जो पाकिस्तान या उससे समर्पित आतंकवादी संगठनों के दबाव के विरुद्ध देश भक्ति की आस्था को बनाए रखना चाहते हैं।

एक समय था जब बेनजीर ने मानवाधिकारों को लेकर राजनयिक मुहिम छेड़ी हुई थी, जिससे कश्मीर समस्या को अंतर्राष्ट्रीय स्वरूप प्रदान किया जा सके। इसी परिप्रेक्ष्य में अंतर्राष्ट्रीय समर्थन जुटाने के लिए उन्होंने दावोस, सरायेबो और जिनेवा का दौरा किया था। राष्ट्रपति शंकर दयाल शर्मा ने ठीक ही कहा था कि कश्मीर में मानवाधिकारों के उल्लंघन की वकालत करने वाली पाकिस्तान की प्रधानमंत्री बेनजीर भुट्टो को पहले अपना घर देखना चाहिए, जो प्रधानमंत्री अपने भाई और मां को जेल में डाल सकती है उसके मुख से मानवाधिकारों की वकालत हास्यास्पद है। भारत में एक सशक्त मानवाधिकार आयोग है जिसमें तीन-तीन न्यायाधीश है, भारत में अल्प संख्यकों की जनसंख्या बढ़कर 16 करोड़ हो गई है जबकि पाकिस्तान की अल्पसंख्यक हिंदुओं की संख्या लगातार घटी है, यह इस बात का स्पष्ट संकेत है कि अल्पसंख्यक हिंदुओं का उत्पीड़न बढ़ा है। कश्मीर में कश्मीरियों के लिए कोई भी सुरक्षित जगह नहीं रही उन्हें अब नरक तुल्य निर्वासित जीवन बिताने को मजबूर कर दिया गया है। कश्मीरी महिलाओं व बच्चियों के साथ अमानवीय जुल्म ढाए जा रहे हैं और उसके लिए आतंकवादियों को नहीं बल्कि सुरक्षा व शांति बहाली हेतु तैनात भारतीय सुरक्षा बलों पर दोषारोपण किया जा रहा है।[41] श्रीमती भुट्टो ने अंतर्राष्ट्रीय मंचों तक इस बात पर जोर दिया था कि भारतीय सुरक्षा बलों द्वारा कश्मीर में मानवाधिकारों का हनन हो रहा है। ऐसा ही एक प्रस्ताव लाकर मार्च 1994 में जिनेवा मानवाधिकार सम्मेलन में पाकिस्तान ने कश्मीर को अंतर्राष्ट्रीय रंगत देनी चाही, वहां उसे जबरदस्त प्रतिरोध का सामना करना पड़ा तथा उसे इस प्रस्ताव को बिना शर्त वापस लेना पड़ा। उसकी इस घोषणा से पहले 25 सदस्य देशों ने उस पर दबाव डाला कि प्रस्ताव वापस

लिया जाना चाहिए और मुद्दा आपसी बातचीत से हल किया जाना चाहिए। प्रस्ताव वापस हो जाने से पाकिस्तान को करारा झटका लगा। भारत की एक शानदार कूटनीतिक सफलता थी, पाकिस्तान संयुक्त राष्ट्र के मंच पर पहली बार कश्मीर के बारे में ऐसा प्रस्ताव रखा था। प्रख्यात इस्लामी कट्टर समर्थक ईरान जैसा देश भी पाकिस्तान के इस प्रस्ताव पर जबरदस्त विरोध जताते हुए उसे वापस लेने के लिए दबाव डाला था। यदि सही समय पर सही कदम उठाए जाते तो वास्तव में यह जीत घाटी में केंद्र के राजनीतिक पहल की बुनियाद बन सकती थी।

जिनेवा में भारतीय पक्ष में हुई इस गुटबंदी का एक मुख्य कारण अमेरिका का पाकिस्तान व उसके आतंकवादियों को जरूरत से अधिक सैन्य समर्थन देना रहा है क्योंकि पाकिस्तान अमेरिका का पिछलग्गू देश रहा है और दुनिया के कई बड़े राष्ट्र अमेरिकी एकाधिकार व उसकी दादागीरी को मानने से इन्कार करते आए हैं। जिस मूर्खतापूर्ण ढंग से अमेरिका चल रहा है उससे वह खुद सबको अपने खिलाफ संगठित करने का मार्ग प्रशस्त कर रहा है। यूरोप उनसे खफा है जापान उनसे खफा है ईरान बहुत खफा है यह भारत के लिए एक तरह से अच्छा ही है इससे अमेरिकी प्रशासन काफी कुछ हड़बड़ाहट में रहेगा, किसी की धमकी व दबाव में न आकर पहले से भी अधिक मजबूती व जोर शोर से हर मंच पर पाकिस्तान को बेनकाब करना चाहिए क्योंकि पाकिस्तान समर्थित आतंकवाद का पर्दाफाश करने के लिए भारत को सावधानी पूर्वक चुस्त दुरुस्त कूटनीतिक मशक्केत करनी होगी तभी कामयाबी मिल पाएगी।

हजरतबल प्रकरण बनाम बंकर प्रकरण तथा प्रतिबंधित तीर्थयात्रा

जम्मू कश्मीर की स्थिति को चरमोत्कर्ष तक ले जाने वाले उन 14 बंकरों को 6 अगस्त, 1994 की प्रातः वेला में हटा दिया गया जो विश्व प्रसिद्ध 300 वर्षों पुरानी हजरत बल दरगाह के बाहर और भीतर 17 नवंबर 1993 को लगाए गए थे। इन बंकरों के हटते ही यह प्रकरण समाप्त हो गया, इस दरगाह के प्रबंधन का कार्यभार ''मुस्लिम औकाफ ट्रस्ट'' ने संभाल लिया है। 5 अगस्त 1994 को देर रात्रि ट्रस्ट के अधिकारियों और सरकार के प्रतिनिधियों के बीच इन बंकरों के हटाने का समझौता निर्णायक दौर में पहुंच गया था हालांकि ट्रस्ट पर 5-6 अगस्त से लगातार हुर्रियत कांफ्रेंस तथा अन्य पाकिस्तान समर्थक दलों की ओर से सरकार के साथ कोई समझौता न किए जाने के लिए दबाव डाला जा रहा था, इसलिए यह प्रकरण अधर में पड़ा रहा।[42]

वर्ष 1993 में इन बंकरों को उस समय स्थापित किया गया था जब आतंकवादियों ने 32 दिनों तक लगातार इस दरगाह पर अधिग्रहण बनाए रखने के बाद आत्मसमर्पण किया था। इस घटना की पुनरावृत्ति न होने पाए तथा दरगाह के भीतर आतंकवादियों और शस्त्रास्त्रों के प्रबंध पर रोक लगाने के लिए 19 बंकर स्थापित किए गए थे। बाद में इनमें 5 को हटाने और 5 का कार्यभार जम्मू कश्मीर सशस्त्र पुलिस के हवाले 9 जनवरी 1994 को मेहराज उल आलम के अवसर पर किया गया था। किंतु मेहराज उल आलम तथा ईद के 300 वर्षों के इतिहास में यह पहला अवसर था जब दरगाह के भीतर नमाज अदा नहीं हुई। बहरहाल इन बंकरों के हटा लेने से निश्चित रूप से आतंकवादियों के हौंसले बढ़े हैं।[43]

जहां तक सरकार का सवाल है उसके लिए यह एक टेढ़ा वक्त ही था दरगाह पर दोबारा आतंकवादियों के कब्जे को रोकने के लिए बनाए गए बंकर हरकत उल अंसार द्वारा यात्रा पर प्रतिबंध लगाए जाने के तुरंत बाद हटा लिए गए। सरकार ने तो अपनी तरफ से समझदारी भरी पहल की थी उसका इरादा जम्मू कश्मीर लिबरेशन फ्रंट (जे.के.एल.एफ.) जो कि अन्य संगठनों की तुलना में उदार संगठन माना जाता है को हजरत बल मुक्ति आंदोलन से जुड़ने के लिए उकसाना था। सरकार के इस प्रयास का काफी असर हुआ सामर्थन जुटाने की गरज से ही सही जे.के.एल.एफ. मुखिया यासीन मलिक ने हजरत बल जाकर बंकर हटाए जाने तक आमरण अनशन पर बैठ गए तब हुर्रियत को लगा कि यासीन चर्चा में आने लगा है तो उसने तुरंत बयान जारी किया कि "यासीन का गांधीवादी अनशन गैर इस्लामी तरीका है।

कश्मीर की आजादी के समर्थक और पाकिस्तान समर्थक गुटों के बीच चल रहे संघर्ष को और तेज करने के इरादे से केंद्र ने अपने प्रतिनिधियों पत्रकार कुलदीप नैयर और राजेंद्र सच्चर के जरिए संदेश भेजा कि बंकर हटा लिए जाएंगे और ये 48 घंटे में हटा भी लिए गए लेकिन जे.के.एल.एफ. को कोई लाभ नहीं हुआ। केंद्र उस समय यह बात भूल गई कि मस्जिद के प्रबंधन के लिए जिम्मेदार मुस्लिम औकाफ ट्रस्ट हुर्रियत के हाथों कठपुतली है। नतीजतन बंकर हटने के बाद पाकिस्तान समर्थक हुर्रियत कांफ्रेंस हजरत बल में अपनी मौजूदगी दर्ज कराने में सफल रही। यासीन तो बंकर हटने के बाद मस्जिद में गया ही नहीं आज भी हथियार बंद हिजबुल आतंकवादियों को दरगाह के आस-पास के इलाकों में देखा जा सकता है। बंकर हटने के एक दिन बाद ही दरगाह पर पोस्टर लगा दिए गए थे जिस पर लिखा था "कश्मीर बनेगा पाकिस्तान।"[44]

हुर्रियत कान्फ्रेंस के प्रमुख नेता

नाम	विचारधारा	संगठन	संगठन में स्थिति	पूर्व स्थिति	कैद की अवधि	निकटता	हुर्रियत कान्फ्रेस
शब्बीर शाह (42 वर्ष)	अस्पष्ट	पीपुल्स लीग	कोई औपचारिक पद नहीं	सुप्रीमो पीपुल्स लीग	21 वर्ष	मुस्लिम जाबांज फोर्स	दल से निष्कासित
मौलाना अब्बास अंसारी (63 वर्ष)	आत्म निर्धारण का अधिकार	इनहावुल मुसलमीन	मुख्य संरक्षक	समन्वयक मुस्लिम युनाइटेड	7 वर्ष		सदस्य कार्यकारी परिषद
सैयद अली गिलानी (66 वर्ष)	पाकिस्तान समर्थक	जमाते इस्लामी	संसदीय मामलों के प्रमुख	विधानसभा में विपक्ष के नेता	15 वर्ष	हिजबुल मुजाहिद्दीन	सदस्य कार्यकारी परिषद
मोहम्मद यासीन मलिक (32 वर्ष)	स्वतंत्रता समर्थक	जम्मू-कश्मीर लिबरेशन फ्रंट	चेयरमैन	शस्त्र दस्ते का प्रमुख	6 वर्ष	जम्मू-कश्मीर लिबरेशन फ्रन्ट	सदस्य कार्यकारी परिषद
अब्दुल गनी लोन (64 वर्ष)	आत्म निर्धारण का अधिकार	पीपुल्स कांफ्रेंस	चेयरमैन	कांग्रेस सरकार में शिक्षा मंत्री	5 वर्ष	अल वर्क	सदस्य कार्यकारी परिषद
प्रो. अब्दुल गनी (57 वर्ष)	"	मुस्लिम कांफ्रेंस	चेयरमैन	परसियन में प्रोफेसर	4 वर्ष	--	सदस्य कार्यकारी परिषद
मौलवी उमर फारूख (22 वर्ष)	"	अवामी एक्शन कमेटी	अध्यक्ष	विद्यार्थी	कुछ नहीं	--	चेयरमैन

हजरत बल को अपना मंच बनाने के लिए हिज्बुल ने अमरनाथ यात्रा पर प्रतिबंध लगाने की हरकत उल अंसार की घोषणा का समर्थन न करने का फैसला कर एक अच्छी कूटनीति का परिचय दिया क्योंकि उसे पता था कि कश्मीरी जनता प्रतिबंध के खिलाफ है। आठ दिन की यह यात्रा रोक दी जाती तो उन्हें 40 करोड़ का नुकसान होगा न सिर्फ दुकानदारों ने एक महीने पहले राशन जमा कर लिये थे, बल्कि कुली और खच्चर वालों को भी खासा नुकसान उठाना पड़ता। कश्मीर में पर्यटन की चरमराती स्थिति को देखते हुए शायद यही उनकी रोजी-रोटी का एक मात्र जरिया रह गया है। घाटी में बंदूक का डर कायम है प्रतिबंधित यात्राएं युद्ध और असुरक्षा का माहौल पैदा करती है। इस पूरी यात्रा की व्यवस्था सीधे सेना के हाथ में दी गई थी, क्योंकि जम्मू से चंदन बाड़ी तक के 350 किमी लंबे रास्ते और उसके आगे के मार्ग पर जहां तीर्थयात्रियों को जोखिम भरी पैदल यात्रा करनी पड़ती है वहां अत्याधुनिक हथियारों से लैस सेना के जवान सुरक्षा कवच बने रहते हैं। हवाई अड्डे, बस अड्डे व रेलवे स्टेशन की चौबीसों घंटे निगरानी रखी जाती है, आतंकवादियों के संभावित आत्मघाती दस्ते को डराने के लिए सेना हेलीकॉप्टरों से पहाड़ियों पर नजर रखती है। प्रतिबंध के चलते न केवल स्थानीय निवासी बल्कि वहां के स्थानीय प्रशासन व सरकारी विभागों ने भी अपने हाथ खींच लिए लिहाजा यात्रा पंडित कर्मचारियों की मदद से जम्मू से कराई गई तथा सेना के हेलीकॉप्टरों द्वारा खाद्य व अन्य सामग्रियां पहुंचाई गईं। पंजाब और दिल्ली के कुछ निजी न्यासो ने यात्रियों के लिए निःशुल्क भोजन की व्यवस्था किया। आतंकवादियों की धमकी से खच्चर मालिक आगे नहीं आए अतः हतासा में सरकार ने उन 300 लोगों को कुली का काम करने के लिए ले आई जो छोटी-छोटी आतंकवादी गतिविधियों में शामिल होने की वजह से गिरफ्तार हुए थे। ये सारे कार्यक्रम युद्ध स्तर पर हुए जो घाटी की बदहाली का उदाहरण पेश करते हैं।

आग में समर्पित सूफी स्मारक

चरार-ए-शरीफ : चरार-ए-शरीफ के जलने में बमुश्किल 30 मिनट लगे होंगे, लेकिन बहुत संभव है कि सिर्फ इस वजह से कश्मीर में 6 साल से जारी हिंसा और अलगांववादी आंदोलन की दिशा ही बदल जाए। सूफी संत नूरुद्दीन नूरानी की पवित्र दरगाह चरार-ए-शरीफ को सुलगती राख के ढेर में तब्दील करने के बाद लपटें शांत हुई तो 11 मई की रात के 2.30 बज चुके थे। चंद घंटों में धाटी में पौ फटने

वाली थी आश्चर्यजनक रूप से 6 महीने तक कर्फ्यू के कहर से बची रही घाटी में गुस्से का लावा फूट रहा था। फौजी टुकड़ियों ने नाराज लोगों को घर से बाहर नहीं आने दिया त्वरित कार्यवाही के जरिए आगजनी और हिंसा के दौर को तो सीमित कर दिया गया, लेकिन एक दीर्घकालीन नुकसान तो हो ही चुका था, पाकिस्तान ने इस मसले को इस्लामी मंचों पर उठाने की धमकी भी दी। यह दरगाह उसी दिन ध्वस्त हुई जब देश के सभी नागरिकों के लिए एक समान कानून बनाए जाने के सुप्रीम कोर्ट के फैसले की खबरें प्रकाशित हो चुकी थी। शुरुआत में साउथ ब्लाक में यह आशंका जताई जा रही थी कि पहले से आहत मुसलमान इस दोहरे झटके के खिलाफ हिंसक विरोध पर उतारू हो सकते हैं, लेकिन समुदाय ने परिपक्वता दिखाते हुए संयम कायम रखा। इससे पाकिस्तानी साजिसों को भी गहरा धक्का लगा क्योंकि उसे उम्मीद थी कि इसकी प्रतिक्रिया में बाबरी मस्जिद विध्वंस के बाद वाला किस्सा दोहराया जाएगा और भारत में अस्थिरता बढ़ेगी।[45]

हजरत बल में आतंकवादियों को थकाने की रणनीति में मिली सफलता से उत्साहित सरकार इस बार जरूरत से ज्यादा निश्चिंत थी। खुफिया एजेंसियों ने ऐसी रिपोर्ट दी कि आतंकवादी सुरक्षित जाने देने के जम्मू कश्मीर के राज्यपाल के प्रस्ताव को मानने के लिए तैयार हैं लेकिन आमने-सामने की लड़ाई लड़ने में सिद्धहस्त सेना के जाट, कुमाऊं और गार्डस रेजिमेंट के दस्तों ने आतंकवादियों को निकालने के लिए जब जलते हुए कस्बे में प्रवेश किया तब पता चला कि यह विचार कितना भ्रामक था। वहां जमकर मुठभेड़ हुई और कुछ आतंकवादी और संभवतः उनका पाकिस्तानी कमांडर मेजर मस्तगुल भाग निकले। वैसे निर्णायक तौर पर यह नहीं कहा जा सकता कि यह आग किसने और क्यों लगाई, फिर भी इस मुठभेड़ के दौरान हरकत उल अंसार के गिरफ्तार जनरल अबू जिंदाल ने इस कांड के लिए मेजर मस्तगुल को दोषी ठहराया था।

इस घटना से दरगाह के नुमाइंदों की भावनाओं को गहरी ठेस पहुंची, उन्होंने इसके लिए सरकार को ही सीधे दोषी ठहराया। लोगों को शिकायत थी कि समाचार माध्यमों के नुमाइंदों को वहां जाने नहीं दिया गया और सरकार ने इस मामले को गंभीरता से नहीं लिया। पूरी घाटी में यह अफवाह तेजी से फैली कि सेना ने पहले हेलीकाप्टर से शहर पर बारूद छिड़का और फिर मोर्टार से उसे उड़ा दिया। सरकार ने अपनी सफाई में जोर देकर यह बात कहा कि आतंकवादियों ने पाकिस्तानी आकाओं की शह पर एक सोची-समझी साजिश के तहत फूंक डाला। उसने

आतंकवादियों द्वारा घाटी और नियंत्रण रेखा के उस पार अपने अड्डों पर भेजे जब्त संदेशों की टेप की हुई प्रतियां भी जारी की।[46]

इतना स्पष्ट था कि इस घटना से घाटी में भारत विरोधी भावनाएं और भड़क उठी, आल पार्टी हुर्रियत कांफ्रेंस के मीरवायज उमर फारूख ने कहा कि हमारे राजनैतिक संघर्ष को कुचलने के लिए भारत सरकार हमारे धार्मिक स्थलों को बर्बाद कर रही है। दरगाह जलाए जाने से एक दिन पहले हुर्रियत के नेताओं शब्बीर शाह, यासीन मलिक और अब्दुल गनी लोन ने चरार-ए-शरीफ तक जाने की कोशिश की, पर पुलिस ने उन्हें हिरासत में ले लिया था। दरगाह जलने के बाद केंद्रीय मंत्रालय ने जब इसके पुनर्निमाण की योजना बनाई तो अलगांववाद समर्थक हुर्रियत के नेताओं ने पुनर्निमाण का प्रस्ताव यह कहते हुए ठुकरा दिया कि यह तो जले पर नमक छिड़कने जैसा है। अब्दुल गनी लोन ने इस घटना को कश्मीरियों के खिलाफ ऑपरेशन ब्लूस्टार करार दिया।[47]

रणनीतिक महत्व की जगह पर होने के कारण चरार-ए-शरीफ दरगाह सीमा पार से घुसपैठ करने वालों के लिए शरणस्थली की तरह रही है। बीते साल दिसंबर तक आतंकवादी ठंड से बचने के लिए चरार में आ रहे थे और मार्च के पहले हफ्ते में जब सेना ने हजरत बल प्रकरण की पुनरावृत्ति की आशंका में कस्बे को घेरना शुरू किया तो उनकी तादात 75 तक पहुंच चुकी थी। सीमा सुरक्षा बल के साथ मिलकर सेना ने कस्बे की तरफ जाने वालों की जांच शुरू कर दी ताकि आतंकवादियों पर मनोवैज्ञानिक दबाव बनाया जा सके और उन्हें आत्म समर्पण हेतु मजबूर किया जा सके। प्रतिक्रिया स्वरूप आतंकवादियों ने बंकर बनाकर और दरगाह के चारों तरफ बारूदी सुरंगे और विस्फोटक के रूप में गैस सिलेंडर बिछाकर अपनी स्थिति मजबूत बना ली। सरकार को पूरी आशंका थी कि वे दरगाह में आग लगा सकते हैं सो उसने आतंकवादियों को निकाल बाहर करने के लिए कार्यवाही नहीं की इसके बदले 14 मार्च को उसने आतंकवादियों को एक संदेश भेजा कि उन्हें जम्मू से लगी पाकिस्तान की सुचेत गढ़ सीमा पर पाकिस्तान के हवाले किया जा सकता है। हालांकि राज्य पाल जनरल के.बी. कृष्णराव ने यह संदेश दो बार ईरानी राष्ट्रपति रफसज्जानी के दौरे के समय भेजा पर आतंकवादियों ने इसे अस्वीकार कर दिया। इस मोर्चे बंदी का एक फायदा यह हुआ कि कस्बा खाली हो गया। मध्य मार्च से ही यहां के निवासियों ने निकलना शुरू कर दिया था, अप्रैल के अंत तक कस्बे की 20,000 की आबादी में से कोई 1000 लोग ही रह गए थे, इसीलिए जनहानि शून्य के बराबर रहा। चरार

में सैनिक कार्यवाहियों के कमांडर ब्रिगेडियर मोहिंदर सिंह ने कहा ''हमने उन पर रणनीतिक ठिकानों से हमला करके और उनहें हताहत करके उनकी निराशा बढ़ाई।''

इस बीच आतंकवादियों के बीच मतभेद और असंतोष उभरने लगा। बताया जाता है कि हरकत उलअंसार सरकार की पेशकश का फायदा उठाकर भागना चाहता था, लेकिन हिज्बुल मुजाहिद्दीन नेता मस्तगुल पाकिस्तान से लगातार उच्च ट्रांसमीटर पर निर्देश ले रहा था कि आत्मसमर्पण न करें। सेना के अधिकारियों के मुताबिक 8 मई की शाम को गुल ने सभी आतंकवादियों को दरगाह के अहाते में इकट्ठा होने को कहा जहां उन सबने नमाज अदा की। साढे आठ बजे उग्रवादियों ने दरगाह से कोई 200 मीटर दूर रिहायशी इलाके बाबा मुहल्ला के कुछ घरों को आग के हवाले कर दिया उनका मकसद था कि इस भगदड़ में हम निकल जाएंगे। तेज हवा के साथ आग फैलती गई अग्निशमन अभियान शुरू करने तक दो तिहाई कस्बा खाक हो चुका था, तब तक दरगाह सुरक्षित थी और 10 मई की रात दो बजे सैनिकों ने दरगाह को आग की लपटों में घिरा देखा तो 11 मई को तड़के ही बिना उच्च कमान के आदेश प्राप्ति का इंतजार किए ही सैनिक आगे बढ़े। उन्हें जगह-जगह भयंकर विस्फोटकों का सामना करना पड़ा जो आतंकवादियों द्वारा बिछाए गए थे। इस काम में मदद हेतु राष्ट्रीय राइफल्स की 5 अतिरिक्त कंपनियां बुलाई गईं। सेना के इस कार्यवाही में लगभग दो दर्जन उग्रवादी मारे गए और हरकत उलअंसार का स्वयंभू मुखिया अंबू जिंदाल गिरफ्तार कर लिया गया। बाद में उसने जगह-जगह छिपाए गए परिस्कृत विस्फोटक उपकरणों का पता लगाने और आतंकवादियों की तलाशी में सेना की मदद की। सेना ने आग से प्रभावित इलाकों में तलाशी के दौरान 23 आई.ई.डी. हटाए और दो छोटे कारखानों का पता लगाया जहां उग्रवादी यूरिया, लकड़ी के कोयले और आक्जैलिक एसिड को मिलाकर आई.ई.डी. बनाते थे, तब तक कस्बे का मंजर बमबारी से तबाह किसी शहर जैसा दिख रहा था। 14 मई तक 27 उग्रवादी और 4 सैनिक मारे जा चुके थे। इस पूरे कार्यवाही में मेजर मस्तगुल सेना के हाथ नहीं लगा वह कस्बे और जल भंडारण के बीच दौड़ते दमकलों में ही छिपकर भागा था, ये दमकल दरगाह के 500 मीटर की दूरी पर खड़े गोलाबारी खत्म होने की प्रतिक्षा करते रहे। सेना के आत्मरक्षा संकेतों के बावजूद दमकल कर्मचारियों ने आगे बढ़ने और आग बुझाने से इंकार कर दिया। इस पर सेना ने स्थानीय मदद व सामंजस्य के अभाव में स्वयं ही अपनी व्यवस्था के बल पर परिस्थिति का सामना किया।

इस पूरी कार्यवाही में सेना को वगैर बाहरी मदद व मंजूरी के काम करना पड़ा।

9 मई को सेना ने कस्बे में घुसने के लिए प्रधानमंत्री दफ्तर से मंजूरी मांगी थी पर हरी झडी नहीं मिली। बताया जाता है कि सेना ने इंतजार किए बगैर 12 मई को सुबह कस्बे की तरफ कूंच किया था, वैसे मंजूरी बाद में उसी दिन आ गई। चरार में तैनात एक अधिकारी का कहना है कि ''मोर्चेबंदी में हम शुरू से ही अपने में उलझे रहें और हमारे हाथ पीठ मे बंधे थे। 15वीं कोर के कमांडर ले. जनरल जे.एस. ढिल्लो ने भी कहा था कि ''हमें पहले ही घुस जाना चाहिए था, लेकिन इसके लिए हमें समय रहते आदेश नहीं मिला।''

संकट समाधान के सरकारी तौर-तरीके, और निचले स्तर पर सुरक्षा एजेंसियों के बीच तालमेल में कमी पर सेना क्षुब्ध थी उसकी दलील थी कि 66 दिनों की मोर्चेबंदी और दरगाह खाक होने तक केंद्र लचीला रवैया अख्तियार किए रहा, हजरत बल संकट के दौरान भी यही हुआ था लेकिन सरकार उससे सबक लेना उचित नहीं समझा, दूसरे सरकार ने इस तथ्य का ध्यान नहीं रखा कि ये आतंकवादी कट्टर दक्षिण पंथी सुन्नी हैं जो सूफी धर्म स्थलों से नफरत करते हैं और अफगानिस्तान में भी ऐसे स्थलों को नष्ट करते रहे हैं।

सरकार ने आतंकवादियों के खिलाफ जो व्यापक रणनीति अपनाए हुए हैं वे निम्नलिखित हैं।

1. आतंकवादियों को लंबी लड़ाई में थका देना।
2. स्थानीय व्यापार और जनजीवन की गतिविधियां बहाल करना।
3. सीमा को प्रभावशाली तरीके से शील करना।
4. अंतर्राष्ट्रीय स्तर पर पाकिस्तान को अलग-थलग कर देना।

अब तक देखा जाए तो सरकार की इस रणनीति की आंशिक सफलता ही मिल पाई है, क्योंकि इस समय आतंकवादियों के हमलों में काफी कमी आई है। वैसे कई कुख्यात आतंकवादियों के मारे जाने और हरकतउल अंसार के मुखिया की गिरफ्तारी के बावजूद चरार की लड़ाई में भारत को हार ही हाथ लगी है। अगर इससे मिले सबक को आगे याद रखा गया तो आगे होने वाले कई युद्ध जीतने में मददगार हो सकते हैं। बहरहाल कश्मीर में कामयाबी का रास्ता अब और लंबा हो गया है। अब भारत सरकार को मंदिर मस्जिद न देखकर समय की तकाजा को समझना होगा और प्रसिद्ध तश्कर हाजी मस्तान के कथन की सराहना करनी ही होगी कि *''यदि*

पवित्र काबा में घुसे आतंकवादियों को निकालने के लिए सऊदी अरब सरकार को वहां गोली चलानी पड़ती है तो फिर यहां भारत सरकार भी मजबूर है। कोई दुश्मन यदि सरकार की नाक दबाने के लिए मंदिर, मस्जिद या अन्य पवित्र स्थान को बंधक बनाता है तो जनता, सरकार की मजबूरी समझ सकती है।"

कश्मीर पर इस्लामिक कांफ्रेंस प्रस्ताव तथा रूस, अमेरिका, चीन, ब्रिटेन आदि देशों का नजरिया

कश्मीर समस्या के हल के लिए कुछ देश तथा संस्थाएं न केवल भारत पाकिस्तान की वार्ता के बीच मध्यस्थता के हिमायती हैं अपितु इसे परमावश्यक बताते हैं, उनमें अमेरिका तथा इस्लामिक काफ्रेंस संगठन मुख्य है। इस्लामिक कांफ्रेंस संगठन (ओ.आई.सी.) ने इस समस्या को सुलझा देने के लिए भारत-पाकिस्तान सरकार के बीच अपनी मध्यस्थता का प्रस्ताव रखा था लेकिन भारत सरकार को उनसे सही न्याय की कोई उम्मीद नहीं दिखी इसलिए 18 फरवरी 1994 को जिनेवा मानवाधिकार बैठक में भारत ने कश्मीर मसले पर इस्लामिक कांफ्रेंस संगठन के मध्यस्थता के प्रस्ताव को ठुकरा दिया और आरोप लगाया कि इस संगठन ने अपने आपको अपने एक सदस्य देश (पाकिस्तान) द्वारा ऐसे देश (भारत) की गलत आलोचना के लिए इस्तेमाल होने दिया जो मुस्लिम आबादी के हिसाब से दुनिया का दूसरा सबसे बड़ा देश है। दुनिया के ऐसे तमाम राष्ट्र जिसमें कि इस्लामी देशों की संख्या अधिक है आतंकवाद से बुरी तरह पीड़ित है उनकी समस्या में इन संगठनों के पास कोई रुचि व कार्यक्रम नहीं है, वहां इन्हें मध्यस्थता की आवश्यकता नहीं महसूस होती उनकी रुचि का केंद्र सिर्फ कश्मीर है जिसे हिंदू और मुसलमान के नाम पर तरजीह दिया जाता है। अतः भारत सरकार उनके बहकावे में आकर कश्मीर का विखंडन नहीं होने दगी।[48]

रूस का नजरिया

जहां तक सोवियत रूस का सवाल है उसने समय-समय पर इस समस्या के समाधान के प्रयास किए, फिरहाल उन्होंने ऐसी कोई भूमिका नहीं निभाई, जिसमें पक्षपात की बू आती हो। रूस भारत का मित्र राष्ट्र है उसकी सीमाएं भारत और पाकिस्तान के काफी नजदीक से होकर गई हैं, अतः इस क्षेत्र की किसी भी बड़ी उथल-पुथल से वह भी प्रभावित हुए बिना न रहेगा। कश्मीर को लेकर न केवल युद्ध

अपितु विश्वयुद्ध तक का खतरा बना हुआ है इसलिए सोवियत संघ चाहता है कि कश्मीर की आग को चिंगारी फैलने से पहले बुझा देना चाहिए अन्यथा संपूर्ण मध्य व दक्षिण एशियाई क्षेत्र वीरान हो सकता है।

अमेरिका का नजरिया

अमेरिका कश्मीर सहित तमाम मुद्दों पर पाकिस्तान का शुरू से ही समर्थन करता आ रहा है। उसका उद्देश्य इस क्षेत्र को अशांत बनाए रखना है ताकि उसकी आवश्यकता पाकिस्तान को बनी रहे और भारत इन समस्याओं से ऊपर उठकर एक शक्तिशाली राष्ट्र के रूप में न उभर सके। अमेरिका के पिछले कई शासनाध्यक्षों ने पाकिस्तान की पूरी मदद की है और आज भी अनवरत जारी है। राष्ट्रपति क्लिंटन ने संयुक्त राष्ट्र महासभा में अपने संबोधन में कश्मीर की स्थिति को युगोस्लाविया और सोमालिया के समकक्ष रख दिया। कश्मीर घाटी में आतंकवाद को भड़काने वाले तथा पाकिस्तान की आर्थिक स्थिति पर काम करने वाले फई को गर्म जोशी से जबाव दिया। सिख अधिकारों के बारे में इस प्रकार उल्लेख किया मानों सिख अन्य भारतीय नागरिकों की तरह न हो और श्रीमती रॉबिन रैफेल का अत्यंत उत्तेजक वयान जिनमें कश्मीर के भारत के विलय पर ही प्रश्न जड़ दिया गया - ये सभी भारतीय संवेदनाओं की उपेक्षा करते हुए अमेरिका के पाकिस्तान के प्रति झुकाव को दर्शाते हैं तथा इस प्रक्रिया में एक स्वतंत्र अथवा अर्धस्वतंत्र कश्मीर बनाने की इच्छा प्रकट करते हैं।

चीन का नजरिया

लगभग यही हाल भारत के पूर्वोत्तर में बसे एक शक्तिशाली पड़ोसी राष्ट्र चीन का भी है। वह पाकिस्तान का अभिन्न मित्र है। उसने अवैधानिक रूप से भारतीय भूभाग का एक बड़ा हिस्सा अपने कब्जे में किया हुआ है जिनमें नेपाल व हिमालय का पर्वतीय सीमा क्षेत्र व जम्मू का लद्दाख क्षेत्र शामिल है। लद्दाख क्षेत्र का हिस्सा उसे पाकिस्तान से मिला है जिससे होकर वह सियाचिन ग्लेशियर होते हुए पाकिस्तान और अरब सागर तथा हिंदमहासागर में प्रवेश कर सके। इतनी बड़ी सहूलियत के चलते वह पाक का विरोध करना कभी भी वाजिब नहीं समझेगा। इन सुविधाओं के साथ ही अंतर्राष्ट्रीय बाजार में हथियारों की बिक्री हेतु पाकिस्तान जैसे आक्रामक देश के लिए अपना दरवाजा खुला रखना चाहता है और इसके लिए कश्मीर जैसे मुद्दे को वह न केवल जीवित रखना पसंद करता है वरन् इसे बराबर गरमाए रखना चाहता

है। यही नहीं बल्कि विश्व परिदृश्य में चीन एक ऐसा देश है जहां आतंकवाद अपनी घुसपैठ करने में अब तक अक्षम रहा है, इसलिए उसे दूसरे के दुख दर्द का न समझ पाना व नजरंदाज करना स्वाभाविक है।

बिट्रेन का नजरिया

इन सब के विपरीत ब्रिटेन एक ऐसा देश है जो आतंकवाद का डटकर विरोध कर रहा है। उसने अंतर्राष्ट्रीय मंचों पर भी इससे निपटने की योजना बनाने तथा उसके क्रियान्वयन पर बल दिया है। वह कश्मीर सहित सभी आतंकग्रस्त क्षेत्रों को लेकर वास्तव में चिंतित दिखाई दिया है। उसने हमेशा हत्या, अपहरण, बलात्कार व मानवाधिकार हनन के मुद्दे को लेकर आतंकवादियों तथा उसके समर्थकों की तीव्र भर्त्सना की है।

कश्मीर के प्रति भारत का नया दृष्टिकोण

(राजनीतिक प्रक्रिया की शुरुआत या जोखिम उठाने का अवसर)

यूं तो हिंदुस्तान के हर राज्य का अपना राजनीतिक अतीत है और उसके वर्तमान से एक खास किस्म का रिश्ता भी है। पूर्वोत्तर को छोड़ दे तो अधिकांश राज्यों ने अपने अतीत और वर्तमान के बीच संतुलन कायम कर भविष्य की रणनीति तैयार करना सीख लिया है जबकि जम्मू और कश्मीर के पास अपने अतीत की विकृत्यों को ढोने के अलावा कोई रास्ता शेष नहीं बचा है। इस लिहाज से इस राज्य के वर्तमान और अतीत के बीच का रिश्ता अन्य सभी राज्यों की तुलना में कहीं अधिक विशिष्टता समेटे हुए है। अपेक्षाकृत शांत मौजूदा कश्मीर या कुछ वर्ष पहले के रक्त रंजित कश्मीर के हालात पर अब लगभग एक आम राय सी बन गई है कि इतिहास की गलतियों के चलते ही कश्मीर की यह दुर्दशा हुई है। भाजपा के सिद्धांतकारों से लेकर मानवाधिकारवादियों तक, कांग्रेस से लेकर कम्युनिष्टों तक और आतंकवादियों से लेकर अमन पसंद नागरिकों तक सब के सब इतिहास के पन्ने खोलने को विवश है। इसका मतलब यह कतई नहीं कि जम्मू कश्मीर के इतिहास को लेकर इन सभी की समझ एक जैसी है बल्कि इनमें जमीन और आसमान के बीच फर्क है। भाजपा धारा 370 से शुरू होकर घाटी के मुसलमानों को सबक सिखाने तक पहुंचती है। कांग्रेस और अन्य सभी बीच के रास्ते पर चलना चाहते हैं। मानवाधिकार वादियों को लगता है कि नेहरू से लेकर वर्तमान तक की सभी केंद्र सरकारों की नीतियां ही कश्मीर की मौजूदा हालात के

जिम्मेदार हैं। कम्युनिष्टों को बहुत कुछ समझ में नहीं आता लिहाजा वे तब निर्णय लेते हैं जब निर्णय पर अमल करने का वक्त समाप्त हो चुका होता है।

वास्तव में जम्मू कश्मीर की राजनीतिक इतिहास के कुछ प्रमुख तत्वों को यहां प्रकाशित करने का मकसद सिर्फ इतना ही है कि गत चुनावों पर चर्चा करते वक्त कश्मीर के अतीत को कहीं भुला न दिया जाए। वैसे सारे तथ्य 1947 के बाद के हैं, 1947 के पहले वाले कश्मीर के बारे में सिर्फ एक तथ्य जरूर याद रखिए कि जब समूचा भारतीय उपमहाद्वीप अंग्रेजों के खिलाफ स्वतंत्रता संग्राम लड़ रहा था तब कश्मीरी जनता रियासत की कमान संभाले डोंगरा राजवंश के खिलाफ लड़ाई लड़ रही थी, यानि उनकी दुश्मनी अंग्रेजों से कम रियासत से ज्यादा थी।

1947 से पहले जिस जम्मू और कश्मीर रियासत का जिक्र आता है वह भारतीय उपमहाद्वीप का एक वृहत्तर क्षेत्र था। आज वह दो हिस्सों में विभाजित है जिसे हम ''जम्मू और कश्मीर'' कहते हैं उसे ही पाकिस्तान भारत अधिग्रहीत कश्मीर कहता है और जिसे हम ''पाकिस्तान अधिग्रहीत कश्मीर'' कहते हैं उसे पाकिस्तान ''आजाद कश्मीर'' कहता है। भारतीय जम्मू-कश्मीर के तीन डिवीजन हैं। छह जिलों को मिलाकर जम्मू डिवीजन और इतने ही जिलों को मिलाकर कश्मीर डिवीजन बना जबकि लद्दाख डिवीजन में कुल दो जिले हैं। ठीक इसी तरह पाकिस्तानी कश्मीर के भी तीन डिवीजन हैं मीरपुर डिवीजन में तीन और मुजफ्फराबाद डिवीजन में दो जिले हैं । बिल्कुल उत्तर में स्थिति गिलिगट भी पाक अधिग्रहीत कश्मीर का ही एक हिस्सा है लेकिन उसे पाकिस्तान ने अपनी केंद्र सरकार के प्रशासनिक दायरे में रखा है।

जब हमें आजादी मिली तब जम्मू कश्मीर रियासत की बागडोर हिंदू महाराजा हरी सिंह के हाथ में थी। यदि वह चाहते तो अन्य रियासतों की तरह अपनी रियासत का भी भारत में विलय कर देते और ढेर सारी समस्याएं हल हो जाती लेकिन उन्हें अपनी स्वतंत्रता पसंद थी इसलिए वह जम्मू कश्मीर को एक स्वतंत्र राष्ट्र राज्य के बतौर रखने के अपने विचार पर अड़े रहे। विलय की बात उन्हें तब समझ में आई जब कश्मीर की घाटी उनके हाथ से निकलकर पाकिस्तान के कब्जे में पहुंचने की आशंका से घिर गई। दिलचस्प तथ्य यह है कि जिस शेख अब्दुल्ला को ढेर सारे लोग भारत विरोधी राष्ट्रद्रोही और पाकपरस्त मानते रहे वही शेख अब्दुल्ला उस वक्त इस विलय के पक्षधर थे। शेख ने जिन्ना की नहीं सुनी और उन्होंने जिन्ना के मुस्लिम लीग का समर्थन करने वाला कश्मीर में सक्रिय ''मुस्लिम कांफ्रेंस'' के समानांतर ''नेशनल कांफ्रेंस'' का झंडा बुलंद रखा।

अंततः कश्मीर का भारत में विलय हो गया। महाराजा हरी सिंह ने 4 मार्च

1948 को शेख अब्दुल्ला को जम्मू कश्मीर का प्रधानमन्त्री बनाया। महाराजा और शेख के बीच अधिकार क्षेत्र को लेकर विवाद खड़ा हो गया यह विवाद तकरीबन एक वर्ष चला अंततः जीत शेख अब्दुल्ला की हुई, महाराजा को रियासत की बागडोर छोडनी पड़ी। 9 जून 1949 को महाराजा ने अपने पुत्र कर्ण सिंह को अपने सारे अधिकार दे दिए। कुल मिलाकर यह कि कश्मीर एक सामान्य राज्य नहीं रह गया था इस बात से भारत सरकार भी वाकिफ थी लिहाजा उसने इस राज्य को भारतीय संविधान की धारा 370 के द्वारा विशेष दर्जा दिया।

इस राज्य का अपना संविधान भी बनाना था लिहाजा युवराज कर्ण सिंह ने 1 मई 1951 को एक उद्घोषणा जारी कर संविधान निर्माता सभा की स्थापना की। इस उद्घोषणा के तहत चालीस हजार की जनसंख्या का एक चुनावी जिला बना, हर जिले के संविधान सभा के लिए प्रतिनिधि चुने गए। अक्टूबर 1951 के मध्य में चुनाव हुए सभी 75 सीटें शेख अब्दुल्ला की नेशनल कांफ्रेंस ने जीत ली। 73 पर वह निर्विरोध पहुंची जबकि दो पर चुनाव जीतकर। हिंदूवादी संगठन जम्मू प्रजा परिषद ने इन चुनावों का बहिष्कार किया उसका नारा था –''एक देश में दो विधान, एक देश में दो निशान, एक देश में दो प्रधान नहीं चलेंगे, नहीं चलेंगे।' बहरहाल दिखाने के लिए ही सही कश्मीर का यह पहला चुनाव था, जिसमें चुने गए प्रतिनिधियों का काम शासन करना नहीं बल्कि राज्य का संविधान निर्मित करना था। इस संविधान निर्मात्री सभा के अध्यक्ष मौलाना मसूदी बने।

जम्मू-कश्मीर विधानसभा चुनाव-1996 की अनुसूची

कुल सीट-87	*प्रथम चरण (26 सीट)*	*द्वितीय चरण (34 सीट)*	*तृतीय चरण (21 सीट)*	*चतुर्थ चरण (6 सीट)*
अधिसूचना	14 अगस्त	23 अगस्त	27 अगस्त	6 सितंबर
नामांकन दाखिल करने की अंतिम तिथि	21 अगस्त	30 अगस्त	3 सितंबर	13 सितंबर
नामांकन की जांच	22 अगस्त	31 अगस्त	4 सितंबर	14 सितंबर
नामांकन वापस लेने की अंतिम तिथि	24 अगस्त	2 सितंबर	6 सितंबर	16 सितंबर
मतदान की तिथि	7 सितंबर	16 सितंबर	21 सितंबर	30 सितंबर
मतगणना	1 अक्टूबर	1 अक्टूबर	1 अक्टूबर	3 अक्टूबर

इस चुनाव ने साबित कर दिया था कि कश्मीर की बहुसंख्यक जनता शेख अब्दुल्ला के साथ है, शेख का दबदबा बढ़ा दिल्ली समझौते में इसे स्पष्टतः देखा जा सकता है। इस समझौते के बाद कश्मीर में पैतृक राजतंत्र की समाप्ति हो गई। 21 अगस्त 1952 को एक औपचारिक प्रस्ताव के जरिए राज्याध्यक्ष को "सदरे रियासत" की पदवी दी गई, कर्ण सिंह पहले "सदरे रियासत" बने।

कश्मीर के लिए विशेष राज्य का दर्जा हासिल कर लेने के बाद शेख ने उस पर अमल करना भी प्रारंभ कर दिया, यह बात न कर्ण सिंह को अच्छी लगी और न ही पं. जवाहर लाल नेहरू को। हिंदूवादी संगठनों ने शेख के खिलाफ जम्मू प्रजा परिषद के नेतृत्व में आंदोलन भी प्रारंभ किया। जनसंघ के अध्यक्ष श्यामा प्रसाद मुखर्जी आंदोलन में शरीक होने के लिए जम्मू गए लेकिन शेख ने 11 मई 1953 को उन्हें गिरफ्तार करा लिया, दुर्भाग्य से 23 जून 1953 को पुलिस हिरासत में ही श्याम प्रसाद की मृत्यु हो गई, यानी भूत सिर के ऊपर चढ़ गया और अंततः 9 अगस्त 1953 को कर्ण सिंह ने शेख अब्दुल्ला को प्रधानमंत्री पद से बर्खास्त कर गिरफ्तार करा लिया। शेख अब्दुल्ला के विरोधी और उन्हीं के मंत्रिमंडलीय सहयोगी बख्शी गुलाम मोहम्मद को प्रधानमंत्री नियुक्त किया गया।

1953 से 1968 के बीच शेख अब्दुल्ला अधिकांश समय जेल में ही रहे, उन्हें गिरफ्तार और रिहा करने का सिलसिला 15 वर्षों तक जारी रहा। 1953 की गिरफ्तारी के बाद वह 8 जनवरी 1958 को रिहा हुए और फिर 29 अप्रैल 1958 को गिरफ्तार कर लिए गए। 6 अप्रैल 1964 को वह फिर छूटे, 8 मई 1965 को उन्हें पुनः गिरफ्तार कर लिया गया और 2 जनवरी 1968 को रिहा किया गया। 1971 में तो उन्हें जम्मू कश्मीर से निष्कासित ही कर दिया गया। शेख की अनुपस्थिति के चलते जम्मू-कश्मीर नेशनल कांफ्रेंस की बागडोर बख्शी गुलाम मोहम्मद के पास रही। शेख अब्दुल्ला के एक करीबी सहयोगी मिर्जा अफजल बेग ने बख्शी गुलाम की नेशनल कांफ्रेंस को भारत सरकार की पिट्ठू बताते हुए उसके समानांतर 9 अगस्त 1955 को जनमत संग्रह मोर्चा की स्थापना की, शेख की तरह मिर्जा भी अधिकांश समय जेल में ही रहे।

17 नवंबर 1956 को जम्मू-कश्मीर का संविधान स्वीकार कर लिया गया इस संविधान में जम्मू-कश्मीर को भारत का अभिन्न अंग माना गया, जिसका शेख अब्दुल्ला ने जेल से ही विरोध किया। इन नए संविधान के तहत 1957 में जम्मू कश्मीर विधान सभा का पहला चुनाव हुआ इस चुनाव में बख्शी गुलाम मोहम्मद की नेशनल

जम्मू-कश्मीर विधानसभा चुनावों का लेखा-जोखा (1962-87)

वर्ष	कुल सीट	मतदाता लाख में	मतदान प्रतिशत में	कांग्रेस		जनसंघ/ भाजपा		जम्मू-कश्मीर नेशनल कांफ्रेंस		जनता पार्टी		जमात-ए इस्लामी		अन्य एवं निर्दलीय	
				प्राप्त मत प्रतिशत	सीटें जीती	प्रथम मत प्रतिशत	सीटें जीती	प्राप्त मत प्रतिशत	सीटें जीती	प्राप्त मत प्रतिशत	सीटें जीती	प्राप्त प्रतिशत	सीटें जीती	प्राप्त मत प्रतिशत	सीटें जीती
1962	75	18.4	72.8	—	—	—	—	67.0	70	—	—	17.5	03	15.5	02
1967	75	20.1	58.8	53.0	61	16.5	03	17.1	08	—	—	—	—	13.4	03
1972	75	23.0	66.3	55.4	58	9.8	03	—	—	—	—	7.2	05	27.6	09
1977	76	26.6	67.7	76.9	11	—	—	46.2	47	23.7	13	3.6	01	9.6	04
1983	75	31.0	73.2	30.3	26	3.2	00	47.3	46	0.3	00	3.9	00	15.0	03
1987	76	35.6	74.9	20.2	26	5.1	02	33.0	40	0.5	00	—	—	41.2	08

कांफ्रेंस की जीत हुई लेकिन कश्मीर की कुल 75 सीटों में से मात्र 32 पर ही चुनाव हुए थे, बाकी 43 सीटों पर चुनाव नहीं हुए। ये सीटें ज्यादातर कश्मीर घाटी की थीं इन सीटों के सभी प्रतिनिधि निर्विरोध जीते थे।

1962 के विधान सभा चुनावों में भी 1957 को ही दोहराया गया। इस चुनाव में जीत बख्शी गुलाम के ''नेशनल कांफ्रेंस'' की ही हुई। उन्हें 75 में से 70 सीटों पर विजय मिली लेकिन इस बार भी चुनाव मात्र 41 सीटों पर ही हुए, बाकी की 34 सीटों के सभी प्रतिनिधि निर्विरोध जीते।

1957 से 1962 के बीच बख्शी गुलाम मुहम्मद की छवि काफी गिरी उन पर भ्रष्टाचार और भाई-भतीजाबांद के कई आरोप भी लगे। उनके ही एक सहयोगी गुलाम मोहम्मद सादिक ने तो विद्रोह कर 1957 में ही ''डेमोक्रेटिक'' नेशनल कांफ्रेंस'' नाम की एक नई पार्टी भी बना ली थी, इन्हीं सारी चीजों के चलते बख्शी गुलाम को इस्तीफा देना पड़ा लेकिन वह अपने कट्टर समर्थक ख्वाजा शमशुद्दीन को प्रधानमंत्री बनवाने में सफल रहे। 14 अक्टूबर 1963 को शमशुद्दीन जम्मू-कश्मीर के प्रधानमंत्री बने, कुछ ही दिनों बाद 27 दिसंबर 1963 को एक घटना घटी जिसने शमशुद्दीन की कुर्सी हिला दी। हजरत मकबरे से पैगंबर मोहम्मद के ''मोये- ये-मुकद्दस'' (पवित्र बाल) के गायब हो जाने की घटना ने समूचे कश्मीर को उद्धेलित कर दिया। 4 जनवरी 1964 को यह पवित्र बाल मकबरे में वापस रख दिया गया था लेकिन शमशुद्दीन को जाना पड़ा। 29 फरवरी 1964 को गुलाम मोहम्मद सादिक जम्मू-कश्मीर के प्रधानमंत्री बने।

30 मई 1965 को जम्मू-कश्मीर के संविधान में एक संशोधन के जरिए ''प्रधानमंत्री'' और ''सदरे-रियासत'' की पदवी बदलकर क्रमशः ''मुख्यमंत्री'' और ''राज्यपाल'' कर दी गई।

1967 में जम्मू-कश्मीर विधानसभा के चुनाव हुए। 1957 और 1962 की तरह इन चुनावों ने भी कश्मीरियों के जेहान में कई तरह की आशंकाएं पैदा की। इस चुनाव में 118 प्रत्याशियों का नामांकन रद्द कर दिया गया, जिसके चलते कई जगह मात्र एक ही प्रत्याशी चुनाव मैदान में रह गया। इस चुनाव में भी 75 में से 39 विधायक निर्विरोध निर्वाचित हुए थे, जीत कांग्रेस की ही हुई और सादिक मुख्यमंत्री बने। जी.एम. सादिक 1971 तक जम्मू-कश्मीर के मुख्यमंत्री रहे, 12 दिसंबर 1971 को उनकी मृत्यु हो गई और कांग्रेस ने मीर कासिम को मुख्यमंत्री बनाया।

1971 में लोक सभा और 1972 में जम्मू-कश्मीर विधानसभा के लिए फिर चुनाव होने थे, भारत सरकार चाहती तो इन चुनावों को निष्पक्ष कराकर वास्तविक प्रतिनिधियों के जरिए कश्मीर में लोकतंत्र की मजबूत नींव डाल सकती थी लेकिन ऐसा नहीं हुआ। शेख अब्दुल्ला और अफजल बेग का ''जनमत संग्रह मोर्चा'' इन चुनावों में हिस्सेदारी करने का फैसला कर चुका था। लोकसभा चुनावों की तैयारी के ही सिलसिले में 8 जनवरी 1971 को शेख अब्दुल्ला श्रीनगर पहुंचने वाले थे, दिल्ली के जिस विमान से उन्हें श्रीनगर जाना था उस विमान को रद्द कर दिया गया और अगले ही दिन शेख और बेग के लिए एक आदेश जारी कर दिया गया कि वे दोनों लोग जम्मू-कश्मीर की सीमा में प्रवेश नहीं कर सकते। उनके संगठन जनमत संग्रह मोर्चा को भी प्रतिबंधित कर दिया गया। भारत सरकार का तर्क था कि यदि शेख अब्दुल्ला की पार्टी इन चुनावों में जीत गई तो कश्मीर को भारत से अलग करने की मांग उठ सकती है। बहरहाल 1972 में विधान सभा चुनाव हुए और 75 में से 57 सीटें जीतकर कांग्रेस की सरकार बन गई। मीर कासिम मुख्यमंत्री हुए इन चुनावों में ''जमाते-इस्लामी'' की भी पांच सीटों पर जीत हुई थी। शेख अब्दुल्ला को अलग-थलग करने के लिए कांग्रेस ने इस कट्टर मुस्लिम संगठन को बढ़ावा दिया था।

1971 के भारत पाक युद्ध में भारत की विजय और एक अलग राष्ट्र के तौर पर बांग्लादेश के निर्माण का कश्मीर पर भी असर पड़ा, शेख अब्दुल्ला थोड़ा नरम हुए। श्रीमती इंदिरा गांधी को भी कश्मीर में शेख अब्दुल्ला जैसे प्रभावी नेता की जरूरत हुई, 24 फरवरी 1974 को श्रीमती गांधी और शेख ने ''कश्मीर सहमति'' नाम के समझौते पर दस्तखत किए। समझौते का कद्र करते हुए मीर कासिम ने मुख्यमंत्री पद से इस्तीफा दिया और 25 फरवरी 1974 को शेख अब्दुल्ला कांग्रेस के समर्थन से जम्मू-कश्मीर के मुख्यमंत्री बने। यह कम आश्चर्यजनक तथ्य नहीं हैं कि शेख सरीखा घाटी का सर्वाधिक लोकप्रिय व्यक्ति 1948 में पहली बार महाराजा हरी सिंह की कृपा से जम्मू-कश्मीर का प्रधानमंत्री बना था और 25 वर्ष बाद जब उसके हाथ में दुबारा जम्मू-कश्मीर की बागडोर पहुंची तब वह कांग्रेस का कृपा पात्र था।

श्रीमती गांधी और शेख की दोस्ती ज्यादा दिन नहीं चली, श्रीमती गांधी उन्हें कांग्रेस में शामिल करना चाहती थी जिसे शेख ने अस्वीकार कर दिया और 13 अप्रैल 1975 को नेशनल कांफ्रेंस को पुर्नजीवित करके शेख उसके अध्यक्ष बन गए। 15 जुलाई 1975 को शेख अब्दुल्ला ने अपने पुराने संगठन ''जनमत संग्रह मोर्चा'' को भी भंग कर उसका नेशनल कांफ्रेंस में विलय कर लिया। शेख की कांग्रेस से दूरी बढ़ती गई।

आपातकाल के चलते लंबे समय बाद 1977 में लोकसभा के चुनाव होने वाले थे पूरे देश में जनता पार्टी और जयप्रकाश नारायण की लहर थी कांग्रेस को लगा कि शेख अब्दुल्ला जनता पार्टी में आ सकते हैं इसलिए श्रीमती गांधी ने 25 मार्च 1977 को शेख को दिया अपना समर्थन वापस लेने की घोषणा करते हुए अपना मंत्रिमंडल बनाने की पेशकश कर दी, लेकिन शेख उनकी इस कोशिश को नाकाम करने में सफल हो गए। गवर्नर एल.के. झा ने शेख की बात मानते हुए विधानसभा भंग कर नए चुनाव कराने की घोषणा कर दी।

30 जून 1977 को हुए जम्मू-कश्मीर के विधान सभा चुनावों का कई लिहाज से विशेष महत्व है, तकरीबन सभी राजनीतिक विश्लेषक इसे एक निष्पक्ष चुनाव मानते हैं। जम्मू कश्मीर की 75 में से 48 सीटों पर जीत हासिल कर इस चुनाव में शेख अब्दुल्ला की नेशनल कांफ्रेंस ने पूर्ण बहुमत प्राप्त कर लिया। कश्मीर घाटी की 42 सीटों में से 39 सीटें शेख के खाते में गईं, जम्मू क्षेत्र की 32 सीटों में से 7 तथा लद्दाख की दोनों सीटें भी नेशनल कांफ्रेंस को मिली। जनता पार्टी को घाटी में केवल दो और जम्मू में 11 सीटें मिलीं। कांग्रेस का घाटी में पूरी तरह सफाया हो गया लेकिन जनता पार्टी की अंदरूनी फूट के कारण उसे जम्मू क्षेत्र की दस सीटों पर जीत हासिल करने में सफलता मिली। बहरहाल 9 जुलाई 1977 को शेख अब्दुल्ला जम्मू-कश्मीर के मुख्यमंत्री बन गए।

शेख राजनीति के माहिर खिलाड़ी थे उन्हें अपने उत्तराधिकारी की भी तलाश थी। मिर्जा अफजल बेग उनके स्वाभाविक उत्तराधिकारी थे यह बात शेख को पसंद नहीं आई वह अपने बेटे फारूक अब्दुल्ला को ही अपना असली वारिस बनाना चाहते थे। शेख ने उन सभी व्यक्तियों को नेशनल कांफ्रेंस से निकाल बाहर किया जो फारूक के संभावित प्रतिद्वंद्वी हो सकते थे। यहां तक कि अफजल बेग को भी शेख ने 25 सितंबर 1978 को कांफ्रेंस से निष्कासित कर दिया। लंबे चक्रवाती तूफानों को झेलते हुए अंततः 8 सितंबर 1982 को शेख अब्दुल्ला ने अपने जीवन की अंतिम सांस ली, आशा के मुताबिक ही उनके बाद डॉ. फारूक अब्दुल्ला मुख्यमंत्री बने।

1983 मे जम्मू-कश्मीर विधान सभा के चुनाव हुए, इस चुनाव पर पंजाब में जारी आतंकवादी गतिविधियों का जबर्दस्त असर था। फारूक ने मुस्लिम भावना को भुनाकर घाटी की 42 में से 39 सीटों पर जीत दर्ज की जबकि श्रीमती गांधी ने हिंदू भावना को उभारने के मामले में भाजपा जैसी हिंदू वादी पार्टियों को भी पीछे छोड़ दिया। जम्मू क्षेत्र की 32 में से 25 सीटें कांग्रेस के खाते में गईं। मुख्यमंत्री डॉ.

फारूक बने और कांग्रेस से उनकी दूरी इस हद तक बढ़ गई कि उन्होंने कांग्रेस विरोधी भारतीय विपक्ष के एक साझेदार के बतौर आगे बढ़ना उचित समझा।

श्रीमती गांधी को फारूक का यह नया तेवर पसंद नहीं आया उन्होंने नेशनल कांफ्रेंस के 13 विधायकों को तोड़कर गुलाम मुहम्मद शाह (जो गुल शाह के नाम से चर्चित थे) को मुख्यमंत्री बनाने की सिफारिश की। राज्यपाल बी.के. नेहरू ने श्रीमती गांधी की इस सिफारिस को नामंजूर करते हुए फारूक को बर्खास्त करने से इंकार कर दिया। परिणाम यह हुआ कि वी.के. नेहरू वापस बुला लिए गए और उनकी जगह 26 अप्रैल 1984 को जगमोहन ने वही किया जो श्रीमती गांधी ने कहा, फारूक बर्खास्त कर दिए गए गुल शाह मुख्यमंत्री बने।

श्रीमती गांधी की हत्या हो चुकी थी राजीव गांधी प्रधानमंत्री थे, गुलशाह भी कम दिन के मेहमान रहे, राजीव गांधी के कहने पर जगमोहन एक बार फिर एक मुख्यमंत्री को बर्खास्त किया। 17 मार्च 1986 को गुलशाह पदच्युत कर दिए गए और राज्य में राज्यपाल शासन लागू कर दिया गया। राज्यपाल शासन तब खत्म हुआ जब नवंबर 1986 को राजीव फारूक के बीच समझौता हुआ और फारूक अब्दुल्ला के मुख्य मंत्रित्व में नेशनल कांफ्रेंस तथा कांग्रेस का संयुक्त मंत्रिमंडल बना।

23 मार्च 1987 को जम्मू-कश्मीर विधान सभा का चुनाव हुआ यह चुनाव जनतंत्र के चेहरे पर काला धब्बा साबित हुआ। धोखाधड़ी, फर्जी मतदान, बूथकब्जा, सुरक्षा कर्मियों तथा पुलिस की जबर्दस्ती और यहां तक कि मतों की गिनती में एकतरफा हुई धांधलियों के कई मामले अखबारों में छपे। इन चुनावों में मुख्य मुकाबला कांग्रेस-नेशनल कांफ्रेंस गठबंधन और जमाते इस्लामी समेत 13 पार्टियों को मिलाकर बने मुस्लिम यूनाइटेड फ्रंट (एम.यू.एफ.) के बीच था। इस फ्रंट का निर्माण इस्लाम और कांग्रेस विरोध के आधार पर हुआ था। एम.यू.एफ. को 30 प्रतिशत मत मिले लेकिन सीटें सिर्फ चार। उसके अधिकांश प्रत्याशी मामूली मतों के अंतर से हारे थे। कुछ तो जीत भी गए थे लेकिन निर्वाचन अधिकारी ने उन्हें पराजित घोषित कर दिया। श्रीनगर सिटी के अमीराक दल विधान सभा क्षेत्र से चुनाव लड़े शेख सलाउद्दीन के साथ ऐसा ही हुआ, ध्यान रहे कि यही सलायुद्दीन आगे चलकर खुंखार आतंकवादी बन गया और हिजबुल मुजाहिदूदीन का प्रमुख है। बहरहाल इन चुनावों के बाद डॉ. फारूक मुख्यमंत्री बने और दूसरी ओर घाटी में आतंकवाद पनपना शुरू हुआ।

1987 के बाद के कश्मीर का इतिहास बेहद दर्दनाक है। हत्या, लूट, बलात्कार से पटे इस रक्तरंजित इतिहास के जिक्र का अब कोई अर्थ नहीं रह गया है। बस इतना ही कि इन दिनों कश्मीर घाटी ने बम, बारूद, पिस्तौल और रक्त के अलावा कुछ नहीं देखा। अब स्थिति अपेक्षाकृत शांत है बाद में विधानसभा का चुनाव पुनः हुए लेकिन क्या ऐसे चुनाव वास्तव में जम्मू-कश्मीर के भीतर राजनीतिक प्रक्रिया की वास्तवकिता सिद्ध कर सकेगें या एक बार फिर इतिहास को दुहराते हुए कश्मीर को अतीत की विकृत्यों के हवाले कर देगे।

जम्मू-कश्मीर के मुख्यमंत्री

1 जनवरी, 1964	गुलाम मोहम्मद सादिक	कांग्रेस
2 दिसम्बर, 1971	सैयद मीर कासिम	कांग्रेस
3 फरवरी, 1975	शेख मोहम्मद अब्दुल्ला	नेशनल काफ्रेंस
4 मार्च, 1977	राष्ट्रपति शासन	—
5 जून, 1977	शेख मोहम्मद अब्दुल्ला	नेशनल काफ्रेंस
6 सितम्बर, 1982	फारूख अब्दुल्ला	नेशनल काफ्रेंस
7 जुलाई, 1985	गुलाम मोहम्मद शाह	नेशनल काफ्रेंस
8 मार्च, 1986	राष्ट्रपति शासन	—
9 नवम्बर, 1986	फारूख अब्दुल्ला	नेशनल काफ्रेंस
10 जनवरी, 1990	राष्ट्रपति शासन	—

(इसके बाद पुनः फारूख अब्दुल्ला, मोफ्ती मोहम्मद सईद, गुलाम नबी आजाद और उमर अब्दुल्ला मुख्य मंत्री बने)

नोट : आजादी के बाद 1952 तक कश्मीर में पैतृक राजतंत्र रहा, तब राजा हरी सिंह ने शेख अब्दुल्ला को प्रधानमंत्री नियुक्त किया था, 1953 से सितम्बर 1963 तक बख्शी गुलाम मोहम्मद कश्मीर रियासत के प्रधानमंत्री रहे, उनके बाद एक वर्ष तक इस कुर्सी पर ख्वाजा शमसुद्दीन विराजमान रहे। फरवरी 1964 में गुलाम मोहम्मद सादिब प्रधानमंत्री बने, 30 मई, 1964 से संविधान संशोधन के जरिये प्रधानमंत्री और सदर-ए-रियासत की पदवी को बदलकर क्रमशः मुख्यमंत्री और राज्यपाल कर दिया गया। 1964 के बाद का क्रम उपरोक्तानुसार सारणी में दर्ज है।

बाद के सालों में होने वाले इन चुनावों से यह अपेक्षा करना कि इनसे कश्मीर की मौजूदा स्थिति में गुणात्मक परिवर्तन आएगा, गलत नहीं है लेकिन अगर कोई यह कल्पना करता है कि इससे कश्मीर समस्या हल हो जाएगी या भारत के हाथों कश्मीर समस्या के समाधान का कोई सुनहरा सूत्र लग जाएगा तो इससे निरर्थक सोच दूसरी नहीं हो सकती। चुनाव के दरम्यान जनता ने उन नेताओं के भाषणों पर अधिक ध्यान दिया था जो चुनावों की बहिष्कार की अपील कर रहे थे। वृहत्तर भारतीय चुनाव से बहुसंख्यक कश्मीरियों का सांस्कृतिक अलगाव बहुत गहरा है इसे पूरना आसान काम नहीं है।

वस्तुतः मोटे तौर पर देखे तो कश्मीरी जनता राजनीतिक तौर पर तीन हिस्सों में विभाजित दिखाई देती है। एक हिस्सा उन तथा कथित राष्ट्रवादियों का है जो ऊपर से भारत के पक्षधर दिखाई देते हैं लेकिन वस्तुतः वे सत्ताधारी लोग हैं जो मौजूदा सत्ता में घुसपैठ बनाए रखकर अपने तत्कालीन स्वार्थ पूरा करने में अधिक रुचि लेते हैं। कश्मीर में अलगाव को इस हद तक परवान चढ़ाने और कश्मीर समस्या को इस हद तक जटिल बनाने में इन तथाकथित राष्ट्रवादियों का बहुत बड़ा हाथ रहा है। कश्मीरियों की दूसरी बड़ी जमात उन लोगों की है जो कश्मीर का भविष्य पाकिस्तान के साथ जुड़ने में देखते हैं। इन लोगों का नेतृत्व सीधे-सीधे पाकिस्तानी निर्देश पर काम करता है और पाकिस्तान के साथ अपने जुड़ाव को छिपाता भी नहीं है। वह वर्ग पूरी कोशिश में है कि भारत चुनावों का कोई वास्तविक लाभ न ले सके इसीलिए अभी पिछले चुनावों में बहिष्कार से लेकर बाधा डालने तक का कार्य इनके द्वारा किया गया। तीसरा वर्ग जिसका नेतृत्व कश्मीर में सबसे अधिक लोकप्रियता अर्जित कर रहा है उन लोगों का है जो कश्मीर को स्वतंत्र और स्वायत्त राज्य के रूप में चाहते हैं। वे अपनी लड़ाई में पाकिस्तान से मदद तो लेना चाहते हैं लेकिन पाकिस्तान की कठपुतली बनने को तैयार नहीं है। वे पाकिस्तान और पाक समर्थित उग्रवादियों के इरादों से परिचित है। कश्मीर में जब दहशतगर्दी शुरू हुई तो माहौल कुछ और था लोगों को लगता था कि उनको आजादी दिलाने वाले परवाने आ गए हैं, बस कुछ दिनों की बात है फिर तो एक आजाद मुल्क होगा जिसे पाकिस्तान सहित तमाम इस्लामिक देशों का समर्थन हासिल रहेगा मगर आजादी दिलाने आए विदेशी भाड़े के मुजाहिद्दीनों ने क्या सलूक किया इससे लोगों का विश्वास टूट गया है। बेकसूर लोगों को मारा गया चरार-ए-शरीफ जैसी दरगाहें जलाई गईं, 70 साल की तबाही से सब कुछ समझ में आ गया कि पाकिस्तान और इस्लामी देश कैसी आजादी देना

चाहते हैं।

समय उपयुक्त है इस परिप्रेक्ष्य में भारत सरकार को राष्ट्रीय एकता, अखंडता तथा क्षेत्रीय स्वायत्तता के मसलों पर गंभीर हो जाना चाहिए और उनकी स्पष्ट तथा ग्राह्य सैद्धांतिक व्याख्या करनी चाहिए जो कश्मीर में भी समझी जा सके, देश के अन्य हिस्सों में भी समझी जा सके और अंतर्राष्ट्रीय जगत में भी। अगर उसके पास कोई सैद्धांतिक व्याख्या है और ऐसी व्याख्या जिसे कश्मीर समझ सके तभी वह कश्मीर को अपना अभिन्न अंग बनाए रख सकती है मात्र सेना के सहारे या परिस्थिति जन्य चुनावों के सहारे अधिक दूर तक नहीं चला जा सकता। अगर सैद्धांतिक व्याख्या का जोखिम उठाना है तो उसे पाकिस्तान के साथ संबंधों की भी पुर्नव्याख्या करनी पड़ेगी। उसके आगे इससे नए खतरे खड़े हो सकते हैं लेकिन अब उसे इन खतरों का सामना करना ही चाहिए। समस्या को टालते रहने के परिणाम न अच्छे रहे हैं और न रहेंगे।

भारत सरकार की आज सबसे बड़ी समस्या यही है कि वह भारत की राष्ट्रीय एकता, अखंडता और कश्मीरी स्वायत्तता के मांग के बीच तालमेल कैसे बिठाए। कश्मीर की जो जनता आत्म निर्णय का अधिकार मांग रही है और जनमत संग्रह की मांग कर रही है भारत उसे कैसे गलत ठहराए। कश्मीरी लोग विधान सभा चुनावों का कूटनीतिज्ञ इस्तेमाल तो कर सकते हैं जैसा कि अब तक हुआ है अगर ये लोग भारत के पक्ष में नहीं हो सकते तो विधानसभा चुनावों के परिणाम ऊपर से चाहे जो भी दिखे कश्मीर में कोई गुणात्मक परिवर्तन नहीं ला सकते। अब समय है कि कश्मीर को अपना अभिन्न अंग बताने वाला भारत कश्मीरियों की स्वायत्तता की मांग से सीधी मुठभेड़ करे। भारतीय राष्ट्र राज्य और भारतीय लोकतंत्र के आगे सवाल है कि अगर लोकतंत्र में जनता की राय सर्वोच्च है तो वह कश्मीरी जनता की राय की अवहेलना कैसे करें और कब तक? अगर कश्मीरी जनता मानती है कि भारत उसके आत्मनिर्णय के अधिकार को क्रियान्वित होने से रोक रहा है तो भारत सरकार इस मानसिकता को कैसे बदलेगी और किन औजारों से यदि भारत सरकार की ओर से अल्प स्वायत्तता की मांग रखी जाती है और कश्मीरी मानसिकता का ही प्रतिनिधित्व करती है तो उसके केंद्र के साथ जो टकराव होंगे उसका हल वह किस तरह निकालेगी? बर्खास्तगी, बहाली या राष्ट्रपति शासन का सिलसिला फिर चलाएंगी या कोई अन्य विकल्प तलाशेगी? और क्या सेना के दबाव से इस मानसिकता में कोई

वास्तविक बदलाव लाया जा सकता है? तथा क्या इससे कश्मीर समस्या और अधिक जटिल नहीं होगी।

कश्मीर में यद्यपि चुनाव संपन्न हुए और फारूक अब्दुल्ला के नेतृतव में नेशनल कांफ्रेंस ने पूर्ण बहुमत हासिल कर सरकार भी बना ली है इस चुनाव को रोकने, रुकवाने और अड़ंगेबाजी में बहुतों ने अपनी हिकमत लगाई लेकिन आखिरकार चुनाव संपन्न हो ही गया। इस समय कश्मीर में सेना के तकरीबन छः लाख जवान तैनात हैं जिसमें सीमा सुरक्षा बल, राष्ट्रीय राइफल्स, केंद्रीय सुरक्षाबल एवं इंडो-तिब्बत सीमा पुलिस आदि शामिल हैं। इस प्रकार देखा जाए तो हर सात कश्मीरी जनता पर एक सेना के सिपाही का औसत आता है, सेना व सुरक्षा बलों ने इस चुनाव को संपन्न कराने हेतु कमर कस ली थी यहां तक कि वर्ष 1996 में हुए लोकसभा के चुनाव में यह रिपोर्ट सामने आई कि फौज ने एलान कर दिया था कि जिस व्यक्ति के उंगली में वोट देते समय लगाई जाने वाली स्याही नहीं लगी होगी वह भारत का दुश्मन समझा जाएगा। अतः ऐसी स्थितियों में निष्पक्ष चुनाव की बात करना बेकार है यह चुनाव राजनयिक स्तर पर दुनिया को दिखाने का प्रयास मात्र है कि हम जनतांत्रिक रास्ते पर चल रहे हैं। बहरहाल कुछ भी हो हिंसा की आशंकाओं और कड़ी सुरक्षा के बीच कश्मीर में एक और चुनाव संपन्न हो गया। देखा जाए तो पूर्व की चुनावों की अपेक्षा काफी निष्पक्ष भी रहा है, कोई बड़ी घटना नहीं हो पाई, जहां तक चुनाव में रुकावटें पैदा करने वालों का सवाल था उनकी योजनाएं असफल रहीं फिर भी एक रुकावट आज भी विद्यमान है जिसे हम वैधानिक रुकावट के नाम से उद्धृत करना चाहेंगे क्योंकि भविष्य के दहलीज पर होने वाले संभावित परिणामों को नजरंदाज नहीं किया जा सकता, चुनाव हो जाने के बाद भी यह वैधानिक प्रक्रिया रास्ते का कांटा बन सकती है, जो इस प्रकार हैः — जम्मू फेडरेशन ऑफ इंडस्ट्रीज एंड कामर्स के सचिव विनोद अवस्थाी ने राज्यपाल के फैसले के खिलाफ सन् 1990 में उच्चन्यायालय में अपील की थी जो उच्चन्यायालय के पूर्ण पीठ के समक्ष विचारधीन है। इसमें तत्कालीन राज्यपाल श्री जगमोहन के जम्मू कश्मीर विधानसभा भंग करने के फैसले को चुनौती दी गई है, ऐसा इसलिए हुआ था क्योंकि फारूख मंत्रिमंडल के इस्तीफा देने के बाद 19 जनवरी 1990 को इस प्रांत में गवर्नर शासन लागू हुआ और राज्यपाल जगमोहन ने विधान सभा निलंबित कर दी। इसके ठीक एक महीने के बाद यानी 19 फरवरी को उन्होंने विधान सभा भंग करने के आदेश जारी कर दिया और यह तर्क दिया कि सदन के सदस्य

ईमानदारी से चुनाव जीतकर नहीं आए है, श्री अवस्थी का यह आरोप है कि राज्यपाल का यह कदम किसी भी तरह संविधान के अनुकूल नहीं है क्योंकि जगमोहन ने जिस विधान सभा को भंग किया है उसका चुनाव मार्च 1987 में उन्हीं के शासनकाल में हुआ था और उन्होंने खुद कहा था कि इतनी ईमानदारी से इससे पहले यहां कोई चुनाव संपन्न नहीं हुआ अतः श्री जगमोहन के ये दोनों कथन परस्पर विरोधी हैं इसलिए जगमोहन जी का यह कथन न्याय संगत नहीं है इसे रद्द किया जाना चाहिए। फिलहाल यह याचिका अदालत में विचारधीन है इसके साथ ही श्री अवस्थी ने एस.आर. बोंमई बनाम केंद्र सरकार के मुकदमें में सर्वोच्च न्यायालय द्वारा दिए गए फैसले के आधार पर जम्मू कश्मीर की विधान सभा को भी बहाल करने का अनुरोध किया है और मतदाता सूचियों के पुर्नरीक्षण, विधानसभा क्षेत्र का परिसीमन कर रहे परिसीमन आयोग पर यह आपत्ति की है कि उसकी रिपोर्ट के आधार पर राज्य सरकार 1992 में ही अधिसूचना जारी कर चुकी है इसलिए अब नए परिसीमन का अब कोई औचित्य नहीं है और 1992 में परिसीमन आयोग द्वारा दी गई रिपोर्ट को अंतिम माना जाए। उच्चन्यायालय ने इस याचिका पर जम्मू कश्मीर सरकार तथा परिसीमन आयोग सहित सभी प्रतिवादियों को नोटिस जारी करे इसका स्पष्टीकरण मांगा है। बहरहाल परिणाम कुछ भी हो चाहे याचिकाएं खारिज हो या फिर सरकार की पुर्नबहाली का आदेश हो इस चुनाव के संपन्न हो जाने के कारण बहुत असर इसलिए नहीं पडेगा क्योंकि आज उसी की सरकार जीतकर आई है जो उस समय थी और वही फारूख अब्दुल्ला ही पुनः मुख्यमंत्री की कुर्सी पर है। हां एक बात जरूर है कि पुनः किसी राज्य में राज्यपाल की मनमानी पर बहुत कुछ अंकुश अवश्य लगेगा और यह जरूरी भी है।

सबसे महत्वपूर्ण सवाल है कि चुनाव तो हो गए और सरकार भी बन गई लेकिन वह आर्थिक संसाधन कहां से जुटाएगी। कोई भी लोकप्रिय सरकार आवाम से राजस्व की वसूली कैसे करेगी जिसमें पिछले चार साल से राष्ट्रपति शासन के चलते यह काम संभव न हुआ हो और केंद्र सरकार की विशेष सहायता से ही सरकारी कामकाज चल रहा हो। जम्मू कश्मीर के चुनाव की सार्थकता पर इस सवाल से ही प्रश्नचिन्ह लग जाता है कि ऐसे चुनाव के बाद बनने वाली तथाकथित लोकप्रिय सरकार अगर केंद्र से कोई विशेष सहायता लेती है तो उसे केंद्र की कठपुतली के रूप में ही काम करना पड़ेगा और यदि सहायता नहीं लेती तो वह अपने खर्चे कहां से चलाएगी तथा कश्मीर की आर्थिक विपन्नता की पुर्नबहाली कैसे करेगी जिसके

लिए कश्मीरियों ने अपना जान जोखिम में डालकर सरकार के निर्माण हेतु मताधिकार किया है।

सच तो यह है कि कश्मीरी जनता का बहुत कुछ हिंदुस्तान पर से विश्वास उठ गया है क्योकि 40 वर्ष तक केंद्र ने वहां अपनी मनमानी की। सर्दियों में 20-20 घंटे बिजली नहीं रहती जबकि वहां कि हाइड्रो इलेक्ट्रिकल क्षमता सबसे ज्यादा है वहां से पूरे हिंदुस्तान को बिजली आपूर्ति होती है। कोई कश्मीरी परिवार ऐसा नहीं है जो समस्याओं से अछूता हो। कश्मीर का कारपोरेट उद्योग तथा सेब और चैरी का व्यवसाय और पर्यटन सब चौपट है बेरोजगारी तथा अशिक्षा भयंकर रूप से बढ़ गई है। इन हालातों में फारूख अब्दुल्ला पुनः एकबार सत्तासीन हुए है उनके लिए तथा हिंदुस्तान के लिए एक कड़ी और शायद अंतिम परीक्षा है उन्हें स्वतंत्रता का ख्वाब छोड़कर हिंदुस्तान के ताज को बेहतरीन ढंग से संभालना चाहिए क्योकि कश्मीर भारत की अखंडता और अस्मिता से जुड़ चुका है।

इन सारे प्रश्नों व दास्तानों के उधेड़बुन में फंसा अपने अतीत के झरोखे से निकलकर कश्मीर शासन का सूर्य पुनः अपनी प्रशासनिक किरणें घाटी सहित संपूर्ण जम्मू कश्मीर क्षेत्र में फैलाने के लिए तथा आतंक और शक्ति भरे माहौल में भाईचारे की धूप छिटकाने के लिए आगे बढ़ने की एक और पारंपरिक चेष्टा की है बशर्ते डर इस बात की है कि आतंक और अलगांववाद के बादल कहीं अपने दामन में छिपाकर वहां के लोगों को आतंक के अंधेरे में जीने को पुनः मजबूर न कर दें। ऐसी स्थिति में आतंक और फौजी शासन के अलावा वहां और कुछ न बचेगा।

वैसे माहौल फिर हाल काफी अनुकूल है आज हम इस स्थिति में पहुचे हैं कि कश्मीर के विषय में हम बहुत कुछ सही निर्णय ले सकते हैं क्योंकि घाटी के लोग उग्रवाद, खूनखराबे और लगातार अशांत रहने से आजिज आ चुके हैं चुनाव के मतों का प्रतिशत इसके उदाहरण है। उग्रवादी भी कुछ हतोत्साहित हुए हैं क्योंकि घाटी में हजरतबल और चरारेशरीफ की घटना छोड़ दें तो बहुत हद तक आतंकवादी गतिविधियों में कमी आई है। चुनाव की संपन्नता ने हमारे सुरक्षा बलों के हौसले बुलंद किए हैं। घाटी के लोग अब काफी हद तक खुलकर आतंकवाद और आतंकवादियों का विरोध करने लगे हैं और सुरक्षा बलों की मदद कर रहे हैं इस वर्ष उग्रवादियों द्वारा अमरनाथ दर्शन यात्रा में बाधा डालने के ऐलान के बावजूद लोग वहां लाखों की संख्या में दर्शन करने पहुंचे, मुसलमानों में शिया, गूजर व अन्य पिछड़े वर्ग तथा

डोगरा व कश्मीरी पंडित तथा लद्दाखी लोग उग्रवादियों के आदेश नहीं मानते हैं। कुछ प्रमुख उग्रवादियों की रिहाई से घाटी में सरकार की स्थिति सुधरी है, अतः सरकार को इस ओर तेजी से कदम बढ़ाने चाहिए। पूर्व के सत्ताधारी शासकों की समझदारी और बेवकूफी की पहचान हमें 1987 के पहले के आंकड़ों से पूर्णतः हो जाती है इसलिए इस लकीर पर चलने का वही हश्र होगा जो पहले होता आया है। आज की आवश्यकता हमें लकीर से हटकर अलग चलने की है। इतिहास से सबक लेकर हमें जम्मू कश्मीर में स्थिर और सुयोग्य प्रशासन के लिए हर संभव प्रयास करना चाहिए।

समस्या सुधारने के उपाय की समीक्षा

पाकिस्तान कश्मीर को भारत से अलग करने की अपनी कोशिशों के अंतिम चरण में हैं यह टिप्पणी जम्मू के शरणार्थियों के बीच कार्यकर रहे एक व्यक्ति की है। उसके अनुसार पाकिस्तान के इस अंतिम चरण के 6 प्रारंभिक लक्ष्य हैं :–

1. घाटी के मुसलमानों को उग्रवादियों के समर्थन के लिए तैयार करना।
2. हिंदुओं को घाटी से बाहर निकालना।
3. गुप्तचरी के सारे स्त्रोतों को बंदकर सरकार को पंगु बना देना।
4. प्रशासन को सचिवालय तक सीमित रखना।
5. सुरक्षा बलों को यह अहसास कराना की जब घाटी के लोग उनके खिलाफ है तो उनकी तैनाती का कोई तुक नहीं।
6. मध्यमार्गी राजनीतिक नेतृत्व को अप्रासंगिक कर देना जिससे केंद्र कोई राजनैतिक पहल न शुरू कर सके।

वास्तव में देखा जाए तो पाकिस्तान अपने उपरोक्त उद्देश्यों में काफी हद तक सफलता पा ली है। हिंदू घाटी छोड़कर भाग आए हैं हमारे सुरक्षा बलों को बराबर कलंकित किया गया। हमारे सुरक्षाबलों को किसने निरुत्साहित किया पाकिस्तान या मीडिया ने या नागरिक स्वतंत्रता संगठनों ने जिन्होंने हमारे सुरक्षा बलों के खिलाफ उनके कृत्यों संबंधी खौफनाक रिपोर्ट बिना जांच पड़ताल के प्रकाशित की, या दिल्ली की सरकारों ने जिन्होंने चलो रुको और चलो की नीति अपनाई। किसने उन मध्यमार्गी राजनीतिज्ञों को जिन्होंने राज्य में अपना असर पूरी तरह नहीं खोया था को घाटी में अप्रभावी व अप्रासंगिक किया पाकिस्तान ने या दिल्ली के नेताओं ने?

शरणार्थियों के बीच कार्य करने वाले एक व्यक्ति के अनुसार पाकिस्तान अपने अंतिम चरणों में तीन कार्य कर रहा है प्रथम चरण में की गई कार्यगुजारियों को और प्रभावी बनाने के लिए कश्मीर को इतना अस्थिर कर देना चाहता है कि सुरक्षाबल घाटी में अपना ध्यान केंद्रित न कर सके और घाटी के शरणार्थी घाटी लौटने की उम्मीदें छोड़कर अन्यत्र कहीं बस जाएं। तीसरे वह कश्मीर मसले का अंतर्राष्ट्रीयकरण करना चाहता है ताकि कश्मीर भारत से अलग हो जाए और उसके मित्रवत तथा अन्य तटस्थ राष्ट्र उसकी मान्यता प्रदान कर दें।

अपनी अदूरदर्शी तथा ठहराव वाली नीति के कारण सत्तारूढ़ नेतृत्व ने न केवल कश्मीर की आंतरिक वेदना को लंबा किया है बल्कि अंतर्राष्ट्रीय स्तर पर भी अपने लिए अनेक समस्याएं निर्मित की हैं। प्रधानमंत्री राव स्वयं भ्रमित रहे, 15 अगस्त को स्वतंत्रता दिवस के अवसर पर दिल्ली में वह लालकिले से घोषणा करते हैं कि कश्मीर भारत का अविभाज्य अंग है और उस पर कोई चर्चा ही नहीं हो सकती, दो माह बाद वह पाकिस्तान की नवनिर्वाचित प्रधानमंत्री बेनजीर भुट्टो को संदेश भेजते हैं कि भारत पाकिस्तान सरकार के साथ जम्मू कश्मीर समेत सभी विषयों पर वार्ता को तैयार है। कश्मीर के प्रति सरकार की कोई स्पष्ट नीति नहीं है यही दोरंगी नीति ही समस्या को और उलझाने में सहायक है। आखिर कब तक कश्मीर में लगातार हो रहे खून खराबे के परिणामस्वरूप वहां की स्थिति को पहुंच रही क्षति के प्रति उपेक्षापूर्ण रवैया केंद्र अपनाए रहेगा।

घाटी में इस परिप्रेक्ष्य में अध्ययन के तहत आतंकवाद के जो विभिन्न आयाम सामने आए हैं वे इस प्रकार हैं :—

1. बंदूक की धाक और आतंकवाद का भय।
2. राज्य शासन विफल।
3. राजनीतिक गतिविधियों में कमी।
4. अर्धसैनिक बलों पर सीधे हमले तथा सेना के बीच सीधी गोला बारी।
5. आतंकवादियों के आदेशों का पालन।
6. आतंकवादियों के आह्वाहन पर संपूर्ण बंद।
7. निर्दोष भारतीयों का अपहरण व हत्याएं।

8. लगभग संपूर्ण हिंदू अल्पसंख्यकों और मुस्लिम राष्ट्रवादियों का घाटी छोड़ना।

इसके अतिरिक्त कुछ और महत्वपूर्ण नतीजे सामने आए हैं :–

– औसतन कश्मीरी आतंकवादी स्वयं को मुजाहिद नहीं मानता - मजहब कोई महत्वपूर्ण प्रेरक तत्व नहीं है।

– बंदूक को मुख्यतः वर्तमान भ्रष्ट व्यवस्था के खिलाफ लड़ने का हथियार माना जाता है।

– पाकिस्तान से आर्थिक मदद, चंदा और जबरन वसूली के कारण आतंकवाद इतना मुनाफे वाला धंधा बन गया है कि बरबस वह नवयुवकों को अपनी ओर आकर्षित कर रहा है।

– सुरक्षाबलों की आक्रामकता, बेरोजगारी, भ्रष्ट-प्रशासन, आर्थिक बदहाली और सैनिकों द्वारा की गई ज्यादतियां आतंकवाद को बढ़ावा दे रही हैं।

– पाकिस्तानी प्रशिक्षित आतंकवादी स्थानीय आतंकवादियों से अधिक कट्टर है।

– आतंकवादी संगठनों से अधिक लगाव होने की वजह से पारिवारिक बंधन बेमतलब हो गए हैं क्योंकि विवाहिता आतंकवादियों को मालूम है कि उनकी गिरफ्तारी या मृत्यु होने पर संगठन उनके घर की जिम्मेदारियों को ख्याल रखेंगे, इससे उनका मनोबल बढ़ता है।

अतः स्पष्ट तौर पर यह कहा जा सकता है कि कश्मीर में आतंकवाद को मात्र सैनिक अभियान या फिर राजनैतिक प्रक्रिया शुरू करके अथवा अन्य किसी एक आयोजन पर चल कर समाप्त कर पाएंगे यह नामुमकिन है। इसके लिए हमें बहु-आयामी दृष्टिकोण अपनाना होगा तभी हम आतंकवाद की मजबूत जड़ को उखाड़ने में सक्षम हो पाएंगे। यह बहुआयामी कारक निम्नवत होने चाहिए :–

1. आर्थिक व्यवस्था को मजबूत किया जाए

पाकिस्तान से प्राप्त आर्थिक मदद तथा जेहाद के नाम पर जुटाए गए चंदे व जबरन कब्जे और वसूली के कारण आतंकवाद आज आतंकवादियों के लिए मुनाफे का धंधा बन गया है। सुरक्षाबलों की आक्रामकता, बेरोजगारी, अशिक्षा व आर्थिक बदहाली के चलते ज्यादातर नवयुवक आतंकवादियों की शरण में पहुँच जाते हैं ताकि नारकीय जिंदगी से हटकर राइफलों की दम पर अपनी शेष जिंदगियां ऐशो आराम में बिता सके

और अपने घर की हालत भी सुधार सके। इस ओर हमारे केंद्रीय व राज्य शासन को विशेष ध्यान देना होगा, उन्हें नवयुवकों के रोजगार, शिक्षा, सुरक्षा, आवास व अन्य सुविधाओं तथा शांति बहाली की ओर सुनियोजित बजट इस मद में खर्च करना होगा।

कश्मीरं के लोगों को अक्सर यह सोचकर अचंभा होता है कि जब नई दिल्ली अड़तालीस वर्षों के दौरान उसे शेष देश से जोड़े रखने वाला मार्ग तक नहीं बनवा सकी तो भारत के अविभाज्य अंग के तौर पर उसका यह कैसा स्तर है। वर्षों से लोग प्राकृतिक आपदाएं झेलते आ रहे हैं भारत सरकार इस ओर कोई गंभीरता नहीं दिखाती है। हर सत्र के बजट में 10 से लेकर 15 अरब रुपए का जम्मू कश्मीर के ऊपर खर्च की घोषणा कश्मीरियों की समझ में नहीं आती क्योंकि उन्हें अपने हक का हिस्सा भी मुनासिब नहीं है। इस धन का अधिकांश भाग जम्मू-कश्मीर से लेकर दिल्ली तक फैले नौकर शाहों के पास चला जाता है और एक हिस्सा छोटे-बड़े नेताओं तथा ऊपर तक पहुंच बनाए रखने वालों के पास जाता है शेष विस्थापितों के नाम पर खर्च कर दिया जाता है अतः इस स्थिति में परिस्थितियों में परिवर्तन लाना एक असंभव कार्य है। सरकार को चाहिए कि इस संपूर्ण धन का उपयोग उचित मद में एक विशेष दल की देखरेख में खर्च करें तभी कश्मीरियों का हित और आर्थिक उत्थान संभव है।

2. सामाजिक व क्षेत्रीय संगठन बनाए जाएं

संपूर्ण आतंकवादी क्षेत्रों में आतंकवादियों के विरुद्ध एक जबरदस्त सामाजिक संगठन तैयार करके खड़े किए जाने चाहिए। ठीक उसी प्रकार से जैसे पंजाब में आतंकवादियों के खिलाफ के.पी.एस. गिल ने खड़ा किया था। संगठन में नवजवानों की भर्ती, लड़ाकू ट्रूप्स के रूप में और बुजुर्गों को उनकी मदद के लिए होना चाहिए। उन्हें सरकार द्वारा जरूरी सांज समान, व पैसों की मदद मिलनी चाहिए। इस संगठन के सदस्यों को उनके अच्छे कार्यों के लिए पुरस्कृत करना चाहिए इनका मुख्य कार्य क्षेत्र पर कड़ी नजर रखना, किसी भी गतिविधियों से प्रशासन को अवगत कराना, आतंकवादियों का समाज में देशद्रोही के रूप में प्रचारित करना व उनहें समाज से बिल्कुल अलग-थलग कर देना तथा छुट-पुट मुठभेड़ का सामना करना जब तक कि सेना व स्थानीय सैन्य बल वहां न पहुंच जाए। इस प्रकार के कड़े प्रतिबंध से निश्चय ही आतंकवादियों की कमर टूट जाएगी और उनका मनोबल टूट जाएगा तब हमें उनसे निपटने में आसानी रहेगी।

इसके साथ ही कश्मीर से प्रकाशित होने वाले ऐसे समाचार पत्रों को बंद करवा देना चाहिए जो पाकिस्तान व आतंकवादी संगठनों के मुख पत्र बने हुए हैं। ऐसे समाचार पत्र अलगांववादी और कट्टरपंथियों की भारत विरोधी विचारधारा का प्रचार वर्षों से करते चले आ रहे हैं, जिससे स्थानीय लोगों के दिमाग में मजहबी कट्टरवाद और अलगांववाद का जहर घोला जा रहा है।

3. राजनैतिक प्रक्रिया की शुरुआत स्थानीय नेतृत्व के द्वारा

प्रधानमंत्री के रेसकोर्स रोड़ स्थित आवास और नार्थ ब्लाक स्थित गृहमंत्रालय के बीच कश्मीर प्रकोष्ठ की दो कि.मी. की परिधि के बी.बी.आई.पी. इलाके में एक मिनी कश्मीर दिल्ली में बसा हुआ है। सरकारी सुख सुविधाओं और ऐशो आराम के सारे साधनों से लैस दिल्ली के इस मिनी कश्मीर के राजनेता भारत सरकार के दामाद बने हुए है। दो कि.मी. का यह इलाका सुरक्षा की काली बिल्लियों (ब्लेककैट्स) की इस कदर चौकसी में रहता है कि पाकिस्तान की आई.एस.आई., जम्मू का लिवरेशन फ्रंट न हिजबुलमुजाहिद्दीन सरीखे कोई भी आतंकवादी गुट का परिंदा पर नहीं मार सकता। इस मिनी कश्मीर में स्थायी रूप से रहते हैं सैफुद्दीन सोज, (सी 1/7 हुमायूं रोड), डॉ. कर्ण सिंह (3, न्याय मार्ग), मोहम्मद सफी भट्ट (1, ताल कटोरा गार्डन), गुलाम रसूलकार (23/145, लोदी कालोनी), सैयद मीर कासिम (6, लोदी ए स्टेट) और डॉ. फारूख अब्दुल्ला (9, सफदर जंग लेन)।

ये उपरोक्त कश्मीरी नेता जो कि प्रत्यक्ष व अप्रत्यक्ष रूप से कश्मीर की मिट्टी से जुड़े होने के बावजूद कश्मीर से इतनी दूरी क्यों बनाए हुए हैं इनके दिल्ली में रहते कश्मीर में चुनाव की बात करना क्या उचित है। वास्तव में इनके परिवारों ने कश्मीर की बदहाली का पूरा फायदा उठाया है गरीब-गरीब होते जा रहे हैं, समस्याएं बढ़ती जा रही हैं। कश्मीर का स्वर्ग नरक में तब्दील होता जा रहा है, लेकिन इनके कानों में जूं नहीं रेंगती है। सच तो यह है कि ये सब मिलकर दृढ़ संकल्प के साथ सामाजिक-उत्थान व राष्ट्रीयता के समर्थन में आवाज उठाएं तो निहसंकोच इनकी आवाज इतनी अधिक बुलंद हो जाएगी कि दुश्मन हतोत्साहित हो जाएगा और कश्मीर का भाग्य बदल सकता है। अब समय आ गया है, कि भारत सरकार राष्ट्रीयता के नाम पर इन सबको इकट्ठा कर इस ओर अग्रसर करें क्योंकि बिना इनकी सकारात्मक पहल के कश्मीर का राजनीतिक हल करना कठिन ही नहीं शायद असंभव भी है।

4. फौजी कार्यवाहियां सुनियोजित ढंग से तेज की जाएं

कश्मीर में पाक समर्थित आतंकवादियों की घुसपैठ जारी है, इससे साफ जाहिर होता है कि हमारे सीमा सुरक्षा बलों ने अपनी सीमा को सही ढंग से सील नहीं कर पाया है। कश्मीर की मुख्य समस्या अघोषित युद्ध है इसी को सर्वोच्च प्राथमिकता देनी चाहिए, इसलिए घाटी में पहले इस अघोषित युद्ध से लड़ा जाए और जीता जाए, फिर कश्मीर में बगावत को खुंखार बनाए हुए आतंकवादियों को शक्ति से कुचल दिया जाए। इसके लिए हमारी केंद्रीय सरकार को फौजों के लिए एक सीमा तक उनके मनमुताबिक कार्यवाहियों में छूट देना होगा, क्योंकि बहुत से सैनिक व सैन्य अधिकारी इस बात की दुहाई देते आए हैं कि कश्मीर में हमारे हाथ बंधे हुए हैं और हम मजबूर है। हम उन पर तब तक गोलियां नहीं चला सकते जब तक कि वे मुझ पर आक्रमण नहीं करते। यदि ऐसा है तो वास्तव में एक सोचनीय बात है क्योंकि कोई भी आतंकवादी लक्ष्य साधेगा ऐसे में हमारे सिपाहियों की कुर्बानी हमें बहुत महंगी पड़ेगी, उनके मनोबल को ठेस पहुंचेगा। अतएव उन्हें इन समस्याओं से निपटने के लिए शारीरिक और मानसिक रूप से आजाद करना होगा क्योंकि यदि वह अपनी सुरक्षा में चिंतित रहेंगे तो देश की सुरक्षा क्या करेंगे।

इसके साथ ही हमें फौजी कार्यवाहियों को एक सुनियोजित ढंग से आगे बढ़ाना होगा ताकि इसमें निर्दोष व्यक्ति परेशान न होने पाए अन्यथा अलगांदवाद को बढ़ावा मिलेगा। फौज की जरा भी लापरवाही या क्रूरता जन समर्थन उग्रवादियों के पक्ष में परिवर्तित कर देगी इसलिए बड़ी सावधानी से आतंकवाद को हमें कड़ाई से कुचलना होगा। ऐसा ही संसद प्रश्नोत्तर काल के दौरान अटल बिहारी वाजपेयी ने श्री अब्दुल गनी लोन के 'फौज और पुलिस से राज्य नहीं चलेगा' के जवाब में कहा था "कोई फौज और पुलिस से राज्य करना नहीं चाहता लेकिन भारत में रहकर जो पाकिस्तान का गुणगान करते हैं और जो भारत के किसी भाग को पाकिस्तान में ले जाना चाहते हैं, उनको बर्दाश्त नहीं किया जा सकेगा और जरूरत महसूस हुई तो फौज और पुलिस के जरिए भी निपटना पड़ेगा आखिर हम फौज और पुलिस रखते किसलिए हैं।"

5. कूटनयिक प्रयास तेज किए जाएं

राष्ट्रीय और अंतर्राष्ट्रीय स्तर पर अपने पक्ष में हवा बनाने व समर्थन लाने के लिए कूटनीतिक प्रयास और तेज किए जाने जरूरी हैं। वैसे मार्च, 1994 में हुए

मानवाधिकार सम्मेलन में पाकिस्तान को अमेरिका, यूरोप, अफ्रीका, दक्षिण एशिया व मध्यपूर्व के सभी खेमे के संयुक्त समर्थन की उम्मीद थी लेकिन उसको तब करारा झटका लगा जबकि इन उपरोक्त देशों के साथ ही चीन, ईरान ने भी उसका साथ नहीं दिया उल्टा उस पर प्रस्ताव वापस लेने के लिए ईरान आदि देशों ने दबाव डाला। इसके साथ ही यूरोपीय राजदूतों के कश्मीर के दौरे से भारत की स्थिति मजबूत हुई और हजरत बल संकट के शांतिमय समझौते से भी हमे काफी सफलता मिली है।

इस बढ़त को बनाए रखने के लिए प्रयत्नों की निरंतरता, सूझ-बूझ और धैर्य की जरूरत है और साथ ही सदा आगे बढ़ते रहने की।

6. प्रशासनिक व वैधानिक प्रयास

जम्मू-कश्मीर प्रशासन को ईमानदार, चुश्त दुरुश्त व बेदाग बनाना सरकार की प्रथम प्राथमिकता होनी चाहिए। राज्य की सेवाओं में विशेष रूप से जम्मू कश्मीर सशस्त्र बल पुलिस की छानबीन की जाए तथा इनमें से राष्ट्र विरोधी तत्वों को निकाल दिया जाए। भ्रष्ट अधिकारियों व कर्मचारियों को तत्काल दंडित किया जाए साथ ही वैधानिक तौर पर लागू की गई धारा 370 को तत्काल समाप्त कर दी जाए क्योंकि अब इसका कोई औचित्य नहीं है तथा जम्मू लद्दाख और कश्मीर में वैधानिक क्षेत्रीय-परिषद बनाई जानी चाहिए ताकि क्षेत्रीय भेदभाव समाप्ति की जा सके। राज्य में पुर्नजन गणना कराई जाए और उसके आधार पर विधान सभा के निर्वाचन क्षेत्रों की सीमा निर्धारण का कार्य पूर्ण किया जाए और विधान सभा की बढ़ाई गई 87 सीटों में से कम से कम 41 सीटें जम्मू के लिए रखी जाए।[49]

7. अन्य उपाय

जनता के मनोबल को उठाया जाना चाहिए राष्ट्र भक्तों को आगे आकर ऐसा माहौल बनाना चाहिए ताकि दोस्ती के रास्ते से भटके हुए दुश्मन भी जो पहले एक सामान्य नागरिक थे टकराव का रास्ता छोड़कर राष्ट्र की मुख्यधारा में मिले। हमें प्रशासनिक स्तर पर भी ऐसे प्रयास तेज करने चाहिए जेलों में बंद उग्रवादियों को जो कि राष्ट्र की मुख्यधारा में जुड़ना चाहते हैं उन्हें छोड़कर उनके आवास व रोजगार की व्यवस्था करना चाहिए। हजारों भटके हुए नौ जवानों के शिक्षा व रोजगार को मुहैया कराके हम कश्मीरियों का दिल जीत सकते हैं और हम पाकिस्तान के इरादों का मुंह

तोड़ जवाब दे सकते हैं क्योंकि पाकिस्तान ने हमारे इन्हीं कमजोरियों का फायदा उठाकर धन दौलत, ऐशो आराम तथा धर्म के नाम पर हमारे युवाओं को भटकाया है। शायर बशीर ने ठीक ही कहा है ''कुछ तो मजबूरियां रही होंगी, यूं कोई बेवफा नहीं होता।''

(अ) उत्तरी क्षेत्र

(2) तराई में आतंकवाद और उत्तर प्रदेश

तराई का भौगोलिक क्षेत्र, आतंक के प्रवेश से उत्पन्न समस्या : भारत के उत्तर प्रदेश राज्य का उत्तरी पश्चिमी क्षेत्र, व हिमालय का आंतरिक क्षेत्र तराई के नाम से जाना जाता है। गत वर्षों में आतंकवाद के उतार चढ़ाव से यह क्षेत्र चर्चित रहा है। इसमें मुख्यरूप से पीलीभीति, नैनीताल, लखीमपुर खीरी, शाहजहांपुर, रामपुर, बरेली, बिजनौर, मुरादाबाद, देहरादून, मुजफ्फरनगर व मेरठ आदि आते हैं।

भारत विभाजन के समय पाकिस्तान से आए सिखों को पश्चिमी उत्तर प्रदेश के जंगलों और घनी झाड़ियों से भरे तराई क्षेत्रों में विस्थापित किया गया था। पीलीभीति, नैनीताल, लखीमपुर खीरी, शाहजहांपुर, रामपुर, और बरेली के कुछ हिस्सों में पड़ने वाली जमीनों में जीतोड़ मेहनत करके सिखों ने इस क्षेत्र को मिनी पंजाब बनाया। तत्कालीन मुख्यमंत्री श्री गोविंद बल्लभ पंत ने सिखों को इस अपेक्षा के साथ जमीनें दी थीं कि एक दशक के अंदर जंगलों का सफाया करके जमीन आबाद करनी होगी जिन विस्थापितों ने यह चुनौती स्वीकार की उनमें सिखों और पंजाबियों के अलावा पहाड़ी, बंगाली, असमियां, मारवाड़ी, और जाट भी थे। इन लोगों ने कड़ी मेहनत करके जंगल व ऊबड़खाबड़ जमीन को उपजाऊ बना डाला और तेजी से विकास किया। तराई की उपजाऊ भूमि देखकर काफी बड़ी संख्या में सिख परिवार पंजाब से यहां आ गए। धीरे-धीरे नैनीताल जनपद का बाजपुर, रुद्रपुर, काशीपुर, शाहजहांपुर, तथा पीलीभीत का ग्रामीण अंचल और रामपुर का विलासपुर क्षेत्र सिख बाहुल्य हो गया।

आपरेशन ब्लूस्टार से पहले तराई क्षेत्र पूरी तरह शांत था, हिंदू, सिख व मुस्लिम सभी के बीच एकता थी पर बाद में वहां वैसी स्थिति नहीं रह गई। हरितक्रांति को

सार्थक करने वाले तराई क्षेत्र के जो गांव अबतक खुशहाली की रोशनी और समृद्धि व शांति की रोनक से भरपूर थे अब वहां दहसत की रातें और आशंका से भरे दिन तथा भविष्य के प्रति बेचैनी व्याप्त होती गयी। पाकिस्तानियों ने तराई के सिख बाहुल्य क्षेत्र को भी अपने नक्शे में रखा है। पंजाब कश्मीर, आसाम और तमिलनाडु के बाद आतंकवाद का पांचवां अखाड़ा विभिन्न रूप से तराई में खुल गया। ऑपरेशन ब्लूस्टार के बाद आतंकवादियों ने यहां पर अपना सुरक्षित आरामगाह बनाया जिससे यहां हत्या अपहरण, और बैंक डकैती, की बाढ़ सी आ गई। गत कुछ वर्षों में तराई क्षेत्र में आतंकवाद का भूत इस कदर बेकाबू था कि इसने प्रशासन व सरकार की नींद हराम कर दिया था। वैसे आज काफी हद तक इस पर काबू पाया जा चुका है लेकिन यहां समस्या स्थायी रूप से अब भी हल नहीं हो पाई है छुटपुट वारदातें यदा-कदा इस समस्या के समाधान पर प्रश्न चिन्ह लगा ही देती हैं।

हिमालय व नेपाल में आतंकवादियों के अड्डे : सरकार को आशंका है कि यदि नेपाल आतंकवादी गतिविधियों का केंद्र बन गया तो उत्तर भारत की स्थिति पंजाब से भी बदतर हो जाएगी। सरकारी सूत्रों के मुताबिक पाकिस्तान ने आतंकवादी संगठनों को सलाह दी है कि नई रणनीति के तहत वह अपनी गतिविधियाँ नेपाल से संचालित करे।

पंजाब में सुरक्षा बलों द्वारा आतंकवादियों पर जब-जब सख्ती बरती गई तब-तब वे तराई में आकर छिप जाते हैं, पंजाब पुलिस समय-समय पर उत्तर प्रदेश सरकार को अवगत कराती रहती है कि कौन-कौन से आतंकी तराई में डेरा डाले हुए हैं लेकिन स्थानीय पुलिस व प्रशासन इस बात को गंभीरता से नहीं लेता। पुलिस के बड़ अफसरों का कहना है कि जब तक बड़े मगरमच्छ नहीं पकड़े जाते तबतक लूट और हत्याओं का भयानक दौर जारी रहेगा।

तराई में खालिस्तान कमांडो फोर्स और भिंडर वाला टाइगर फोर्स काफी सशक्त माना जाता है एक अनुमान के अनुसार 5 दर्जन आतंकवादी हिमाचल प्रदेश और नेपाल के रास्ते तराई में आकर सक्रिय हैं। हिमाचल प्रदेश में स्थित गुरुद्वारा पोंटा आतंकवादियों के छिपने का अड्डा है। नेपाल और हिमाचल प्रदेश की पुलिस व्यवस्था की कमजोरी के कारण आतंकवादियों के छिपने तथा घूमने की पूरी छूट रहती है, पंजाब और कश्मीर के आतंकवादी पाकिस्तान की बजाय नेपाल से अपनी गतिविधियां चलाना ज्यादा उचित समझते हैं। नेपाली प्रशासन इस ओर उदासीन है इसी कारण से संपूर्ण उत्तर भारत

में नेपाल के रास्ते आतंकवादी गतिविधियां बहुत ज्यादा बढ़ गई हैं।

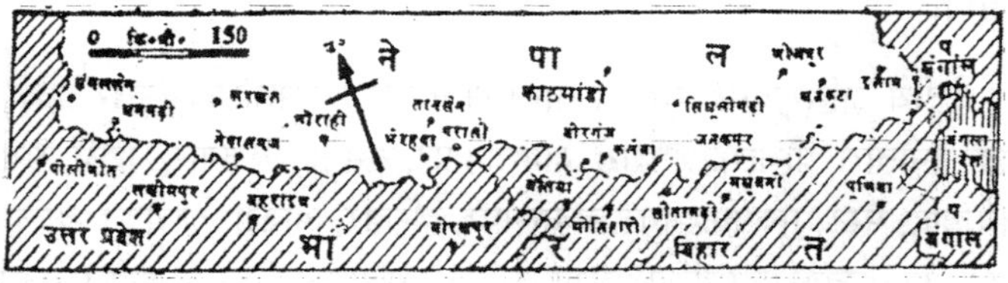

(नेपाल की स्थिति और इससे जुड़ा भारतीय क्षेत्र)

उल्लेखनीय है कि अच्छे संबंधों को विकसित करके हिमालयांचल में शांतिपूर्ण वातावरण उपस्थित करने के लिए भारत नेपाल को वन विकास, विद्युत परियोजना, सिंचाई परियोजना, राष्ट्रीय संग्रहालय, चिकित्सालय तथा विश्वविद्यालय के भवन निर्माण इत्यादि कार्यों में खुले हृदय में आर्थिक सहयोग कर रहा है। नेपाल भारत के सदियों से मधुर सांस्कृतिक संबंध रहे हैं, आए दिन इस संबंध को बिगाड़ने के लिए षड्यंत्र होते रहे हैं। भारत की सीमा से जुड़ा नेपाल का इलाका 'तराई' कहलाता है। तराई के लोगों को भारतीय मूल का नागरिक मान कर नेपाली मूल के नागरिक शोषण दमन करते हैं प्रशासन भेद-भाव करता है। इस प्रकार के आधारहीन तर्क देने वाले इस बात को भूल जाते हैं कि स्वयं नेपाल नरेश भारतीय मूल के हैं।

यह शोर शराबा कि तराई के लाखों नागरिकों को भारतीय मूल का मानकर नागरिकता नहीं दी जा रही है, सर्वथा कल्पना की उड़ान है। नेपाल में लगभग 4 लाख मुसलमान भी अपने धर्म का पालन करते हुए वहां के नागरिक हैं उनको नागरिकता मिल चुकी है। तराई के भारतीय मूल नेपाली जन समूह की बात कर नेपाल की तुलना श्रीलंका से करके वहां से भारतीयों को खदेड़ने की जो बात कहते हैं वह भारत नेपाल संबंधों में दरार डालने का सुनियोजित षडयंत्र है।

बर्फ की गोद में बसा शांत नेपाल, चीन के साथ मधुर संबंध विकसित कर रहा है। संबंधों को विकसित करने से भारत को किसी देश के साथ कभी कोई शिकवा नहीं रहा है किंतु हाल के वर्षों में चीन के साथ भारत के सामरिक महत्व से जुड़ी सड़कों के निर्माण संबंधी संधि करके भारतीय हितों पर कड़ा कुठाराघात किया है फिर भी भारत को विश्वास है कि जब तक एक भी नेपाली जीवित है तब तक नेपाल के रास्ते से किसी भी आक्रमणकारी के लिए भारत पर आक्रमण करना संभव नहीं है।

आतंक में इजाफा, प्रशासन की चौकसी, आतंक की टूटती कमर तथा अप्रत्यासित कामयाबी

केंद्रीय अभिसूचना ब्यूरो से प्राप्त जानकारी के मुताबिक उत्तर प्रदेश के 17 जनपदों नैनीताल, पीलीभीत, खीरी, शाहजहांपुर, रामपुर, बिजनौर, बरेली, मुरादाबाद, गाजियाबाद, मेरठ, मुजफ्फरनगर, सहारनपुर, हरिद्वार, आगरा, देहरादून, कानपुर तथा लखनऊ को आतंकवादी गतिविधियों के परिप्रेक्ष्य में काफी संवेदनशील बताया गया है, कई जगहों पर आई.एस.आई. के अड्डों की भी पुष्टि की गई है, गुप्तचर सूत्रों के अनुसार इस समय तराई में आई.एस.आई. के 400 सक्रिय तथा लगभग 1000 निष्क्रिय एजेंट मौजूद हैं यह एक ऐसा गड़बड़ी वाला क्षेत्र है जहां से 20/- प्रतिशत जवान सेना, भारत तिब्बत सीमा पुलिस, राष्ट्रीय सुरक्षा गार्ड तथा अन्य सुरक्षा बलों में भर्ती हो रहे हो वह स्थान आई.एस.आई. एजेंटों के लिए अच्छा शिकारगाह बन सकता है।

तराई में आतंकवादी गतिविधियों का सूक्ष्म अध्ययन करने से पता चलता है कि अब तक जितनी भी मुठभेड़ें हुईं हैं उनमें अधिकतर फार्म हाउसों में ही हुई हैं, अब तक किये गये ऑपरेशन में आपरेशन बजरंग और आपरेशन गुंडावल के तहत हमारे सुरक्षा बल इनकी हरकतों को रोकने में काफी कामयाब हुए हैं 1995 में आतंकवादी ठिकानों को ध्वस्त करने के लिए आपरेशन शिवालिक चलाया गया उस दौरान तीन दर्जन से अधिक संदिग्ध सिखों को गिरफ्तार किया गया लेकिन आरोप सिद्ध न हो पाने के कारण सभी न्यायालय से बाइज्जत रिहा हो गए। इस दौरान नैनीताल, पीलीभीत, खीरी, शाहजहाँपुर आदि जनपदों के विभिन्न गुरुद्वारों और फार्म हाउसों पर छापा मारकर आतंकवादियों के हौसले तोड़ने की कोशिश की गई लेकिन उसके बाद से आज तक इस प्रकार का प्रयास नहीं किया गया। तराई के इतिहास में आतंकवादियों द्वारा दो स्थानों पर प्रशिक्षण शिविर चलाने की बात प्रकाश में आई है :बिजनौर जिले में सेवा सिंह नामक कुख्यात आतंकवादी एक फार्म हाउस में छिपकर सिख नवयुवकों को प्रशिक्षण दे रहा था लेकिन आपरेशन शिवालिक के दौरान उसे शिविर बंद करने के लिए मजबूर होना पड़ा। खुफिया विभाग ने पिछले वर्ष शाहजहांपुर के सेमरामउ के एक फार्म हाउस में आतंकवादियों द्वारा प्रशिक्षण शिविर चलाने की जानकारी गृह मंत्रालय को भेजी थी लेकिन गृह मंत्रालय अब तक कोई सकारात्मक निर्णय नहीं ले सका। इन दिनों भारत नेपाल सीमा के सेंचुरी के घने जंगलों में आतंकवादियों द्वारा प्रशिक्षण शिविर चलाए जाने की आशंका व्यक्त की जा रही है, कहा जाता है कि सेंचुरी के जंगलों में आतंकवादियों ने अपनी शरणास्थली बनाई है।

उत्तर प्रदेश में आतंकवादी वारदात के सालवार आंकड़े
1984 से 18 दिसंबर, 1991 तक

क्र.सं.	घटनाएं	1984	1985	1986	1987	1988	1989	1990	1991	कुल
1.	हत्या	—	—	01	04	04	03	19	61	92
2.	बैंक डकैती	03	01	—	—	01	01	—	03	09
3.	बैंक डकैती का प्रयास	—	—	01	—	01	01	02	01	06
4.	हथियार लूट	—	01	—	01	01	08	—	17	28
5.	वाहन लूट	—	—	01	—	01	05	01	10	18
6.	पेट्रोल पंप डकैती	—	—	—	01	03	02	—	01	07
7.	अन्य डकैती	—	01	—	—	03	01	—	—	05
8.	अपहरण	—	—	—	—	—	01	01	18	20
9.	विस्फोट	—	09	—	—	01	01	03	07	21
10.	प्रताड़ना	—	—	—	—	—	—	01	02	03
11.	मुठभेड़	—	01	—	02	02	02	10	43	60
12.	अन्य	03	02	03	02	05	04	03	07	29
	योग :	06	15	06	10	22	29	40	170	298

आंकड़े इस बात के गवाह हैं कि तराई में सैकड़ों खूनखराबे हो चुके हैं वर्ष 1984 से 1990 तक इस क्षेत्र में आतंकवाद की 169 घटनाएं हुईं। 1988 से इसका सिलसिला काफी तेज हुआ अनेक निर्दोष व पुलिस कर्मी मारे गए जबकि सिर्फ एक आतंकवादी मारा गया, दो बैंक डकैतियां भी हुईं, 1989 में इसमें और बढ़ोत्तरी हुई 44 लोग मरे जिनमें 4 पुलिस कर्मी भी मारे गए 1990 में भी आतंकवादियों ने दो बैंकों को लूटा 1990 में कुल 4 घटनाओं में 47 निर्दोष 6 पुलिस कर्मी और 11 आतंकवादी मारे गए तथा नैनीताल के हल्द्वानी और काशीपुर के सिनेमाघरों में बम विस्फोट हुआ जिसमें करीब डेढ़ दर्जन लोग मारे गए। 1991 के आंकड़ों के अनुसार 14 पुलिसकर्मी 45 निर्दोष और 21 उग्रवादी मारे गए। इनमें पीलीभीत मुठभेड़ कांड के 10 कथित उग्रवादी भी शामिल हैं इस प्रकार वर्ष 1992 में सैकड़ों की संख्या में नागरिकों पुलिस और उग्रवादी मौत के घाट उतार दिए गए। यह प्रक्रिया बढ़ोत्तरी के तौर पर 1993 तक अनवरत जारी रही लेकिन बाद में केंद्र व राज्य के सम्मिलित प्रयास तथा अनुभवी व सुलझे हुए पुलिस महानिदेशक प्रकाश सिंह के अथक प्रयास से हमारी पुलिस और सुरक्षा बलों ने मिलकर आतंकवादियों को भूमिगत होने पर मजबूर कर दिया, फिलहाल आज वहां शांति की परछाइयां साफ नजर आ रही हैं।

आतंकवाद को समूल नष्ट करने हेतु प्रदेश व केंद्र सरकार की भावी योजनाएं व सफलता की संभावनाएं : पूरे तराई में आजकल सैकड़ों पुलिस जवान मोर्चाबंदी करने को मजबूर हैं, जगह-जगह रेत की बोरियों के पीछे से झांकती बंदूकें आतंकवादियों का आखेट करना चाहती हैं। कहीं-कहीं रास्तों पर लकड़ियों के बाड़े खड़े कर दिए गए हैं रात के अंधेरे को चीरने की कोशिश करती हुई पुलिस की टार्चें हर आती जाती गाड़ियों में खाड़कुआं की टोह लेती रहती हैं। हथियारों से लैस पुलिस कर्मी और कई दर्जन गाड़ियां आजकल शांति के लिए पूरी रात गश्त करती रहती हैं लेकिन पुलिस की सतर्क निगाहों को आतंकवादी चकमा दे ही जाते हैं।

पीलीभीत, नैनीताल, शाहजहांपुर, आदि अति संवेदनशील जिलों में पी.ए.सी. सी. आर.पी., बी.एस.एफ. के जवानों को जगह जगह पर तैनात किया गया है, सरकार ने सुरक्षा बलों को आधुनिक शस्त्र भी मुहैया कराया है पिछले कुछ वर्षों से पुलिस को तमाम हथियार, तेजगति की पेट्रोलिंग गाड़ियाँ, नाइन एम.एम. की आटोमैटिक पिस्तौल, कारबाइन जैसे अन्य आधुनिक हथियार दिये गये हैं, फिर भी पुलिस के अफसर हमेशा कम जवान व घटिया स्तर के हथियार को लेकर रोना रोते हैं लेकिन असली कारण

यह है कि तराई क्षेत्र में तैनात 80 फीसदी पुलिस कर्मी आधुनिक हथियारों को चलाने में प्रशिक्षित ही नहीं है। पुलिस और सुरक्षा बलों के बीच तालमेल नहीं है जिसका फायदा आतंकी उठा रहे हैं पुलिस की सैकड़ों गाड़ियां रोज दिन भर इधर से उधर बेवजह दौड़ती रहती हैं उनमें पीछे की सीटों के जवानों को देखकर ऐसा लगता है कि इनसे ज्यादा शायद ही कोई थका हारा होगा। दूसरी ओर हाल ही में किए गए सर्वेक्षण से पता चलता है कि तराई में विचरण करने वाले 30 प्रतिशत आतंकी एम.ए. पास हैं और 40 प्रतिशत ग्रेजुएट तथा शेष इंटर हाईस्कूल पास है जबकि यहां तैनात 78 प्रतिशत सिपाही दसवीं या बारहवीं पास हैं। बेहतर ढंग से योजना बनाना और चालाकी से हमला करना आतंकी अच्छी तरह जानते हैं, सबसे बड़ी बात यह है कि आतंकियों के पास दुस्साहस है मर मिटने की चाह है जो उत्तर प्रदेश की पुलिस में दूर-दूर तक नहीं है। वहीं राजनैतिक दलों ने खाकी वर्दी को दागदार बनाने और उनके बचे-कुचे साहस को तोड़ने में खासी भूमिका निभाई है और यह तय है कि जैसे-जैसे पुलिस के मनोबल टूटेंगे वैसे-वैसे आतंकवादियों के हौसले बुलंद होंगे। सभी राजनैतिक दलों को चाहिए कि उन्हें पुलिस व सुरक्षा बलों को हमेशा उत्साहित करें उनके छोटी- मोटी गलतियों से सिर्फ उन्हीं को ताकीद कराएं सार्वजनिक अपमानजनक बयान न दें कि पुलिस प्रशासन के मनोबल को ठेस पहुंचे, साथ ही ऐसी जगहों पर सुलझे हुए अधिकारी और नौजवान पुलिस कर्मियों की ड्यूटियां लगाई जाये, इसके लिए उन्हें वेतन भत्ते में बढ़ोत्तरी और उन्हें उनके कार्यों हेतु पुरस्कृत व उत्साहित किए जाएं।

पुलिस कर्मियों को श्रेष्ठ प्रशिक्षण दिए जाएं, उन्हें अत्याधुनिक असलहे मुहैया कराया जाय तो निःसंदेह हम उनसे कामयाबी की पूरी उम्मीद कर सकते हैं वैसे अब इस क्षेत्र में हमारे नौजवानों, अफसरों व सरकार के अथक सम्मिलित प्रयास से आतंकवादी कार्यवाहियों पर एक बार विराम अवश्य लग गया है लेकिन भविष्य में इनको नजरंदाज नहीं किया जा सकता। हमारी सरकार और सुरक्षा बलों को इनके पूर्ण सफाए हेतु चुनौती पूर्ण कदम उठाने होंगे क्योंकि ये आतंकवादी सिर्फ एक विषधर सर्प हैं, मानव नहीं इनमे मानवीयता का अंश मात्र नहीं और सर्प को उतना कुचलना जरूरी होता है ताकि उसकी पुनर्जीवन की सारी आशाएं ही समाप्त हो जाएं, नहीं तो उनके बारह वर्ष का बदला तो मशहूर है ही इसलिए तराई में लहलहाई आतंक की फसल एक बार समय से कट जानी चाहिए तभी हम दूसरे शांति के बीज बो पाएंगे।

(ब) पश्चिमी क्षेत्र : पंजाब और आतंकवाद

1. भौगोलिक तथा ऐतिहासिक पृष्ठ भूमि : आतंकवाद आज भारत की सबसे गंभीर समस्या है। पंजाब में सिख आतंकवाद की लहर के उतार से सारा देश चैन की सांस ले रहा था कि एकाएक बंबई में 12 मार्च 1993 को हुए जबरदस्त एक दर्जन विस्फोटों ने लोगों की निद्रा को झकझोर कर रख दिया। भारत में ही नहीं वरन् विश्व के आतंक के इतिहास की यह पहली सबसे बड़ी घटना है, जिसमें हजारों लोगों की जाने पल भर में चली गईं और करोड़ों की संपत्ति को नुकसान हुआ। इस घटना को अंतर्राष्ट्रीय आतंकवाद की संज्ञा दी गई।

पंजाब का आतंकवाद बंबई बम विस्फोट से पहले राष्ट्रीय आतंकवाद में प्रथम स्थान पर रहा है। यहां पिछले कई वर्षों से जघन्य अपराध होते चले आ रहे है निरंतर एक समुदाय के उग्र व्यक्तियों द्वारा दूसरे को प्रताड़ित किया जाता रहा है। स्वतंत्र खालिस्तान की मांग को लेकर आतंकवादियों ने पंजाब में जो बर्बरतापूर्ण कार्यवाही की है उससे उनके खालिस्तान बनने का सपना भले ही न पूरा हो लेकिन इतना जरूर है कि भारतीय जनमानस में न सिर्फ आतंकवादियों की अपितु इससे जुड़े समुदाय के प्रति जो नफरत पैदा हो गई है, वह जाने कितने शताब्दियों तक प्यार में न बदल सके।

अब से कुछ वर्षों पूर्व पंजाब में शायद ही ऐसा दिन रहा हो जब आतंकवादियों द्वारा दिल छू लेने वाली बर्बरतापूर्ण कार्यवाही न की गई हो। वहां एक समय था जब पंजाब में प्रशासन के नाम पर पंजाब के लोगों को कुछ महसूस ही नहीं होता था, क्योंकि वहां के लोग आतंक की खौफ में अपनी जिंदगी हर पल गुजारते थे। संपूर्ण पंजाब में आतंकवादियों का राज था उनके इशारों पर ही शासन चला करता था। उनके कलुषित कारनामों में हस्तक्षेप करने की किसी में हिम्मत नहीं थी प्रशासन मात्र कार्यालयों व पुलिस ऑफिस तक ही सीमित रह गया था। खौफ के पर्याय इन नकाबपोश संगीनधारियों के ए.के.47 की आवाज से सारा पंजाब कंपायमान हो जाता था। इनके अत्याचारों से देश के एक वर्ग को ही भयंकर नुकसान का सामना करना पड़ा पंजाब का हिंदू पंजाब से पलायन कर रहा था वे अपना घर बार बेचकर जिंदगी के शेष दिन अमन चैन से बिताने के लिए देश के अन्य कोने में बसने लगे थे, लेकिन उनके दिल में जो घाव पंजाब की धरती पर बने हैं क्या वे देश के दूसरे कोने में जाने पर मिट सकेंगे?

पंजाब के जहर भरे वातावरण में जो हादसे दिन-प्रतिदिन हो रहे थे उनसे राष्ट्रीय एकता खंडित करने की विदेशी साजिश को बल मिलता रहा है। भारत के भूतपूर्व प्रधानमंत्री श्रीमती इंदिरा गांधी जिन्हें उनके अंगरक्षकों ने गोली मारी तथा भूतपूर्व प्रधानमंत्री व राष्ट्रपति क्रमशः राजीव गांधी व ज्ञानी जैल सिंह पर किए गए प्रहार के प्रयास और पंजाब के योग्य व ईमानदार अधिकारियों को चुन-चुन कर जैसा निशाना बनाया गया इससे यह साबित हो गया कि ये आतंकवादी किसी निश्चित उद्देश्य के तहत पूर्व नियोजित ढंग से अपने कार्यवाहियों को अंजाम दे रहे हैं। भारत के जाने माने ख्याति प्राप्ति जनरल स्वर्गीय श्री अरुण श्रीधर वैद्य जिन्हें टैंक नहीं भेद सके उन्हें आतंकवादियों की गोलियों ने हमेशा हमेशा के लिए सुला दिया, जिसने न केवल राष्ट्रीय गरिमा को ठेस पहुंचाई अपितु सारा राष्ट्र हतप्रभ व शोकाकुल हो गया। ये समस्याएं न केवल भारत के विकास में बाधक हैं वरन् इस देश को अवनति के गर्त में ले जाने में अपनी अहम भूमिका निभा रही हैं।

भौगोलिक दृष्टिकोण से पंजाब राज्य का बहुत महत्वपूर्ण स्थान है। इसकी सीमाएं उत्तर में जम्मू, कश्मीर, पूर्व में हिमाचल प्रदेश दक्षिण में हरियाणा और राजस्थान तथा पश्चिम में पाकिस्तान की सीमाओं से लगी हुई हैं। इसमें सिख धर्म पंथियों का बाहुल्य है तथा हिंदू भी काफी मात्रा में पाए जाते हैं। यहां पंजाबी और हिंदी भाषा आमतौर से प्रचलित है। यह एक मैदानी व उपजाऊ पूर्ण इलाका है यह खाद्यान्न व अन्य मामलों में अन्य राज्यों से अग्रणी रहा है। यहां के सिख बहादुर परिश्रमी और देश प्रेमी हैं लेकिन दुर्भाग्यवश कुछ कट्टरपंथी इस पूरे क्षेत्र को अलगाववाद के नाम पर तबाह करने पर तुले हुए हैं इसके लिए पाकिस्तान से उन्हें पूरी सहायता मिल रही है। पंजाब से होकर ही जम्मू कश्मीर के लिए सड़क यातायात व रेल मार्ग पठान कोट से श्रीनगर के लिए एक मात्र रास्ता है। इसलिए इस क्षेत्र में उथल-पुथल बढ़ाकर जम्मू से इसका संबंध विच्छेद करना ही पाकिस्तान का अहम मकसद रहा है।

पंजाब समस्या का जन्म

सन् 1849 में पंजाब में सिख राज की समाप्ति हुई और वह अंग्रेजों की गुलामी में चला गया। उसके बाद सिखों में दो प्रकार की लहरें साथ-साथ चलीं एक धार्मिक, सामाजिक सुधार की और दूसरी देश को अंग्रेजी पराधीनता से मुक्त कराने की। पहले प्रकार में निरंकारी सिंह सभा, खालसा दीवान और अकाली लहरों को गिना जा

सकता है। दूसरी नामधारी लहर भी मूल रूप से धार्मिक थी किंतु उसके साथ स्वतंत्रता की भावना भी जुड़ी हुई थी जिसने कुछ समय के लिए हिंसक स्वरूप भी ग्रहण कर लिया था। यही भावना बाद में गदर लहर और बब्बर अकाली आंदोलन का आधार बनी। ये दोनों आंदोलन अंग्रेजी शासन के विरुद्ध सशस्त्र आंदोलन थे इन आंदोलनों पर यूरोप में चल रहे क्रांतिकारी आंदोलनों का प्रभाव था और आतंकवाद इनका मुख्य हथियार था।

आजादी के पूर्व ही यह आंदोलन अलगाववाद की ओर बढ़ने लगा। सर्वप्रथम 1946 में करताल सिंह ने **'सिखहोम लैंड'** की मांग की थी लेकिन पटियाला के राजा यादविंदर सिंह और फरीद कोट के राजा हरविंदर सिंह ने इनका साथ नहीं दिया फलतः पंजाब भारत का ही अंग बना रहा। आजादी के बाद मास्टर तारा सिंह और संत फतह सिंह ने सिखों को विशेष दर्जा दिए जाने के लिए भूख, हड़ताल, आमरण अनशन व आंदोलन तेज किए। तब से लेकर अब तक पंजाब की धरती पर नित नए आंदोलन होते रहे जिसने पंजाब की शांत नहीं रहने दिया।

आजादी के बाद से पंजाब की समस्या दिन प्रतिदिन गंभीर होती चली गई। 8 अगस्त 1982 से अकाली मोर्चा का आरंभ हुआ जिसने इस आंदोलन को आगे बढ़ाया। जनवरी 1984 से पहले ऐसा लग रहा था कि पंजाब का आंदोलन अकाली दल के हाथ से निकलकर उग्रवादियों के हाथ में चला जाएगा, विदेशी शह पर आतंकवादी प्रमुख मांगों को छोड़कर खालिस्तान की मांग कर रहे थे। स्वयं भिंडरवाले ने भी कई बार इसका जिक्र किया था। वैसे अकालियों की प्रमुख समस्या सरकार द्वारा आनंदपुर साहिब प्रस्ताव को न मानना रहा है।

आनंदपुर साहिब प्रस्ताव : आनंदपुर साहिब प्रस्ताव चार संस्करणों में प्रचलित है, चारों संस्करणों में से एक को मूल संविदा कहा जाता है, जो सरदार कपूर सिंह (आई.सी.एस. सेवानिवृत्त) द्वारा तैयार किया हुआ है। इसमें खुलकर यह सिद्धांत प्रतिपारित किया गया है कि 'भारत के सिख एतिहासिक रूप से मान्यता प्राप्त एक राजनीतिक कौम है और भारत के उत्तर भाग में तुरंत एक स्वायत्त क्षेत्र कायम किया जाना चाहिए जिसमें सवैधानिक रूप से यह बात स्वीकृत हो कि सिखों के हित, राज्य की लोकनीति और मूल भूत नीति में सर्वोपरि और बुनियादी महत्व के हैं और स्वायत्त सिख को अपना संविधान बनाने का हक होगा। वैदेशिक प्रतिरक्षा व संचार के मामले भारतीय संघीय सरकार के पास रहेंगे।

दूसरा संस्करण वह है जिसे स्वर्गीय श्री हरचंद्र सिंह लोगोवाल की अध्यक्षता वाले शिरोमणि अकाली दल ने प्रचारित किया है। जिसमें कहा है कि शिरोमणि अकाली दल सिख कौम की आशाओं, आकांक्षाओं का मूर्तरूप है और इसी नाते इसका प्रतिनिधित्व करने का इसे पूरा अधिकार है। उसने अपने उद्‌देश्य के अंतर्गत कहा है कि अकाली दल यह वादा करता है कि वह 'पंथ की स्पष्ट और स्वतंत्र पहचान की संधारणा को सुरक्षित और जीवित रखने के लिए और ऐसा वातावरण तैयार करने के लिए कि जिसमें सिख पंथ की कौमी भावनाएं और आकांक्षाएं पूर्ण अभिव्यक्ति, तृप्ति और विकास पा सके, प्रयत्न करता रहेगा।''

प्रस्ताव का तीसरा संस्करण वह है जिसे अप्रैल 1981 में अकाली दल के जत्थेदार जगदेव सिंह तलबंडी वाले गुट की ओर से आनंदपुर साहिब में बुलाए गए विश्व सिख सम्मेलन में पास हुआ था। इसकी विषय वस्तु सरदार कपूर सिंह द्वारा 1973 में तैयार किए गए मूल संहिता से मिलती है। इसमें भी सिखों की सर्वोपरिता पर जोर दिया गया है।

चौथा संस्करण 1978 में लुधियाना में हुए अखिल भारतीय सिख सम्मेलन में स्वीकार किया गया था। यह प्रस्ताव अखिल भारतीय सिख सम्मेलन द्वारा पास होने के कारण 1973 के प्रस्ताव को रद्‌द करता है। इस प्रस्ताव में स्वायत्तता या सर्वोपरिता पर जोर न देकर देश की एकता पर जोर दिया गया है। इसमें कहा गया है कि संविधान के ढांचे के तहत राज्य केंद्र संबंध नए सिरे से तय किए जाने चाहिए।'' इस पूरे प्रस्ताव में सिख शब्द एक बार भी नहीं आया है।

आंदोलनों का दौर व आतंक का उद्‌भव : अगर हम आनंदपुर साहिब प्रस्ताव के जन्म पर विचार करें तो पाएंगे कि 1971-72 के चुनावों में अकालीदल के हार के बाद उस दल मे कट्‌टरवादी व आतंकवादी प्रवृत्तियां बढ़ने लगी। सरदार कपूर सिंह इन प्रवृत्तियों के अगुवा थे ये लोग सोचते थे कि केवल कट्‌टरपंथी अपील ही अकालियों को फिर से जनसमर्थन दिला सकेगी। उदारवादी इस नीति के संभावित परिणाम को समझे बिना कट्‌टरपंथियों के दबाव में आ गए उसी के परिणामस्वरूप 1973 का प्रस्ताव स्वीकृति हुआ। मगर इसी वर्ष के उत्तरार्ध में गुजरात में एक जोरदार आंदोलन छिड़ा, जिसके कारण उस राज्य की विधान सभा भंग कर दी गई। दूसरे राज्यों में भी महंगाई के विरोध में और प्रजातंत्रीय अधिकारों के समर्थन में आंदोलन छिड़ा जो बाद में 'जे.पी. आंदोलन कहलाया। उदारवादी अकाली जिनका

पार्टी के तंत्र पर पूरा कब्जा था इस आंदोलन में शामिल हो गए और 1975 से 77 तक वे इमर्जेंसी विरोधियों के हरावल में थे। आनंदपुर साहिब प्रस्ताव ताक पर रख दिया गया अकाली दल पुनः व्यापक जनसमर्थन प्राप्त कर सका और कट्टरपंथी लोग अलग-थलग पड़ गए। इन्हीं परिस्थितियों में अकाली दल ने चुनाव लड़ा लेकिन उनके चुनाव घोषणा पत्र में आनंदपुर साहिब प्रस्ताव का जिक्र था।

सन् 1981 में जगदेव सिंह तलवंडी ने दिल्ली में आनंद पुर साहिब के नाम पर मोर्चा आरंभ किया लेकिन उन्हें जन समर्थन नहीं मिला, अकाली नेता किसानों के संघर्ष में शामिल हो गए। जब अगस्त 1982 में अकाली दलों ने अपना मोर्चा शुरू किया उसने अपने मांग पत्र में आनंदपुर साहिब प्रस्ताव को औपचारिक रूप से शामिल तो किया मगर सरदार प्रकाश सिंह बादल ने विरोधी पार्टियों को दस भागों की जो सूची दीं इसमें आनंदपुर प्रस्ताव शामिल नहीं था। सच तो यह है कि पंजाब समस्या सुलझाने में केंद्र सरकार ने कोई रुचि नहीं ली और अनंतः मामला आतंकवादियों के हाथ में चला गया तथा आनंदपुर साहिब प्रस्ताव एक बुनियादी मुद्दा बनकर रह गया। तब से अब तक खून खराबे का व्यापक दौर चला आ रहा है, जिसने न केवल पंजाब को बर्बाद करके रख दिया वरन् संपूर्ण राष्ट्र को पूर्णतः प्रभावित किया।

आंदोलनों पर उग्रवादियों का वर्चस्व, आतंकवादी गतिविधियों में विस्तार तथा फौजी कार्यवाही : धीरे-धीरे पंजाब के आंदोलन की बागडोर नरमपंथियों के हाथ से निकल कर आतंकवादियों के हाथ में चली गई। पंजाब की खाड़ूक लहर के नवयुवक भी जब तक अपने निश्चित उद्देश्य की दिशा में चलते रहे और उसकी प्राप्ति के लिए हत्याएं व लूटमार करते रहे पंजाब की आम जनता के एक वर्ग की (विशेष रूप से ग्रामीण क्षेत्र में) सहानुभूति और सहायता प्राप्त करते रहे किंतु इनकी ओर से जब निर्दोष व्यक्तियों की हत्या प्रारंभ हुई, पंथ के नाम पर निजी शत्रुताएं, निभाई जाने लगीं, सैद्धांतिक या वैचारिक स्तर पर मतभेद प्रकट करने वालों के मुंह गोलियों से बंद किए जाने लगे, महिलाओं के साथ बलात्कार जैसी जघन्य घटनाएं शुरू हो गईं, लूटमार या अन्य उपायों से प्राप्त धनो को मौजमश्ती के लिए, बड़ी-बड़ी जायदादें बनाने के लिए इश्तेमाल किया जाने लगा, किसी महती उद्देश्य के स्थान पर सिर्फ अपनी प्रभुता चमकाने और नाम पैदा करने के लिए सामूहिक हत्याओं डकैतियों व अपहरणों की घटनाएं होने लगी तो यह लहर लोक विरोधी शक्ल लेने

लगी। इससे लोगों की हमदर्दी दूर होने लगी लोग इनसे भयभीत होने लगे और इनका जुझारू चरित्र समाप्त हो गया लोग इन्हें अपराधी मानने लगे।

तभी सिक्ख परंपराओं, मर्यादाओं और विचारधाराओं के सामने संत भिंडरावाले की यह घोषणा एक चुनौती भरा प्रश्न होकर उभरी कि 'मैं पंजाब के हर गांव में तीन-तीन मोटर साइकिलें तथा तीन-तीन पिस्तौलें देखना चाहता हूं ताकि गुरुद्रोहियों, दंभियों और अत्याचारियों को ठीक किया जा सके।''

संत भिंडरावाले ने यह बात भी अवश्य कही थी कि इन शस्त्रों का दुरुपयोग न किया जाए किंतु शस्त्रों का दुरुपयोग तो आपरेशन ब्लू स्टार के पहले उनके आंखों के सामने ही शुरू हो गया था। स्वर्ण मंदिर क्षेत्र में जिस प्रकार की हत्याओं का सिलसिला उस समय शुरू हो गया था उसे शस्त्रों का सदुपयोग कौन कह सकता है।

आपरेशन ब्लू स्टार

पंजाब समस्या का आतंकवादियों के हाथ में चले जाने से नरमपंथियों की आवाजें दब गईं। उग्रवादियों ने आर-पार की लड़ाई लड़ने का मन बना लिया तथा सिखों के पवित्र धर्मस्थल अमृतसर में स्थिति स्वर्ण मंदिर को अपने कब्जे में ले लिया। स्वर्ण मंदिर में भजन कीर्तन की जगह विद्रोहात्मक आवाजें आने लगीं और धर्म का खुलकर दुरुपयोग किया जाने लगा। मंदिर को गोला बारूद, राइफलों, स्टेनगनों व ग्रेनेडों का एक शस्त्रागार बना दिया गया और यहीं से लड़ाई का संचालन शुरू हो गया। पाकिस्तान इस पूरे प्रकरण में अप्रत्यक्ष रूप से उग्रवादियों की पूरी मदद करता रहा।

इस बीच हमारी केंद्रीय सरकार भी खामोश नहीं थी। हमारी खुफिया विभाग इसकी महत्वपूर्ण जानकारी सरकार को देती रही तथा खुफिया विभाग ने इस मामले में तुरंत हस्तक्षेप करने की सलाह सरकार को दी लेकिन सरकार बेकार का खून खराबा रोकना चाहती थी लिहाजा आतंकवादियों को स्वर्ण मंदिर छोड़ देने की अपील की गई। इस चेतावनी से उग्रवादी और अधिक सतर्क हो गए और स्वर्ण मंदिर को एक अभेद दुर्ग की तरह घेरे बंदी में ले लिया तथा बाहर से आने जाने वालों पर कड़ी निगाह रखी जाने लगी। मंदिर के हर कोने पर स्टेन कारबाइन व एल.एम.जी. तैनात कर दी गई। हर उपयुक्त जगह पर शस्त्रों से लैश आतंकवादियों ने अपनी पोजीशन ले ली। एक समय ऐसा लगा कि पंजाब भारत से निकल जाएगा तत्कालीन बरनाला सरकार इन आतंकवादियों से निटने में नाकामयाब रही। मामले को गंभीरता से लेते

हुए तत्कालीन प्रधानमंत्री श्रीमती इंदिरा गांधी ने एक गुप्त आपात बैठक में निर्णय ले लिया कि अब पंजाब और स्वर्ण मंदिर को सेना के हवाले कर दिया जाए, अतः स्वर्ण मंदिर को सेना के हवाले कर दिया गया। जून 1984 में सेना ने स्वर्ण मंदिर को घेर लिया तथा आतंकवादियों को आत्मसमर्पण के लिए कहा गया जिसका जवाब आतंकवादियों ने गोलियों से दिया। सेना ने भी अपनी मजबूत स्थिति ले ली और अपने इस मिलिट्री आपरेशन का नाम ब्लू स्टार दिया। यद्यपि हमारी सेना को कम से कम खून खराबा करने का सख्त निर्देश दिया गया था परिणाम स्वरूप हमारी सेना को इस कार्यवाही में काफी जान माल का नुकसान उठाना पड़ा और अंततः भीषण लड़ाई के बाद सेना स्वर्ण मंदिर में घुस गई। बहुत से आतंकवादी मौत के घाट उतार दिए गए तथा बचे खुचे आतंकवादियों ने आत्म समर्पण कर दिया। स्वर्ण मंदिर में तलाशी के दौरान बहुत से अत्याधुनिक अस्त शस्त्र प्राप्त हुए, बड़ी मात्रा में राइफलें, गोले, स्टेनगनें, एल.एम.जी. संचार उपकरण यहां तक कि राकेट लांचर और गोला बारूद बनाने की फैक्ट्री भी मिली जो कि इसका पता इसके पहले हमारी खुफिया विभाग को भी नहीं था। इस खतरनाक लड़ाई में हमारे कई बहादुर सैनिक शहीद हुए लेकिन अंततः आतंकवादियों का इरादा कुचल दिया गया स्वर्ण मंदिर की मुक्ति पर हमारे जवानों और तत्कालीन सरकार की खूब प्रशंसा हुई।

पाकिस्तान द्वारा पंजाब में आतंक को बढ़ावा

आजादी के बाद से ही पाकिस्तान का हमारे देश से टकरावपूर्ण संबंध रहे हैं। यह टकराव पहले सीधे होता रहा परंतु 1971 की शर्मनाक हार के बाद पाकिस्तान प्रत्यक्ष टकराव की नीति त्यागकर आतंकवाद के जरिए परोक्ष टकराव नीति अपनाना, शुरू किया। इसी के तहत ही कश्मीर, पंजाब आसाम या अन्य जगहों पर अशांति फैला रखी है।

पाकिस्तान का पंजाब में आतंकवाद को बढ़ावा देने का उद्‌देश्य ध्यान बंटाकर कश्मीर पर कब्जा करना है। वैसे भी थल मार्ग पर कश्मीर का शेष भारत से जोड़ने वाला प्रांत पंजाब ही है इसलिए पंजाब को अलग कर पाकिस्तान कश्मीर पर आसानी से कब्जा कर सकता है। पाकिस्तान ने सिख आतंकवादियों को प्रशिक्षित तो किया है साथ ही उन्हें अस्त्रशस्त्रों से पूरी मदद भी की और अपने एजेंटों को भी सिख बनाकर भारत भेजा ताकि वह भारत की तमाम पहलुओं को जायजा ले सके। यद्यपि पाकिस्तान ने इन नापाक इरादों का हमारे पास पूरा प्रमाण है और समय-समय पर

हमारी सरकार ने इनको इसके परिणामों से अवगत कराया है लेकिन पाकिस्तान अपने आदत से बाज नहीं आ रहा है। फलस्वरूप भारत पाकिस्तान के बीच भविष्य में एक और युद्ध से इंकार नहीं किया जा सकता है।

पंजाब समझौता (राजीव लोगोंवाल), समझौते की असफलता, राजनैतिक हत्याओं का दौरा

24 जुलाई 1985 के दिन एक ऐसे समझौते पर हस्ताक्षर हुए जिसमें पंजाब तथा निकटवर्ती राज्यों में वर्षों से चले आ रहे टकराव व तनाव के वातावरण को समाप्त करने में एक महत्वपूर्ण भूमिका निभाई थी। देश के सभी वर्गो, संप्रदायों व राजनीतिक दलों ने इसका हार्दिक स्वागत किया किंतु दुख है कि बाद में यह समझौता देश के लिए एक अभिशाप साबित हुआ। समझौते के नायक संत हरचंदसिंह लोगोंवाल व प्रधानमंत्री इंदिरा गांधी सहित कई निर्दोषों को आतंक का निशाना बनना पड़ा और इस आतंक के भूत ने देश की एकता को बुरी तरह झकझोर दिया।

जिस मुद्दे पर समझौते हुए वे 11 सूत्रीय कहलाए जो अग्रांकित हैं :

1. चंडीगढ़ का राजधानी परियोजना क्षेत्र और सुखनाताल पंजाब को दिए जाएंगे। केंद्र शासित प्रदेश के अन्य पंजाबी भाषी क्षेत्र पंजाब को तथा हिंदी भोषी क्षेत्र हरियाणा को दिए जाएंगे। इन क्षेत्रों का पता लगाने का काम एक आयोग करेगा जिसका निर्णय दोनों पक्षों को मान्य होंगे। इन क्षेत्रों का हस्तांतरण 26 जनवरी 1986 को होगा।
2. पंजाब हरियाणा तथा राजस्थान के किसानों को रावी व्यास नदी से पूर्व की भांति सिंचाई के लिए जल प्राप्त होता रहेगा और इस जल की मात्रा वही होगी जो एक जुलाई 1985 को थी, शेष जल के संबंध में दोनों राज्यों के दावे एक न्यायाधिकरण को सौंपे जाएंगे जिसकी अध्यक्षता सर्वोच्च न्यायालय के एक न्यायाधीश करेंगे। यह न्यायाधिकरण 6 माह में अपनी रिपोर्ट देगा जो दोनों पक्षों को मान्य होगा।
3. पंजाबी भाषा की प्रगति के लिए केंद्र सरकार कुछ करेगी।
4. आनंद साहिब प्रस्ताव का केंद्र राज्य संबंधों से संबंधित भाग सहकारिता आयोग को सौंपने का निर्णय नए समझौते में किया गया है।
5. सेना के भगोड़े सैनिकों को सेना में वापस लेने में कठिनाई होने पर उनको

अन्य काम धंधा देने का प्रावधान है।

6. 1 सितंबर 1982 के बाद हुई किसी भी कार्यवाही व आंदोलन में मारे गए लोगों को मानवीयता के आधार पर अनुग्रह राशि दी जाएगी, तथा संपत्ति की क्षति के लिए मुआवजा देने की व्यवस्था है।
7. देश के सभी लोगों को सेना में भर्ती का अधिकार पुनः दिया गया है।
8. रंगनाथ मिश्र का कार्यक्षेत्र बढ़ा दिया गया है यह आयोग अब इंदिरा गांधी मौत के साथ ही दंगों की जांच व बोकारो तथा कानपुर के भयंकर दगों की जांच करेगा।
9. नए समझौते पर हस्ताक्षर के साथ ही सशस्त्र सेना विशेषाधिकार कानून को पंजाब में लागू करने वाली अभिसूचना वापस ले ली गई।
10. अल्पसंख्यकों के हितों की पूरी रक्षा की जाएगी सभी प्रकार के आवश्यक निर्देश राज्यों के मुख्यालयों को भेजे जाएंगे। यह संपूर्ण कार्य स्वयं राजीव गांधी करेंगे।
11. समझौते में केंद्र सरकार ने अखिल भारतीय गुरु द्वारा कानून बनाने के प्रति अपनी सहमति व्यक्त की।

सन् 1981 में अकाली दल ने 45 मांगों की सूची केंद्र सरकार को दी थी लेकिन संत हरिचंद सिंह लोगोंवाल की सूझबूझ, साहस और उनके द्वारा आतंकवाद के विरोध के कारण ही यह समझौता संभव हो पाया था।

समझौते की असफलता

24 जुलाई को हुए पंजाब समझौते के फलस्वरूप पंजाब में जो आतंकवाद समाप्ति के प्रति एक नया विश्वास उत्पन्न हुआ था वह अचानक 20 अगस्त को उस समय धराशायी हो गया जब समझौते पर हस्ताक्षर करने वाले और अकाली दल के अध्यक्ष संत हरचंद्र सिंह लोगोवाल की निरीह हत्या कर दी गई।

एक लंबी अवधि तक संत लोंगोवाल ने सिख धर्म और पंथ के नाम पर होने वाले नृशंस हत्याएं देखी थीं। बेकसूर व मासूम व्यक्तियों की हत्याओं ने उनके हृदय को पिघला दिया था संत लोगोवाल को देशद्रोहियों के इरादे तब मालुम हुए जब स्वर्ण मंदिर को शस्त्रागार बना दिया गया और पूरी किलेबंदी कर ली गई। संत की स्थिति

उग्रवादियों के प्रति काफी कटाक्ष थी जिन्होंने प्रत्येक स्तर पर उग्रवादियों की भर्त्सना की थी। एक पत्रकार से बात करते हुए संत लोगोंवाल ने कहा था 'उग्रवाद तब समाप्त होगा जब मैं मृत्यु को प्राप्त हो जाऊंगा' उनकी यह युक्ति बहुत आशातीत थी। 20 अगस्त 1985 को संगरूर से 4 किमी. दूर शेर पुर गांव के एक गुरुद्वारे में आतंकवादियों की तीन गोलियों ने संत को निशाना बनाया। ये तीन गोलियां वास्तव में भारत की एकता अखंडता और शांति पर दागीं गई गोलियां थीं।

बरनाला सरकार, हत्याओं का दौर

श्री सुरजीत सिंह बरनाला जिन्हें 29 सितंबर 1985 को अकाली दल की लेजिस्लेचर पार्टी का नेता चुना गया उन्हें 29 सितंबर 1985 को पंजाब के मुख्यमंत्री पद की शपथ दिलाई गई। श्री बरनाला ने बड़ी सूझबूझ के साथ पंजाब में शांति स्थापित करने व कानून व्यवस्था बनाए रखने के लिए पंजाब का बड़ी कुशलता के साथ शासन संभाला, लेकिन उग्रवादियों व आतंकवादियों ने पुनः हरकतें प्रारंभ कर दीं। जगह-जगह लूटमार, हत्या, अपहरण की घटनाएं होने लगीं इससे न केवल राज्य सरकार चिंतित थी अपितु केंद्र सरकार भी चिंता महसूस करने लगी। एक स्थिति यहां तक आ गई कि स्वर्ण मंदिर में घुसे आतंकवादियों को निकालने के लिए पुनः पंजाब पुलिस व पैरामिल्ट्री सेनाएं तथा कमांडो ने स्वर्णमंदिर में प्रवेश किया तथा आतंकवादियों के इरादे को कुचल दिया और खालिस्तान की घोषणा करने वालों को जान से हाथ धोना पड़ा। श्री बरनाला ने घोषणा की कि अंतिम समय तक हमें आतंकवादियों का सफाया कर देना है और भारत की अखंडता को बनाए रखना ही हमारी सरकार का परमध्येय है, श्री बरनाला ने कहा कि इस कार्यवाही का निर्णय उन्होंने स्वयं लिया था श्री बरनाला के इस निर्णय की देश भर में प्रशंसा की गई। इस कार्यवाही में मंदिर से लगभग 300 लोगों को पकड़ा गया जिसमें 25 बांग्लादेशी नागरिक भी थे। श्री बरनाला के इस निर्णय से दुखी कुछ मंत्रियों ने उनके मंत्रिमंडल से इस्तीफा दे दिया इन मंत्रियों के अलावा पंजाब के भू. पू. मुख्यमंत्री श्री प्रकाश सिंह, गुरुचरण सिंह तोहड़ा और सुजान सिंह ठेकेदार ने अकाली दल छोड़ने की घोषणा की जिसकी संपूर्ण राष्ट्र में कटु आलोचना हुई और उन पर उग्रवादियों के प्रति सहानुभूति का आरोप लगाया गया। बरनाला ने नए मंत्रियों को बनाकर पुनः मंत्रिमंडल का विस्तार कर लिया। इस प्रकार बरनाला का एतिहासिक निर्णय भारतीय इतिहास में सराहा जाता रहेगा।

पंजाब के आतंकवादियों के हथियार

क्र सं	उपलब्ध शस्त्र	शस्त्र निर्मित	मारक क्षमता	गोला बारूद	आतंकवादियों के पास से शस्त्रों की संख्या	पंजाब पुलिस द्वारा कब्जे में किए गए शस्त्रों की संख्या	हथियार प्राप्त करने के माध्यम
1.	ए के-47 एसाल्ट राइफल, चीनी	(नकली भी उपलब्ध)	300 तक कारगर किंतु 800 मीटर तक मार कर सकती है।	बेहतर बारूद के साथ (300 टाइप का)	200	70-80	अफगान विद्रोहियों से/ पाकिस्तान तस्करों से
2.	थामसन सब मशीनगर	अमेरिकी/ यूरोपीय	50 मीटर तक कारगर	9 मी. मी.	1000 से ऊपर	12	तस्करों से
3.	स्टेनगन	अमेरिकी/ यूरोपीय	50 मीटर	9 मी. मी. ऊपर	1,200 से	200	पता नहीं
4.	सेल्फ लोडिंग राइफल	भारतीय/ यूरोपीय	800 मीटर	303 की बेहतर गोली	48 से ऊपर	12	सुरक्षा बलों से छीनी गई तथा आर्डिनेंस फैक्टरी से चुराई गई।
5.	लाइट मशीन गन	भारतीय/ यूरोपीय	1 कि. मी.	303	10 से ऊपर	2	आर्डिनेंस फैक्ट्री/ तस्करों से

		राइफल	मार कर सकती है।	1 कि.मी. तक		में नहीं)	
6.	स्प्रिंगफील्ड एनफील्ड राइफल	भारतीय/ब्रिटिश	300 मी. तक कारगर किंतु	303	15 (कारगर प्रयोग	25	शस्त्र विक्रेताओं से/ पंजाब पुलिस से
7.	कामचलाऊ एनफील्ड राइफल	भारतीय/ब्रिटिश	150 मीटर	303	200	100	तस्करों से/देशी अवैध कारखानों से
8.	38 पिस्टल रिवाल्वर	भारतीय यूरोपीय	20-25 मीटर (पिस्टल से तेज गोली वर्षा)	38 गोलियां	400 से ऊपर	150	तस्करों/लाइसेंस शुदा लोगों से छीनी गई।
9.	.445 रिवाल्वर	भारतीय/ यूरोपीय	25-40 मीटर	.455 गोलियां	500 से ऊपर	150	तस्करों/सैनिकों से
10.	एच. ई. हथगोले	भारतीय	10 मीटर व्यास		100 से ऊपर	50	आर्डिनेंस फैक्ट्री का तथा देशी माल भी उपलब्ध

हत्याओं का दौर प्रतिशोध की आग

अमृतसर के स्वर्ण मंदिर में हुए आपरेशन ब्लू स्टार के दौरान लगे करारे झटके से उग्रवादियों ने कूर और खतरनाक रुख अख्तियार कर लिया। सरकार का यह दावा कि आतंकवादी अलग-थलग पड़कर भाग फिर रहे हैं पूरी तरह दिन प्रतिदिन की घटनाओं से खोखला साबित हुआ। 32 वर्षीय वरिष्ठ पुलिस अधीक्षक अविंदर सिंह बराड़, 31 वर्षीय पुलिस अधीक्षक रणवीर सिंह गिल जैसे चुने अधिकारी राष्ट्रीय खेल संस्थान पटियाला के स्टेडियम में आतंकवादियों की भेंट चढ़ गए। इस प्रकार ईमानदार और कर्त्तव्यनिष्ठ जाने कितने देश व प्रदेश के योग्य अफसर अपने प्राणी की आहुति दे दिए। यह सिलसिला यहां तक जा पहुंचा कि तत्कालीन प्रधानमंत्री श्रीमती इंदिरा गांधी को उनके ही अंगरक्षकों ने गोलियों से छलनी कर दिया और इस कार्यवाही को आपरेशन वन डाउन का नाम दिया गया, क्योंकि कुछ संदिग्ध आतंकवादियों ने पुलिस हिरासत में सारी घटना का रहस्योदघाटन किया कि हम पाकिस्तान प्रशिक्षित आतंकवादी है और हम यहां विशेष कार्यवाही के लिए भेजे गए है जिसका नाम आपरेशन टु डाउन है। इसमें तत्कालीन प्रधानमंत्री श्री राजीव गांधी व राष्ट्रपति ज्ञानी जैल सिंह को मारने की योजना थी। उन्हीं आतंकवादियों ने यह भी बताया कि इसके पहले आपरेशन वन डाउन में हम इंदिरा गांधी को मारने में कामयाब हुए।

इस प्रकार देखा जाए तो आतंकवादियों के निशाने पर शीर्ष अधिकारी व विशिष्ट व्यक्ति रहे हैं जिनकी कि हमारे देश कों अति आवश्यकता है। यहां तक कि उनके विरुद्ध किए गए आपरेशन पर रुष्ट आतंकवादियों ने जनरल अरुण श्रीधर वैद्य को सैनिक सेवा से मुक्त होने के बाद भी नहीं छोड़ा। यही नहीं आतंकवादियों के लक्ष्य उनके घर परिवार वाले भी रहे हैं जो कि भारतीय सेना या अन्य प्रशासनिक सेवाओं में कार्य कर रहे थे।

एकाएक बसों में घुस जाना और ताबड़तोड़ गोलियाँ चलाना, रेल की पटरियां उड़ा देना, किसी घर में घुसकर लाशों के ढेर लगा देना ये सब कारनामे उनके लिए आम बात हो गई। ये सब इस तथ्य के प्रमाण हैं कि प्रतिशोध की आग उनके मस्तिष्क में इस कदर बैठ गई है कि इसको निकालकर देश व समाज की मुख्यधारा में जोड़ पाना बड़ा मुश्किल व असंभव सा दिखता है।

देशद्रोही स्मारक और प्रशासन पर हावी आतंकवादी

भारत पाकिस्तान सीमा पर डेरा बाबा नामक जैसे संवेदनशील क्षेत्र से लेकर अमृतसर, गुरुदासपुर, फिरोजपुर जिले में सीमावर्ती गावों में मारे गए आतंकवादियों के नाम पर जोर शोर से स्मारक एवं शिलालेख बनवाए गये, उदाहरण के तौर पर अमृतसर जिले के तरनातारन तहसील के गांव नागो-के में ऐसा ही एक स्मारक गांव वालों ने बनवा रखा है जिस पर लिखा है ''अमृतधारी सिखो के खून की प्यासी भारत और पंजाब सरकार के अत्याचारों का सामना करते हुए सिखों की रक्षा तथा पंथ के गौरव के लिए शहीद हुए भाई कुलवंत सिंह नागों के की 'स्मृति में' ।[50]

एक दूसरे शिला लेख पर जो गुरुदासपुर में लगाया गया है उस पर गुरुमुखी में लिखा है कि 'यह शहीद श्री कमलजीत सिंह कंपा उर्फ जनरल शेर सिंह और भाई बलविंदर सिंह का स्मारक है। खालिस्तान लिबरेशन फोर्स में ये दोनों योद्धा 7 फरवरी 1987 को एक फर्जी पुलिस मुठभेड़ में मारे गए।[51]

निश्चित रूप से इस तरह के देश द्रोही स्मारक, शिला लेख राष्ट्रीय सुरक्षा पर एक गंभीर आघात है। इस प्रकार के स्मारक जहां देशद्रोह के सूचक हैं वहीं इनका सामरिक महत्व भी है क्योंकि पाकिस्तान की सीमा पर बने रोशनी से जगमगाते ये स्मारक सीमा पार करने वालों के लिए लाईट हाऊस का काम भी देते हैं इसीलिए भारत सरकार को इस दिशा में प्रयास करके ऐसे असंवैधानिक निर्माण पर रोक लगानी चाहिए तथा देशद्रोहियों को उचित दंड देने चाहिए ताकि इस प्रकार की कोई पुनरावृत्ति न हो।

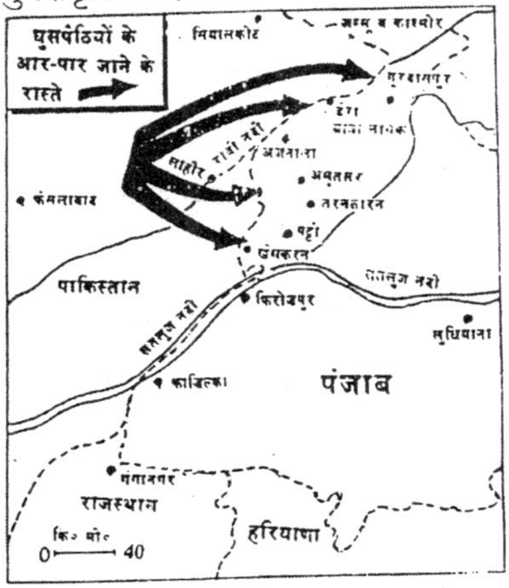

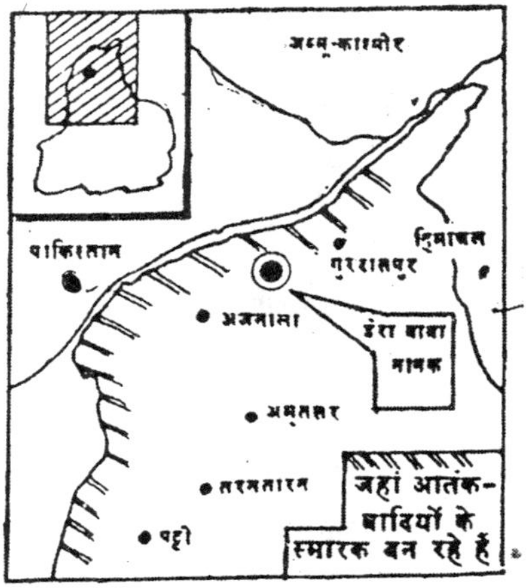

प्रशासन पर हावी आतंकवादी

पंजाब में प्रशासन व आतंकवादियों की लड़ाई अनवरत् चल रही थी, कभी पुलिस आतंकवादियों पर हाबी हो जाती थी तो कभी आतंकवादी पुलिस प्रशासन पर हाबी हो जाते थे। यद्यपि पुलिस की मदद के लिए पैरा मिलिट्री फोर्सेज व सेना भी लगी थी जो समय-समय पर मदद करती रही फिर भी ज्यादातर ऐसे प्रकरण सामने आए हैं जहां कि आतंकवादियों को पुलिस पर हावी होते देखा गया। वैसे इस भारीपन के कई कारण रहे हैः-

1. पंजाब पुलिस की तुलना में आतंकवादी ज्यादा शिक्षित व योग्य थे। पंजाब पुलिस के जवान हाईस्कूल या इंटरमीडिएट पढ़े हुए होते हैं जबकि एक सर्वेक्षण के अनुसार आतंकवादियों में 75 प्रतिशत ग्रेजुएट व पोस्ट ग्रेजुएट स्तर के हैं। जिससे उनके सोच के तरीके (प्रेजेंट ऑफ माइंड) पंजाब पुलिस की अपेक्षा काफी बेहतर हैं हर संकट को वे सावधानी पूर्वक झेल जाते हैं ।
2. पंजाब पुलिस में 75 प्रतिशत सिख होते हैं तथा 25 प्रतिशत में अन्य सभी जातियां, अतः धर्म के नाम पर संघर्ष करने वालों पर उस वर्ग के लोग कड़ाई करने में संकोच करते हैं या फिर दिखावे के लिए अनियंत्रित या इधर-उधर फायर कर देते हैं जिससे आतंकवादियों के नुकसान होने के बजाय गोला बारूद ही समाप्त कर देते हैं।
3. पंजाब पुलिस की तुलना में आतंकवादियों के हथियार अत्याधुनिक होते हैं। पुलिस को देशी राइफलें व सीमित मात्रा में गोला बारूद दिए जाते है जबकि आतंकवादी ए.के.-47 व ए.के.-56 जैसी राइफलें, एल.एम. जी. स्टेनकारवाइन पिस्टल, रिवाल्वर, छुरा, बम, वायरलेस व साइनाइड की गोलियों से लैस होता है और मौके का फायदा उठाने में तनिक भी नहीं चूकते हैं।
4. आतंकवादियों का मनोबल पुलिस की अपेक्षा उच्च कोटि का है, वे राष्ट्रीय भावना व धार्मिक तथ्यों से प्रेरित होते है और दुश्मन को मारते हुए मर मिटना ही उनका आदर्श होता है जबकि उसके विपरीत पुलिस के जवान नौकरी व कर्त्तव्य की अपेक्षा अपनी जान की परवाह अधिक करते हैं। पंजाब पुलिस के अंदर आतंकवादियों का भय इस कदर समाया हुआ था कि वे अकेले वर्दी पहनकर निकलते ही नहीं थे, हमेशा अपनी सशस्त्र

टोलियों के साथ ही निकलते हैं।

5. आतंकवादियों के लक्ष्य विशिष्ट व्यक्ति होते थे जैसे बड़े नेता, व्यापारी मंत्री, अधिकारी आदि, ये अचूक निशाने बाज और मुठभेड़ की लड़ाई में सर्वथा निपुण होते है। उनके पास संचार आदि के विशिष्ट उपकरण होते थे जिनके माध्यम से हर घटनाओं को इन्हें समय रहते जानकारी हो जाया करती थी जबकि स्थानीय पुलिस व सेना की खुफिया व्यवस्था के आपसी तालमेल के अभाव में वे इन महत्वपूर्ण सुरागों की जानकारी समय से पाने में वंचित हो जाते हैं जिससे समय से कार्यवाही नहीं कर पाते हैं।

आतंकवाद के विरुद्ध के.पी.एस. गिल व बेअंतसिंह का सिकंजा व गिल की कामयाबी

पंजाब में जलते हुए आतंक की आग पर पंजाब पुलिस व अर्धसैनिक बलों के सम्मिलित प्रयास ने काफी हद तक काबू पा लिया है। इस कामयाबी का एक उदाहरण पंजाब में छुटपुट हिंसक कार्यवाहियों के बीच शांतिमय ढंग से हुए पंजाब के आम चुनाव से दिया जा सकता है। इस कामयाबी का श्रेय मुख्यमंत्री बेअंत सिंह व दूसरी बार पंजाब पुलिस प्रमुख हुए श्री कंवरपाल सिंह गिल को दिया जाता है। यद्यपि इसी वर्ष गत माह में हुए बम विस्फोट में श्री बेअंत सिंह को मारने में आतंकवादी कामयाब हो गए और इसी के साथ यह चर्चा और जोर पकड़ लिया कि पंजाब का आतंक इसकी धरती पर पुनः लौट आया है लेकिन फिलहाल कुछ थोड़ी सी घटनाओं के अलावा पुनः ऐसी कोई पुनरावृत्ति नहीं हुई। वैसे पंजाब के आतंक के इतिहास में इतनी बड़ी कामयाबी पहली बार मिली जिसके निम्न कारण हैं।

1. अनुशासन : बढ़ते हुए आतंकवाद के साथ ही पंजाब पुलिस का अनुशासन उनकी बहादुरी व साहस दब गया था यहां तक कि वे वर्दी पहनने से भी खौफ खाते थे। थाने से बाहर अपनी टोलियां बनाकर पूरी सुरक्षा व्यवस्था से निकलते थे और आतंकवादियों से मुठभेड़ में कतराते थे। बड़ी मजबूरियों में ही गोलियां चलाते थे। अब यह सोचा जा सकता है कि जब पुलिस प्रशासन का यह हाल था तो आम लोगों की सुरक्षा कैसे हो सकती थी।

के.पी.एस. गिल के पुलिस महानिदेशक बनने के बाद स्थिति में परिवर्तन आया उनके अथक प्रयास से पंजाब पुलिस में एक नया जोश का संचार हुआ और

एक ऐसी स्थिति आ गई कि पंजाब पुलिस छिपने के बजाय छिपे हुए आतंकवादियों को ढूंढ़ने लगी और उनके तथा उनके अधिकारियों में यह होड़ लग गई कि कौन पहले गोलियां चलाकर आतंकवादियों को मारने का श्रेय अर्जित कर सके।

2. सामंजस्यपूर्ण कार्यवाही : गिल के पहले प्रशासन की नाकामयाबी का एक मुख्य कारण स्थानीय प्रशासन व सेना के बीच सामंजस्य का अभाव था, सैनिक व अर्धसैनिक बल यहां के स्थानीय प्रकृति व परिस्थितियों से अनभिज्ञ थे और वहां की स्थानीय पुलिस से उन्हें पर्याप्त सहयोग नहीं मिल पाता था अतः अनेक कार्यवाहियों में वे असफल हो जाते थे। सेना भी प्रशासन के रूखेपन से नाराज थी यहां तक कि कभी-कभी स्थानीय प्रशासन व सेना के बीच ही छोटे-मोटे विवादों पर तनातनी हो जाती थी लेकिन गिल के आने के बाद स्थिति में काफी बदलाव आया सेना व अर्धसैनिक बलों को स्थानीय पुलिस द्वारा ज्यादा से ज्यादा सहयोग मिलने लगा। जनता से भी काफी सहायता मिलने लगी डरे हुए लोग प्रशासन की सक्रियता में भागीदारी लेने लगे परिणामस्वरूप अप्रत्याशित सफलता मिली और आतंकवादी कमजोर पड़ गए। पुलिस प्रशासन व सेना का मनोबल बढ़ गया। वे किसी भी गतिविधि पर तीखी नजर रखने लगे, फलतः आतंकवादियों को पंजाब छोड़ना पड़ा।

3. केंद्र की मदद व अधिकारों में बढ़ोत्तरी : केंद्र ने आतंकवादियों से लड़ने के लिए पंजाब सरकार की काफी मदद की उसने पंजाब पुलिस को चुश्त दुरुस्त करने व उन्हें अत्याधुनिक अस्त्र शस्त्रों से सुसज्जित करने हेतु पर्याप्त मात्रा में धन उपलब्ध कराया। उन्हें कवचित व तेज रफ्तार की गाड़ियां दी गईं खुफिया विभागों को भी चुस्त दुरुस्त किया गया। इस प्रकार पुलिस की मारक क्षमता बहुत बढ़ गई वे आतंकवादियों के ए.के.-47 के खौफ को भूल गए।

दूसरी ओर पुलिस प्रमुख ने अपने पुलिस जवानों को आतंकवादियों से लड़ने की खुली छूट दे दी वे सेना के समान स्वतंत्र कार्य करने लगे तथा परिस्थितियों के अनुसार स्वयं निर्णय लेकर अपनी कार्यवाहियों को अंजाम देने लगे। अनेक लोग पंजाब पुलिस की अप्रत्यासित सफलता को के.पी.एस. गिल द्वारा उन्हें प्राप्त विशेषाधिकार बताते हैं। यद्यपि पुलिस के अधिकार बढ़ाने में कुछ परेशानियां अवश्य बढ़ गईं क्योंकि कहीं-कहीं इसका दुरुपयोग होने लगता था फिर भी पंजाब की स्थिति ऐसी परिस्थितियों की मांग करती थी।

स्थानीय लोगों की मदद : पुलिस प्रमुख श्री गिल की कामयाबी का एक मुख्य कारण यह भी था कि वे स्थानीय लोगों से मिली जानकारी व मदद पर तुरंत कार्यवाही करते थे। श्री गिल ने पंजाब के हर क्षेत्रों में वहां की जनता को आतंकवादियों के खिलाफ एक संगठन के रूप में खड़ा किया। यह संगठन क्षेत्र की हर गतिविधि की सूचना तत्काल स्थानीय पुलिस बल व अर्धसैनिक बलों को दे दिया करते थे ताकि समय पर कार्यवाही हो सके। हर जगह युवाओं का सशस्त्र संगठन खड़ा किया गया राज्य सरकार से इन्हें जरूरी साज सामान व असलहे मिले थे ताकि छोटी-मोटी मुठभेड़ का सामना कर सके और आतंकवादियों के विरोध स्वरूप अपनी सुरक्षा कर सके। अच्छे कार्य करने पर इन्हें बहुत प्रोत्साहित किया जाता था इस प्रकार हम देखते हैं कि गिल ने आतंकवादियों के खिलाफ उन्हीं के वर्ग में युवाओं को लड़ा दिया, इससे किसी भी आतंकवादी का गांव में घुसना मुश्किल हो गया इनसे मदद की अपेक्षाएं तो दूर की बात हो गईं। आतंक से पीड़ित समाज ने इन नौजवानों को खूब सम्मान दिया इस जबरदस्त प्रतिरोध के चलते आतंकवादी गांव छोड़कर भागने लगे और उनके मनोबल का पूर्णतः ह्रास हो गया तथा उन्हें भूमिगत होने या अन्यत्र कहीं भाग जाने को मजबूर होना पड़ा।

पंजाब पर से आतंक की सिमटती साया, नई सरकार से अपेक्षाएं : अंधेरे के बाद घर से बाहर निकलना ही पंजाब में स्थिति सामान्य होने का सूचक है। आज उद्योग पति बिना सुरक्षा के घूम रहे हैं। कारखानों में रात्रि की पाली में जोरों पर काम हो रहा है और रात में फिल्म शो भी देखना अब आम बात हो गई है। बिहार के मजदूर बड़ी संख्या में आ रहे हैं। जमीन-जायदाद के दाम 5 गुना बढ़े हैं और व्यवसाई विस्तार की योजनाएं बना रहे हैं। यह तब्दीली अपने आप में एक सामान्य हालात से कम नहीं हैं। वर्ष 1993 की बैसाखी यकीनन पंजाब में एक दीर्घ अर्से के बाद बहुत ही शानदार तरीके से उल्लासपूर्ण माहौल में गुजरी यह एक सुखद अनुभव है, लगभग 14 वर्षों के अंतराल के बाद आतंकवाद के अंधकार को चीरकर मोहब्बत और भाई चारे का सौम्य प्रकाश पुनः पंजाब की धरती पर फैल रहा है जो इस उम्मीद को समेटे हुए हैं कि फिर कोई भी जुल्म की आंधी इस दीप को बुझा नहीं सकेगी जिसे रोशन करने के लिए हजारों हजार भारतीयों ने अपना रक्त अर्पित किया है।

पंजाब में आतंकवादियों के खिलाफ सुरक्षा बलों की जंग की कामयाबी की पृष्ठभूमि में पंजाब के साधारण जनगण का जबरदस्त हाथ है। इस संदर्भ में यह

समझना बहुत जरूरी है कि अभी यह जंग समाप्त नहीं हुई है बल्कि सच कहें तो यह ऐसे दौर में पहुंच गई है कि जबकि इसे और कड़ी परीक्षा से गुजरना होगा क्योंकि इन शानदार उपलब्धियों को संजोकर रखना आसान काम नहीं है जरा भी लापरवाही इन्हें पुनः तहस नहस कर सकती है। पंजाब के तेज तर्राक मुख्यमंत्री की बम विस्फोट में हुई मौत ने पुनः इस ओर सोचने को मजबूर कर दिया है, जिस वक्त हर कोई पंजाब से आतंकवाद के गायब होने पर राहत की सांस ले रहा था उसी समय मुख्यमंत्री बेअंत सिंह को एक जबरदस्त कार बम के जरिए 31 अक्टूबर 1995 को चंडीगढ़ सचिवालय के सामने उड़ा दिया गया। श्री सिंह 'जेड प्लस' स्तर के सुरक्षा प्राप्त व्यक्ति थे शांति वापस लाने के लिए लोगों ने बेअंत सिंह को शेर-ए-पंजाब की उपाधि दी थी लेकिन उनकी भी हत्या हो जाने से जनता का हतप्रभ होना स्वाभाविक है। इससे शुकून का वातावरण आशंकाओं में बदल गया वैसे आज के पंजाब को यह शुकून है कि आतंकवादियों को आम जनता का वैसा समर्थन अब नहीं मिलेगा जैसा कि कभी मिलता था। पिछले दशक की हिंसा झेल चुके और 1992 के बाद छाई शांति का आनंद ले चुके लोग आतंकवादियों को पुराना वातावरण लौटाने की इजाजत नहीं देंगे। आतंकवादी भी इस बात को महसूस कर रहे हैं और उस तरफ से उदासीन हैं लेकिन संभावनाएं अपनी जगह पर हैं और यह स्पष्ट है कि इस हत्या से राज्य में स्थिरता कायम करने की प्रक्रिया को गहरा धक्का पहुंचा है। श्री बेअंत सिंह की हत्या का राज्य की अर्थव्यवस्था, सुरक्षा व्यवस्था और औद्योगिक विकास पर विपरीत प्रभाव पड़ना तय है।

श्री बेअंत सिंह सिख सांप्रदायिकता के खिलाफ लड़ाई लड़ रहे थे लेकिन उनके फैसलों से यदि कोई समुदाय सबसे ज्यादा संतुष्ट था तो उन्हें पंथ के धार्मिक सेवकों की बड़ी बिरादरी शामिल है। अपने फैसलों से उन्होंने आतंकवादी गिरोहों की सिख पंथ के धार्मिक नेतृत्व पर से पकड़ कमजोर की और पंजाब तथा पंजाब के बाहर के सिखों को काफी हद तक समझाने में कामयाब हुए कि पंथ की सेवा राजनीतिक उपायों से ज्यादा कारगर और असरदार ढंग से की जा सकती है, बजाय हथियारों के जिनसे नई पीढ़ी को मौत और पंथ के सपनों की तबाही के शिवा कुछ भी हासिल नहीं होता। ऐसे फैसलों का ब्योरा देते हुए हम कह सकते हैं कि बेअंत सिंह के धार्मिक फैसलों का स्वरूप इतना रचनात्मक होता था कि उनके विरोधियों के लिए भी ज्यादा कहने सुनने की गुंजाइस नहीं रहती थी। उन्होंने सिख धर्म के इतिहास से जुड़े छह शहरों को धर्मनगरियों का दर्जा दे दिया और एक बड़ी धनराशि

का आबंटन कर उनके औद्योगिक और कृषक विकास के लिए अलग-अलग छह विकास परिषदें बना दीं। आनंदपुर साहिब, मुक्तसर फतहगढ़ साहिब, तलबंडी साबू और भानी साहिब उन शहरों में हैं जिन्हें धर्मनगर घोषित करने के पीछे उद्देश्य यह था कि यहां के परमशक्तिशाली गुरुद्वारों को लाभ पहुंचे और उनहें उग्रवादी प्रभावों से मुक्ति दिलाई जाए। आनंदपुर साहिब जहां खालसा पंथ का जन्म स्थान है वहीं फतहगढ़ साहिब से गुरु गोविंद सिंह और उनके परिवार की यादें जुड़ी हुई हैं। सिख इतिहास का यह पन्ना आज भी सिख जाति की स्मृति में गहरे बसा हुआ है जहां पवित्र गुरु के दोनों पुत्रों जोरावर सिंह और फतहसिंह को बर्बर और नृशंस धर्म विरोधियों ने शहादत दी थी। कूकों यानी नामधारी सिखों का मक्का कहे जाने वाले लुधियाना के छोटे गांव भानी साहिब को भी बेअंत सिंह ने धर्म नगर का दर्जा देकर न केवल पंजाब वरन् भारत के विभिन्न हिस्सों तथा दुनिया के दूसरे देशों तक फैले प्रभावशाली नामधारी सिखों के हृदय जीत लिए। इसी तरह गुरुमुखी लिपि के जन्म स्थल तलबंडी साबू जहां बैठकर महान गुरु गोविंद सिंह ने पवित्र दशखम ग्रंथ की रचना की उसे स्वायत्त धर्म अध्ययन पीठ का दर्जा दिलाने के खातिर बेअंत सिंह ने वहां करोड़ों की लागत से पंजाबी विश्वविद्यालय को स्वायत्तशासी केंद्र खुलवा दिया जहां युवा स्नातकों को सिख धर्म, खालसा दर्शन और पुरातन ग्रंथों की पांडुलिपियों के अध्ययन मनन की आधुनिक सुविधाएं मिल रही हैं और यह घोषणा कर दी कि वैधानिक औपचारिकताएं पूरी करने के बाद इस सिख पीठ को विश्वविद्यालय का दर्जा दे दिया जाएगा। हत्या के कुछ ही दिनों पूर्व उन्होंने संगरूर जिले के दमदमा साहिब से दिल्ली के शीशगंज गुरुद्वारे तक जाने वाले मार्ग को महान सिख गुरु तेगबहादुर के नाम से पुकारे जाने की घोषणा की थी और पंजाब की सीमा से बाहर तक जाकर भी उन्होंने सिख मानसिकता को सहलाने के लिए उत्तर प्रदेश में गोविंद सागर और हेमकुंड साहिब के बीच अपनी सरकार के खर्चे से उन्नीस किमी. रास्ते को परिवहर योग्य बनाने की मंजूरी दी ताकि सिख धार्मिक पर्यटकों को पंजाब से उत्तर प्रदेश के इन दर्शन स्थलों तक पहुंचने में सुगमता हो जाए।

स्वर्ण मंदिर अमृतसर में आतंकवादियों के विरुद्ध जो दो बड़ी सैनिक कार्यवाहियां हुई थी उनकी चोट को सहलाने और सिख मानसिकता में सरकार के पंथ समर्थक रुख की छवि का निर्माण करके उन्होंने आतंकवादियों द्वारा फैलाए जा रहे प्रभावों को लगभग समाप्त ही कर दिया था। स्वयं पुलिस प्रमुख श्री गिल का मानना है कि बेअंत सिंह के संपूर्ण राजनैतिक संरक्षण के बिना उनके लिए

आतंकवादी गिरोहों को समेट पाना संभव नहीं होता। निश्चित रूप से बेअंत सिंह ने अपने नेतृत्व के जादुई स्पर्श से पंजाब को एक पीढ़ी की भूल से उबारकर आने वाली पीढ़ियों के लिए सुरक्षित बनाने की जो अद्वितीय जिम्मेदारी निभाई है उसके लिए इस राष्ट्र, राज्य और महाद्वीप के इतिहास में उनके लिए एक अद्वितीय कोना हमेशा के लिए सुरक्षित हो गया है।

श्री बेअंत सिंह की हत्या के कुछ ही दिनों बाद के.पी.एस. गिल को पंजाब पुलिस के सबसे उच्च पद से सेवा मुक्तकर दिया गया। के.पी.एस. गिल के जाने की सबसे बड़ी वजह है कि उन्हें झेल पाना पंजाब के वर्तमान मुख्यमंत्री के बश की बात नहीं थी और वर्तमान मुख्यमंत्री श्री हरचरण सिंह बरार से श्री गिल का मनमुटाव शुरू से ही जग जाहिर था ऐसे में उ.प्र. पुलिस कैडर के पंजाब के वरिष्ठतम पुलिस अधिकारी श्री ओ.पी. शर्मा का श्री गिल के स्थान पर पदारूढ़ करके श्री बरार आतंकवाद के खिलाफ अपने स्तर से मुहिम छेडना चाहते हैं। वैसे श्री शर्मा गिल के कदम से कदम मिलाकर चलने वालों में से एक हैं उन्हें भी आतंकवाद से लंबी लड़ाई लड़ने का एक तजुर्बा है देखना है यह जोड़ी (बरार और शर्मा) क्या करामात दिखाती है या फिर इसका दुखद अंत होगा और यदि ऐसा हुआ तो लोगों को सिर्फ बेअंत और गिल की याद आएगी।

खाड़कू लहर

अकाली गुटों की योजनाए, नरम पंथियों की एक जुटता व भावी मंसूबे तथा पंजाब समस्या के स्थायी समाधान के उपाय

पंजाब में आतंकवादी हिंसा पर तो निश्चय की काबू पाया जा चुका है लेकिन पंजाब की वे समस्याएं अभी भी बरकरार हैं जिनके कारण आतंकवाद को तेजी से पनपने की जमीन मिली थी, सरकार की यह समझदारी ठीक नहीं कि पंजाब का मसला केवल कानून व्यवस्था का मसला था जिसे हल कर लिया गया है। पंजाबियों के असंतोष को दूर करने के लिए जिस 'पंजाब पैकेज' की बात बहुत बार की गई है उसका अभी भी, कहीं अता पता नहीं है। जाहिर है कि उधर ध्यान न दिया गया तो असंतोष फिर भड़केगा जिस मौके की तलाश में उग्रवादी आज भी बेचैन हैं।

कहा जा रहा है कि पंजाब में खाडकू लहर की कमर तोड़ दी गई है, उसका

आखिरी वक्त आने में बस कुछ ही समय और लगेगा। आइए इस बात को हम सही मान भी लें तो पिछले दशक के आरंभ में जो आतंकवादी रुझान (जिसे पंजाब में खाडकू लहर कहा जाता है) पंजाब में उभरा था जिसकी परछाईं के नीचे देश-विदेश के कुछ अन्य भाग भी आ गए थे वह अब अपनी आखिरी सांस ले रहा है। इसके बड़े-बड़े नेता मार डाले गए हैं कुछ को पुलिस ने पकड़ लिया है और कुछ ने आत्म समर्पण कर दिया है। खाडकू कहे जाने वाले नव जवानों की कतारें भी लगभग टूट गई हैं और अब इसमें नई भर्ती नहीं हो रही है।

यह स्थिति गंभीर विश्लेषण की मांग करती है, कुछ लोग इस तत्कालीन सफलता से बहुत खुश हो रहे हैं वहीं एक वर्ग गहरी मायूसी और उदासी का भी अनुभव कर रहा है। कुछ लोग ऐसे भी हैं जो खाड़कुओं के अस्तित्व संकट से उत्पन्न शून्य में से अपनी संकट में पड़ी लीडरी को फिर से चमकाने की कोशिश भी कर रहे हैं, जब समय बदलता है तब ऐसी बातें होती ही हैं[50] 30 वर्ष पूर्व 24 अप्रैल 1980 के दिन जब दिल्ली में निरंकारी बाबा गुरुवचन सिंह की हत्या हुई थी तब भी समय ने एक बड़ी करवट ली थी इन वर्षों को पंजाब और इससे जुड़े लोगों ने अपनी छाती पर जिया है। इन वर्षों में पंजाब और पंजाबियों ने क्या कुछ नहीं देखा, जो जख्म उन्हें देश विभाजन के समय लगे थे उससे कहीं अधिक गहरे जख्म इन वर्षों में लगे हैं। यद्यपि वे जख्म पहले सूख गए थे केवल उनकी खरोंच दिखाई देती रही परंतु इन वर्षों में लगे जख्मों का इतिहास के पन्नों में घुसकर नासूर बन जाने का खतरा मुझे कहीं अधिक दिखाई देता है।

यह खाड़कू लहर क्या थी? इसका उद्‌देश्य क्या था? इसकी पृष्ठभूमि में किसी बड़े परिवर्तन की कामना थी या केवल आतंकवाद का रोमांटिक स्वाद था? इसमे कोई संदेह नहीं कि संसार के किसी भी भाग में आतंकवादी आंदोलन जब उभरता है तो उसकी पृष्ठभूमि में शासन अथवा धन संपत्ति के नशे में डूबे सत्ताधारियों के अत्याचार और अन्याय ही होते हैं यह खेल आदिकाल से खेला जा रहा है और आगे भी खेला जाएगा किंतु ऐसी हर लहर पूर्ववर्ती लहरों के इतिहास और अनुभवों को सामने रखती है और उनसे सबक लेती है। हर लहर नए सिरे से आरंभ नहीं होती उसकी पृष्ठ भूमि में पूर्ववर्ती लहरों की पूंजी होती है। स्वाभाविक है कि पंजाब के इस खाड़कू लहर को एक ओर सिख परंपरा और इतिहास की पृष्ठभूमि में और दूसरी ओर संसार के क्रांतिकारी आतंकवादी आंदोलनों के प्रकाश में देखना चाहिए।

हमें यह नहीं भूलना चाहिए कि सिख जनता मूलतः देशभक्त है। गदर पार्टी और उसके बाद शहीदें आजम सरदार भगत सिंह के नेतृत्व में बनी नौजवान भारत सभा के अधिकांश सदस्य सिख ही थे पंजाब के कम्युनिष्ट आंदोलन के परचम को सिख किसानों ने ही ऊंचा रखा कांग्रेस पार्टी में भी सरदार स्वर्ण सिंह, ज्ञानी जैल सिंह जैसे नेता रहे हैं। अकाली दल में भी प्रकाश सिंह बादल जैसे नेता हैं, 1982 तक उनके राजनीतिक कार्यकलाप अलगांववादी नहीं थे सुरजीत सिंह बरनाला अपनी सीमित शक्ति के होते हुए भी आतंकवाद और अलगाववाद के विरुद्ध संघर्षरत थे। बेअंत सिंह का पूरा जीवन ही आतंकवादियों के खिलाफ जंग में बीता। सिख राजनीति के इस सकारात्मक पक्ष को उभारा जाना चाहिए सभी अकालियों को देश द्रोही करार देने से किसी का भला नहीं होगा। श्री गिल जैसे महान योद्धा के कुशल संचालन से तथा बेअंत सिंह के निर्देशन से पंजाब की जनता आतंकवादियों के भय से उबार सकी है और तो और अकाली नेता भी अब खालिस्तान तथा पृथक सिख राज्य जैसी अलगांववादी मांगों को धीरे-धीरे छोड़ते चले जा रहे हैं उन्हें प्रोत्साहित किया जाना चाहिए। यदि वे राष्ट्र की मुख्य धारा में शामिल होकर अलगांववाद और आतंकवाद के विरुद्ध मुंह खोलने का साहस करते हैं तो इसका स्वागत किया जाना चाहिए। इससे सिखों में विद्यमान कट्टरपंथी अलगांववादी तत्वों को धक्का लगेगा और राष्ट्रभक्त शक्तियों को बल मिलेगा।

केंद्र सरकार के समक्ष असली चुनौती विदेशों में रह रहे सुसंपन्न सिखों की ओर से है उनमें से अनेक पिछले दशक में आहत हुए हैं। विदेशों में भारतीय मिशनों ने उनसे ऐसा व्यवहार किया है कि जिस पर उन्होंने परेशानी महसूस की है, उन्हें पंजाब के सही हालात के विषय में भी जानकारी नहीं है। कट्टरपंथियों ने उनके चारों ओर ऐसा वातावरण बना दिया है कि वास्तविकता उन्हें दिखाई ही नहीं दे रही है। यह दलील तो समझ में आती है कि पंजाब समस्या का समाधान होना अभी बाकी है, परंतु अमेरिकी सीनेट में भारत को सहायता से इंकार संबंधी प्रस्ताव अथवा कनाडा की सरकार को देश की निंदा संबंधी ज्ञापन देने से पंजाब को कैसे सहायता मिल सकती है। नई दिल्ली में सत्तासीन रही विभिन्न सरकार ने कई ऐसे भूलें की हैं जिनसे समुदाय का एक बड़ा भाग अलग-थलग पड़ा है परंतु ये भूले सरकार की तरफ से की गई हैं न कि भारतीयों की तरफ से। अकालियों ने इस अंतर को समझना शुरू कर दिया है, विदेशों में रहने वाले सिखों को भी ऐसे तर्कों और सहानुभूति सहित

समझाया जाना चाहिए।

समस्या का सार यह है कि अकाली उग्रवादियों से टक्कर लेने के मामले में सरकार कितनी गंभीर है उनमें से कुछ ऐसे हैं जो उग्रवादियों को प्रभावित कर सकते हैं अथवा उन्हें अकाल तख्त के समक्ष ला सकते हैं। यदि ज्ञानी जैल सिंह, सुरजीत सिंह बरनाला और बेअंतसिंह को पंथ से बहिष्कृत किया जा सकता है तो उग्रवादियों को क्यों नहीं? अकालियों को विश्वसनीयता प्राप्त करने के लिए कड़ा श्रम करना होगा। कांग्रेस को अभी भी एक लाभ की स्थिति प्राप्त है अपने मंत्रियों के भ्रष्टाचार और अपने पौत्र के गलत कामों के बावजूद उग्रवाद को काबू करने का श्रेय बेअंत सिंह को ही प्राप्त हुआ अकाली दल में बदलाव पहले नहीं बाद में आया। बादल हिंदुओं का विश्वास पाते जा रहे हैं फिर भी यदि वह सिर्फ भारतीय जनता पार्टी के माध्यम से संपर्क करते हैं तो बहुत कुछ नहीं कर पाएंगे। उन्हें हिंदुओं से सीधे संपर्क करना होगा किंतु उनका समर्थन इस विश्वास भावना के सृजन से ही मिलेगा कि वह अकाली दल को कट्टरपंथी तत्वों से पाक साफ करने हेतु संकल्पबद्ध है। पंजाब की आन बहुलतावाद में निहित है बादल इसे जितना अधिक सशक्त कर सकेंगे उतना ही उनकी और राज्य की ताकत भी बढ़ेगी।

वर्तमान में एक प्रश्न अवश्य दिमाग में कौंध जाता है कि अब क्या होगा पंजाब का? पंजाब के जुझारू नेता मुख्यमंत्री बेअंत सिंह मारे जा चुके हैं के.पी.एस. गिल जैसे महानयोद्धा को पद मुक्त कर दिया गया है पंजाब में छुटपुट घटनाएं पुनः शुरू हो रही हैं। यह स्थिति बहुत नाजुक और संक्रामक है यह स्थिति खुश होने की नहीं वरन गंभीर चिंतन विश्लेषण और सक्रियता की मांग करती है इस समय पंजाब में कानून और व्यवस्था की दृष्टि से कुछ सुधार दिखाई देता है किंतु यह नहीं भूलना चाहिए कि पंजाब की समस्या सिर्फ कानून और व्यवस्था की समस्या नहीं है। समस्या पंजाब के साथ किए जाने वाले अन्याय (समझौते की असफलताओं) से उत्पन्न संतापित मानसिकता की है। केंद्र सरकार ने पंजाब के साथ बहुत से वायदे किए हैं और उन्हें लिखित समझौते का रूप भी दिया किंतु ईमानदारी से कभी उनका पालन नहीं हुआ। जुलाई 1985 में तत्कालीन प्रधानमंत्री राजीव गांधी और अकालीदल अध्यक्ष संत हरचंद सिंह लोगोवाल से किया गया समझौता इसका ज्वलंत उदाहरण है।

मुझे लगता है कि इस समय पंजाब विशेष रूप से सिखों के साथ सार्थक संवाद शुरू करके समस्या को सुलझाने और आहत भावनाओं का शमन करने की

दिशा में कोई प्रभावशाली कदम न उठाया गया तो कुछ समय बाद ही पंजाब में आतंकवाद का दूसरा दौर शुरू हो जाएगा। यह भी लगता है कि इस संभावित दौर से जुड़े लोग अधिक प्रतिबद्ध और उद्देश्य प्रेरित होंगे और व्यापक जनसमर्थन पाने का पूरा प्रयास करेंगे। यदि पंजाब के साथ इसी प्रकार धोखाधड़ी होती रही, वायदा खिलाफी होती रही और 1984 के व्यापक नरसंहार के दोषियों को इसी प्रकार संरक्षण प्राप्त होता रहा और पंजाब की उचित मांगों की इसी प्रकार उपेक्षा होती रही तो निश्चित ही जन समर्थन उनके पक्ष में बढ़ता हुआ दिखाई देगा जिन्हें हम आज तक आतंकवादी या खाड़कू कहते आये हैं। कश्मीर की वर्तमान स्थिति से हमें कुछ सीखना चाहिए।

(स) पूर्वी क्षेत्र

पूर्वोत्तर वृहद क्षेत्र असम और आतंकवाद

असम की भौगोलिक स्थिति व सामाजिक महत्व

यह क्षेत्र भारत का पूर्वी और उत्तरी पूर्वी सीमांत क्षेत्र है। भारत के इस सीमांत पर स्वदेशी राज्य आसाम, नागालैंड, मेघालय, सिक्किम, त्रिपुरा, मणिपुर, अरुणाचल प्रदेश, मिजोरम और बिहार की सीमाएं हैं। भूटान, चीन, वर्मा व बांग्लादेश की अंतर्राष्ट्रीय सीमा भी मिलती है। पूर्व सीमा पर तांगुव, मणिपुर और तेजगेज प्रमुख दर्रे हैं, उत्तरी पूर्वी सीमा से जुड़े दर्रों में तुंगा, बमुला तथा दीफू महत्वपूर्ण है।

भूटान भारत का संरक्षित राज्य है। सिक्किम भारत का एक सहराज्य बन चुका है। तिब्बत और भारत की सीमाएं यहां एक दूसरे को छूती हैं अतः यहां सुरक्षा की समुचित व्यवस्था अनिवार्य है। वर्मा से हमारे संबंध फिलहाल मधुर हैं लेकिन छुटपुट अतिक्रमण की समस्याएं बनी हुई हैं। यह क्षेत्र ऊबड़-खाबड़ भूमि एवं बनों से घिरा है, जिसके लिए गुरिल्ला तथा जंगल युद्ध कला का प्रशिक्षण सेना के लिए अत्यंत आवश्यक है।

वर्तमान समय में पूर्वोत्तर भारत में जो अशांति फैली हुई है उसमें कुछ विदेशी तत्वों का सक्रिय हाथ है, राष्ट्र की सुरक्षा तथा एकीकरण के लिए पूर्वोत्तर भारत की समस्या एक चुनौती बन गई है।

असम समस्या तथा उल्फा व अन्य आतंकवादी संगठनों की समीक्षा

असम की स्थिति बड़ी तेजी से खतरनाक होती जा रही है प्रशासन व सेना के पर्याप्त हस्तक्षेप के बावजूद वहां उथल-पुथल जारी है। कुछ अंतराल तक प्रशासन के दबाव के चलते वहां स्थिति सामान्य हो जाती है और पुन पकड़ ढीली होने पर एकाएक आतंक बढ़ जाता है। सेना और पुलिस के सम्मिलित आपरेशन के फलस्वरूप कथित आत्मसमर्पण की चंद घटनाएं समस्या के समाधान का कोई मार्ग नहीं है। समस्या समाधान के लिए केंद्र व राज्य की सरकार तथा वहां के अधिकाधिक गुटों को मिल बैठकर निर्णय लेना अपरिहार्य है, लेकिन आतंकवादी व उग्रवादी संगठन इसके लिए तैयार नहीं। इस दिशा में शांति की आवाजें जो उठाते भी हैं उनकी आवाजें बंदूकों की आवाजों में दबकर रह जाती हैं, विरोध करने का साहस व संकल्प की कमी की वजह से इस समस्या का कोई अंत नहीं दिखाई दे रहा है।

प्रफुल्ल कुमार महंता ने उग्रवादियों से शांति अपील व बैठकें करने की गुजारिश की भी लेकिन कोई भी उग्रवादी संगठन इसके लिए तैयार नहीं हुआ उल्फा जैसे संगठन ने अपनी गतिविधियां और तेज कर दी हैं, चिंताजनक बात यह है कि उल्फा ने अपना निशाना उन व्यापारियों को अधिक बनाया है जो बाहर से आकर वहां व्यापार कर रहे हैं। उल्फा आतंकवादी असम के चाय बागान के मालिकों से उल्फा टैक्स के रूप में मोटी रकम वसूलते हैं और अदायगी न होने पर अपहरण व हत्याएं होती हैं 200 करोड़ रुपए के लिये ''एपिले ग्रुप आफ इंडस्ट्रीज'' के चेयरमैन सुरेंद्र पाल की अप्रैल 1990 में ब्रह्मपुत्र घाटी के चाय बागान के दौरे के समय उल्फा उग्रवादियों ने गोली मारकर हत्या कर दी साथ ही ''असम फ्रंटियर टी'' कंपनी के जनरल मैनेजर आशीष चौधरी भी बुरी तरह जख्मी हुए थे। सिर्फ सुरेंद्रपाल ही नहीं डिब्रूगढ़ के छात्र नेता सौरभ बरा, आसाम अल्पसंख्यक मोर्चा के सभापति कालीपद सेन, आसाम चेंबर ऑफ कामर्स के प्रेसीडेंट हरलाल तथा अन्य विशिष्ट व्यक्तियों की हत्याओं के जरिए उल्फा ने ऊपरी असम में खून की जो नदी बहाई हैं उसी का परिणाम है कि पिछले कई वर्षों से कोकर झार और दरंग जिलों में बोडो उग्रवादियों ने भी इसी तरह का सिलसिला चला रखा है। आसाम में हालात बहुत खराब है उल्फा के हथियार बंद गिरोह वहां के हिंदी भाषियों विशेषकर व्यापारियों व मारवाड़ी समाज पर गंभीर अत्याचार कर रहे हैं राज्य सरकार तथा प्रशासन इन बढ़ती कार्यवाहियों को रोकने तथा लगभग 35 लाख हिंदीभाषी नागरिकों को संरक्षण प्रदान करने और इस

समस्या के स्थायी समाधान कर पाने में असफल सिद्ध हुई है।

उल्फा का लक्ष्य स्वराष्ट्र स्थापना

'सदै असम' की स्थापना के उद्देश्य से उल्फा सेंट्रल कमेटी के अध्यक्ष अरविंद राजखोया ने अपने कार्यकर्त्ताओं से एक हजार करोड़ रुपए इकट्ठा करने को कहा। धन संग्रह करने की इस योजना को कारगर बनाने के लिए उल्फा के तथाकथित गृह सचिव गोपाल बड़ुवा 5 हजार आंचलिक समितियों के 50 हजार से अधिक सशस्त्र कैडरों की मदद से आतंकवाद का घेरा डाल रहे हैं। एक हजार करोड़ रुपए के इस धन का प्रयोग अराकान पर्वत लांघ कर वर्मा क्षेत्र से चीन में पहुंच कर वहां से चीनी अस्त्रों की खरीद में होगा इन अस्त्रों द्वारा असम क्षेत्र में दीर्घ कालीन गुरिल्ला युद्ध चलाने की वृहद योजना है जिसके लिए बर्मा के कोचीन पर्वतीय प्रदेश के दाईकाव रंग में उल्फा के स्वयं भू कमांडर इन चीफ अपनी फौज तैयार करने में जुटे हैं। इस बीच उल्फा उग्रवादियों ने सिर्फ असम में ही 2 हजार के लगभग बंदूकें लूटी हैं, जिसमें पी.एल.ए. (मणिपुर) तथा एन.एस. सी.एन. (नागालैंड) जैसे उग्रवादी संगठन उल्फा की मदद करते रहे हैं। असम पुलिस की गोपनीय रिपोर्ट में इस तथ्य को स्वीकार करते हुए कहा गया है कि इसके अलावा भी पीपुल्स रिवोल्यूशनरी आर्मी ऑफ काग लाइ पाक, नेशनल लिबरेशन फ्रंट ऑफ मणिपुर तथा त्रिपुरा के टी.एन.पी. के साथ उल्फा के संबंध सहयोग पूर्ण एवं सौहार्दपूर्ण हैं। नागालैंड के एस.वी.आई. ने केंद्रीय सरकार को सतर्क करते हुए जो विवरण दिया है उसमें भी कोचीन पहाड़ियों में अपना मुख्यालय बनाकर विभिन्न उग्रवादी दलों का एकजुट होकर लड़ने तथा स्वतंत्र भूमि बनाने की बात कही गई है। यह भी कहा गया है कि ये उग्रवादी खुद को समाजवादी बताते हैं इनमें कोई क्यूबा को और कोई चीन को अपना आदर्श राष्ट्र मानते हैं।

बोडो आंदोलन

असम में लगभग एक दशक तक चलते रहे हिंसक बोड़ो आंदोलन के बाद 20 फरवरी 1993 को केंद्र सरकार, असम की सरकार और अखिल बोडो छात्र संघ के बीच हुए एक त्रिपक्षीय समझौते के आधार पर 8 अप्रैल 1993 को बोड़ोलैंड स्वायत्त परिषद अधिनियम के पारित हो जाने के परिणाम स्वरूप असम में बोडोलैंड स्वायत्त परिषद के गठन के बाद यह आशा की गई थी, कि अब असम में शांति स्थापित हो जाएगी और वहां का जनजीवन सामान्य हो जाएगा। परंतु जैसी आशंका

श्री बासुमतारी द्वारा उस समय व्यक्त की गई थी ''बोडो स्वायत्त परिषद'' असम में स्थायी शांति की स्थापना की दृष्टि से एक मृगतृष्णा ही सिद्ध हुई है, और असम का जनजीवन अब भी आतंक व हिंसा से पीड़ित है।

असम समझौते के तुरंत बाद वासुमतारी ने प्रेस कांफ्रेंस में आशंका पूर्ण ढंग से कहा था कि समझौते की सफलता केंद्र व राज्य सरकारों के सहयोग तथा उनकी वचनबद्धता पर ही निर्भर करेगी। इसके अतिरिक्त एक दुविधा अभी यह भी बनी हुई है कि ''बोडो सुरक्षा दल'' ने समझौते को मानने से इंकार कर दिया है, अतः क्षेत्र में हिंसक वारदातें कब थमेंगी यह भी एक जटिल प्रश्न बना हुआ है। श्री वासुमतारी द्वारा अपने उत्तर में व्यक्त आशंका उसके लगभग 6 महीने बाद ही अक्टूबर 1993 में सत्य सिद्ध होने लगी, जब बोडो स्वायत्त परिषद को 3,085 गांवों का हस्तांतरण किए जाने की वासुमतारी की मांग के बदले राज्य सरकार ने उसे केवल 2570 गांव को ही हस्तांतरित करना चाहा और इसके बाद तनाव बढ़ने लगा तथा स्थिति पुनः विस्फोटक हो गई। 27 जुलाई 1994 को एक प्रेस कांफ्रेंस में तत्कालीन गृह राज्य मंत्री राजेश पायलट को स्वीकार करना पड़ा कि वहां होने वाली आतंक की घटनाएं इसलिए हो रही हैं क्योंकि शासन में तालमेल का अभाव है।

1993 में बोडो लैंड स्वायत्त परिषद में सत्तारूढ़ बोडो पीपुल्स पार्टी के गुटों के नेताओं की बासुमतारी व श्री प्रेम सिंह ब्रह्मा के बीच नेतृत्व को लेकर खींचतान चली और श्री बासुमतारी के गुट ने अपनी मांगों के नाम पर ब्रह्मा गुट के विरोध में हिंसा का मार्ग अपना लिया, क्योंकि श्री ब्रह्मा के बोडो लैंड स्वायत्त परिषद के मुख्य कार्यकारी होने के कारण श्री बासुमतारी गुट अपना वर्चस्व स्थापित करने में बुरी तरह असफल रहा। अतः इस खींचतान के परिणाम स्वरूप बोडो लैंड स्वायत्त परिषद अधिनियम की अनेक बातें क्रियान्वित नहीं हो सकीं, परिणाम स्वरूप क्षेत्र में वातावरण बिगड़ा और 19 जनवरी 1994 को बोडो उग्रवादियों ने 8 लोगों की गोली मारकर हत्या कर दी। इसकी प्रतिक्रिया स्वरूप क्षेत्र में हिंसा का भयंकर तांडव हुआ। 28 मई 1994 को उपर्युक्त वर्दीधारी आतंकवादियों ने ट्रकों में आकर कोकराझार जिले के होलियापाड़ा, दुराभाई, भेजाबाड़ी, नामपाड़ा, नया पड़ा, बागान आदि मुस्लिम बाहुल्य गांवों पर आधुनिक परंपरागत हथियारों से आक्रमण कर 22 लोगों की हत्या कर दी और लगभग 200 लोग घायल हुए। गांवों में आग लगा दी गई 174 परिवार गांव छोड़कर भाग गए। 29 मई 1994 को कोकराझार सेना के हवाले कर दिया गया परंतु आतंक

की वारदातें बंद नहीं हुई। 30 मई 1994 को कोकराझार के एक और गांव को आतंकवादियों ने आग के हवाले कर दिया। शरणार्थियों की संख्या 54 हजार तक जा पहुंची थी, उन्हें 19 शरणार्थी शिविरों में रखने की व्यवस्था की गई। सेना ने आतंकवादी तत्वों की धरपकड़ हेतु आपरेशन क्रांति चलाया इसमें सेना को कठिनाई यह थी कि उग्रवादी भूटान से अपनी गतिविधियां चलाते थे और वारदातें करके सीमा पार भाग जाते थे, जबकि उन्हें खदेड़ने के लिए भारतीय सैनिक भूटान शासक के बिना पूर्व अनुमति के नहीं जा सकते थे, परिणाम स्वरूप आतंकवादी कार्यवाहियां जारी रही। 21 जुलाई 1994 को निचले असम के बरपेंटा जिले के शिविरों पर रात्रि में आक्रमण करके लगभग 60 लोगों को मार डाला गया तथा सैकड़ों लोग घायल हुए।

इस प्रकार सार्वजनिक सुरक्षा के प्रयत्नों के बावजूद असम बोडो हिंसा से त्रस्त है। अखिल असम छात्र संघ (आंसू) के अनुसार इस सबके लिए हितेश्वर सैकिया तथा उनकी सरकार उत्तरदायी थी जो अपने स्वार्थ के चलते बोड़ो परिषद को उसके पूरे अधिकार देने में असमर्थ रही हैं और उसे कानून और व्यवस्था का प्रश्न मानते हुए सेना और पुलिस के बूते निपटना चाहती थी तथा केंद्र ने भी राज्य सरकार का दायित्व मानकर इस समस्या से लगभग मुंह मोड़ लिया है, परिणाम स्वरूप असम इस बोडो आंदोलन से कब तक आंदोलित व आतंकित रहेगा, कहा नहीं जा सकता।

नस्ली संघर्ष

मणिपुर में नस्ली घृणा बहुत उग्र हो चुकी है राज्य सरकार अपने आंतरिक संघर्षों से इतनी त्रस्त है कि इस ओर कोई निर्णय नहीं ले पा रही है और केंद्र सरकार तो इस स्थिति की गंभीरता को समझने के लिए तैयार नहीं है। राज्य में कूकी और नागाओं का आपसी संघर्ष बहुत पुराना है और इनमें एक नई उग्रता भी आई है। नागाओं ने कूकियों का पूरी तरह सफाया करने की ठान ली है राज्य के पांच जिलों में से तीन में नागा बहुसंख्यक है और एक जिला में कूकी बहुसंख्यक है शेष एक जिले में दोनों लगभग बराबर हैं। नागाओं का प्रयास है कि कूकी राज्य छोड़कर भाग जाए, इसके लिए उन्होंने कूकी गांवों में नोटिस लगा रखे हैं कि कूकी इलाका छोड़ दें अन्यथा अंजाम भयानक होंगे। आतंक जगाने के लिए ही गत वर्ष नागाओं ने कूकियों के एक गांव में 87 कूकियों की एक साथ हत्या कर दी थी प्रतिक्रिया स्वरूप कूकियों ने कई नागा गांवों में आग लगा दी थी इसके बाद यह संघर्ष बढ़ता ही जा

रहा है। नागाओं का प्रतिबंधित उग्रवादी संगठन "नेशनल सोशलिस्ट कौंसिल ऑफ नागालैंड" (एन.एस.सी.एन.) नागा आतंकवाद का नेतृत्व कर रहा है तो उधर कूकी नेशनल आर्मी (के.एन.ए.) कूकियों की ओर से यथाशक्ति जवाब दे रही है।

इस संघर्ष के पीछे मुख्य कारण राजनीति है, लेकिन हथियार बनाया जा रहा है युगों पुरानी नस्लीय घृणा को। मणिपुर मेइती राजाओं का क्षेत्र था, नागा कबीले मेइती सत्ता के विद्रोही थे, कूकी समुदाय के बारे में समझा जाता है कि वे मूलतः वर्मा के निवासी हैं और मेइती राजाओं ने उन्हें वहां से लाकर इस क्षेत्र में बसाया था। इसलिए नागाओं की दृष्टि में कूकी बाहरी है और उनको इस इलाके में रहने का कोई अधिकार नहीं है यह सारा क्षेत्र नागाओं का है इसलिए कूकियों को नोटिस दिया जा रहा है कि वे गांव छोड़ दें।

इस नस्ली घृणा के साथ इनमें धार्मिक घृणा के तत्व भी मिले हैं। मेइती और उनके साथी कूकी ज्यादातर हिंदू वैष्णव धर्म के अनुयायी हैं जबकि नागाओं में ज्यादातर ईसाई हैं। संघर्ष का एक तीसरा कारण नागाओं और कूकियों के संगठित गिरोहों की व्यवसायिक प्रतिद्वंद्विता भी है। सीमावर्ती क्षेत्रों में आतंकवादी गिरोह कोई भी हो वह तश्करी के व्यवसाय में अवश्य शामिल होता है, उनकी आय का मुख्य स्त्रोत भी तश्करी ही होता है। मणिपुर की कूकी नेशनल आर्मी तथा नागा सोशलिस्ट कौंसिल ऑफ नागालैंड दोनों म्यांमारसे हेरोइन तथा अन्य नशीली दवाओं की तश्करी में लिप्त हैं, दोनों इस पर अपना कब्जा रखना चाहते हैं इसलिए इसे लेकर दोनों में गहरी व्यापारिक शत्रुता है। मणिपुर के मंत्रालय में भी इस समस्या को लेकर खींचतान होती रही है, पूर्व केंद्रीय गृह राज्य मंत्री राजेश पायलट का कहना था कि यह समस्या वास्तव में नागा और कूकी समस्या नहीं है यह समस्या प्रतिबंधित नागा संगठन एन.एस.सी.एन. की है उसे नियंत्रित कर लिया जाए तो समस्या का समाधान हो जाएगा।[52]

असल में राजनेता संघर्षों के मूल में नहीं जाना चाहते वे सतही समाधान की तलाश में रहते हैं। प्रायः वे सारे विरोधों को सेना और पुलिस बल के सहारे दबा कर रखना चाहते हैं। विद्रोही संगठन कितने भी संगठित व हथियारबंद क्यों न हों, किंतु सेना के दबाव के आगे उन्हें कुछ समय के लिए अपनी गतिविधियां रोकनी पड़ जाती हैं इसे प्रायः यह मान लिया जाता है कि विरोध का अंत हो गया चूंकि सेना लगातार अपने दबाव नहीं बनाए रख सकती, अतः उनके हटते ही आतंकवादी

तत्व पुनः सक्रिय हो जाते हैं इसलिए ऐसे किसी विवाद की समस्या का समाधान तभी हो सकता है जब उनके विरोध के आधारभूत तत्वों को समाप्त किया जाए। लेकिन यहां आलम यह है कि सुरक्षा बलों की तैनाती को लेकर भी सरकार एकमत नहीं है। सरकार के किसी मंत्री का वरदहस्त एक आतंकवादी संगठन को प्राप्त है तो दूसरे मंत्री का दूसरे संगठन को। अब ऐसे में जरूरी है कि धधकती हिंसा को समाप्त करने के लिए निष्पक्ष हस्तक्षेप किया जाय और जरूरी हो तो वहां राष्ट्रपति शासन लागू करे, तभी राज्य में क्रूर हत्याओं का कालचक्र रुक पाएगा।

विभिन्न राजनैतिक व अराजनैतिक गुटों तथा आतंकवादियों के इरादे

राजनैतिक अस्थिरता के बीच सशस्त्र भूमिगत आंदोलन : आर्थिक एवं भौगोलिक कारणों से उत्तर पूर्वी भारत में छठे दशक से ही राजनैतिक अस्थिरता बनी हुई है। संयुक्त असम को खंडित कर मेघालय तथा अरुणाचल प्रदेश बनाए गए थे और दीमापुर नागालैंड को दे दिया गया था इसके बाद से ही 60 उपजातियों वाले असम में सांप्रदायिक मुठभेड़ें शुरू हो गई थीं, सशस्त्र आंदोलन के जरिए नागा, मीजो, गारो, खासी, जैंतिया, कूकी आदि उपजातियों को पृथक राज्य अपनाते देखकर बोडो, अहोम, बाई, कर्वी तथा दीमछरा समुदाय के लोग भी स्वशासित राज्य बनाने का स्वप्न देखने लगे । आंठवें दशक में कांग्रेस के जमाने में कार्वी, दीमछारा, कार्वियालंग तथा उत्तरी कछार के पहाड़ी इलाकों को स्वशासित जिला कौंसिल गठित करने की स्वीकृति मिल गई थी। इन सबका परिणाम यह हुआ कि असम का छात्र संस्था ''आसू'' तथा गण संग्राम परिषद ने ''विदेशी हटाओ'' का नारा देकर सरकार विरोधी गतिविधियां तेज कर दीं। असम के उग्र छात्र आंदोलन के हिंसक रुख अपनाने से वहां के चाय व खनिज उद्योग विशेष रूप से प्रभावित हुए। पूर्व प्रधानमंत्री स्व. राजीव गांधी की पहल से ''''आसू'' और गण संग्राम परिषद ने मिल का ''असम गण परिषद'' (अगप) का गठन किया और इसी दल ने असम की सत्ता संभाली, लेकिन कुछ वर्ष के अंदर ही ''आंसू'' के हाईकमान प्रफुल्ल कुमार महंत की सरकार की जनप्रियता घट गई और कर्वी, अहोम, दीमाछारा, ताई आदि जनजातियों ने पृथक राज्य की मांग को लेकर फिर से नई जंग छेड़ दिया। इसी बीच बराक और ब्रह्म पुत्र घाटी तथा कोकराझार का मैदानी इलाका जो कि चाय बागान से समृद्ध है, इस आंदोलन का सीधा प्रभाव चाय उद्योग पर पड़ा।

पूर्वोत्तर में सक्रिय कुछ अन्य प्रमुख उग्रवादी संगठन

उग्रवादी संगठन	*स्थापना*	*प्रमुख नेता*	*ताकत*	*प्रभाव क्षेत्र*
अचिक लिबरेशन माताग्रिक आर्मी (मेघालय)	1987	विल्बर्ट के संगमा	30 उग्रवादी और सात नगा प्रशिक्षक	पूर्वी, पश्चिमी और दक्षिणी गारो पर्वतीय जिले
फेडरेशन आफ खासी, जयंतिया एंड गारो पीपुल्स (मेघालय)	1989	एस.एस.काजी	200 से 300 उग्रवादी	खासी, गारो और जयंतिया पहाड़ियां
हिन्युटेप अचिक लिबरेशन कांउसिल (मेघालय)	1992	जूलियस दरफ़ांग	40 उग्रवादी	खासी और जयंतिया पहाड़ियां
हिन्युटेप वालंटियर काउंसिल (मेघालय)	1992	चंद्र लिंडोह	12 से 20 उग्रवादी	खासी पहाड़ियां
कूकी नेशनल आर्मी (मणिपुर)	1987	पाउखोसेई हाउकिप	500 उग्रवादी	मोरेह और आसपास के क्षेत्र
कुकी नेशनल फ्रंट (मणिपुर)	1988	निखोलोन किपगन	600 उग्रवादी	सेनापति, चूड़ाचंदपुर और चंदेल जिले
हमार पीपुल्स कन्वेंशन (मिजोरम)	1986	मिंगचुंगनुंध	300 उग्रवादी	उत्तर-पूर्व मिजोरम, असम के एन.सी. जिले मणिपुर से सटे क्षेत्र
जोरम रिफार्मेशन आर्मी (मिजोरम)	1994	लाल लावा सेलिओ	100-125 उग्रवादी	ऐजोल क्षेत्र

पूर्वोत्तर में मुस्लिम उग्रवादी संगठन (असम क्षेत्र)

उग्रवादी संगठन	स्थापना	प्रमुख नेता	सदस्यों की संख्या	उद्देश्य
असम				
मुस्लिम यूनाइटेड लिबरेशन फ्रंट ऑफ असम (मलका)	1990	मोहम्मद राहुल अमीन	100	अलग मुस्लिम राज्य की स्थापना
मुस्लिम लिबरेशन टाइगर्स ऑफ असम	अगस्त 93	मून चौधरी	150	असम में अलग मुस्लिम होमलैंड की
मुस्लिम वालंटियर फोर्स	1994	शाहजहां अली	50	असम के मुस्लिमों के हितों की रक्षा
इंडिपेंडेन्ट लिबरेशन आर्मी ऑफ असम	10 फरवरी'92	आरिफ अहमद	50	अलग मुस्लिम देश की प्राप्ति
इस्लाममिक सेवक संघ	अप्रैल'93	खलीलुद्दीन शेख	100	कोकाझार क्षेत्र में मुस्लिम हितों की रक्षा
यूनाइटेड सोशल रिफोर्म आर्मी	1987	रफीक अली	400 से 500	असम के मुस्लिम हितों की रक्षा
लिबरेशन इस्लामिक टाइगर्स फोर्स	दिसंबर'92	नुरूल इस्लाम	अज्ञात	मुस्लिमों के लिए स्वतंत्र होमलैंड इस्लामिस्तान की स्थापना
जमायते इस्लामी टाइगर फोर्स	अज्ञात	अज्ञात	अज्ञात	अज्ञात
माइनॉरिटी पीपुल एक्शन कमेटी	फरवरी'92	अज्ञात	50	अल्पसंख्यकों के अधिकारों की रक्षा

पूर्वोत्तर में मुस्लिम उग्रवादी संगठन (मणिपुर क्षेत्र)

उग्रवादी संगठन	*स्थापना*	*प्रमुख नेता*	*सदस्यों की संख्या*	*उद्देश्य*
मणिपुर				
इस्लामिक रिवोल्युशनरी फ्रंट	मार्च'91	ए.बी. खान	अज्ञात	सामाजिक सुधार
पीपुल्स युनाइटेड लिबरेशन फ्रंट	1994	हसफ खान	'80	अज्ञात
इस्लामिक लिबरेशन आर्मी	मई'93	ए.बी. खान	अज्ञात	अज्ञात
कांगली पाक मुस्लिम एसोसिएशन	अगस्त'95	मोहम्मद लतीफ	अज्ञात	मणिपुर पाँगल मुस्लिमों के हितों की रक्षा

सशस्त्र विद्रोह संचालित करने के लिए बने कुछ प्रमुख संगठन

1. इंडो - वर्मा रिवोल्यूशनरी फ्रंट (आई.बी.आर.एफ.): इस फ्रंट का निर्माण 22 मई 1990 को हुआ। उल्फा, यूनाइटेड नेशनल लिबरेशन फ्रंट (मणिपुर) और नागा विद्रोहियों का खापलान गुट के आपसी समझौते के तहत यह फ्रंट अस्तित्व में आया। भारत म्यांमार क्षेत्र को तथाकथित औपनिवेशिक शासन से मुक्त कराने के लिए इन तीनों सगठनों ने मिलकर फ्रंट बनाया है।

2. रिवोल्यूशनरी ज्वांइट कमेटी (आ.जे.सी.): यह पूर्वोत्तर घाटी एक पूर्णतः भूमिगत संगठन है जिसका गठन 29 जनवरी 1992 को हुआ, इसमें मणिपुर के तीन संगठन रिवोल्यूशनरी पीपुल्स फ्रंट, पीपुल्स रिवोल्यूशनरी पार्टी ऑफ कांगलिपाक (प्रीपाक) और कांगलिप्राक कम्युनिष्ट पार्टी शामिल हैं। आर.जे.सी. इन तीनों संगठनों के कार्यकर्त्ताओं के लिए एक प्रशिक्षण केंद्र का काम कर रहा है, भारत से मणिपुर को स्वतंत्र करना आर.जे.सी. का घोषित लक्ष्य है।

3. सेल्फडिफेंस यूनाइटेड फ्रंट आफ द साउथ ईस्ट हिमालयन रीजन : नगा विद्रोहियों के इस्साक गुट की पहल पर दिसंबर 1994 में यह मोर्चा अस्तित्व में आया। इसमें उल्फा, बोडो उग्रवादियों समेत मिजोरम, मेघालय, एवं त्रिपुरा के उग्रवादी संगठन शामिल हैं। नेशनल लिबरेशन फ्रंट आफ त्रिपुरा के अलावा कार्बी नेशनल वालंटियर्स भी इस मोर्चे का घटक है। मणिपुर में सक्रिय यू.एन.एल.एफ. से अलग हुआ ओकान गुट, प्रीपाक से अलग हुआ मेइरबा गुट तथा के.सी.पी. का विद्रोही इवोपिशाक गुट ने मिलकर 1994 में कांगलेई यावल कान्ने लुप (के.वाई. के.एल.) बनाया था, यह संगठन भी इस मोर्चे में शामिल है। इस मोर्चे के सभी घटकों की अगस्त 1996 में बांग्लादेश की राजधानी ढाका में एक बैठक हुई जिसमें कोबराफोर्स नामक दस्ते का गठन किया गया। इस दस्ते का मुख्य काम विशिष्ट अभियान चलाना है, इसमें कुल करीब 500 की संख्या में विशेष प्रशिक्षण प्राप्त उग्रवादी रहेंगे। अधिकारिक सूत्रों के मुताविक कोवरा फोर्स में ऐसे 300 के करीब उग्रवादी शामिल हो चुके हैं इनमें इस्साक गुट के 80, पी.एल.ए. के 30, उल्फा के 60 और ए.टी.टी. एफ एवं बी.डी.एस.एफ. के पच्चीस उग्रवादी हैं 1996 सितंबर के तीसरे सप्ताह में इस कोबरा फोर्स के करीब 50 लोग पकड़े गए थे जिनके पास से 60 ए.के. 47 राइफल्स 20 राकेट लॉचर और काला आर.डी.एक्स के 50 टुकड़े बरामद हुए।

4. युनाइटेड लिवरेशन फ्रंट आफ असम (उल्फा) : इस संगठन का निर्माण 7 अप्रैल 1979 को हुआ था, यह असम को एक संप्रभु राष्ट्र बनाने की मांग करता है, इसमें करीब 4 हजार हथियारबंद उग्रवादी सक्रिय हैं जिनमें लगभग एक हजार का सैन्य प्रशिक्षण बंग्लादेश में हुआ है जो अत्याधुनिक हथियार चला सकते हैं। इस संगठन के पास पिस्तौल, रिवाल्वर, एल.एम.जी., ए.के. - 47 राइफल्स, स्टेनगन और अन्य अत्याधिुनिक मशीनगनें मौजूद हैं, जबरन वसूली लूट और अपहरण कर फिरौती उनकी आय का मुख्य जरिया है, इस संगठन का म्यांमार बांग्लादेश, पाकिस्तान, श्रीलंका और भूटान के उग्रवादियों से संपर्क है। इसका प्रभाव बराक घाटी को छोड़कर समूचे असम में है पूरे आसाम क्षेत्र में इनका नेटवर्क फैला है। अरविंद राज खोवा, प्रदीप गोगोई और प्रदेश बकआ इसके सरगना हैं। उल्फा का नागालैंड मणिपुर और बोडो उग्रवादियों से भी मधुर रिश्ता है।

5. बोडो सिकोर्टी फोर्स : इस संगठन का निर्माण 3 अक्टूबर 1986 को हुआ था, 1994 में इसका नाम बदलकर नेशनल डेमोक्रेटिक फ्रंट आफ बोडोलैंड कर दिया गया इसका मुख्य उद्‌देश्य स्वतंत्र बोडोलैंड की स्थापना करना है, इसने अपनी बोडोलैंड आर्मी नाम की सेना भी गठित कर रखी है। करीब 500 उग्रवादी इस संगठन की सेना में सक्रिय हैं जिनमें से 150 ने नागालैंड उग्रवादियों से प्रशिक्षण प्राप्त किया है। अपहरण, लूट, फिरौती, इस संगठन के आय का मुख्य जरिया है। बोगाई गांव कोकराझार बारपेटा, नलवाड़ी, दरांग और सेनितपुर जिले में इस संगठन का प्रभाव है। असम, अरुणाचल और भूटान सीमा पर इस संगठन ने अपना जाल बिछा रखा है। इस संगठन का संबंध उल्फा, नागा, व बांग्लादेश और भूटान के उग्रवादियों से है, रंजन दाइमारी और कतिंदरा स्वर्गियारी इसके प्रमुख नेता हैं।

6. नेशनल सोशलिस्ट काउंसिल आफ नागालैंड : इसमें दो गुट हैं, इसका निर्माण अप्रैल 1988 में हुआ था । एन.एस.सी.एन. (आइ) का उद्‌देश्य नागालैंड को एक स्वतंत्र संप्रभु ईसाई समाजवादी जनतांत्रिक गणराज्य बनाना है जबकि एन. एस.सी.एन. के घोषित लक्ष्य नागालैंड को स्वतंत्र संप्रभु राष्ट्र बनाना है। यह संगठन पूर्वोत्तर के सर्वाधिक सशक्त उग्रवादी संगठनों में गिना जाता है इसके पास 5000 सैन्य प्रशिक्षण प्राप्त कार्यकर्त्ता हैं। एन.एस.सी.एन. (आई) के सुप्रीमों इस्साक चीसी सू हैं जबकि एन.एस.सी.एन (के) के एस.एस. खापलान है। खापलान गुट की तुलना में इस्साक गुट का दबदवा अधिक है और उसके पास राकेट लांचर जैसे

हथियार भी हैं।

इस्साक गुट स्वतंत्र राष्ट्र के लिए लड़ रहे अन्य देशों के विद्रोहियों को मिलाकर बने अंतर्राष्ट्रीय संगठन अनरिप्रजेंटेड नेशंस एंड पीपुल्स आर्गेनाइजेशन का भी सदस्य हैं । इस का प्रभाव नागालैंड मणिपुर, के अधिकांश क्षेत्रों एवं असम के एन.सी. हिल्स जिले में भी है। इस्साक गुट की नागालैंड में तकरीबन समानांतर सरकार चलती है, यह गुट सरकार के विभिन्न विभागों से कर वसूलता है, आयात निर्यात शुल्क भी लगाता है उसके कर के दायरे में व्यावसायिक घराने भी आते हैं। इस संगठन का अपना प्रधानमंत्री, गृहमंत्री और रक्षा प्रमुख हैं। बांग्लादेश, म्यांमार, थाईलैंड, सिंगापुर, पाकिस्तान, नेपाल और भूटान से इस संगठन के नजदीकी रिश्ते हैं।

7. नगा फेडरल गवर्नमेंट : यह संगठन 22 मार्च 1956 को बना था एक जमाने में समूचे नागालैंड पर इसका दबदबा था लेकिन इस्साक गुट के उभरने के बाद इसकी स्थिति काफी कमजोर हो गई है। इसके नेता अब खापलान गुट में विलय का प्रयास कर रहे हैं। जसेई हुअरे और सिंगनी खेमुगन इसके नेता हैं, म्यांमार और चीन से इसके अच्छे संबंध हैं और कोहिमा तथा फेक जिले इसके प्रभाव क्षेत्र में आते हैं।

8. यूनाइटेड नेशनल लिबरेशन फ्रंट : मणिपुर में सक्रिय यह उग्रवादी संगठन 1965 में वजूद में आया। इस संगठन के पास लगभग 150 से 200 तक उग्रवादी हैं तथा इसका प्रभाव क्षेत्र इंफाल घाटी तक सीमित है। मणिपुर की जनता के लिए स्वतंत्र एवं संप्रभु राष्ट्र दिलाना इस संगठन का उद्देश्य है चंदा और जबरन वसूली इनकी आय का जरिया है, पिस्तौल, स्टेनगन, एम-20 राइफल जैसे हथियार और एन.एस.सी.एन. तथा पी.एल.ए. आदि उग्रवादी गुटों के साथ इनके नजदीकी रिश्ते हैं। आर.के. मेघन और एन ओकन इसके सरगना हैं।

9. पीपुल्स लिबरेशन आर्मी : 1978 में बने इस संगठन का प्रभाव क्षेत्र मणिपुर राज्य में है इस गुट का उद्देश्य मणिपुर को स्वतंत्र संप्रभु राष्ट्र के निर्माण के लिए संघष्र करना है जो कम्युनिस्ट विचारधारा पर आधारित है। इस संगठन में 150 से 200 तक उग्रवादी हैं, उसके महिला मोर्चा में महिला उग्रवादी भी हैं। इस गुट की राजनीतिक शाखा का नाम रिवोल्यूशनरी पीपुल्स फ्रंट है, जिनकी तीन इकाइयां मणिपुर, म्यांमार और बांग्लादेश में सक्रिय हैं। राज्य के इंफाल, विशनपुर और थोउबल जिले इस उग्रवादी संगठन के सक्रिय क्षेत्र हैं। वसूली के साथ ही

थाईलैंड, सिंगापुर से भी इस गुट को पैसा मिलता है, ए.के.-47 ए.के.-56 एम.-20 एम-22 राइफलें चीनी एल.एम.जी. और पिस्तौलें आदि इनके हथियार हैं। एन.एस. सी.एन. (आई) और के प्रीपाक, उल्फा आदि गुटों से इन्हें मदद मिलती है। इनके सरगना आई चाओरेन भोरोत और उब्ल्यू काला हैं।

10. कुकी नेशनल आर्मी : मणिपुर के मोरेह और आसपास के क्षेत्रों में अपने आतंकवादी दबदबे वाले इस उग्रवादी गुट की स्थापना 5 अगस्त 1987 को हुई थी यह कुकी नेशनल आर्गेनाइजेशन की हथियार बंद शाखा है। इसका उद्देश्य भारत और म्यांमार के कुकी बाहुल्य क्षेत्रों को मिलाकर एक कुकी होमलैंड बनाना है जो भारतीय संविधान के दायरे में रहकर भारतीय भूभाग का हिस्सा हो। इस संगठन के पास 500 उग्रवादी हैं जिनके पास भी अत्याधुनिक हथियार मौजूद हैं। म्यांमार के कचि इंडिपेंडेंट्स आर्मी से इसके मधुर रिश्ते हैं। इसके शीर्ष नेता पाउखेसेई हाउकिप और वी. हाउकिप हैं।

अंतर्राष्ट्रीय संगठन से जुड़ने लगे हैं पूर्वोत्तर के उग्रवादी

पूर्वोत्तर स्थिति असम राज्य का खूंखार उग्रवादी संगठन उल्फा भी अब अनरिप्रेजेंटेड नेशंस एंड पीपुल्स आर्गेनाइजेशंस (यू.एन.पी.ओ.) जैसी अंतर्राष्ट्रीय संस्था का सदस्य बनने के लिए जी तोड़ कोशिश कर रहा है। नागालैंड के सक्रिय उग्रवादी संगठन नेशनल सोशलिस्ट काउंसिल आफ नागालैंड (इस्साक) जून 1993 से ही यू.एन.पी. ओ. का सदस्य बना हुआ है, इसी से प्रेरणा लेकर पूर्वोत्तर में सक्रिय अनेक उग्रवादी संगठन इस अंतर्राष्ट्रीय संस्था का सदस्य बनने के लिए प्रयासरत हैं। उपलब्ध सूचनाओं के मुताबिक आने वाले कुछ दिनों में इनको सदस्यता मिलने वाली है।

यू.एन.पी.ओ. एक मायने में विश्व का अनोखा संगठन है, अलग राष्ट्र के लिए संघर्ष करने वालों का अब तक कोई अंतर्राष्ट्रीय मंच नहीं था यू.एन.पी.ओ. अलग राष्ट्र के लिए संघर्ष करने वाले समूहों को नैतिक समर्थन और कूटनीतिक सहयोग देगा। यह संगठन अलग राष्ट्र के लिए संघर्ष करने वाली राष्ट्रीयताओं और समूहों को समर्थन देने के लिए ही खड़ा किया गया है। यू.एन.पी.ओ. अपने सदस्य संगठनों को अहिंसा के मार्ग पर चलना सिखाता है अहिंसा और शांति के लिए संगठन की सबसे बड़ी खूबी है, यही खूबी इसकी वास्तविक शक्ति भी बनेगी। अहिंसा और शांति जैसी विशेषताएं आने वाले दिनों में इस संगठन को लोकप्रिय भी बना सकती है।

यू.एन.पी.ओ दुनिया के ऐसी राष्ट्रीय समूहों का संगठन है जो अपनी सांस्कृतिक अस्मिता की रक्षा मनुष्य के बुनियादी तथा आर्थिक अधिकारों की स्थापना और अलग राष्ट्र के निर्माण के लिए संघर्ष कर रहे हैं। इसमें से कुछ राष्ट्रीयताएं और समूह ऐसे हैं जिन्हें अपने ही देश से बेदखल कर दिया गया है जबकि अन्य जातीय अल्पसंख्यक और स्थानीय निवासी हैं जिनके साथ उनकी ही देश की भूमि पर दूसरे नागरिकों सा बर्ताव किया जाता है। इन राष्ट्रीयताओं और समूहों में से अनेक अलग राष्ट्र के लिए चलाए जाने वाले संघर्ष में अपने को अलग-थलग महसूस करते थें ऐसा इसलिए कि इनके पास कोई ऐसा अंतर्राष्ट्रीय मंच नहीं था जहां से वे अपनी आवाज विश्व समुदाय तक पहुंचा सकें, इन समूहों और राष्ट्रीयताओं के इसी अभाव को पूरा करने के लिए यू.एन.पी.ओ. जैसी संस्था का जन्म हुआ है।

यू.एन.पी.ओ. अहिंसा, मानव अधिकार, आत्म निर्णय तथा लोकतंत्र, पर्यावरण सुरक्षा और सहिष्णुता के सिद्धांत में आस्था रखता है, यह संगठन अपने सदस्यों को कुछ सेवाएं भी उपलब्ध कराता है मसलन, अंतर्राष्ट्रीय मंच, मीडिया और सूचना सेवाएं, कूटनीति, अहिंसा और लोकतंत्र से संबंधित प्रशिक्षण कार्यक्रम, शोध सेवाएं वगैरह-वगैरह।

यून.एन.पी.ओ. के संगठनात्मक ढांचे में आम सभा सबसे महत्वपूर्ण अंग है सभी महत्वपूर्ण निर्णय यहीं किए जाते हैं। इसकी बैठक साल में एक बार होती है इसके बाद स्टेयरिंग कमेटी का स्थान आता है इसमें पांच से पंद्रह तक सदस्य होते हैं। आम सभा इन सदस्यों को निर्वाचित करती है। यू.एन.पी.ओ. का सचिवालय हेग में है, महासचिव यहीं बैठता है। आम सभा महासचिव को निर्वाचित करती है।

यून.एन.पी.ओ. का विस्तार तेजी से हो रहा है वर्तमान में 26 समूह इसके सदस्य हैं। इसके माध्यम से लगभग 5 करोड़ लोग इस संगठन में प्रतिनिधि हैं। यू.एन.पी.ओ. के प्रमुख सदस्य देश/समूह ये हैं :– अभीजिया, यूगोस्लाविया के अल्वेनियन, असीरिया, बीउगेनविल्ले, ईस्ट तुर्कीस्तान, अल्वानिया के ग्रीक, कुर्दीसियन, साउथ मोलुक्कास, टाटिस्तान, बेस्ट पाउपा, हिलट्रैक्स, चिट्टागांग अर्मेनिया, अबोरिजीनल्स आंउहे, बेलाउब, चेचन्या क्राइम्स जार्जिया, ईराकी, तुरगोमान, ताइवान, तिब्बत और जंजीबार।

अनरिप्रजेंटेड नेशंस एंड पीपुल्स आर्गेनाइजेशन जैसी अंतर्राष्ट्रीय संस्था चूंकि काफी दिन बाद प्रभाव में आई है अतः इसके पहले कोई भी आतंकवादी गुट न तो

इस प्रकार की संस्था के कभी सदस्य थे और न ही अहिंसक आंदोलन में विश्वास रखते थे । इस संस्था के आ जाने से विश्व स्तर पर कई गुटों के बहुत सारे नेता इनसे मनोवैज्ञानिक समर्थन प्राप्त कर हिंसक आंदोलन से हटकर एक अलग राह देना चाहते हैं। उनका मानना है कि इस प्रकार के आंदोलन से जन समर्थन आसानी से मिल जाता है और इसका लाभ राजनैतिक स्तर पर भी उठाया जा सकता है जबकि हिंसा के रास्ते पर चलने से वह आम जनता के विचारों से दूर होते जाएंगे उन्हें जनता और प्रशासन की दोहरी मार झेलनी होगी। बहरहाल भारत का स्वाधीनता आंदोलन भी कुछ इसी प्रकार का था, हालांकि उस समय इस प्रकार की संस्था नहीं थी नहीं तो स्वाधीनता सेनानी उनकी मदद अवश्य लिए होते। कुछ परिस्थितियों में आंदोलन बाजिब होते हैं चाहे हिंसक हो या अहिंसक, अनरिप्रजेंटेड नेशंस एंड पीपुल्स आर्गेनाइजेशन को चाहिए कि वह परिस्थितियों का सही व सतप्रतिशत अवलोकन करने के बाद क्रांतिकारियों को समर्थन करे अन्यथा वह सिर्फ आतंकवाद का पोषक मानी जाएगी न कि जन आंदोलन का समर्थक।

ब्रह्मपुत्र घाटी के आतंकवादियों के उद्देश्य

असमियां लोगों की नजर में मूल असम गण परिषद से टूटकर बने यूनाइटेड लिबरेशन फ्रंट ऑफ आसाम (उल्फा) के भूमिगत खूंखार आतंकवादी बंदूक धारी अब पूर्वोत्तर के इस राज्य के असली रक्षक हो गए हैं। निकम्मेपन की बदनामी से लिपटी कोई भी सरकार आतंक के डर से पलायन करती पूंजीवादी व्यवस्था को नहीं रोक सकती तो ऐसे में सरकार के खिलाफ जनाक्रोश भड़कना स्वाभाविक है। ''आसू'' के महंत भी मानते हैं कि समस्या खतरनाक स्थिति में पहुंच गई है असम के ज्यादातर मतदाता उल्फा का उदय अगप की कमजोरियों से जोड़ते हैं। जनता पार्टी सरकार द्वारा दिल्ली की सत्ता संभालने के बाद तो उग्रवादी संगठन उल्फा की शक्ति 90 गुना बढ़ गई थी, जबकि अगप के शासनकाल में यह नगण्य था। अब उल्फा असम की खुफिया रिपोर्ट के अनुसार 50 हजार से ऊपर सशस्त्र केडेर लेकर कछारी असम में तहलका मचाए हुए हैं। असम पुलिस के अनुसार उल्फा ने 1989 में 25 कत्ल किए थे, जबकि समाचार पत्र इसकी संख्या 75 बताते हैं। असम के सरकारी सूत्रों के अनुसार उल्फा ने 1990 तक 65 हत्याएं व 1991 में 75, 1992 में 77, 1993 में 102 1994 में 84, 1995 में 90 हत्याएं किए हैं। जबकि संख्या बहुत कम दिखाई गई है क्योंकि सेना के आपरेशन राइनो व आपरेशन बजरंग तथा

आपरेशन क्रांति में लगभग इतने ही सैनिकों को भी जान माल का नुकसान पहुंचा था।

आखिर ब्रह्मपुत्र घाटी के इन आतंकवादियों के उद्देश्य क्या है। उल्फा के मुख्य पत्र "स्वाधीनता" के अप्रैल अंक में संपादक सिद्धार्थ फुंकन कहते हैं "हमारा लक्ष्य सार्वभौम तथा समाजवादी असम राज्य की स्थापना है। असम कभी भी किसी भारतीय शासक के अधीन नहीं रहा है हमारी राजधानी गुवाहाटी नहीं शिव सागर है। वहीं पर अपना मुख्यालय बनाकर हम उल्फा की संयुक्त वाहिनी द्वारा दिल्ली के औपनिवेशिक शासन से "सदे असम" को मुक्त कराएंगे।"

असम पर आतंक का बढ़ता ज्वार व फौजी कार्यवाहियां

जब जब दुनिया या देश के किसी कोने में परिस्थितियां विषम हो जाती हैं, वह क्षेत्र आतंक व भय के झोंके से डगमगाने लगता है, और प्रशासन को उस पर नियंत्रण करना मुश्किल हो जाता है तो सेना की याद आती है। सेना वहां पहुंचकर जो कार्यवाही शुरू करती है इससे पूर्व वह इस कार्यवाही की रूपरेखा बनाती है, जिसके सहारे चलकर वह कम से कम समय तथा कम हानि के चलने खतरे को नियंत्रण में ले ले, इस संयुक्त कार्यवाही को आपरेशन का नाम दिया जाता है। ऐसा परिस्थितिवश किया जाता है इसी सिद्धांत के तहत जब असम पर आतंक की काली साया हावी होने लगी वहां का प्रशासन अपना नियंत्रण खो बैठा और जनता के बीच एक भय का वातावरण व्याप्त हो गया तो ऐसी स्थिति पर नियंत्रण हेतु वहां सेना ने समय- समय पर आपरेशन चलाया जो निम्नांकित है :—

1. आपरेशन बजरंग : यह अभियान सेना ने नवंबर 1990 में उस समय चलाया था जब असम पर उल्फा ने आतंक का तांडव मचा रखा था। एक तरह से वहां उल्फा का जंगल राज कायम था उनके भय से किसी में भी उसके खिलाफ विरोध करने की हिम्मत नहीं थी। ऐसी स्थिति में सेना ने आपरेशन बजरंग के तहत उग्रवादियों के छक्के छुड़ा दिए। सैकड़ों की संख्या में उग्रवादी मारे गए तथा बहुतों ने मौत के भय से आत्म समर्पण कर दिया, कई अन्य खूंखार आतंकवादी भागकर अन्यत्र जंगलों में शरण ली। सेना ने संपूर्ण क्षेत्र में एक बार सघन तलाशी व छानबीन कर भारी मात्रा में अस्त्र शस्त्र इकट्ठा किए और जनता में एक नया विश्वास जगाया था, उनके इस कामयाबी से ही वहां दुबारा अमन चैन कायम हो सका था।

2. आपरेशन राइनों : कुछ दिनों तक तो असम में आपरेशन बजरंग का

असर बरकरार रहा और वहां शांति कायम रही लेकिन यह अधिक दिनों तक नहीं रह सकी। धीरे-धीरे बचे कुचे आतंकवादियों ने पुनः अपने को सुसज्जित कर आतंक जमाने बाहर आ धमके और हत्या, डकैती, अपहरण, बलात्कार जैसी घटनाएं पुनः शुरू हो गईं जिसने आसाम की स्थिति को इस कदर बिगाड़ दिया कि वहां सेना की मांग ने जोर पकड़ लिया फलतः असम पुनः एक बार फिर सेना के हवाले कर दिया गया। इस बार सेना ने आपरेशन राइनों चलाकर उग्रवादियों से टक्कर ली। यह आपरेशन अभियान सितंबर 1991 में चलाया गया जल्दी ही सेना अपने आपरेशन में सफल रही और आतंकवादियों को भाग कर जंगलों में शरण लेनी पड़ी। दो तीन महीने में ही यह आपरेशन स्थगित कर दिया गया।

3. आपरेशन क्रांति : यह आपरेशन मई 1994 में असम के कोकराझार व बरपेंटा जिलों में बोडो उग्रवादियों के खिलाफ चलाया गया था। 29 मई 1994 में सेना ने आपरेशन क्रांति के तहत बोडो लैंड की स्वायत्व परिषद के मांग पर अड़े रहे और उग्र तथा आतंक का रास्ता अपनाए लोगों के खिलाफ एक जबरदस्त धरपकड़ शुरू की और बोडो हिंसा से त्रस्त आसाम को एक बार फिर शांतिमय बनाया था। इस प्रकार समय-समय पर सेना ने पूर्वी भारत के अशांत क्षेत्रों में अपने उत्तरदायित्व का निर्वाह करते हुए शांति बनाए रखा है लेकिन यह कटु सत्य है कि स्थायी रूप से शांति सेना से नहीं अपितु आपसी बैठक और विचार विमर्श से ही हो सकती है जिसके लिए हमारी सरकार ने आजतक इस प्रकार के सकारात्मक प्रयासे नहीं किया है। यह एक दुख का विषय है कब तक सेना के बल पर उग्रवाद को दबाया जाता रहेगा, कभी न कभी इस समस्या की तह में जाना ही होगा तभी इस अशांत क्षेत्र में स्थायी शांति कायम हो पाएगी।

बांग्लादेश के शरणार्थी समस्या का यहां के आतंकवाद पर प्रभाव

शरणार्थियों के प्रति हम कितना भी उदार तथा मानवीय दृष्टिकोण अपनाएं उनकी भारी संख्या के कारण किसी भी समुदाय का जीवन विश्रंखलित हो सकता है। किसी भी देश के संसाधन सीमित होते हैं यदि शरणार्थियों की संख्या नियंत्रण से बाहर हो जाए तो उन संसाधनों पर भी प्रभाव पड़ता है राजनीति भी कुछ हद तक प्रभावित होती है। शरणार्थियों को आश्रय देने के नाम पर राजनेताओं और अपराधियों का एक वर्ग विकसित हो जाता है यह वोट बैंक तथा उसके बचाव के लिए अनेक तरह के गैरकानूनी कामों को संरक्षण देता है और खुद भी इनमें लिप्त होता है। इसमें जन

भावना का सांप्रदायीकरण भी होता है जिससे जन विवेक का स्तर गिरता है और सार्वजनिक जीवन प्रभावित होता है। इसलिए यह स्पष्ट कहा जा सकता है कि किसी भी देश की शरणार्थी समस्या वहां के जन सामान्य वातावरण को इस हद तक प्रभावित कर सकती है कि वहां का उथल-पुथल उस क्षेत्र की शांति का हरण कर लेती है।

भारत में यह समस्या अपना भयंकर रूप ले चुकी है, खास तौर से बांग्लादेशीय जुम्मा शरणार्थियों ने संपूर्ण उत्तरी पूर्वी क्षेत्र की शांति को भंग कर दिया है बांग्लादेश के ये गैर मुस्लिम हैं चकमा आदिवासी जो चटगांव की चकमा पहाड़ियों में बसे हैं, इनमें से करीब 90 प्रतिशत जुम्मा जनजाति के हैं तथा हिंदू संस्कृति और परंपरा के अनुयायी हैं। ये बेचारे आदिवासी 1949 से ही सांप्रदायिक भेदभाव व जुल्म का शिकार हो रहे हैं तथा मुसलमान न होने की सजा भोग रहे हैं। जब सांप्रदायिक आधार पर देश का विभाजन हुआ तो पहले चटगांव के इस इलाके को भारतीय नक्शे में रखा गया था मगर अंतिम क्षण जाने क्या हुआ कि बिना इस क्षेत्र के निवासियों की परवाह किए इसे पूर्वी पाकिस्तान में शामिल कर दिया गया। बस तभी से इनका उत्पीड़न शुरू हुआ, पूर्व पाकिस्तान के मुस्लिम शासकों ने भारत का समर्थन करने के कारण इन हिंदुओं व बोद्धौं का खूब उत्पीड़न किया। चटगांव में बांध बना तो लगभग 40 हजार जुम्मा उजाड़ दिए गए जो असम और त्रिपुरा की सीमा पर आ बसे। उस समय भारत ने हस्तक्षेप करके इनका पुनर्वास करवाया लेकिन इन पर अत्याचार यथावत जारी रहा।

बांग्लादेश बनने पर इन आदिवासियों को लगा कि अब उनका दुख समाप्त हो जाएगा। लोकतंत्र के मसीहा बंग बंधु कहे जाने वाले मुजीबुरहमान से उन्हें बड़ी आशाएं थीं यही आशा लेकर इन आदिवासियों का एक प्रतिनिधि मंडल मुजीबुरहमान से मिला मगर उन्होंने उनकी एक न सुनी उल्टे सलाह दी कि वे अपनी सांस्कृतिक पहचान भूल जाएं और अन्य बांग्लादेशियों की तरह रहें। उनका स्पष्ट संकेत था मगर जुम्मा अपनी धर्म संस्कृति छोड़ने को तैयार नहीं हुए उन्होंने अपने अस्तित्व की रक्षा के लिए **"जुम्मा संघाती समिति"** नामक एक संगठन बनाया और सरकार से सशस्त्र संघर्ष का निर्णय लिया।

सरकारी संगठित सेना के मुकाबले वे कर भी क्या सकते थे फिर भी उन्होंने जमकर विरोध किया। इसके बाद बांग्लासेना ने तथा मुस्लिम कट्टरपंथी गिरोहों ने न जाने कितनी बार उनका सामूहिक संहार किया। अप्रैल 1979 व मार्च 1980 में इन पर बड़े क्रूर हमले हुए बांग्लादेश सरकार ने इनके इलाकों में इनकी जमीनें छीन कर वहां मुस्लिम बस्तियां बसाना शुरू कर दिया। 1979 के करीब 25 हजार जुम्मा

शरणार्थियों ने त्रिपुरा में आकर शरण ली। 1980 में भी करीब 30 हजार शरणार्थी भारत आए इसी तरह जून 1981 व मई 1984 में इन पर फिर बांग्लादेशी कहर टूटा था। अफसोस यह कि जिस भारत सरकार ने बांग्लादेश से आए करोड़ों शरणार्थियों को न केवल शरण दे रखी है वरन अपनी नागरिकता भी प्रदान कर दी है वह इन भारतीय संस्कृति के लिए अपनी जान देने वाले शरणार्थियों को अपने यहां बसा नहीं सकी है।

इंदिरा गांधी के नेतृत्व वाली भारत सरकार ने 1981 में, फिर 1984 में आए करीब 30 हजार जुम्मा शरणार्थियों को वापस बांग्लादेश भिजवाया। असलियत यह थी कि राजनीतिक दबाव में एक तरफ भेजे जाते थे दूसरी तरफ वहां से भगाए जाकर फिर यहां आते रहे। 1986 में तो बांग्लासेना और चकमा क्षेत्र में नए बसाए गए मुसलमानों ने भारी कत्लेआम मचाया जिसके कारण करीब 50 हजार शरणार्थी दक्षिण त्रिपुरा होकर भारत में पहुंचे। यह क्रम 1988 और 1979 में भी जारी रहा उधर के वर्षों में उन पर सबसे गहरा हमला 10 अप्रैल 1992 को किया गया जिसमें बहुत से जुम्मा मारे गए।

अब सवाल यह है कि ये हिंदू संस्कृति में आस्था रखने वाले चकमा जुम्मा आदिवासी कहां जाए, उन्हें न बांग्लादेश में शरण है और न ही भारत में। कारण स्पष्ट है चूंकि ये किसी के वोट बैंक में शामिल नहीं हो रहे हैं इसलिए इनकी लड़ाई लड़ने वाला भी कोई नहीं है। उधर बांग्लादेश के अधिकारियों का एक दल भारत में रह रहे जुम्मा शरणार्थियों की समस्या का अध्ययन करके गया लेकिन समस्या यह है कि इससे क्या होगा यहां शरण लिए ये आदिवासी फिर शायद बांग्लादेश की सीमा में धकेल दिए जाएंगे केवल दोबारा लाठी, गोली, खाने के लिए और फिर भाग कर इसी तरफ आने के लिए।

बांग्लादेश सरकार ने 12 दिसंबर 1994 को जन संग्राम समिति के साथ प्रस्तावित बातचीत को एक तरफा ढंग से रद्द कर दिया। इससे यह फिर सिद्ध हो गया कि उसमें चटगांव पहाड़ी क्षेत्र की समस्या को हल करने की राजनैतिक इच्छा नहीं है जबकि इससे पहले 10 अगस्त 1992 को ''जनसंग्राम समिति'' ने युद्ध विराम की एक तरफा घोषणा करके ढाका के साथ बातचीत की इच्छा जाहिर की थी। जुम्मा शरणार्थियों की वेलफेयर यूनियन के अध्यक्ष उपेंद्र लाल चकमा ने 29 अक्टूबर को वक्तव्य में कहा था कि भविष्य में शरणार्थियों की वापसी तभी हो पाएगी जब उनके पुनर्वास की समुचित व्यवस्था हो और शरणार्थियों के एक दल को स्थिति का

जायजा लेने के लिए चटगांव पर्वतीय क्षेत्र में जाने की इजाजत दी जाए। सीमा पार से मिले रिपोर्टों से संकेत मिलता है कि वापस गए बहुत से लोग भुखमरी की स्थिति में पहुच गए हैं। त्रिपुरा स्थित **ह्ययूमोनरी प्रोजक्शन फोरम** के अध्यक्ष चंद्र चकमा इन दिनों दिल्ली में डेरा डाले हुए हैं उनका कहना है कि "बांग्लादेश सरकार तथा रेडक्रास द्वारा जो 6 महीने का राशन दिया गया था वह कबका खत्म हो चुका है तो फिर अब जिंदा रहने का कोई साधन नहीं रह जाता क्योंकि अधिकांश वापस गए शरणार्थी न तो अपने गांवों को वापस जा सकते हैं और न अपनी जमीन वापस ले सकते हैं उनका भाग्य बसाने वालों और सुरक्षबलों के बीच झूल रहा है।"

ढाका नई दिल्ली यह दोनों के लिए आवश्यक है कि रेडक्रास की अंतर्राष्ट्रीय कमेटी तथा शरणार्थियों के लिए संयुक्त राष्ट्र के उच्च आयुक्त को दोनों ओर के शरणार्थी शिविरों में जाने और मुआयना करने की अनुमति दी जाए, यदि भविष्य में और अधिक वापसी होनी है तो यह और भी जरूरी है। शरणार्थियों को भूखे मारने की नई दिल्ली सरकार की नीति से कोई लाभ होने वाला नहीं है क्योंकि वे तो पहले से ही भूखों मर रहे हैं। इसके अलावा बांग्लादेश में उनका जीवन भी सुरक्षित नहीं है पूछताछ, मनमानी ढंग से गिरफ्तारी, यातनाएं देना तथा बेवजह सजाएं देना आम बात हो चली है अतः इन पर्वतीय क्षेत्र के लोगों का भय बेबुनियाद नहीं है, सुरक्षा बलों और आदिवासियों द्वारा सैकड़ों जुम्माओं का सुनियोजित ढंग से कत्ल किया गया। शांतिवाहिनी के छापामारों तथा बांग्लादेश की सुरक्षा सेनाओं दोनों ने अपनी-अपनी गतिविधियां तेज कर दी हैं ऐसे में इस पर्वतीय क्षेत्र में शांति स्थापना की संभावनाएं एक बार फिर धूमिल हो गई हैं।

भारत सरकार को जरा भी इन आदिवासियों से सहानुभूति है तो वह इनके स्थायी पुनर्वास की व्यवस्था करें। उचित तो यह होगा कि गरीबी व बेरोजगारी से परेशान होकर जो बांग्लादेश के मुस्लिम नागरिक भारत आ गए हैं उन्हें वापस करने की व्यवस्था की जाए क्योंकि कम से कम ये शरणार्थी बांग्लादेशी मुसलमानों के लिए अस्वीकार तो नहीं है। वे बेचारे चकमा तो वहां स्वीकार ही नहीं किए जा रहे हैं फिर उन्हें वापस भेजने का क्या औचित्य है विभिन्न राजनैतिक दलों को भी मानवीयता के आधार पर इस समस्या का समाधान खोजने का प्रयत्न करना चाहिए। शरणार्थियों को हिंदू मुस्लिम वर्ग में बांटकर देखना तो उचित नहीं है मगर यह तो देखना ही पड़ेगा कि उनके शरणार्थी बनने के क्या कारण है। जो वर्ग सरकारी उत्पीड़न व सांप्रदायिक हिंसा का शिकार होकर देश में शरण लेने आया है उसके प्रति भिन्न

और अपेक्षाकृत अधिक सहानुभूति पूर्ण रुख अपनाना ही पड़ेगा।

आतंकवादियों को प्राप्त विदेशी मदद व पड़ोसी देशों (पाक, वर्मा, चीन, बांग्लादेश आदि) के दृष्टिकोण की समीक्षा

समस्त उत्तर पूर्वी भारत में आतंकवाद के पीछे इसके पड़ोसी देशों खासतौर से पाकिस्तान, वर्मा (म्यांमार) चीन व बांग्लादेश की न केवल महत्वपूर्ण भूमिका रही है अपितु आज भी अनवरत जारी है। इस आतंक ग्रस्त क्षेत्र को और भी अधिक आतंकग्रस्त बनाने में इन देशों ने कोई कोर कसर नहीं छोड़ी है।

जहां तक पाकिस्तान का सवाल है इसके लिए असम की यह लड़ाई कोई नई नहीं है। ब्रिटिश शासन द्वारा 16 मई 1946 को बनाए गए मिशन प्लान में इसे सी ग्रुप में रखकर बंगाल के मुस्लिम बाहुल्य इलाके बांग्लादेश में मिला देने की योजना थी, ब्रिटिश सरकार की इस योजना को कांग्रेस कार्यसमिति ने भी लगभग अपनी मंजूरी दे दी थी परंतु इस फैसले पर गांधी जी ने तब तक कोई मत नहीं दिया था। इस योजना के कार्यान्वयन के बाद उत्पन्न होने वाले खतरे से संभवतः कांग्रेस कार्यसमिति अनभिज्ञ थी, परंतु गोपीनाथ बारदोलोई जिन्हें बाद में असम के लोगों ने (लोकप्रिय) के नाम से पुकारा उन खतरों को समझ गए और उन्होंने ही इस योजना का जमकर विरोध प्रकट किया। असम के अस्तित्व की रक्षा के लिए बारदोलोई की आवाज में शरदचंद्र बोस ने भी आवाज मिलाई, इस सिलसिले में वे गांधी जी से मिलकर यथास्थिति से उन्हें अवगत कराया। गांधीजी के एक करीबी साथी सुधीर घोष ने अपनी पुस्तक ''गांधीजी एमिसरी'' में दिल्ली की हरिजन कालोनी में 24 मई 1946 को गांधी जी और गोपीनाथ बारदोलोई के बीच हुई बातचीत को उद्धृत करते हुए लिखा है कि ''गांधी के सामने ऐसा कोई चारा नहीं था कि वे असम के वर्गीकरण को मान लें। असम एक मुस्लिम बाहुल्य राज्य नहीं था फिर भी उसे बंगाल के साथ जोड़ दिया गया था जो कि एक मुस्लिम बाहुल्य प्रदेश था ''इस सिलसिले में गांधी जी और गोपीनाथ बारदोलोई के बीच कई बार बातचीत हुई लेकिन कोई निर्णय नहीं निकला, संकल्प वद्ध गोपीनाथ बारदोलोई काफी हतोत्साहित हुए लेकिन उन्होंने धैर्य को नहीं छोड़ा और पुनः एक बार फिर गांधी जी से जाकर बातचीत की। इस बार गांधी जी ने उनसे कहा था कि ''वहां के लोगों से कहना अगर गांधी भी तुम्हें संघर्ष रोकने के लिए कहें तो उसकी भी न सुनना। कांग्रेस कार्य समिति, के फैसले को मानने का न तो कोई औचित्य है और न ही अवसर, उस फैसले के विरोध में संघर्ष

करो'। गांधी जी के इन शब्दों ने असम के उस वीर सपूत को एक नई ऊर्जा दी और वे इस योजना के विरोध में तनकर खड़े हो गए। आज यही राज्य आतंक और अंधेरे की अंधी सुरंग से गुजर रहा है। भारत के महान सपूत बारदोलोई ने जिस वृहत्तर आसाम का सपना अपनी आंखों में संजोए अंग्रेजों की इस योजना का विरोध किया था वही असम अब जिस दोराहे पर खड़ा है और जिस तरह इस राज्य के सात टुकड़े हो गए अगर आज वह जिंदा होते तो क्या वह असम के वर्तमान स्वरूप और स्थितियों से समझौता कर चुपचाप बैठे रहते? अवश्य ही वे एक बार फिर से पूरी व्यवस्था के विरोध में चट्टान बनकर तनकर खड़े हो जाते।

उस समय तो गोपीनाथ बारदोलोई जैसे महान लोगों ने आसाम को पाकिस्तान (आधुनिक बांग्लादेश) में जाने से रोक लिया था लेकिन उसी आसाम पर आज पाकिस्तान जैसे देश अपनी खूनी पूंजों से दबोचने हेतु सतत् प्रयत्नशील है और वहां के जन जीवन को अस्त व्यस्त कर दिये है। पाकिस्तान न केवल भारतीय क्षेत्र में वरन् म्यांमार को भी अपना लक्ष्य बनाने का प्रयास किया है इसलिए अब जरूरी है कि म्यांमार से हम अपने संबंध को न केवल अतिशीघ्र सुधारे अपितु इस दिशा में मिलकर सकारात्मक कदम भी उठाएं।

अगस्त 1992 में भारत और म्यांमार आपस में परामर्श करने हेतु इस ओर प्रेरित भी हुए थे। वर्षों पहले भारत के विदेश सचिव ज्योतीन्द्रनाथ दीक्षित यांगून गए दोनों देशों के प्रतिनिधि अपनी समान समस्याओं को हल करने हेतु एक उपयुक्त समझौता करने को उत्सुक थे म्यांमार के उपविदेश मंत्री उन्युन्त स्वे के नेतृत्व में म्यामार का एक प्रतिनिधि मंडल भारत आया था। दोनों देशों के गृह और वाणिज्य मंत्री के साथ बातचीत के बाद दोनों देशों के आपसी संबंधों को सुदृढ़ करने के उद्देश्य से एक समझौते पर हस्ताक्षर हुए थे। म्यांमार प्रतिनिधियों की बातचीत के बाद यह सच्चाई उभरी कि कुछ विदेशी तत्व भारत म्यांमार की 1643 किमी. सीमा पर विद्रोह और अलगांववाद भड़का रहे हैं। इन तत्वों को समाप्त करने और स्थिति पर काबू पाने के लिए मिलकर सभी संभव प्रयत्न किए जाने चाहिए और यह भी स्वीकार किया गया कि इस समूचे क्षेत्र में शांति व स्थायित्व बनाए रखने हेतु भारत और म्यांमार का सहयोग नितांत आवश्यक है। वैसे इन दोनों के बीच समानता की जो प्रीति जागी है उसके पीछे कारण यह रहा कि भारत की तरह म्यांमार भी पाकिस्तान द्वारा लाए जा रहे आतंकवाद से पीड़ित है। म्यांमार के अराकान प्रांत से भागकर जा रहे लगभग 3 लाख रोहगियां मुसलमान बांग्लादेश पहुंचे हैं, यांगून के

अधिकारियों ने ढाका के अधिकारियों से बातचीत की और यह कोशिश की कि रोहगियां वापस अपने घरों को लौट जाएं। ढाका सरकार भी रोहिगियां समस्या से मुक्ति चाहती है, मलेशिया, सिंगापुर, इंडोनेशिया, और थाई देश म्यांमार पर दबाव डाल रहे थे कि वह रोहिगियां समस्या का हल करे पर रोहिगिया या तो अपने देश अराकान स्वयं लौटना नहीं चाहते या उनहें दूरगामी योजना के अधीन अपने घरों को लौटने से रोका जा रहा है म्यांमार सरकार भी रोहिगियां मुसलमानों को चुन छाटकर लेने के पक्ष में है इसके कई कारण हैं। रोहगियां मुसलमानों के बीच दो शक्तिशाली छापामार दल उभरे हैं एक **अराकान रोहिगियां इस्लामी मोर्चा'** और दूसरा **''रोहगिया एकजुटता संघ''**। इन दो छापामार दलों के अतिरिक्त रोहिंगिया राष्ट्रवादी मोर्चा, रोहिंगिया मुक्ति वाहिनी, हरकतें जिस्वदुल इस्लाम आदि कई छोटे-छोटे छापामार दल भी हैं। इन छापामार दलों को पाकिस्तानी सेना की गुप्तचर सेवा छापामार युद्ध का प्रशिक्षण और हथियार देकर म्यांमार भेजती है। रोहिंगिया एकजुटता संघ के मुहम्मद युनुस ने बताया कि पिछले लगभग चार दशक में 10 लाख रोहिंगिया मुसलमान अराकान छोड़कर विदेश गए। वे रोहिंगिया मुसलमानों की मदद करते हैं।

सैनिक मामलों के एक विश्लेषक का कहना है कि भारतीय उपमहाद्वीप तथा दक्षिण पूर्व एशिया के बीच म्यांमार की स्थिति सैनिक दृष्टि से बहुत महत्वपूर्ण है और इसका एक पते के रूप में इश्तेमाल किया जा सकता है। पाकिस्तान यही कर रहा है। कश्मीर और पंजाब में आतंकवाद को मरता देखकर पाकिस्तानी सेना की गुप्तचर सेवा बांग्लादेश और म्यांमार के रास्ते पूर्वोत्तर भारत के सात राज्यों में आतंकवाद और विद्रोह की आग में पेट्रोल डाल रही है। आंतरिक सुरक्षा के भूतपूर्व केंद्रीय राज्य मंत्री, राजेश पायलट ने वर्ष 1995 में पूर्वोत्तर भारत के सात राज्यों के मुख्यमंत्रियों के सम्मेलन में मुख्यमंत्रियों और राज्यपाल से उस क्षेत्र की सुरक्षा के बारे में चर्चा के दौरान बताया कि पाकिस्तान ने इस क्षेत्र में बड़ी मात्रा में हथियार और विस्फोटक पदार्थ पहुंचा दिए हैं।

देश के उत्तर पश्चिमी भाग में अपनी दुर्नीति को विफल होते देख अब पाकिस्तान अपनी बंदूक बांग्लादेश और म्यांमार के कंधों पर रखकर भारत को निशाना बनाना चाहता है पर पाकिस्तान की दृष्टि सिर्फ भारत पर ही नहीं, रोहिंगिया मुसलमानों को आगे करके वह म्यांमार में भी अस्थिरता पैदा करना चाहता है। अक्टूबर 1994 में कोचिन विद्रोही नेता मेजर जनरल जाउमाई और म्यांमार के गुप्तचर विभाग के

अध्यक्ष ले जनरल खिन न्युन्त ने काचिन राज्य की राजधानी मितकिना में 30 वर्ष से चले आ रहे युद्ध की समाप्ति की घोषणा की थी। इस लड़ाई को खत्म करने में चीन ने मदद की, इससे कोचिन विद्रोहियों के कमजोर पड़ने की संभावना बनी है। पूर्वोत्तर भारत पर अपना दबाव बढाने और करेन प्रांत में सक्रिय रोहिंगिया छापामारों को मजबूत करने के लिए पाकिस्तान करेन, करेन्नी और मोन छापामारों को भी सक्रिय देखना चाहता है। करेन प्रांत अंतिम मुगल बादशाह के समय तक मुगल साम्राज्य का अंग था पाकिस्तान यहां फिर स्वतंत्र मुस्लिम राज्य की स्थापना करना चाहता है। भारत की सीमा से मिलने वाले वर्मा क्षेत्र में विद्रोह की स्थिति बनाए रखना पाकिस्तान इसलिए भी जरूरी समझता है कि नागालैंड के विद्रोही नागालैंड राष्ट्रीय समाजवादी परिषद (नारासप), असम के संयुक्त मुक्ति मोर्चा (समुमो) और मणिपुर की जनमुक्ति वाहिनी (जमुवा) की गतिविधियों को तेज किया जा सके। भारत के इन विद्रोही तत्वों को शक्तिशाली होता देखने की पाकिस्तान की योजना का एक आधार यह भी है कि म्यांमार का यह भाग स्वर्ण त्रिभुज के भीतर आता है, जहां मादक द्रव्यों के तश्कर शाह बड़े पैमाने पर अफीम की खेती करते हैं भारत म्यांमार क्षेत्र की चिन पहाड़ियों में अफीम के साथ बड़े पैमाने पर हेराइन का उत्पादन होता है, म्यांमार के मामपट, ताम, कोकर, तान जान आदि कई स्थानों पर हेरोइन तैयार करने के कारखाने चालू हैं।

म्यांमार से हेरोइन आदि की तश्करी पहले बड़े पैमाने पर चीन के रास्ते से यूरोप और अमरीका को होती थी, पर चीन ने अपनी सीमा से लगने वाले म्यांमार क्षेत्र में विद्रोह को खत्म कराने में म्यांमार की सहायता की है। चीन ने म्यांमार को लगभग 1.2 अरब डालर की सैनिक सहायता "मैत्री भाव" पर दी है। चीन ने वसीन के पास इरावदी नदी के मुहाने पर होगी में नया नौ सैनिक अड्डा स्थापित किया है। अंडमान द्वीप के पास म्यांमार के कोको द्वीपों में चीन ने रडार केंद्र स्थापित किया है। थाई सेना के पत्र खाजोताई के अनुसार चीन ने मगुई तट के पास कादान में भी नौ सैनिक अड्डा कायम किया है।

बर्मा के साथ सैनिक आर्थिक राजनैतिक संबंध मजबूत करने के बाद चीन ने यागूंन सरकार और विद्रोही गुटों पर दबाव डाला कि वे चीन की ओर होने वाले मादक द्रव्यों के प्रहार को रोकें। चीन की ओर मादक द्रव्यों की तश्करी रोकने के लिए बढ़ते दबाव के कारण भारत की ओर इन पदार्थों की तश्करी बढ़ी है म्यांमार से भारत की ओर तश्करी के मुख्य दो मार्ग हैं, एक रास्ता चिन पहाड़ियों से काले तिदांग, तुगंजाम कीकर होता हुआ मिजोरम तक आता है, दूसरा रास्ता तामू होता

हुआ मणिपुर के मोरेह तक आता है जहां से इंफाल, काठमांडू होता हुआ कलकत्ता तक पहुंचता है। कुछ तश्कर गिरोह लकड़ी के व्यापारियों के रूप में आते जाते हैं। मादक द्रव्यों की तश्करी भारत में विद्रोह भड़काने की पाकिस्तान की योजना के लिए उसी तरह उपयोगी है जिस तरह अफगानिस्तान से हेरोइन की तश्करी उसे काबुल सरकार के विरुद्ध विद्रोह तेज करने में सहायक सिद्ध हुई थी। विद्रोहियों और तश्करों को रोकने में विफल रहने के कारण ही केंद्र सरकार ने मणिपुर की सरकार को बर्खाश्त किया था। नागालैंड असम और मणिपुर के विद्रोही दलों ने बर्मा में अपने अड्डे कायम किए हैं। नरासप तो काफी अरसे से कोचिन क्षेत्र से अपनी भारत विरोधी गतिविधियां चला रहा है हाल ही में नरासप ने "अभियान दाओ" चलाया था जिसके अधीन सोलेह लाचांग पोगिनें और सोफलों में नरासप के छापामारों ने बर्मा सेना की चौकियों को नष्ट कर दिया। असम के समुमा, मणिपुर के जमुबा और संयुक्त राष्ट्रीय मुक्ति मोर्चा भी इस अभियान में शामिल थी। बाद में जब म्यांमार की सेना ने विद्रोहियों के विरुद्ध कार्यवाही की तो हजारों विद्रोही तथा म्यांमार में रहने वाले नागा भारत भाग आए।

भारत और म्यांमार के बीच ऐसी व्यवस्था थी कि दोनों देश एक दूसरे के आंतरिक मामलों में हस्तक्षेप नहीं करेंगे और ऐसा कोई कार्य नहीं करेंगे जिसे दूसरे के मामले में दखल देना समझा जाए। इस सूत्र को पकड़कर भारत और म्यांमार दोनों ने आपसी सहयोग के नए रास्ते खोलने का फैसला किया क्योंकि दोनों पक्ष पाकिस्तानी सेना गुप्तचर विभाग की दुर्नीति से परिचित है और इस क्षेत्र में इसके दुष्परिणाम झेल रहे हैं नरासप, जमुबा और सामुमों विद्रोहियों से निबटने में पहले भी कई बार म्यांमार सरकार ने भारत के साथ सहयोग किया था क्योंकि ये विद्रोही भारत और म्यांमार सीमा के दोनों ओर सक्रिय हैं।

असुरक्षा बोध से उपजा मुस्लिम उग्रवाद

पूर्वोत्तर राज्यों में मुस्लिम उग्रवाद की शुरुआत नब्बे के दशक में उस समय हुई जब बाबरी मस्जिद - रामजन्मभूमि विवाद तेजी से गहराया। उस समय दो प्रमुख कारकों ने यहां के मुस्लिमों में असुरक्षा की भावना को तेजी से बढ़ाया पहला यह कि इन राज्यों में स्थानीय लोगों ने 1971 के बाद बांग्लादेश से आए शरणार्थियों को वापस भेजने की मांग उठाई और दूसरे, यहां के मुस्लिमों पर विदेशी ताकतों से सांठगांठ कर उनसे आर्थिक सहायता प्राप्त करने का आरोप लगाया गया।

असम के मुस्लिम इलाकों पर बार-बार होने वाले आक्रमणों ने भी मुस्लिमों में असुरक्षा की भावना बढ़ाने में योगदान दिया। इन सबका परिणाम यह हुआ कि यहां के मुस्लिमों ने अन्य उग्रवादी संगठनों की तरह ही खुद का उग्रवादी संगठन बनाने का प्रयास शुरू किया। इसी बीच बाबरी मस्जिद के ध्वंस ने आग में घी का काम किया और पूर्वोत्तर राज्यों में मुस्लिम शब्द से जुड़े हुए अनेक उग्रवादी संगठन धीरे-धीरे सक्रिय होने लगे, जैसे मुस्लिम लिबरेशन आर्मी, मुस्लिम लिबरेशन टाइगर फोर्स आदि। लेकिन इस तरह के मुस्लिम संगठनों को अन्य बड़े उग्रवादी संगठनों का प्रभावी सहयोग नहीं मिला । इस समय अनुमान है कि इन क्षेत्रों में मुस्लिम उग्रवादियों की संख्या एक हजार से कम है और उनमें से लगभग 200 उग्रवादी ही ऐसे हैं जिन्होंने बांग्लादेश में प्रशिक्षण प्राप्त किया है। अपनी सीमित क्षमता के कारण ये मुस्लिम उग्रवादी संगठन पूर्वोत्तर के सिर्फ दो राज्यों असम और मणिपुर में ही सक्रिय हो पाए हैं।

असम में मुस्लिम संगठनों की गतिविधियां 1983 के बाद उस समय शुरू हुई जब नेल्ली में सांप्रदायिक दंगे हुए। यह दंगे वहां पर हुए विधानसभा चुनावों के वक्त हुए थे और यह मुख्यतः वहां के स्थानीय लोगों और बांग्लादेश से आए मुस्लिम शरणार्थियों के बीच का संघर्ष था। इस संघर्ष ने स्थानीय लोगों में बांग्लादेशी शरणार्थियों के प्रति विरोध का भाव भर दिया लेकिन फिर भी यह भावना उतनी उभर नहीं पाई। 1993 में जब मतदाता सूचियों में सुधार का काम शुरू हुआ तब इस समस्या ने फिर सिर उठाया और अनेक स्तरों पर यह बात उठने लगी कि प्रदेश में बांग्लादेश से आए शरणार्थी काफी तादाद में हैं और इसका कोई हल ढूँढ़ना चाहिए। अक्टूबर 1993 में चुनाव आयोग ने 16 लाख मतदाताओं जिनमें अधिकांश मुस्लिम थे को अपनी नागरिकता प्रमाणित करने का निर्देश दिया ताकि मतदाता सूची में उनका नाम शामिल किया जा सके। विवाद बढ़ने पर बाहर से आए कुछ मुस्लिमों के लिए स्थापित होमलैंड की नीतिगत आलोचना भी होने लगी यही नहीं बोडो क्षेत्र में बोडो सिक्योर्टी फोर्स के उग्रवादियों ने चारलैंड में बसे अनेक मुस्लिम इलाकों पर हमला करना शुरू कर दिया, मई 1994 के दौरान कोकराझार जिले में 22 और जुलाई 1994 में बारपेटा जिले में 40 मुस्लिम मार डाले गए। जनवरी 1994 में फिर कोकराझार जिले में 9 मुस्लिमों को मौत के घाट उतार दिया गया। 1995-96 के दौरान घुबरी, दारंग, और कोकराझार जिले में मुस्लिमों को पूरा क्षेत्र खाली करवाने की चेतावनी दी गई थी।

असम में मुस्लिमों की संख्या काफी है और 23 जिलों में से लगभग 11 जिलों

में भारी संख्या में फैले हुए हैं। यहां के चार जिलों में मुस्लिमों की जनसंख्या आधी से भी ज्यादा है घुबरी, में मुस्लिमों की संख्या सर्वाधिक लगभग 70 प्रतिशत है। गोलपारा में 50.18 प्रतिशत, बारपेटा में 56.07 प्रतिशत और हाइलाकंडी में 51.42 प्रतिशत जनसंख्या मुस्लिम है। इसके अलावा मोरिगांव में 45 प्रतिशत, करीमगंज में 48 प्रतिशत, नोगांव में 47 प्रतिशत सोनितपुर में 44 प्रतिशत, कोचर में 38 प्रतिशत, बोंगाइगांव और दारंग में 32-32 प्रतिशत आबादी मुसलमानों की है। यानि असम के 23 जिलों में से 9 में मुस्लिमों की आबादी एक तिहाई से भी अधिक है और ये यहां के चुनाव परिणामों को प्रभावित करने की स्थिति में रहते हैं इसके कारण यहां के स्थानीय लोगों में यह भावना भर गई है कि यहां के मुस्लिम न केवल जनसंख्या के घनत्व को प्रभावित कर रहे हैं बल्कि राजनैतिक समीकरणों को मन मुताबिक प्रभावित कर रहे हैं। स्थानीय लोगों की भावनाओं और असुरक्षा के बोध के कारण इन क्षेत्रों के मुस्लिम इसलिए भी संगठित होते रहे हैं ताकि वे अपने हितों की रक्षा कर सकें। 1 अप्रैल 1994 में हो जाह में हुए "इत्जमा" (सभा) में लगभग 10 लाख मुस्लिमों ने हिस्सा लिया था इस इत्जमा ने मुस्लिमों के समक्ष स्वायत्तता की भावना उठाई थी।

असम में लगभग सभी राजनीतिक दल इस स्थिति का लाभ उठाने के लिए इनके समर्थन की फिराक में रहते हैं और आल असम माइनॉरिटी स्टूडेंट्स यूनियन ए.ए.एम.एस.यू. एवं स्टूडेंट्स इस्लामिक मूवमेंट आफ इंडिया इनके छात्र संगठन हैं। यूनाइटेड माइनॉरिटी फ्रंट (यू.एम.एफ.) आफ असम चुनावों में भी हिस्सा लेता है- और इसका संबंध आई.आर.एफ., जे.ई.आई. (हिंद) लिबरेशन आव इस्लामिक टाइगर फोर्स, आदि संगठनों से भी है। इसी तरह माइनॉरिटी पीपुल्स एक्शन कमेटी का संबंध ए.ए.एफ.एस.यू., गारो नेशनल काउंसिल आफ मेघालय और ऑटोनमस स्टेट डिमांड कमेटी (ए.एम.डी.सी.) आदि उग्रवादी संगठनों से हैं।

मणिपुर में मुस्लिम आबादी लगभग 9 प्रतिशत है यहां के मुस्लिमों का आगमन 14वीं शताब्दी में हुआ। इतिहास के अनुसार यह लोग यहां के राजा महाराजा खंगेनबा के द्वारा युद्ध बंदी के रूप में लाए गए थे। इसके बाद मणिपुर के महाराज गरीब नवाज और भाग्यचंद्र के द्वारा भी ढेरों मुस्लिम युद्ध बंदी के रूप में लाए गए। युद्ध बंदी होने के कारण इनके साथ अनेक तरह के दुर्व्यवहार होते थे और इन्हें निम्न श्रेणी के कार्यों में लगाया जाता था। धीरे-धीरे ये लोग मेइती समाज में घुल-मिल गए फिर इन लोगों ने कुछ जमीनें हासिल कर लीं और जीविकोपार्जन के लिए खेती करने लगे। इस शताब्दी में बाहर से आने वाले मुसलमानों के कारण मणिपुर की मुस्लिम आबादी में काफी

वृद्धि हुई आज मणिपुर में ऐसे मुसलमानों की संख्या काफी है जो पूर्वी पाकिस्तान, असम के कैचर जिले या अन्य पड़ोसी राज्य से पलायन कर यहां आ बसे हैं। इनमें से अधिकांश इम्फाल घाटी में व्यवस्थित हैं जो पुराने मुस्लिम हैं वो तो यहां के मेइती समाज में समाहित हैं लेकिन बाद में आने वाले मुस्लिमों की ऐसी स्थिति है कि वे प्रायः मजदूरी या रिक्शा इत्यादि चलाकर गुजारा करते हैं। मई 1993 में मणिपुर के अनेक क्षेत्रों में सांप्रदायिक संघर्ष की घटनाएं हुईं और उनमें कम से कम 200 लोगों की जानें गईं। इन सांप्रदायिक संघर्षों की वजह दरअसल इम्फाल से 10 कि.मी. दूर मुस्लिम बाहुल्य क्षेत्र लीलांग में हुई, इससे पहले इन दोनों समुदायों में हल्की झड़पें तो होती थीं, पर किसी तरह की खूनी वारदात की घटनाएं नहीं हुई थीं। अयोध्या विवाद के बाद इनमें तनाव बढ़ने लगा और 1993 तक आते आते इनका तनाव कई बार उग्र रूप धारण करने लगा। लीलांग संघर्ष के बाद इसने विकराल रूप धारण कर लिया।

आर्थिक विकास से दूर क्यों रहा पूर्वोत्तर

पूर्वोत्तर राज्य आर्थिक औद्योगिक विकास के रास्ते पर शेष भारत के साथ कदम से कदम मिलाकर क्यों नहीं चल सके यह एक महत्वपूर्ण सवाल है। पूर्वोत्तर के सातों राज्यों असम, मणिपुर, मेघालय, त्रिपुरा, नागालैंड मिजोरम और अरुणाचल प्रदेश का कुल क्षेत्रफल 2 लाख 55 हजार वर्ग किलोमीटर है, जो कि देश के क्षेत्रफल का 7.75 प्रतिशत है।

1991 की जनगणना के अनुसार इस क्षेत्र की कुल आबादी देश की जनसंख्या का मात्र 3.71 प्रतिशत ही है। असम के दो घाटी क्षेत्रों को छोड़कर समूचा क्षेत्र विविध रंगी परिधानों वाले सैकड़ों जनजातीय समुदायों से भरा पड़ा है। इन जनजातियों के जीवनयापन और कृषि आदि का तरीका पारंपरिक ही है। सन् 1826 में अविभाजित असम के ब्रिटिश साम्राज्य का अंग बनने के बाद 19वीं शताब्दी के मध्यवर्ती काल में इस क्षेत्र में असमिया मूल के कुछ चाय बागान मालिकों और लकड़ी के व्यवसायियों ने जरूर अपनी निजी चावल मिलें और तेल मिलें खड़ी करने की कोशिश की लेकिन अन्य क्षेत्रों मे विकास काफी पिछड़ा रहा। यहां तक कि जिस तरह पूर्वोत्तर में लाइम स्टोन (30 हजार लाख टन), कोयला, (1928 मै.ट) लौह एयस्क (18 मै.टन), मार्बल (74 मैट्रिक टन), कच्चातेल (70 मैट्रिक टन और प्राकृतिक गैस (140 मिलियन क्यूबिक मीटर) का भारी भंडार मौजूद है इसके अलावा यहां पनबिजली उत्पादन की 50 हजार मेगावाट की भारी क्षमता मौजूद है। यहां पर्यटन उद्योग के विकास की अपार संभावनाएं भी हैं लेकिन इन सबके बावजूद विकास नहीं होने के कई कारण हैं।

पूर्वोत्तर यानी सात बहनें

प्रदेश	अलग राज्य का दर्जा	क्षेत्रफल (प्रति वर्ग किमी)	जनसंख्या	साक्षरता (प्रतिशत में)		जाति (प्रतिशत में)		राजधानी	भाषा लोकभाषा	जिले	राज्य विधानसभा में कुल सीटें	लोकसभा में कुल सीटें	राज्यसभा में कुल सीटें
				पुरुष	स्त्री	अनु.जाति	अनु.जन.						
अरुणाचल	20 फरवरी 1987	83.743	864,558	51.45	29.69	0.47	63.66	इटानगर	मोन्या, अर्क मिजी.				
									शेर्डुकपेन, निशी, पातनी आदि	11	60	2	1
असम	पहले से ही राज्य	78,523	22,414,322	61.87	43.03	7.40	12.82	दिसपुर	असमी	23	126	14	7
मणिपुर	21 जनवरी 1972	22,327	1,837,149	71.63	47.60	2.02	34.41	इम्फाल	मणिपुरी	8	60	2	1
मेघालय	21 जनवरी 1972	22,429	1,774,778	53.12	44.85	0.51	85.53	शिलांग	गारो, खासी अंग्रेजी	7	60	2	1
मिजोरम	20 फरवरी 1987	21,087	6,86,217	85.61	78.60	0.01	94.75	एजल	मिजो, अंग्रेजी	3	40	1	1
नागालैंड	1 दिसंबर 1962	16,527	1,209,546	67.62	54.75	-	87.70	कोहिमा	आओ, कान्याक, अंगामी सेमा, लोथा, अंग्रेजी	7	60	1	1
त्रिपुरा	1 अप्रैल 1975	10,491	2,757,205	70.58	49.65	16.36	30.95	अगरतला	बंगाली, कोकबरक, मणिपुरी	3	60	2	1

1. सड़क, रेल, और हवाई यातायात के साधनों की भारी कमी।
2. लाइसेंस प्रणाली की कठिनाई।
3. पूंजी का अभाव।
4. पूर्वोत्तर के कई क्षेत्रों में इनर लाइन परमिट की व्यवस्था होने के कारण अन्य राज्यों के लोगों के लिए निर्बाध आवागमन में कठिनाई।
5. भौगोलिक परिस्थितियां
6. उग्रवाद के कारण असुरक्षा और आतंक का माहौल।
7. भ्रष्टाचार।
8. उद्योगों के लिए आवश्यक तकनीकी ज्ञान और सरकारी प्रोत्साहन का अभाव।

उग्रवादी आंदोलनों और हिंसक गतिविधियों के कारण सबसे बड़ा नुकसान यह हुआ है कि बड़े औद्योगिक घरानों और पूंजीपतियों ने पूर्वोत्तर में पूंजी लगाना मुनासिब नहीं समझा। यही नहीं जब उल्फा ने 1989-90 में स्थानीय व्यापारियों उद्योगपतियों पर कहर ढाना शुरू किया तो उनकी सुरक्षा के लिए न तो राज्य सरकार आगे आई और न ही केंद्र सरकार कुछ कर सकी। गुवाहाटी चेंबर आफ कॉमर्स के अध्यक्ष शंकर बिरमीवाल और उद्योगपति स्वराज पाल के भाई तथा चाय बागान के मालिक सुरेंद्र पाल की हत्या की वारदातों के अलावा असम में तेल शोधक संयंत्र लगाने आए विदेशी अभियंता ग्रिटचांकों सर्गेई का अपहरण आदि घटनाओं ने पूर्वोत्तर की भयानक छवि बना दी।

ऐसे में भला कौन यहां उद्योग लगाने आता इसलिए 1991-96 में तत्कालीन वित्तमंत्री मनमोहन सिंह ने जब उद्योग लगाने के लिए पूर्वोत्तर में 5 साल तक टैक्स न लेने की घोषणा की तो उसका भी कोई खास लाभ नहीं हुआ। इसके पहले सन् 1979 से 1985 तक चले विदेशी भगाओ आंदोलन के कारण भी वहां विकास ठप रहा, इस दौरान औद्योगिक, आर्थिक विकास कलकत्ता, मद्रास और मुंबई आदि जगहों पर हुए। राजाओं, पूर्व राजाओं तथा व्यवसायियों ने ईस्ट इंडिया कंपनी में निवेश कर अपना शेयर लिया था और उद्योगपति बनकर उभरे थे, वैसा पूर्वोत्तर राज्यों में नहीं हुआ। नतीजा यह हुआ कि पूर्वोत्तर क्षेत्र औद्योगिक विकास की दृष्टि से पिछड़ता रहा। सन् 1946 में हुए भारतीय उत्पादकों, निर्माताओं की पहली गणना रिपोर्ट उस समय के पूर्वोत्तर क्षेत्र के उद्योगों की स्थिति बताती है। इस रिपोर्ट के अनुसार उस

समय अविभाजित असम (मणिपुर - त्रिपुरा को छोड़कर) मे कुल 58 फैक्टरियां थीं जो कि देश की कुल 5 हजार भारतीय फैक्टरियों की मात्र 1.1 फीसदी ही थी जबकि मद्रास का प्रतिशत 25, बंगाल का प्रतिशत 24 और मुंबई का प्रतिशत 19 था। आजादी के बाद 1948 में पूर्वोत्तर में फैक्ट्रियों की संख्या बढ़कर 75 हो गई और प्रतिशत 1.2 हो गया।

आजादी के बाद देश में योजनाबद्ध विकास की प्रक्रिया शुरू हुई तो संतुलित क्षेत्रीय विकास पर ध्यान देने की बात तो कही गई लेकिन उस पर अमल नहीं हुआ। जमीनी तौर पर पूर्वोत्तर के राज्य आर्थिक विकास से लगभग वंचित ही रहे। आजादी मिलने के 4 दशक बाद 1987 से 88 में केंद्रीय सांख्यकीय संगठन (सी.एस.ओ) के सर्वेक्षण से यह बात स्पष्ट हुई कि पूर्वोत्तर के राज्य पहले की तरह ही पिछड़े थे। उक्त रिपोर्ट के अनुसार उस समय पूर्वोत्तर क्षेत्र में 1931 पंजीकृत फैक्ट्रियां थीं जिनमें 1 लाख 39 हजार लोगों को रोजगार मिला था। देश की कुल फैक्ट्रियों में पूर्वोत्तर का औद्योगिक इकाइयों में 1 प्रतिशत से भी कम वृद्धि हुई। लघु उद्योगों के मामले में लगभग यही स्थिति थी लघु उद्योगों का प्रतिशत 1.75 था। पिछड़े क्षेत्रों के विकास पर गठित राष्ट्रीय समिति ने उत्पादन के क्षेत्र में प्रतिव्यक्ति आय को औद्योगिक विकास का पैमाना माना, इस आधार पर 1988-89 में असम में प्रतिव्यक्ति आय 3 सौ 38 रुपए थी जो कि राष्ट्रीय औसत आ्य 637 रुपए के मुकावले 47 प्रतिशत कम थी। अरुणाचल प्रदेश, मेघालय, और नागालैंड में प्रतिव्यक्ति आय 100 रुपए से भी कम थी। 1991 में मणिपुर मिजोरम, और त्रिपुरा में प्रतिव्यक्ति आय लगभग 150 रुपए थी।

असम में अधिकांशं चाय बागानों के मुख्यालय कलकत्ता, बंबई या लंदन में हैं, नतीजा यह है कि देश का प्रमुख चाय उत्पादक होते हुए भी असम को इसका लाभांश या इसका राजस्व नहीं मिल पाता। असम को यह भी शिकायत रही है कि राज्य से उत्पादित तेल की रायल्टी उन्हें काफी कम मिलती है। इसके अलावा आधार भूत संरचना बनाने के नाम पर जो धनराशि केंद्र से आई वह मुट्ठी भर राजनीतिज्ञों नौकरशाहों, ठेकेदारों की जेबों में चली गई।

पूर्वोत्तर के विकास के लिए राजनीतिक स्तर पर भी कुछ प्रयास हुए श्रीमती इंदिरा गांधी ने अपने प्रधानमंत्रित्व काल में 7 नवंबर 1972 को पूर्वोत्तर परिषद का उद्घाटन किया जिसका मुख्यालय शिलांग (मेघालय) में रखा गया। सभी पूर्वोत्तर राज्यों के मुख्यमंत्री इसके सदस्य बनाए गए। परिषद के अध्यक्ष उस समय पूर्वोत्तर

राज्यों के राज्यपाल बी.के. नेहरू को बनाया गया बाद में जब अन्य राज्यों के राज्यपाल नियुक्त हुए तो उन्हें भी परिषद का सदस्य बनाया गया। प्रत्येक राज्य के राज्यपाल को बारी-बारी से इसकी अध्यक्षता सोंपने का प्रावधान भी किया गया। परिषद की जिम्मेदारी क्षेत्रीय विकास की योजनाएं बनाना, जोनल काउंसिल की भूमिका निभाना और सुरक्षा तथा कानून व्यवस्था बनाए रखने के लिए राज्य सरकारों द्वारा उठाए गए कदमों की समीक्षा करना था लेकिन परिषद अपने उद्देश्यों में सफल नहीं हो सकी। अब पूर्वोत्तर परिषद का पुनर्गठन किया जा रहा है और तत्कालीन योजना आयोग के उपाध्यक्ष प्रोफेसर मधु दंडवते को इसका अध्यक्ष बनाया गया था, उम्मीद की जानी चाहिए कि शायद अब यह परिषद कुछ प्रभावी भूमिका निभाए।

मोर्चा सरकार बनने के कुछ महीनों बाद तत्कालीन प्रधानमंत्री, देवगौड़ा ने भी पूर्वोत्तर के लिए 6,100 करोड़ रुपए के विशेष आर्थिक पैकेज की भी घोषणा की थी। हालांकि इस पैकेज में काफी धन पूर्व स्वीकृत शामिल था, फिर भी पूर्वोत्तर के विकास पर पर्याप्त असर हुआ। प्रधानमंत्री इंद्रकुमार गुजराल भी उसी गंभीरता के साथ पूर्वोत्तर की योजनाएं स्वीकृत किये पड़ोसी देशों के साथ सीमा व्यापार की शुरुआत भी एक महत्वपूर्ण कदम है किंतु उग्रवादी संगठनों और औद्योगिक घरानों के बीच कथित सांठगांठ पर उत्पन्न विवाद ने एक बार फिर पूर्वोत्तर के आर्थिक विकास पर प्रश्न चिन्ह लगा दिया है। पूर्वोत्तर राज्यों के राजनीतिकों को जल्दी ही इस विवाद को हल करना होगा।

असम समस्या के परिप्रेक्ष्य में सरकार व राजनीतिज्ञों द्वारा उठाए जा रहे कदम तथा हल की क्षीण होती संभावनाएं : असम आज विडंबनाओं के चक्रव्यूह में फंस गया है। सरकार के अस्तित्व को खतरा प्रतिद्वंद्वी दलों या बोडो उग्रवादियों आदि से अधिक अखिल असम छात्रसंघ (आंसू) से है। यही संगठन अगप की जनक भी है। जनवरी 1990 में आंसू ने असम गणपरिषद (अगप) सरकार को अंतिम चेतावनी भी दे दी थी कि वह 1998 के असम समझौते को लागू करके अपनी ईमानदारी साबित करें वरना लोगों के प्रतिशोध का सामना करने को तैयार रहें। आंसू न केवल राज्य सरकार से वरन समझौते के टालमटोल करने से केंद्र से भी खफा है। आसू प्रतिनिधियों से बातचीत के बाद केंद्रीय गृहसचिव श्री शिरोमणि शर्मा और असम सरकार के मुख्य सचिव ए.पी. श्रवण ने 27 जनवरी 1990 को समझौते पर खास समय सीमा के अंदर अमल करने के करार पर हस्ताक्षर किए थे। आंसू को

शिकायत है कि बाहिरागणों की पहचान करने, उनसे मताधिकार छीनने और उन्हें राज्य से बाहर भेजने से संबंधित असम समझौते की धाराओं पर अब तक अमल नहीं हुआ है । संगठन के प्रबल दबाव के चलते ही वहां लोकसभा के चुनाव टाल दिए गए थे संगठन का कहना है कि मतदाता सूचियों में अधिकांशतः बाहिरागतों के नाम पड़े हुए हैं। आंसू के दबाव में असम सरकार ने केंद्र से कानून संशोधन की मांग की, 27 जनवरी को हुए समझौते के अनुसार फरवरी 1990 के अंत तक इस कानून में संशोधन का फैसला कर लेना था साथ ही 1971 के बाद आए लोगों की पहचान कर उनको निकालने से संबंधित लटके पड़े जांच कार्य को 31 अक्टूबर 1990 तक पूरा कर लेना था। आसू के सचिव अमिताभ ठाकुरिया कहते हैं "हमने उन्हें बता दिया है कि नई समय सीमा के भीतर कुछ नहीं किया गया तो आंसू नया आंदोलन शुरू करने पर मजबूर होगा" ऐसे में अपने 25 लाख सदस्यों के बलपर आसू राज्य प्रशासन को काफी हद तक ठप कर सकता है।

सही माने में देखा जाए तो समकालीन परिदृश्य दो प्रमुख घटनाओं का प्रतिफल है, इनमें से एक है **राज्य का पुनर्गठन** और दूसरा राजीव गांधी और आसू के बीच समझौता। इन दोनों ने ही स्थिति को उलझाया है इनमें पहले ने प्रभावी होकर और दूसरे ने इस कारण कि वह प्रभावी नहीं हो पाया। पुनर्गठन हुए अब तीस वर्ष बीत चुके हैं उसका परिणाम यह हुआ कि 1955 की सिफारिश के अनुसार जहां इस राज्य का क्षेत्र 1,42,000 वर्ग कि.मी. होता वहीं यह सिकुड़कर 79000 वर्ग कि. मी. मात्र रह गया है। ऐतिहासिक तौर पर जो अनेक जातियों और जन जातियों का मिलन स्थल था वह गैर जिम्मेदारी के स्तर तक उद्धत राष्ट्रवादी प्रवृत्ति से प्रेरित हो गया और यह राज्य जिसमें बड़ी सीमा तक पूंजी और उद्यम दोनों में ही बाह्य योगदान था जिसके चाय, कोयला और तेल उद्योग का श्रजन मुख्यतः ऐसे उद्योगों से हुआ था फिर भी उसी में 'असम असमियों के लिए" का नारा गूंज उठा। लंबे अरसे से असमियों को दिल्ली मोह नहीं सकी। खास तौर पर अक्टूबर 1962 से जब जवाहर लाल नेहरू ने कहा था असम के लोगों के लिए उनका हृदय द्रवित है तब चीनी उत्तरपूर्व में भारत की रक्षा पंक्तियों को भेद रहे थे और असम उनका अगला निशाना माना जा रहा था। श्री नेहरू के सद्भावना पूर्ण शब्दों को अलविदा का परिचायक माना गया था असमियों की टिप्पणी थी कि उन्हें कैसे त्यागा जा सकता है जो क्षेत्र में मिश्रित निर्णयों के बीच दृढ़ता से खड़े रहे थे। असुरक्षा के इस माहौल ने शेष भारत और विदेशों के निवेशकों में असुरक्षा की भावना बढ़ाई थी। वित्तमंत्री मनमोहन

सिंह ने जो राज्य सभा में असम के प्रतिनिधि भी थे सखेद यह दर्शाया कि जब तक असुरक्षा कायम है तब तक राज्य के लिए पूंजी आकृष्ट कर पाना कठिन होगा। वास्तव में असम एक दुश्चक्र से ग्रसित है, आर्थिक विकास में गिरावट का नतीजा वहां हताशा और हिंसा के रूप में सामने आया है और जब तक यह स्थितियां कायम हैं कोई भी सार्थक निवेश वहां होना सरल प्रतीत नहीं होता। गुवाहाटी की इच्छा है कि नई दिल्ली उसे स्थिति से उवारे परंतु दिल्ली सरकार स्वयं गंभीर उलझनों में फंसी लगती है, उसको इस दिशा में ध्यान केंद्रित करने में भी पर्याप्त समय नहीं मिल पा रहा है।

जहां तक असम के स्थानीय पार्टियों व राजनीतिज्ञों की बात है उसने उल्फा उग्रवादियों द्वारा बंधक बनाए गए लोगों की जान बचाने के लिए सभी राजनीति दलों ने बंधकों के बदले आतंकवाद और तोड़फोड़ की गतिविधियों के आरोप में गिरफ्तार किए गए सभी उल्फाइयों को रिहा कर देने की जो अपील की थी उसने यह गंभीर प्रश्न उपस्थित कर दिया है कि यदि घुटना टेक नीति के आधार पर अपराधी तत्वों और राजद्रोहियों से निबटा जाना है तो फिर उन कानूनों की आवश्यकता ही क्या जो अपराधियों से निबटने के लिए बनाए गए हैं। लगता है कि असम के राजनीतिक दलों ने सरकार से ऐसी अपील करते समय इस बात पर गंभीरता से जरा सा भी विचार नहीं किया कि इस प्रकार की अपील का क्या अर्थ होता है यदि वे इसको गंभीरता से लेते तो निश्चय ही ऐसी अपील जारी न करते। यह अपील कोई दो चार व्यक्तियों ने जारी की होती तो उतनी गंभीर बात न होती किसी राज्य के सभी राजनीतिक दलों द्वारा जारी अपील कोई सामान्य अपील नहीं हुआ करती बल्कि उस देश व राज्य की अहम इच्छा मानी जाती है। दुर्भाग्य यह है कि संकीर्ण राजनीतिक स्वार्थों ने असम ही क्या देश के सभी राजनीतिक दलों को नैतिक रूप से इतना कमजोर बना दिया है कि उन्हें सही दिशा में सोचने और निर्णय लेने में भी डर लगता है, राजनैतिक दलों में आई इस नैतिक कमजोरी का परिणाम आज सारा देश भोग रहा है और आतंकवादी चारों तरफ से सीना ताने चल रहे हैं। चाहे असम हो या पंजाब, कश्मीर हो या तमिलनाड़ु, चारों दिशाओं में आज आतंक की बहार है सरकार चुपचाप इस नजारे को देख रही है। जब देखने लायक नहीं रह जाता स्थिति उनकी कुर्सी को भी हिलाने लगती है तो वह उस क्षेत्र को सेना के हवाले करके सुखद, संतोष तथा कर्त्तव्य का अनुभव करती हैं और सेना जो कि कर्त्तव्य की प्रतीक है इन खूंखार भेड़ियों को पकड़कर इसे भारत के प्रशासन के हवाले कर देता है जिसे पुनः किसी अपहरण के फिरौती में छोड़ दिया जाता है ताकि वह पुनः अपनी पुनरावृत्ति करे।

यही भारतीय शासन और कानून की सफलता है जो कि यहां की जनता और यहां के जवानों के मनोबल को तोड़ने के अलावा कुछ नहीं है, ऐसा ही होता रहा तो हमारी शासन व्यवस्था इन खूंखार भेड़ियों के हाथ में भी जा सकती है जो गुलामी के अतिरिक्त और कुछ नहीं होगा।

समस्या सुधार के मौलिक उपाय : उपेंद्र वर्मा की मृत्यु के बाद बोडो लैंड की स्थिति पुनः विस्फोटक होने लगी, उल्फा की गतिविधियां बोडो उग्रवादियों से अधिक खतरनाक हैं, बोडो भारत या असम के अंतर्गत एक स्वशासित प्रदेश की मांग करते हैं जबकि उल्फा भारत से अलग होकर स्वतंत्र सार्वभौम ''सदे असम'' राष्ट्र बनाना चाहता है। यह आवश्यक है कि ऐसे विघटनकारी अलगाववादी संगठन से निपटने के लिए न केवल असम सरकार ही अपितु केंद्र सरकार को भी ऐसा कदम उठाना होगा जो कि समय व परिस्थितियों की मांग के अनुरूप हो। इन स्थितियों में विभिन्न महासभाओं, परिषदों तथा संगठनों ने आम सहमति से निम्न उपाय सुझाए हैं :–

1. आतंकवादी संगठन खासतौर से उल्फा पर प्रतिबंध लगाया जाए।
2. उल्फा के सदस्यों को गिरफ्तार कर उन पर मुकदमें चलाए जाएं।
3. असम सरकार उदासीनता पूर्व रवैया छोड़कर नागरिकों के जान माल की नैतिक जिम्मेदारी ले।
4. पुलिस प्रशासन को सक्रिय बनाकर केंद्र से आधुनिक हथियारों से लैस अर्द्ध सैनिक बलों को बुलाने का प्रबंध किया जाए।
5. असम के युवकों की समस्या हल करने के लिए तत्काल यथोचित योजनाएं क्रियान्वित किए जाएं।

केंद्र सरकार इस समस्या की जटिलता को जानते हुए भी कोई यथोचित कदम नहीं उठा पा रही है, यह एक चिंता का विषय है। लगता है असम अब राजनीतिक लड़ाई की ओर आगे बढ़ रहा है, जिसमें बंदूक और गोलियों की प्रधानता है। हम कब तक अपने वीर सपूतों के राइफलों की छाया में जिंदा रहेंगे। हम सबको मिलकर एक और कश्मीर बनने से रोकना चाहिए, अन्यथा कानून उनकी गिरफ्त में होगा जिनके हाथ में ए.के. 47 राइफलें होंगी। शांति की कल्पना तबाही में बदल सकती है अतः केंद्र सरकार को अब राजनीतिक चोंचलेबाजी न करके स्वार्थ से ऊपर उठकर

कश्मीर, पंजाब, आसाम व तमिलनाडु जैसी भयंकर समस्याओं से निपटना ही होगा।

वैसे जहां तक असम समस्या के समाधान की बात आती है, वहां के अध्ययन करने पर जो निष्कर्ष निकलता है उस हिसाब से अग्रांकित उपाय काफी हद तक कारगर हो सकते हैं।

1. एक विशेष विद्रोही विरोधी दस्ता गठित किया जाए एक विशेष प्रकोष्ठ बनाया जाए जो सारी गतिविधियों का समायोजन संयोजन व निरीक्षण तथा विद्रोही विरोधी योजना को आक्रामक रूप दे ताकि उत्तर पूर्वी अंचल में विदेशी मदद से चलाये जा रहे सशस्त्र विद्रोह रोके जा सकें। एक अवकाश प्राप्त सैनिक अधिकारी इस प्रकोष्ठ का प्रमुख हो।
2. जो राजनीतिज्ञ विद्रोहियों की मदद कर रहे हैं और सत्ता सुख भी भोग रहे हैं उन सबकी असलियत का पर्दाफाश होना जरूरी है । उत्तर पूर्व के सभी राज्यों के ऐसे नेता बहुतायत हैं जो राजद्रोही तत्वों के साथ सांठगांठ में सक्रिय हैं यह अत्यंत चिंता की बात है।
3. विदेशों से आ रही मदद रोकने के लिए कूटनीतिक स्तर और सैन्य स्तर दोनों स्तरों पर कार्यवाही करनी होगी यह मदद मुख्यतः म्यांमार बांग्लादेश और चीन से आ रही है।
4. जहां तक विद्रोही गतिविधियों पर नियंत्रण और समस्या के समाधान की बात है गृह मंत्रालय को एक राष्ट्रीय विचार विमर्श संगोष्ठी का आयोजन करना चाहिए, वरिष्ठ राजनेता, शीर्षस्थ अधिकारी और सामाजिक कार्यकर्त्ताओं को बुलाकर उनसे चर्चा की जानी चाहिए।
5. उत्तर पूर्व क्षेत्र में लागू विभिन्न कानूनों जैसे सशस्त्र बल (विशेष अधिकार) 1958 का कानून आदि समीक्षा आवश्यक है।
6. राजनेताओं के दबाव के कारण कानूनी एजेंसियां ठीक से और योजना पूर्वक काम नहीं कर पाती हैं अतः अनुचित हस्तक्षेप रोककर इन एजेंसियों को पहल करने दिया जाए।
7. दीमापुर गोवाहाटी, सिल्वर, इम्फाल शिलांग तथा कुछ अन्य क्षेत्रों में चुने गए हिस्सों की घर घर तलाशी ली जाए। अभी तक ऐसी तलाशी की कोई इजाजत इम्फाल के सिवाय कहीं नहीं दी गई है ऐसी तलाशी से उग्रवादी एवं हथियार तथा नगदी तीनों ही भारी मात्रा में बरामद होंगे क्योंकि

अक्सर शहरी क्षेत्रों में ही इन्हें छिपाया जाता है।

8. पाकिस्तानी खुफिया एजेंसी आई.एस.आई. इस इलाके में बहुत सक्रिय है जिन इलाकों में बांग्लादेशी मुस्लिम रहते हैं वहां आई.एस.आई. खास तौर पर सक्रिय है, असम, मणिपुर, और मेघालय के कुछ हिस्सों में आई.एस.आई. द्वारा मुस्लिम युवकों को प्रशिक्षण देने की बात भी प्रकाश में आई है। ''इस्लामी मुक्तिमोर्चा'' तथा ''छात्र इस्लामी आंदोलन'' जैसे संगठन भी इन मामलों में सक्रिय हैं अतः हमें अपने गुप्तचर संगठनों के कामों की समीक्षा करनी चाहिए उन्हें देश के हितों की पूरी चुश्ती और शक्ति से रक्षा करनी चाहिए।
9. केंद्र को असम के पिछड़े इलाके के विकास हेतु एक अलग प्रकोष्ठ बनाने चाहिए तथा इसका वार्षिक बजट औरों से अधिक व अलग होना चाहिए तथा ऐसी संस्था व संगठन के द्वारा खर्चा किया जाना चाहिए जो पूरी ईमानदारी बरतें और उचित खर्च करें।
10. असम के बेरोजगार युवकों को रोजगार के सुअवसर उपलब्ध कराने चाहिए तथा वाह्य कंपनियों को पूर्ण सुरक्षा व सहायता की गारंटी देकर यहां पूंजी निवेश हेतु प्रेरित करना चाहिए। इसके अतिरिक्त असम व संपूर्ण उत्तर पूर्वी क्षेत्र के भाषा, संस्कृति व सामाजिक उत्थान हेतु सकारात्मक कदम बढ़ाए जाने चाहिए।

(द) दक्षिणी क्षेत्र

तमिलनाडु और आतंकवाद

भौगोलिक व ऐतिहासिक पृष्ठभूमि

तमिलनाडु भारत के दक्षिणी पूर्वी समुद्री तट पर बसा हुआ एक प्रांत है श्री लंका से अपनी भौगोलिक दूरी बनाए हुए भी ऐतिहासिक दृष्टिकोण से उससे काफी घुल मिल गया है श्रीलंका द्वीप पूर्व के कई भारतीय सम्राटों का उपनिवेश भी रहा चुका है फलस्वरूप यहां की जनता का एक बड़ा हिस्सा व्यापार आदि के लिए श्रीलंका में जाकर रहने लगा था और यहां के मूल निवासी सिंघालियों में काफी अंदर

तक घुल मिल गए हैं। तत्कालीन परिस्थितियां उतनी प्रतिकूल नहीं थीं जितनी कि अब हो गई हैं, सिघली यहां के मूल निवासी हैं वे तमिलों को विदेशी मानते हुए उनके अधिकारों से उन्हें बंचित कर दिए हैं। श्रीलंका के शासन प्रशासन से लेकर हर उच्च पदों पर सिघलियों का ही अधिपत्य है यही नहीं सिघलियों द्वारा उन पर हुए अत्याचार से तंग आकर काफी संख्या में तमिल तमिलनाडु की तरफ भाग आए हैं। तमिलों का एक युवा वर्ग लिट्टे के नाम से सशक्त संगठन बनाया है जिससे श्रीलंका की सरकार व सेना से खूनी संघर्ष एक लंबे अरसे से जारी है। सिघली लोग तमिलों को अपने मूल स्थान तमिलनाडु वापस जाने पर दबाव डालते हैं वहीं उग्रवादी तमिल श्रीलंका में अपने सर्वाधिकार के साथ रहने के लिए संधर्षरत है। श्रीलंका सरकार समय-समय पर भारत व तमिलनाडु के मुख्यमंत्री पर इन आतंकवादियों की सहायता करने का आरोप लगता रहा है जबकि वास्तविकता यह है कि तमिलनाडु सरकार ही नहीं अपितु संपूर्ण भारतीय उपमहाद्वीप इस जातीय संघर्ष से प्रभावित है और यहां शांति के लिए प्रत्यक्ष व अप्रत्यक्ष रूप से प्रयत्नशील हैं।

सीमाओं के अतिक्रमण की समस्या व तमिल सिंघली संघर्ष

समय-समय पर जब तब सीमाओं के अतिक्रमण की खबरें सुनाई देती रही हैं पर सरकार इस ओर काफी उदासीन रही है। सीमाओं के अतिक्रमण की समस्या मुख्यतः दो परिस्थितियों में होती थी, एक तो इसलिए कि श्रीलंकाई सेना व सिघलियों के जोर जबरदस्ती तथा दबाव के चलते वे शांतिप्रिय तमिल जो उनसे टकराने या कष्ट सहपाने की हिम्मत नहीं रख पाते थे वहां से रातों-रात नावों व अन्य जल पोतों के सहारे वहां से चलकर भारतीय तटपर उतरते थे। कभी-कभी आतंकवादी गुटों व सेना के गोलाबारी के बीच फंसकर अपनी जान भी गंवा बैठते थे । दूसरे कारण यह भी था कि तमिल उग्रवादी जो हथियार गोलाबारूद आदि सामग्री हेतु विदेशों से संपर्क व लेन-देन करते थे उन्हें एक मात्र जलीय मार्ग से ही इस कार्य हेतु निकलना होता था जिनसे यदा-कदा न केवल श्रीलंका के नौ सैनिकों से वरन उन देशों की नौसेनाओं से भी छुटपुट लड़ाई हो जाती थी जिनका कि वे अतिक्रमण करते थे। इसी तरह श्रीलंका से निकले शांतिप्रिय तमिलों के जहाजी खेमे को भी कभी-कभी उग्रवादी मानकर नाव के बाहर उतार दिया जाता था इन परिस्थितियों ने मानवतावादी संगठनों को इस ओर आकृष्ट होने पर विवश किया।

श्रीलंका का यह जातीय नस्लीय संघर्ष का कुप्रभाव निश्चित तौर पर हमारे तटीय प्रांतों खास तौर से तमिलनाडु पर पड़ा, इसीलिए यहां की सरकार भी कभी केंद्र की नीतियों से ऊपर उठकर तमिलों के प्रति सहानुभूति दर्शाती रही है कहा तो यहां तक जाता है कि लिट्टे को तमिलनाडु से काफी सहायता मिलती रही है। यह बात अब जग जाहिर हो चुकी हैं कि तमिलनाडु में आतंकवादियों के प्रशिक्षण केंद्र मात्र इसलिए चलाने दिए गए क्योंकि वहां की सरकार ऐसा चाहती थी। तमिलनाडु सरकार को केंद्रीय सत्तारूढ़ नेता रुष्ट नहीं करना चाहते थे इसलिए कुर्सी बचाने के लिए तमिलनाडु में आतंकवादियों को आश्रय मिलता रहा। बाद में राजीव गांधी की हत्या हो जाने और जयललिता सरकार के पदासीन होने के बाद केंद्र की आखें खुलीं और उसे अपने किए पर पछतावा हुआ।

लिट्टे को गैर कानूनी घोषित करने के लिए तमिलनाडु की मुख्यमंत्री जयललिता द्वारा केंद्र पर जो दबाव डाला गया हो सकता है कि इसके पीछे उनके कुछ राजनीतिक उद्देश्य भी रहे हों लेकिन कुल मिलाकर इस निर्णय से राष्ट्र का हित ही हुआ है उसकी विदेशी साख बढ़ी है। आतंकवादी संगठनों के साथ-साथ उनके समर्थकों पर भी प्रतिबंध लगाने होंगे और यह समस्या तमिलनाडु में बार-बार उठाई जा रही है कि इस आतंकवादी संगठन के साथ कई राजनीतिज्ञों और अधिकारियों का समर्थन मिलता रहा है। इस संदर्भ में कुछ प्रमुख अधिकारियों को गिरफ्तार भी किया गया था लेकिन इनका पूर्ण सफाया होना आवश्यक है। आज भी तमिलनाडु और उसके आस-पास के राज्यों में लिट्टे समर्थकों की संख्या काफी है उन पर प्रहार करना आवश्यक है अनुकूल स्थितियां बार-बार नहीं आती और यदि ऐसा हुआ तो यह एक बड़ी उपलब्धि होगी।

(य) सांप्रदायिक दंगे

सांप्रदायिक प्रतिशोध व आतंक का नया रूप

भारत में आई.एस.आई. का कसता शिकंजा, उसके इरादे तथा योजनाएं

किसी समय पाकिस्तान के तानाशाह रहे जनरल जिया उल हक द्वारा बनाई गई पाकिस्तान की कुख्यात गुप्तचर संस्था आई.एस.आई. उनके मरने के बाद भी

उनके इरादे पर चलती रही। जनरल जिया के बाद के शासकों का इस संस्था पर कोई नियंत्रण नहीं रहा फलतः यह अनियंत्रित होकर दुनिया में आतंक के इतिहास में हर दिन एक नई मिसाल जोड़ देने के लिए हमेशा प्रयत्नशील रही है। आज एक तरफ भारत और दूसरी तरफ अफगानिस्तान इसके मुख्य लक्ष्य हैं भारत से इसका पुराना विवाद चलता रहा है, लेकिन अफगानिस्तान को इसने नया लक्ष्य बनाया है और तालिबान जैसे कट्टर आतंकवादियों के माध्यम से वहां कहर ढा रही है। इसकी मंशा पाकिस्तान को इस्लामिक प्रमुख बनाने की है।

भारत में इसने अपना शिकंजा काफी मजबूत कर रखा है, पहले पंजाब में आतंकवाद को हवा दी, लेकिन जब वह इसमें सफल न हो सकी तो सीधे कश्मीर पर दबाव डाला और आतंकवादी गतिविधियां बढ़ा दीं। वहां भी उसे कुल मिलाकर आशा के विपरीत ही परिणाम नजर आए फिर भी अंतर्राष्ट्रीय मंचों पर इस मसले को बार-बार घसीट कर पाकिस्तान शासक इसे विश्वव्यापी बनाने में सफल हुए, ये अलग बात है कि उन्हें इसके पक्ष में समर्थन नहीं मिल पाया और कूनीतिक हार स्वीकार करनी पड़ी।

आज आई.एस.आई. कश्मीर में घुसपैठ कराने के लिए देश के महत्वपूर्ण ठिकानों पर बम विस्फोट आदि आतंकवादी कार्यवाहियां करके भारतीय शासन और प्रशासन का ध्यान बंटाने का असफल प्रयास कर रही है। बंबई, कलकत्ता में हुए बम विस्फोट इसी उद्‌देश्यों से प्रेरित थे। ये घटनाएं आतंकवादियों के मजबूती से भारत में पांव जमा लेने की सूचक थी बहुत ही सुनियोजित ढंग से ये अपनी कार्यवाहियों को अंजाम दे रही है। आज हर महत्वपूर्ण दंगों के पीछे यदि बारीकी से देखा जाए तो इसके खूनी पंजे अवश्य दिखाई देंगे इससे निजात पाने के लिए ऐसी ही समानांतर खुफिया संस्था बनाकर क्रियाशील करना होगा, जो इसके क्षेत्र में घुसकर मुंहतोड़ जवाब दे सके साथ ही हमारे देश के नागरिकों को इन खतरनाक क्षणों में संयम और धैर्य से काम लेना होगा, ताकि इनके इरादे सफल न हो सकें।

सांप्रदायिक दंगे

भारत जाति, धर्म, मत, आस्था, भाषा, संप्रदायों आदि का अजायबघर कहा जाता है, इसके सामाजिक व सांस्कृतिक विरासत में उपरोक्त जैसे विभिन्न कारकों का बहुतायत समावेश है एक दूसरे में विभिन्नता, प्रतिद्वंद्वता का होना स्वाभाविक

है, लेकिन कभी-कभी यह प्रतिद्वंद्विता और द्वंद्व विचार सांप्रदायिकता का रूप लेकर एक खतरनाक वर्ग संघर्ष पैदा कर देते हैं। ऐसे समय में न केवल हमें जान माल का नुकसान उठाना पड़ता है, अपितु हमारे देश की धर्म निरपेक्षता पर भी लोग उंगलियां उठाना शुरू कर देते हैं। पाकिस्तान जैसा देश ऐसे ही मौके की तलाश में रहता है, ताकि वह किसी बहाने अंतर्राष्ट्रीय मंचों पर भारत को नीचा दिखा सके।

भारत में ये सांप्रदायिक दंगे आमतौर से धर्म के नाम पर, जाति के नाम पर, भाषा के नाम पर, क्षेत्रीयता व जल बंटवारे जैसे मुद्दे पर होता आया है। नदी जल बंटवारे में तमिलनाडु और कर्नाटक के मध्य कावेरी नदी जल बंटवारा संबंधित विवाद, हरियाणा, पंजाब, दिल्ली आदि का मिश्रित यमुना नदी जल विवाद जैसे मुद्दे काफी जटिल रहे हैं। जहां तक भाषा का विवाद है, इनमें हिंदी अंग्रेजी को लेकर या अन्य स्थानीय भाषाओं को लेकर विवाद छिड़ा हुआ है। दक्षिण भारतीय हिंदी को राष्ट्र भाषा मानने से इंकार करते हैं तथा वे इसे थोपी हुई भाषा मानते हैं, जबकि उत्तर भारत में अंग्रेजी हटाने के लिए आंदोलन हो रहे हैं।

गत 20 वर्षों से सांप्रदायिक आधार स्तंभ के रूप में जातिवाद ने एक महत्वपूर्ण भूमिका निभाई है। देश को सामाजिक, राजनैतिक और आर्थिक रूप से इसने बहुत प्रभावित किया। आरक्षण के मामले में सवर्ण और पिछड़ों के विवाद ने वैमनस्यता की खाई को बहुत चौड़ी कर दिया है। आरक्षण के नाम पर पूरे देश में दंगे हुए और हजारों की संख्या में लोग मरे और मारे गए तथा अरबों रुपए का सरकारी गैर सरकारी नुकसान हुआ, महीनों अर्थव्यवस्था प्रभावित होती रही। समाज में सद्भाव और भाईचारे ने तनाव और संघर्ष का रूप ले लिया अंततः अनुभव और योग्यता को किनारे कर भारतीय संविधान में अयोग्य और अनुभवहीन लोगों के लिए सीटें आरक्षित कर दी गईं। यद्यपि उच्चतम न्यायालय ने एक कमेटी के अध्ययन के आधार पर क्रीमीलेयर जैसे शब्दों की पूर्ण व्याख्या और अनुपालन करने पर जोर दिया तथा तकनीकी संस्थानों, सेनाओं, मेडिकल, इंजीनियरिंग व शिक्षा संस्थानों में आरक्षण लागू न करने का भारत तथा प्रदेश सरकार को निर्देश दिया है तथा पदोन्नति में भी इसको न लागू करने की हिदायत दी है, फिर भी केंद्र सरकार के बिना अनुमति लिए ही राज्य सरकारें इस आदेश की खिल्ली उड़ा रही हैं और इससे दो कदम आगे बढ़कर ही कार्य कर रही हैं। वोट की राजनीति ने जातिवाद के महत्व को बढ़ा दिया है लेकिन शायद भविष्य में इससे भी भयावह परिणाम भुगतने पड़ सकते हैं। शिक्षा के सर्वोच्च शिखर पर विद्यमान हर उच्चवर्गीय बालक रोजगार से वंचित होकर अपराध

को ही रोजगार मानेगा, तब की परिस्थितियों के लिए कौन जिम्मेदार होगा जब ये वैचारिक व मौलिक प्रतिस्पर्धा ईर्ष्या, द्वेष, घृणा, नफरत और संघर्ष का रूप ले लेगी और जिनकी संख्या लाखों और करोड़ों में होगी। यह एक मनोवैज्ञानिक चिंतन का विषय है क्योंकि जातिवाद का प्रभाव कम होने के बजाय दिनोंदिन बढ़ रहा है। लगभग हर जाति और वर्ग अपने को हाल के ही वर्षों से असुरक्षित और असहाय महसूस कर रहा है, उनमें एकीकरण की प्रबल भावना उभकर आई है। राजनीति को इसने भयंकर रूप से प्रभावित किया है यह शायद भविष्य में गृह युद्ध की परिणति के रूप में सामने आ जाए तो इसमें कोई आश्चर्य नहीं होना चाहिए।

सांप्रदायिकता की बलिवेदी पर अयोध्या के राम

जहां तक धर्म और धर्म की राजनीति का सवाल है यह एक बहुत ही जटिल और ज्वलंत मसला है, इसने अयोध्या, अलीगढ़, कानपुर, कलकत्ता तथा वाराणसी और बंबई सहित अन्य अनेक नगरों, महानगरों को सांप्रदायिकता की आग में बुरी तरह झोंक दिया जिससे कि मानवता झुलस कर कलंकित हो गई है। हिंदू और मुसलमान के संघर्ष का इतिहास धर्म से शुरू होकर धर्म से ही समाप्त हो जाना चाहता है। कहते हैं कि जब किसी व्यक्ति, वर्ग व समुदाय पर कोई ऐसा संकट आता है कि वह असहाय हो जाता है उसकी मदद इंसान नहीं कर पाता तो उन बेसहारों को सहारा देने परमात्मा अवतरित होता है और उन्हें आत्म संबल तथा शक्ति देता है। यह परमात्मा, जाति, धर्म आदि नहीं देखता, वह सिर्फ बेसहारों को सहारा देता है। यह एक अध्यात्म की सैद्धांतिक विचारधारा है। अतः इतिहास के उन कालों में जब हिंदुस्तान पर बर्बर विदेशियों के आक्रमण हो रहे थे तो हिंदुस्तान का हिंदू अपने भगवान के घर यानि मंदिरों में शरण ले लिये हुए था, ऐसे में मंदिर विशेष रूप से आक्रमणकारियों के क्रोध के शिकार हुए। इन आक्रमणों का एक उद्देश्य, एक धर्म के उत्थान और दूसरे धर्म के विनाश का भी था। अतः उन कालों में अयोध्या, काशी और मथुरा जैसी सैकड़ों मेंदिरों को मस्जिद में बदल दिया गया, इसमें कोई शक नहीं क्योंकि हिंदुओं को मानसिक रूप से कमजोर करने की उनकी यह महत्वपूर्ण कूटनीतिक चाल थी।

6 दिसंबर के पहले के इतिहास में किसी हिंदू द्वारा कोई मस्जिद गिरा देने जैसा शब्द शायद ही लिखा गया हो, फिर 6 दिसंबर को हिंदू समुदाय ने धार्मिक इतिहास को एक नए रूप में प्रस्तुत करने की हिम्मत जुटाई तो यह घटना अपने

आप में बहुत बड़ी घटना कही जाने लगी।

अयोध्या में विवादित ढांचे का तोड़ा जाना एक घटना है, कुछ लोग कहते हैं यह दुर्घटना थी जिसने राष्ट्र का सर झुकाया जबकि कुछ लोगों का कहना है कि यह सद्घटना है जिसने राष्ट्र का सर ऊंचा किया है। लोग कुछ भी कहें लेकिन यह सत्य है कि यह मात्र एक घटना थी न अच्छी और न बुरी। एक ऐतिहासिक घटना जिसके समानांतर भारतीय इतिहास में कोई घटना नहीं है और जिसका दूरगामी प्रभाव भारतीय इतिहास और भारतीय मानस पर पड़ेगा। जब हिंदुओं ने बाबरी मस्जिद तोड़ी तो सब आश्चर्य चकित रह गए क्योंकि धार्मिक सहिष्णुता तो हिंदुओं की पहचान मानी जाती है, आज से नहीं हमेशा से। किसी भी हिंदू राजा ने चाहे शिवाजी, राणा प्रताप और रणजीत सिंह ही क्यों न हों, कभी किसी मस्जिद को तोड़ने का आदेश नहीं दिया। हिंदू इस पर बड़ा गर्व करते हैं। हिंदुओं के धार्मिक सहिष्णुता के मूल में है उनकी शांति कामना और वसुधैव कुटुंबकम का सिद्धांत। विश्व की कोई प्रजाति (देश) या सभ्यता शांति की उतनी आग्रही नहीं रही, जितनी कि हिंदू मिश्र, रोम, चीन, ईरान, सीरिया की प्राचीन सभ्यताओं ने सदा युद्ध और विजय में ही अपनी कीर्ति देखी इसलिए इन सभ्यताओं में बुद्ध, अशोक, हर्ष और गांधी नहीं जन्मे।

फिर ऐसा क्या हुआ जो धर्म सहिष्णु और शांति कामी हिंदुओं ने बाबरी मस्जिद तोड़ दी। अगर मुसलमानों ने किसी मंदिर को तोड़ दिया होता तो आश्चर्य न होता इतिहास साक्षी है ऐसा तो होता ही रहा है लेकिन जब हिंदू भी ऐसा करें तो आश्चर्य होता है। सन 1192 में तराइन की हार के बाद 1992 में उन्होंने पहली प्रतिक्रिया व्यक्त की। आठ सौ वर्ष बाद हिंदुओं में प्रतिक्रिया का स्पंदन दिखाई पड़ा और मुसलमानों जैसा कार्य किया निश्चित ही यह एक एतिहासिक घटना है जिसका महत्व आने वाली शताब्दी आंकेगी।

उस घटना की तह में जाने पर यह निष्कर्ष निकलता है कि शायद उनकी यह मजबूरी थी उनको ऐसा करने के लिए मजबूर किया गया, चाहे नेताओं ने किया हो या धार्मिक संत महात्माओं ने किया हो या फिर उनकी अपनी आस्थाओं ने किया हो। निश्चित ही वे न चाहते हुए भी उसमें अपनी भागीदारी राम भक्तों ने निभाया और यह जानते हुए भी कि उनका राम ईश्वर अल्लाह में फर्क नहीं करता, उनका राम रावण का नाश तो किया लेकिन लंका का नहीं, वाली का नाश किया लेकिन अंगद और पंपापुर का नहीं, निषाद को गले से लगाने वाला राम भला ऐसा काम

करने की इजाजत कैसे दे देता। फिर भी राम भक्तों ने अयोध्या में जो कुछ आज की धर्म निरपेक्ष परिस्थितियों में किया वह शायद उनकी मजबूरी ही कही जाएगी, जिसके लिए संपूर्ण हिंदू समाज जिम्मेदार होगा।

धर्म और राजनीति

धर्म को राजनीति से अलग करने के लिए बहस छिड़ी हुई है, उसे देखकर हैरानी होती है लगता है हमारे राजनीतिक विमर्श की भाषा में तार्किकता के लिए कोई जगह नहीं बची। इस विधेयक को लेकर केंद्र सरकार लगातार प्रचारित कर रही थी स्वयं प्रधानमंत्री नरसिंह राव ने लालकिले के अपने भाषण में बताया कि धर्म और राजनीति दोनों अच्छी चीजें हैं लेकिन दोनों के आ मिलने से सांप्रदायिकता का राक्षस पैदा हो जाता है। अब इस बात में कौन विश्वास कर सकता है कि क्या धर्म के अच्छे और बुरे दोनों रूप नहीं हो सकते, क्या धर्म के नाम पर अन्याय और विषमता का समर्थन नहीं किया जा सकता और जाति प्रथा हजारों साल पहले से ही धर्म के समर्थन से ही अस्तित्व में रही है अतः धर्म के अच्छे और बुरे दोनों रूप हो सकते हैं। यही हाल राजनीति का है, इसमें भी अच्छाई और बुराई दोनों होती हैं आज उसका वह अच्छाई वाला रूप कभी-कभी ही सामने आता है जबकि बुराई वाला रूप अक्सर हमारे सामने होता है यही कारण है कि समाज में राजनीतिज्ञों की ताकत भले ही बढ़ रही हो पर उनके प्रति आदर लगातार कम होता जा रहा है । ऐसी स्थिति में यही कहा जा सकता है कि अच्छा धर्म और अच्छी राजनीति दोनों मिलें तो कोई हर्ज नहीं लेकिन बुरा धर्म और बुरी राजनीति आपस में मिलते हैं तो तबाही मचा देंगे।

वस्तुतः सबसे पहले साम्यवादियों ने यह मांग की थी कि धर्म को राजनीति से अलग करने के लिए कानून बनाना चाहिए इसका कारण यह था कि साम्यवादी विचार व्यवस्था में धर्म का कोई महत्व नहीं था। लेकिन यह भी एक विचित्र बात है कि स्वयं कार्ल मार्क्स ने धर्म के प्रति कोई तिरस्कार भाव नहीं दिखाया था उनका यह कहना कि "धर्म जनता की अफीम है" में उनकी धार्मिक अस्थायी आस्था की भावना ही निहित थी लेकिन लोगों ने इसका अर्थ दूसरे ढंग से ही निकाला। कार्ल मार्क्स ने स्पष्ट कहा था कि धर्म के पास मानव जीवन की वास्तविक समस्याओं का कोई समाधान नहीं हैं उसके द्वारा प्रदान की गई राहत झूठी राहत है लेकिन जब तक वास्तविक राहत दिलाने वाली विचारधारा न हो तब तक यह राहत ही महत्वपूर्ण है क्योंकि अफीम दर्द को कम नहीं करती लेकिन उसका अहसास तो करा ही देती है इस तरह मानव इतिहास

में धर्म की एक रचनात्मक भूमिका रही है इस भूमिका को तभी समाप्त किया जा सकता है जब मनुष्य की चेतना को पूरी तरह यथार्थवादी बनाया जा सके। देश के सबसे बड़े राजनीतिक नेता महात्मा गांधी धर्म और धार्मिक परंपरा से ही अपना राजनीतिक विवेक प्राप्त करते थे उनके लिए धर्म और राजनीति में कोई फर्क नहीं था।

इसलिए यह आलोचना वैद्य जान पड़ती है कि राजनीति को धर्म से क्यों अलग किया जाए क्या यह बेहतर नहीं होगा कि वह धर्म से नैतिक प्रेरणा प्राप्त करे। खासतौर से भारत में यह प्रश्न और भी ज्यादा विचारणीय है क्योंकि यहां धर्म का अर्थ कोई शुद्ध खास धार्मिक पथ या संप्रदाय नहीं बल्कि शुद्ध जीवन विवेक से है जो दुनिया का मार्ग दर्शन कर सकता है। इस अर्थ में धर्म मानवीय गुणों का समुच्चय है राजनीति में उसका सुनहला प्रकाश दिखाई देना आवश्यक है।

जो लोग धर्म को राजनीति का आधार बता रहे हैं और वैसी ही राजनीति करना चाहते हैं उनसे पूछा जाना चाहिए कि धर्म की जिन गुणों की वे चर्चा करते हैं क्या वे उनकी राजनीति में दिखाई देते हैं? सत्य, क्षमा, दया, शुचिता आदि धर्म के केंद्र में हैं लेकिन क्या वही गुण उनके राजनीति के केंद्र में भी हैं जो धर्म के इर्द-गिर्द बुनी जा रही है, धर्म के दो अर्थ आप नहीं कर सकते यदि धर्म का अर्थ धार्मिक व्यवस्था से प्राप्त मानवीय गुण है तो धर्माधारित राजनीति करने वालों को बताना होगा कि किन मानवीय गुणों पर उनका आग्रह है और यदि धर्म से अभिप्राय धार्मिक समूहों से है तो यह भी उनहें स्पष्ट करना होगा।

जब तक जीवन में धार्मिक विश्वास है वे राजनीति को प्रभावित करते रहेंगे यही बात क्षेत्रीयता, जातीयता, भाषा विवाद आदि के लिए भी कही जा सकती है। वस्तुतः राजनीति की खूबी यही है वह समाज में उपस्थित हर प्रवृत्ति से प्रभावित होती है सरकार जिस चीज को राजनीति से बाहर करना चाहती है वह है धर्म के आधार पर फैलाया जाने वाला विद्वेष और इसको बाहर करना अति आवश्यक है लेकिन सिर्फ कानून बना देने से ही यह समाप्त हो जाएगा? ऐसा कहना मुश्किल है, आखिर कौन दावा कर सकता है कि धर्म के आधार पर विद्वेष फैलाना उसका राजनीतिक अधिकार है यदि समाज में धर्म के आधार पर विद्वेष मौजूद हो उस द्वेष को बढ़ाने की संगठित कोशिश भी की जा रही हो लेकिन वह राजनीति में अभिव्यक्त न हो यह कैसे हो सकता है क्योंकि मुश्किल यही है सरकार धार्मिक विद्वेष फैलाने वालों के खिलाफ मुकदमा चलाकर उन्हें सजा दिलाने की उद्यम नहीं करना चाहती। सिर्फ यह चाहती है कि

राजनीति इससे प्रभावित न हो, ऐसा कैसे हो सकता है? ऐसी स्थिति में अगर किसी खास दल को ऐसा लगता है कि यह सिर्फ उसकी बढ़त रोकने का षडयंत्र है तो इसमें गलत क्या है?

किसी भी राजनीति का उसका अपना कुछ सामाजिक आधार होता है उस सामाजिक आधार को बदले बिना उस राजनीतिक धारा को सिर्फ संविधान में संशोधन कर समाप्त नहीं किया जा सकता कानून मददगार जरूर हो सकता है लेकिन तभी जब यह संघर्ष अन्य स्तरों पर भी चलाया जाए। चुनाव लड़ने वाला उम्मीदवार संत की तरह आचरण करेगा और उसके प्रचारक आग उगलेंगे इसके बाद एक संत को संसद में प्रवेश करने से आप कैसे रोक सकेंगे?

इसके अलावा सिर्फ धर्म के आधार पर फैलाए जाने वाले विद्वेष की चिंता की जाएगी और अन्य आधारों पर जैसे जाति, भाषा, नस्ल, आदि के आधार पर फैलाए जाने वाले विद्वेष की उपेक्षा कर दी जाएगी तो कोई यह कैसे स्वीकार कर सकता है कि विद्वेष की राजनीति के प्रति सरकार गंभीर है। प्रस्तावित विधेयक के मूलस्वरूप में उन सभी आधारों का जिक्र था लेकिन अब इन सभी आधारों को हटाने के लिए सरकार राजी हो गई यह एक अतार्किक स्थिति है। देश के अन्य राजनीतिक दल जाति, भाषा, क्षेत्रीयता आदि के आधार पर विद्वेष की राजनीति करने के लिए स्वतंत्र रहेंगे सिर्फ एक पार्टी पर यह रोक रहेगी तो विद्वेष की बुराई की तरफ किसका ध्यान जा सकता है। एक तरह के विद्वेष का समर्थन और दूसरे तरह के विद्वेष का विरोध इस अंतर्विरोधपूर्ण स्थिति से राजनीति को कौन-सी स्वस्थ दिशा दी जा सकती है क्योंकि सांप्रदायिकता से संघर्ष का रास्ता इतना सीधा नहीं कि सिर्फ कानून बना देने से ही स्थिति में बुनियादी बदलाव लाया जा सके यदि ऐसा होता तो धरती को स्वर्ग बनाने में कुछ ही अच्छे विधिवक्ताओं की जरूरत होती।

धर्म का मामला वस्तुतः बहुत ही पेचीदा है धर्म और राजनीति का मामला और भी पेचीदा है। यही कारण है कि पश्चिम के लोकतांत्रिक देशों में धर्म के खिलाफ या धर्म के आधार परखी जाने वाली राजनीति के खिलाफ कोई कानून नहीं बनाया गया है। यह राजनीतिक संघर्ष का विषय है विद्वेष के विरुद्ध नागरिक कानून ही काफी है उन पर ही अमल किया जाए, सबसे पहले तो समाज को ही विद्वेष से बचाना होगा एक विद्वेष रहित समाज से ही-विद्वेषहीन राजनीति पैदा हो सकती है। यह प्रश्न तो अलग है कि इस प्रकार के विद्वेष की राजनीति का मुकाबला वह राजनीति कैसे कर सकती है जिसने समाज में विद्वेष के अलावा कुछ फैलाया ही नहीं।

बंबई बम कांड-1993

आतंकवाद भारत की गंभीर समस्या है। पंजाब में सिख आतंकवाद की लहर के उतार से सारा देश चैन की सांस ले रहा था कि बंबई में 12 मार्च को हुए बम विस्फोटों ने इस चैन में गहरी दरारें डाल दीं। भारत में अब तक की आतंकवादी घटनाओं में यह सबसे बड़ी एक मुस्त कार्यवाही थी जिसमें 300 से भी अधिक लोग मौत के मुंह में समा गए। हालांकि इस कार्यवाही से सरकारी तथा कुछ अन्य प्रवक्ताओं ने बंबई को माफिया गुटों की लड़ाई और देश की आर्थिक नीतियों पर चोट करने की माफिया साजिश बताने के अनेक असफल प्रयास किए लेकिन शीघ्र ही यह उजागर हो गया कि यह कांड बंबई के अपराध जगत के मुस्लिम सरगनाओं की मदद से बहुत ही नियोजित ढंग से किया गया आतंकवादी कृत्य था। हो सकता है आज भी कुछ लोग बंबई कांड को इस्लामी आतंकवाद से जोड़ने में संकोच करें लेकिन यह सच्चाई है कि यह घटना परोक्ष अपरोक्ष रूप से भारत में इस्लामी आतंकवाद के पैर जमा लेने की ही सूचक थी। इसके पीछे कारण चाहे जो भी रहे हों और भले ही यह दिसंबर और जनवरी के दंगों की परिणति रही हो लेकिन इससे इंकार नहीं किया जा सकता है कि इस घटना को अंजाम देने में बंबई के अपराधियों को बाहरी इस्लामी मुल्कों की खासतौर पर पाकिस्तान की मदद मिली थी। अब यह मान लेना कि बंबई की पुनरावृत्ति नहीं होगी, तो एक ठोस वास्तविकता से मुंह चुराना होगा भारत को भविष्य में इस तरह की और घटनाओं का सामना करने के लिए तैयार रहना चाहिए।

दुनिया के बहुत से देश इस्लामी आतंकवादी गुटों की कार्यवाहियां झेल रहे हैं लेकिन इनमें सबसे अधिक आक्रामक तेवर इस्लामी आतंकवाद का ही है। इस्लामी आतंकवाद से पश्चिम के देश तो परेशान हैं ही स्वयं इस्लामी देश भी परेशान हैं और इससे बचने के उपायों की खोज में हैं। आतंकवाद चाहे जिस भी मत या आस्था की नकाब ओढ़े हो वह सभ्य समाज विरोधी दुष्प्रवृत्ति है। आतंकवाद को पालने-पोसने वाले जीवन के बेहतर मूल्यों में आस्था नहीं रखते और इसलिए वे कोई भी घिनौनी कार्यवाही करने से भी नहीं हिचकिचाते।

दिसंबर और जनवरी 1993 के सांप्रदायिक दंगों से अभी महानगर बंबई उबर भी नहीं पाया था कि 12 मार्च को उसे फिर एक जोरदार झटका लगा। यह झटका नहीं एक प्रलय था, लाखों बंबई वासियों ने इस प्रलय को बहुत निकट से देखा था

जली हुई लाशें, हवा में उड़ते मांश के लोथड़े और खून से लथपथ बंबई को इस दुर्दशा में पहुंचाने वाला कोई इंसान नहीं शैतान ही हो सकता है। दानवता का तांडव नृत्य इससे पहले इस महानगर की जनता ने कभी नहीं देखा और सुना था। 12 मार्च को डेढ़ बजे के बाद शृंखलाबद्ध एक के बाद एक कई विस्फोट हुए सारा नगर हतप्रभ और विवेक शून्य हो गया। 12 मार्च का सूर्य जब अस्तांचल की ओर बढ़ गया तब तक बंबई के ही नहीं समस्त देशवासियों के मानस पटल पर हिरोशिमा और नागासाकी जैसी दर्दनाक कहानियां अंकित हो गई थीं।

कौन होगा इस मानवता का दुश्मन? किसने प्रतिशोध की ज्वाला को शांत करने के लिए इस हंसते खेलते नगर के जीवन को आग लगा दी। उस बंबई को ही निशाना क्यों बनाया जा रहा है जो हिंदुस्तान की अर्थव्यवस्था का चेहरा है? और वह बम्बई जो लाखों लोगों को रोजी-रोटी देकर मां की थपकियों की तरह अपने बच्चों को सुलाती है। कौन से क्रूर हाथ हैं जो मां के चेहरे बार-बार नोचने का प्रयास करते हैं। इन बम विस्फोटों के बारे में बहुत कुछ लिखा जा चुका है और लिखा जाएगा, वे बम किस प्रकार के थे? कहां बने थे? कौन लेकर आया था? किसने योजना बनाई थी? आदि कुछ ऐसे सवाल हैं जिन्हें हिंदुस्तान के ही नहीं वरन् विश्व के बेहतरीन दिमाग ढूंढने का प्रयास कर रहे हैं लेकिन एक सवाल जो सबसे महत्वपूर्ण है जिसका उत्तर हमारे राजनीतिज्ञों को हमारे समाजशास्त्रियों को तथा अर्थशास्त्रियों और हमारी जनता को देना है, सवाल है यह सब क्यों किया गया? इसके लिए बंबई को ही क्यों चुना गया? यह मात्र दंगों के बाद की प्रतिक्रिया है या फिर हिंदुस्तान की अर्थ व्यवस्था को चौपट कर देने की कोई साजिस? इसका पता लगाना देश की 85 करोड़ जनता के लिए बहुत आवश्यक है। हम इन देशद्रोही दुश्मनों को कोई पाठ पढ़ाएंगे या फिर मानवता को इसी प्रकार सिसकता छोड़ देंगे।

बम विस्फोटों की जांच के लिए अपने ही देश की 6 संस्थाएं कार्यरत थी इनमें फोरेंसिक मामलों की निष्णात पूना की डिफेंस टीम और कलकत्ता से आई एक्सपलोजिप टीम शामिल है। रिसर्च एंड एनालिसिस विंग का मार्ग दर्शन है, सी.बी.आई. एवं आई.बी. टीम के साथ यहां की स्टेट पुलिस भी लगाई गई ताकि किसी प्रकार से तालमेल में कमी न रह जाए। अंतर्राष्ट्रीय स्तर पर इंटरपोल की सहायता ली गई तब जाकर याकूब मेमन जैसे अभियुक्त को पकड़ा जा सका था।

यह किसी को बतलाने की आवश्यकता नहीं कि भारतीय उपखंड के अपराधियों की शरणास्थली पास में ही बसा दुबई है। हिंदुस्तान में जो भी बड़ा अपराध

होता है उसका संचालन दुबई में बैठे माफिया करते हैं। कभी हाजी मस्तान और शुफर नारायण जैसे लोग तश्करी के माध्यम से सोने चांदी से भारतीय समुद्र तट को पाट देते थे। आर्थिक प्रवाह बदलते रहने से तश्करी के प्रवाह भी बदलते रहे अब युग सोने चांदी की जगह मादक पदार्थ नशीली दवाओं और आर.डी.एक्स की बोरियों ने ले लिया है। यह भी अपनी जगह पर सत्य है कि इन धंधों में अल्पसंख्यक वर्ग के लोग ही ज्यादातर शामिल हैं चाहे मेमन बंधु हो व जलियावाला या पीलूबान अथवा बम विस्फोट के लिए जुटाने वाले स्कूटर के डीलर और मैकेनिक सभी अल्पसंख्यक समुदाय के हैं। दंगे के उन दौर में मुस्लिमों का बड़ा नुकसान हुआ था उनको आर्थिक रूप से चौपट कर दिया गया इसलिए यह शंका अपने आप में वाजिब ही है कि क्या यह घटना एक प्रतिशोध नहीं है?

इस कांड में दोषी अभियुक्तों को पकड़ने के लिए भारत सरकार द्वारा मांगी मदद पर इंटरपोल के अधिकारियों ने 24 जुलाई 1993 को करांची की उड़ान पकड़ने के लिए काठमांडू हवाई अड्डे पहुंचे अभियुक्त याकूब मेमन को पकड़कर पूरा किया। याकूब मेमन 21 जुलाई को सुबह पी.आई.ए. की उड़ान पीके 250 से काठमांडू पहुंचा था, भारत से आया उसका चचेरा भाई उसे हवाई अड्डे पर लेने आया था ये दोनों एक ऐसे लाज में रुके थे जिसमें आई.एस.आई के संदिग्ध एजेंटों का हमेशा आना जाना लगा रहता था। 24 जुलाई को वह लुफ्तहांसा वायुसेवा के उड़ान नंबर एल. एच. 765 से करांची वापस जानेवाला था पर जब जर्मन एयरलाइंस के काउंटर पर सुबह 8.15 बजे अपना सूटकेश जमा कर रहा था, एक घंटा बाद जब वह इमीग्रेशन डेस्क पार कर आया तो हवाई अड्डे के सुरक्षाकर्मियों ने उसकी रुटीन जांच की उसके ब्रीफकेश से उन्हें विभिन्न दस्तावेज दिखे जिनमें भारत और पाकिस्तान की अलग-अलग पासपोर्ट और भारत पाकिस्तान तथा अमेरिका की मुद्राएं थीं, उसे हिरासत में लेकर इंटरपोल को दे दिया गया जिसे प्राथमिक जांच के बाद इंटरपोल के अधिकारियों ने 25 जुलाई को सुबह 3 बजे सौनोली बार्डर (गोरखपुर) पर रॉ (Raw) के अधिकारियों को सुपुर्द कर दिए। तत्पश्चात् गहन पूछताछ के बाद 4 अगस्त को रॉ ने सी.बी.आई. को गिरफ्तारी की सूचना दी और नई दिल्ली रेलवे स्टेशन पर 5 अगस्त को सुबह सी.बी.आई. के हवाले कर दिया।

याकूब अब्दुल रज्जाक मेमन की गिरफ्तारी के लिए पर्दे के पीछे रॉ के अधिकारियों द्वारा की गई घेराबंदी ने महत्वपूर्ण भूमिका निभाई इस घेराबंदी के कारण ही सी.बी. आई. उसे गिरफ्तार करने में कामयाब हो सकी। सी.बी.आई. ने अभियुक्त याकूब

मेमन के खिलाफ टाडा कानून के तहत मामला दर्ज किया जिसमें उस पर भारत आकर विध्वंसकारी साजिश रचने का आरोप लगाया गया है।

बंबई बमकांड में याकूब मेमन की भूमिका षडयंत्र रचने वाले और वित्तीय मदद देने वाले की थी। बमकांड को अंजाम देने के लिए उसने अभियुक्तों टाइगर मेमन, दाउद इब्राहिम, अनीस इब्राहिम, और अयूब मेमन के साथ मिलकर दिसंबर 1992 और जनवरी 1993 के बीच अनेक बैठकें कीं। याकूब और अयूब अपने अन्य साथियों को विस्फोट के प्रशिक्षण के लिए पाकिस्तान भेजने के वास्ते अपनी कंपनी तिजारत इंटरनेशनल से 14 लाख रुपए दिए और विस्फोट की निगरानी की जिम्मेदारी निभाने वाले समीर गोरा को भी याकूब ने 21 लाख रुपए दिए थे।

याकूब मेमन ने दूरदर्शन पर 9 अगस्त 1994 को प्रसारित न्यूजट्रेक से इंटरव्यू में पाकिस्तान और उसकी खुफिया संस्था आई.एस.आई. को दोषी प्रमाणित करते हुए बताया कि पाकिस्तान का मकसद भारत में आतंक फैलाना है इसलिए भारत की सरकार और जनता को नुकसान पहुंचाने के लिए वह सब कुछ करता है। उन्होंने बताया कि आई.एस.आई. ने अपने एजेंट टौफीक जलियावाला के जरिए हथियार और विस्फोटक मुहैया कराया और वह जगह (जहां बम रखे जाते) बताई तथा टाइगर ने अपने साथियों से बाकी काम करवाया।

25 अगस्त 1993 को मेमन कुनबे के दो बच्चों सहित 6 और सदस्य नई दिल्ली के इंदिरागांधी हवाई अड्डे पर दुबई से आने वाली एयर इंडिया की उड़ान संख्या 736 से उतरे जिन्हें केंद्रीय जांच ब्यूरो के अधिकारियों ने गिरफ्तार कर लिया जिनमें मेमन बंधुओं के पिता 60 वर्षीय अब्दुल रज्जाक मां हनीफा, उनके बेटे 35 वर्षीय सुलेमान उर्फ आरिफ, 25 वर्षीय ईसा उर्फ अंजुम, 23 वर्षीय, यूसुफ, सुलेमान का 30 वर्षीय पत्नी सबीना और उनके बच्चों 7 वर्षीय इलियास और 5 वर्षीय आलिया की गिरफ्तारी हुई। इन 6 वयस्क सदस्यों के सिर पर 4.5 लाख रुपए का इनाम था इन लोगों को मेट्रोपालिटन मजिस्ट्रेट बी.के. जैन ने टाडा के तहत जेल भेज दिया।

बंबई बमकांड के सिलसिले में फरार अभियुक्त उसमान गनी मुहम्मद मेमन उर्फ मुन्ना को गुजरात पुलिस के आतंकवाद विरोधी दस्ते ने उस समय धर दबोचा जब वह बंबई में अपनी बहन से मिलने जा रहा था। उसने कुबूल किया कि दाउद अयोध्या कांड के बाद मुसलमानों के संहार का बदला लेना चाहता था और इसलिए उसने आर.डी.एक्स पाकिस्तान से भारत में पहुंचाने का बंदोबस्त किया।

दाऊद इब्राहिम जो कि मुख्य अभियुक्त हैं को लेकर अटकलें जारी थी, तोफीक सिद्धीकी जलियावाला, सईद, आरिफ, टाइगर मेमन, तथा सुलेमान याकूब व अयूब के साथ करांची के अहमत हाऊस में की गई बातचीत के टेप में यदि जलियाँवाला का दावा सच है तो दाऊद बंबई के मशहूर वकील राम जेठमलानी से फोन पर संपर्क में था। बम विस्फोट संबंधी आरोप पत्र में उसके खिलाफ बहुत मामूली सबूत हैं इस मामले से उसका संबंध आर.डी. एक्स उतारने वाले एक एजेंट के इकवालिया बयान के आधार पर ही जुड़ सकता है और वह एजेंट अपना बयान बदल भी सकता है। याकूब मेमन ने पहले से ही दाऊद को अलग-थलग रखने की नाकाम कोशिश किया लेकिन जांचकर्ता गंभीरता से छानवीन कर रहे थे उनके अनुसार षडयंत्र दो तरह से हो सकते थे पहला षडयंत्र दाउद और उसके लोगों ने अयोध्या विध्वंस के बाद बंबई सूरत, अहमदाबाद और कलकत्ता जैसे शहरों में मुसलमानों पर होने वाले हमलों को रोकने और उसका जवाब देने के लिए रचा होगा और दूसरे, खबर मिलने पर आई. एस.आई. ने इस योजना को अपने हाथ में लेकर टाइगर और जलियावाले की मदद ली और आर.डी. एक्स का बंदोबस्त किया तथा बंबई शेयर बाजार और एयर इंडिया के दफ्तर जैसे व्यवसायिक केंद्रों को अपना निशाना बनाया, इस तरह से यह सांप्रदायिक षडयंत्र राष्ट्र विरोधी षडयंत्र बन गया।

कहा जाता है कि बम विस्फोटों की साजिश बेनजीर के राजनैतिक प्रतिद्वंद्वी नवाज शरीफ के शासन काल में बनाई गई थी। बेनजीर पाकिस्तानी खुफिया तंत्र के नवाज से जुड़े ऐसे लोगों का पर्दाफाश करने की कोशिश कर रही थी जो पाकिस्तान को आतंकवादी देश के रूप में पेश कर रहे हैं, इसी आरोप के चलते नवाज के शासन काल में अमेरिका ने पाकिस्तान को अस्थायी तौर पर निगरानी सूची में डाल दिया था। इस तरह वे अपनी सरकार को स्थिर करने का इरादा रखने वाले शक्तिशाली विरोधियों को मात दे सकती थी इसके लिए वे टाइगर व दाउद जैसे खतरनाक अभियुक्तों को भारत सरकार के पास भिजवाने में मदद कर अमेरिका की हमदर्दी भी पा सकती थी और कश्मीरी आतंकवादियों को मदद देने के भारत के आरोप को कुछ हद तक झुठला भी सकती थी।

लेकिन बेनजीर की कितनी भी राजनीतिक मजबूरियां हों वे ऐसे शख्स को भारत के हाथ सौंपना पसंद नहीं करती जो पाकिस्तान के आतंकवादी गतिविधियों में शामिल होने का ठोस सबूत दे सकता है। बेनजीर ने बम विस्फोट में पाकिस्तान का हाथ होने के भारत के आरोप को झूठा बताया उन्होंने कहा कि भारत पाकिस्तान

पर आरोप मढ़कर अपनी समस्याओं खासकर कश्मीर में मानवाधिकारों के हनन के मामले से सबका ध्यान हटाना चाहता है।

दुनिया के सभी देशों पर एक तटस्थ दृष्टि डाली जाए तो यह तथ्य सामने आता है कि समस्त इस्लामी देशों में इन दिनों मुस्लिम आतंकवादियों का गिरोह सक्रिय है जब वे अपने धर्म से जुड़े लोगों को क्षमा नहीं कर सकते तो गैर मुस्लिमों के साथ उनकी दया की उम्मीद नहीं की जा सकती। ईरान का खुमैनीवाद और अफगानिस्तान में लड़ रहे मुजाहिदिनों के आठ गुट पाकिस्तान में अलजुलफिकार और हमारे ही राज्य में कश्मीर लिबरेशन फ्रंट तथा जमाते इस्लामी इसके जीते जागते सबूत हैं। इस्लाम के नाम पर वे कहीं भी और कभी भी योगदान दे सकते हैं, फिलिस्तीनी एवं लेबनान के शिया मलेशिया तो इस क्षेत्र के पुराने जोगी हैं बंबई में जो बम मिले उनको बनाने और चलाने की क्षमता तो वे ही रखते हैं। विमान अपहरण के युग से आतंकवाद की वर्तमान गतिविधियों की शुरुआत करने वाला कोई रहा है तो उसका श्रेय केवल इस्लामी देशों को ही रहा है।

कश्मीरी आतंकवादी जब कश्मीर को भारत से अलग करने का संकल्प दोहरा सकते हैं तो वे भारत सरकार पर इस तरह की गंदी हरकतें करके दबाव न लाएं वह कैसे सोचा जा सकता है। बंबई में ही 6 दिसंबर की घटना के बाद मुस्लिम क्षेत्रों में लगे बोर्ड "अब हमें एक नया देश चाहिए" इस बात को साबित कर देते हैं कि उग्रवादी दिमाग क्या सोच रहे हैं और क्या कर सकते हैं। विश्व मे फैले इस्लामी आतंकवाद के परिप्रेक्ष्य में यदि कोई बंबई के बम विस्फोट को देखें तो उसमें किसी दूसरे का भला क्या दोष है?

जहां आई.एस.आई. का सवाल है पाकिस्तान की इंटर सर्विसेज इंटेलीजेंस का जन्म ही भारत को परेशान करने के लिए हुआ है बांग्लादेश निर्माण का प्रतिशोध ठंडा करने के लिए जनरल जिया ने अपने समय में जनरल हमीदगुल के नेतृत्व में इस संस्था का गठन किया था, बेगम भूट्टों ने अपने प्रथम शासन काल में इसको दबा दिया था लेकिन उनकी सरकार भंग करने के बाद राष्ट्रपति गुलाम इसहाक खान ने इस संस्था को फिर से मजबूत बनाया और भारत के विरुद्ध लड़ने को तैयार किया तब से यह संस्था अपनी कुख्यात कारनामों को अंजाम देती चली आ रही है।

अगस्त 1992 में पकड़ा गया कुख्यात आतंकवादी मनजीत सिंह ने जो जानकारी दिया था उससे यह तभी से स्पष्ट हो गया था कि आई.एस.आई. कोई बड़े

वारदात की साजिश रच रही है। यह वही अपराधी था जो 23 जून 1985 के दिन भारतीय एयरलाइंस के विमान में विस्फोट कर 300 व्यक्तियों को मारने के षडयंत्र में सफल हुआ था उसने बताया कि बंबई में अकादमी उम्मत कांफ्रेंस क्यों हुई और फिर स्टूडेंट इस्लामिक मूवमेंट आफ इंडिया के सदस्य किस प्रकार पाकिस्तान में सशस्त्र प्रशिक्षण लेने के लिए पहुंचे इनके इरादे क्या थे? यदि इस पर गंभीरता से विचार किया जाए तो सिमी और आई.एस.आई. दोनों इसके खलनायक जान पड़ते हैं। मनजीत और सिमी नेता साकिब नचन तथा वाहिर जमाल मनजीत के साथ अहमदाबाद और मद्रास भी गए। वहां मद्रास में एक सिमी (स्टूडेंट इस्लामिक मूमेंट आफ इंडिया) नेता की सहायता से मद्रास स्टाक एक्सचेंज की इमारत को उड़ाने का षडयंत्र रचा किंतु उस सदस्य के समय पर न आने से घटना टल गई। उन्हीं के सपने को किसी ने 12 मार्च 1993 को बंबई में करके साकार किया तो बहुत आश्चर्य की बात नहीं।

कश्मीरी आतंकवाद से मुकाबला करने और देश के अन्य अलगाववादी संगठन जिन्हें पाकिस्तान से लगातार सहायता मिलती है जब तक भारत सरकार इनके साथ खुलकर नहीं लड़ेगी तब तक उनका अंत नहीं होगा। मुस्लिम पुरातनवाद और आतंकवाद का अंत भी उसी समय निश्चित है जब यहां बैठे ताकतों के मालिक को परास्त किया जाए।

पाकिस्तान से होने वाले संभावित युद्ध में इस बार अनेक सवालों का जवाब मिल जाएगा अलगांववादी ताकतें जो सरकार और समाज में दीमक बनकर लगी हैं उनका सफाया हो जाएगा युद्ध के बाद के चुनाव बहुमत और संख्या बल के साथ-साथ कानूनी और नैतिक रूप से भी शक्तिशाली होगा जो कि अराजकता और आतंकवाद को कुचलने में सक्षम और सवल होगा। पा!किस्तान की हार उन सब ताकतों की हार होगी जिन्होंने इस देश को अस्थिर बना रखा है फिर भी बम्बई की इस घटना का पटाक्षेप भविष्य में इतनी जल्दी नहीं हो पाएगा। इस अपराधिक मोड़ पर संजयदत्त जैसे कितने जेल की सलाखों में से निकलेंगे तो कई अन्य सलाखों के अंदर धकेल दिये जायेगें। आम लोगों के मन से ये भावनाएं निकालना जरूरी है कि कानून छोटों के लिए है बड़ों के लिए नहीं वस्तुतः कानून तो कानून है इसका उल्लंघन और अनुपालन के लिए न केवल आम लोग वरन् स्वयं कोर्ट और सरकार की जिम्मेदारी है कि वह किसी भी दोष को दो निगाह से नहीं देख सकती और खास तौर से देशद्रोहात्मक जैसे अपराध करने वाले के खिलाफ तो सख्त कार्यवाही होनी ही चाहिए।

तृतीय खंड

1. अंतर्राष्ट्रीय आतंकवाद
2. अंतर्राष्ट्रीय आतंकवाद और भारत
3. आतंकवाद और पाकिस्तान
4. आतंकवाद और श्रीलंका
5. आतंकवाद और चीन
6. आतंकवाद और बांग्लादेश
7. विश्व के अन्य आतंकग्रस्त क्षेत्र

   (अ.) अफगानिस्तान (व) सोमालिया (स.) यूगोस्लाविया

   (य.) बोस्नियां (द.) खाड़ी युद्ध और आतंकवाद

1

अंतर्राष्ट्रीय आतंकवाद

पृष्ठभूमि

आज आतंकवाद विश्व रणनीति का इस कदर एक अंग बन चुका है कि लगभग हर अंतर्राष्ट्रीय बैठक में यह कार्यसूची में ऊपर होता है। यह संयुक्त राष्ट्र संघ से लेकर देशों और प्रांतों के प्रशासन के स्तर तक आधुनिक राजनीति और समाज व्यवस्था के सरोकार का प्रमुख मुद्दा बन चुका है। पिछले कुछ त्रर्षों से विश्व के एक बड़े हिस्से में हिंसा और आतंक का अभूतपूर्व उभार देखने को मिला। आतंकवाद की घटनाएं अब किसी एक देश या देशों के एक समूह की समस्या नहीं रह गई हैं बल्कि इसने एक अंतर्राष्ट्रीय प्रवृत्ति का रूप धारण कर लिया है। न्यूयार्क के एक राजकीय विश्वविद्यालय द्वारा किए गए एक अध्ययन के अनुसार जनवरी 1985 से सितंबर 1985 के बीच नौ महीनों में ही विश्व में आतंकवाद की 2265 घटनाएं घटी थीं। इन घटनाओं में करीब 5 हजार लोग मारे गए और 4000 लोग बुरी तरह घायल हो गए थे। इन घटनाओं में मुख्यतः विमान अपहरण, बमबारी, हत्याएं व अगुवा करने आदि की घटनाएं शामिल हैं।

आज के तीन दशक पहले के आंकड़े यदि इतने खतरनाक हो सकते हैं तो आज की स्थितियां तो बहुत भिन्न हैं कल्पना मात्र से ही सिहरन उत्पन्न होने लगती है। कुछ राजनीतिक विश्लेषक तो इस निष्कर्ष तक पहुंचे हैं कि राजनीतिक संघर्ष

के एक हथियार के रूप में आतंकवाद अंतर्राष्ट्रीय जीवन का अंग तब तक बना रहेगा जब तक राजनीतिक और सामाजिक रूप से उपेक्षित, असंतुष्ट या वंचित समुदायों का अस्तित्व बना रहेगा।

विश्व आतंकवाद के विविध पहलू

विश्व स्तर पर आतंकवाद को उसके विविध पहलुओं के संदर्भ में देखा जाना चाहिए इसका प्रमुख रूप राजनीतिक आतंकवाद है। इसका रूप न केवल कुख्यात आतंकवादी, राजनीतिक संगठनों की कार्यवाहियों के रूप में सामने आता है बल्कि मोसाद, सी.आई.ए. व आई.एस.आई. आदि जैसी खुफिया एजेंसियों की भूमिका हिंसा की घटनाओं के रूप में इसे समझा जा सकता है। दूसरे यह कि राजकीय आतंकवाद भी आतंकवाद का एक रूप हैं इसे आतंकवाद का संस्थापित रूप भी कहा जा सकता है। तीस के दशक में भूतपूर्व सोवियत संघ में स्टालिन ने, जर्मनी में हिटलर ने और बाद में चलकर कम्पूचिया की बर्बर पोल पोत सरकार ने तथा ईरान में खुमैनी ने अपनी-अपनी जनता पर जो कहर ढाए थे उन्हें भी आतंकवाद का एक रूप समझा जाना चाहिए और यह राजकीय आतंकवाद की श्रेणी में आता है। तीसरे आतंकवाद के रूप में फूट कर आ रहा इस्लामी कट्टरतावाद इसकी सबसे ज्वलंत मिशाल है यह भारतीय संदर्भ में बखूबी स्पष्ट हो चुका है। कहीं-कहीं आतंकवाद उत्पीड़ित और उत्पीड़क राष्ट्रों के बीच टकराव से भी जन्म लेता है। इस्राइल और फिलीस्तीनी मुक्ति संगठन के बीच के टकराव से उत्पन्न आतंकवाद की विभिन्न कार्यवाहियों को इसी रूप देखा जा सकता है। पर आतंकवाद का एक चिंताजनक पहलू अपराधिक गतिविधियों से उसका संबंध है बहुत से देशों में चाहे कंबोडिया के ख्मेररूज गुरिल्ला हो या भारत के खालिस्तानी आतंकवादी, हथियारों, नशीली दवाओं आदि की तश्करी में लिप्त पाए गए हैं। बहुत से छोटे-छोटे देशों में तो खुद राज्याध्यक्ष राजकीय आतंक पैदा करने के साथ-साथ अपनी आर्थिक सुदृढ़ता के लिए अवैध व्यापार व तश्करी में संलग्न रहे हैं। इसके अलावा अंतर्राष्ट्रीय स्तर पर आतंकवाद के उभार में विश्व पैमाने पर शस्त्र व्यापार भी एक कारण रहा है।

70 के दशक के बाद से ही शस्त्रास्त्र उद्योग के अंतर्राष्ट्रीयकरण के साथ-साथ विश्व में आतंकवादी गतिविधियों में तेजी आई है। इनसे न केवल स्वार्थलिप्त सरकारों द्वारा अन्य देशों के विद्रोहियों को शस्त्रों की आपूर्ति को सुगम बनाया है (मसलन पाकिस्तान और अमेरिका द्वारा अफगान मुजाहिद्दीन को दिए हथियार आदि) बल्कि

निजी आतंकवादी गिरोहों के लिए भी हथियार हासिल करना सुगम हो गया है। श्रीलंका में लिट्टे छापामारों और भारत में खालिस्तानी तथा कश्मीरी जैसे विद्रोही संगठनों को हथियारों की आपूर्ति पर सभी देशों द्वारा आतंकवाद की भर्त्सना के बावजूद अंकुश इसलिए नहीं लगाया जा सकता क्योंकि हथियारों के सौदागर राष्ट्रों के सीमाओं को नहीं मानते, पूरी दुनिया उनके लिए एक मंडी बन चुकी है, फिर उन्हें खरीदने वाली चाहे श्रीलंका सरकार हो या लिट्टे छापामार, उनकी सौदेबाजी प्रत्यक्ष व अप्रत्यक्ष दोनों विधियों से होती है।

आतंकवाद के विश्वव्यापी उभार के कारणों में सामाजिक राजनैतिक और धार्मिक कारण तो हैं ही साथ ही आज के अंतर्राष्ट्रीय आतंकवाद का एक महत्वपूर्ण कारक विदेशी सहायता है। आतंकवादी विभिन्न देशों के बीच की आपसी दुश्मनी का भरपूर लाभ उठा रहे हैं। अफगानिस्तान के मुजाहिद्दीनों तथा भारत के खालिस्तानियों और कश्मीरी तथा असमी आतंकवादियों को ऐसा ही लाभ सभी देशों से हो रहा है। इन कारकों की समाप्ति तभी संभव है जब राष्ट्र न केवल आपसी समझदारी का बल्कि समान न्यायपूर्ण नीतियों का अनुसरण करेंगे। पर एक ऐसे विश्व में जो आर्थिक राजनैतिक विषमताओं से घिरा हो जिसमें विश्व सैन्य शक्ति संतुलन एक मात्र अमेरिका के पक्ष में बदल चुका हो जिसमें इजराइल और पाकिस्तान जैसी सरकारें हों जो आतंकवाद को संस्थायित्व रूप प्रदान कर रही हो, क्या यह संभव हो पाएगा। जब तक विभिन्न देशों के राजनीतिक और आर्थिक हित टकराव की स्थिति में हैं, अंतर्राष्ट्रीय मंचों से राष्ट्राध्यक्षगण आतंकवाद को मिटाने की चाहे जितनी गुहार कर लें आतंकवाद नहीं मिटेगा और विश्व परिघटना तथा त्रासद सच्चाई बना रहेगा। अतः आतंकवाद के सवाल पर राष्ट्रीय स्वार्थों की संकीर्ण परिधियों से बाहर निकलकर विचार करने की जरूरत समय का तकाजा है।

इस्लामी कट्टरवाद का आतंकवाद

इस्लाम को लेकर एक मिथक आमतौर पर प्रचलित है कि यह तलवार की धार पर फला फूला है, इस धारणा में कितनी सच्चाई हैं इसकी पड़ताल करना हमारा मकसद नहीं है, लेकिन दुनिया भर के मुसलमान इस मजहबी मिथक को लेकर दो धड़ों में बंट गए हैं। मुस्लिम सत्य शोधकों की एक बिरादरी ऐसी है जो इस्लाम को उदारवादी सहिष्णु और शांतिकामी बनाना चाहती है तो दूसरी ओर एक ऐसा वर्ग है जो इस्लाम को धारदार शक्ल देना चाहता है। यह वर्ग चाहता है कि इस्लाम एक

आक्रामक राजनीतिक आंदोलन का आधार बने, इन दो वर्गों में आपस में भी एक सतत् संघर्ष चल रहा है, और न सिर्फ गैर इस्लामी देश बल्कि तमाम इस्लामी देश भी आक्रामक तेवर वाले इस इस्लामी वर्ग से भयाक्रांत हैं। इसी आक्रामक वर्ग की सोंच की चरम परिणति है, इस्लामी आतंकवाद।

पूरी दुनिया आज किसी न किसी रूप में इस्लामी आतंकवाद की चपेट में है। ब्रिटेन, अमेरिका, मध्य एशिया के नव स्वतंत्र गणराज्य, अफगानिस्तान, पाकिस्तान, ईरान, ईराक, सऊदी अरब, मिश्र, जार्डन, सीरिया, लीविया, लेबनान, तुर्की, भारत, श्रीलंका, सोमालिया, बोस्नियां व सूडान आदि देशों में इस्लामी आतंकवाद का उफान सा आया हुआ है। इन सबकी जड़ें अंततः पश्चिम एशिया में जाकर जुड़ती हैं। भारत के कश्मीरी आदि पृथकता वादी आतंकवादियों को तो इनका समर्थन मिल ही रहा है, लेकिन इधर महानगरों मे अवैध व्यापार में संलिप्त तश्कर माफिया को भी इसने अपने साथ मिला लिया है। पिछले वर्षो में भारत की व्यापारिक राजधानी बंबई और सबसे बड़े महानगर कलकत्ता में जो बम विस्फोट हुए उन्होंने भारत ही नहीं ब्रिटेन और अमेरिका के भी कान खड़े कर दिए। इससे पहले बर्मिंघम में भारतीय दूत और लंदन में एक सिख उदारवादी नेता की हत्या तथा भारत स्थित रोमानियाई राजदूत रादू का अपहरण तथा कश्मीरी अलफरान आतंकवादियों द्वारा पांच विदेशियों का अपहरण और हत्या जैसी कार्यवाही उनकी क्रूरता को सिद्ध कर चुकी है।

इस्लामी आतंकवाद की जड़ें

इस्लामी आतंकवाद की जड़े कहां हैं इस प्रश्न का उत्तर तलाशते हुए हम फिलिस्तीनी संघर्ष और ईरान में धार्मिक क्रांति की ओर लौट आते हैं। इस्राइल बनने के बाद जिस तरह से फिलिस्तीनियों को बेदखल होना पड़ा उसने सारे अरब संसार को प्रभावित किया। उसके बाद अमेरिका; इस्राइल और अमेरिका; ईरान की दोस्ती का इतिहास शुरू हुआ, इसकी अंतिम परणिति के तौर पर ईरान के शाह रजा पहलवी का देश निकाला और अयातुल्ला खुमैनी का ईरान में एक धार्मिक नेता के रूप में आविर्भाव हुआ, तब से ईरान मजहबी कट्टरवाद का पर्याय बन गया । आज भी यह समझा जाता है कि ईरान दुनिया भर में सबसे बड़ा आतंकवाद प्रायोजक और कट्टर इस्लामी देश है। सलमान रुश्दी की पुस्तक शैतानी आयतों (सैटेनिक वरसेज) पर फतवा दिए कई साल हो रहा है लेकिन तमाम देशों की अपीलों के बावजूद ईरान की सरकार अपने फतवे को वापस लेने को राजी नहीं हुई। ईरान द्वारा प्रयोजित

आतंकवादी पश्चिम में स्थित मुस्लिम धार्मिक संस्थाओं में घुसपैठ कर रहे हैं, संपूर्ण विश्व में फैले अनेक आतंकवादी गुटों से ईरान का प्रत्यक्ष व अप्रत्यक्ष संबंध रहा है। ईरान प्रतिवर्ष 20 करोड़ डॉलर इन आतंकवादियों पर खर्च करता है। रूस ने आरोप लगाया है कि पाकिस्तान और ईरान मिलकर हमारे तजाकिस्तान सहित अन्य मुस्लिम बाहुल्य प्रांतों में आतंकवाद के बीज बो रहे हैं और अफगान सरहद पर अफगानिस्तान सहित अन्य गृह युद्ध चालित देशों में से निकले नागरिकों को तेहरान और इस्लामाबाद की मदद से आतंकवादी बनाया जा रहा है। वे संपूर्ण एशिया के मुस्लिम बाहुल्य राज्यों में एक इस्लामी संघ तथा इसका नेता बनना चाहते हैं। पूर्व सोवियत संघ के विघटन के बाद वहां के नव स्वतंत्र मुस्लिम बाहुल्य गणतंत्र उजबेकिस्तान, तुर्कमेनिस्तान, कजाखस्तान, ताजिकिस्तान, फिरगोजिया और अजर बैजान के साथ ईरान, अफगानिस्तान, पाकिस्तान, तथा तुर्की आदि को सम्मिलित कर एक इस्लामी संयुक्त राष्ट्र संगठन बनाने की परिकल्पना ईरान ने चार साल पहले ही तैयार की थी लेकिन सोवियत संघ के कई मुस्लिम बाहुल्य गणतंत्रों ने इससे अपने आपको अलग कर लिया फलतः यह योजना विफल हो गई। अब ईरान ने अफगानिस्तान, पाकिस्तान और तजाकिस्तान को सम्मिलित कर चार देशों का फोर साम्राज्य बनाने की योजना तैयार की है जो इस्लामी देशों की एकता का प्रयास करेगा। ईरान के इस प्रयास की ईराकी राष्ट्रपति सद्दाम हुसैन सहित अनेक देशों ने आलोचना की। वैसे इसके एक मुख्य सदस्य अफगानिस्तान में चल रहे भीषण गृहयुद्ध ने संगठन को औचित्यहीन कर दिया।

इस्लामी कट्टरवाद से त्रस्त इस्लामी देश

आतंकवाद को प्रश्रय देने में सऊदी अरब की भूमिका भी कम नहीं है, अरब शेख परिवार समय-समय पर विभिन्न आतंकवादी गुटों को आर्थिक मदद देता रहा है।

आपरेशन 'डेजर्ट स्टार्म' (ईराक कुवेत युद्ध) से पहले अफगान सरहद पर चल रही आतंकवादी गतिविधियों के लिए धन का मुख्य स्त्रोत सऊदी अरब का शेख परिवार ही था। आज जब वह इन संगठनों को अपेक्षित धन नहीं दे पा रहा है तो ये संगठन उनके लिए भस्मासुर साबित हो रहे हैं।[53] अमरीका सहित पश्चिमी देश आज इन आतंकवादी गतिविधियों की आलोचना कर रहे हैं और भले ही आज उन्हें मदद देना बंद कर चुके हों पर एक समय था जब उन्हें समर्थन और प्रशिक्षण दोनों ही पश्चिमी देशों से मिलता था। शीत युद्ध के दिनों में जब दुनिया साम्यवादी और पूंजीवादी ध्रुवों में बंटी हुई थी तब दोनों ही तरफ से एक दूसरे के किले में सेंध लगाने

के लिए आतंकवाद का सहारा लिया गया था। पाकिस्तान, अफगानिस्तान इस दृष्टि से इसके पौधशाला कहे जाएंगे क्योंकि यहां अफगानिस्तान की सोवियत समर्थित सरकार गिराने के लिए अनेक प्रशिक्षण शिविर चलते थे। अलावामा के फ्रेंककैंपर जैसी अमेरिका की निजी संस्थाएं उन्हें प्रशिक्षण देने का काम करती थीं यहां भारत के खालिस्तान आतंकवादियों को भी प्रशिक्षण दिया गया था। अमेरिका व अन्य पश्चिमी देशों से यहां बड़ी मात्रा में धन और हथियार आया इसका ज्यादातर इश्तेमाल अफगानिस्तान के खिलाफ हुआ और बाकी भारत के खिलाफ। आज की स्थितियां विपरीत हैं सोवियत संघ बिखर गया है और अमेरिका को अब इसमें कोई दिलचस्पी नहीं रही इसलिए इसके लिए कोई धन नहीं मिल रहा है। लेकिन आतंकवादी और उनके हथियार तो मौजूद हैं ही अब वे क्या करें, भारत, सूडान, मिश्र, अफगानिस्तान सहित अन्य देशों में भाड़े के सिपाही बनकर लड़ रहे हैं। कुछ धन के लिए और कुछ अपने मजहब के लिए। इनका खेल अधिकतर वहीं हो रहा है जहां मुस्लिम बहुलता वाले देश हैं

इधर इस्लामी देशों ने अपने ही धार्मिक स्थलों में चल रही गतिविधियों पर कड़ाई से पहरेदारी शुरू कर दी है, न्यूयार्क में जबसे वर्ल्ड ट्रेड सेंटर में धमाके हुए तब से चारों तरफ कड़ाई शुरू हो गई है। मिश्र में तथा कश्मीर में आतंकवादियों ने पर्यटकों को निशान बनाया है ताकि विदेशी व्यापार को धक्का पहुंचाया जा सके। अनेक देशों का पर्यटन उद्योग सब चौपट है। आतंकवादियों का मानना है कि विदेशी शैलानियों की बाढ़ से इस्लामी साम्राज्य बिखर रहा है और पारंपरिक मूल्यों का पतन हो रहा है सरकार गरीबों पर ध्यान न देकर विदेशी पर्यटकों पर पैसा बहा रही है।

कुछ भी हो निश्चय ही आज दुनिया आतंकवाद से त्रस्त है और इस त्रस्त दुनिया को और अधिक त्रस्त करने में इस्लामी आतंकवादियों का हाथ सबसे अधिक है। ऐसे समय में बांग्लादेश की राजधानी ढाका में हुए सार्क सम्मेलन में आतंकवाद से लड़ने की कसमें बहुत सार्थक हैं लेकिन ये कसमें तभी यथार्थ में बदल सकती हैं जब पाकिस्तान जैसा देश ईमानदारी से सहयोग दें। पाकिस्तान का रिकार्ड अंतर्राष्ट्रीय स्तर पर बहुत खराब हो चुका है इसलिए धूमिल हो गई छवि को धोने के लिए उसके लिए यह और भी जरूरी हो गया है कि वह इस्लामी कट्टरपंथियों और आतंकवादियों को समर्थन देना बंद करें।

2

अंतर्राष्ट्रीय आतंकवाद और भारत

दक्षिण एशिया व भारतीय उपमहाद्वीप में आतंक की काली साया

दक्षिण एशिया में आतंकवाद पिछले कई वर्षों से अनवरत् चल रहा है। भारत में पंजाब और कश्मीर का आतंकवाद, श्रीलंका में लिट्टे आतंकवाद, पाकिस्तन में मोहाजिर, सिंधी व ब्लूचियों का विद्रोह तथा बंग्लादेश के कट्टरपंथी व उदारवादी विचारों के टकराहट से उत्पन्न उथल-पुथल एवं पूर्वोत्तर उग्रवादी गतिविधियां आदि ऐसी ह़रकतें हैं, जिसने न केवल भारतीय उपमहाद्वीप वरन् संपूर्ण दक्षिणी एशियाई क्षेत्र बुरी तरह प्रभावित हुआ है।

भारत में पंजाब कश्मीर व आसाम की आतंकवादी गतिविधियां तो एक लंबे अरसे से चल ही रही थीं, परंतु बंबई और कलकत्ता में जिस तरह पूर्व नियोजित ढंग से श्रंखलाबद्ध लगभग एक दर्जन विस्फोटों ने इस पूरे क्षेत्र को कंपायमान कर दिया उससे यह दुख के साथ स्वीकार करना पड़ता है कि अंतर्राष्टीय आतंकवाद अपने घिनौने रूप में भारत की धरती पर उतर आया है। इसके बाद बड़ी मात्रा में हथियारों और आर.डी.एक्स. की बोरियों की प्राप्ति से आतंकवादियों की गंभीर साजिशों और एक दूरगामी परिणामों की पुष्टि होती है। यह बम विस्फोट की कार्यवाही निश्चित रूप से एक अंतर्राष्ट्रीय साजिश का हिस्सा थी इसका एक प्रमाण यह है कि न्यूयार्क

में वर्ल्ड ट्रेड सेंटर में हुए विस्फोट तथा बंबई के विस्फोटों में अनेक समानताएं हैं।

1. दोनों स्थानों पर हुए विस्फोटों में चैकोस्लोवाकिया में बने आर.डी.एक्स. तथा सेम्टैक्स विस्फोटों का इस्तेमाल हुआ।
2. दोनों मामलों में आर्थिक गतिविधियों के केंद्रीय स्थान चुने गए।
3. इमारतों के बेसमेंट में कार बम रखे गए।
4. शुक्रवार के दिन दोपहर का समय इसलिए चुना गया जो मुसलमानों के लिए नमाज का वक्त था, इसका उद्देश्य धार्मिक कट्टरतावाद की ओर इशारा करता है।
5. योजना का क्रियान्वयन जल्दबाजी में किया गया, यही वजह है कि जिन कारों का इस्तेमाल किया गया उनके मालिकों का पता लगाने में पुलिस को ज्यादा कठिनाई का सामना नहीं करना पड़ा।

इसके अलावा भारत में सक्रिय आतंकवादी संगठनों की एक जहाज को भारतीय तटरक्षक दल ने मार्च में ही पकड़ा था जिसमें विस्फोटक लदे थे तथा बाबरी मस्जिद गिराए जाने के बाद मुस्लिम राष्ट्रों में इसकी तीखी प्रतिक्रिया हुई थी। 27 दिसंबर 1992 को कोलंबो में हुए मुस्लिम देशों की बैठकों सहित कुछ ऐसी और गुप्त बैठकें हुई थीं जिसमें मुसलमानों को परेशान करने वाले देशों भारत, अमेरिका और मिस्र को सूचीबद्ध करके उन्हें सबक सिखाने का फैसला किया गया। इन बैठकों के बाद इन तीनों देशों में बम विस्फोट की घटनाएं हो चुकी हैं। इस मिशन को पूरा करने के लिए इस्लामी मुल्कों से बड़े पैमाने पर धन आदि इकट्ठा किया गया था। इन षडयंत्रों में भारत कुछ विशेष रूप से परेशान किया जा रहा है, भारत के प्रतिद्वंद्वी देश यह नहीं चाहते कि भारत आर्थिक रूप से समृद्धि हो, उनका प्रयास यह रहता है कि भारत का ध्यान आर्थिक प्रगति के वास्तविक उपायों से हटाया जाए इसलिए यहां हमेशा कोई न कोई उथल-पुथल की पृष्ठभूमि तैयार की जाती रही है।

जहां तक पाकिस्तान का सवाल है वह एक आक्रामक और आतंकवादी देश सिद्ध हो चुका है, वह पंजाब और कश्मीर को अलग करने के लिए एड़ी चोटी का जोर लगा रहा है और भारत के विरुद्ध राष्ट्रीय व अंतर्राष्ट्रीय स्तर पर नित नए कुचक्र रचता रहा है। अमेरिका जैसा देश उसकी हमेशा मदद करता रहा है अमेरिका ने विश्व के सामने अपनी एक ऐसी छवि उभारने की नाकाम कोशिश की जिससे लगे

कि किसी भी रूप में वह धरती पर आतंकवाद को सहन नहीं करता लेकिन पाकिस्तान को आतंकवादियों के देश में शामिल न कर पोल खोल दी है। वह क्यूबा, ईरान, ईराक, सीरिया, लीबिया और उत्तर कोरिया को अंतर्राष्ट्रीय आतंकवाद का निर्यातक देश कहकर आलोचना करता है और वही अगर भारत पाकिस्तानी आतंकवाद का शिकार होता है तो उसकी अनदेखी कर देता है और हमारे फौजी जवानों द्वारा सुरक्षा के लिए की जाने वाली कार्यवाही को मानवाधिकार का हनन मानता है।

वैसे स्वयं पाकिस्तान अपने आंतरिक उथल-पुथल से परेशान है, उसके पंजाब, सिंध व ब्लूचिस्तान में काफी उथल-पुथल व्याप्त है यहां तक कि करांची जैसा शहर दंगा-फसाद और आतंक का केंद्र बन चुका है। वहां के मोहाजिरों पर पाक सेना द्वारा बहुत जुल्म ढाए गए, बेनजीर भुट्टो जैसी महिला प्रधानमंत्री के होते हुए भी महिलाओं पर अत्याचार चरम सीमा पर किये गये, इन्हीं सारी आंतरिक कमजोरियों को छिपाने के लिए ही वहां की सरकार मजहबी उग्रवादियों को भड़ाकाकर सीमा रेखा के अंदर ढकेलकर एक नए हंगामे की शुरुआत करती रही है।

जहां तक श्रीलंका का सवाल है वह पिछले कई वर्षों से अपने देश के अंदर ही लिट्टे जैसे सशक्त आतंकवादी गिरोह से संघर्ष कर रहा है। उसने अपने इस संघर्ष में राष्ट्रपति, प्रधानमंत्री, मंत्री सहित अनेक सुयोग्य अधिकारियों और लाखों लोगों के जीवन की आहुति दे चुका है। लिट्टे का खूनी खेल उनका अपना जाफना दुर्ग छिन जाने के बाद भी यथावत जारी है। पाकिस्तान के बाद सबसे ज्यादा उथल-पुथल दक्षिण एशिया के देशों में श्रीलंका में हुई, वहां उग्र हिंसा और आतंकवाद सातवें दशक से शुरू होकर चरम सीमा पर पहुँच गया है वहां पर शायद शांति का साया उठ चुका है फौज के बल पर इन गतिविधियों को फिलहाल स्थायी रूप से समाप्त नहीं किया जा सकता है।

आज चाहे पाकिस्तान हो, चाहे भारत या फिर श्रीलंका हो वहां के नेता अपने अपने देश को तत्कालिक निहित स्वार्थों के कारण गर्त में ले जा रहे हैं। संपूर्ण दक्षिण एशिया महाद्वीप आतंक के अंधेरे से गुजर रहा है। सत्ताधारी दल को पूर्ण समर्थन के लिए दूसरे दलों पर निर्भर रहना पड़ता है परिणाम स्वरूप कोई भी जोखिम व साहस पूर्ण कदम सरकार नहीं उठा पा रही है। युवकों में बेरोजगारी और उपेक्षा से अपराधीकरण तेजी से बढ़ा है आने वाले दिन शायद इससे भी अधिक भयानक हों तो इसमें आश्चर्य नहीं होना चाहिए।

अमेरिकी चौधराहट में भारत के मित्र देशों की स्थितियां व सुरक्षा परिषद की अवधारणा

खाड़ी युद्ध के संदर्भ में संयुक्त राष्ट्र संघ की भूमिका को लेकर अनेक प्रश्न खड़े हुए हैं और इस बात पर सभी (सुरक्षा परिषद के स्थायी सदस्यों के अलावा) सहमत थे कि राष्ट्र संघ अपनी भूमिका ठीक से नहीं निभा रहा है और वह अमेरिकी इशारों पर नाचता प्रतीत हो रहा है। खाड़ी में ईराक के खिलाफ जो लड़ाई हुई वह सुरक्षा परिषद के नाम पर हुई क्योंकि सुरक्षा परिषद का प्रस्ताव कुवैत की मुक्ति और उस क्षेत्र में शांति स्थिरता बहाल करने को कहता है लेकिन अमेरिका ने जिस रणनीति के तहत युद्ध किया वह परिषद के प्रस्तावों की उसकी अपनी व्याख्या द्वारा की गई कार्यवाही थी। इसलिए संपूर्ण विश्व ने यह बात महसूस की कि लड़ाई अमेरिका की दादागिरी से सुरक्षा परिषद के प्रस्तावों के दायरे से बाहर जाकर हो रही थी।

भारत भी अब सुरक्षा परिषद का (अस्थायी) सदस्य है। भारत की ही तरह कई अन्य देश भी सुरक्षा परिषद के अस्थायी सदस्य हैं और चूंकि यह लड़ाई सुरक्षा परिषद के नाम पर लड़ी जा रही थी इसलिए ये तमाम देश भी चाहते थे कि उनकी बात सुनी जाए, मगर ऐसा न होकर सिर्फ वही हुआ जो अमेरिका चाहता था न्यूनतम बल प्रयोग के नाम पर ईराक का विनाश करने में कोई कसर नहीं छोड़ी गई। स्थिति यहां तक आ पहुंची कि युद्ध स्थगन के बाद भी अमेरिकी राष्ट्रपति जॉर्ज बुश ने ईराकी राष्ट्रपति सद्दाम हुसैन का तख्ता पलट करने और उनकी हत्या कर देने के लिए तत्पर थे। अमेरिका के इस वैमनस्य से संयुक्त राष्ट्र संघ को कुछ लेना-देना नहीं, संयुक्त राष्ट्र के तत्कालीन महासचिव श्री परेज द क्युयार साफ कहते थे कि ईराक की व्यवस्था व शासन उसका अंदरूनी मामला है इससे संयुक्त राष्ट्र संघ का कोई लेना देना नहीं।"[54]

सोवियत संघ अपनी उथल-पुथल के कारण शांत रहा और चीन भी इस समस्या में मूकदर्शक बना रहा। पिछले कुछ सालों से सोवियत संघ अपने बिखराव की वजह से कमजोर पड़ा है अगर ईराक इस युद्ध के दो तीन साल पहले कुवैत पर कब्जा कर लिया होता तो बहुत संभव था राष्ट्र संघ इस मामले में निंदा करने के अलावा कुछ न करवा पाता, क्योंकि इससे पहले 1956 मे हंगरी, 1968 में चैकोस्लावाकिया, 1979 में अफगानिस्तान और 1983 में पोलैंड के मामले में राष्ट्र संघ कुछ नहीं कर पाया। वास्तव में तब बीटो पावर में बड़ा दम था, कंबोडिया में करीब आधी जनसंख्या

मारी गई थी, लेकिन अंतर्राष्ट्रीय जांच के मुद्दे पर सोवियत संघ के बीटो पावर के इस्तेमाल करने से जांच खटाई में पड़ गया। मगर रूस की स्थिति आज काफी अलग है व अपनी आर्थिक व आंतरिक कमजोरियों के कारण बहुत कुछ अमेरिकी अर्थव्यवस्था पर निर्भर हो गया है।

संयुक्त राष्ट्र संघ की स्थापना वास्तव में द्वितीय महायुद्ध जैसी विनाश लीला फिर न होने देने के लिए की गई थी लेकिन इसके बाद भी अनेक युद्ध होते रहे। स्वयं भारत ही पाकिस्तान और चीन से 4 युद्ध लड़ चुका है, अमेरिका वियतनाम से उलझ चुका है, ईरान ईराक 8 वर्ष लड़ते रहे। आज कई देश गृह युद्ध और आतंकवाद से झुलस रहे हैं, लेकिन यह संघ इन सभी वारदातों को रोकने में नाकामयाब रहा। लोगों में असुरक्षा की भावना ने ही, नाटो, सीटो, सेंटो, वारसा, आसियान, गुटनिरपेक्ष जैसे संगठनों को जन्म दिया।

[1]संयुक्त राष्ट्र संघ के सदस्य देशों की संख्या 160 तक जा पहुंची है। उसके पास स्थायी सदस्यों में अमेरिका और ब्रिटेन सबसे चालाक फ्रांस उदार, चीन कम हिम्मत वाला और सोवियत संघ अमेरिका को पानी भरवाने वाला था, लेकिन सोवियत यूनियन आज कमजोर है। चीन से उसके सामान्य संबंध हमेशा रहे हैं इसलिए अमेरिका और ब्रिटेन का संयुक्त राष्ट्र में दखलंदाजी जरूरत से ज्यादा रही है। संयुक्त राष्ट्र संघ का मुख्यालय अमेरिका के न्यूयार्क शहर में है इसके निर्माण व अन्य आर्थिक सहायता में अमेरिका का भाग अधिक है और आज भी इस संस्था को अमेरिका की सहायता काफी मिल रही है इसलिए अपनी मर्जी के खिलाफ कोई भी काम करने से अमेरिका न केवल वित्तीय मदद बंद करने वरन् कार्यालय का अमेरिकी देशों से अन्यत्र ले जाने की धमकी देता रहा है।

न्यूयार्क में यह भी देखा गया है कि यहां अरब देशों, अफ्रीका एशिया व सोवियत संघ आदि के प्रति अमैत्रीपूर्वक व्यवहार होता है। 1980 की महासभा में तत्कालीन सोवियत प्रधानमंत्री ख्रुशचेव को न्यूयार्क शहर में घुसने नहीं दिया गया। 1984 में भी सोवियत विदेशमंत्री आंडेई ग्रोमिकों क्राबिमान को न्यूयार्क में सुरक्षा पूर्वक उतरने की अमेरिका ने गारंटी नहीं ली जबकि नियमतः यह संधि का उल्लंघन थी। इस प्रकार हम देखते हैं कि स्वयं अमेरिका जैसे इसके स्थायी एवं महत्वपूर्ण सदस्य के इस रवैये से संयुक्त राष्ट्रसंघ एक औचित्यहीन संस्था बन चुकी लगती है जिसमें गरीब और कमजोर राष्ट्रों की सुरक्षा व सार्वभौमिकता खतरे में दिखाई देती है।

पिछले वर्षों के अमेरिकी साम्राज्यवाद का अध्ययन करने से यह ज्ञात होता है कि अमेरिकी साम्राज्यवाद पर चार ही अंकुश रहे हैं :—

1. समाजवादी सोवियत संघ,
2. पूंजीवादी देशों के आपसी अंतर्विरोध,
3. अमरीकी जनता
4. संयुक्त राष्ट्र संघ

इसमें अब दो संयुक्त राष्ट्र संघ और सोवियत संघ का अमेरिका पर कोई अंकुश नहीं रह गया है। किल्टन जब राष्ट्रपति चुने गए थे तो दुनिया के अनेक देशों को आशा बंधी थी कि बुश के नेतृत्व में अमेरिका द्वारा की जा रही दादागिरी खत्म होगी। अमेरिकी जनता ने भी सोचा था कि वह उसकी आकांक्षाओं के वाहक बनेंगे लेकिन इसके उल्टा हुआ क्लिंटन भी कुल मिलाकर उसी राह में चलते रहे जिस पर इसके पहले जॉर्जबुश थे।

पश्चिम एशिया के बारे में आम तौर से कहा जाता है कि मिश्र के बिना पश्चिम एशिया में कोई युद्ध नहीं होता और सीरिया के बिना इस क्षेत्र में शांति स्थापित नहीं हो सकती। क्लिंटन ने कहा था कि पश्चिम एशिया में शांति को स्थायी बनाने और इसराइल तथा अरबों की लड़ाई समाप्त करने की कुंजी सीरिया है।

सीरिया के राष्ट्रपति असद भी शांति बहाली के इच्छुक थे उन्होंने क्लिंटन की इस मामले में मध्यस्थता करने को कहा था, इस्राइली इससे असंतुष्ट जान पड़ते हैं, इस्राइलियों का कहना है कि 1967 की लड़ाई में उन्होंने गोलन पहाड़ी क्षेत्र पर कब्जे किया था असद उस कब्जों की इस्राइलियों से मुक्त करवाने की साजिश कर रहे हैं। सामरिक महत्व की शांति का मतलब बताते हुए असद ने कहा था कि सम्मान के लिए हमने युद्ध किया, सम्मान के साथ हम शांति वार्ता करेंगे और सम्मान के साथ हम शांति स्थापित करेंगे। 45 वर्ष तक इस्राइलियों का घोर विरोध करने के बाद असद इस नतीजे पर पहुंचे हैं कि इस्राइलियों से समझौते का यही उपयुक्त समय है लेकिन असद की इस सोच का उस समय एक गंभीर झटका लगा जब मिश्र ने इस्राइल से समझौता कर लिया और बाद में अमेरिका के दबाव में खाड़ी देश के कुछ अमीर अरब देशों ने इस्राइल के खिलाफ मोर्चे से हाथ खींच लिया तथा एक मजबूत स्तंभ सोवियत संघ भी मददगार था, वह ढह गया। अरब मोर्चा के ढह जाने से सीरिया

जैसे देश कमजोर हुए और अमेरिका तथा इस्राइल अब अपनी शर्तों पर ही शांति की वार्ता करेंगे लेकिन सीरिया, लेबनान, यमन व ओमान देश कहां तक उनके शर्तों के आगे घुटने टेकते हैं या फिर अनिश्चितकालीन संघर्ष जारी रहेगा यह आने वाला समय ही बताएगा फिर भी अमेरिका की कूटनीति सफल रही है। स्थायी शांति की दिशा में क्लिंटन ने एक और अरुचि दिखाकर पश्चिमी युद्ध के इतिहास को लंबा करने में मदद है।

विश्व के परिवर्तित भू-राजनीतिक परिद्रश्य में एक मात्र महाशक्ति के रूप में विद्यमान अमरीका की निरंकुशता और एकाधिकार प्रिय प्रवृत्ति बढ़ती ही जा रही है। खाड़ी युद्ध के बाद सद्दाम को सत्ताच्युत करने की आकांक्षा, क्यूबा को चावल देने व ईरान को परमाणु रियेक्टर बेचने से भारत को रोकना, लीबिया के खिलाफ लगाए गए प्रतिबंध तथा क्रायोजनिक इंजन सौदे के बहाने रूस व भारत पर लगाए गए प्रतिबंध जैसी शर्तें यही दर्शाती है कि अमेरिका विश्व का केवल एक मात्र थानेदार व न्यायाधीश है और स्वयं ही जल्लाद की भूमिका भी निभाने का इच्छुक है।

भारतीय संदर्भ में देखा जाए तो अमरीका हमेशा से दोहरी नीति अपनाता रहा है। शीत युद्ध समाप्ति के पूर्व हमेशा वह दुश्मनों का साथ दिया। उसी की शह पर पाकिस्तान भारत विरोधी कार्यवाही करता रहा है। यहां तक कि वह अपना परमाणु बम कार्यक्रम तक चलाता रहा लेकिन अमेरिका ने उसे दृढ़ता के साथ कभी नहीं रोका। यह सही है कि अमरीका भारत का सबसे बड़ा व्यापार सहभागी रहा है तथा आर्थिक मदद भी वह करता रहा परंतु विश्व मंच पर उसने अक्सर भारत विरोधी स्वर को ही बढ़ावा दिया है। भारत को संयुक्त राष्ट्र संघ सुरक्षा परिषद का स्थायी सदस्य बनाने के मुद्दे पर भी अमेरिका ने विरोध किया है, इसके साथ ही डंकल प्रस्ताव को स्वीकार करने, परमाणु अप्रसार संधि पर हस्ताक्षर करने तथा दक्षिण एशिया को परमाणु मुक्त क्षेत्र बनाने के लिए पांच देशों के सम्मेलन में भाग लेने की उसकी मांग को स्वीकार नहीं किया। ये तीनों ही ऐसे मुद्दे हैं जिन पर भारत का विरोध अमेरिका के विस्तारवादी कदमों को रोकने का कार्य कर रहा है। अपनी बात मनवाने के लिए अमेरिका निरंतर भारत पर दबाव डालता रहा है उसने भारत पर अमेरिकी व्यापार प्रतिबंध कानून स्पेशल 301 की तलवार लटका दी। अमेरिका अपना राकेट भारत को बेचना चाहता था लेकिन भारत इस महंगे राकेट की अपेक्षा रूस से सस्ता व अच्छा राकेट लेना चाहता है तो वह रूस पर प्रतिबंध लगाता है। इसके साथ ही एशिया विकास बैंक, विश्व बैंक व अंतर्राष्ट्रीय मुद्रा कोष के संदर्भ में भी अमरीका

विरोधी की भूमिका निभाना चाहता है। गत वर्षो में इन बैंकों के इशारे पर ही हमें औद्योगिक नीतियों में आर्थिक परिवर्तन करने पड़े थे। यह सही है कि आज भारत के लिए अमेरिका की उपेक्षा करना आसान नहीं है, लेकिन अपने राष्ट्रीय हितों तथा संप्रभुता को तिलांजलि देना बिल्कुल ही असंभव है। वैसे अमेरिका को यह समझने की जरूरत है कि बदलती हुई दुनिया में भारत उसका पाकिस्तान जैसा दोस्त नहीं बन सकता। भारत लोकतांत्रिक संप्रभुता संपन्न देश है, उसके साथ समानता के आधार पर मित्रता तो की जा सकती है परंतु गुलाम नहीं बनाया जा सकता।

आजादी के बाद से ही भारत ने सोवियत संघ के साथ संबंधों की एक मजबूत इमारत खड़ी की है इसीलिए हमारी कूटनीति तथा भारतीय उपमहाद्वीप कर भाग्य और भविष्य हमेशा मध्य एशिया के साथ जुड़ रहा है। वहां हुई किसी भी सामाजिक या राजनैतिक क्रांति का प्रभाव दक्षिण एशिया पर पड़ा है। एक ओर जहां पश्चिमी यूरोप का पुर्ननिर्माण भारी अमरीकी सहायता से हुआ वही सोवियत संघ ने अपनी पूरी शक्ति से अर्थव्यवस्था का पुर्नगठन किया। अमेरिका सोवियत कम्युनिस्ट विस्तार रोकने के लिए नाटो, सीटो, सेंटो जैसा संगठन खड़ा किया वही दक्षिण एशियायी उपमहाद्वीप ने अलग रुख अपनाया। पाकिस्तान पूर्णरूपेण अमेरिकी गुट में शामिल हो गया लेकिन भारत महाशक्तियों के प्रभाव से अलग रहकर गुटनिर्पेक्ष आंदोलन की तरफ कदम बढ़ाए और साथ ही सोवियत संघ के साथ आर्थिक सहयोग व सुरक्षा के ढांचे पर समझौते किए। रुस काफी मदद करता रहा लेकिन अमेरिका के दबाव में क्रायोजनिक इंजन जैसे सौदे का रूस ने भारत के साथ जो अनुबंध तोड़कर राजनायिक संबंधों की मर्यादा को क्षति पहुंचाई है यह घटना मामूली नही, यही अवसर है जब भारत को सावधान हो जाना चाहिए क्योंकि रूस आज इस स्थिति में नही है कि वह स्वतंत्र रूप से अपने दिए हुए वचन पूरा कर सकें। आज अंतरिक्ष विज्ञान की तकनीक का अनुबंध टूटा है तो कल इस प्रकार के कई अन्य अनुबंध टूट सकते हैं। रूस हमें अपनी तकनीक ज्ञान देता है या नहीं यह उतनी महत्वपूर्ण बात नहीं है जितनी कि अब रूस में यह क्षमता नहीं है कि वह हमारी कोई मदद कर सकेगा।

मध्य एशियाई गणराज्य जो पहले सोवियत संघ के अंग थे, संघ के विघटन के बाद उन्हें स्वतंत्रता मिल गई है अब वे स्वयं अपने भाग्य का निर्माण कर रहे हैं। इन गणराज्यों की कुल आबादी करीब 4 करोड़ है जिनमें एक करोड़ रूसी भी शामिल हैं। ज्यादातर आबादी मुस्लिमों की है जो कबीलों और पंथों में विभक्त है जिनके हित एक दूसरे से टकराते रहते हैं। सोवियत संघ के लोप से रिक्त हुए इस विशाल क्षेत्र

में प्रवेश के लिए इस समय कई बाह्य शक्तियों में होड़ चल रही है। पाकिस्तान अफगानिस्तान के रास्ते इस क्षेत्र में घुसपैंठ कर रहा है, लेकिन तुर्की और ईरान इसमें सबसे आगे हैं। अब चीन और अन्य देश भी इधर झुके है।

मध्य एशियायी मुस्लिम करीब 30 इस्लामी पंथों में बंटे हैं। सूफी और जदीद संप्रदायों के लोग ईरान के कट्टरपंथी मुल्लाओं के प्रबल विरोधी हैं, शिया सुन्नी भेद भी वहां जोरों पर हैं। क्षेत्रीय असमानताएं और विरोध इतने प्रबल हैं कि एकता असंभव है। उदाहरणार्थ उजवेकिस्तान और ताजिकिस्तान के मुकाबले में कजाकिस्तान और किरगिस्तान में इस्लाम का जोर कम है। शियाओं और सुन्नियों के भीतर भी जातीय मतभेद है इसलिए अजर बेजान का झुकाव ईरान के बजाय तुर्की की ओर अधिक है। ईरान अजेरी जातिवाद की वृद्धि से भी चिंतित है यदि इसे रोका नहीं गया तो ईरानी कुर्द ईराकी कुर्दों से मिलकर ईरान की अखंडता को खतरा पेश कर सकते हैं। इसी प्रकार सुन्नी तुर्कमेनिस्तान में शामिल होने की मांग कर सकते हैं। वृहन्तर तुर्कमान चीन के लिए खतरा बन सकता है क्योंकि चीनी तुर्किस्तान में तुर्कभाषी मुसलमानों की बहुलता है।

भारत इस क्षेत्र में पाकिस्तान प्रभाव से कुछ चिंतित जरूर है लेकिन उसे अफगानिस्तान में उलझ जाने से इस्लामी प्रमुख बनने के मंसूबे खतम होते दिखाई दे रहे हैं। पाकिस्तान को भारत से सामरिक प्रतिद्वंद्विता में उसे शुरू से ही एक राजनीतिक पिछवाड़े की तलाश थी और उसे अफगानिस्तान के रूप में वह राजनीतिक पिछवाड़ा हासिल हो चुका है जिसे वह और गहरा करना चाहता है। पाकिस्तान की सैनिक खुफिया एजेंसी आई.एस.आई. इसी उद्देश्य के तहत अफगान मुजाहिद्दीनों को मोहरा के रूप में इस्तेमाल कर रही है। वैसे पाकिस्तान अब अफगानिस्तान के संकट को हल करने को आतुर है क्योंकि उसे भय है कि जातीय आधार पर अफगानिस्तान खंड-खंड हुआ तो पाकिस्तान की अखंडता भी खतरे में पड़ सकती है। पाकिस्तान अफगानिस्तान में महज इसलिए स्थिरता चाहता ताकि मध्य एशिया में पहुंचने के लिए उसे मार्ग मिल जाए, इस्लामी आंदोलन का नेता बनने की आकांक्षा के कारण मध्य एशिया में ईरान के बढ़ते प्रभाव से चिंतित पाकिस्तान इन गणराज्यों को मिलाकर एक भारत विरोधी धुरी बनाना चाहता है।

मध्य एशियायी गणराज्यों से भारत के संबंध अभी तक बहुत अच्छे रहे हैं, वहां के प्रायः सभी शासनाध्यक्ष भारत का दौरा कर चुके हैं वे सभी इस्लामी कट्टरपंथ

और आतंकवाद के विरोध में अपने विचार व्यक्त कर चुके हैं। आने वाले वर्षों में यह देश भारत की विदेश नीति का प्रधान विषय बनेगा। भारत का हित सुरक्षा और रणनीतिक विचारधाराओं तक ही सीमित नहीं है उनका विस्तार आर्थिक क्षेत्रों तक है। अब भारत को विशेष दिलचस्पी लेकर इस क्षेत्र में पाकिस्तानी विरोधी खेमा खड़ा करना चाहिए और उसके कुत्सित कारनामों को उजागर करना चाहिए।

जहां तक दक्षिण पूर्व एशिया के बदलते सामाजिक समीकरण का सवाल है वह अब भी भारत के पक्ष में है, इस क्षेत्र में दस स्वतंत्र राज्य म्यांमार, थाईलैंड, फिलीपींस, इंडोनेशिया, मलेशिया, सिंगापुर, ब्रुनेई, वियतनाम, कंबोडिया और लाओस है।

1967 में इस क्षेत्र के पांच मूल देशों ने मिलकर द एसोसिएशन आफ साउथ ईस्ट एशियन नेशंस (आसियान) की स्थापना की जिसमें इडोनेशिया, मलेशिया, सिंगापुर थाईलैंड व फिलीपींश की बैंकाक घोषणा पर हस्ताक्षर हुए। बाद में 7 जनवरी, 1964 को ब्रुनेई भी इसका सदस्य हो गया। 30 लाख वर्ग किमी. क्षेत्र में फैले इस क्षेत्र में आसियान की जनसंख्या लगभग 35 करोड़ है, इन देशों का सामरिक और भौगोलिक महत्व है। ये देश प्रशांत महासागर के मध्य पूर्व (पश्चिम एशिया) अफ्रीका तथा यूरोप से जोड़ने वाले सामरिक महत्व के समुद्री मार्गों पर फैले हैं। इनमें भाषा, धर्म, जाति, संस्कृति आदि में विभिन्नताएं होते हुए भी एकता है।

मुख्य रूप से आसियान का उद्देश्य सदस्य राष्ट्रों में राजनीतिक, सामाजिक, आर्थिक, सांस्कृतिक, व्यापारिक, वैज्ञानिक, तकनीकी प्रशासनिक आदि क्षेत्रों में परस्पर सहायता व सहयोग से विभिन्न समस्याओं का समाधान खोजना है। सोवियत संघ के बिखर जाने के परिणामस्वरूप शीतयुद्ध के समाप्त हो जाने से इस क्षेत्र में दक्षिण एशियायी देशों के बीच सहयोग की संभावना बढ़ी है।

भारत और आसियान देशों को मिलकर आर्थिक, सांस्कृतिक एवं शिक्षा आदि क्षेत्रों में सहयोग और आदान-प्रदान बढ़ाने का प्रयास करना चाहिए। भारत को आसियान के सहयोग से अनेक कार्यक्रम शुरू करना चाहिए। 1990 के दशक में द्विपक्षीय स्तर पर भारत और दक्षिण पूर्व एशिया के बीच आर्थिक एवं सामरिक सहयोग में वृद्धि हुई है, सिंगापुर और इंडोनेशिया के साथ आर्थिक एवं प्रतिरक्षा के क्षेत्र में सहयोग का नया दौर शुरू हुआ है। अन्य देशों के साथ भी इसी प्रकार के कदम उठाए जाने चाहिए।

3

पाकिस्तान

पाकिस्तान का जन्म व उसकी लोकतांत्रिक पृष्ठभूमि

पाकिस्तान बनाए जाने संबंधी प्रस्ताव पर विचार करें तो एक मजेदार बात सामने आती है, 23 मार्च, 1940 को जब लाहौर अधिवेशन में द्वि-राष्ट्र के सिद्धांत पर भारत को विभाजित करने की मांग की गई तो उस प्रस्ताव में कहीं भी पाकिस्तान शब्द का उपयोग नहीं किया गया है। राजा महमूदाबाद ने जब यह प्रस्ताव रखा तब कहा, राष्ट्र के दो बड़े जन समुदाय को भारत के स्वतंत्र राष्ट्रीय राज्यों में दो भाग कर दो, विभक्त राष्ट्रों की स्थापना करने के इस मूल प्रस्ताव में पाकिस्तान नामक शब्द कहीं नहीं है।

इसलिए पाकिस्तान सरकार जो 23 मार्च को प्रतिवर्ष पाकिस्तान दिवस मनाती हैं, उसका भी कोई औचित्य नहीं है। पाकिस्तान के संबंध में प्रसिद्ध कवि डॉ. इकबाल का नाम जोड़ा जाता है लेकिन इकबाल ने एक मुस्लिम होमलैंड का सपना जरूर देखा लेकिन उसका नाम पाकिस्तान हो वह उन्होंने कभी नहीं कहा। मुस्लिम होमलैंड की कल्पना करने वाले डॉ. इकबाल 1939 में ही मौत को गले लगा लिए थे वह यह नहीं देख सके कि जिस इस्लाम के नाम पर वह नया देश बनाना चाहते हैं उसका नाम पाकिस्तान होगा। वैसे कहा जाता है कि पाकिस्तान का नाम 1932-33 में अस्तित्व में आ चुका था, जिन्ना की पारसी पत्नी राटपेटिट की मृत्यु के बाद

उन्होंने लंदन में ही रह जाने का निश्चय कर लिया था लेकिन लंदन में होने वाली तीन राउंड टेबल कॉफ्रेंस के बाद जब मुस्लिम नेता रिंट्ज होटल लंदन में मिले तो उस समय पाकिस्तान का नाम सामने आया था। उक्त बैठक में रहमत अली चौधरी नामक एक वैरिस्टर ने एक पुस्तिका वितरित की थी जिसका नाम था पाकिस्तान। पुस्तिका में कहा गया था कि मुस्लिमों का जो होम लैंड बनेगा उसका नाम पाकिस्तान होगा। उन्होंने उसकी परिभाषा देते हुए कहा था कि 'पी' फोर पंजाब 'ए' फोर अफगानिस्तान, 'के' फोर कश्मीर और 'एस' फोर सिंध, यानी पंजाब अफगानिस्तान और सिंध को मिलाकर जो देश बनेगा उसका नाम पाकिस्तान होगा। यद्यपि जिन्ना ने उस समय उस पुस्तिका का मजाक उड़ाया था और उसे दिवा स्वप्न कहा था लेकिन कौन जानता था कि इस पाकिस्तान के संस्थापक के रूप में उनका नाम इतिहास में कलमबद्ध किया जाएगा।

मुहम्मद अली जिन्ना और उनके अनुयायी जिस इस्लाम के आधार पर लोकतंत्र लाना चाहते थे वह तो सबसे बड़ी भूल-भुलैया है क्योंकि इस्लाम और लोकतंत्र दोनों एक साथ नहीं रह सकते। इस्लाम का स्वभाव लोकतांत्रिक नहीं है, वहां एक ईश्वर, एक पैगंबर और एक शरीयत की सत्ता को सर्वोपरि माना गया है, इसीलिए जनमत जनता की राय पर कायम नहीं होता बल्कि वह तो पहले से एक आस्था के रूप में विद्यमान है। जब मत मतांतर को वहां स्थान नहीं, बहुमत को इसलिए सम्मान नहीं क्योंकि उसकी स्थापना के साथ तो पहले ही एक मत को ईश्वरीय आदेश मानकर स्वीकार कर लिया गया है, अतएवं उसमें संशोधन की कोई गुंजाइश नहीं।

पाकिस्तान जिस रोग से पीड़ित है वह उसकी विरासत नहीं बल्कि वह ऊपरी ढांचा है जो उसकी स्थापना के लिए स्वीकार किया गया है। अयूबखान, याहयाखान, जनरल जिया और गुलाम इसहाक खान उस ढांचे की देन हैं जो उसने यथार्थ में नहीं भावुकता में स्वीकारा है। पाकिस्तान में कोई संविधान सर्व सम्मत रूप से तैयार न होना और फिर जो भी जैसा भी तैयार हो उसमें इस प्रकार की व्यवस्था रखना कि राष्ट्रपति जब चाहे प्रधानमंत्री को बर्खास्त करके सत्ता अपने हाथों में ले सकता है, उसकी सनक जब चाहे संसद को भंग कर सकती है और किसी को भी प्रधानमंत्री बना सकती है वह चाहे तो आसिफ जरदारी के रूप में किसी को जेल में बंद कर सकता है और जब इच्छा हो उसे केंद्रीय कबीना या सदस्य बनाकर मंत्री पद की शपथ भी दिला सकता है। पाकिस्तान का राष्ट्रपति वह चित्र है जिसे उलट दें तो लोकतांत्रिक पद पर आसीन व्यक्ति बन जाता है और दूसरी बार पलट दें तो वह इस्लामी तानाशाह

बन जाता है, जब पाकिस्तान का निर्माता जिन्ना समय पर कट्टरवादी इस्लामी नेता बन जाता है और समय आने पर आधुनिक वैरिस्टर मोहम्मद अली जिन्ना तो फिर उसके अनुयायी यह सब करते हैं तो इसमें आश्चर्य की क्या बात है। शेरवानी उन्हें मौलाना बना देती है और वर्दी उन्हें मार्शल लॉ प्रशासक।

पाकिस्तान का दूसरा विरोधाभाष यह है कि वह हिंदू भारत में मुस्लिम भारत तलाश करता है। मोहनजोदड़ों की सभ्यता वाला पाकिस्तान अपने आप को इस्लामी किस प्रकार सिद्ध करें? न केवल उसका भौगोलिक प्रदेश जिस पर वह खड़ा है बल्कि उसकी भाषा, उसका रहन-सहन, उसके विचार सब भारतीय ही हैं। वह पंजाबी बोलकर - पंजाबी खाना खाकर और पंजाबी गीत सुनने के बाद उसे केवल उपासना पद्धति के आधार पर मुस्लिम पंजाब बनाना चाहे तो कैसे संभव हो सकता है। वह पाणिनी को अपना राष्ट्रीय नायक मानता है सोनी महिवाल की कथाएं कहता है और भारतीय संगीत की धुनों पर थिरकता है, इस बीच उसे अपनी उपासना पद्धति का ध्यान आ जाता है तो उसमें वह फिर से इस्लाम ढूंढ़ने लगता है जो उसे कला, संगीत, इतिहास और भूगोल में कहीं नहीं मिलता। अरबी न बोलकर इस्लाम के नाम पर अरबी साहित्य और अरबस्तान की वकालत करता है। अरबों का वस्त्र न पहन कर उसमें इस्लाम की झलक ढूंढ़ता है। यानी जो नहीं है उसकी तलाश करता है, वह केवल इसलिए कि उसे केवल हिंदू से चिढ़ है और वह हिंदुस्तान से नफरत करता है।

इंडोनेशिया व मलेशिया के मुस्लिमों की तरह वह वहां की संस्कृति को आधार बना कर इस्लाम को स्वीकार कर लेता तो आज दोहरेपन का शिकार न होता। इसलिए न केवल राजनीति में बल्कि संस्कृति के क्षेत्र में भी वह दोहरेपन का शिकार है उसके जीवन का यही भटकाव उसे विघटन के मार्ग पर ले जाएगा। पाकिस्तान ने अपनी पहचान अपने भीतर तलाश नहीं की बल्कि वह प्रतिक्रियावादी बनकर जाने-अनजाने में वह सब कुछ करता रहा, जहां भारत से वह अलग-थलग दिखलाई पड़े। वह भारत से बढ़-चढ़कर भारत के मुकाबले अधिक आधुनिक व सुसंस्कृत बनने की असफल चेष्टा करता रहा। अपनी लघुता को छिपाने के लिए कभी[1] जुल्फिकार अली भुटटो बनकर यह दावा किया कि हमने भारत को कपड़े पहनना सिखाया है, हमने उसे ताजमहल और कुतुबमीनार दिए हैं और कभी बेनजीर भुट्टो बन कर हजार साल तक लड़ने की कसमें खाता रहा है। कभी वह इस्लाम से नाता जोड़कर अरबों के सन्निकट होने का ढोंग रचता है और कभी डगलस तथा निक्सन जैसे भारत विरोधी अमेरिकी नेताओं के साथ मिलकर अमेरिका का निकट मित्र

दर्शाता है। उसे वह सब अच्छा लगता है जो भारत विरोधी है। इस्लामी पुरातनवाद और अमेरिकी साम्राज्यवाद की तुलनात्मक शक्ति पर भारी ताकत का हम दोस्त बनकर वह भारत के विरोध में सब कुछ करने को तैयार हैं।[55] पाकिस्तान निश्चय ही एक अनजान रास्ते की ओर बढ़ चला है।

इस्लाम राष्ट्रवाद में विश्वास नहीं करता, पाकिस्तान इस कारण पंजाबी, सिंधी पठान और मोहाजिरों तथा ब्लूचियों को संगठित करके अपनी छत्रछाया में नहीं रख सका। राष्ट्रवाद के कमजोर होने के कारण पाकिस्तान ही हर जाति और हर संप्रदाय सर उठाता रहा है। आज पाकिस्तान सिंध, पंजाब और ब्लूच तथा सीमांत प्रदेश में बंटा हुआ है उसके एकीकरण का सूत्र या तो इस्लाम है या फिर सेना। इस्लाम बंगाल को टूटने से नहीं रोक सकी इसलिए इस समय केवल सेना उनका संयुक्त सूत्र है। सेना में पंजाबी अधिक हैं इसलिए लोग उनसे दूर भागते हैं। सिंध को विकास और प्रगति करने का अवसर नहीं मिला उसके माथे पर मोहाजिर सवार है इसलिए पाकिस्तान कभी एक भौगोलिक इकाई नहीं बन सका। यही कारण है कि उसका संविधान भी यह तय नहीं कर पाया कि उसके यहां अध्यक्ष प्रणाली हो या कि संसदीय प्रणाली।

पाकिस्तान में जो आपाधापी है वह इसलिए क्योंकि उसका जन्म प्रतिक्रिया पर हुआ है। कोई ठोस बुनियाद न होने के कारण वह दिशाहीन है। कभी सुन्नी, स्टेट, कभी सार्क का सदस्य, कभी पश्चिमीकरण का पिछलग्गू बनना चाहता है तो कभी खिलाफतें राशिदा का पथिक भूगोल के आधार पर उसकी प्राकृतिक सीमा नहीं है, सांस्कृतिक आधार पर उसकी अपनी पहचान नहीं और नीति निर्धारण के नाम पर प्रतिक्रिया के अतिरिक्त कोई उसकी सूझ-बूझ नहीं इसलिए चुनाव हो या नहीं, मार्शल लॉ आए या फिर लोकतंत्र, बेनजीर राज करें या नवाज शरीफ, उसके लिए कोई औचित्य नहीं क्योंकि 21वीं शदी के दशक में पाकिस्तान शायद अपने अस्तित्व की लड़ाई लड़ रहा है।

धर्म, अफीम और आतंकवाद

भारत को अपनी आजादी के साथ ही संघर्ष और दुश्मनी का एक तोहफा पाकिस्तान के रूप में मिला। महान अर्थशास्त्री तथा प्रख्यात कूटनीतिज्ञ कौटिल्य की युक्ति की "तुम्हारा निकटतम पड़ोसी ही तुम्हारा सबसे बड़ा दुश्मन है" बहुत ही

सटीक उतरती है। धर्म के नाम पर 14 अगस्त, 1947 को इस उपमहाद्वीप का एक टुकड़ा पाकिस्तान के रूप में बनाकर ब्रिटिश सत्ता के तत्कालीन शासकों ने कूटनीतिक सतरंज की अंतिम गोटियां फेंकी थीं। उनकी यह चाल सफल रही और इस संपूर्ण उप महाद्वीप को घृणा, आतंक और अशांत के अंधे कुएं में डाल दिया और एक अनवरत् संघर्ष की पृष्ठभूमि तैयार कर दी, जो आज तक बदस्तूर जारी है। दुनिया में आज अनेक जगहों पर उथल-पुथल हो रहे हैं, कहीं यह उथल-पुथल युद्ध, गृहयुद्ध व कहीं अघोषित युद्ध के रूप में दिखाई दे रहा है। जहां तक अघोषित युद्ध का सवाल है भारत भी पाकिस्तान से इस प्रकार के युद्ध से सामना कर रहा है। अघोषित युद्ध में कोई भी देश प्रत्यक्ष लड़ाई न लड़कर आतंकवाद आदि के जरिए दुश्मन राष्ट्र को कमजोर बनाने का प्रयास करता है, इसमें दुश्मन राष्ट्र के बागियों को मोहरा बनाकर प्रशिक्षण व हथियार आदि देकर उस देश के अंदर तोड़-फोड़ व विद्रोह फैलाने व अशांत करने हेतु घुसपैठ कराया जाता है। आतंकवादियों की आर्थिक मदद के लिए अफीम आदि नशीले पदार्थों की तस्करी से धन इकट्ठा किया जाता है और जेहादी व धार्मिक भावनाएं इनके आदर्श और मनोबल का काम करती हैं।

कार्लमार्क्स की यह युक्ति कि "धर्म अफीम के समान है" जग जाहिर है, मगर क्या कार्लमार्क्स ने कभी सोचा था कि - धर्म और अफीम जब एक दूसरे से मिल जाते हैं तो उसके परिणाम कितने भयंकर हो सकते हैं। पाकिस्तान ने भारत के विरुद्ध जो अपारंपरिक लड़ाई छेड़ रखी है उसमें धर्म और अफीम दोनों का ही इस्तेमाल हो रहा है। जहां धर्म के नाम पर लोगों की भावनाओं को भड़काया जा रहा है वही अफीम के अवैध व्यापार की कमाई आतंकवादियों को हथियार आदि मदद देने में लगाई जा रही है। पाकिस्तान ने यह अनोखा तरीका अपने पिछले अनुभवों

को ध्यान में रखकर अख्तियार किया है। पाकिस्तान अब तक भारत के साथ तीन लड़ाइयां लड़ चुका है और सब में वह बुरी तरह पराजित हुआ है, तथा वह जानता है कि भारत के साथ आमने-सामने की लड़ाई में पराजय ही हाथ आएंगी, इसलिए उसने भारत को कमजोर करने हेतु आतंकवाद का रास्ता अपनाया। पंजाब और कश्मीर राज्यों को अपना निशाना बनाकर वहां की धर्मांध ताकतों को शह दी और उन्हें अलगाववादी विद्रोह के लिए न केवल उकसाता रहा है बल्कि हर प्रकार की सहायता भी देता रहा है।

पाकिस्तान की इस रणनीति में उसके अपने लाभ हैं। सबसे बड़ा लाभ यह है कि पाकिस्तान का एक भी सैनिक न मरता है और न घायल होता है क्योंकि उसे सामने आने की जरूरत नहीं पड़ती। पाकिस्तान यह काम आतंकवादियों से कराता है। पाकिस्तान को दूसरा लाभ कूटनीति के मोर्चे पर है, चूंकि भारतीय सुरक्षाबलों को युद्ध के मोर्चे पर शत्रु सैनिकों से लड़ने के बदले गलियों और मुहल्लों में अपने ही देश के गुमराह लोगों से उलझना पड़ता है और इस सिलसिले में घरों की तलाशियां, गिरफ्तारियां, पूछताछ अनेक काम अपने ही नागरिकों के विरुद्ध करने पड़ते हैं अतः पाकिस्तान के लिए मानवाधिकार की दुहाई देना आसान हो जाता है। यदि लड़ाई आमने सामने होती है तो मानवाधिकार जैसे मुद्दे इस प्रकार सामने न आते। पाकिस्तान को तीसरा लाभ यह मिल रहा है कि वह इस बात से साफ मुकर जाता है कि वह आतंकवादियों को किसी प्रकार की आर्थिक या सामरिक सहायता प्रदान कर रहा है। पाकिस्तान यह बार-बार दोहराता है कि वह कश्मीरियों के तथाकथित मुक्ति संघर्ष का समर्थन तो करता है मगर उसका समर्थन केवल नैतिक, राजनैतिक और कूटनीतिक है। वह इस बात से बिल्कुल इंकार करता है कि उग्रवादियों को प्रशिक्षण देने, हथियार देने और आर्थिक मदद देने में उसका कोई हाथ है।

आतंकवादी गतिविधियों के संचालन का पाकिस्तानी तरीका अत्यंत विकसित हो गया है। सरकार के इसमें शामिल होने की बात सीधे तौर पर साबित नहीं की जा सकती गतिविधियों के संचालन का तानाबाना इस प्रकार बुना गया है कि पाकिस्तानी सरकार और सेना के लोग सामने कहीं भी दिखाई नहीं देते ऊपरी तौर पर संचालन के सूत्र उन लोगों के हाथों में हैं जो न सेना में हैं और न सरकार में। यह लोग भी अफीम की तस्करी करते, कराते हैं और इससे आने वाले पैसे को उग्रवादियों पर खर्च किया जाता है। फिर भी पाकिस्तानी सरकार अपनी भूमिका को चाहे कितना गोपनीय रखने की कोशिश करे मगर उसका रहस्य खुल चुका है कि

इन गतिविधियों की योजना एवं संचालन में असली योगदान पाकिस्तानी गुप्तचर संगठन आई.एस.आई. का ही है और पाकिस्तानी सेना की गुप्चर सेवा मिलिटरी इंटेलीजेंस उसकी मदद कर रही है।

पाकिस्तान की इन हरकतों की ओर विश्व जनमत का ध्यान भारत वर्षों से खींचता रहा है। ऐसा लगता है कि विश्व की ताकतें भारत के पक्ष को समझने लगी हैं और भारत के प्रति उनके रवैये में बदलाव आने लगा है। खासतौर से अमेरिका और उसके साथी पश्चिमी देशों ने अनेक मौकों पर पाकिस्तान को लताड़ लगाई है। अमेरिका ने इस बात को कई बार दुहराया है कि वह पाकिस्तान के आतंकवाद समर्थक गतिविधियों को नापसंद करता है और वह पाकिस्तान पर नजर रखे हुए है। अगर पाकिस्तान अपनी हरकतों से बाज नहीं आया तो अमेरिका उसे आतंकवादी देश घोषित कर सकता है यदि ऐसा हुआ तो न केवल पाकिस्तान को दी जाने वाली अमेरिका मदद रुक जाएगी बल्कि अमेरिकी कानून के अनुसार अमेरिकी सरकार के लिए यह लाजिमी हो जाएगा कि विश्व बैंक या ऐसी ही विश्व संस्थाओं द्वारा पाकिस्तान को किसी भी प्रकार की सहायता दिए जाने का वह विरोध करें।

पाकिस्तानी सरकार भले ही यह तर्क देती रहे कि आतंकवादियों को धन इत्यादि की मदद देने के पीछे उसका कोई हाथ नहीं है मगर इस मामले में अमेरिकी कानून बिल्कुल स्पष्ट है। इसकी परिधि में केवल वे ही देश नहीं आते जो आतंकवादी गतिविधियों से जुड़े हैं बल्कि उन देशों को भी आतंकवादी माना जाएगा जो ऐसी कार्यवाहियों में या तो परोक्ष रूप से शामिल हैं या अपनी धरती पर चलाई जा रही इस प्रकार की कार्यवाहियों को जान-बूझकर अनदेखी कर रहे हैं। पिछले दिनों दिए गए अपने बयान में पाकिस्तान स्थित अमेरिकी राजदूत श्री जान मेजर ने यह साफ शब्दों में कहा था कि पाकिस्तान की हरकतों के बारे में अमेरिकी राय भारत की शिकायतों पर आधारित नहीं है। अमेरिका ने पाकिस्तानी गतिविधियों का अध्ययन स्वतंत्र सूत्रों के माध्यम से करने के बाद ही अपनी राय कायम की है। गत वर्षों में अमेरिकी धरती पर हुए कुछ बम विस्फोट की घटनाओं ने अमेरिका के उस झूठे आत्म विश्वास को खंडित कर दिया है जिसकी वजह से उसे लगता था कि कोई बाहरी आदमी अमरीकी धरती पर ऐसी हिम्मत नहीं करेगा। इन घटनाओं के साथ पाकिस्तान का नाम जुड़ा रहा है ऐसे समय में यह स्वाभाविक है कि अमेरिका पाकिस्तान के साथ सख्ती से पेश आए।

पाकिस्तान का पेशावर शहर आतंकवाद का सक्रिय केंद्र है यहां विभिन्न इस्लामी देशों से आए स्वयं सेवकों को हथियार और प्रशिक्षण दिया जाता है। पाकिस्तान की आतंकवादी भूमिका पूरे विश्व समुदाय के लिए सिर दर्द बनती जा रही है मगर क्या अमेरिका इस बात से इंकार कर सकता है कि पाकिस्तान को आतंकवाद का गढ़ बनाने में उसका सक्रिय योगदान रहा है। शीत युद्ध के दिनों में मुजाहिद्दीन संगठनों को अफगानिस्तान में सोवियत संघ के विरुद्ध सहायता देने में अमेरिका ने पाकिस्तान का जमकर इस्तेमाल किया, उन्हीं दिनों पेशावर मुजाहिद्दीन छापामारों का केंद्र बन गया और अफीम की तस्करी,, हथियारों की खरीद छापामारों को प्रशिक्षण देने इत्यादि का सिलसिला शुरू हो गया।

पाकिस्तान के अंदरूनी हालात पर एक नजर

पाकिस्तान अपने घरेलू संकट से ध्यान दूसरी ओर मोड़ने के लिए कश्मीर का मसला उठाता रहा। कश्मीर मसले को जीवित रखना अब उसकी घरेलू अनिवार्यता बन गई है, उसके प्रधानमंत्रियों में इन मसलों को लेकर आरोप प्रत्यारोप जारी है। वस्तुतः पाकिस्तान श्रीमती भुट्टो की पाकिस्तान पीपुल्स पार्टी और नवाज शरीफ तथा उनकी मुस्लिम लीग के बीच प्रतिद्वंद्विता के दुष्चक्र में फंसा है, उधर कट्टरवादियों ने भी अपना सिर उठा रखा है। पाकिस्तान के सुदूर ग्रामांचल तक घातक हथियार पहुंच चुके हैं जिसका श्रेय अमेरिका को है, जिसने अफगानिस्तान युद्ध के दौरान बड़े पैमाने पर हथियारों की आपूर्ति की। अब कट्टरवादी धर्म के नाम पर सब कुछ ध्वस्त करना चाहते हैं। देश के चारों प्रांत पंजाब, सिंध, ब्लूचिस्तान तथा उत्तर पश्चिम सीमा प्रांत में कानून एवं व्यवस्था की स्थिति अत्यंत खराब हो गई है। खासकर करांची नगर तो पाकिस्तानी शासकों के लिए एक बड़ा सर दर्द बन गया है वहां स्थिति काफी बेकाबू रही है। सिंध की पूरी आबादी ही परेशानियों और कठिनाइयों के दौर से गुजर रही है। एक लंबे अर्से से सिंधी यह शिकायत करते रहे हैं कि उन्हें एक सुनियोजित साजिश के तहत अल्पसंख्यक बनाया जा रहा है वे बिहारी मुसलमानों को सिंध में बसाने का विरोध कर रहे हैं।

उधर मुहाजिरों को शिकायत है कि उनके लिए रोजगार एवं शिक्षा के सभी दरवाजे बंद कर दिए गए हैं और मोहाजिरों का सुनियोजित ढंग से संहार किया जा रहा है। बलूची भी अधिकार न मिलने का रोना रो रहे हैं।

पाकिस्तान के मानवाधिकार आयोग ने मुल्लाओं के हमले के बावजूद महिलाओं एवं अल्पसंख्यकों के ध्येय को उठाया है, हाल ही में करांची क्षेत्र में जातीय, धार्मिक तथा राजनीतिक असहिष्णुता के खिलाफ ठोस लड़ाई के लिए दक्षिणी एशिया के कार्यकर्त्ताओं का एक सम्मेलन आयोजित किया गया जिसमें सुरक्षा बलों की ज्यादतियों के खिलाफ सख्त आवाज उठाई गई। कट्टरवादी एवं संकीर्णतावादी हिंसा ने करांची के स्वरूप को क्षत-विक्षत कर दिया है। करांची कभी आर्थिक गतिविधियों का केंद्र था लेकिन अब करांची से पूंजी पंजाब जा रही है जिसका न केवल सिंधी बल्कि ब्लूचिस्तान तथा उत्तर पश्चिम सीमा प्रांत के लोग भी कड़ा विरोध कर रहे हैं। इन प्रांतों में इस बात का भी विरोध किया जा रहा है कि सशस्त्र सेना, नागरिक सेवा तथा व्यवसाय में भी पंजाब का प्रभुत्व है।

करांची की स्थिति का अंदाजा इस बात से लगाया जा सकता है कि गत वर्षों वहां 2500 मुसलमानों की हत्याएं की गईं तथा वर्ष 1995 में लगभग दो हज़ार लोग मारे गए, अनेक कारखाने बंद पड़े हैं अपहरण व डकैतियां आम बात हो गई हैं। हालांकि सरकार का दावा है कि करांची में स्थिति सामान्य है पर वहां अब भी खून खराबा जारी है, अल्पसंख्यकों में खासकर हिंदुओं, अहमदियों, तथा ईसाइयों में असुरक्षा की भावना व्याप्त है। इन समस्याओं के लिए पाकिस्तानी संविधान, उसकी आंतरिक व्यवस्थाएं तथा दोरंगी नीतियां जिम्मेदार हैं। भारत विरोधी अभियान चलाकर इन समस्याओं का समाधान नहीं किया जा सकता।

यदि जरदारी और नवाज शरीफ युद्ध पथ पर ही डटे रहे तो होगा क्या? उसके फलस्वरूप प्रदर्शन, उपद्रव और हिंसा ही होगी। लोगों में यह आशंका है कि कहीं खुले संघर्ष न भड़क उठें, इस आशंका की एक वजह पाकिस्तान में हथियारों का सरे आम उपलब्ध होना भी है।

फौजी कदमताल पर लड़खड़ाता पाकिस्तानी लोकतंत्र : दरअसल मूल बात यह है कि पाकिस्तान में पिछले छः दशकों की स्वतंत्रता के बावजूद अभी तक लोकतंत्र की अधिसंरचना नहीं तैयार हुई। यही कारण है कि बिना सड़क के लोकतंत्र की यह गाड़ी बहुत दूर तक नहीं जा पाती। लोकतांत्रिक संरचना के अभाव में पाकिस्तान ने अपनी स्वतंत्रता के तीन दशक फौजी अधिनायक तंत्र के कदमों में गुजारे हैं। यही सबूत है पाकिस्तान में लोकतांत्रिक वातावरण के अभाव का। यही मुख्य अंतर है इस उपमहाद्वीप के दो देशों भारत और पाकिस्तान में। भारत में अगर

आदिम तानाशाही नहीं चल पाती तो पाकिस्तान में भी दिखावे के लिए लोकतंत्र बहुत दूर तक सफर नहीं कर सकता।

पाकिस्तानी संविधान का आठवां संशोधन एक विचित्र पहलू है, इसे अगर लोकतंत्र के आंगन में तानाशाही का चोर दरवाजा कहें तो कोई गलत नहीं । दरअसल पाकिस्तानी संविधान का यह आठवां संशोधन स्वर्गीय जनरल जिया-उलहक की देन है। बेनजीर के पिता जुल्फिकार अली भुट्टो को फांसी के तख्ते पर चढ़ाने के बाद जब जिया ने देखा कि अब भी उनकी गद्दी सुरक्षित नहीं है तो उन्होंने पाकिस्तान के तत्कालीन संविधान में संशोधन कराकर सत्ता की संपूर्ण शक्ति राष्ट्रपति के हाथों निहित कर दी जबकि इस संशोधन के पहले सत्ता की संपूर्ण ताकत प्रधानमंत्री के हाथों निहित थी। चूंकि जुल्फिकार अली भुट्टो 1971 में जब सत्ता में आए थे तब तक पाकिस्तान अयूबखान और याह्या खान जैसे फौजी शासकों को देख चुका था पाकिस्तान के तत्कालिक संविधान में सत्ता शक्ति राष्ट्रपति के ही हाथों में केंद्रित थी, जुल्फिकार अली भुट्टो ने 1973 में इस संविधान का संशोधन कराकर शक्ति को जनता द्वारा चुने गए प्रधानमंत्री के हाथों सुपुर्द किया।

मगर जब भुट्टो को अपदस्त कर जनरल जिया सत्ता में आए तो वह एक बार पुनः संविधान को याह्या और आयूब युग में ले आए। इसलिए आठवें संशोधन को राष्ट्रपति के असीमित अधिकारों वाला संशोधन कहा जाता है। इस संविधान के जरिए पाकिस्तानी लोकतंत्र की स्थिति बड़ी विचित्र हो गई वह स्वरूप में तो ब्रिटिश संविधान की तरह है मगर व्यवहार में अमेरिकी संविधान के समकक्ष है। पाकिस्तान का राष्ट्रपति भारतीय राष्ट्रपति की तरह ही अप्रत्यक्ष मतदान के जरिए लोक प्रतिनिधियों के द्वारा चुना जाता है मगर वह भारतीय राष्ट्रपति की तरह महज एक संवैधानिक प्रमुख भर नहीं है बल्कि अमेरिकी राष्ट्रपति की तरह सत्ता प्रमुख है। इस संविधान संशोधन में प्रदत्त अधिकारों के चलते पाकिस्तानी राष्ट्रपति सेना का सीधे-सीधे उपयोग कर सकता है। वह चाहे प्रधानमंत्री को बर्खास्त कर दे या नए चुनाव की घोषणा करे या वो भी नहीं। निःसंदेह यह व्यवस्था लोकतांत्रिक नहीं कही जा सकती, इससे देश में कार्यपालिका, न्यायपालिका और व्यवस्थापिका तीनों का एक बौना रूप दिखाई देता है और देश में तानाशाही व्यवस्था को बल मिलता है।

कश्मीर में पाकिस्तान की गतिविधियां बदस्तूर जारी हैं कश्मीर के लोगों ने पाकिस्तान के कहने और उकसाए जाने पर जितना खून बहाया है उतना भारत के

किसी अन्य इलाके में नहीं बहा। हम बार-बार पाकिस्तान से अपने अंदरूनी मामलों में हस्तक्षेप न करने का आग्रह करते हैं जबकि सारी दुनिया आतंकवाद के विरुद्ध एक जुट दिखाई देती है और पाकिस्तान का कश्मीर में नाजायज हस्तक्षेप सिद्ध हो चुका है तब भारत द्वारा किया गया कोई भी विनम्र निवेदन एक बेतुकी बात लगती है। अब जरूरी है कि भारत पाकिस्तान से आग्रह करने के बजाय उसके विरुद्ध एक कूटनीतिक युद्ध की घोषणा करे अपने दूतावासों को सजग और सचेत करे तथा कश्मीर के लोगों को विश्वास में लेने की भरपूर कोशिश करें, लेकिन हमारी सरकार और उसकी नीतियां शायद किसी और दिशा की ओर बढ़ रही हैं।

रावी का रुख भारत की तरफ मोड़ देने के बाद दर्जनों भारतीय गांव और सीमा पर रह रहे लोगों के लिए केवल इतना ही खतरा नहीं कि जल प्रवाह की धारा उन्हें नेस्तानाबूद कर देगी बल्कि खतरा तो यह है कि पाकिस्तान की मंशा क्या है? हमारी सरकार हमारी सुरक्षा व्यवस्था में लगे लोग ऐसा नहीं कि इस खतरे की घंटी से बेखबर हैं, पर न जाने उनके कदम रुक क्यों रहे हैं? कश्मीर में उग्रवादियों को पनाह देने से लेकर हथियार की सप्लाई, उनका प्रशिक्षण और देश भर में तोड़-फोड़ आदि कार्यवाही और उसके पीछे हर बार एक ही नाम हर जांच के बाद सामने आ रहा है पाकिस्तानी खुफिया एजेंसी आई.एस.आई., ऐसा क्या है इस खुफिया एजेंसी में कि भारत जैसा देश या तो उस पर नजर नहीं रख पा रहा है या उसकी नजर चूक रही है। चाहे बंबई बम विस्फोट की घटना हो या फिर विदेशी नागरिकों के अपहरण का मामला अथवा धार्मिक मान्यताओं की स्थली वैष्णो देवी के यात्रियों को मारने का कुचक्र इन सबके पीछे पाकिस्तानी खुफिया एजेंसी का हाथ साफ हो चुका है। तमाम प्रमाण और चश्मदीद गवाहों के बाद भी आखिर सरकार खामोश क्यों है? लोकतांत्रिक व्यवस्था में सरकार की जवाबदेही लोगों के प्रति है कि सरकार ने आई.एस.आई. के शिकंजे को तोड़ने के लिए क्या किया? और यदि नहीं किया तो आखिर क्यों नहीं किया?

अंतर्राष्ट्रीय मंचों पर जब जब मौका मिला पाकिस्तान ने भारत को शिकस्त देने के इरादे से कश्मीर के मुद्दे को उठाने की कोशिश की, यह बात अलग है कि वह अपने छद्मवेशी पोशाक में टिक नहीं सका और भारत ने उसे कूटनीतिक मात दे दी लेकिन वास्तविक समस्या के प्रति उसकी जिम्मेदारी एक इंच भी कम नहीं हुई है।

चाहे पूर्व गृहमंत्री शंकर राव चाहवाण हों या फिर प्रधानमंत्री/मंत्री पी.वी. नरसिंह राव बार-बार लालकिले की प्राचीर से लेकर अंतर्राष्ट्रीय मंचों तक उठा चुके

हैं कि पाकिस्तान भारत में उग्रवाद और आतंकवाद को बढ़ावा दे रहा है उसकी मदद कर रहा है और उसकी खुफिया एजेंसी भारत में अपना तंत्र बिछाकर तोड़-फोड़ की कार्यवाही में लिप्त है। केवल घोषणा मात्र नहीं अंतर्राष्ट्रीय प्रतिनिधि मंडलों के साथ बातचीत के दौरान भारत ने दस्तावेजों सहित इसके प्रमाण दिए हैं कि इन सब कामों में पाकिस्तान सक्रिय है, जब बात इतनी साफ हो चुकी है और सीमा पर आए दिन नोंक-झोंक हो रही है, लंबे समय से दोनों के बीच शीतयुद्ध चल रहा है तब वह कौन-सी लाचारी है जो भारत को रोक रही है पाकिस्तान से दो-दो हाथ करने को।

ऐसा तो नहीं कि प्रतिरक्षा के मामले में भारत कहीं कमजोर पड़ा रहा है ? सेनाओं का मनोबल आज भी बुलंदी पर है परंतु राजनैतिक मजबूरियां और देश की अंतर्राष्ट्रीय छवि के कारण यह संकोच आड़े आ रहा है कि पहल कौन करे। हालांकि पाकिस्तान अनेक मौकों पर एक कदम आगे बढ़कर भारत के विरुद्ध आक्रामक रुख दिखा चुका है लेकिन थोड़ी ही देर में वह दो कदम पीछे हटकर उस मौके का इंतजार करता है कि भारत आगे आए। केवल सीमाओं पर सेनाओं को बढ़ा देना या फिर हवाई जहाज से बम गिरा देना अथवा तोपों से बारूद उगल देना ही युद्ध नहीं है। हमारी सरकार को खुली आंख से पाकिस्तान के इस चौतरफा हमले को देखना होगा जो उसने सरहद के पार से और सरहद के अंदर से भारत के विरुद्ध चला रखा है।

कश्मीर में बार-बार उग्रवाद की बात उठाई जा रही है क्या कभी सरहद पर रहने वाले जवानों से राजनीति करने वालों ने पूछा है कि उनके हाथ क्यों बंधे हैं? सच तो यह है कि वोट की राजनीति आड़े आ रही है मानव अधिकार हनन से लेकर अंतर्राष्ट्रीय स्तर पर पाकिस्तान हल्ला बोल रहा है भारत की तरफ से यह तो कहा जाता है कि घाटी में कहीं मानवाधिकार का हनन नहीं हो रहा है लेकिन यह बात जोरदार तरीके से क्यों नहीं उठाई जाती कि उग्रवादी जो घातक हमले कर रहे हैं जानमाल को नुकसान पहुंचा रहे हैं आखिर उसकी जवाबदेही किस पर है? क्या भारतीय सरकार और उसके जवानों को अपने लोगों की रक्षा का अधिकार नहीं।

रावी नदी का रुख बदलकर डेराबाबा सेक्टर में जो खतरा पैदा किया गया है उसका मकसद कितना गंभीर है इसका अंदाजा इस बात से बखूबी लग जाता है कि 1965 से लगातार पाकिस्तान द्वारा इस बात की कोशिश होती रही कि किसी तरह पानी का रुख भारत की तरफ मोड़ा जाए। 1982 में कोट्टुआबा और हाजीपुर गुजरवाला में कंकरीट का बांध बनाकर पाकिस्तान ने अपनी स्थिति तो मजबूत कर

ली लेकिन हम क्या कर रहे थे? विदेशी तकनीकी और साजो सामान पर निर्भर रहने वाला पाकिस्तान, जिसकी आर्थिक रीढ़ हमसे कहीं ज्यादा कमजोर है फिर भी हम पर भारी क्यों पड़ रहा है? क्या इसलिए कि हमारे नीति निर्माताओं के पास वह दृष्टि नहीं है जिसमें भविष्य के खतरों को परखा जा सके या कहीं हमारी विदेश नीति की खामी है कि हम चाहते हुए भी करारा जवाब नहीं दे पा रहे हैं। एक बात बड़ी साफ है कि हौसले बुलंद हैं, जजबात हैं, लेकिन उठते कदम रोक दिए जाते हैं यह क्यों हो रहा है इसका उत्तर देने की आवश्यकता नहीं क्योंकि शायद यह हर भारतीय नागरिक हमारी राजनैतिक कमजोरी को जानता है। कश्मीर में वहां के लोग बार-बार बात साफ कर चुके हैं कि वह यदि भारत के साथ नहीं है तो पाकिस्तान के साथ भी नहीं रहना चाहते, भारत की तरफ से यह तो कहा जाता है कि राजनीतिक प्रक्रिया की बहाली होगी परंतु परिणाम के नाम पर अभी कुंछ हाथ नहीं लग पाया है। करोड़ों अरबों रुपया इस छोटे से राज्य पर केवल इसलिए खर्च किया जा रहा है कि यह भारत का अविभाज्य अंग है और दुश्मनों की पैनी नजर उस पर लगी है लेकिन इन पैसों का वहां सही जगह और सही हाथों में न पहुंच पाना भी एक दुर्भाग्य और समस्या बन गई है जो आम जनता में छलावा और विरोध के रूप में सामने आई है।

भारत को पाकिस्तान के साथ एक और युद्ध के लिए तैयार रहना चाहिए यह बात कोई और नहीं पाकिस्तान की प्रधानमंत्री बेनजीर भुट्टो ने कहा था, उनका कहना था कि "यदि भारत कश्मीर के आत्म निर्णय की अनदेखी करता है तो दोनों देशों के बीच चौथा युद्ध हो सकता है।" पाकिस्तान इसके लिए राजनैतिक और सामरिक दृष्टि से तैयारी भी कर रहा है। अमेरिका की रिपब्लिकन पार्टी की एक रिपोर्ट के अनुसार पाकिस्तान की कश्मीर संबंधी मुखर राजनीति में परमाणु हथियार एक महत्वपूर्ण अंग बन गया है। पाकिस्तान की प्रधानमंत्री बेनजीर भुट्टो को विश्वास था कि पाकिस्तान का परमाणु संपन्न होना उसकी कश्मीर संबंधी नीति के लिए कवच का काम करेगा। बेनजीर भुट्टो और नवाज शरीफ दोनों यह धमकी दे चुके हैं कि यदि भारत और पाकिस्तान के बीच युद्ध छिड़ा तो वह परमाणु युद्ध ही होगा।

अमेरिकी रिपोर्ट के अनुसार पाकिस्तानी सेना भारत के साथ लगी अपनी सीमा पर जमीन से जमीन पर मार करने वाले एम-11 प्रक्षेपास्त्र लगाए हुए हैं। पाकिस्तान भारत में न केवल आतंकवाद को बढ़ावा दे रहा है बल्कि आतंकवादियों को हर तरह की मदद भी दे रहा है। वास्तव में वह भारत के साथ एक अघोषित युद्ध छेड़े हुए

है। अमेरिकी मंत्री राबिन राफेल यह मानती रही है कि पाक जम्मू कश्मीर में सरकारी और गैर सरकारी सहायता भेज रहा है और अमेरिका उसे ऐसा करने से रोकने में सफल नहीं हो पा रहा है। अमेरिका के रक्षा विशेषज्ञ निशेलरीस के अनुसार पाकिस्तान चीन से प्राप्त एम-11 परमाणु क्षमता युक्त वैलेस्टिक प्रक्षेपास्त्र को लाहौर के निकट वायु सेना के ठिकानों पर तैनात किया है। साथ ही पाकिस्तान ने हुत्फ (एच.ए.टी.एफ.) शृंखला की मिशाइलें भी प्राप्त कर ली हैं इन मिसाइलों के दायरे में अमृतसर जलांधर आदि शहर हैं। पाकिस्तान के पास परमाणु बम होने की नवाजशरीफ की स्वीकारोक्ति से काफी पहले ही अमेरिकी गुप्तचर विभाग को पक्का विश्वास हो गया था कि पाकिस्तान ने परमाणु बम तैयार कर लिया है।

पाकिस्तान ब्लूचिस्तान के रेगिस्तान स्थित अपने वायुसेना के ठिकाने चगाई से तीन घंटे के भीतर ही इन बमों को दुश्मन के ठिकाने पर हमला करने के लिए भेज सकता है पाकिस्तान के परमाणु वैज्ञानिक अब्दुल कादिरखान 21 अक्टूबर 1991 में करांची की एक बैठक में एलान कर चुके हैं कि पाकिस्तान ने परमाणु बम बना लिया है। विश्व की महाशक्तियों के परमाणु बम की तुलना में ये बम बहुत मामूली हैं लेकिन बंबई के उपनगर बांबे और नई दिल्ली को खाक में मिला देने के लिए काफी है इसके परिणाम दक्षिण एशिया में रहने वाली घनी आबादी के लिए अत्यंत भयावह होंगे। इस तरह के सात परमाणु बम 1990 तक पाकिस्तान के पास हो गए थे इस्लामी बम के निर्माण को लेकर पाकिस्तान काफी चर्चा में रहा है नवाज शरीफ ने कहा था कि परमाणु कार्यक्रम बंद करने वाला कोई भी प्रधानमंत्री गद्‌दारी का दोषी होगा। भारत के लिए चिंता का प्रमुख विषय पाकिस्तान को 30 एफ-16 लड़ाकू विमान और देने का अमेरिकी प्रस्ताव है, इस प्रकार 40 विमान उसे पहले ही प्राप्त हो चुके हैं। एफ-16 बहुउद्‌देश्यीय विमान है जो परमाणु बम भी ले जा सकता है और हवाई लड़ाई में भी काम आ सकता है :

कुल सैन्य बल

सक्रिय	*भारत*	*पाकिस्तान*
थल सैनिक	11 लाख	5.2 लाख
नौ सैनिक	55 हजार	22 हजार
वायु सैनिक	1.2 लाख	45 हजार

आरक्षित	*भारत*	*पाकिस्तान*
थलसैनिक	9.5 लाख	3 लाख
नौसैनिक	55 हजार	5 हजार
वायुसैनिक	1.4 लाख	8 हजार
प्रादेशिक सेना	1.6 लाख	शून्य

पाकिस्तान के काहूटा संबर्द्धन संयत्र ने 1980 में काम करना शुरू कर दिया था और उसका लक्ष्य परमाणु बम बनाना ही था। इस काम में उसे चीन से भी पूरी मदद मिली उसने पाकिस्तान को बम की टेक्नालॉजी, डिजाइन, परमाणु सामग्री और वैज्ञानिकों को प्रशिक्षण भी दिया। 1993 में चीन ने पाकिस्तान को 300 मेगावाट का रियेक्टर भी दिया जो सिंधु नदी के किनारे चश्मा में स्थापित है। पाकिस्तानी परमाणु कार्यक्रम में अमेरिकी सहायता के भी पुष्ट प्रमाण रहे हैं, हाल में प्रकाशित पुस्तक 'क्रिटिकल मास' में प्रकाशित दस्तावेज इस बात को साबित करते हैं।

आधुनिक लड़ाकू विमानों के मामलों में भी पाकिस्तान भारत के समकक्ष है। भूमि पर, आकाश में इलेक्ट्रॉनिक जवाबी कार्यवाही की क्षमता में भी उसने दक्षता प्राप्त कर ली है, पाकिस्तान और चीन ने मिलकर 8 युद्धक बम वर्षक का निर्माण किया है जो पाकिस्तान के रासायनिक और जैविक आयुधों को दागने में सक्षम हैं। इसके अलावा सऊदी अरब भी पाकिस्तान को विमान वाहित चेतावनी और नियंत्रण प्रणाली (अवाक) उपलब्ध करा रहा है। अमेरिका से 40 एफ-16 विमान लेने के बाद उसने फ्रांस से 40 मिराज- 2000 लड़ाकू विमानों का भी सौदा किया है। ऐसी स्थिति में भारत को उसकी हवाई क्षमता पर विजय पाने में बहुत कठिनाई का सामना करना पड़ सकता है।

भारत के पास पाकिस्तान की (500) तुलना में अधिक (830) लड़ाकू विमान हैं लेकिन उनकी क्षमता एफ-16 के मुकाबले में कम हैं। भारत के पास आधुनिक विमान के नाम पर मिग-29 विमानों की 3 स्क्वाड्रन और मिराज 2000 की दो स्वावाड्रन हैं। यह बहुउद्देश्यीय विमान नहीं हैं, मिग-21 के आधुनिकीकरण का काम भी वर्षों से लटका हुआ है। वायु सेना के भू आक्रमण बेड़े में मिग-27 तथा मिग-23 बी.एन. क्रमशः 6 और 3 स्क्वाड्रने हैं। इनके अलावा निचले स्तर पर भेदन क्षमता वाले आंग्ल फ्रांसीसी जगुआर विमान भी हैं। भारत को एफ-16 के खतरे से निपटने के लिए विमानों के आधुनिकीकरण पर कम से कम 5000 करोड़ रुपए खर्च

करने पड़ेंगें। भारत का सालाना सुरक्षा बजट पिछले वर्ष 19180 करोड़ रुपए था जबकि बाद में 23 हजार करोड़ और अब 25 हजार करोड़ हो गया है फिर भी वर्तमान परिस्थितियों के हिसाब से यह धन अपर्याप्त है।

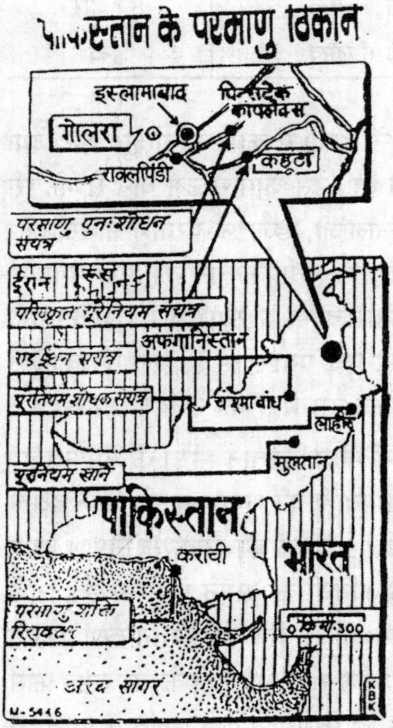

भारत के पास ''पृथ्वी और 'अग्नि'' नामक दो प्रभावशाली मिशाइलें हैं लेकिन इन्हें सुरक्षा के लिए अभी तैनात नहीं किया गया है। अमेरिका के दबाव में इन मिसाइलों के विकास का कार्यक्रम यदि बंद नहीं हुआ है तो शिथिल अवश्य पड़ गया है। यह संभावना है कि थलसेना 100 से अधिक पृथ्वी मिसाइलें इस वर्ष अपने बेड़े में शामिल कर लेगी। 150 से 200 मिलोमीटर तक मार करने वाली पृथ्वी से पूरा का पूरा पाकिस्तान उसकी सीमा (रेंज) में आ सकता है। अग्नि मिसाइल अभी प्रदर्शन की अवस्था में है भारत ने इसके उत्पादन के बारे में अभी कोई निश्चित फैसला नहीं किया है। भारत के पास आकाश, त्रिशूल और नाग मिशाइलें भी हैं जो लड़ाकू विमानों और मिसाइलों की काट की क्षमता रखती हैं। भारत के सुरक्षा कार्यक्रम को सोवियत संघ के विघटन हो जाने के कारण भारी धक्का लगा है। भारत के प्रतिरक्षा उद्योग के लिए कल पुर्जों के बारे में सोवियत संघ से हुए समझौते में अनिश्चितता की स्थिति पैदा हुई है। हाल में रूस और यूक्रेन से इस मामले में फिर एक समझौता हुआ है इसके तहत रूस भारत को 30 मिग-29 विमान देने पर सहमत हो गया है। मिग-29 विमानों का विकसित रूप लगभग एफ-16 विमानों के टक्कर का है। रूसी एस. यू. 27 के विकसित विमान तो और भी अच्छे हैं कुल मिलाकर भारत की सुरक्षा को पाकिस्तान और चीन के परमाणु अस्त्रों से खतरा है इस खतरे का मुकाबला विश्व जनमत और परमाणु बम बनाकर ही किया जा सकता है।

भारत व पाकिस्तान की इस शक्ति प्रतिद्वंद्विता और शीत युद्ध ने अनेकों समस्यायें पैदा किये हैं। कश्मीर के सवाल पर क्या भारत और पाकिस्तान में युद्ध होने वाला है? उस युद्ध में क्या पाकिस्तान जीत सकता है? इस तरह के कई सवालों पर बांग्लादेश के एक प्रमुख विचारक ने ढाका के साप्ताहिक पत्र "हालीडे" में छपे लेखों में विचार किया है दक्षिण एशिया के उपमहाद्वीप की स्थिति की समीक्षा करते हुए श्री सहीदुल इस्लाम का निष्कर्ष है कि "कश्मीर में युद्ध की आशंका है और आज नहीं तो कल तोपों की गर्जना इस शांति की घाटी को विनाश और मृत्यु की घाटी में बदल देगी। इस्लाम का कहना है कि भारत और पाकिस्तान यद्यपि दोनों ही युद्ध करने की स्थिति में नहीं हैं लेकिन दोनों समझते हैं कि इसे टाला नहीं जा सकता।"

दोनों देशों के राजनैतिक और आर्थिक स्थितियां तथा अंतर्राष्ट्रीय माहौल सब तत्काल कश्मीर पर युद्ध के पक्ष में नहीं है, लेकिन साथ ही आपसी संदेह व सैनिक तैयारी इस बात के संकेत हैं कि दोनों देशों में सीधी टक्कर होने वाली है। इस्लाम का कहना है कि "पाकिस्तान के लिए कश्मीर फिलिस्तीन की प्रतिभूति है, कश्मीर में किसी भी तरह के उत्पात से पाकिस्तान को लाभ होगा। कश्मीर की आंतरिक स्थिति भारतीय हितों के विरुद्ध लगती है, लेकिन साथ ही इस्लाम का यह भी कहना है कि ऐसा नहीं लगता कि पाकिस्तान की इच्छाएं पूर्ण हो सकेंगी।" भारतीय सेनाएं हर तरह से उससे श्रेष्ठ हैं पाकिस्तान के मुकाबले भारत के पास दो तिहाई अधिक सैनिक व सैन्य सामग्री है और जल्दी ही पाकिस्तान के विरुद्ध निर्णायक जीत हासिल कर सकता है। पिछले दो वर्षों से खासकर कश्मीर में उपद्रवों की शुरुआत के बात से भारत में संभावित युद्ध की तैयारियां होने लगी हैं। भारत ने युद्ध की तैयारी के लिए हर संभव वस्तु, बारूदी सुरंग के लिए रबर-वासर से लेकर गाइडेड मिसाइल तक सभी चीजें एकत्र कर ली हैं। मुख्य पदों पर अग्रिम नियुक्तियां अभी से करा ली गई हैं ताकि किसी राजनीतिक उथल-पुथल के कारण कोई रुकावट न पैदा हो। वैसे अब भारत को चीन से भी खतरे की आशंका कम ही है और बांग्लादेश तो इस महाद्वीप के संदर्भ में किसी भी गठबंधन से उदासीन बना रहता है। भारत की रक्षा तैयारी कम कठिन है, उसे खतरे का भी पता है और दुश्मन का भी ज्ञान है।

वर्ष 1991 में भी भारत ने काफी बड़ी सेना उत्तर में चीनी सीमा से हटाकर कश्मीर में भेज दी है। 57 मिजोरज, 8 नागालैंड और 20 विनागुरी डिवीजनों को मिलाकर एक मजबूत कश्मीर टुकड़ी बनाई गई है जो वहां मौजूद सेना की मदद

करेगी। भारतीय सेना के तीसरी कोर का मुख्यालय भी जम्मू पठानकोट का हिस्सा है, तथा कश्मीर में भी वह राष्ट्रीय राइफल्स कंपनी के नाम से काम कर रही है जो उग्रवादियों द्वारा आंतरिक तोड़-फोड़ की किसी भी आशंका का मुकाबला कर सकती है। दूसरी ओर पाकिस्तान सिंध के रेगिस्तानी इलाकों को लेकर बहुत चिंतित हैं वहां पाकिस्तान ने दो अतिरिक्त डिवीजनें पहले से ही मौजूद सेना की मदद के लिए भेज रखा है। भारत की वायु सैनिक श्रेष्ठता का मुकाबला करने के लिए ही पाकिस्तान अरब से ''अवाक्स'' विमान खरीद रहा है।

भारत ने वायु और नौशक्ति के अतिरिक्त देश में ही स्वदेशी टैंक 'अर्जुन' का निर्माण करके थल सेना को भी काफी शक्तिशाली बना लिया है।

इन उपरोक्त सारे तथ्यों का विवेचन करने पर यह निष्कर्ष निकलता है कि भविष्य में निकट ही एक और भारत पाक युद्ध अवश्यंभावी है। यह युद्ध पाकिस्तान की विदेशी व आयात टेक्नालॉजी तथा भारत की बहुत कुछ स्वदेशी टेक्नालॉजी के बीच शक्ति प्रदर्शन होगा जिसमें यदि पाकिस्तान इन विदेशी तकनीकियों के प्रयोग में जरा भी असावधानी व अल्पज्ञता बरती जैसा कि उसने पूर्व के युद्धों में काफी हद तक किया तो निश्चय ही यह पुनः उसके हार का मुख्य कारण बन कर सामने आएगी, क्योंकि भारत के सैनिक व सैन्य अधिकारी अपने चिर-परिचित व स्वदेशी हथियारों के प्रयोग में पूर्ण दक्ष हैं। वे पाकिस्तानी हवा बाजों, तोपचियों व बांबरों को धूल चटाने में समर्थ हैं।

4

श्रीलंका

रक्त के महासागर में डूबी श्री लंका और भारत की उलझनें

पृष्ठभूमि : श्रीलंका में भारत के तमिलों पर किए जा रहे अत्याचारों ने श्रीलंका को अशांत और भारत की भूमिका को महत्वपूर्ण बना दिया है। श्रीलंका की सरकार ने तमिलों पर इतने कहर ढाए कि 1986 के आंकड़ों के अनुसार ही लगभग ढाई लाख तमिल श्रीलंका में अपना घर-बार छोड़कर वहां के स्कूलों, मंदिरों व गिरिजाघरों में रह रहे थे और इसी दमन के चलते रहने से ये लोग अपना देश छोड़कर यूरोप, अमेरिका व आस्ट्रेलिया में बस जाने का फैसला कर लिया। श्रीलंका की सरकार द्वारा अत्याचार के पीछे यही उद्देश्य था कि तमिल देश छोड़कर चले जाए, स्थिति जब विस्फोटक हो गई और तमिल नौकाओं में भर-भराकर भारत आने लगे तो भारतीय जन भावनाएं भी एक बार भड़क उठीं जिसके चलते हमारी सरकार को भी काफी कठिनाई का सामना करना पड़ा।

श्रीलंका अशांत है, बिखराव के कगार पर और अपने अस्तित्व के लिए जूझ रहा है। इस आपदा से निपटने हेतु श्रीलंका सरकार ने अपनी सारी ताकत झोंक दी है, किंतु उसे अभी तक पूर्ण सफलता नहीं मिली। अशांत का मूल कारण श्रीलंका सरकार तथा लिट्टे (लिबरेशन टाइगर्स आफ तमिल ईलम) के बीच खूनी संघर्ष है। श्रीलंका की सारी सेनाएं लिट्टे के मुक्ति चीतों को कुचलने के लिए कमर कसे हुए

हैं। लेकिन उधर मुक्ति चीते भी श्रीलंकाई सरकार, पुलिस व उनके नागरिकों को मौत के घाट उतारने पर तुले हुए हैं। फलतः श्रीलंकाई सेना व मुक्ति चीतों के बीच घमासान लड़ाई चल रही है। कुमार चंद्रिका के निर्णय के फलस्वरूप हुए सैन्य अभियान में फिलहाल मुक्ति चीतों को एक बार पीछे हटने और नुकसान उठाने के लिए मजबूर होना पड़ा था।

संघर्ष से दुखी हजारों तमिल अन्यत्र शरणागत हेतु देश छोड़ने के लिए तैयार हैं। श्रीलंका के पूर्व प्रतिरक्षा मंत्री रंजन विजय रत्ने की यह घोषणा कि लिट्टे से घुटने टिकवाकर रहेंगे अस्थायी तौर पर तो सच होती प्रतीत हो रही है लेकिन तमिल टाइगर अभी विचलित नहीं हैं उनके हमले जारी हैं। उनके आक्रामक लक्ष्य महत्वपूर्ण स्थान व महत्वपूर्ण व्यक्ति हैं, जिसके कारण श्रीलंका सरकार को अपूर्णनीय क्षति हो रही है। श्रीलंका के सैन्य उच्चाधिकारियों का मानना है कि इस समस्या का स्थायी समाधान सेना से नहीं बल्कि राजनीतिक आधार पर ही संभव है।

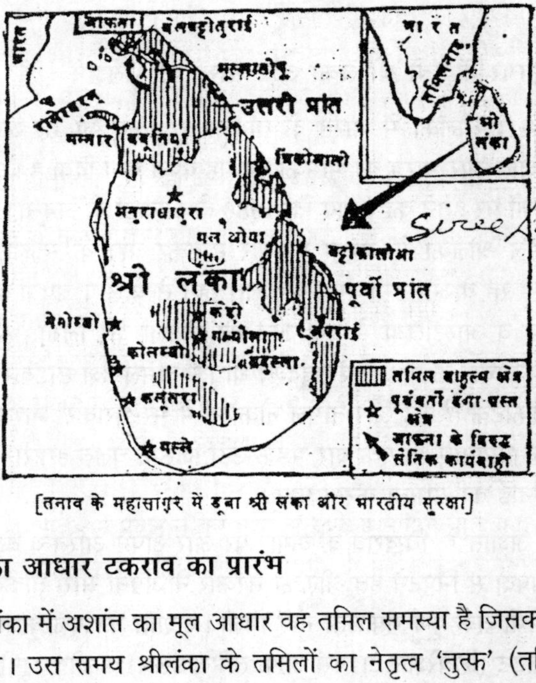

[तनाव के महासागर में डूबा श्री लंका और भारतीय सुरक्षा]

अशांति का आधार टकराव का प्रारंभ

श्रीलंका में अशांत का मूल आधार वह तमिल समस्या है जिसका प्रारंभ 1983 में हुआ था। उस समय श्रीलंका के तमिलों का नेतृत्व 'तुल्फ' (तमिल यूनाइटेड लिबरेशन फ्रंट) के नेता श्री अमृत लिंगन करते थे वे भारत विशेष कर तमिलनाडु

के कुछ नेताओं की मदद से आवाज उठाते थे। 1985, 86 मे तमिलों का युवा वर्ग बुजुर्गों के नेतृत्व से खिन्न होकर निर्णायक संघर्ष हेतु आगे आया जिनमें चार अलग- अलग संगठन बने इन संगठनों में लिट्टे तथा प्लांट अधिक प्रभावशाली सिद्ध हुए। इन दोनों संगठनों ने समस्या के निवारण हेतु हिंसा का मार्ग चुना, इनकी गतिविधियों के विरुद्ध श्रीलंका सरकार ने दमन चक्र प्रारंभ कर दिया। भारत सरकार की ओर से समस्या के समाधान हेतु तत्कालीन विदेश सचिव श्री रोमेश भंडारी, सांसद श्री रंगराजन कुमार मंगलम्, सांसद राजा दिनेश सिंह व तत्कालीन केंद्रीय मंत्री श्री पी.चिदंबरम् आदि ने अनेक बार श्रीलंका सरकार से वार्ताएं की लेकिन कोई सार्थक परिणाम नहीं निकला। इस बीच लिट्टे ने भारत, चीन, पूर्वी व पश्चिमी जर्मनी तथा पोलैंड से मिली मदद से अत्याधुनिक हथियार व बारूदी सुरंगों तक का निर्माण कर श्रीलंकाई सेना के खिलाफ कड़ी मोर्चे बंदी कर ली।

1987 में जाफना प्रायद्वीप में श्रीलंकाई सेना ने लिट्टे के विरुद्ध तीन बार जबरदस्त कार्यवाही की जिसमें हजारों निर्दोष तमिलों को भी मार डाला गया लेकिन लिट्टे का सफाया करने में नाकामयाब रहे। परिणाम स्वरूप श्रीलंका सरकार को लिट्टे के विरुद्ध कामयाबी के लिए विदेशी सहायता की आवश्यकता महसूस हुई अतः उसने अमेरिका से सहायता की गुहार की अमेरिका भी इसी इंतजार में था वह पाकिस्तानी सेना को श्रीलंका भेजना चाहता था इससे भारत के सामने एक विषम परिस्थिति पैदा हो गई क्योंकि अपनी सीमा पर किसी भी महाशक्ति का आ धमकना उसके हित में नहीं था और फिर अमेरिका जैसा राष्ट्र जहां एक बार उसकी सेनाएं जम गईं, जाने का नाम नहीं लेती हैं और न ही श्रीलंका जैसा देश उन्हें वापस जाने के लिए दबाव ही डाल सकता है। इस बीच भारत सरकार ने 25 जून 1987 को श्रीलंकाई नौ सेना के तीव्र विरोध के बावजूद श्रीलंका की वायु सीमा में घुसकर वहां के तमिलों को राहत सामग्री भेजी। भारत की इस हवाई आक्रमण से सहमकर श्रीलंका सरकार सोचने पर मजबूर हो गई कि समस्या के निराकरण हेतु भारत से सहयोग लेना जरूरी है। इसलिए तत्कालीन राष्ट्रपति जूलियस जयवर्धन ने भारत सरकार से सहायता हेतु आग्रह किया जिससे अमेरिकी कूटनीति को करारा झटका लगा।

भारतीय हस्तक्षेप, समझौते की राजनीति, सफलताएं व असफलताएं

श्रीलंका ने सर्वप्रथम कोलंबो स्थिति भारतीय उच्चायुक्त जे.एन. दीक्षित से बातचीत की तत्पश्चात विदेश राज्यमंत्री नटवर सिंह, पी. चीताम्बरम् और विदेश

सचिव के.पी.एस. मेनन के साथ कई बार बातचीत हुई। भारत ने श्रीलंका सरकार से कहा कि "वह बिना तमिल संगठनों को विश्वास मे लिए कोई समझौता नहीं करेगा जब श्रीलंका इस बात पर तैयार हो गया तो केंद्रीय नेताओं ने तमिलनाडु के मुख्यमंत्री एम.जी. रामचंद्रन, तुल्फ के नेता अमृत लिंगन, प्लांट के नेताओं व अन्य तमिल संगठनों से बात चीत करके समझौते का ब्यौरा तैयार किया। इस पर सभी तमिल संगठन सहमत थे लेकिन असली सवाल लिट्टे का था, उससे बातचीत के लिए भारतीय उच्चायुक्त के प्रथम सचिव एच.एस. पुरी को लगाया गया। उन्होंने पहले लिट्टे प्रतिनिधि दिलीप जेगी और बाद में श्री प्रभारकण से बात चीत की और जरूरी सुधार व संशोधनों के बाद एक प्रारूप तैयार किया गया इस प्रारूप को प्रभाकरण ने दिल्ली आकर अपनी सहमति भी दी, यही मसविरा राष्ट्रपति जयवर्धने को दिखाया गया और वह तैयार हो गए। कोलंबो में 29 जुलाई 1987 को समझौते पर हस्ताक्षर हुए खुशी-खुशी दोनों ने इस समझौते को स्वीकार किया प्लांट सहित अन्य तमिल संगठन अपने-अपने हथियार भारतीय शांत सेना को सौंप दिए। समझौते का मुख्य प्रावधान इस प्रकार था –

1. इसमें तमिल ईलम की मांग को निरस्त करते हुए श्रीलंका को बहुजातिय तथा बहुभाषीय समाज का दर्जा दिया जायेगा।
2. सिंघली की भांति तमिल और अंग्रेजी को भी सरकारी भाषा का दर्जा दिया जाएगा।
3. उत्तरी और पूर्वी प्रदेशों को संयुक्त प्रशासकीय इकाई के रूप में पुर्नगठित किया जाएगा, जिसकी अपनी निर्वाचित परिषद अपना गवर्नर अपना मुख्यमंत्री व मंत्रिमंडल होगा।
4. समझौते के 48 घंटे के भीतर तमिल गुरिल्लों को हिंसात्मक गतिविधियां रोक देनी होंगी तथा सभी हथियार श्रीलंका सरकार को सौंप देने होंगे।
5. सभी राजनैतिक बंदियों को सामान्य क्षमादान दिया जाएगा और उग्रवादी युवकों के पुनर्वास के प्रयास किए जाएंगे।
6. भारत सरकार इन प्रस्तावों को लागू करवाने की गारंटी लेगी और इन्हें लागू करवाने में सहयोग करेगी।

हमारे तत्कालीन नेतृत्व ने समझौते की नीति द्वारा विजय का ताज पहनने को ही शासन नीति का एक अंग मान लिया था कदाचित इसी कारण पहले श्रीलंका के

तमिलों पर नित्य होते दमन चक्र को राजनीतिक झरोखे से देखा और अब स्थिति अनुकूल लगी तो समझौते के प्रयास किए। श्रीलंका ने भी स्थिति का भरपूर लाभ उठाते हुए समझौते की हरी झंडी दिखाकर अपनी बुद्धिमत्ता पूर्ण कूटनीति का परिचय दिया। देश विदेश में इसकी सकारात्मक व नकारात्मक दोनों प्रक्रियाएं हुईं। इस शांति समझौते में परोक्षतः श्रीलंका की जीत रही भारत ने जिसे फूलों का ताज समझा था वास्तव में वह कांटों का ताज सिद्ध हुआ। तटस्थ लोगों ने समझौते के प्रति जो घोर आशंकाएं जताई थीं वे सब उचित समय पर सही सिद्ध हुईं, भारत को इस समझौते में अपूर्णनीय क्षति उठानी पड़ी उसे अपने शांति सैनिकों को समझौता वादीनीति की बलिवेदी पर शहीद होते हुए भी देखना पड़ा और यही नहीं भारत को इस समस्या के कारण राजीव गांधी जैसे महान नेता को भी खो देना पड़ा जिसकी भरपाई श्रीलंका सरकार चाहकर भी नहीं कर सकती। लेकिन भारत ने इस नीति के तहत अपने सैनिकों को आतंक के बीहड़ में उतार कर समझौता लागू करवाने में अपनी भूमिका व प्रभाव को स्पष्ट कर दिया और श्रीलंका सरकार से इसके अहसान की अपेक्षा तक नहीं की।

टकराव और भारतीय शांति सेनाएं

वास्तव में लिट्टे की राजनीति थी कि वह भारत को भी समझौते द्वारा झांसे में रखेगा और अपने संरक्षक चीन का भी कृपापात्र बना रहेगा इसलिए उसने मात्र 10 प्रतिशत अस्त्र ही सौंपे और बाकी के लिए कह दिया कि वह उन्हें अपने आत्मसुरक्षा हेतु रखेगा। जब भारत ने उसे वचन दिया कि शांति सेना उन्हें पूर्ण संरक्षण देकर उनकी सुरक्षा करेगी तो भी वह तैयार नहीं हुआ इतना ही नहीं उसने अपने प्रभुत्व को जमाए रखने हेतु जाफना, वहीक्लोबा, ट्रिकोनाली आदि महत्वपूर्ण क्षेत्रों से अपने मोर्चे समाप्त करने से मना कर दिया। जब लिट्टे के चीते समझाने बुझाने पर नहीं माने और उन्होंने निर्दोष लोगों को शिकार बनाना शुरू कर दिया तो भारतीय शांति सेना को उनके विरुद्ध सीमित कार्यवाही करनी पड़ी जिसका उत्तर लिट्टे ने घनघोर हिंसात्मक कार्यवाही से देना प्रारंभ कर दिया। यह ठीक है कि भारतीय शांति सेनाओं ने पहली बार गुरिल्ला युद्ध और घर-घर घुसकर लड़ाई लड़ने का व्यावहारिक अनुभव प्राप्त किया, हमारे जवानों ने वहां जो भी लड़ाई लड़ी वह खुफिया जानकारी के अभाव में लड़ी थी जिससे प्रभाकरण के बर्बरता का शिकार हमारे जवानों को जिंदा जलाया जाना उनकी कायरता और निरंकुशता दोनों का सबूत हैं। लिट्टे ने पिछले कई वर्षों से हजारों तमिल व सिंघली महिलाओं पुरुषों व बच्चों की निर्मम हत्या की है,

प्रभारकण ने जंगल राज चला रखा था, पूर्वी तट पर कई गांव उजाड़ दिए तथा बे-इंतहां नुकसान किया गया जाफना व पूर्वी प्रांत के लोग जान बचाने के लिए मारे मारे फिर रहे थे। भारतीय शांति सेना के आ जाने से इनमें बहुत विश्वास पैदा हुआ।

भारत ने ले. जनरल देपिंदर सिंह के नेतृत्व में 8000 (आठ हजार) शांति सैनिक श्रीलंका में भेजकर अंततोगत्वा वहां शाति की स्थापना करने में ऐतिहासिक सफलता प्राप्त की। लेकिन आज भारतीय जनमानस सोचने लगा है कि राजीव गांधी का श्रीलंका में शांति सेना भेजने का यह कदम वैसा ही है जैसा कि 1971 में बांग्लादेश युद्ध के दौरान यदि भारतीय सेनाएं पाकिस्तानी सेनाओं से न लड़कर मुक्तिवाहिनी को ही विनष्ट करने में जुट जातीं। जिन तमिलों की रक्षा के लिए भारतीय शांति सेनाएं श्रीलंका में गई थीं उन्हें लिट्टे जैसे सशक्त तमिल संगठन का ही दमन करना पड़ा और उन्हें इस दमन अभियान में लगाकर क्या जयवर्धने ने राजीव गांधी को कूटनीति की मेज पर गच्चा नहीं दे दिया था। इस कार्यवाही में लगभग 2200 मुक्ति चीतों को जीवन से हाथ धोना पड़ा। इस शांति अभियान में भारत को अपने 1155 रणबांकुरों के जीवन की आहुति देनी पड़ी और 2984 शांति सैनिक घायल हुए।

श्रीलंका में भारतीय शांति सेना द्वारा की गई कार्यवाही को भारत युद्ध नहीं मानता। मेजर जनरल कलकट ने जाफना में संवाददाताओं से कहा कि "हम यहां आतंक और उग्रवाद को खत्म करने में लगे हैं यह "वार" नहीं है और हमने अब तक अपने संहारक शक्ति का उपयोग भी नहीं किया है।"

दूसरी ओर उत्तर और पूर्व में जो कट्टर तमिलवाद चल रहा था उससे प्रोत्साहित होकर दक्षिण श्रीलंका में "जनता विमुक्ति पेरामुना सिंघली" (जे.वी.पी.एस.) उग्रवादी स्वरूप लेता जा रहा था। इस संगठन ने अनेकों हत्याएं व बम विस्फोट किए हैं। वह शासक दल के कार्यकर्त्ताओं को आतंकित कर श्रीलंका की सरकार को दुर्बल बनाने की कोशिश करते हैं। 'जे.वी.पी.' का मानना है कि "हमारे पास ज्यादा हथियार नहीं हैं लेकिन सेना के खिलाफ हम उसका समझदारी से उपयोग करते हैं। हम तो 5 बंदूकों को भी 5000 लोगों को मारने के लिए इस्तेमाल करेंगे।"

भारतीय शांति सेना के भारी सफलता से जलभुन कर श्रीलंका के तत्कालीन प्रधानमंत्री श्री प्रेमदासा जो राष्ट्रपति जयवर्धने के बाद में उत्तराधिकारी भी बने, ने भारत सरकार से अविलंब अपनी शांति सेना की वापसी की मांग की। भारत द्वारा तमिलों के हितों की सुरक्षा सुनिश्चित किए बिना हटने के प्रति असमर्थता व्यक्त

करने पर प्रेमदासा तथा उनकी सरकार ने काफी बावेला मचाया। श्रीलंका ने भारत सरकार द्वारा करोड़ों रुपए तथा हजारों शांति सैनिकों के बलिदानों को नजरंदाज कर दिया, यही नहीं श्रीलंका ने शांति सैनिकों की वापसी को लेकर अपने देश में आयोजित ''सार्क'' सम्मेलन को भी स्थगित कर दिया। भारत विरोधी विक्षोभ श्रीलंकाई जनमानस में इस हद तक बैठ गया था कि इसका अंदाज उस समय श्रीलंका दौरे पर गए राजीव गांधी को ''गार्ड आफ आनर'' देते समय श्रीलंकाई नौसेना के गार्ड द्वारा उनके ऊपर बंदूक की बट से प्रहार, सारी कहानी समझने के लिए पर्याप्त है। श्रीलंका सरकार के तत्कालीन रक्षामंत्री श्री रंजन विजयरत्ने ने तो शांति सेना की वापसी न होने पर उसे खदेड़ने तक की धमकी दे डाली। भारत ने इस पर अपना तीव्र प्रतिरोध प्रकट किया था बाद में भारत व श्रीलंका के बीच उच्च स्तरीय बैठकें हुई और अंततः 24 मार्च 1990 को ले. जनरल अमर जीत सिंह कलकट के नेतृत्व में भारतीय शांति सेना की अंतिम टुकड़ी भी स्वदेश लौट आई।

इस प्रकार भारत को समझौता लागू करवाने व श्रीलंका में शाति कायम करने हेतु अपार जन-धन की हानि उठानी पड़ी। यहां तक कि इसका परिणाम हमें अपने एक युवा तथा महान नेता (राजीव गांधी) को खो देने के रूप में मिला जो लिट्टे के क्रोधाग्नि के शिकार हो गए। ज्ञात हो कि 21 मई 1990 को मद्रास के चुनावी रैली में उन्हें रिमोट कंट्रोल से उड़ा दिया गया। यह बलिदान हमारे देश को और यहां के नागरिकों को श्रीलंका में प्राण गवाएं हजारों वीरों से कहीं अधिक दुखित किया, जिसका कि एहसास शायद ही श्रीलंका व उसके सरकार तथा वहां के लोगों को हो।

प्रतिशोध की प्रतिक्रिया व प्रेमदास के असफल शांति प्रयास

भारतीय शांति सेना के दबाव के चलते भूमिगत हुए लिट्टे प्रमुख बेल्लुपिल्लई प्रभाकरन लगभग ढाई साल बाद अचानक प्रकट हुए तो लिट्टे में एक नया जोश आया। प्रभाकरण ने श्रीलंका सरकार से अपनी मांग मानने को कहा और ऐसा न करने पर युद्ध की धमकी दे डाली। श्रीलंका सरकार मांग मानने से कतराने लगी, इससे हिंसा शुरु हो गयी। श्रीलंका के राष्ट्रपति ने अविवेकपूर्ण कदम उठाते हुए वार्ता के स्थान पर घोषणा कर दी कि ''लिट्टे मात्र बंदूक की भाषा समझते हैं हम उन्हें उसी भाषा में बात करेंगे।'' इस पर श्रीलंकाई सेना व लिट्टे के बीच घमासान युद्ध प्रारंभ हो गया। श्रीलंकाई सेना ने 11 जुलाई 1990 को 50 तमिलों को लाईन में खड़ा कर के गोली से उड़ा दिया। मुक्ति चीतों ने इसके जवाब में अनेक सैनिक शिविर रौंदे,

45 सैनिक मारे और टेलीविजन स्टेशन नष्ट कर दिया तथा जाफना का किला घेर लिया। किले के पास लिट्टे व श्रीलंकाई सेना में घमासान लड़ाई हुई जिसमें श्रीलंका की सेना कमजोर पड़ती नजर आई। लिट्टे ने श्रीलंकाई सेना के मुखबिरी करने के आरोप में 200 मुसलमानों को मार डाला अब श्रीलंकाई उच्च अधिकारियों को राजनीतिक प्रयासों में शाति की झलकियां दिखाई दीं।

श्रीलंका के तत्कालीन राष्ट्रपति प्रेमदासा ने मुक्ति चीतों के उत्पात से दुखी होकर युद्ध विराम की पेशकश की। इसके लिए उनके न्याय मंत्री श्री ए.सी.एस. हमीद मुक्ति चीतों से बात करने जाफना गए लेकिन मुक्ति चीतों ने न केवल उनके वार्ता को ठुकरा दिया थाँ अपितु श्री हमीद को हेलीकाप्टर से उड़ने के पूर्व उनके दो अंगरक्षकों को गोली से उड़ा दिया। फलस्वरूप प्रेमदासा समझ गए कि मुक्ति चीते वार्ता नहीं चाहते। मई माह में श्रीलंका को एक झटका तब लगा जब 1 मई, 1993 को उस समय श्रीलंका के राष्ट्रपति प्रेमदासा को बम विस्फोट से उड़ा दिया गया जब वे आर्म्स स्ट्रीट जंक्शन पर मई दिवस रैली में युनाइटेड नेशनल पार्टी के जुलूस का नेतृत्व कर रहे थे। इस भीषण बम विस्फोट में उनके कमांडो सहित 20 व्यक्तियों के परखच्चे उड़ गए और सैकड़ों घायल हुए।

श्रीलंका के राष्ट्रपति प्रेमदासा की हत्या उस अंतहीन जातीय संघर्ष की चरम परिणति है जिसके चलते पिछले चार दशकों से खून, हत्या और दमन इस द्वीप देश की पहचान बन गए थे एक हफ्ते के अंतराल में दो-दो राष्ट्रीय नेताओं की हत्याएं श्रीलंका के इतिहास के सबसे नाजुक क्षणों की गवाही ही कही जाएगी। लोकतंत्र वहां संकट में और अवाम दहसत जदा हो गया। बड़े-बड़े राजनीतिक पंडित भी निर्णय करने में असमर्थ रहे कि श्रीलंका में आखिर लोकतंत्र का भविष्य क्या है? आखिर विभीषण के देश की यह रावणलीला कब खत्म होगी? इसका भी कोई उत्तकांड होगा? या नहीं?

सोलोमन भंडारनायके, रंजन विजय रत्ने, ललित अतुलत मुदली और अब रणसिंधे प्रेमदास, श्री लंका में हत्याओं की यह शृंखला और भी बड़ी हो सकती है, अगर हम हत्या को सिर्फ हत्या मानें उसे सियासत, सत्ता और शक्ति के आइने से न देखें, तब इस शृंखला में उमाहेश्वरन्, सबरत्नम्, अमृतलिंगम, वी. योगेश्वरन, पदमनाभन तथा बालाकुमार को ही नहीं शामिल करना पड़ेगा अपितु बट्टिक्लोवा मुल्लईतिपु तथा अनुराधापुरम की उस हर हत्या को शामिल करना पड़ेगा जो या तो सेना ने की या संघर्षियों ने। हत्या जैविक दृष्टि से सिर्फ हत्या होती है मगर हमारे युग का यह

सियासत बोध हत्याओं को भी खांचों में रखकर देखने का आदी हो गया है। यह दोहरा मापदंड ही हर संभावना को जन्म देता है इसके चलते ही हर चीज असुरक्षित होती है।

श्रीलंका को तो चार दशक पहले तभी चेत जाना चाहिए था, जब आजाद श्रीलंका में पहला जातीय संघर्ष हुआ था। 1951-52 में जो पहला तमिल-सिंघली संघर्ष हुआ उसका क़ारण आजाद श्रीलंका का भेदभावपूर्ण संविधान था। यह भेदभाव भरा संविधान औपनिवेशिक तिकड़मबाजी की उपज थी जो अंग्रेज जाते-जाते श्रीलंकाई शासकवर्ग को विरासत में दे गए थे। इतिहास कार डेन बैटसन की यह टिप्पणी की "अपनों में छिपा हुआ दुश्मन हरदम खतरनाक होता है" श्रीलंका के साढ़े चार दशकीय स्वतंत्रोत्तर इतिहास के पलटते समय हर पल यह टिप्पणी ताजा रहती है। श्रीलंका के इस संविधान में तमिलों को मूल निवासी ही नहीं माना गया और न ही तमिल भाषा को राजकीय भाषा के रूप में मान्यता दी गई थी, बाद में और भी उपेक्षा करके तमिलों को नौकरी, शिक्षा, शासन तथा प्रशासन से संवैधानिक उपेक्षित कर दिया गया।

सोलोमन भंडारनायके ने हालांकि इस उपेक्षा को आंशिक ही सही गलत ठहराने की कोशिश की मगर अंध सिघालियों ने उनकी हत्या कर इस विरोध स्वर को ही दबा दिया। यद्यपि उनकी पत्नी श्री माओ भंडार नायके अपने पति के प्रति जनसमुदाय की सवेदना से ही प्रधानमंत्री बनी लेकिन उन्होंने अपना स्थायित्व बरकरार रखने के लिए सिंघलवाद की तुष्टि का बेहद तंग रास्ता चुन लिया। नए मुल्ला की तर्ज पर उन्होंने शिक्षा को स्तरीय बनाने के नाम पर तमिल युवकों को विश्वविद्यालय में प्रवेश करने से वंचित कर दिया। विश्वविद्यालयों में यह नियम बनाया गया कि आबादी के हिसाब से और सिंघलियों से अधिक अंक होने पर ही तमिलों का प्रवेश होगा। इन सारी उपेक्षाओं की प्रतिक्रिया तो होना ही था।

प्रेमदास की हत्या में यद्यपि इन तथ्यों का कोई सीधा संबंध नहीं दिखाई देता, लेकिन इन्हीं तत्यों की परिणति है श्रीलंका में व्याप्त आज की हत्या की संस्कृति। इसी पृष्ठभूमि में हत्याओं की एक अंतहीन श्रृंखला सृजित हुई है, अतुलत मुदली और प्रेमदास भी इसी कड़ी में आते हैं।

सारी दुनिया जानती है कि पिछले एक दशक की राजनीति में कई ऐसे मौके आए जब स्वर्गीय प्रेमदास ने लिट्टे प्रमुख प्रभाकरण को मंत्री (छोटा भाई) कहा था।

यह उनका राजनीतिक स्वार्थ था या सच्चाई, अप्रत्यक्ष उद्‌देश्य भले कुछ रहे हों मगर भारतीय फौजें प्रत्यक्षतः न केवल श्रीलंका के रक्षार्थ वहां गई थीं अपितु वे श्रीलंकाई राष्ट्रपति के लिखित समझौते के बाद ही वहां उतरी थी फिर भी प्रेमदास ने भारत को आक्रांत के रूप में प्रचारित किया था। उन्होंने यह कहकर कि जब देश में विदेशी फौज उपस्थित है कोलंबो में "सार्क" सम्मेलन नहीं हो सकता इस सम्मेलन को स्थगित करा दिया था। प्रेमदास ने न केवल लिट्टे की पीठ पर अपने समर्थन का हाथ रखा था अपितु उसे भारतीय सेनाओं के विरुद्ध लड़ने के लिए राकेट लांचर तथा, एंटी एयरक्राफ्ट मिसाइल जैसे हथियार उपलब्ध कराए थे, यह भारतीय फौजों का आरोप नहीं अपितु एलीफेंटा दर्रे में एक महीने तक लड़ने के बाद श्रीलंकाई सैनिकों द्वारा लिट्टे लड़ाकों से छीने गए हथियारों के बाद श्रीलंकाई फौजी अफसरों का बयान है। हत्या का खेल जब एक बार शुरू हो जाता है तो उसमें सारे नियम कानून ताक पर रख दिए जाते हैं। जो लिट्टे हजारों निर्दोष लोगों की हत्या कर सकता है वह कभी सत्तारूढ़ यू.एन.पी. के खिलाफ हथियार न उठाएं, ये कैसे हो सकता है। प्रेमदासा भी इतने अपरिपक्व राजनीतिज्ञ नहीं थे, जो दुश्मन से दोस्ती करके उसके स्वार्थ को भूल जाए फिर भी उन्होंने ऐसा किया यह लोगों को आश्चर्य में डालता है।

अब जब उनकी हत्या हो गई तो सवाल उठना स्वाभाविक है कि यह हत्या किसने की? क्यों की। इसका श्रीलंका के व्यवस्था व राजनीति पर क्या प्रभाव पड़ेगा। कहा जाता है कि श्रीलंका की राजनीति में प्रेमदासा ने अपने समर्थकों की एक ऐसी जमात बनाई थी जो उनके लिए मर मिटने को तैयार रहती थी परंतु शायद इसी के प्रतिक्रिया स्वरुप उनके शत्रुओं की संख्या भी बड़ी हो गई थी। श्रीलंका के इतिहास में जैसे-जैसे तर्क बहस व संवाद की जगह हिंसा की प्रभावकारिता और उपादेयता में लोगों का विश्वास बढ़ने लगा वैसे-वैसे वहां राजनीतिक हत्याओं का एक सिलसिला भी चल पड़ा।

तमिल आतंकवादियों से लड़ने भिड़ने में बहुत से राजकीय पदाधिकारियों व अन्य लोगों की हत्याएं हुईं पर कई लोगों के हत्यारों का ठीक-ठाक पता अभी तक नहीं चल सका है। प्रेस से संबद्ध लोगों को किस तरह से डरा धमकाकर या फिर उनका अपहरण हत्या करके उन्हें शांत किया जाता था उससे यह स्पष्ट हो जाता है कि श्रीलंका में होने वाली हर हत्या के पीछे तमिल आतंकवादियों का ही हाथ नहीं होता था।

बहरहाल प्रेमदासा के कार्यकाल में श्रीलंका और भारत के बीच एक तनावपूर्ण

स्थिति पैदा हुई थी प्रेमदास ने कभी भी भारत श्रीलंका संधि को स्वीकार नहीं किया और भारतीय सेनाओं की वहां उपस्थिति ठीक नहीं माना। सिंघली युवक जिनका संबंध जनता विमुक्ति पेरामुणा से था इस संधि को श्रीलंका की संप्रभुता पर चोट मानते थे। 1988 में राष्ट्रपति चुनाव लड़ते हुए प्रेमदास ने वायदा किया था कि वे श्रीलंका में भारतीय सेना की पीठ देखना चाहेंगे। उन्होंने लिट्टे के साथ बातचीत शुरू की और लिट्टे ने भी उनकी इस पेशकश का स्वागत किया था क्योंकि उसे मालूम था कि श्रीलंकाई सरकार से संवाद का अध्याय खोलकर ही भारतीय सेना को बाहर किया जा सकता है। प्रेमदास को यह सफलता मिली और वे भारतीय सेना को श्रीलंकाई भूमि से बाहर जाता देख सके लेकिन इसी का एक परिणाम था कि लिट्टे ने सरकार के विरुद्ध पुनः युद्ध छेड़ दिया।

नई सरकार से उम्मीदें, संघर्ष खात्में के आसार

इस द्वीप देश ने युद्ध की विभीषिकाएं जितनी झेली हैं उतना ही यह शांति की उम्मीदों के सागर में भी गोते लगाता रहा है। जातीय हिंसा का सिलसिला शुरू होने के बाद से ही शांति समझौते भी होते रहे हैं और उनके टूटने से हिंसा भड़कती रही है। लेकिन वर्ष 1995 के प्रथम माह में शांति के नाम पर सत्तारूढ़ राष्ट्रपति चंद्रिका कुमार तुंगा ने सरकार और तमिल मुक्ति चीतों के बीच युद्ध विराम समझौते की घोषणा की तो तमाम आशंकाओं के बावजूद राष्ट्र ने कुल मिलाकर राहत की सांस ली और लगा कि इस समझौते से श्रीलंका में अमन बहाली का रास्ता चौड़ा हो गया है।

पूर्व राष्ट्रपति रणसिंधे प्रेमदास और बागियों के बीच शांति वार्ता भंग होने के बाद उत्तरपूर्व में जून 1990 में हिंसा भड़क उठी थी उसके बाद चंद्रिका कुमार तुंग ने नए साल के तीसरे दिन जाफना में शांतिवार्ता के दूसरे दौर में हमले रोकने की घोषणा पर हस्ताक्षर किए।

समझौते की शर्तें इस प्रकार थीं

1. छह शांति समितियां युद्ध विराम की निगरानी करेंगी। नार्वे, नीदरलैंड और कनाडा के पर्यवेक्षक इन समितियों की अध्यक्षता करेंगे। इनमें सरकार और तमिल मुक्ति चीतों की ओर से एक-एक नुमाईदा होगा।
2. उत्तरी श्रीलंका में पुनर्वास और विकास के लिए 40 अरब श्रीलंकाई रुपए सरकार की ओर से खर्च किए जाएंगे।

3. श्रीलंका के लंबे जातीय संघर्ष का अंतर्राष्ट्रीयकरण होगा।
4. सरकारी सुरक्षा बल और एल.टी.टी.आई. अपने मौजूदा मोर्चों पर बने रहेंगे और उनके बीच कम से कम 600 मीटर की दूरी बनी रहेगी।
5. छापामारी, बम विस्फोट, हत्या और धमकाने की गतिविधियों को आक्रमण कार्यवाही और समझौते का उल्लंघन माना जायेगा।

विदेशी प्रतिनिधियों का नाम पर्यवेक्षकों की सूची में जोड़ने से कुछ इलाकों में शंका की दृष्टि से देखा गया, एल.टी.टी.ई. ने तीन देशों को पर्यवेक्षक सूची में शामिल करने का सुझाव दिया था, जिसे श्रीलंका सरकार ने मान लिया था। पर्यवेक्षक के रूप में भारत को शामिल किए जाने के बा़रे में पूछने पर चंद्रिका ने कहा 'हम भारत को मित्र देश मानते हैं पर दूसरा पक्ष ऐसा नहीं मानता। चंद्रिका की यह धारणा कि तमिल चीते भारत को अपना शत्रु समझते हैं, इस तथ्य से भी पुष्टि होती है कि प्रभाकरण ने समझौते पर दस्तखत कर दिए। भारत का समर्थन खो देने और सुरक्षित अड्डे तमिलनाडु से खदेड़े जाने के बाद तमिल चीतों के पास श्रीलंका सरकार की पेशकश को स्वीकार करने के अलावा कोई रास्ता नहीं बचा था, लेकिन चंद्रिका भारत से मिलने वाले महत्वपूर्ण समर्थन पर भरोसा कर सकती थी। संधि पर हस्ताक्षर करने से पहले नई दिल्ली से लौटकर श्रीलंका के विदेशी मंत्री लक्ष्मण कादिर गामार ने कहा कि प्रधानमंत्री नरसिंह राव ने युद्ध में फंसे उत्तरपूर्व श्रीलंका में शांति लाने के प्रयासों के लिए भारत की शुभकामनाएं भेजी हैं और प्रधानमंत्री ने कहा कि अगर श्रीलंका खुद इसका समाधान ढूढ़ ले तो भारत की एक समस्या कम हो जाएगी।

आखिरकार वही हुआ श्रीलंका के इतिहास में जो होता आया है और जिसकी कि लोगों ने शंका की थी। प्रतिबद्ध शांति दूत से अचानक संकल्पवान योद्धा की भूमिका में आना राष्ट्रपति चंदिका कुमार तुंगे के लिए निःसंदेह तकलीफ देह रहा, अशांति के भंवर में फंसे श्रीलंका में शांति लाने के एक सूत्री वादे पर जीत कर आए नेता के लिए यह बहुत दुखदायी स्थिति है। उन्हें एक ऐसे शत्रु से मुकाबला करना था जो उनकी फौज को बुरी तरह धूल चटा चुका था और जिसने उनकी फौज के पांचवे हिस्से को एक कोने में घेरे बंदी कर दी थी और एक तरफा लड़ाई में पखवाड़े भर में ही 200 सैनिकों को मारकर हौसला बुलंद कर लिया था। 29 अप्रैल 1995 को एल.टी.टी.ई. ने जब जमीन से हवा में मार करने वाले घातक प्रक्षेपास्त्र दाग दिए तब राष्ट्रपति चंद्रिका लड़ाई के लिए तैयार भी नहीं थी अपनी साख को बचाने हेतु

उन्होंने वायुसेना के जेट दस्ते को 10 मई को जाफना प्रायद्वीप पर हमला करने का अधिकार दे दिया। शांति वार्ताओं को टूटते देखने के आदी हो चुके श्रीलंकाईयों को भी इस बार शांति प्रक्रिया के अचानक खत्म हो जाने पर हैरत हुई।

प्रभाकरण का कहना था कि सरकार तमिलों पर किए गए वादे पूरे करने में नाकाम रही है खासकर आर्थिक प्रतिबंध को उठाने के मामले में जिसे पिछली सरकार ने लागू किया था इसलिए लड़ाई दोबारा शुरू हुई। लिट्टे प्रमुख का कहना था कि वादे करना और वादों को पूरा करना दो अलग-अलग बातें होती हैं। यह सच है कि चंद्रिका ने हमसे वादे किए मगर उन्हें पूरा करने के लिए उन्होंने रचनात्मक पहल नहीं की, इसलिए हमारे सब्र का बांध टूट चुका है। सरकार 6 महीने तक मामले को लटकाए रही, चार दौर में वार्ताएं हुईं और 40 से ज्यादा चिट्ठियां आईं गईं, सरकार सचमुच समस्या का हल चाहती तो 24 घंटे के भीतर उसे अमल में लाने की कार्यवाही करती। इससे साफ हो गया कि तमिल समस्या के मामले में इस सरकार और पूर्व यू.एन.पी. सरकार में कोई खास फर्क नहीं है।

अब श्रीलंकाई सेना को तमिल चीतों की मांद में घुसना अनिवार्य हो गया लेकिन 19 अप्रैल को त्रिंकोमाली बंदरगाह पर सेना के तोप नौकाओं पर लिट्टे द्वारा जबरदस्त हमले और उत्तर में पलानी वायुसैनिक अड्डे की ओर जा रहे एयरों विमान पर प्रक्षेपास्त्रों से आक्रमण से श्रीलंकाई सैनिक सहम गए। उनके टूट हुए मनोबल का अंदाजा सेना के कमांडर गैरीसिल्वा के उस कथन से लगाया जा सकता था कि "जातीय संकट का निदान सैन्यबल के सहारे असंभव है।" अगर एक सेना के कमांडर की यह सोच होगी तो सीमा पर खड़ा सिपाही यह जानना चाहेगा कि वह क्यों खड़ा है। उस समय श्रीलंका के उन साढ़े चार हजार (4500) सैनिकों का बुरा हाल था जो पूनेरिव शिविर में पड़े रहकर बाहर रसद और सहायता का इंतजार कर रहे थे और लिट्टे द्वारा जबरदस्त घेराबंदी के कारण उन तक विमान तक नहीं पहुंच पा रहे थे।

इन नाजुक क्षणों में राष्ट्रपति चंद्रिका कुमार तुंग ने बहुत धैर्य से काम लिया और हताश सेना में एक नई ऊर्जा पैदा की। अपनी सेना को देश के नाम पर मर मिटने को प्रोत्साहित किया। उनकी मेहनत रंग लाई और श्रीलंका की सेना ने लिट्टे का जगह-जगह मुंह तोड़ जवाब दिया। सेना के बढ़ते दबाव के चलते लिट्टे छापामार पीछे हटने लगे इस कार्यवाही में श्रीलंका की आर्मी, नेवी, और एयर फोर्स ने एक साथ मिलकर संयुक्त कार्यवाही की। अंततोगत्वा सेना लिट्टे के अविजित

दुर्ग जाफना में घुसने में कामयाब रही। जाफना में लिट्टे की तूती बोलती थी वहां लिट्टे ने खुद का प्रशासन, शासन, न्यायालय, सुरक्षा एजेंसियां सहित सारी व्यवस्थाएं बना रखी थीं। सैन्य आपरेशन से पहले लगता था कि सेना लिट्टे जैसे संगठन की कमर तोड़ने में सफल नहीं हो पाएगी लेकिन श्रीलंका की सेना ने वास्तव में उस अनहोनी जैसी बात को करके दिखा दिया। इसका श्रेय वहां की सेना के साथ-साथ राष्ट्रपति चंद्रिका कुमार तुंगे को जाता है। अपने सूझ-बूझ और दृढ़ विश्वास से वे लिट्टे को न केवल नेस्त नाबूत कर दिया वरन् इसके पहले शांति के सारे द्वार खोलकर विदेशों में भी अपनी साख बढ़ाई और जाफना प्रायद्वीप पर कई साल बाद श्रीलंकाई झंडा लहरा सका था। हालांकि अपने इस सैन्य अभियान में एक बहुत बड़ी कामयाबी जाफना की जीत के रूप में मिली लेकिन इसे अपने अधिकार क्षेत्र में सुरक्षित बनाए रखना कोई आसान काम नहीं था क्योंकि हार और नुकसान से बौखलाए हुए मुक्ति चीते न केवल अपना आक्रमण (छापामार कार्यवाही) जारी किए हुए थे अपितु इससे भी बर्बर रुख अख्तियार कर सकते थे। इस हालत में श्रीलंका के सुरक्षाबल और वहां की जनता पर उनका खौफ छा जाने से कौन रोक सकता था।

श्रीलंका की रक्त रंजित जातीय समस्या ने एक नया मोड़ लिया है, एक दूसरे पर युद्ध शुरू करने के आरोप प्रत्यारोप लगते रहे हैं। वैसे इस समझौते पर गौर करें तो यही लगता है कि यह सिर्फ एक क्षणिक युद्ध विराम समझौता था, क्योंकि इससे कोई भी पक्ष बहुत आशावादी नहीं था। लिट्टे ने भी इस बीच पूरे समय अपनी छापामार टुकड़ियों को शस्त्र सुसज्जित करने में लगाया और श्रीलंका सेना भी अपने को पुनर्गठित व नए ढंग से पेश करने हेतु तैयारी किया। क्योंकि शांति प्रस्तावों का खुलासा किए बिना यह संदेश भेजा कि समझौते की पूरी संभावना है यह एक हास्यास्पद और मुक्ति चीतों के धैर्य की परीक्षा ही कही जाएगी। लिट्टे को जैसे ही लगा कि वे स्थिति की अनुकूलता खो देंगे और अलग थलग पड़ जाएंगे अतः वे इस मौके को गंवाना नहीं चाहते थे उन्होंने लड़ाई शुरू कर ही दिया। इसके लिए सरकार की टाल मटोल की नीति ही जिम्मेदार रही यह अलग बात है कि उसने इस शतरंज मे बाजी मार ली है।

किसी भी शांति प्रस्ताव में कुमार तुंगा को और वहां की सरकार को तमिल क्षेत्र में सिंधलियों की और सिंधली क्षेत्र में तमिलों की क्षेत्रीय असंगत को ध्यान में रखना होगा। उसे मुसलमानों की सुरक्षा का भी ध्यान रखना होगा। उसे निचले स्तर पर तमिलों को स्वायत्तता देना चाहिए और उनके मन से सिंघली उपनिवेशवाद का

भय दूर करने की कोशिश करनी चाहिए। 26 जुलाई, 1957 को एस.डब्लू.आर.डी. भंडारनायके और चेल्वनायगम के बीच एक समझौते (बी.सी. पैक्ट) पर दस्तखत किए गये थे, उसमें उत्तरी और पूर्वी दोनों प्रांतों के लिए क्षेत्रीय कौंसिल बनाने के बारे में था, उसी समझौते से उत्तेजित सिंधलियों ने भी भंडार नायके की हत्या की थी, उस समझौते पर पुर्निवचार और सकारात्मक रुख अपनाए जाने जरूरी हैं। तत्पश्चात् 24 मार्च 1965 को यू.एन.पी. नेता डडले सेना नायके ने चेब्बनयगम के साथ एक अन्य समझौते पर दस्तखत किए जिसमें जिला परिषदों की स्थापना का प्रावधान था, इस समझौते में उत्तरी और पूर्वी प्रांतों में तमिल भाषा को मान्यता दे दी गई थी और परंपरागत तमिल क्षेत्र के अंदर सिंधली लोगों की भूमि की बंदोबस्ती के सवाल पर भी औपचारिक सहमति हो गई थी।

इन दोनों समझौता का सार यह था कि संविधान को संघीय सिद्धांतों की मान्यता दे देनी चाहिए। उसके अंतर्गत एक या एक से अधिक तमिल भाषाई राज्य की स्थापना करनी चाहिए जिसमें तमिल भाषी बहुसंख्यक हैं। इसके अलावा तमिल भाषा को राज्य भाषा के रूप में सिंधली के बराबर का दर्जा दिया जाना चाहिए।

राजनैतिक परिदृश्य में चंद्रिका कुमार तुंगा का आगमन एक बार हिंद महासागर की लहरों के शांति झोंके लेकर आया था। शांति की संभावनाएं बढ़ी थीं। उन्होंने एक दशक पुरानी जातीय समस्या को सुलझाने की कोशिश की थी लेकिन इस देश का दुर्भाग्य ही कहा जाएगा कि उन प्रस्तावों के सार्वजनिक घोषणा के पहले ही मुक्ति चीतों ने नकार दिया। श्रीलंका में आज जो स्थिति है उससे स्पष्ट होता है कि मुक्ति चीतों की संख्या को कम करके भी उन्हें खत्म नहीं किया जा सकता है। कहने के लिए उनकी कमर भले ही तोड़ दी गई हो और उनका वह अविजित जाफना दुर्ग उनसे छीन लिया गया हो लेकिन उनका हौंसला अब भी टूटा नहीं है। नई भर्ती और नए-नए हथियारों का समावेश इसके प्रमाण हैं। जब तक मुक्ति चीते गर्जना बंद नहीं करेंगे तब तक शांति नहीं आएगी।

श्रीलंका सरकार और लिट्टे दोनों को भली-भांति यह बात समझ लेनी चाहिए कि घमासान लड़ाई नरसंहार और अशांति से किसी पक्ष का कोई भला नहीं होगा। समस्या का अंत मिल बैठकर शांति बातों से ही संभव है। सारे तमिल संगठनों और श्रीलंका की सारी राजनीतिक पार्टियों तथा वहां की सरकार को मिल बैठकर शांतिमय वार्ता के जरिए कुछ ऐसा निराकरण निकालने चाहिए जो दोनों

पक्षों को सर्वमान्य हों। इससे मुक्ति चीते प्रांतीय परिषद के चुनाव में भाग लेकर सत्ता सुख भोगने का अवसर प्राप्त कर सकेंगे। जहां तक लिट्टे की तमिल ईल्म की मांग का सवाल है उसे भी पारस्परिक विश्वास, त्याग तथा देश हित में सुलझाया जा सकता है। इसे लिट्टे और श्रीलंका सरकार दोनों को अपनी प्रतिष्ठा का प्रश्न नहीं बनाना चाहिए। तमिलों को भी सिंधलियों के बराबर का हक मिलना चाहिए। इसके लिए दोनों पक्षों के लिए त्याग की जरूरत है, क्योंकि त्यागी महापुरुष भगवान बुद्ध के धर्म प्रचारक इस पवित्र देश श्रीलंका में शांति की स्थायी स्थापना हेतु दोनों पक्षों को एक महान त्याग तो करना ही पड़ेगा जो समय और परिस्थिति तथा देश हित की मांग है। तभी अशांत श्रीलंका को शांत किया जा सकता है। नवीन परिदृश्य को देखे तो श्रीलंकाई सेना ने लिट्टे के सभी तंत्रो क़ो नष्ट कर दिया है, प्रभाकरण भी अपने कमान्डरों और परिवारिक सदस्यों के साथ मारा जा चुका है। श्रीलंका का आतंकवाद मृत्युप्राय है, फिर भी नये घटनाक्रम के अनुसार लिट्टे के बचे खुचे नेता पुनः संगठित होने का प्रयास कर रहे हैं और इसके लिए वे विदेशी सहयोग की कोशिश में भी लगे हैं। इसलिए समय रहते मिलकर सरकार को तमिलों को उनका उचित हक देकर समस्या समाप्त कर लेनी चाहिये।

5

चीन

चीन की भौगोलिक तथा सामरिक स्थिति, विस्तारवादी नीति और तिब्बत पर कसता शिकंजा

जनसंख्या के हिसाब से विश्व और आबादी के हिसाब से एशिया में प्रथम स्थान अर्जित करने वाला चीन देश भारत के उत्तर पूर्व में स्थित है। आज वह विश्व की तीसरी सबसे बड़ी महाशक्ति के रूप में भी जाना जाता है। अपनी विस्तृत जनसंख्या और आबादी की तरह ही उसकी नीतियां भी विस्तारवादी हो गई हैं, इसलिए कभी वह भारत पर निगाह गड़ाता है तो कभी वह हिन्द-महासागरीय क्षेत्र में उपनिवेशिक द्वीप ढूँढ़ता है और कभी कंपूचिया लाओस तथा थाईलैंड को अपने में समेटना चाहता है। कभी चीन के क्रांतिकारी नेता व शासक रहे माओत्सेतुंग की नीतियां कि "ताकत व शक्ति बंदूक की नाल से निकलती है" और "अधिकार मांगे नहीं वरन् छीन लिए जाते हैं" आज उसकी विदेश नीति की आधार स्तंभ बन गई है। सोवियत रूस कम्युनिष्ट होने के कारण उसका भाई सदृश है फिर भी उसका व्यवहार कभी भी उसके भाई चारे के अनुकूल नहीं रहा। आज भी अगर चीन और भारत मैत्री और सहयोग के रास्ते आगे बढ़े तो दुनिया का नेतृत्व करने में पूर्ण सक्षम है लेकिन चीन इस ओर सोचना भी गंवारा नहीं समझता वह तो पाकिस्तान जैसे आतंकवादी देश की मदद करना और भारत को परेशान देखना चाहता है।

प्राचीन काल में भारत और चीन के अच्छे संबंध रहे हैं। महाभारत, मनुस्मृति

तथा कौटिल्य के अर्थशास्त्र जैसे ग्रंथों में इसका विवरण मिलता है। चीनी परंपराओं के अनुसार ही भारतीय बौद्ध प्रचारक धमरक्ष, कुमारजीव, गुणभद्र, दिवाकर और बज्रमित्र 217 ई. पू. में चीन पहुंच गए थे। चीन ने बड़े सम्मान के साथ बौद्ध धर्म अपनाया जो आज उसके जीवन का अभिन्न अंग बन चुका है। भारतीय संस्कृति से प्रभावित होकर ही चीनी यात्री फाह्यान, हेनसांग तथा इत्सिंग आदि ने बौद्ध ग्रंथ की प्रतियां लेने तथा पवित्र बौद्ध स्थलों के दर्शनार्थ भारत आए थे।

स्वतंत्रता के बाद भी भारत ने अपनी मित्रता को कायम रखने का प्रयास किया। भारत ने 1949 में क्यूमिटांग सरकार के पतन के पश्चात् नई कम्युनिष्ट सरकार को मान्यता देकर खुले सहयोग का परिचय दिया था, सरकार के.एम. पानिक्कर को चीन का राजदूत नियुक्त किया गया था जिन्होंने बड़ी सूझ-बूझ के साथ भारतीय दृष्टिकोण को जीवित बनाए रखते हुए अंतर्राष्ट्रीय राजनीति में प्रवेश दिलाने का प्रयास किया किंतु तिब्बत और सीमा संबंधी प्रश्नों को लेकर चीन ने पारस्परिक संबंधों में अविश्वास पैदा कर दिया।

स्वतंत्रता के पश्चात भारत के समक्ष विश्व शांति की स्थापना का प्रश्न सबसे महत्वपूर्ण था। भारत को इसका बड़ा अनुभव है कि निर्धन और विकासशील राष्ट्रों पर विनाशकारी युद्धों का कितना प्रतिकूल प्रभाव पड़ता है। श्री नेहरू जी का कहना था कि "युद्ध लड़े जाते हैं, जीते जाते हैं तथा हारे जाते हैं, किंतु जीतने से भी वह समस्याएं समाप्त नहीं होती जो युद्ध को जन्म देती हैं। युद्ध का मार्ग असभ्यता का मार्ग है।"

भारत के कर्णधारों ने यह आभास किया है कि विदेशी शक्तियों का उपनिवेश रहने वाला यह देश शांति के व्यापक वातावरण में ही अपना आर्थिक पुर्ननिर्माण कर सकता है। अतएवं भारत के लिए ऐसी स्थिति में सबसे बड़ी आवश्यकता मात्र यह नहीं थी कि वह स्वयं युद्ध से बचने का यथासंभव प्रयास करें बल्कि भारत को ऐसे अंतर्राष्ट्रीय वातावरण के सृजन में योगदान देना था ताकि भविष्य में युद्ध का घिनौना खेल पुनः धरती पर न हो सके। पं. नेहरू ने कहा था कि "मैं चाहता हूं कि एशिया में ऐसे देशों का क्षेत्र अधिक विस्तृत हो जो यह निश्चय करें कि चाहे कुछ भी हो वे युद्ध में सम्मिलित नहीं होंगे। वे रणक्षेत्र में प्रवेश न करें तथा अन्य देशों में होने वाले युद्ध क्षेत्र को सीमित करें। अपने देश की रक्षा करें, और दूसरे के प्रदेश को सुरक्षित बनाने का प्रयत्न करें।

इन्हीं सिद्धांतों के तहत पं. नेहरू ने तत्कालीन चीनी प्रधानमंत्री चाऊएन लाई की संयुक्त वार्ता के फलस्वरूप पंचशील समझौता किया था जो निम्न है :—

1. एक दूसरे की प्रादेशिक अखंडता एवं संप्रभुता का सम्मान करना।
2. एक दूसरे पर आक्रमण न करना।
3. एक दूसरे के आंतरिक मामलों में हस्तक्षेप न करना।
4. समानता व परस्पर लाभ।
5. शांतिपूर्ण सह-अस्तित्व।

स्वतंत्रता प्राप्ति के पश्चात् भारत की यह धारणा थी कि एशिया के दो महान देश एक मंच पर कार्य करके एशिया को शीतयुद्ध के विषाक्त वातावरण से दूर रख सकते हैं। अतः इस विचारधारा को ध्यान में रखते हुए दोनों राष्ट्रों की भिन्न-भिन्न राजनीतिक व सामाजिक व्यवस्था के बाद भी पंचशील के सिद्धांत का पूरे पांच साल पालन हुआ। वैसे हमेशा ही हमारे देश का सिद्धांत रहा है कि चाहे कुछ भी हो हम हमलावार नहीं बनेंगे। भारत सदैव ही शांति का अनुगामी नक्षत्र रहा है जो कि अहिंसा एवं सह-अस्तित्व की किरणें बिखेरता रहा है। युगोस्लाविया के मार्शल टीटो सहित अन्य अनेक गुटनिरपेक्ष व शांतिप्रिय राष्ट्रों ने भारत और चीन के इस पंचशील सिद्धांत के समझौते की प्रशंसा की। स्वतंत्र भारत पंचशील का झंडा लिए अहिंसा एवं भ्रातृत्व के गीत गाता हुआ आगे बढ़ रहा था।

भारत तो पंचशील का गुणमान करते हुए गहन निद्रा में सो गया लेकिन शायद चीन को इस समझौते के पूरे होने के उस अंतिम दिन का इंतजार था ताकि भारत पर एक अप्रत्याशित हमला कर सके, और पूरे होते ही 1962 में भारत पर अचानक आक्रमण कर नेफा व लद्दाख के काफी बड़े क्षेत्र को अवैधानिक रूप से हथिया लिया।

भारत चीन सीमा विवाद, तिब्बत का प्रश्न

तनाव का सूत्रपात

तिब्बत हिमालय पर्वत के उत्तर में स्थित एक छोटा-सा प्रदेश है। इसका क्षेत्रफल 4,70,000 वर्ग मील है। भारत का संबंध प्राचीन काल से ही मधुर रहा है लार्ड कर्जन के शासन काल में भारत की उत्तरी सीमा को सुरक्षित करने हेतु 7 सितंबर, 1904 को कर्जन के प्रतिनिधि सर फ्रांसिस एंडर और उस समय के दलाई लामा के मध्य एक समझौता हुआ था जिनके अनुसार ब्रिटेन ने तिब्बत पर चीन

की सर्वोच्च सत्ता को स्वीकृति दे दी थी। यह समझौता ही तिब्बत के राजनैतिक व सामाजिक ढांचे को स्वतंत्र एवं संप्रभु बनाए रखने में अभिशाप साबित हुआ। यद्यपि इस समझौते में ऐसा कोई प्रावधान नहीं था कि जिसमें यह स्वीकार किया गया हो कि तिब्बत चीन के अधीन है। 1906 में चीन ने इस समझौते को संहर्ष स्वीकार कर लिया और 1911 में तिब्बत पर आक्रमण करके वहां अपने सैनिक शासन की स्थापना की। 1911-12 में तिब्बत की जनता ने इन साम्राज्यवादी शक्तियों का जमकर विरोध किया और यह स्पष्ट रूप से घोषित कर दिया कि तिब्बत चीन के अधीन न कभी रहा है और न रहेगा। 1914 में आयोजित शिमला सम्मेलन में तिब्बत ने एक स्वतंत्र इकाई के रूप में भाग लिया। समझौते के दौरान भारत चीन व तिब्बत के मध्य सीमा रेखा के रूप में मैकमोहन रेखा को मान्यता दे दी गई। 1950 में चीन ने पुनः तिब्बत पर आक्रमण कर आतंकित कर दिया जिसे भारतीय सरकार ने विरोध किया। 1951 में चीन और तिब्बत के मध्य पुनः एक समझौता हुआ जिसके अनुसार वह तिब्बत वासियों के कलात्मक साहित्यिक और धार्मिक जीवन में कोई हस्तक्षेप नहीं करेगा और वैदेशिक संबंध, व्यापार तथा संचार का नियंत्रण चीन के अधीन होगा। इस समझौते में चीन ने तिब्बत को स्वायत्त शासन के साथ भारतीयहितों के संरक्षण की शर्त स्वीकार किया तब जाकर भारत ने इस समझौते को मान्यता दी। सन् 1954 में चीन में प्रधानमंत्री चाऊ एनलाई के दिल्ली आगमन पर पंचशील समझौता हुआ जिसने भारत को भविष्य के प्रति निश्चित कर दिया। इसके 4 वर्ष बाद ही तिब्बत में 1958 में चीनी कुशासन के विरुद्ध विद्रोह शुरू हो गया इस विद्रोह को दलाई लामा का समर्थन प्राप्त था। चीनी शासकों ने इस विद्रोह को कुचलना प्रारंभ किया और दलाईलामा ने भाग कर भारत में शरण ली। चीन सरकार ने इसे शत्रुतापूर्ण कार्य बताया और भारत पर विस्तारवादी होने का आरोप लगाया। इसी के साथ भारत और चीन के मध्य एक शीतयुद्ध की शुरुआत हुई।

कुछ समय बाद ही चीन ने अपने एक 'चीनी मित्र पत्रिका' में चीन का मानचित्र प्रकाशित किया जिसमें भारतीय प्रदेश के लगभग 40,000 वर्ग मील क्षेत्र चीनी प्रदेश के रूप में दिखाए गए थे। 24 अगस्त, 1958 को भारत सरकार ने इसका विरोध किया और पं. नेहरू ने 14 दिसंबर 1958 को चीनी प्रधानमंत्री चाऊ एन लाई को एक व्यक्तिगत पत्र लिखा 'आपको याद होगा कि जब चीन के तिब्बत क्षेत्र के संदर्भ में चीन भारत संधि हुई थी उस समय अनेक महत्वपूर्ण समस्याओं पर विचार हुआ था जिसमें सीमा व्यापार भी सम्मिलित था। अनेक पर्वतीय दरों का भी उल्लेख

हुआ था जिनका प्रयोग दो देशों के मध्य यात्रा के संबंध में होना था। उस समय कोई सीमा प्रश्न नहीं उठाया गया और हम इस आशा में रहे कि हम दोनों देशों के मध्य कोई सीमा संघर्ष नहीं है। हम मैकमोहन रेखा को भारतीय सीमा मानते हैं ऐसा आपने मुझे आश्वासन दिया था।''

इसका जवाब देने से पहले ही चीन ने आक्रमण कर बड़ा होती, लपथाल और सगचामल्लामें में अधिकार कर अपनी सैनिक चौकियां स्थापित कर लीं, इस घटना में पं. नेहरू ने लोकसभा में भाषण देते हुए कहा था कि ''यदि एशिया के दो बड़े राष्ट्र संघर्ष करते हैं तो यह संपूर्ण विश्व को प्रकंपित करने वाला होगा। यदि दुर्भाग्यवश स्थिति बिगड़ती है तो सारा राष्ट्र शस्त्र धारण करेगा तथा यह जीवन मरण का संघर्ष होगा।

भारत चीन युद्ध 1962

चीन पर भारत के इस प्रतिवाद का कोई असर नहीं हुआ, फिर भी भारत ने अपनी शांति पूर्ण नीति का अवलोकन करते हुए अंततः 10 मई, 1962 को चीन के समक्ष सीमा समस्या को तय करने हेतु पुनः एक प्रस्ताव रखा। चीन ने इसकी उपेक्षा करते हुए युद्ध का शंख बजा दिया। भारत युद्ध के लिए तैयार नहीं था किंतु राष्ट्र की सुरक्षा एवं अखंडता के लिए उसे युद्ध भूमि में उतरना पड़ा। चीनी बड़े पैमाने पर टैंक और आधुनिकतम शस्त्रों से लैस होकर युद्ध में उतरे थे जबकि भारत अपनी रक्षा तैयारियों के प्रति सचेत भी नहीं था। बढ़ते चीनी तूफान को देखकर भारत को यह आभास होने लगा था कि इस तूफान को अपनी सैन्य सामर्थ्य से रोक पाना असंभव ही है क्योंकि चीन के 14 डिवीजन तो केवल तिब्बत में ही तैनात थे जबकि कुल भारतीय डिवीजनों की संख्या 10 भी नहीं थी। अचानक नमकाचू की भारतीय चौकी पर 10 अक्टूबर को चीन ने बड़ा ही जोरदार आक्रमण किया। इस आक्रमण को देखते हुए भारत के तत्कालीन लेफ्टिनेंट जनरल ब्रजमोहन कौल के नेतृत्व में चौथी कोर का संगठन यथाशीघ्र किया गया। जनरल थिमैया के त्यागपत्र दे देने पर जनरल थापर स्थल सेनाध्यक्ष नियुक्त हुए।

चीन ने बड़े पैमाने पर 20 अक्टूबर को लद्दाख और नेफा पर आक्रमण करके हमारे कई चौकियों को अपने अधीन कर लिया। लद्दाख क्षेत्र में शत्रु की बाढ़ रोकने के लिए केवल दो बटालियन सेना तैनात की गई थी। चुशूल में 100 मील की दूरी पर स्थित दम चौक और जरला को भी चीनियों ने अपने कब्जे में कर लिया। भारतीय

जवानों ने अपने सीमित साधनों के बावजूद भी अद्‌भुत शौर्यता का परिचय दिया 8 गोरखा राइफल्स के मेजर धनसिंह थापा, सिख रेजीमेंट के सूबेदार जोगिंदर सिंह, राजपूत रेजीमेंट के कर्नल भीमसिंह कुमायूं रेजीमेंट के मेजर शैतान सिंह को इसी क्षेत्र में वीरता के लिए परमवीर चक्र देकर सम्मानित किया गया।

नेफा क्षेत्र अथवा पूर्वी मोर्चे पर चीनी सेना के समक्ष भारतीय सेना को पीछे हटना पड़ा, 24 अक्टूबर को त्वांग भी चीनी निमंत्रण में आ गया। 18 नवंबर को सुरक्षा की दृष्टि से विश्वसनीय सेला पहाड़ी भी छिन गई और इसके बाद ही बोमदीला पर भी शत्रु का अधिकार हो गया। स्थिति ने उस समय और भी गंभीर रूप धारण कर लिया जब 18 नवंबर को चौथी कोर का मुख्यालय चीनी पंजे से कुल 40 मील की दूरी पर रह गया था। बड़े ही नाटकीय ढंग से चीन ने आशा के विपरीत युद्ध विराम की घोषणा कर दी। दुनिया के ज्ञात इतिहास में विजय प्राप्ति के पश्चात एक पक्षीय युद्ध विराम की यह पहली और अनोखी घटना थी।

भारत के पराजय के कारण

स्वतंत्रता प्राप्ति के पश्चात भारत के नीति निर्माताओं ने सुरक्षा साधनों के विकास एवं आधुनिकीकरण की दिशा में पर्याप्त ध्यान नहीं दिया। यह संयोग ही रहा कि चीन ने युद्ध विराम की घोषणा कर दी अन्यथा हमारे और भी क्षेत्र चीन के अधिकार में चले जाते और भारत के प्रति सद्‌भावना रखने वाले राष्ट्र और अंतर्राष्ट्रीय संगठन उन्हें कदापि खाली नहीं करा पाते जैसा कि इस युद्ध में चीन द्वारा अनाधिकृत रूप से लगभग 50,000 वर्ग मील क्षेत्र का हुआ है। विधिवत् विश्लेषण के आधार पर निम्नलिखित कारण इस पराजय में उत्तरदायी हैं :–

1. भारतीय सेनाओं का चीनी सेनाओं की तुलना में संख्या और सैन्य साधनों की दृष्टि से कमजोर होना।
2. पूर्व के भारत पाक युद्ध में कश्मीरी मोर्चे पर यह स्पष्ट हो चुका था कि सेनाओं को पर्वतीय और हिमांच्छादित क्षेत्रों में सफलता के लिए उपयुक्त युद्ध कला का प्रशिक्षण अनिवार्य है किंतु इसके लिए कोई प्रभावकारी कदम नहीं उठाए गए।
3. भारत ने सीमांत क्षेत्रों के यातायात या संचार के विकास की उपेक्षा की, जिससे यातायात और संचार के साधनों के अभाव में गतिशीलता पर

प्रतिकूल प्रभाव पड़ा।

4. भारत की गुप्तचर व्यवस्था विश्वसनीय नहीं थी।
5. रक्षा योजनाओं एवं रक्षा उत्पादन को प्राथमिकता के आधार पर विकसित करने की योजना के अभाव में विजय की संभावना नहीं की जा सकती थी।
6. असैनिक एवं सैनिक अधिकारियों के मध्य आपसी मत भेद भी रहे, सैन्य दलों में नियंत्रण की एकता तथा दल भावना का अभाव था जिससे युद्ध पर बुरा असर पड़ा।
7. भारतीयों की यह धारणा कि हिमालय अजेय एवं अभेद है निर्मूल सिद्ध हुई।
8. इस पराजय का सबसे महत्वपूर्ण कारण पंचशील समझौते में विश्वास करके भारतीयों का गहरी नींद में सो जाना रहा। पंचशील सिद्धांत का निर्माण पर नेहरू ने राष्ट्रीय सुरक्षा और विश्वशांति की कल्पना कर राष्ट्रीय सुरक्षा के बुनियादी उपायों यानी सेना की पूरी उपेक्षा की। उन्होंने सैन्य मदों में खर्च को गैरवाजिब कहकर टाल दिया जिसका नतीजा इस युद्ध में बुरी तरह पराजय के रूप में मिला। जबकि इस समझौते की आड़ में चीन ने पूरी तैयारी की और नग्न आक्रमण किया। यह हमारी महान कूटनीतिक पराजय थी।

भारत-चीन विवाद से जुड़े संकट के बिंदु

भारत चीन विवाद में समझौते के आसार

भारत और चीन के मध्य जो दरार 1962 के युद्ध में पड़ी है, उसे दूर करने के प्रयास पिछले कई वर्षों से किए जा रहे हैं। 1974 में दोनों के बीच राजदूतों का आदान-प्रदान हुआ। 1977 में जनता पार्टी के शासन काल के दौरान संबंध सुधार की इच्छा से भूतपूर्व विदेश मंत्री श्री अटल बिहारी वाजपेयी चीन की यात्रा पर भी गए किंतु उनके चीन में प्रवास के दौरान ही चीन ने वियतनाम में अपना खूनी पंजा जमा दिया। अतः संबंधों में कोई सुधार नहीं हो सका। श्री राजीव गांधी के सत्ता में, आने पर पुनः संबंधों के सामान्यीकरण की प्रक्रिया शुरू हुई। 1981 से लेकर अब तक भारत चीन के मध्य कई दौर वार्ताएं हुईं। 10 दिसंबर 1981 को बीजिंग में 17 मई 1982 को दिल्ली में, 28 जनवरी, 1983 को फिर बीजिंग और 24 अक्टूबर 1983 में दिल्ली में वार्ता के बाद भी अन्य वार्ताएं हुईं लेकिन इनमें कोई खास सफलता नहीं मिल पाई। राजीव गांधी के बाद नरसिंह राव शासन काल में भी इस दिशा में काफी प्रयास हुए व्यापार आदि मुद्दे पर हस्ताक्षर भी हुए लेकिन हमारी मुख्य समस्या सीमा विवाद और हमारी भूमि का चीन द्वारा अवैधानिक रूप से किया गया अधिग्रहण आज भी नहीं सुलझ पाया है।

चीन का ख्याल है कि संपूर्ण एशिया खास तौर से दक्षिण पूर्वी एशिया लाओस, कंपूचिया, थाईलैंड आदि देशों को अपने पैरों तले लाने में सोवियत रूस के बाद दूसरी बड़ी बाधा भारत है इसलिए चीन भारत को इन प्रश्नों से तटस्थ बनाने में लगा हुआ है। संभवतः कूटनीति के तहत ही चीन भारत से सीमा संबंधी मसले को हल करने के लिए आज कल आवश्यकता से अधिक जोर दे रहा है। भारत का यह दृष्टिकोण रहा है कि पहले चीन को भारत की सभी भूमि लौटानी होगी तभी पारस्परिक संबंधों के सामान्य बनाने के बारे में विचार हो सकता है। भारत विवादों का निपटारा करने को तैयार हैं परंतु यह निपटारा समर्पण के आधार पर नहीं हो सकता। कश्मीरी लोगों को आत्म निर्णय के अधिकार देने के पाकिस्तानी साजिश का समर्थन करने तथा पूर्वोत्तर भारत में नागा और मीजों तथा उल्फा आदि आतंकवादियों व उग्रवादियों को समर्थन देने से भारत चीन के बीच तनाव बढ़ा है। समस्या के सकारात्मक सुधार हेतु चीनी दृष्टिकोण में परिवर्तन आवश्यक है नहीं तो सिर्फ यह कहना कि हम समस्या समाधान के प्रति इच्छुक हैं एक लफ्फाजी के अलावा कुछ नहीं होगी।

चीन पाक गठजोड़, आतंक को बढ़ावा

चीन का पाकिस्तान प्रेम भारत के लिए सर्वाधिक खतरा बन गया है। उसने जो आज तक अंधाधुंध आधुनिक सैन्य सामग्रियों को पाकिस्तान में भेजा है उसी के बल पर ही पाकिस्तान आज भारत पर निशाना साधे हुए है। अमेरिका के बाद चीन पाकिस्तान का सबसे हितैसी व निकटतम राजनीतिक मित्र है। पाकिस्तान ने भारत के कुछ अवैध नियंत्रित भू-भाग को चीन को दिया है और भारतीय सीमा के अंदर होकर पाक-चीन द्वारा निर्मित काराकोरम मार्ग चीन को पाकिस्तान होते हुए हिंद महासागर तक घुसने में मदद करता है। चीन ने पाकिस्तान को एम-11 प्रक्षेपास्त्र जैसे अत्याधुनिक हथियारों के साथ ही उसे परमाणु तकनीकी और रासायनिक सामग्री उपलब्ध कराई है जिसके परिणाम स्वरूप पाकिस्तान परमाणु बम बना सका है। भारत में पाकिस्तान तथा उसकी खुफिया एजेंसी आई.एस.आई. द्वारा फैलाए जा रहे आतंकवाद का चीन प्रत्यक्ष अप्रत्यक्ष रूप से समर्थन करता है। संपूर्ण एशिया में चीन ही एक ऐसा देश है जो खुलकर और भारी मात्रा में पाकिस्तान को सैन्य मदद दे रहा है जो भारत के लिए एक गंभीर खतरा उत्पन्न किया है। इसका मकसद भारत को आर्थिक सैनिक व राजनैतिक रूप से आगे न बढ़ने देना है। वह चाहता है कि भारत अपनी आंतरिक स्थितियों में परेशान रहे तथा सीमा विवाद व तिब्बत जैसे मसले को न उठा सके। भारत का सोचना है कि उसके चीन के बीच जो भी विवाद है उसे दोनों के बीच आम सहमति से सुलझाया जाना चाहिए और चीन को चाहिए कि वह पाकिस्तान तथा उसके मुद्दे का समर्थन न करे अपितु उसके आतंकवादी दृष्टिकोण का विरोध करे ताकि एशिया को युद्ध की विभीषिका से दूर रख शांति कायम की जा सके। लेकिन दुर्भाग्य है कि चीन ठीक इसके विपरीत ही चल रहा है, निश्चय ही पाक-चीन गठजोड़ एशिया महाद्वीप खासतौर से भारतीय उपमहाद्वीप के लिए खतरनाक साबित होगा।

तिब्बत पर कसता चीन का शिकंजा

पिछले तीन दशकों में दस लाख तिब्बतियों के दमन और 1400 बौद्ध मठों के नष्ट करने के बावजूद अगर चीन तिब्बत नामक इस सवाल को खत्म नहीं कर पाया है तो यह इस बात का सबूत है कि देर सबेर दुनिया को और चीन को इस सवाल का जवाब देना ही पड़ेगा। 4,70,000 वर्ग मील में फैले इस हिमालय प्रदेश

में चीन चाहे जितने सैनिक तैनात कर दें एक-एक बौद्ध के मुकाबले भले ही दस-दस हानों को तिब्बत में बसा दे मगर परिवर्तन को रोका नहीं जा सकता। परिवर्तन प्रकृति का नियम होता है उसे कोई भी ताकत नहीं रोक पाती। तिब्बत वह सच है जो आज नहीं तो कल दुनिया को स्वीकारना ही पड़ेगा।

यह उपयुक्त समय है तिब्बत पर बहस होना ही चाहिए चूंकि तिब्बत की 3900 किमी. लंबी सीमा भारत से जुड़ती है इसलिए तिब्बत हमारे लिए महज सहानुभूति का विषय नहीं बल्कि उसकी आजादी हमारी सुरक्षा के बुनियादी सरोकारों से जुड़ी है। एक लंबे अरसे से तिब्बत एक स्वतंत्र व संप्रभुता संपन्न राज्य रहा है उसका निजी संविधान और जीवन जीने का मौलिक हक था, मगर 1959 के बाद यह सब कुछ लाल चीन के फौजी कदमों तले चला गया। तब से लगभग डेढ़ लाख बौद्ध अपने गुरू दलाई लामा के साथ भारत में बतौर शरणार्थी रह रहे हैं। करीब एक लाख अन्य तिब्बत वासी पूरी दुनिया में बिखरे हैं जिनमें नेपाल और स्विटजरलैंड प्रमुख देश हैं। 1951 में बंदूक की नोंक पर चीन ने तिब्बत के स्थानीय शासकों से एक सत्रह सूत्रीय समझौता पत्र पर हस्ताक्षर करवाया था कि तिब्बत का संपूर्ण विकास कार्य चीन करेगा। 1956-57 में चाऊ एन लाई ने कहा था 'हम तिब्बत में नहीं आते मगर हमसे नहीं देखा जा रहा है कि जब सारी दुनिया विज्ञान और विकास के आधुनिक युग में जी रही है उस समय तिब्बत शताब्दियों पूर्व के अविकसित युग में जिए।''

चीन ने पिछले 40 वर्षों में तिब्बत का क्या विकास किया है, वह आज सबके सामने हैं। 1959 तक तिब्बत का 75 प्रतिशत भू-भाग जंगलों से आच्छादित था चीन ने इसे घटकर 40 प्रतिशत तक कर दिया है तथा 1400 बौद्ध मठों को ध्वस्त कर दिया गया है। दस लाख से ज्यादा बौद्धों को आजादी के लिए आंदोलन करने पर मौत के घाट उतारा गया है। चीन ने तिब्बत को सड़कें दी हैं मगर उनका उपयोग तो चीनी सैनिकों के आवागमन के लिए ही होता है। हजारों टन आणविक कचरा तिब्बत को सौगात में दिया है। 1965 से 1976 तक की गई तथा कथित सांस्कृतिक क्रांति में तिब्बती संस्कृति को समूल नष्ट करने के लिए हजारों विहार तोड़े गए उनकी कलाकृतियों को नष्ट किया गया, बुद्ध की खंडित मूर्तियों पर भी आस्था जाहिर करने के लिए तिब्बतियों को चीनी सैनिकों के रहमों करम पर निर्भर रहना पड़ता है। सचमुच तिब्बत इस सदी का आखिरी उपनिवेश है। तिब्बत में तिब्बतियों से 20 लाख ज्यादा हानों की संख्या है एक सुनियोजित ढंग से चीन ने हानों को

तिब्बत में बसाया है। चीन ने तिब्बत में ज्यादातर सैनिकों व अन्य युवा पुरुषों को बसाया है जिससे वे तिब्बत लड़कियों से शादी कर ऐसी नस्ल के जन्मदाता बन गए हैं जो न तो बौद्ध धर्म के बारे में जानते हैं और न ही तिब्बती संस्कृति से उनका कोई सरोकार रह गया है।

मगर इतने दमन के बावजूद तिब्बतियों का संघर्ष अनवरत् जारी है कभी धीमा तो कभी तेज। भयानक दमन की परवाह न करते हुए तिब्बतियों ने ल्हासा में तीन दर्जन से ज्यादा प्रदर्शन किए। जब अन्य उपायों से न रोका जा सका तो चीन ने 1989 को वहां मार्शल-लॉ लगा दिया। 1989 में दलाईलामा को नोवेल पुरस्कार शांति के लिए चुना गया इससे वे अंतर्राष्ट्रीय मीडिया में छा गए, तब से तिब्बत का सवाल लगातार विश्व परिदृश्य में गूंज रहा है।

भारत में भी तिब्बती संघर्ष के समर्थन का नया दौर इसी घटना के बाद शुरू हुआ। जनतादल के सांसद मोहन सिंह के संयोजन में तिब्बत समर्थक संसदीय मंच की स्थापना हुई। इस मंच में अब तक लगभग 50 सांसद है भारतीय जनमानस में तिब्बत का एक सम्मानजनक स्थान है। तिब्बत हिमालय के बाद सुरक्षा का एक मात्र प्रहरी है अगर भारत और चीन के बीच तिब्बत की स्वतंत्र देशीय स्थिति हो जाए तो भारत में लद्दाख से लेकर अरुणाचल तक फैली जिस सीमा रेखा की सुरक्षा में 4 करोड़ प्रतिदिन फूंकता है वह बच जाए। इसलिए तिब्बत की आजादी के समर्थकों का नारा 'स्वतंत्र तिब्बत सुरक्षित भारत' एकदम उपयुक्त है क्योंकि तिब्बत मैंकमोहन रेखा को सीमा रेखा मानता है। यह भारतीय प्रधानमंत्री व उसके प्रतिनिधियों के लिए अनिवार्य विषय बन जाता है कि वे जब भी बीजिंग जाएं तब तिब्बत के सवाल को न भूलें।

6

बांग्लादेश

बांग्लादेश के निर्माण में भारत की भूमिका

पूर्व का पाकिस्तान और भारत-पाकिस्तान 1971 की जंग के फलस्वरूप बना बांग्लादेश भारत के पूर्व में बंगाल की खाड़ी की गोद में बसा एक ऐसा देश है जिसमें सामाजिक और राजनैतिक संकटों, गरीबी, हताशा और आक्रोश का कटोरा हमेशा भरा ही रहता है। 1.4 लाख वर्ग कि.मी. की आबादी में लगभग 12 करोड़ लोगों का सैलाब एक युद्ध और दो बगावतों से उपजा तनाव, मात्र 30 प्रतिशत साक्षरता तथा विश्व में सबसे नीचे का जीवन स्तर यानी कुल मिलाकर एक कमजोर लोकतंत्र, वाला देश है।

पाकिस्तान की स्थापना के समय से ही इसके दोनों भागों पश्चिमी एवं पूर्वी पाकिस्तान के संबंध मधुर नहीं थे पाकिस्तान में सत्ता प्रारंभ से ही पश्चिमी पाकिस्तानियों के नियंत्रण में आ गई थी पाकिस्तानी सरकार के पश्चिमी पाकिस्तान और पूर्वी पाकिस्तान के संबंधों में शासक देश और शासित देश के औपनिवेशिक संबंधों का रूप धारण कर लिया। इसके विरुद्ध पूर्वी बंगाल में पाकिस्तान की रचना के प्रथम वर्ष के पूरा होने से पहले ही स्वायत्तता के लिए आंदोलन शुरू हो गया। याह्यया खाँ की सरकार ने इसका सामना नृशंसता और पशुता, दोहन और दमन, अत्याचार और प्रताड़ना से किया। इसका परिणाम यह हुआ कि पूर्वी बंगाल के

लगभग एक करोड़ व्यक्ति विवश होकर अपना घर बार छोड़कर भारत में शरण लेने आ पहुंचे। राजनैतिक एवं आर्थिक दृष्टि से भारत पर इसका जबरदस्त प्रभाव पड़ा देश का स्थायित्व और सुरक्षा व्यवस्था डगमगाने लगी।

भारत सरकार ने पाकिस्तान को इस समस्या को यथाशीघ्र सुलझाने, कत्लेआम बंद करने और शरणार्थियों को वापस लेने का आग्रह किया, जिसके जवाब में पाकिस्तान ने भारत के पश्चिमी मोर्चे पर अप्रत्याशित आक्रमण कर दिया। हमारे जाबांज जवानों ने पश्चिमी मोर्चे पर तो इनका मुंहतोड़ जवाब दिया ही साथ-साथ पूर्वी मोर्चे पर भी पूर्वी पाकिस्तानी शरणार्थियों द्वारा तैयार मुक्ति वाहिनी के सहयोगार्थ एक भयंकर लड़ाई लड़ी और कुछ ही दिनों में पूरे क्षेत्र पर नियंत्रण कर लगभग एक लाख पाकिस्तानी सैनिकों को बंदी बना लिया। 16 दिसंबर को ढाका के उसी रेशकोर्स के मैदान में पूर्वी पाकिस्तान के पाक कमांडर जनरल नियाजी ने आत्मसमर्पण किया जहां से नौ माह पूर्व अवामी लीग के अग्रदूत मुजीबुर्रहमान ने कुर्बानियों से भरा बगावत का झंडा बुलंद किया था। भारत ने एक लोकतांत्रिक आजाद बांग्लादेश की घोषणा की जिसे सभी शांति प्रिय देशों ने स्वागत किया। 1971 के पूर्व का पूर्वी पाकिस्तान एक स्वप्न की भांति 1971 के भारत पाक संघर्ष में समाप्त हो गया और उनके स्थान पर एक लोकतांत्रिक धर्मनिरपेक्ष बांग्लादेश की स्थापना हुई।

विश्व शांति और बंधुत्व का पक्षधर भारत ने बांग्लादेश के मुक्ति संघर्ष में जो भूमिका निभाई वह इतिहास में कभी भुलाया नहीं जा सकता। भूतपूर्व विदेशमंत्री एम.सी. छागला ने कहा था ''बांग्लादेश का उद्भव हमारे अच्छे पड़ोसी की दृष्टि से स्वागत योग्य है, इसके साथ हमारे सांस्कृतिक, राजनैतिक व व्यापारिक संबंध होंगे, और यह पड़ोसी पाकिस्तान से भिन्न होगा।'' हमारे नेताओं ने इस जीत में अपने निम्न लाभों को सोचा था :—

1. हमारी सीमाओं के दोनों ओर एक सशक्त दुश्मन की जगह एक मित्र और दूसरा कमजोर दुश्मन ही रह जाएगा।
2. कश्मीर समस्या का समाधान भी सरल हो जाएगा।
3. धर्म निरपेक्ष राज्य की महत्ता बढ़ेगी।

बांग्लादेश की स्वतंत्रता के पश्चात धर्म निरपेक्ष भारत को यह पूर्ण आशा थी कि वह एक गुट निरपेक्ष सदस्य बनकर शांति का पक्षधर होगा। इन्हीं के परिणाम स्वरूप 1972 में भारत बांग्लादेश मैत्री संधि सहित दोनों देश के बीच व्यापारिक

समझौते हुए थे लेकिन बांग्लादेश इसके विपरीत कट्टर इस्लाम और धर्मांध देश निकला। वहां इस्लाम के विरोध में कलम उठाने और बोलने तक की इजाजत नहीं। उदाहरणार्थ - तस्लीमा नसरीन की 'लज्जा' ने उन कट्टर मौलवियों को तो लज्जित नहीं कर सकी स्वयं उसे ही बाहर शरण लेने को मजबूर होना पड़ा है। शरणार्थियों के आगमन से भारत की स्थिति बड़ी गंभीर हुई है।

1975 में शेख मुजीब की हत्या के बाद अनेकानेक मुद्दों पर भारत - बांग्लादेश में मन मुटाव बढ़ता जा रहा है। अनेक विवाद पैदा हुए हैं फरक्का पर गंगा नदी के जल बंटवारे का प्रश्न, स्थलीय एवं समुद्रीय सीमा रेखा का निर्धारण, बंगाल की खाड़ी में स्थित नवमूर द्वीप के स्वामित्व का विवाद, तीस्ता नदी के जल बंटवारे की समस्या, तीन्न बीघा क्षेत्र विवाद, सीमाक्षेत्र संबंधों में दरारें पैदा की हैं। बांग्लादेश की भारत विरोधी विचार, बाहरी शक्तियों की घुसपैठ और उनकी षडयंत्रकारी भूमिका ने वातावरण को और भी विषाक्त बनाया है। घुसपैठियों की समस्या से निपटने तथा तश्करी रोकने के लिए भारत बांग्लादेश की सीमा पर भारत द्वारा कटीले तारों की बाड़ लगाने की योजना का बांग्लादेश द्वारा विरोध ने स्थिति को और भी जटिल बना दिया है।

अपनी 40 साल की स्वतंत्रता में बांग्लादेश में करीब 16 साल तक सेना का शासन कायम था। सन् 1975 में खालिदा के पति जनरल जियाउर रहमान तब वे प्रधान सेनापति थे ने सत्ता अपने हाथों में ले ली एवं शेख मुजीबुरहमान जिन्होंने पाकिस्तान के विरुद्ध स्वतंत्रता का संग्राम चलाया था मार डाले गए। सात साल बाद उस समय के प्रधान सेनापति इरसाद स्वतः सत्ता में आ गए एवं जियाउर रहमान की हत्या कर दी गई। तब से लेकर अब तक बांग्लादेश का लोकतंत्र बराबर लडखड़ाता आ रहा है।

बांग्लादेश की शरणार्थी व आंतरिक उथल-पुथल तथा भुखमरी का भारत पर प्रभाव

अप्रैल 1993 में करांची में संपन्न हुए इस्लामी देशों के सम्मेलन में कश्मीर को लेकर भारत की कठोर निंदा की गई थी। निंदा करने वालों में अन्य इस्लामी देशों के साथ अपना पड़ोसी बांग्लादेश भी शामिल था जिसे भारत पाकिस्तानी ज़ुल्म से मुक्त कराकर आजादी दिलाई थी। इस निंदा अभियान में बांग्लादेश को यह शायद

जरा भी नहीं याद आया होगा कि यह अपने देश के गैर मुस्लिम नागरिकों के साथ कैसा व्यवहार कर रहा है। कश्मीर में भारतीय सेना तो उन लोगों पर सख्ती कर रही है जो देश को तोड़ना चाहते हैं तथा सांप्रदायिकता के आधार पर पुनः एक विभाजन कराना चाहते हैं लेकिन बांग्लादेश में एक बड़े समुदाय पर आए दिन केवल इसलिए अत्याचार किया जा रहा है कि वे मुसलमान नहीं है। उनकी सामूहिक हत्या की जा रही है जमीन छीनी जा रही है और घर उजाड़ा जा रहा है। अब उनको न्याय दिलाने के लिए कोई तैयार नहीं है। चटगांव की चकमा पहाड़ियों पर बसे इन गैर मुस्लिम आदिवासियों में 90 प्रतिशत जुम्मा जनजाति के हैं। ये हिंदू संस्कृति और परंपरा के अनुयायी होने के नाते 1947 से ही सांप्रदायिक भेदभाव व जुल्म के शिकार हो रहे हैं, तथा मुसलमान न होने की सजा भोग रहे हैं। बांग्लादेश के कट्टरवाद के अत्याचार से ऊब कर ये भारत के शरणार्थी हो गए हैं। समय-समय पर मुस्लिम कट्टरपंथी गिरोहों ने इनका सामूहिक नरसंहार किया है। इन्हें मजबूर होकर संगठन बनाना पड़ा है और ''जुम्मा संघाती समिति बनाकर सरकार से सशस्त्र संघर्ष का निर्णय लेना पड़ा है। ये त्रिपुरा आदि भारतीय प्रदेशों में बड़ी मात्रा में रह रहे हैं। ढाका और नई दिल्ली सरकार के सम्मिलित प्रयास से इस समस्या का हल निकलना चाहिए और यह तभी हो पाएगा जब उनकी वापसी और पुर्नवास की समुचित व्यवस्था हो।

विभिन्न राज्यों और दिल्ली में शरणार्थी शिविरों में रह रहे लगभग दो करोड़ बांग्लादेशीय शरणार्थी भारतीय अर्थ व्यवस्था के लिए गंभीर संकट उत्पन्न किए हैं। इन शरणार्थियों के लिए भोजन आवास एवं जीवन की तमाम सुविधाएं मुहैया कराने के लिए केंद्र व राज्य सरकारों को कई करोड़ रुपए प्रतिमाह खर्च करना पड़ता है। बांग्लादेशीय घुसपैठियों एवं शरणार्थियों की निरंतर बढ़ती जनसंख्या पर कई राज्य सरकारें अपना रोष प्रकट कर चुकी हैं और केंद्र सरकार से आग्रह कर चुकी हैं कि इन्हें तत्काल वापस भेजा जाए ताकि देश और विभिन्न प्रांतों पर बढ़ रहा आर्थिक दबाव कम किया जा सके। महाराष्ट्र में शिवसेना और भाजपा गठबंधन सरकार ने इन्हें खदेड़ने तक का संकल्प दुहरा चुकी है।

वैसे बांग्लादेश की अर्थव्यवस्था ऐसी नहीं है कि वे इन्हें वापस बुला सके। दरअसल संपूर्ण बांग्लादेश अपने देशवासियों के लिए ही नर्क बनता जा रहा है वहां गरीबी, बेकारी और भुखमरी का साम्राज्य कायम है। इसके लिए बांग्लादेश की सरकारें, प्रशासनिक व आर्थिक ढांचा तथा सरकार द्वारा अपनाई गई कार्य प्रणाली जिम्मेदार

है। बांग्लादेश में कृषि योग्य भूमि के कुल क्षेत्रफल में से 50 प्रतिशत भूमि पर खेती होती है और भरपूर उत्पादन नहीं हो पा रहा है, जिसके कारण उसे खाद्यान्न के लिए अमेरिका, यूरोप और एशिया महाद्वीप के तमाम देशों के ऊपर निर्भर रहना पड़ता है। उद्योग धंधों की स्थिति भी दिनों-दिन दयनीय होती जा रही है, विकास योजनाओं पर व्यय करने के लिए उसे अरब देश, अमेरिकी डालरों, अंतर्राष्ट्रीय मुद्राकोष तथा विश्व बैंक द्वारा कर्ज या अनुदान पर निर्भर रहना होता है।

बांग्लादेश के गरीबी का अंदाजा वहां से भागकर आने वाले शरणार्थियों को देखकर लगाया जा सकता है। इन शरणार्थियों की आंखों में रोटी देखकर जो चमक पैदा होती है उससे साफ पता चलता है कि बांग्लादेश के आम आदमी की संपूर्ण चेतना रोटी पर ही केंद्रित हो गई है। ''सोनार बांग्ला'' के नाम से जानी वाले बांग्लादेश की स्वर्ण भूमि पर भूखे, नंगों और बेरोजगारों की अपार भीड़ है। एक सर्वेक्षण के अनुसार बांग्लादेश की संपूर्ण जनसंख्या का 95 प्रतिशत लोग भूखे, गरीब और बेरोजगार है। वहां की अधिकतम आबादी अशिक्षित है यही कारण है कि बांग्लादेश का मुस्लिम वर्ग भी भारत में शरण ले रहा है। आई.एस.आई. जैसी संस्था भी इनकी इसी कमजोरियों का फायदा उठाकर भारत भेजने में मदद कर रही है। एक ओर इनकी रोजी रोटी की चाहत और दूसरे धर्म के काम की तमन्ना इन्हें सब कुछ करने के लिए मजबूर करती है।

बांग्लादेश के मुस्लिम विरादरी में यह आम धारणा पैदा हो गई है कि बांग्लादेश में रह रहे हिंदू उनकी खुराक का हिस्सा खा रहे हैं। उनका मानना है कि यदि अल्पसंख्यक हिंदू यहां से चले जाएं तो उनकी गरीबी और भुखमरी कुछ हद तक दूर हो सकती है। हिंदुओं को भगाने के लिए बांग्लादेशी उनकी महिलाओं और कन्याओं का अपरहण, बलात्कार उनकी भूमि और मकानों पर कब्जा, उनके त्यौहारों और आयोजनों पर निकलने वाले शोभायात्रा पर हमले तथा मंदिरों और मूर्तियों का विध्वंस आदि कुकृत्य करते हैं। इन अत्याचारों को रोकने के बजाय वहां की पुलिस स्वयं भी बढ़ चढ़ कर हिस्सा लेती है। वहां हिंदू बौद्ध, जैन, ईसाई और यहूदियों को समान रूप से अपमान और प्रताड़ना का शिकार होना पड़ रहा है।

बांग्लादेश में राजनीतिक अस्थिरता का आलम यह है कि बांग्लादेश के 42 सालों के जीवन में 19 बार सरकारों का निर्माण हो चुका है। संपूर्ण राजनीतिक जीवन अस्थिरता और अराजकता से संत्रस्त हैं। बांग्लादेश की राजनीति की बागडोर

संभालने के लिए पूर्व शासक जियाउरहमान की बेगम खालिदा जिया और विपक्ष के नेता बग-बंधु मुजीबुर्रहमान की पुत्री शेख हसीना के बीच राजनीतिक संघर्ष जारी है। कुल मिलाकर इस देश की राजनीति दो बेगमों की लड़ाई में उलझी हुई है। आर्थिक सुधार के नाम पर तमाम कार्यक्रम चलाए जा रहे हैं और फ्रांस, जर्मनी, भारत सहित यूरोपीय देशों से पूंजी निवेश हो रहा था, लेकिन विपक्ष द्वारा आयोजित बंद रैलियों, हड़तालों और हिंसक घटनाओं के कारण ठप्प सा पड़ गया है। विकास योजनाओं के बाधित होने के कुप्रभाव बांग्लादेश जैसे देश के लिए बहुत घातक होगा।

बांग्लादेश में एक बार फिर लोकतंत्र से जनता का मोह भंग होता जा रहा है। वहां सैनिक शासनं की पृष्ठभूमि तैयार है, यह न केवल बांग्लादेश के लिए वरन् संपूर्ण एशिया और खासतौर से भारत के लिए खतरनाक साबित हो सकता है। क्योंकि एक बार फिर जोर-शोर से कट्टरपंथी ताकतें सिर उठाएंगी एवं इस्लाम के नाम पर भारत में अव्यवस्था फैलाने की कोशिश करेगी। भारत बांग्लादेश संबंध दूषित होंगे साथ ही पूरे उप महाद्वीप की प्रगति एवं शाति पर भी इसकी काली छाया पड़ेगी।

आतंकवाद पर बांग्लादेश तथा दक्षेस का दृष्टिकोण

10-11 अप्रैल 1993 को बांग्लादेश की राजधानी ढाका में हुए सातवें दक्षेस शिखर सम्मेलन में सभी सदस्य देशों ने आतंकवाद के विरुद्ध संयुक्त रूप से संघर्ष करने का आहवान तो कर दिया पर इस आवाहन का कोई अर्थ नहीं जब तक पाकिस्तान और बांग्लादेश भारत के विरुद्ध अपने विषैले अभियान को समाप्त नहीं करते। अंतर्राष्ट्रीय इस्लामी उग्रवाद को जैसा समर्थन, सहयोग तथा प्रश्रय पाकिस्तान व बांग्लादेश द्वारा मिल रहा है उससे भारत में आतंकवादी गतिविधियों को बल प्राप्त होता है। जहां पाकिस्तान आज अंतर्राष्ट्रीय उग्रवाद का अड्डा बना हुआ है वहीं बांग्लादेश में भी इस्लामी उग्रवाद और भारत विरोधी दुर्भावना उफान पर है। दक्षेस देशों ने आतंकवाद के खिलाफ साझे संघर्ष का जो आह्वान किए हैं वह बिल्कुल खोखला नजर आता है। दक्षेस का यह दुर्भाग्य है कि इसमें जो सदस्य देश है वे ही एक दूसरे के प्रति मैत्री भाव नहीं रखते उनमें कुटिलता की भावना अधिक है।

इस सम्मेलन में अपने अध्यक्षीय भाषण में बांग्लादेश की प्रधानमंत्री बेगम खालिदा जिया ने सभी सदस्य देशों को गरीबी और निरक्षरता दूर करने के प्रति विशेष

रूप से आग्रह किया, क्योंकि उनका अपना देश तो इन समस्या से बुरी तरह पीड़ित है लेकिन आतंकवाद जैसी जटिल समस्या पर उन्होंने उतना जोर नहीं दिया। ऐसी स्थिति में इस सम्मेलन के आशानुकूल परिणाम संदिग्ध हैं। बांग्लादेश में आई.एस. आई. सहित अन्य इस्लामिक संस्थाएं सक्रिय हैं जो जेहादी भावनाएं उभार कर और उनको प्रशिक्षित कर सांप्रदायिकता की आग में झोंक रही हैं। जब तक ये स्थितियां वहां कायम हैं निश्चित ही कोई भी प्रयास तथा सम्मेलन निरर्थक साबित होगी। दक्षेस देशों तथा खास तौर से पाकिस्तान और बांग्लादेश को इस ओर विशेष रूप से ध्यान देना होगा तभी कोई कदम सार्थक होंगे। दक्षेस के आठों सदस्य भौगोलिक रूप से एक दूसरे से जुड़े हैं। पाकिस्तान, बांग्लादेश, भूटान, नेपाल, मालद्वीप, अफगानिस्तान और श्रीलंका भारत के निकट के पड़ोसी देश हैं, इनके बीच कुछ मामलों को लेकर जो दूरियां बनी हुई हैं उनको समाप्त कर सहयोग व सौहार्द का वातावरण बनाया जा सकता है इसी उद्‌देश्य से दक्षेस का गठन भी किया गया है।

पाकिस्तान-बांग्लादेश और भारतीय मुसलमान

किसी भी देश के लिए विभाजन से बड़ी कोई दूसरी घटना नहीं हो सकती। मजहब के आधार पर पहले हिंदुस्तान का विभाजन हुआ और पाकिस्तान अस्तित्व में आया। कुछ साल बाद पाकिस्तान के भी दो टुकड़े हुए और बांग्लादेश बना। इन विभाजनों का आम आदमी पर क्या प्रभाव पड़ा? राजनीतिक रोटियां सेकने वाले इन आदमियों की मनस्थिति का लाभ कैसे उठा रहे हैं? तीनों पड़ोसी देशों के राजनीतिक बाजीगर एक दूसरे का भय दिखा कर किस तरह अपने स्वार्थ सिद्ध करने में लगे हैं? इन सारे सवालों पर गौर करना जरूरी हो गया है।

कहते हैं कि पाकिस्तान की प्रसिद्ध गायिका रेशमा जब पहली बार भारत आई थी तो तत्कालीन प्रधानमंत्री श्रीमती इंदिरा गांधी से मिलने गई। बातचीत के क्रम में इंदिरा जी ने उनसे कहा कि मेरे लायक कोई काम हो तो बताना तपाक से रेशमा ने कहा ''मैडम आप जरा बोर्डर उठवा दीजिए। हम लोग तो उस पार चले गए पर हमारे पीर बाबा इस पार हैं फौजी हमें उनकी मजार पर आने ही नहीं देते। हम गाना गाएं और पीर बाबा को न सुनाएं तो गाने का क्या फायदा?''

हम जानते हैं कि रेशमा घुमंतू समुदाय से संबंधित है। दुनिया के इतिहास में और वर्तमान में भी ऐसे कबीलों की कमी नहीं रही है संभव है कि हिंदुस्तान

पाकिस्तान विभाजन के समय सिर्फ रेशमा का कबीला ही नहीं अनेक घुमंतू कबीले सीमा के इस या उस पार गए हों। कुछ के इष्टदेव व पारिवारिक सदस्य भी इस बंटवारे के चक्कर में उनसे दूर हो गए हों तो ऐसी स्थिति में मानवता के बीच यह फौजी दीवार कहां तक उचित हो सकती है।

देश का बंटवारा हिंदुस्तान के इतिहास की एक बड़ी घटना थी इतनी बड़ी संख्या में लोगों के जीवन को प्रभावित करने वाली घटना आजादी की लड़ाई से कम महत्वपूर्ण नहीं थी। भारत के स्वतंत्रता संग्राम और उस दौर के विश्व घटना क्रम से यह साबित हो गया था कि देश की आजादी को अंग्रेज बहुत समय तक टाल नहीं सकते थे लेकिन भारत विभाजन टल सकता था पर आजादी की बेचैनी और कुछ नेताओं द्वारा गद्दी पाने की अकुलाहट ने विभाजन करा ही दिया। इतिहास में राजनैतिक रूप से बिखरे रहकर भी सांस्कृतिक, धार्मिक सामाजिक रूप से एक रहे हिंदुस्तान का मजहब के नाम पर विभाजन हुआ और करोड़ों लोगों का जीवन बर्बाद हुआ। विडंबना यह है कि जिन कारणों से विभाजन हुआ था वे आज हिंदुस्तान के तीनों टुकड़ों में चल रहा है। जनसंख्या की अदला-बदली के बावजूद भारत में मुसलमानों और पाकिस्ताना तथा बांग्लादेश में हिंदुओं की संख्या इतनी ज्यादा है कि मजहब के आधार पर विवाद सुलझाने के लिए जाने कितने और विभाजन करने पड़ सकते हैं।

1971 में पाकिस्तान टूटने के बाद हर आदमी को यह स्पष्ट हो गया था कि मजहब के आधार पर विभाजन गलत था तथा इसके बाद से अब तक भारत पाकिस्तान के बीच चार लड़ाइयां हो चुकी हैं। बांग्लादेश के जन्म में भारत ने बड़ी भूमिका निभाई पर वह भी हमारा बैरी ही बना हुआ है। अपने इन दोनों निकटतम पड़ोसियों से व्यापारिक व आर्थिक संबंध लगभग शून्य है। धार्मिक यात्रियों और घुसपैठियों के अलावा एक दूसरे के यहां आवागमन ठप्प है। दरिद्रता व गरीबी के बावजूद तीनों देश एक दूसरे से हिफाजत के नाम पर सेना का खर्च अंधाधुंध बढ़ाए जा रहे हैं।

गांधी जब विभाजन के लिए राजी हुए थे तो उनके मन में यह दृढ़ विश्वास था कि यह अस्थायी है अंग्रेजों के जाने के बाद कुछ दिन में रिश्ते सामान्य हो जाएंगे। दुर्भाग्य से ऐसा नहीं हुआ और बाद में जब डॉ. लोहिया भारत पाक महासंघ की बात करते थे तो उनके मन में भी यही बात थी कि एकीकरण होगा पर यह

प्रयास भी आगे नहीं बढ़ सका। अगर गांधी जिंदा होते और अपनी घोषणा के अनुसार बिना वीजा पासपोर्ट के पाकिस्तान जाते तो क्या घटनाएं होती कहा नहीं जा सकता। लेकिन लोहिया के समय तक दो जंग हो गई थीं और पाकिस्तानी बागडोर सेना के हाथ आ गई थीं। बांग्लादेश बनने के बाद गुत्थी और उलझ गई पाकिस्तान के शासकों और राजनेताओं के लिए भारत एक ऐसा उपयोगी भूत बन गया जिसका खतरा बताकर वे आम जनता को बुद्धू बनाते रहे हैं ताकि लोग शासकों की असफलताओं को भूल जाएं और भारत से दोस्ती करने वाले शासकों को हटाकर विपक्ष को समर्थन कर दें। यह प्रयास सदा होता रहा है, आज बांग्लादेश में भी भारत का यही भय इस्तेमाल होने लगा है।

भारत के नाम पर होने वाली राजनीति के चलते ही पाकिस्तान या बांग्लादेश का कोई भी प्रबुद्ध व्यक्ति या पार्टी अथवा सरकार कभी भी खुलकर मैत्री की बात नहीं चला पाती। इस चपेट में आसिफ इकबाल जैसे क्रिकेटर, गुलामअली और मेंहदी हसन जैसे गायक भी आ जाते हैं जिनका भारत के पक्ष में दिया गया एक बयान भी काफी बड़े हंगामे का कारण बन जाता है। फिर भारत पाक रिश्तों पर सोवियत-अमेरिकी शीतयुद्ध के असर को भी नहीं भुलाया जा सकता।

भारत बड़ा है, ताकतवर है राजनैतिक, आर्थिक रूप से खतरा बन सकता है इसलिए कुछ ईर्ष्या, कुछ भय और कुछ राजनैतिक स्वार्थ के चलते पाकिस्तान व बांग्लादेश द्वारा उसका भय दिखाने की बात तो समझ में आती है लेकिन यदि भारतीय राजनेता भी अपने यहां पाकिस्तान व बांग्लादेश का वैसा ही भय दिखावे तो यह महज राजनीतिक प्रतिद्वंद्विता ही कही जाएगी। जिन लोगों को पाकिस्तान बांग्लादेश से एक-एक इंच जमीन के विवाद की याद रहती है उन्हें यह बात नहीं याद आती कि चीन हमारी लाखों वर्ग किमी. जमीन दबाए बैठा है। चीन को भुलाकर बार-बार सिर्फ पाकिस्तान और बांग्लादेश की बातें ही उठाते रहना एक धर्म निरपेक्ष देश के लिए कहां तक संभव है और जहां की राजनीति मजहबी खंभे पर न टिकी हो। भारत अभी तक लोकतांत्रिक और धर्मनिरपेक्ष देश बना हुआ है और लोकतंत्र के शांति संतुलन में समाज का छोटे से छोटा समूह भी उपेक्षित नहीं रह पाता। वोटों का हिसाब जरा-सा भी पलटने से राजनीति के समीकरण गड़बड़ा जाते हैं जबकि भारत में मुसलमानों की आबादी तो वोट का समीकरण बनाने बिगाड़ने के लिहाज से काफी है इसीलिए शुरू से ही भारतीय मुसलमान समाज मे बराबर की भागीदार होने की जगह वोट भर रह गया है। उसके अपने नेतृत्व ने तो खुद बड़े-बड़े पद पा

लिए लेकिन आम मुसलमान सिर्फ वोट भर रह गया है। मुसलमानों के वोट के ठेकेदार कठमुल्ला नेताओं ने उसे इस देश में भय और सांप्रदायिकता ही तोहफे के रूप में दिए और आम मुस्लिम नागरिक अपने को असुरक्षित महसूस करने लगा है। इसकी परिणति दूसरी तरफ कट्टरवाद की उभार के रूप में हुई। एक पक्ष द्वारा बहुसंख्यक समाज पर अल्पसंख्यक भय दिखाकर वोट बैंक के लिए उन्हें इकट्ठा करने का भरपूर प्रयास किया गया। ये लोग हिंदुस्तानी मुसलमान को स्वतंत्र न मानकर सिर्फ पाकिस्तानी और बांग्लादेशी मुसलमान ही मानते हैं और उन्हें बराबर चंगेज खां की औलाद कहते आए हैं, वे इस बात को भूल जाते हैं कि 1965 के युद्ध में अभेध पाकिस्तानी पैटर्न टैंकों को तोड़ने वाला वीर अब्दुल हमीद एक भारतीय मुसलमान ही था। पृथ्वी, नाग, अग्नि और आकाश मिसाइलों का निर्माता डॉ. अब्दुल कलाम एक शुद्ध भारतीय मुसलमान ही है जो ये जानते हुए भी कि हमारा दुश्मन एक मुस्लिम राष्ट्र है फिर भी हमारी जनता के सुरक्षार्थ यह प्रक्षेपास्त्र हमें दिया है। मुसलमान की बहुलता होने से देश की आवादी के एक हिस्से को पाकिस्तान परस्त बता दिया जाता है उनपर पाकिस्तान भक्ति का आरोप लगाया जाता है, मुसलमानों पर सामूहिक रूप से पाकिस्तानी टीमों का समर्थक होने, पाक रेडियो सुनने, पाकिस्तान की जासूसी करने के आरोप लगाए जाते हैं लेकिन सब कुछ ऐसा ही नहीं होता। पाकिस्तानी कलाकारों व खिलाड़ियों का प्रशंसक होना पाक भक्ति नहीं है, इमरान का एक्सन, मेंहदीहसन, गुलामअली, नूरजहां और रेशमा के गीतों के प्रेमी हिंदुओं में कम नही होंगे। ठीक वैसे ही भारतीय कलाकार पाकिस्तान में पसंद किए जाते हैं लेकिन यह बात अपने आप में सही है यदि भारत और पाकिस्तान टीमों का मुकाबला हो तो पाकिस्तान टीम का हौसला बढ़ाना देशभक्ति नहीं गिना जाएगा। ऐसे मामले देखने में आए हैं उनका पाक प्रेम निःसंदेह हमारे देश के लिए खतरनाक हो सकता है। पाकिस्तान के साथ राजनैतिक व सैनिक दुश्मनी के बावजूद हमारे कई ऐसे रिश्ते हैं, जिन्हें आसानी से सामाप्त नहीं किया जा सकता। पाकिस्तान जाने वालों में ऐसे अनेक लोग हैं जिनके परिवार व रिश्तेदार यहां है और 70 साल का समय इन रिश्तों को समाप्त होने के लिए पर्याप्त नहीं है। जंग से आवा-जाही रुक जाती है, पर मन तो नहीं टूटता। पाकिस्तान जाने के उत्साह में विहार व उत्तर प्रदेश से चले उर्दू भाषी लोग बंगाल वाले हिस्से में गए थे, वे आज भी असली पाकिस्तान जाने के लिए बेताब हैं। बांग्लादेश से पाकिस्तान जाने की तमन्ना लेकर जीने मरने वाले विहारी मुसलमानों की संख्या अभी भी लाखों में है। कई तो पाकिस्तान जाने के लिए सीमा पार करके भारत आ गए हैं पर पाकिस्तान नहीं पहुंच सके हैं।

बांग्लादेश की सीमा को पार करके भारत आने वाले लोग सिर्फ बिहारी ही नहीं इनमें वहां की गरीबी, भुखमरी से तंग आने वाले बेहतर जीवन की तलाश में निकले हिंदू लोग भी हैं। इनकी संख्या करोड़ों में है यदि यह सिलसिला चलता रहा तो असम में असमियों की पहचान के लिए खतरा उत्पन्न हो जाएगा। तमाम कोशिशों के बावजूद इस घुसपैठ और शरणार्थी समस्या का समाधान नहीं हो सका है बल्कि इन्हें वोट बैंक में शामिल करने हेतु स्वार्थी पार्टियां इन्हें राशन कार्ड देने और वोटर बनवाने की कार्यवाही कर रही हैं। यदि आने वाले समय में इन शरणार्थियों में से उभरकर कोई नया संगठन अपने हक और अधिकार की लड़ाई छेड़ दे तो इसमें किसी को आश्चर्य नहीं करना चाहिए क्योंकि उनकी पृष्ठभूमि तो तैयार हो ही रही है।

7

विश्व के अन्य आतंकग्रस्त क्षेत्र

(अ) अफगानिस्तान टूटने का खतरा

इस्लामी साजिश का शिकार

प्रेक्षक किस आधार पर कहने को मजबूर है कि अफगानिस्तान का भविष्य भी सोवियत संघ जैसा है? शीत युद्ध के चलते संग्रामस्थलियों में बदल गए निकारागुआ, अंगोला, इथोपिया और कंबोडिया जैसे देशों की तरह बना अफगानिस्तान अब भी जैसे अंगारों पर लोट रहा है। इसकी समस्या न तो खूनी लंबा लड़ाई से अभी तक सुलझ सकी है और न ही यहां किसी शांति वार्ता के कोई आसार दूर-दूर तक नजर आ रहे हैं। मुजाहिद्दीन और काबुल सरकार के बीच शांतिवार्ता के सारे राष्ट्र संघीय प्रयास विफल रहे। ऐसा लगता है कि अफगानिस्तान निकट भविष्य में शायद लड़ने भिड़ने वाली छोटी-छोटी छावनियों में बंट जाएगा। यहां शांति लौटना तो दूर पाकिस्तान और ईरान में रह रहे लगभग 40 लाख अफगान शरणार्थियों की वापसी भी नामुमकिन हो गई है। कट्टर इस्लामी गुट जमाते इस्लामी के विद्रोही नेता शाहमसूद एक क्रांतिकारी इस्लामी प्रशासन स्थापित करने के लिए हाथ पैर मारते रहे।

अफगानिस्तान से रूसी लालसेना के हटाने के नाम पर अमेरिका सहित कई इस्लामी राष्ट्र न केवल होहल्ला मचाते रहे अपितु इन सैनिकों के खिलाफ अफगानों

में से उग्र संगठनों को खड़ाकर जबरदस्त मोर्चे बंदी करवा दी और अफगान गुरिल्ला उन्हें हर हाल में अपनी धरती से खदेड़ देने के लिए कसम खा ली। यह धारणा ठीक वैसे थी जैसे श्रीलंका ने भारतीय शांति सैनिकों के साथ व्यवहार किया था, अंततः 15 फरवरी, 1989 को सोवियत राष्ट्रपति गोर्वाचोवके निर्णय के बाद सोवियत सैनिक टुकड़ियां स्वदेश लौटना प्रारंभ हुई थी। इस वापसी की प्रक्रिया में उन्हें पूरे 5 साल लगे। तत्कालीन रूसी राष्ट्रपति श्री गोर्बाचोव ने वापसी का निर्णय लेते हुए कहा था "मैं अपने मन में बिल्कुल स्पष्ट था, वह नेताओं द्वारा की गई एक जघन्य भूल थी जिसकी कीमत सैनिकों को अपना रक्त बहाकर और जाने गवांकर अदा करनी पड़ी।"

सात वर्ष इक्यावन दिन तक सोवियत सेनाएं अफगानिस्तान में लड़ी लेकिन अफगान उग्रवादी मुस्लिम संगठनों को वह जेहाद से नहीं रोक सकी तथा उनसे आत्म समर्पण नहीं करवा सकी। लगभग 10 लाख अफगान और लगभग 15 हजार सोवियत सैनिक इस युद्ध में मारे गए। सोवियत सैनिकों की वापसी के पंचवार्षिक समारोह में गोर्वाचोव ने कहा था कि 'वियतनाम युद्ध में पांच लाख की सशक्त अमेरिकी सेना को मुट्ठी भर सैन्य दलों ने लोहे के चने चबवा दिए थे, अमेरिकी सेनाओं को अपमानित होकर लौटना पड़ा था। यह एक सबक था लेकिन इससे हमने कुछ नहीं सीखा। हमने उसी भूल को अफगानिस्तान में दोहराया। इतिहास के सबक चाहे जितने कडुवे हों उनको ध्यान में अवश्य रखा जाना चाहिए।"[56]

अफगानिस्तान में रूसी सैनिकों के अनुभव बहुत खट्टे रहे हैं इन सैनिकों ने अफगानिस्तान की एक असभ्य और बर्बर तस्वीर देखी है, जो आज भी रूसी साहित्य, सिनेमा और पत्र पत्रिकाओं के माध्यम से जग जाहिर हो रही है। ड्रग्स, बलात्कार, उत्पीड़न व हत्याओं की लोमहर्षक कहानियां रूस में प्रचारित व प्रसारित हो ही है जिनका परोक्षतः अर्थ यह है कि इन बर्बर व असभ्य लोगों के लिए हम अपने सैनिकों का बलिदान क्यों कर रहे हैं? स्वेतलाना अलेक्सीयेविच का उपन्यास 'जिंक ब्वयाज' का जिंक कफन जिनमें मृत सोवियत सैनिकों की लाशें स्वदेश आया करती थी, अफगानिस्तान से लौटकर अनेक सैनिक लेखक, पत्रकार व उपन्यासकार बनकर वहां की बर्बर तस्वीर कागज के पन्नों पर उतारने का प्रयासकर रहे हैं।

वियतनाम मानव इतिहास के मील का पत्थर है जिसने साम्राज्यवादी सैनिक बल को तौलकर रख दिया और बता दिया कि स्वदेशी शहादत की ताकत का मुकाबला करना इतना आसान नहीं जितना कि लोग जानते थे। निश्चित ही गोर्वाचोव

अभिनंदन के पात्र हैं जिन्होंने वियतनाम के सबक को हकीकत में बदलने का साहसिक निर्णय लिया। बुश व क्लिंटन जैसे लोग इस सबक से स्थापित सत्य को बदलना चाहते हैं नतीजतन सोमालिया में उन्हें पुनः वही सबक सीखना पड़ा।

पिछले सत्ता को हटाने के लिए छिड़े युद्ध में जो पक्के दोस्त थे, शांति कायम होने पर वे एक दूसरे के खून के प्यासे हो गए, अफगानिस्तान में पिछले कई वर्षों से चल रहे युद्ध का यह सबसे दुखद पहलू है। जब तक काबुल पर सोवियत नियंत्रण रहा तब तक अमेरिका की सहायता से पाकिस्तान अपनी चाले चल रहा था, पर अप्रैल 1992 में नजीबुल्ला सरकार गिर जाने के बाद पाकिस्तान ने जब काबुल पर अपना नियंत्रण स्थापित करने और अमेरिका ने इस लड़ाई का लाभ बटोरने की बात सोची तब उसे घोर निराशा हुई। सोवियत सेना से लड़ने वाले मुजाहिद गुट काबूल के सिंहासन के लिए आपस में लड़ने लगे।

मार्च 1993 में पाकिस्तान ने रक्तपात रुकवाने और काबुल को अपने प्रभाव में रखने के लिए आठ मुजाहिद दलों के नेताओं को इस्लामाबाद में बैठाकर समझौता कराया। समझौते के अनुसार प्रो. बुरहानुद्दीन रब्बानी को 18 महीने के लिए अफगानिस्तान का राष्ट्रपति स्वीकार किया गया। उनके कार्य काल की शुरुआत 29 दिसंबर 1992 से मानी गई, और प्रधानमंत्री का दायित्व हिज्वे इस्लामी के नेता गुलबुद्दीन हिकमतयार ने संभाला। इस अवधि के भीतर अफगानिस्तान में आम चुनाव करा लेने की बात कही गई। इस समझौता वार्ता में तत्कालीन पाक प्रधानमंत्री नवाज शरीफ, सउदी अरब गुप्तचर सेवा के राजकुमार तुर्की अल-फैजल और ईरान के उपविदेश मंत्री डॉ. सलाउद्दीन ने भाग लिया था।

समझौता वार्ता के दौरान ही हिकमतयार ने यह मुद्दा उठाया कि राष्ट्रपति और रक्षा मंत्री दोनों पद जमाते इस्लामी के पास नहीं रहने चाहिए। राष्ट्रपति रूबानी और रक्षा मंत्री शाह मसूद दोनों ताजिक जाति के और जमाते इस्लामी के नेता हैं। प्रो. रब्बानी बड़ी मुश्किल से एक रक्षा परिषद गठित करने पर सहमत हुए। इस्लामाबाद समझौते के बाद गुलबुद्दीन हिकमतयार ने प्रधानमंत्री का पद संभाल लिया, लेकिन वे स्वयं काबुल नहीं गए। उन्होंने काबुल के दक्षिण में मरजाना पहाड़ियों और बाला हिसार दुर्ग को अपना केंद्र बनाया। हिकमतयार राष्ट्रपति रब्बानी पर दबाव डाल रहे थे कि अहमद शाहमसूद और उनके सैनिकों को काबुल से हटाया जाए लेकिन रब्बानी इसके लिए तैयार नहीं थे। वह समय ऐसा था कि पाकिस्तान

स्वयं अनिश्चय के दौर से गुजर रहा था नवाज शरीफ और गुलाम इसहाक दोनों सत्ता से हट चुके थे, पाकिस्तान पर चुनाव का बुखार चढ़ा था और वह रब्बानी पर दबाव डालने की स्थिति में नहीं था। चुनाव के बाद बेनजीर के सत्ता में आने पर रब्बानी को पाकिस्तानी मदद नहीं मिल पाई। अफगास्तिान में लड़ाई फिर भड़क उठने के बाद पाकिस्तान ने अफगानिस्तान से लगने वाली अपनी सीमा बंद कर दी। इस पर अफगान मुजाहिद्दीनो ने अपनी मुसीबतों के लिए पाकिस्तान को दोषी ठहराया। इस अफगान संघर्ष में पाकिस्तान ईराक तथा सऊदी अरब के अलग-अलग पक्षों का समर्थन करने से काबुल पर इन तीनों की पकड़ का प्रभाव घट गया।

काबुल में 1994 की सुबह बहुत रक्तरंजित रही। राष्ट्रपति रब्बानी के समर्थक जनरल दोस्ताम ने हिकमतयार से हाथ मिलाकर रब्बानी के विरोध में विगुल बजा दिया, देखते ही देखते कई मुजाहिद्दीन गुट दोस्ताम के साथ आ गए और हिंसा की घटनाएं तेज हो गईं। लगभग डेढ़ दशक के गृहयुद्ध की भीषण लपटों से झुलसी अफगानिस्तान की राजधानी काबुल की युद्ध त्रस्त जनता के लिए वर्ष 1994 की पहली सुबह भयानक खून-खराबे का दुखद संदेश लेकर आई । नव वर्ष के अरुणोदय के पहले विद्रोहियों की आधुनिक तोपों व मशीनगनों ने इस शहर का नक्शा ही बिगाड़ दिया। रब्बानी के विरुद्ध विद्रोही सेनाओं ने नव वर्ष का दिन इसलिए चुना ताकि जहां तक संभव हो कलेंडर बदलने के साथ-साथ देश की सरकार भी बदली जा सके। बगावत की यह आग देखते ही देखते अफगानिस्तान के अन्य अनेक शहरों में फैल गई देश में सक्रिय नौ इस्लामी गुटों में अफरा-तफरी मच गई। उनके बीच एक नए किस्म का गठबंधन हो गया। एक बार फिर 14 वर्ष तक चली लंबी लड़ाई के विजेता मुजाहिद्दीन जो 1992 में कम्युनिष्ट समर्थित नजीबुल्ला सरकार का तख्ता पलटने में सफल रहे थे, देश की सुरक्षा व्यवस्था को चीरते हुए आगे बढ़ चले।

विद्रोह की शुरुआत उन उजबेक सैनिकों ने की थी जिनकी वफादारी जनरल अब्दुल रशीद दोस्ताम के प्रति थी। जनरल दोस्ताम उत्तरी अफगानिस्तान के वही सेनाध्यक्ष हैं जिन्होंने 1992 में एक लाख सशस्त्र सैनिकों को लेकर नजीबुल्ला सरकार से अलग होकर मुजाहिद्दीनो का साथ पकड़ लिया था जिसके परिणामस्वरूप गृह युद्ध में मुजाहिद्दीनों का पलड़ा भारी हो गया था और नजीब को सत्ता गंवानी पड़ी थी। फिर एक बार जब मुल्क में मुजाहिद सरकार बन गयी तो दोस्ताम ने अपनी पूरी ताकत रब्बानी के पक्ष में झोंक दी। लेकिन शीघ्र ही उनको पता चल गया कि राष्ट्रपति रब्बानी पर ईरान समर्थित प्रधानमंत्री गुलबुद्दीन हिकमतयार का प्रभाव

काफी है हिकमतयार सारी ताकत अपने हाथों में रखने के इच्छुक हैं इसलिए उनके रहते दोस्ताम की दाल गलनी मुश्किल थी अतः रब्बानी और दोस्ताम में तनाव बढ़ने लगा। लेकिन आश्चर्यजनक निर्णय लेते हुए जनरल दोस्ताम ने अपनी दोस्ती के लिए अपने दुश्मन हिकमतयार को ही चुना और हिकमत यार के दोस्तों की मदद से रब्बानी सरकार पर धावा बोल दिया। राष्ट्रपति रब्बानी ने मसूद के 40 हजार ताजिक लड़ाको के साथ जेहाद का आह्वान कर धर्मयुद्ध छेड़ दिया। हिकमतयार और दोस्ताम की मदद पाकिस्तान प्रशिक्षित तालिबान गुट भी कर रहा था। तालिवान राष्ट्रपति रब्बानी के सैनिकों पर दबाव बनाने और एक बड़ा भूभाग पर कब्जा करने में सफल हो गया ।

अंतर्राष्ट्रीय रेडक्रास सोसाइटी के अनुमान के अनुसार काबुल उसके निकट व जुआर के क्षेत्रों में लगभग 2.5 लाख लोग मारे जा चुके हैं। अफगानी सरकार इन हत्याओं और विध्वंसक कार्यवाहियों के लिए पाकिस्तान को जिम्मेदार ठहराती है जबकि पाकिस्तानी संबंधों में एकाएक तनाव तब बढ़ गया जब 12 दिसंबर 1995 को पेशावर में हुए कार बम धमाके में 60 व्यक्ति मारे गए और 200 लोग जख्मी हुए। पाकिस्तान सरकार ने अफगानियों को अपराधी ठहराया, और अफगान के राजनयिक सहित अन्य अफगानियों को वहां से बेदखल कर दिया। रावलपिंडी, कोपटा, इस्लामाबाद, पेशावर और लाहौर में हजारों अफगानियों को गिरफ्तार भी किया गया।

पाकिस्तान काबुल से अपना दूतावास हटाकर जलालाबाद में कायम कर लिया। अफगान सरकार इससे नाखुश थी क्योंकि जलालाबाद पाकिस्तान समर्थित गुट तालिबान के कब्जे में था। तालिबान पाकिस्तान प्रशिक्षित आतंकवादियों की एक खतरनाक नस्ल मानी जाती है इनको पाकिस्तान के मदरसों में बाकायदा हथियार चलाने का प्रशिक्षण आई.एस.आई. व सेना द्वारा दिया जाता है इनमें सभी लोग युवा होते हैं। तालिबान अफगानिस्तान के 32 प्रांतों में से 11 पर अपना कब्जा जमा चुका था और हरात जैसा महत्वपूर्ण शहर भी उसके कब्जे में था। वह काबुल पर कब्जा करने के लिए एड़ी चोटी का जोर लगा रहा था। तालिबान की फौज राजधानी काबुल के पश्चिम में खेमे गाड़े हुए थी उसे पाकिस्तान समर्थक गुलबुद्दीन हिकमतयार और जनरल अब्दुल रशीद दोस्ताम का समर्थन प्राप्त था। अफगानी राष्ट्रपति रब्बानी को जनरल अहमदशाह मसूद का समर्थन मिला हुआ था जो एक कुशल फौजी अफसर है। तालिबान चाहते हैं कि रब्बानी सत्ता छोड़ दे क्योंकि इस्लामाबाद समझौते के अनुसार उनका कार्यकाल 18 महीने का खत्म हो चुका है। 10 इस्लामी गुट सत्ता

व धन के लिए एक दूसरे से जूझ रहे थे और इस्लामी दुनिया इस खून खराबे को देखकर खामोश थी। ईरान सरकार ने इन गुटों के बीच समझौता कराने के लिये एक टीम भेजी थी लेकिन तालिबान ने किसी भी समझौते से साफ इंकार कर दिया।

अब सवाल यह उठता है कि पाकिस्तान अफगानिस्तान के अंदरूनी मामले में हस्तक्षेप क्यों कर रहा है? सच्चाई यह है कि जनरल जियाउलहक के समय में जब अफगानिस्तान में युद्ध जारी था तब जिया के द्वारा एक योजना बनाई गई थी कि अफगानिस्तान में एक कठपुतली सरकार बनाई जाए। इसके जरिए मध्य एशिया के इस्लामी प्रांतों पर अपना प्रभुत्व कायम किया जाए तथा पाकिस्तान अफगानिस्तान और मध्य एशिया के इस्लामी देशों को मिलाकर 'इस्लामी कनफेडरेशन' की आधारशिला रखी जाए। इसकी आड़ में जिया की इस्लामिक प्रमुख बनने की मंशा थी लेकिन ये योजनाएं उनके जीवन काल में नहीं पूरी हो सकीं तथा उनकी काबुल की जामा मस्जिद पर पाकिस्तानी झंडा फहराकर वहां नमाज अदा करने की मंशा नहीं पूरी हो पाई । अब उसी योजना पर पाकिस्तानी सरकार अमल कर रही हैं। इस जंग में पाक समर्पित तालिबान द्वारा किए जा रहे खून खराबे से ईरान व अफगानिस्तान दोनों स्तब्ध व दुखी हैं।

जहां तक ईरान का सवाल है व तालिबान को एक खतरनाक सुन्नी गुट मानता है। वह चाहता है कि पाकिस्तान तालिबान को समर्थन बंद करे और काबुल सरकार में रब्बानी को केंद्रीय हैसियत प्राप्त हो। लेकिन पाकिस्तान अपने हितों के लिए समर्थन जारी रखे था वह चाहता था कि तमाम अफगानी धड़े बराबरी के आधार पर सरकार में भागीदार बने क्योंकि वह जानता था कि ऐसा संभव नहीं और यदि इनको एक कर भी दिया गया तो इनके टूटने की कोई गारंटी कौन लेगा और यदि प्रांतों का बंटवारा करके संतुष्ट करने का प्रयास किया गया तो पूरा अफगानिस्तान उनके विरोध में होगा। इस बात को लेकर ईरान पाकिस्तान के बीच संबंधों में काफी कडुवाहट आ गई ।

वैसे तालिबान का काबुल पर कब्जा हो भी जाता तो भी वह वहां स्थिर सरकार नहीं चला सकता था क्योंकि राष्ट्रवादी अफगानी उसे वहां जमने नहीं देते और आजादी का दूसरा युद्ध पुनः शुरू हो जाता।

जहां तक भारत का सवाल है अफगानिस्तान के बारे में भारतीय नीति शुरू

से ही दोषपूर्ण रही है। अफगानिस्तान के पूर्व राष्ट्रपति और प्रधानमंत्री मुहम्मद दाउद खां को अप्रैल 1978 में अपदस्त किए जाने से पहले ही नई दिल्ली ने अपने नीतियों का निर्धारण काबुल में तत्कालीन भारतीय राजदूत श्री एस.के.सिंह के रिपोर्ट के आधार पर किया था जिन्हें होने वाली क्रांति का कोई आभास नहीं था। उनके नायब श्री दौलत सिंह अपने आंकलन में सफल रहे थे, परंतु उनकी रिपोर्टो को साउथ ब्लाक की फाइलों में ही दबा दिया गया था। दिसंबर, 1979 में जब काबुल पर सोवियत की चढ़ाई हुई तो हमने मास्को का साथ दिया हमने उस देश पर सोवियत हमले की भर्त्सना नहीं कि जो निर्गुट आंदोलन का सदस्य था। हमने सोवियत सेनाओं की वापसी के लिए संयुक्त राष्ट्रसंघ के प्रस्ताव का भी समर्थन नहीं किया और हमने काबुल को मास्को की दासता से मुक्ति कराने के प्रयासों से स्वयं को अलग-थलग रखा।

हमारे वरिष्ठ संवाददाता कुलदीप नैयर ने बताया कि '1980 में सोवियत आधिपत्य के दो सप्ताह बाद मैं काबुल गया था तो वहां मैंने लोगों को किस तरह से विरक्त पाया था। अफगानिस्तान के लोग महसूस करते थे कि भारत ने उन्हें निराश किया है जिसे वे पाकिस्तान के मुकाबले में हमेशा ऊपर रखते आए हैं। उन्हें इस बात पर यकीन ही नहीं था कि भारत मास्को की बात पर मौन साधे रहेगा। उन्हें एक दोस्त अर्थात् उस देश से शिकायत थी जो महात्मा गांधी की भूमि है।

सोवियत सेनाओं की वापसी के बाद भी भारत ने काबुल की सरकार को समर्थन देना जारी रखा। नजीबुल्ला को ही सबसे बेहतर मोहरा माना गया और भारत ने अपना पूरा समर्थन उन्हें ही प्रदान किया। जब यह स्पष्ट हो गया कि वे लंबे समय तक सत्ता में नहीं रह पाएंगे तब भी उसने नीति नहीं बदली। दरअसल पूर्व विदेश राज्य मंत्री नटवर सिंह तो नरसिंह राव सरकार की ओर से मार्च, 1995 में काबुल गए थे ताकि नजीबुल्ला सरकार को समर्थन का भरोसा दिला सकें।

हिकमतयार का आरोप है कि भारत आखिरी दिन तक नजीब को हथियारों की आपूर्ति करता रहा है। हो सकता है यह सच हो लेकिन हिकमतयार को यह जान लेना चाहिए कि भारतीय जनता अपनी सरकार की अफगान संबंधी नीति के खिलाफ रही है, हालांकि हिकमतयार भी यह बात महसूस करते हैं, उन्होंने यह कहा भी था कि वे भारत सरकार के खिलाफ हैं, लेकिन भारत की जनता के खिलाफ नहीं।

फिर भी मुझे यह भय जरूर है कि नई दिल्ली की नीतियों के पाप का फल भारतीय जनता को भोगने पड़ सकते हैं। मुजाहिद्दीन कश्मीर में उग्रता को समर्थन दे सकते हैं और अफगान नेता ने यह कहा था कि अफगानिस्तान की आजादी के लिए कश्मीरी मुजाहिद्दीन हमारे साथ कंधे से कंधा मिलाकर संघर्ष करते रहे हैं और वे भी ऐसा ही करने के लिए पाबंद हैं। अब गंभीरता से यह सोचना ही होगा कि काबुल में इस पराभव के लिए कौन जिम्मेदार है। हमारी विदेश नीति की यह सबसे बड़ी असफलता है किसी न किसी दिन नई दिल्ली को हकीकत का सामना करना ही पड़ेगा। यह हकीकत है अफगानों का रोश उन्हें विश्वास में लेने के लिए शीघ्र ही कदम उठाने होंगे वरना उनके खुले विरोध के लिए हमें तैयार रहना होगा।

कुल मिलाकर ऐसा लगता है कि अफगानिस्तान की समस्या को हल करने में किसी यूरोपीय देश की वैसी दिलचस्पी नहीं है जैसे कि बोस्निया आदि समस्या हल करने में हैं। जो देश व्यक्तिगत या सामूहिक रूप में काबुल के मामलों में दिलचस्पी ले रहे हैं वे अपने-अपने राष्ट्रीय हितों से प्रेरित हैं। संयुक्त राष्ट्रसंघ महासचिव और इस्लामी राष्ट्र सम्मेलन ने इस समस्या को हल करने में दिलचस्पी दिखाई है, पर उनकी सोच में अंतर है। संयुक्त राष्ट्र संघ चाहता है कि बाहरी हस्तक्षेप थमें और जनता को फैसला करने दिया जाए जबकि इस्लामी सम्मेलन ईरान, पाकिस्तान सऊदी अरब और मुजाहिद गुटों के नेताओं को मिलाकर समस्या का हल खोजना चाहता है। बहरहाल अभी तक इस समस्या के समाप्ति के आसार दूर-दूर तक नहीं दिखाई दे रहे हैं।

सवाल यह है कि यह मानवीय रक्तपात क्यों चल रहा है और कब तक चलता रहेगा। मातृधर्म से विरक्त विश्व की कल्पना कभी नहीं की जा सकती, लेकिन साम्राज्यवादी महत्वाकांक्षा तथा हिंसाचारी विजयोन्माद जिस बर्बर मानसिकता का अधिष्ठान बने हुए हैं वह मानसिकता मानव को कब तक ग्रसित किए रहेगी।

(ब) सोमालिया में मौत का साया

हिंद महासागर की गोद में बसा अफ्रीका महाद्वीप का पूर्वी तटीय देश सोमालिया आज मौत से जूझ रहा है। सोमालिया का वातावरण लगातार बारूदी धुएं

से काला होता जा रहा है। हवा में गूंजती चीखें और कराहती मानवता की चीत्कार निरंतर मौत उगलती बंदूकों की शोर में खोती जा रही हैं। दो प्रतिद्वंद्वी जातियों की जंग इस कदर घातक हो सकती है शायद मरने वालों ने भी कभी न सोचा होगा। राहत कार्यों में लगे दिन रात व्यस्त लोगों का अनुमान है कि अकेले राजधानी मोगादिशु में ही 3000 से ज्यादा लोग मारे जा चुके हैं और 10,000 के लगभग लोग घायल होकर तड़पने को मजबूर हैं। इनमें अधिकांश वही लोग हैं जो बेगुनाह नागरिकों के ही श्रेणी में आते हैं।

लड़ तो रहे हैं अंतरिम राष्ट्रपति अली मेंहदी मोहम्मद और जनरल मोहम्मद फराह एदिद के सैनिक, लेकिन दोनों ही की गोलियों के शिकार हो रहे है मासूम बच्चे और दुनिया के जालफरेब से दूर घरों की बेगुनाह औरतें। क्योंकि फौजी का गोला हो या खुले घूम रहे सशस्त्र सैनिकों की अंधाधुंध गोलियां, उन्हें किसी को तो लगना ही है, फिर यह खूनी जंग किसी ऊबड़-खाबड़ मैदान में नहीं बल्कि एक भरे पूरे शहर में हो रही है। राहत कर्मियों से ही पता चला है कि समुद्र तट पर बसी इस खूबसूरत नगरी के उत्तरी भाग में जहां अली मेंहदी की फौजों ने अपने मोर्चा बनाया था वहां एक भी इमारत सही साबुत नहीं बची है। हर तरफ एदिद की सेनाओं के गोले वरस रहे हैं राजधानी की 10 लाख आबादी में से 4 लाख लोग लड़ाई के डर से अन्यत्र गांवों में पलायन कर गए हैं।

शहर के अस्पतालों में हर रोज अनगिनत घायलों को लाया जा रहा है ये सभी अस्पताल उस इलाके में है जहां एदिद का कब्जा है। उत्तरी इलाके में तो एक भी अस्पताल नहीं है वहां के बासिंदों पर क्या गुजरती होगी, वे ही जानें। वहां कुछ घरों को ही अस्पताल बना दिया गया है लेकिन घर है ही कितने? अब तो पेड़ों के नीचे और खुली जमीन पर भी आपरेशन करने को मजबूर है डॉक्टर। अंतर्राष्ट्रीय रेडक्रास कमेटी का कहना है कि मानवीय दृष्टि से यह एक बहुत बड़ी आफत है।

संयुक्त राष्ट्र संघ के नेतृत्व में भारतीय सैनिकों की कामयाबी

संयुक्त राष्ट्र सेना के अंतर्गत 5,000 भारतीय सैनिकों के दस्तो ने जब बाइदो में अपनी कमान का मुख्यालय स्थापित किया तब स्थिति यह थी कि अकाल और गृहयुद्ध की दोहरी विपदा से त्रस्त दक्षिणी सोमालिया के इस प्रमुख शहर में रोज करीब 300 लोग भुखमरी के शिकार हो रहे थे। भरतीय सेनाओं की तैनाती के बाद

यह क्षेत्र काफी कुछ सुधर कर अपने सामान्य दिनों की ओर वापस लौटा था। भारतीय सैनिकों द्वारा बनाए गए विशेष अनाथालयों में वहां लड़ाई शुरू होने से पहली बार 100 से भी ज्यादा बच्चे हर सुबह कसरत के लिए सड़कों पर दौड़ते नजर आए। शहर के उत्तरी छोर के खुले मैदानों में ऊंटों की बाजार की रौनक लौट आई। 80 लाख सोमालियों में से लगभग दो तिहाई पशुपालक हैं जिनकी अमीरी उनके ऊंटों की संख्या से तय होती है। पिछले 5 वर्षों में ऊंटों की कीमत 4 गुना बढ़ गयी है। इसके अलावा भारतीयों की देख-रेख वाले दक्षिण के देहाती क्षेत्रों में कृषि उत्पादन में भारी सुधार हुआ। इसी क्षेत्र से सोमालिया की दो नदियां शेबेल और जुबा भी गुजरती हैं जिससे यह क्षेत्र सोमालिया का प्रमुख अन्न उत्पादक इलाका बन गया है।

इस क्षेत्र की स्थिति के सुधरने का प्रमुख कारण यह है कि भारतीय सैनिकों ने आपस में युद्धरत पक्षों को रोक रखने में सफलता पाई। अमरीकियों वाली आक्रामण नीति अपनाने की जगह भारतीयों ने सहानुभूति पूर्ण रवैया अपनाया और लोगों का दिल जीता। सोमालिया के सम्मानित नेता इब्राहिम अहमद लिकलि कुएटो कहते हैं - 'भारतीयों ने हमारी रीति-नीति और संस्कृति को समझने की कोशिश की।'

दो प्रमुख सेनापति मशहूर जनरल मुहम्मद फराह एदिद और पूर्व राष्ट्रपति अली मेहदी मुहम्मद मोगादिसु पर कब्जा करने की जंग छोड़े हुए हैं जिससे पाकिस्तानी सैनिकों को अमन बनाए रखने में मुश्किल हो रही थी। संयुक्त राष्ट्र सेना में पाकिस्तानी दस्ते के प्रमुख बिगेडियर जनरल गुलाम मुहम्मद खान कहते हैंः– 'अपने क्षेत्र में मानवी दृष्टिकोण के साथ काम करके भारतीयों ने काबिले तारीफ काम किया है'।

भारतीय दस्ते की सफलता का राज यह है कि उसने अपना काम शुरू करने से पहले सारी समस्या का गंभीरता से अध्ययन किया। भारतीय दस्ते के उपप्रमुख कर्नल दिनेश मर्चेंट कहते हैं :– "हमें यह समझते देर नहीं लगी कि हमें यहां के कबीलों के पारंपरिक सत्ता समीकरण के अनुरूप ही काम करना होगा।" इस इस्लामी देश में मुख्यतः चार प्रमुख कबीले हैं दारूद, हवीयेस, रीविन और इसाक लेकिन ये 200 से भी ज्यादा उप कबीलों में बंटे हुए हैं। सोमालिया को एक सदी से ज्यादा समय तक उपनिवेश बनाए रखने वाले अंग्रेजों और इटालियों ने फूट डालकर राज करने के लिए कबीलों की इस व्यवस्था का जमकर दुरुपयोग किया। 1960 में यह आजाद हुआ लेकिन 1969 से सत्ता में रहे तानाशाह सईद बारे ने भी कबीलों में

आपसी दुश्मनी को बहुत बढ़ावा दिया। 1991 में उन्हें गद्दी से उतार फेंका गया और अब भी युद्धरत 16 प्रमुख राजनैतिक धड़े कबीलाई प्रतिबद्धता के आधार पर ही बने हैं।

भारतीयों ने पहले इस बात की खोजबीन में समय लगाया कि किस के पास कितनी ताकत है। वे विभिन्न कबीलाई मुखियाओं और राजनैतिक नेताओं से लगातार मिलते रहे। खाड़ी क्षेत्र के मलिक मुक्तार मलिक अर्थात् कबीलाई मुखियाओं के मुखिया इब्राहिम मुहम्मद कहते हैं कि 'दूसरी संयुकत राष्ट्र सेनाओं की तरह भारतीय सेना ने हमारे महत्व को नकारे बिना हमारी भूमिका को स्वीकार किया है। भारतीय दस्ता कबीलों के भिड़ंत में निष्पक्ष रहा है।

भारतीय फौज ने बाइदाओं में एक बड़ा अस्पताल तैयार किया जहां रोजाना लगभग 600 मरीजों का इलाज होने लगा। इसके अलावा उसने पानी के लिए कुएं खुदवाए, अनाथ बच्चों के लिए अनाथालय बनाए और क्षेत्र के पुराने पुलिस बल का प्रशिक्षण देकर पुर्नजीवित करने की कोशिश की। लेकिन सोमालिया में समस्याओं का अंत नहीं है भारतीयों द्वारा लौटाई गई शांति कभी भी भंग की जा सकती है। जैसा कि भारतीय कमान के प्रमुख बिग्रेडियर जनरल मोनो भगत कहते हैं कि :–"इस देश की समस्या का तुरत फुरत कोई समाधान नहीं है। यह मानसिक, राजनैतिक और भौतिक रूप से एक दम बिखर चुका है। देश में अब भी कोई व्यवस्थित सरकार, पुलिस बल या अनुशासित सेना नहीं है। अर्थव्यवस्था नष्ट हो चुकी है उद्योग चौपट हो चुके हैं। बैंकिंग व्यवस्था का वहां कोई अता-पता नहीं है और मुद्रास्फीति 100 प्रतिशत से भी ज्यादा है। लगभग 30 लाख लोग बेरोजगार हैं और अधिकतर युवा बंदूक उठा चुके हैं।

संयुक्त राष्ट्र प्रति वर्ष सोमालिया पर एक अरब डालर से अधिक खर्च कर रहा है पर दूर-दूर तक कोई राजनैतिक परिणाम नजर नहीं आने से विश्व समुदाय इस समस्या के बारे में अपना धैर्य खोता नजर आ रहा है । दो प्रमुख गुटों के बीच किसी तरह की सुलह कराने की संयुक्त समस्या के राजनैतिक समाधान की कुंजी इन्हीं दो धड़ों के हाथों में है लेकिन वे इसके लिए तैयार नहीं हैं। भारतीय सेनाएं और अन्य देशों की बहुत सारी सेनाएं वापस आ चुकी हैं वहां समस्या बरकरार है। एक बार बहादुर जांबाज नौजवानों ने वहां शांति स्थापित तो कर दी लेकिन उनकी ना मौजूदगी में शांति को चिरस्थायी बनाए रखना जो सिर्फ वहां की जनता और वहां

के लड़ाको पर निर्भर करता है। इनमें कोई दो राय नहीं हैं कि भारतीय सेनाओं ने सोमालिया में वह असंभव कर दिखाया जो विश्व की अन्य किसी भी देश की सेना नहीं कर सकी। उसने अंतर्राष्ट्रीय मंच पर हिंदुस्तान का नाम रोशन करते हुए जिस सुंदर ढंग से अपना मानवीय रूप प्रस्तुत किया वह निश्चय ही प्रशंसा के पात्र है। संयुक्त राष्ट्र ने भी उनके इस रूप की प्रशंसा करते हुए उन्हें पुरस्कृत किया है। भविष्य में उनकी इन सेवाओं को देश और विदेशों में हमेशा याद किया जाएगा।

(स) यूगोस्लाविया

विघटन और विलाप की भूमि

विगत लगभग आधे दशक से गृहयुद्ध की आग में तपता युगोस्लाविया आज कई टुकड़ों में बंट गया है। युगोस्लाविया अब सिर्फ सर्विया और मांटेनीग्रो गणराज्य का प्रतिनिधित्व कर रहा है बाकी स्लोवेनिया, क्रोसिया, बोसनिया, हर्जेगोविना तथा मेसीडोनिया गणराज्य स्वतंत्र राष्ट्र के रूप में उभर कर आ गए हैं। युगोस्लाविया से अलग हुए गणराज्यों को विश्व के अन्य देशों की मान्यता मिल जाने के बावजूद युगोस्लाविया की संघीय सेना जिसमें सर्व लोगो का प्रभुत्व है क्रोशियाई और मुस्लिमों के खिलाफ युद्ध छेड़े हुए थे तथा क्रोशियाई और मुश्लिम भी अपनी पूरी क्षमता भर सर्व सैनिकों का प्रतिवाद कर रहे थे। क्रोशियाई मुस्लिमो और सर्वियाई जंग का विलाप सारे यूरोप को व्यथित किए हुए था पर कोई भी टुकड़े-टुकड़े हो गए इस देश के बासिंदों का विलाप नहीं रोक पा रहा है। संयुक्त राष्ट्र सेना भी असफल सिद्ध हुई और वहां लाशों के ढेर लगते गये अर्थव्यवस्था सब चौपट और वहां का जनजीवन नर्क बन गया ।

वस्तुतः सर्विया बहुत कुछ ईराक की तरह से कृत्थ कर रहा था। जौ रवैया सद्दाम हुसैन ने कुर्दो के प्रति अपनाया था वैसा ही कुछ सर्विया के राष्ट्रपति स्लोबदोन मिलोसेविक ने गैर सर्बो के खिलाफ अपना रखा था। मिलोसेविक का कहना था कि यद्यपि स्लोवेनिया, बोसनिया, हर्जेगोविना आदि स्वतंत्र अस्तित्व में आ गए हैं पर यदि वे चाहे तो युगोस्लावियाई संघ में मिल सकते हैं लेकिन सर्ब सेनाओं द्वारा गैर सर्वियाई लोगों के साथ जारी खूनी भिड़ंत के जवाब में उनका कहना था

सर्बिया के लोग अपनी अस्तित्व की लड़ाई लड़ रहे हैं। बोस्निया, हर्जेगोविना गणराज्य में सर्बियाई सेना द्वारा जो खूनी उत्पात मचाया जा रहा था उसके पीछे यही उद्देश्य था कि वहां रह रहे लोगों के लिए ज्यादा हिस्से पर काबू पाया जा सके और फिर उस हिस्से को युगोस्लाविया में मिलाया जा सके। सर्बिया के उन कुत्सित इरादों पर अंकुश लगाने के लिए युरोपीय समुदाय के देशों ने युद्ध न बंद करने पर आर्थिक, कूटनीतिक और राजनीतिक प्रतिबंध तक की धमकी दी, लेकिन सर्बिया के ऊपर इसका कोई प्रभाव नहीं पड़ा। एक अनुमान के अनुसार 20 लाख सर्ब सर्बिया से बाहर रह रहे हैं जो वहां भी अच्छी खासी संख्या में है। वहां सर्व सेना उनके हितों की आड़ लेकर गैर सर्बो पर कहर ढा रही है।

युगोस्लाविया के दुखद दिनों का आगमन उस समय शुरू हुआ जब सोवियत संघ के गणराज्यों खासकर बाल्टिक गणराज्यों की स्वतंत्रता की मांग को रेखांकित करना शुरू किया गया था, इस मांग को उस समय और बल मिला जब वहां की चक्रीय राष्ट्रपति प्रणाली विफल हो गयी और इसको विफल करने के पीछे सर्बियाई नेताओं की ही हठधर्मिता थी। इसी के साथ वहां क्रोशियाइयों और सर्वियाइयों में घमासान शुरू हुआ और जैसे-जैसे घमासान बढ़ता गया यूगोस्लावियाई एकता भंग होने लगी और युगोस्लाविया खंडित होता गया। इस लड़ाई में लगभग 20 हजार लोग मारे गए और 50 हजार लोग घायल हो चुके हैं तथा लाखों की संख्या में लोग विस्थापित जीवन बिताने को मजबूर हैं।

विशेषज्ञों के मुताबिक सर्विया के जातीय संकट से घिरने का कारण यह रहा है कि युगोस्लाविया जो सर्विया और मोंटेनेग्रो तक सीमित है और कोसोवो क्षेत्र में 20 लाख अल्वानियाई मूल के नागरिक रहते हैं। इस क्षेत्र में उनकी आबादी का प्रतिशत 93 है। आगे चल कर कोसोवो क्षेत्र के ये अल्बानियाई अपनी स्वतंत्रता की मांग कर सकते हैं। जानकार लोगों के अनुसार कभी भी कोसोव युगोस्लाविया का सर्वाधिक खूनी क्षेत्र बन सकता है।

यद्यपि संयुक्त राष्ट्र की सेना यूगोस्लाविया के गृहयुद्ध को थामने की कोशिश करती रही है पर उसे अपेक्षित सफलता नहीं मिल पाई। क्रोषियो में भले ही सर्व सेना अपने हथियार डाल दिए हो लेकिन बोस्निया में वह सर्ब सैनिकों के सामने असहाय है। क्रोशिया में अब तक 12000 लोग मारे जा चुके हैं लेकिन पूरे युगोस्लावियाई क्षेत्र के जनधन की हानि का सटीक आंकलन लगाना मुश्किल है।

(य) बोस्नियां

जंग की लपटों में कराहती मानवता

सर्बिया में प्रचलित निम्नांकित लोककथा से ही सर्वजाति के स्वभाव को समझा जा सकता है 'एक दिन एक सर्ब किसान के घर एक देवदूत पहुंचा और कहा कि मैं तुम पर प्रसन्न हूं, चाहो तो एक वरदान मांग लो। किसान ने कहा कि मेरे पड़ोसी की गाय मर जाए। सर्व किसान की इस बात से देवदूत आश्चर्यचकित रह गया और उसने किसान से पूछा कि भला पड़ोसी की गाय मर जाने से उसे क्या मिलेगा। सर्व किसान ने कहा कि मुझे कुछ नहीं मिलेगा लेकिन पड़ोसी को बेहद पीड़ा तो होगी। बोस्निया में पिछले कई वर्षों से जारी जातिगत गृहकलह और खून- खराबा कुछ इस पैटर्न पर हो रहा है। इसमें लगभग लाखों लोग मारे गए हैं और लाखों लोग उजड़कर यूरोप के विभिन्न देशों में शरणार्थी बन गए हैं। खतरा यह है कि यदि बोस्नाया की लड़ाई बंद न हुई तो युनान, तुर्की और मैसीडोनिया आदि देश भी इसकी चपेट में आ सकते हैं।

दरअसल क्रोशिया और सर्बिया 13वीं शताब्दी से ही युद्धरत रहे हैं, जबकि ऑटोमन साम्राज्य के विरुद्ध सुरक्षा के लिए ऑटोहंगरी साम्राज्य का निर्माण हुआ। सर्बिया ऑटोमन साम्राज्य के अंतर्गत था जबकि क्रोशिया आस्टोहंगरी के साथ था। प्रथम विश्वयुद्ध की परिस्थितियों ने क्रोशिया को सर्बिया से हाथ मिलाने को विवश अवश्य कर दिया, लेकिन उनका अंर्तमन कभी भी एक न हो सका। प्रथम विश्व युद्ध के दौरान परिस्थितियों में कई बदलाव आए युद्ध के पश्चात ही पेरिस शांति सम्मेलन में बोसनिया, हर्जेगोविना, स्लोबेनिया, क्रोशिया को सर्बिया के साथ मिलाकर युगोस्लाविया नामक गणराज्य का निर्माण किया गया वह वृहत्तर सर्विया की कल्पना का ही साकार रूप था। आंस्ट्रोहंगरी साम्राज्य के भागों से आर्थिक दृष्टि से पीछे होने के बावजूद सुसंगठित सेना, व्यवस्थित नौकर शाही और इस राज्य पर राजा के नियंत्रण तथा अकेले सर्वाधिक संख्या में होने के कारण नए राज्य पर सर्बिया का ही प्रभुत्व रहा। क्रोएंटों ने इस प्रभुत्व को स्वीकार नहीं किया फलतः द्वितीय विश्व युद्ध में जब जर्मनी ने युगोस्लाविया पर आक्रमण किया तो क्रोयेंट जर्मनी के नाजीवाद के समर्थक बनकर युद्ध से दूर रहे। नाजियों के गुस्से का शिकार सर्बो को होना पड़ा।

बाद में द्वितीय युद्ध की समाप्ति और जर्मनी की पराजय के बाद मार्शल टीटो युगोस्लाविया के नेता हुए जो एक क्रोयेट ही थे। मार्शल टीटो गुट निरपेक्ष नेता थे उन्होंने सर्बिया को तीन राज्यों में विभाजित किया, इस बात को लेकर सर्ब उनकी आलोचना करते थे, इसलिए क्रोटो और सर्बो के बीच संघर्ष के बीज पहले ही बोये जा चुके थे।

वास्तव में बोसनियां में मचे मारकाट के लिए केवल सर्विया की प्रभुतावादी भावना ही जिम्मेदार नहीं है युगोस्लाविया के विघटन के साथ ही बोस्नियां के बहुसंख्यक मुसलमानों के कट्टरपंथी वर्ग ने जिस प्रकार इसे एक मुस्लिम देश बनाने की जोर शोर से वकालत की थी, उसने सर्विया को चिंतित कर दिया। अतः अल्पसंख्यक सुरक्षा के नाम पर सर्बिया वहां हस्तक्षेप करने लगा। नतीजा यह निकला कि बोस्नियां के मुसलमान और क्रेयिट एक हो गए तथा सर्बो के खिलाफ जंग छेड़ दी जो आज तक अनवरत् जारी है।

शांति कराने के प्रयास में एथेंस में आयोजित एक बैठक में संयुक्त राष्ट्र संघ के एक प्रतिनिधि के रूप में अमेरिका के पूर्व विदेश मंत्री, साइरसवांस, यूरोपीय समुदाय के प्रतिनिधि के रूप में लार्ड ओवेन, बोसनिया के सर्ब, क्रोयेट और मुस्लिम गुटों के नेताओं के अतिरिक्त सर्विया के राष्ट्रपति स्लोबोदान मिलोसोविच, युगोस्लाविया के राष्ट्रपति दोब्रिचा कोलिच आदि ने बोस्निया को 10 स्वशासी प्रांतों में बांटने की वॉसओवेन योजना को स्वीकार कर लिया। बोस्निया के तीनों गुट तीन-तीन प्रांतों का नियंत्रण करेंगे और 10वें प्रांत सरायेवों पर जो बोस्नियां की राजधानी भी है तीनों का मिला जुला नियंत्रण रहेगा।

इस समय बोस्निया के 70 प्रतिशत भूभाग पर सर्बो का नियंत्रण है। समझौते की व्यवस्था के अनुसार उसे अपने नियंत्रण के एक तिहाई भाग से हट जाना चाहिए। यह काम 45 दिनों में ही होना था। हालांकि सर्बिया युगोस्लाविया आदि के दबाव में संधि पर हस्ताक्षर तो कर दिया था लेकिन वहां की संसद ने इसकी मंजूरी नहीं दी अतः मामला लटक गया। सर्बिया के एक मात्र समर्थक यूनान ने इस समझौते को न मानने की सलाह देते हुए कहा कि यह समझौता उसके लिए आत्महत्या के बराबर होगा। सर्बिया के विरुद्ध कड़े आर्थिक प्रतिबंध लगाये गये हैं, जिससे उसकी आर्थिक परेशानियां बहुत बढ़ गई। अमेरिका उस पर सैनिक कार्यवाही करने की धमकी दे रहा

था। अमेरिकी विदेशमंत्री बाटने क्रिस्टोफर सैनिक कार्यवाही की जमीन तैयार करने के लिए रूस तथा उत्तर अटलांटिक संधि देशों के नेताओं से बात करने पर जोर दिया।

बोस्निया का संपूर्ण क्षेत्र गृहयुद्ध की आग में झुलस गया। उसकी कुल 45 लाख की आबादी में 48 प्रतिशत मुसलमान, 31 प्रतिशत सर्व और 17 प्रतिशत क्रोयेट हैं। सर्बो ने बोस्निया के लगभग दो तिहाई भूभाग पर कब्जा कर लिया है। क्रोयेट और मुसलमान एथेंस समझौते को लागू करवाने के लिए अंतर्राष्ट्रीय समुदाय से सर्बिया पर दबाव डालने की गुहार करते रहे लेकिन सर्बिया की संसद इस समझौते को मानने के लिए किसी भी हालत में तैयार नहीं थी। एथेंस समझौते के न मानने के पीछे सर्बो का तर्क यह था कि इसके लागू होने से हमारे नियंत्रण में केवल 43 प्रतिशत भूभाग ही रह जाएगा। उनकी दूसरी बड़ी शिकायत यह थी कि सर्बो के तीनों स्वशासी प्रांत एक दूसरे से अलग रखे गए हैं इन तीनों की सीमाएं आपस में कहीं नहीं मिलतीं। सर्व चाहते हैं कि उनके तीनों प्रांतों में आने जाने के लिए गलियारा होना चाहिए पर इसकी व्यवस्था नहीं की गई, जबकि लार्ड बोवेन ने कहा था कि हमने जान-बूझकर ऐसा किया है, गलियारा देने के बजाय एक प्रांत से दूसरे प्रांत में जाने के लिए पांच किमी. का एक चौड़ा रास्ता दिया जाएगा जिसकी देखरेख संयुक्त राष्ट्र संघ करेगा। अमेरिकी राष्ट्रपति सर्बो के विरुद्ध सैनिक कार्यवाही के साथ यह भी चाहते थे कि बोस्निया के मुसलमानों को हथियार देने की जो पाबंदी लगी है उसे उठा लिया जाए तभी वे सर्बो के हमले का मुकाबला कर पाएँगें। उनके इस विचार से अमेरिका के यूरोपीय मित्र सहमत नहीं थे और न ही अमेरिकी जनता इसका समर्थन कर रही थी। बोस्निया की हवाई सीमा को विमानों के लिए निषिद्ध क्षेत्र घोषित कर दिया गया है, अमेरिका, फ्रांस, हॉलैंड के लगभग 50 विमान बोसनिया की नभ सीमा में उड़ान भर कर इस पर नजर रखते रहे ताकि बोस्निया को कोई भी सैन्य सुविधा न मिलने पाए।[57]

वैसे पूर्व अमेरिकी राष्ट्रपति क्लिंटन भी असंमजस में थे, क्योकि बोस्नियां पर एक तो कार्यवाही के लिए उन्हें भरपूर समर्थन नहीं मिल पाया दूसरे उन्होंने इस बात को भी गंभीरता से लिया कि बोसनियाई मुसलमानों को हथियार देने से क्या होगा? समझौते की संभावना बढ़ेगी या लड़ाई और जोर पकड़ेगी।

पूर्व युगोस्लाविया के उत्पीड़ित एवं अशांत बोस्निया हर्जेगोविना में फरवरी

1994 में तीन महत्वपूर्ण घटनाएं एक साथ घटी। पहली घटना में संयुक्त राष्ट्र के नेतृत्व में चार सौ शांति रक्षक रसियन सैनिक बोस्नियाई सर्व क्षेत्र में पहुंचे। दूसरी घटना यह थी कि 28 फरवरी को प्रातःकाल नाटो लड़ाकू विमानों ने सर्बो के चार युद्धक विमान मार गिराए। तीसरी महत्वपूर्ण घटना यह थी कि बोस्नियाई मुस्लिम व क्रोट्स के बीच अमेरिकी मध्यस्थता में महासंघ बनाने का समझौता हो गया। पूर्व युगोस्लाविया में शांति के संदर्भ में यह तीनों ही घटनाएं भविष्य की दिशाएं निर्धारित करेंगी।

रूसी सैनिकों का सर्व क्षेत्रों में तैनाती दोनों का बहुत ही कूटनीतिज्ञ व सामरिक महत्व है। संयुक्त राष्ट्र के लिए अतिरिक्त सैनिकों की व्यवस्था करना एक समस्या बनी हुई थी ब्रिटिश प्रधानमंत्री जानमेजर के प्रयत्नों से रूसी सैनिकों की कमान बोस्नियाई सर्व क्षेत्रों में तैनात हुई, संयुक्त राष्ट्र से सामान्यतः नाराज सर्बो ने रूसी सैनिकों का हार्दिक स्वागत किया। सर्बिया तथा रूस के संबंध ऐतिहासिक व सांस्कृतिक जुड़ाव वाले रहे हैं। सर्व एवं रूसी दोनों में ही आर्थोडोस्क चर्च का भाई चारा है। प्रथम विश्व युद्ध में भी जब आस्ट्रिया और हंगरी ने सर्बिया पर आक्रमण किया था तो रूस ने सर्बिया का साथ दिया था अतएवं अब जब नाटो सैनिकों ने सर्बिया पर हवाई आक्रमण का मन बनाया तो रूस ने इसका समर्थन नहीं किया। यद्यपि रूस ने नाटो के इस छोटी कार्यवाही का विरोध भी नहीं किया रूसी राष्ट्रपति ने कहा कि संयुक्त राष्ट्र द्वारा प्रतिबंधित क्षेत्र का उल्लंघन नियम विरुद्ध है, सर्बो को यह नहीं करना चाहिए था।

बहरहाल कुछ भी हो वहां की स्थिति भयानक दौर में पहुंच गई है दुनिया भर में मानवाधिकार की ढोल पीटने वाली अमेरिकी सरकार को कश्मीर और पंजाब तो नजर आता है लेकिन बोस्निया में भुखमरी से मरते लोग यातना शिविरों में तड़पती मरती मानवीयता नजर नहीं आती। पूरे प्रकरण में सबसे ऊहापोह की स्थिति संयुक्त राष्ट्र की रही है, उसने हस्तक्षेप किया और वहां अपने को फंसा ही पा रहा है। पूर्व युगोस्लाविया में संयुक्त राष्ट्र ने बड़ी संख्या में अपनी सेना लगा रही थी। क्रोसिया में 15,400 सैनिक तैनात रहे, बोस्निया में 10,500 सैनिक तैनात किये गयें लेकिन ये शांति सैनिक खून खराबे को रोकने में विफल रहे हैं। बोस्नियां में अशांति और संघर्ष ने संयुक्त राष्ट्र की प्रतिष्ठा घटाई है, अभी हाल में सर्बो का 20 फरवरी तक कब्जे वाले क्षेत्रों से हटने के लिए दिया गया अल्टीमेटम भी नाकाम सिद्ध हुआ है। बोस्निया जिस अंधेरी सुरंग से गुजर रहा है वह उसके लिए एक अनजान रास्ते और

मंजिल से विपरीत दिशा में ले जाने के सिवा कुछ नहीं है।[58]

(द) खाड़ी युद्ध और अंतर्राष्ट्रीय आतंकवाद

कहते हैं कि व्यक्ति के व्यक्तित्व का उसके नाम से बड़ा ही गहरा संबंध होता है। समाजशास्त्री भी एक स्वर से यह स्वीकार करते हैं कि उन बच्चों में जिन्हें बचपन में मानसिक आघात एवं तिरस्कार झेलना पड़ता है, उनमें अपराधीकरण की मात्रा काफी अधिक होती है। वे कोई भी निर्णय परिणाम की परवाह किए बिना धड़ल्ले से ले लेते हैं। शारीरिक विकृति तथा दुखद मानसिक स्थिति में अपना बचपना गुजारने वाले बच्चे जब किसी खास ऊंचाई तक पहुंच जाते हैं तो वे इतिहास की धारा एवं दुनिया की दिशा बदल देते हैं। फ्रेडरिक, नेपोलियन व हिटलर इसके उदाहरण हैं।

एक समय था जब बच्चे बच्चे की जुबान पर सद्दाम गूंज रहा था, बच्चे ही नहीं हम सबमें यह जानने की इच्छा थी कि क्या खासियत है सद्दाम में, जो विश्वासघात, प्रतिशोध, हत्या और एक के बाद एक रक्त रंजित क्रांतियों से पश्चिम एशिया की राजनीति में एक दशक से भी ज्यादा समय तक अपनी गद्दी पर सही सलामत बरकरार रहे। ईरान - ईराक का एक लंबा बर्बादी भरा युद्ध जिसे दो पागल हाथियों की लड़ाई कहा जाए तो अतिश्योक्ति नहीं होगी, से लेकर कुवैत पर अचानक कब्जा करके दुनिया को महायुद्ध की आग में झोंक देने, वाशिंगटन को राख का ढेर बना दूंगा की धमकी देते हुए और बहुराष्ट्रीय सेनाएं अपने ही खून में तैरती नजर आएंगी के मनोवैज्ञानिक प्रचार व दबाव के साथ उन्हें महीनों न केवल रोके रखना वरन उनकी बमबारी का जवाब देते हुए अपनी सेनाओं और नागरिकों की हौसला अफजाई करना, ये सद्दाम जैसे व्यक्ति की ही बात थी।

यहां हम सद्दाम और खाड़ी युद्ध की विवेचना नहीं कर रहे हैं, क्योंकि ये एक अलग लेख के विषय हो सकते हैं सद्दाम के इन प्रकृतियों के साथ जुड़ा हुआ है आज का आधुनिक अंतर्राष्ट्रीय आतंकवाद, जिसे ''मैं विश्व में प्लेग की भांति फैला दूंगा'' कहकर सद्दाम ने अपनी इच्छा व्यक्त की थी।[59]

खाड़ी युद्ध प्रारंभ होते ही यह शंका प्रबल हो गई थी कि आतंकवादियों पर

कड़ी नजर रखी जाए क्योंकि इस युद्ध से दुनिया में आतंकवाद का दुर्दांत दौर शुरू हो सकता है। इस युद्ध के विरोध में कई देशों में विस्फोट शुरू हो गए थे, ईराक विरोधी गठजोड़ में शामिल देशों के प्रतिष्ठानों पर दुनिया भर में हमले शुरू हुए। अमेरिका, जार्डन, में आतंकवादियों ने जनजीवन असामान्य बना दिया। खाड़ी युद्ध प्रारंभ होने के बाद फिलीस्तीनी मुक्ति संगठन के अध्यक्ष यासिर अराफात के दो सहयोगियों की हत्या तथा इंग्लैंड और अमेरिका में बम विस्फोट की घटनाओं ने यह संकेत दिया है कि एक दूरगामी खतरे की आशंका नए द्वार से प्रवेश कर रही है। प्रसिद्ध ब्रिटानी आतंकवाद विशेषज्ञ फ्रेंक वेंचले का मानना था कि युद्ध समाप्ति के बाद भी ईराकी और फिलिस्तीनी आतंकवादी अपनी गतिविधियां जारी रखेंगे। श्री ब्रेचाले का विचार था कि ''''सद्दाम के पास आतंकवादी गतिविधियां चलाए रखने के लिए पर्याप्त साधन मौजूद हैं, घरेलू मोर्चे पर पराजित होने के बाद वे दुनिया भर में तोड़ फोड़, हिंसा, अपहरण और आतंकवाद का निःसंदेह नया दौर शुरू करेंगे।

सद्दाम हुसैन की शुरू से ही आतंकवाद में अटूट आस्था रही है और वे अपने इस गुण के कारण भी दुनिया भर में मशहूर रहे हैं। इसमें कोई संदेह नहीं है कि आने वाले दिनों में, अमेरिका, सऊदी अरब, ब्रिटेन और मिश्र, आतंकवादी गतिविधियों के खास निशाने रहे। आतंकवादी इन देशों के सैन्य ठिकानों, दूतावासों, विमान सेवाओं, पानी के टैंकों, फैक्ट्रियों व भवनों में तोड़ फोड़ किये। उनके जहरीले रसायन युक्त प्रक्षेपास्त्र पानी के टैंकों को अपना निशाना बनाकर पानी को विषाक्त कर सकते हैं।

विश्व भर में मार करने और दहशत फैलाने वाला सद्दाम का अचूक हथियार अंतर्राष्ट्रीय आतंकवाद ही था, जिसके बल पर सद्दाम कई बार धमकी दे चुके थे। सद्दाम के शब्दों में ''मैं खाड़ी युद्ध को विश्व भर में प्लेग की भांति फैला दूंगा''। क्या युद्ध की समाप्ति पर सद्दाम अपना तीर चलाने से चूकते। अमेरिकी आतंकवादी कार्यवाही के इकलौते निशाने संभवतः सद्दाम हुसैन ही रहे। ईराक के राष्ट्रपति सद्दाम हुसैन की इस आतंकवाद रूपी अजेय शक्ति के दो स्त्रोत थे – अबू निदाल तथा अबुल अब्बास, इसके अतिरिक्त सद्दाम हुसैन की अपनी गुप्त पुलिस मुखेबरात भी थी।

अबू निदाल दुनिया का सबसे बड़ा आतंकवादी माना जाता है, उसने अपने संगठन फतेह रिवोल्यूशनरी कौंसिल के कई दस्ते दुनिया भर के देशों में फैला दिए,

इस समय इसके संगठन में 250 से 300 खूंखार आतंकवादी बताए जाते हैं। ऐसी चर्चा है कि वह सद्दाम के निर्देशानुसार कार्यवाही करने के लिए तत्पर था। अबू निदाल कर्नल गद्दाफी को अपना सबसे सहायक व मददगार मानता था। उसके कारनामों में दिल्ली में एक कुवैती कूटनीतिज्ञ की हत्या, रोम हवाई अड्डे पर बम विस्फोट, जिसमें 18 मौतें हुई थीं, मिश्र व करांची से विमानों का अपहरण, वियाना गोलीकांड, 1988 में यासिर अराफात की हत्या का प्रयास के अतिरिक्त फिलिस्तीनी मुक्ति मोर्चे के एक प्रमुख नेता की हत्या शामिल है।

कहा जाता है कि अबू निदाल फिलिस्तीनी है तथा दुनिया भर में विमानों को उड़ाने के लिए कुख्यात है। शुरू शुरू में यासिर अराफात ने ही उसे शरण दी थी, किंतु बाद में वह उन्हीं का दुश्मन बन गया। बाद में वह सद्दाम का अंध भक्त बन गया, सद्दाम के इशारे पर वह कुछ भी करने को तैयार था।

अतिले लारी अपहरण कांड से संबंधित अबुल अब्बास विश्व भर में अपहरण के कुकर्मों के लिए कुख्यात है, ऐसा माना जाता है कि इसने ईराकी राष्ट्रपति सद्दाम हुसैन के लिए अपने को हाजिर कर दिया था। इस समय वह लेबनान में रह रहा है तथा सद्दाम के लिए कुछ भी करने को तैयार था।

अंतर्राष्ट्रीय आतंकवाद को लेकर बड़ी अजीब स्थिति है। एक ओर उत्तर कोरिया, लीबिया, क्यूबा और अमेरिका पर आतंकवादियों को प्रश्रय देने के आरोप समय-समय पर लगाया जाता रहा पर अमेरिका के पास इन आरोपों के खंडन करने के लिए कोई तर्क नहीं है कि वह निकारागुआ में कोटा विद्रोहियों तथा होडरास में लोकतांत्रिक ढंग से चुनी हुई सरकारों के विरुद्ध आतंकवादियों की क्यों मद्द करता रहा। हालांकि अमेरिका हमेशा आतंकवाद के विरुद्ध आवाज उठाता रहा है पर हैरिटेज फाउंडेशन के निष्कर्षों से पता चलता है कि जहां कहीं भी आतंकवाद की घटनाएं होती हैं, इसके पीछे अमेरिका का प्रत्यक्ष रूप से हाथ होता है। अब इस आतंकवाद को भविष्य में अमेरिका स्वयं कहां तक झेल पाएगा? यह वक्त ही बताएगा। आखिर सद्दाम का हौसला तो बढ़ा ही उसने 29 देशों की सेनाओं को लगभग डेढ़ माह तक अकेला देश झेलता रहा और अपने सैनिकों को ललकारता रहा, इसे आप स्वयं क्या कहेंगे। पड़ोसी जार्डन और अधिकृत फिलिस्तीन में सद्दाम का समर्थन उन्माद का रूप ले चुका था। प्रारंभ में जब हवाई हमले की खबरें आई तो फिलिस्तीनी हैरान रह गए, वे कर्फ्यू का पालन करा रहे इस्राइली सैनिकों की तरफ

खिड़की से देखने का साहस तक नहीं कर पा रहे थे, लेकिन जैसे ही इस्राइल पर पहला ईराकी बम गिरा, उत्साह से अनेक फिलिस्तीनी ''बिता दम सह दम नास्दि कियम सद्दाम'' (खून देंगे, जान भी देंगे, तुम्हें सब कुछ दे देंगे सद्दाम) चिल्लाते हुए सड़कों पर निकल आए, ये देश क्या अपने आतंकवादी संगठनों को सद्दाम के इशारे पर दुनिया भर में कहर ढाने के लिए भेजने से पीछे हटते? क्या ईराक अमेरिका और उसके सहयोगी देशों की सेनाओं द्वारा अपने ऊपर अब तक के ज्ञात इतिहास के सबसे खतरनाक हवाई हमलों को भुला सकेगा? क्या पाकिस्तानी आज भी भारत के हाथों हुई अपनी पराजय को भुला सके हैं?

मुखेबरात सूत्रों (ईराकी गुप्त पुलिस) का कहना था कि ईराक के बाहर कई ऐसे ग्रुप हैं जो सद्दाम के लिए बहुत कुछ कर गुजरने के लिए आदेश की प्रतीक्षा कर रहे थे, यह भी माना जा रहा था कि विदेश में ईराकी दूतावासों के अधिकतर कर्मचारी भी एक तरह से मुखेबरात के ही कार्यकर्ता रहें है?

13 जनवरी 1991 को मिश्र की राजधानी काहिरा में ईराकी आतंकवादियों के दबोच लिए जाने के बाद पश्चिमी देशों के अतिरिक्त अरब देशों के भी कान खड़े हो गए हैं और अपनी निगरानी व्यवस्था और सुरक्षा व्यवस्था प्रबंध कड़े कर दिए। सभी गिरफ्तार आतंकवादी मुखेबरात के कार्यकर्त्ता थे। भारत ने अपने छोटे से प्रांत पंजाब और जम्मू कश्मीर में आतंकवादियों से निपटने के लिए सब कुछ करके देख लिया लेकिन आतंकवाद का खात्मा नहीं हो पाया। अतः यह समझने के लिए पर्याप्त है कि घरेलू साधनों से आतंकवाद को रोक पाना पूर्णतः असंभव है।

इसमें कोई संदेह नहीं है कि यह युद्ध एक ऐसे अंतर्राष्ट्रीय आतंकवाद को जन्म दिया है जो दुनिया के कई देशों को तबाह तो करेगा ही पूरे अरब में रजवाड़ों को उखाड़ फेंकेगा।

अगर मुस्लिम देशों की बातें न भी करें तो भी खाड़ी में युद्ध शुरू होने से अब तक जार्ज बुश के हजारों पुतले जल चुके हैं। खुद ब्रिटेन, फ्रांस और अमेरिका में जार्ज बुश के पुतले जले हैं, परंतु अब तक किसी ने तानाशाह की प्रतिमूर्ति, आतंकवाद के प्रणेता तथा आदमखोर (ये सभी विशेषताएं पश्चिमी मीडिया के अनुसार सद्दाम के लिए प्रयोग हो रहे थे) सद्दाम के पुतले को जलाने की न तो किसी ने जरूरत महसूस की और न ही साहस।

वैसे अमेरिका ईराक के विरुद्ध अपनी जंग दुनिया की नजरों में हार गया क्योंकि मात्र पांच दिनों में युद्ध को जीतने का दावा करने वाला देश दुनिया भर के देश की फौज को अपने साथ लेकर भी महीनों तक हवाई बमबारी करके ईराक के नागरिको और सद्दाम के मनोबल को नहीं तोड़ सका। वैसे मध्य पूर्व का यह क्षेत्र अपने हजारों वर्ष के इतिहास में दूसरे क्षेत्रों की अपेक्षा अधिक संवेदनशील रहा है संभवतः इसका प्रमुख कारण तीन महान धर्मों से इस क्षेत्र का जुड़ा होना है। तीन महान धर्मों के संगम ने इस क्षेत्र को अनेकानेक संकट तथा विवादों से घेरे रखा। खांडी युद्ध का अंत इसकी समाप्ति तक ही सीमित नहीं है, बल्कि आने वाले दिनों में ऐसे क्षेत्रों में कयामत के ऐसे घनघोर बादल मंडराएंगे कि कुचक्र व षडयंत्र का आश्रय पाकर यह जहां कहीं भी बरसेंगे वहां के लोगों को राख में मिलाकर दम लेंगे।

हम इस सच्चाई को भी अनदेखा नहीं कर सकते हैं कि युद्ध तो युद्ध है, चाहे वह हिटलर की बंदूकों ने लिखा हो अथवा नेपोलियन की तोपों ने, चाहे वह चर्चिल की कलम ने लिखा हो अथवा स्टालिन की लाल सेना ने, चाहे उसे कोई सद्दाम लिखे चाहे जार्ज बुश, हर युद्ध सर्वनाश व सत्यानाश का एक और पृष्ठ इतिहास के दस्तावेजों में जोड़ देता है। मनुष्य की बहशी गाथा को गाने वाले खाड़ी युद्ध, महायुद्ध तथा भारत-पाक युद्ध होते रहेंगे क्योंकि आदमी में आज सभ्य होने के बावजूद एक जानवर छिपा है, जो किसी दरिंदे से कम नहीं, जिसे खून चाहिए, चाहे वह तेल मिला हो, चाहे बारूद में लिथड़ा हो।

चतुर्थ खंड

1. आणुविक आतंकवाद
2. आणुविक आतंकवाद का भारत पर प्रभाव, भारत का परमाणु कार्यक्रम
3. भारत व पाकिस्तान की परमाणु नीति की समीक्षा
4. एन.पी.टी., सी.टी.बी.टी. के परिप्रेक्ष्य में भारत की आणुविक व सुरक्षा नीति

1

आणुविक आतंकवाद

ऐतिहासिक पृष्ठभूमि

आतंकवाद और हिंसा जुड़वे भाई हैं, लेकिन आतंकवाद और सामान्य अपराधों में अंतर सिर्फ इतना है कि आतंकवाद के साथ कुछ निश्चित सामाजिक अथवा राजनैतिक उद्‌देश्य जुड़े रहते हैं, इसका कार्यकाल काफी लंबा चलता है जबकि आणुविक आतंकवाद का कार्यकाल तो सीमित किंतु प्रभाव असीमित होता है। पहले तरीके के प्रयोग में असफल हो जाने पर संघर्ष की अंतिम और निर्णायक परिणति के रूप में इसके विनाशकारी प्रभाव का इस्तेमाल होता है।

सैन्य विचारकों ने आतंकवाद और आणुविक आतंकवाद के बीच स्पष्ट विभाजक रेखा खींचते हुए कहा है कि 'आतंकवाद कमजोर का शक्तिशाली के विरुद्ध प्रयुक्त किया जाने वाला एक हथियार है, जबकि आणुविक आतंकवाद के द्वारा शक्तिशाली से शक्तिशाली को भी किसी समय झुकाया जा सकता है साथ ही इसकी सामर्थ्य असीमित होती है।'1[60]

आज आतंकवादी घटनाएं आम बात हो गई हैं और तकनीकी विकास के कारण विभिन्न देशों की सरकारों की संहार शक्ति में वृद्धि होने के साथ-साथ आतंकवादी भी अपनी कार्यवाहियों में आधुनिकतम हथियारों और नए-नए हथकंडों

का प्रयोग कर रहे हैं। नवीनतम् प्रगति यहां तक हुई है कि फिलीस्तीनी छापामारों ने इस्राइल के विरुद्ध और लिट्टे ने श्रीलंका सरकार के विरुद्ध टैंकों और राकेटों तक का प्रयोग किया है। एक समय था हत्या करने के लिए ईंट, पत्थर, धनुषबाण, तलवार, बंदूक व राइफल जैसे अस्त्रों का प्रयोग किया जाता था परंतु जमाने के साथ-साथ तकनीकी और रणनीति भी बदल गई है, अब मशीनगन, टाइमबम, बम विस्फोट, बारूदी सुरंग, मानवबम, यंत्रबम व अन्य नवीन विधियों का प्रयोग हो रहा है।

विश्व स्तरीय राजनीति मे शांति की स्थापना का स्वप्न देखने वाले शांति दूत प्रथम भारतीय प्रधानमंत्री पंडित जवाहर लाल नेहरू ने सर्वप्रथम 1954 में जब गुट निरपेक्ष देशों के जिनेवा सम्मेलन में परमाणु हथियारों का जखीरा समाप्त करने की बात कही तो किसी ने नहीं सोचा था कि भविष्य में परमाणु निःस्त्रीकरण की भावना इतनी बलवती होकर उभरेगी। 1954 से लेकर 1991 तक विश्व का सबसे शक्तिशाली राष्ट्र अमेरिका भी इस संधि का विरोधी था लेकिन अचानक ऐसे क्या हालात बदलें कि बदली हुई परिस्थितियों में अमेरिका-परमाणु निःशस्त्रीकरण का हिमायती बन गया। आज अमेरिका अन्य परमाणु संपन्न देशों के साथ मिलकर परमाणु तकनीकी प्रचार-प्रसार पर रोक और नियंत्रण की पूरी कोशिश कर रहा है। 1945 में सर्वप्रथम अमेरिका ने ही परमाणु बम के रूप से इसका प्रयोग करके इसके दुरुपयोग की आधारशिला रखी। 1945 में ही संपूर्ण विश्व नाभिकीय ऊर्जा के होने वाले इस दुरुपयोग से आतंकित हो उठा था, फिर भी इस विकास की दौड़ में प्रत्येक राष्ट्रों ने इसे हासिल करने की पूर्ण कोशिश की। फ्रांस जैसे देश का कहना था यदि परमाणु बम रहेगा तभी फ्रांस का अस्तित्व रहेगा 'इसीलिए फ्रांस ने अब तक सर्वाधिक 108 परिक्षण किए हैं और वह अमेरिका, रूस तथा ब्रिटेन की परमाणु क्षमता के बराबर आना चाहता है। यही धारणा चीन के हृदय में समाहित हुई । यदि ऐसा नहीं है तो इन देशों ने 1963 में प्रस्तावित आंशिक परमाणु परीक्षण निषेध संधि पर हस्ताक्षर क्यों नहीं किए। चीन तो 1994 में फ्रांस अमेरिका ब्रिटेन और रूस के साथ परमाणु परीक्षण पर प्रतिबंध लगाने वाली बातचीत में शामिल भी नहीं हुआ। 1985 में जब परमाणु रहित देशों की ओर से मास्को द्वारा आंशिक परमाणु परीक्षण प्रतिबंध को सर्वव्यापी बनाने का प्रस्ताव रखा गया तो फ्रांस सहित अमेरिका ने इसका विरोध किया इतना ही नहीं 1991 तक अमेरिका इस संधि का सदस्य भी नहीं बना था। आज जब परमाणु संपन्न देशों ने ऐसी तकनीकी का विकास कर लिया है कि इन्हें परमाणु परीक्षण की कोई आवश्यकता नहीं, तो वे सब मिलकर भारत एवं अन्य राष्ट्रों

पर इस संधि से संबद्ध होने के लिए दबाव डाल रहे हैं।

अब तो आतंकवादी राकेट लांचर और मानव बम जैसे आधुनिकतम हथियारों का प्रयोग तो कर ही रहे हैं लेकिन विश्व को आतंकवाद की एक और नवीनतम चुनौती के लिए तैयार रहना होगा और वह किसी क्षेत्र विशेष को विकिरण प्रलय का शिकार बना देने की हो सकती है। आणुविक हथियारों या विकिरण फैलाने वाले पदार्थों का प्रयोग करने की धमकियां कई बार आतंकवादियों ने दी हैं। ब्रिटेन में अंडर करंट नामक आतंकवादी संगठन ने अब से कई वर्ष पूर्व ही अणुबम की संरचना और उसके निर्माण की प्रक्रिया के बारे में एक पंपलेट 1972 में प्रकाशित कर लोगों को चौंका दिया था।

वैसे विशेषज्ञ अब यह स्वीकार करने लगे हैं कि एक विशिष्ट आतंकवादी संगठन सार्वजनिक रूप से उपलब्ध सूचनाओं और उपकरणों से आणुविक हथियार बना सकता है। एक न्युकलीयर बम बनाने के लिए लगभग 11 पौंड प्लूटोनियम अथवा 45 पौंड अति परिष्कृत यूरोनियम की आवश्यकता होती है। यदि यह उपलब्ध हो जाए तो विशेषज्ञों का एक दल कुछ ही हफ्तों की मेहनत के बाद एक काम चलाऊ अणुबम बना सकता है। जहां तक इन पदार्थों की उपलब्धता का सवाल है इसकी बिक्री पर सख्त प्रबंध और कड़ी निगरानी रखी जाती है फिर भी बहुत संभव है कि आतंकवादियों को अपने आश्रयदाता देश से कुछ प्लूटोनियम प्राप्त हो जाए अथवा वे चुराने में सफल हो जाएं या किसी आणुविक संस्थान में कार्यरत कोई कर्मचारी उनके लिए ऐसा कर दे। वैसे सभी महाशक्तियों और अणु ऊर्जा का इस्तेमाल करने वाले देशों मे इन संस्थानों पर कड़ी सुरक्षा व्यवस्था रहती है और इन्हें प्राप्त करना अति दुष्कर कार्य है।

इस अतिरिक्त झंझट से बचने और अपनी कार्यवाही सीमित बनाने के उद्‌देश्य से आतंकवादी आणुविक हथियारों के चक्कर में न पड़कर रेडियो धर्मिता फैलाने वाले साधनों का प्रयोग कर सकते हैं। इनके निर्माण में कम समय कम कौशल और थोड़े से प्लूटोनियम की आवश्यकता होगी। प्लूटोनियम अत्यधिक रेडियोधर्मिता फैलाने वाला पदार्थ है। अमेरिकी अणुऊर्जा आयोग की एक अध्ययन के अनुसार प्लूटोनियम आक्साइड के 412 पौंड परिष्कृत पाउडर से इतनी रेडियो धर्मिता फैलेगी कि हवा के रुख के अनुसार उस स्थान से 1800 फुट दूर तक के प्रत्येक व्यक्ति को फेंफड़े व हडिडयों के कैंसर होने की शत्-प्रतिशत संभावना होगी जबकि लगभग 40 मील दूर तक स्थित लोगों पर कुछ न कुछ असर अवश्य पड़ेगा।

विश्व में आणुविक आतंकवाद का क्षेत्र तेजी से फैल रहा है केवल अमेरिका में 1969 से लेकर 1976 तक आणुविक केंद्रों को लेकर हिंसा अथवा हिंसा की धमकियों की 235 घटनाएं हुई थीं। आणुविक आतंकवाद से विश्व को बचा सकने के रास्ते बहुत सीमित और निष्प्रभावी हैं। बहरहाल आतंकवाद के इस नवीनतम आयाम से निपटने के लिए अंतर्राष्ट्रीय स्तर पर कुछ एतिहाती कदम उठाए जा सकते हैं सभी प्रकार के आणुविक संयत्रों में व्यापक सुरक्षा करके और इस संबंध में एक अंतर्राष्ट्रीय संहिता बनाकर इस खतरे को कम किया जा सकता है। इसके संचालन में अंतर्राष्ट्रीय निगरानी की आवश्यकता है।

आणुविक अस्त्रों के प्रभाव का नजारा,
कहीं नाभिकीय रात न हो जाए।

अमेरिका ने हिरोशिमा पर 6 अगस्त 1945 को पहला परमाणु बम गिराया था और उसके तीन दिन बाद 9 अगस्त को नागासाकी पर, उसका यह कृत्य संपूर्ण इतिहास में मानवता के विरुद्ध जघन्यतम अपराध था। परमाणु की भीषण शक्ति से मानव का यह पहला परिचय था दोनों ही जापान के अति सुंदर और उन्नत शहर थे उनमें लहलहाती वाटिकाओं और खिले फूलों की भरमार थी। हिरोशिमा में प्रातः काल का समय था, फूल से खिले बच्चे अपने-अपने बस्ते लेकर स्कूल जाने को तैयार थे महिलाएं घरों में भोजन बना रही थीं पुरुष कार्यालय और कारखानों में जाने की तैयारी कर रहे थे तभी परमाणु बम गिरा। बम के फटते ही कई सूर्यों की चमक हुई और वहां का तापमान डेढ़ करोड़ डिग्री सेल्सियस हो गया ठीक वही तापमान जो सूर्य के धरातल का है। बम विस्फोट के स्थल पर जो भी लोग थे सभी भाप बनकर अंर्तध्यान हो गए जो बम स्थल से दूर थे वे भभूत बन गए और जो उससे भी अधिक दूर थे वे जल झुलस कर गिर पड़े। इससे भी अधिक दूर के लोगों के वस्त्र, सिर के बाल और समस्त शरीर की त्वचा गायब हो गई। चीखते चिल्लाते इधर-उधर भागते वे भूत-प्रेत से नजर आ रहे थे किसी को पहचानना संभव नहीं था। जापानी चिकित्सक डॉ. एम. इचमारू बम विस्फोट के स्थल से दूर थे और उन्होंने उस हृदय विदारक दृश्य का वर्णन किया है, वे बताते हैं कि "मैं बम फटने के बाद अपने मेडिकल कॉलेज जा रहा था, तभी मैं कई लोगों से मिला, उनके कपड़े गायब थे उनके शरीर पर से त्वचा की धज्जियां उड़ गई थीं वे नर कंकाल जैसे लग रहे थे वे आंखें फाड़े हुए देख रहे थे। मैं पैदल जा रहा था और उराकामी नामक स्थान में घुसा वहां

मैंने देखा कि सब कुछ गायब है। वहां मैने इसके पहले जो कुछ देखा था उसमें से कुछ भी शेष नहीं था जहां देखो वहीं शव पड़े थे, हमने प्रत्येक गली के नुककड़ पर हवाई हमले से उत्पन्न आग को बुझाने के लिए पानी के टबों का उपयोग किया। इन छोटे टबों में से एक में एक निराश व्यक्ति की लाश पाई गई जिसे शायद ठंडे पानी की तलाश थी उसके मुंह से झाग निकल रहा था लेकिन वह जीवित नहीं था। खेतों में से मैं रोती बिलखती महिलाओं की आवाजें सुन रहा था जैसे-तैसे मैं मेडिकल कॉलेज पहुंचा, मैंने वहां देखा कि भारी संख्या में काले-झुलसे शरीर पड़े थे जिनकी भुजाओं और पांव की हड्डियों के सफेद कोर साफ नजर आ रहे थे कुछ अभी जीवित थे लेकिन अपना शरीर तक नहीं हिला पा रहे थे। मैंने उनसे बातें की उन्हें उम्मीद थी कि वे ठीक हो जाएंगे। परंतु यह निश्चित था कि वह कुछ ही देर के मेहमान थे। जिस ढंग से उनकी आंखे मुझे देख रही थीं मैं उस दर्दनाक दृश्य को कभी नहीं भूल सकता उनकी आवाजें अब भी मेरे कानों में गूंज रही हैं।

भावी नाभिकीय युद्ध के बाद पृथ्वी की क्या दशा होगी इस विषय पर 1983 से अब तक अनुसंधानों की विस्तृत शृंखलाओं की रिपोर्ट प्रकाशित हो चुकी है। यह तो निश्चित है कि यह युद्ध मानवजाति वनस्पति तथा जीव जंतुओं के अस्तित्व को पृथ्वी से मिटा देगा । विशेषज्ञों का अनुमान है कि इस समय दोनों महाशक्तियों के पास पंद्रह हजार बम हैं जिसका अर्थ है कि हिरोशिमा पर डाले गए बम जैसे दस लाख, किलोटन का। इन दोनों महाशक्तियों के ये बम हिरोशिमा जैसे दस लाख नगरों का सफाया करने में समर्थ हैं। हिरोशिमा में लगभग 2 लाख लोग मरे थे लेकिन इस समय जितने बम उपलब्ध हैं उनसे 240 अरब लोगों को मौत के मुंह में पहुंचाया जा सकता है जबकि सारी दुनिया की आबादी 5 अरब है।

द्वितीय विश्व युद्ध की पूरी अवधि में जितने बमों का प्रयोग हुआ था उनकी कुल शक्ति 3 या 4 मेगाटन से अधिक नहीं थी। पिछले पचास वर्षों में दुनिया की महाशक्तियों ने इतने अधिक मेगा टन शक्ति के नाभिकीय बम बना लिए हैं कि उनसे दूसरे महायुद्ध की तरह के पांच हजार महायुद्ध लड़े जा सकते हैं। नाभिकीय युद्ध हुआ तो ये बम इस पृथ्वी से मानव जाति के बीज वंश का उन्मूलन कर देंगे। यदि नाभिकीय युद्ध केवल उत्तरी गोलार्थ में ही हों तो भी उसके परिणाम पूरी दुनिया को भुगतने पड़ेंगे। परमाणु युद्ध के बाद पृथ्वी का वायु मंडल बड़ी तेजी से बदलेगा धूल और धुएं के काले बादल सारी पृथ्वी को घेर लेंगे तथा दिन का उजाला रात के अंधेरे में बदल जाएगा। उस नाभिकीय रात्रि के बाद शुरू होगी नाभिकीय शीत ऋतु

जिसमें धरती का तापमान शून्य से 30-40 डिग्री नीचे पहुंच जाएगा। उस ठंड में पृथ्वी के सभी जीव-जंतु मारे जाएंगे और सारी वनस्पति नष्ट हो जाएगी। परमाणु बमों के विस्फोटों के बाद खेतों, जंगलों शहरों और तेल तथा गैसों के भंडारों में आग लग जाएगी। यदि यह आग दस लाख वर्ग किमी. जंगल में भी फैले तो बीस करोड़ टन धुआं और काजल वायु मंडल में फैल जाएंगे। उत्तरी गोलार्ध के वायुमंडल में काले धुएं की पर्त सूर्य को छुपा लेगी और भरी दोपहरी शाम में बदल जाएगी सूर्य की गर्मी के कारण जमीन, महासागर और वायुमंडल तपते हैं लेकिन ये तेल गैस आदि के काले धुएं सूर्य के प्रकाश को अवशोषित कर पृथ्वी पर आने से रोक देंगे आसमान से सूर्य का नजारा गायब हो जाएगा धरती का तापमान गिरता जाएगा। यह स्थिति महीनों रहेगी।

विशेषज्ञों का अनुमान है कि यदि परमाणु युद्ध में दस हजार मेगा टन के बमों का प्रयोग हुआ तो धरातल का तापमान शून्य से 50 डिग्री सेल्सियश नीचे पहुंच जाएगा। इससे पेयजल के स्त्रोत जम जाएंगे। समुद्रों और नदियों के जीव जंतु भी दम तोड़ देंगे। इस नाभिकीय शीत की स्थिति में सूर्य का प्रकाश न मिलने से वनस्पतियों में प्रकाश संश्लेषण की क्रिया बंद हो जाएगी इससे सारी वनस्पति और फसल नष्ट हो जाएगी, साथ ही साथ वायुमंडल में आक्सीजन की भारी कमी हो जाएगी। जब निरंतर कई सप्ताह तक जंगल और शहर जलते रहेंगे तो धुएं के साथ बहुत सारे जहरीले पदार्थ भी वायु मंडल में पहुंच जाएंगे। रेडियो धर्मी पदार्थों के अतिरिक्त कार्बन मानो आक्साइड कई प्रकार के साइनाइट, डाइकोटसाइड व अन्य अनेक प्रकार की विषैली गैसें वायु मंडल में फैल जाएंगी उनसे कुछ ही दिनों के अंदर करोड़ों लोग मर जाएंगे। बिजली पानी और चिकित्सा सुविधाएं उपलब्ध नहीं होंगी शव सड़ते रहेंगे तरह-तरह की महामारी फैलेंगी। जीवाणु गैसों, परमाणु रियेक्टरों के फटने से कई नई बीमारियां फैलेंगी तथा रेडियो धर्मी पदार्थ दूर-दूर तक फैल कर भूमि जल, वनस्पति, फसल, दूध आदि सभी चीजों को प्रदूषित कर देंगे।[61]

पृथ्वी के ऊपरी वायु मंडल में ओजोन गैस की एक परत है जिसे 'ओजोन कवच' कहते हैं। इसी कवच के कारण ही पृथ्वी पर जीवन संभव हुआ है क्योंकि यह सूर्य से आने वाली घातक पैराबैगनी किरणों को धरती तक नहीं प्रहुंचने देती। पैरावैगनी किरणों से त्वचा का कैंसर हो जाता है। एक मेगाटन परमाणु बम के विस्फोट से पांच हजार टन नाइट्रिक आक्साइड पैदा होता है। नाइट्रिक आक्साइड का एक अणु ओजोन के कई हजार अणुओं को नष्ट कर सकता है। एक मेगाटन

के विस्फोट से पैदा हुआ 5,000 टन नाइट्रिक आक्साइड कम से कम 50 लाख टन ओजोन को नष्ट कर देगा। विशेषज्ञों का अनुमान है कि वायु मंडल में लगभग चार अरब टन ओजोन गैस है, जिसे ओजोन मंडल कहते हैं। एक हजार मेगाटन के परमाणु पूरे ओजोन मंडल को समाप्त कर सकते हैं जबकि इस समय विश्व में लगभग 20 हजार मेगाटन के परमाणु बम उपलब्ध हैं।

परमाणु युद्ध के बाद की परिस्थितियों में शायद ही कोई बचे और जो बचेंगे वे मरने वालों को भाग्यशाली समझेंगे। इन खोज परिणामों के प्रकाशन के बाद सीमित परमाणु युद्ध का सपना देखने वाले अमरीका के सेना मुख्यालय पेंटागन में भी बौखलाहट फैल गई थी। यद्यपि परमाणु बमों के निर्माण और परीक्षण पर लगे रोक के बावजूद दुनिया के कई राष्ट्र इस खतरनाक हथियार को बनाने और रखने से बाज नहीं आ रहे हैं फिर भी इनके खतरनाक परिणामों के कारण ही खतरा टलता जा रहा है क्योंकि दोनों महाशक्तियां अपने परमाणु जखीरे को कम और नष्ट करने की दिशा में बढ़ रही हैं। इसका प्रयोग करने वाला निश्चय ही वह मानव नहीं सिर्फ दानव ही हो सकता है और यह निरा पागलपन का काम होगा जिसका परिणाम सारा विश्व भुगतेगा।

2

आणुविक आतंकवाद का भारत पर प्रभाव

यदि बंबई और दिल्ली पर बम गिरा तो क्या होगा?

"विलियम ई. बरोज और राबर्ट विंडरम की चर्चित पुस्तक 'क्रिटिकल मास' के मुताबिक भारत और पाकिस्तान 1989-90 के दरम्यान परमाणु युद्ध के कगार पर पहुंच गए थे और यह सब इतने गोपनीय ढंग से हो रहा था कि स्वयं पाक प्रधानमंत्री बेनजीरभुट्टो तक को नहीं मालूम होने दिया गया। पाकिस्तान बंबई परमाणु प्लांट सहित अनेक महत्वपूर्ण स्थानों को एकाएक उड़ा देने की योजना को अंतिम रूप दे रहा था, वहीं भारत भी उसके काहूटा आदि स्थानों पर कड़ी नजर रखे हुए था।[62] हो सकता है कि लेखक ने क्रिटिकल मास में इस भयावह रोमांचकारी घटना को तोड़ मरोड़ कर प्रस्तुत किया हो लेकिन इन उपरोक्त (89-90) वर्षों में भारत और पाकिस्तान के बीच तनाव कुछ अधिक ही बढ़ा था इसमें दो राय नहीं है। फिलहाल यह अनहोनी एक बार तो टल गई लेकिन चिंतनशील लोगों की आवाज आज भी धरती पर गूंज रही है कि यदि भारत पाक युद्ध हुआ और उसमें परमाणु बम का इस्तेमाल हुआ तो क्या होगा? तथा बंबई और दिल्ली जैसे महानगरों पर बम गिरा तो क्या होगा?

बंबई के परमाणु केंद्रों की सुरक्षा, बल्कि पूरे बंबई की सुरक्षा के लिए भारतीय

वायु सेना के विभिन्न प्रकार के हमलावार और रक्षात्मक विमानों का बेड़ा हर पल सतर्क रहता है और पाकिस्तान के अचानक किसी भी हमले के मुंहतोड़ जवाब के लिए भारतीय वायु सेना पूरी तरह सक्षम है। बंबई और उसके आस पास सारे महत्वपूर्ण और आर्थिक ठिकानों की रक्षा के लिए भारतीय वायु सेना के आधुनिकतम लड़ाकू विमान मिग 29 को तैनात किया गया है। यह विमान दुनिया के किसी भी विमान से लोहा लेने में सक्षम हैं इन विमानों की सुरक्षा एवं गति देने के लिए इनकी सहायतार्थ मिग 21 विमान भी मौजूद है जो अधिक ऊंचाइयों पर उड़कर मिग 29 की रक्षा करते हैं। इसलिए दुश्मन के किसी भी विमान का हमारे नये क्षेत्र में घुसपाना कठिन है फिर भी हमले और जवाब के बीच ही यदि कोई एफ-16 विमान भारत की सुरक्षा पंक्तियों को भेदता हुआ बंबई में पहुंचकर बमबारी करने में सफल हो जाता है तो बरबादी तो होगी ही लेकिन यह बरबादी इतने बड़े पैमाने पर होगी कि इसकी कल्पना मात्र से दिल दहल जाता है।

बंबई के परमाणु केंद्रों में दो ढाई सौ किलोग्राम से अधिक प्लूटोनियम रखे गये हैं जिनसे कम से कम दस बारह परमाणु बनाए जा सकते हैं। ये प्लूटोनियम अवशिष्ट ईधन के रूप में जमा होते हैं इनका भंडारण जमीन के भीतर दो मीटर मोटे इस्पात के आवरण के अंदर किया जाता है। ये इस्पात की चादरें मजबूत कंकरीट के आवरण में दबी होती हैं ताकि इनका विकिरण वातावरण में न फैले इसलिए इन पर पारंपरिक बमों के विस्फोट का असर नहीं के बराबर होगा लेकिन यदि इन परमाणु केंद्रों को लक्ष्य बनाकर परमाणु विस्फोट किया गया तो इतना असर तो होगा ही कि परमाणु घर ध्वस्त हो जाएगा तथा उसमें रखी परमाणु सामग्री से काफी रेडियोधर्मी विकिरण फैलेगा। यही रेडियोधर्मी, विकिरण न केवल बम्बई महानगर को बल्कि आस पास के इलाकों को भी अपनी चपेट में ले लेगा। इस रेडियोधर्मी विकिरण में 603 वर्ग किमी. लंबाई में बसे महानगर बंबई के लाखों लोग प्रभावित होंगे। शहर का संपूर्ण खाद्य पदार्थ विकिरण युक्त हो जाएंगे। विकिरण के कारण लोग शारीरिक और मानसिक रूप से क्षतिग्रस्त होने लगेंगे भारी संख्या में लोग मरेंगे और जो बचेंगे वे निष्क्रिय हो जाएंगे।

यदि किसी परमाणु घर का प्लूटोनियम भंडार ही पारंपरिक बमों के विस्फोट की चपेट में आ जाए (जिसकी संभावना कम है) तो उससे भी वैसे ही विस्फोट की संभावना होती है जैसे कि किसी परमाणु बम से। इन विस्फोटों से भयानक गगनभेदी

ध्वनि तरंगें पैदा होंगी जिनके कारण बड़ी-बड़ी इमारतें ढहने लगेंगी। लाखों लोग बेघर हो जाएंगे घरों में पानी, बिजली तथा संचार की व्यवस्थाएं ठप्प हो जाएंगी। परिवहन व्यवस्था भी पंगु हो जाएगी गैस या पेट्रोल पंपों में आग लग जाएगी। धमाकों से निकली एक तिहाई तापीय ऊर्जा जमीन के ऊपर आग फैला देगी। यदि आबादी वाले हिस्से में विस्फोट हुआ तो सब कुछ जल कर राख हो जाएगा, इन अग्नि क्षेत्रों में इतनी अधिक गर्मी पैदा होगी कि सभी पेड़ पौधे जल कर खाक हो जाएंगे।

परमाणु बम विस्फोट के कुछ क्षणों बाद आग का जो विशाल गोला बनता है वह ऊपर आसमान की ओर 100 मील प्रति घंटे की गति से बढ़ेगा। इसके साथ आसमान में एक अपारदर्शी सफेद बादल का निर्माण होने लगेगा। कुछ मिनटों के अंदर करीब सात आठ मील ऊपर नभ मंडल में यह बादल कुछ मीलों की परिधि में फैल जाएगा यह गोलाकार क्षेत्र वाष्प के बादल के समान दिखाई देगा। नीचे भूमि का तापमान बढ़कर कुछ सेकेंडों के लिए 3 हजार डिग्री सेंटीग्रेट तक पहुंच जाएगा। विस्फोट के समय यदि किसी व्यक्ति ने दस मील की दूरी से भी आग के गोले की चमक को देख लिया तो उसकी आंखों की ज्योति चली जाएगी। परमाणु बम के विस्फोट की गगन भेदी आवाज से लोग बहरे हो जाएंगे। 20 मेगाटन बम का विस्फोट 80 वर्गमील क्षेत्रफल में सभी इमारतों को पूर्णतः ध्वस्त कर देगा।

परमाणु चिकित्सा के एक प्रमुख डॉ. मेजर जनरल एन. लक्ष्मीपति का कहना है कि यदि नई दिल्ली में राष्ट्रपति भवन के इर्द-गिर्द एक टन का परमाणु बम गिरा तो 20 लाख से ज्यादा लोग मर जाएंगे तथा इससे भी बड़ी संख्या में लोग झुलस जाएंगे। साढ़े छह किमी. व्यास के घेरे में सब कुछ नष्ट हो जाएगा और उस स्थान पर रेडियोधर्मी मलबे से भरा एक विशाल गड्ढा बन जाएगा। इस गड्ढे का व्यास एक हजार फुट और उसकी गहराई 200 फुट होगी। यह बरबादी तभी होगी जब देश की सभी सुरक्षा पंक्तियों को भेदता हुआ कोई शत्रु विमान दिल्ली या बंबई तक पहुंच सकेगा।

3

भारत की आणुविक नीति व प्रगति तथा पाकिस्तान के परमाणु कार्यक्रम की समीक्षा

युद्ध और सुरक्षा समरनीति के मामले हैं, अतः उनमें अस्पष्टता के अपने फायदे होते हैं। अपनी ताकत के बारे में शत्रु को अंधकार में रखना एक तरह से अपनी ताकत बढ़ाना है, लेकिन एटमी हथियारों के मामले में भारत ने पिछले दो दशक से अस्पष्टता का जो माहौल बना रखा है, वह सिर्फ सामरिक नहीं है। भारत के पास एटमी क्षमता है या नहीं इस पर अब बहस की गुंजाइश नहीं रही इस पर अब तक न तो किसी ने संदेह व्यक्त किया और न ही भारत ने संदेह का कारण पैदा किए हैं। असलियत तो यह है कि भारत के पास भले ही परमाणु बम मौजूद न हों लेकिन वह परमाणु तकनीक संपन्न देश है, क्योंकि एटमी क्षमता होने और एटमी हथियार होने के बीच वर्षों का नहीं हफ्तों का या शायद दिनों का फासला है इसलिए परमाणु संपन्न देशों में भारत की गणना होती रही है। एटम बम है या नहीं इस अस्पष्टता का हमें कोई समरनीतिक फायदा नहीं मिल सकता। इस अस्पष्टता के कारण हम पाकिस्तान को एटम बम बनाने से मना नहीं कर सकते दुनिया जानती है कि एटमी शक्ति बनने के लिए वह धरती आसमान एक कर रहा है इसके लिए उसने अमेरिकी सहायता से वंचित रहना भी स्वीकार किया है। चीन पहले से ही एटमी शक्ति है दक्षिण एशिया के अन्य

देशों में इतनी क्षमता नहीं है कि वह एटमी शक्ति का सपना देख सके। भारत और पाकिस्तान दोनों इस मामले में एक छाया युद्ध लड़ रहे हैं एटम बम से दोनों का लगाव है और दोनों ही इस लगाव को गुप्त रखना चाहते हैं लेकिन 23 अगस्त 1994 को पाक अधिकृत कश्मीर की नीलाबटूटकी सभा में पाकिस्तान के पूर्व प्रधानमंत्री नवाज शरीफ के परमाणु बम की स्वीकारोक्ति से एक नया विवाद खड़ा हो गया। इस घटना ने भारत को खुले दिमाग से सोचने को मजबूर कर दिया ।

1974 में पोखरन में भारत ने एक 12 किलोटन के परमाणु हथियार का सफल परीक्षण किया था। उसके बाद से अमेरिका भारत पर दबाव डाल रहा है कि वह परमाणु अप्रसार संधि (एन.पी.टी.) पर हस्ताक्षर करे। एन.पी.टी. 1968 में लिखी गई थी और 1970 में अमल में आई इसकी हर पांच साल में समीक्षा होती है। अब तक इस पर एक सौ साठ देश हस्ताक्षर कर चुके है लेकिन भारत ने ऐसा नहीं किया। भारत का दृष्टिकोण है कि परमाणु हथियारों पर पूर्ण एवं विश्वव्यापी प्रतिबंध लगाना चाहिए क्योंकि एन.पी.टी. के बावजूद दिसंबर 1993 तक संसार में करीब 50 हजार परमाणु बम थे।

एन.पी.टी. पर हस्ताक्षर न करने का दूसरा कारण यह रहा कि भारत को ऐसा यकीन है कि उसके प्रमुख प्रतिद्वंद्वी चीन व पाकिस्तान के पास परमाणु हथियार हैं। भारत का यकीन अकारण नहीं है गत 17 अगस्त 1994 को बरलिन में चार तस्कर पकड़े गए थे उनमें पाकिस्तानी और जर्मन नागरिक थे। इनके पास से बरामद कागजात नक्शे व सफर के कागजतों से ज्ञात हुआ कि वह प्लूटोनियम की तश्करी पाकिस्तान के लिए कर रहे थे। इसके अलावा पहले भी ऐसी खबरें सामने आती रही हैं कि पाकिस्तान के पास सात से बारह परमाणु बम हैं तथा पाकिस्तान इंस्टीट्यूट आफ साइंस एंड टेक्नालॉजी में 20 किलो प्लूटोनियम हथियारों के लिए तैयार किया जा रहा है। साथ ही कहूटा में प्रतिवर्ष 75 किलो यूरेनियम हथियारों के लिए तैयार किया जा रहा है। यही नहीं पाकिस्तान के पास यूरेनियम से हथियार बनाने के लिए आवश्यक डिजाइन ड्राइंग गैस सेंट्रीफ्यूज प्लांट, क्रायटन स्विच, और ट्राइटम इनिशियेटर भी है। कहुटा प्लांट के निदेशक अब्दुल कादिर खान और पाकिस्तान के पूर्व विदेश सचिव शहरयार खान इस बात की पुष्टि कर चुके हैं कि 1991 व 1993 के बीच पाकिस्तान ने परमाणु हथियार बनाने की क्षमता हासिल कर ली थी। रही सही शक की गुंजाइश को पूर्व प्रधानमंत्री नवाज शरीफ ने 23 अगस्त को अपने बयान से दूर कर दी।

पाकिस्तान की इन्हीं गतिविधियों को मद्दे नजर रखते हुए भारत ने सी. टी.बी.टी. पर हस्ताक्षर नहीं कर परमाणु शक्ति बनने के विकल्प को खुला रखा है। पश्चिमी विशेषज्ञों का मानना है कि भारत न केवल परमाणु बम बनाने में सक्षम है बल्कि इस समय भारत के पास अलग किए गए प्लूटोनियम का भंडार करीब 300 किलोग्राम है। यह पचास परमाणु बम बनाने के लिए पर्याप्त है, लेकिन भारत जैसे विकासमान देश के लिए जहां प्राकृतिक संसाधनों का अथाह भंडार है तो भी वह आणुविक ऊर्जा का उपयोग विभिन्न क्षेत्रों के विकास हेतु करने के पक्ष में हैं। विकास के अनेकानेक आयाम आणुविक शक्ति ने प्रस्तुत किए हैं, रेगिस्तान की ऊबड़-खाबड़ भूमि को स्वच्छ स्यामला वसुंधरा में परिवर्तित किया जा सकता है। खनिज तेल व गैस को जमीन से निकालने, प्रलंयकारी नदियों के बहाव मोड़ने, बंदरगाहों की सफाई नहरें खोदने और विशाल पर्वतों को काटकर उनमे से मार्ग बनाने आदि में इस शक्ति का प्रयोग करके आर्थिक दृष्टि से विकास की ओर उन्मुख होने में सहायता तो प्राप्त होगी ही इसके अतिरिक्त रोजगार के अनेकों अवसर भी उपलब्ध होंगे। जबकि पाकिस्तान जैसा देश इसके दुरुपयोग खासतौर से भारत को बरबाद करने की नियत से परमाणु शक्ति अर्जित कर रहा है इसीलिए भारत को एन.पी.टी. एवं सी.टी.बी.टी. जैसी संधियों पर हस्ताक्षर करने के पूर्व बार-बार सोचने पर मजबूर होना पड़ा है।

4

एन.पी.टी. एवं सी.टी.बी.टी.

आंशिक परमाणु निषेध संधि और व्यापक परमाणु प्रसार निषेध संधि के परिप्रेक्ष में भारत की आणुविक व सुरक्षानीति

शांति का अनुगामी नक्षत्र होने के कारण सच्ची शांति की स्थापना हेतु किए गए समस्त प्रयासों का भारत दृढ़ता पूर्वक पालन करने के लिए कृत संकल्प रहा है। भारत ने 1963 की आंशिक परमाणु संधि पर हस्ताक्षर करके इस सत्य को प्रमाणित कर दिया कि वह सही दिशा में हो रहे विश्व शांति के प्रयत्नों का सदैव स्वागत करेगा। उल्लेखनीय है कि इस संधि के अंतर्गत वायु या पानी में आणुविक विस्फोट के परीक्षण पर रोक है, किंतु भूमिगत परीक्षण जो रचनात्मक कार्यों के लिए किये जाते हैं के लिए मनाही नहीं है। यह संधि राष्ट्रीय नीति के अनुकूल थी अतः भारत ने इसका खुले मन से समर्थन किया।

18 मई 1967 को जिनेवा में आयोजित निःशस्त्रीकरण सम्मेलन में आणुविक शस्त्रों के प्रसार पर अंकुश लगाने के लिए अमेरिका, रूस तथा ब्रिटेन द्वारा एक ऐसी अंतर्राष्ट्रीय संधि का प्रारूप तैयार हुआ जिसमें आणुविक शक्ति विहीन राष्ट्रों को शक्तिशाली न बनने देने के लिए आणुविक परीक्षण से रोकने का प्रयत्न किया गया। निःशस्त्रीकरण की दिशा में इसे आवश्यक बताया गया। प्रारंभ में ही फ्रांस तथा चीन

ने इस प्रकार की भेदभाव पूर्ण किसी संधि पर हस्ताक्षर करने से स्पष्ट मना कर दिया था। भारत के समक्ष इस संधि ने कूटनीतिक चालों का जाल फैला दिया तत्कालीन विदेश मंत्री श्री छागला ने भई 1967 में संसद के समक्ष इस संदर्भ में भारतीय दृष्टिकोण का स्पष्टीकरण प्रस्तुत करते हुए कहा कि ''इस समय भारत किसी भी स्थिति में हस्ताक्षर करने पर तैयार नहीं हो सकता क्योंकि इस संधि को देखने से साफ जाहिर होता है कि अणुशक्ति संपन्न राष्ट्र निःशस्त्रीकरण की दिशा में स्वयं आश्वासन देने पर मौन है जबकि दूसरी ओर अणुशक्ति विहीन राष्ट्रों के विकास हेतु किए जाने वाले शांतिपूर्ण आणुविक परीक्षणों पर भी प्रतिबंध लगा दिया गया है अतः यह न्यायसंगत नहीं है।'' उन्होंने आगे कहा कि ''भारत यह घोषणा करके कि हम भविष्य में कभी भी परमाणु बम नहीं बनाएंगे अपनी भावी संतति के भाग्य का फैसला नहीं कर सकता।''

भारत ने इस संधि का इस आधार पर विरोध किया कि इसमें इसके दुश्मन राष्ट्रों से उसकी सुरक्षा के लिए किसी गारंटी का उल्लेख नहीं है साथ ही यह भारत को अपने विशिष्ट परमाणु अनुसंधान के आधार पर आणुविक ऊर्जा का शांतिपूर्ण उपयोग करने से भी रोकती है और यह संधि विश्व को दो खेमों में अणुशक्ति संपन्न और अणुशक्ति विहीन में बांट देती है। इन्हीं कारणों से भारत ने विरोध स्वरूप इस संधि पर हस्ताक्षर नहीं किया। अनेक राष्ट्र जो अपने विकास के शैशव अवस्था में हैं तथा अपना स्वतंत्र विकास करने को उत्सुक हैं, वे महाशक्तियों की इस खेल की भयंकरता को समझ रहे हैं इसलिए व इसे अपनी स्वतंत्र विदेश नीति के विरुद्ध मानते हैं। इस संधि पर हस्ताक्षर करने का अर्थ राष्ट्रीय सुरक्षा की दिशा में किए जा रहे प्रयासों के समक्ष प्रश्न चिन्ह लगाना तथा प्रगति, विकास एवं संबद्ध शीलता के राजमार्ग पर निरंतर अग्रसर होने की अपनी आकांक्षाओं को तिलांजलि दे देना है।

वार्ताएं होती रही और आणुविक निःशस्त्रीकरण के नाम पर महाशक्तियों का खेल चलता रहा, महाशक्तियां आणुविक क्षमता का प्रदर्शन एवं प्रभुत्व का डंका बजाती रही, इस दिशा में अमेरिका अधिक से अधिक शक्ति अर्जित करने को लालायित रहा है। यदि किसी दूसरे का प्रभाव बढ़ा है, या बढ़ रहा है तो यह महाशक्तियों को सहन नहीं है।

भारत ने आत्म निर्भरता, स्वाबलंबन एवं विकास के विराट स्वप्न को साकार करने हेतु 18 मई 1974 को राजस्थान के पोखरन में सफल भूमिगत आणुविक विस्फोट किया इस विस्फोट में एक ओर जहां अणुशक्ति संपन्न राष्ट्रों अमेरिका,

रूस, ब्रिटेन, फ्रांस और चीन के परमाणु एकाधिकार को समाप्त कर दिया, वहीं दूसरी ओर भारत न्यूक्लीयर क्लब का छठवां सदस्य बनने का गौरव प्राप्त किया। तकनीकी दृष्टिकोण से यह प्लूटोनियम का एक्प्रोजन विस्फोट था, जो यूरोनियमशक्ति से बहुत साधारण है।[1] इस संदर्भ में डॉ. सेठना का कथन उल्लेखनीय है ''भारत पहला देश है जिसने अपना प्रथम भूमिगत परमाणु विस्फोट किया है इसने ऐसा इसलिए किया कि हम नहीं चाहते कि परिस्थितियों में बाधा पड़े और रेडियो विकिरण शीलता में वृद्धि हो,'' आणुविक शक्तियों ने भारत के इस प्रायोगिक विस्फोट का स्वागत न कर शंका की दृष्टि से देखा है तथा कनाड़ा और अमेरिका ने विरोध स्वरूप परमाणुविक सयंत्र जो कि तारापुर बिजलीघर आदि के लिए प्राप्त होती थी, प्रदान करने की सुविधाएं स्थगित कर दी थी।[63]

विकासशील राष्ट्रों में भारत, पाकिस्तान व इजराइल परमाणु संपन्न देश माने जाते हैं। इनमें से पाकिस्तान और इजराइल ने परमाणु बम बना लिये है जबकि भारत अभी तक इसका उपयोग शांतिपूर्ण उद्देश्यों में कर रहा है। ऐसी स्थिति में इन देशों की नीति भारत पर दबाव डालकर उसे राजी करने की है ताकि भारत सामरिक क्षेत्रों में कभी इनका प्रतिद्वंद्वी बनकर न उभर सके। 18 मई 1974 से आज तक भारत ने सिर्फ एक परमाणु परीक्षण किया है, वह भी केवल इस विश्व समुदाय को अपने स्थिति का एहसास कराने के लिए कि वह भी परमाणु कार्यक्रम में किसी देश से पीछे नहीं है। भारत आज भी सी.टी.बी.टी. पर हस्ताक्षर करने से मना नहीं कर रहा है लेकिन वह इसके पक्षपातपूर्ण होने के नाते इस संधि पर हस्ताक्षर नहीं कर रहा है। अमेरिका सहित अन्य देश इस बात को मानने के लिए तैयार नहीं है कि वे अपना परमाणु जखीरा 10 सालों के अंदर खत्म कर देंगे। इससे जाहिर होता है कि वे विचारधारा से ओतप्रोत होकर सी.टी.बी.टी. को लागू करने का प्रस्ताव कर रहे हैं इन परमाणु संपन्न राष्ट्रों के संधियों में बांधकर अपंग बनाने की नीति है। सन् 1945 से 1992 तक शीत युद्ध होता रहा लेकिन अमेरिका ने कभी परमाणु बम का प्रयोग सोवियत संघ के खिलाफ नहीं की अन्यथा जिस अमेरिका ने परमाणु बम का प्रयोग जापान के खिलाफ किया था, सोवियत संघ के खिलाफ कर सकता है, इसका कारण था जापान के पास परमाणु बम नहीं थे। यदि आज भारत इस संधि पर हस्ताक्षर करके इसे मान भी ले तो इन संकीर्ण विचारधारा वाले परमाणु संपन्न देशों पर क्या विश्वास किया जा सकता है, कि वे भारत व अन्य परमाणु बम विहीन राष्ट्रों पर इसका प्रयोग नहीं करेंगे।

ऐसी स्थिति में जबकि भारत के दो प्रतिद्वंद्वी पड़ोसी राष्ट्र परमाणु बम हासिल कर चुके हैं, चीन खुलेआम परमाणु परीक्षण करता रहा है, पाकिस्तान चोरी छुपे परमाणु आयुध विकसित कर रहा है, ये दोनों राष्ट्र न केवल हमारे पड़ोसी हैं वरन् दोनों से युद्ध हो चुका है ऐसे में दुनिया के किसी देश को यह हक नहीं है कि वह भारत को सी.टी.बी.टी. पर हस्ताक्षर करने के लिए मजबूर करें। तार्किक दृष्टि से भारत की सोच अकाट्य है कि एक समय सीमा निर्धारित की जाए इसके भीतर न्यूक्लिअर क्लब के सदस्य देश अपने सभी परमाणु कार्यक्रम को नष्ट कर दे। अतः संधि के वर्तमान स्वरूप में संशोधन और परिवर्तन के लिए भारत की मांग जायज है, जब तक ऐसा नहीं किया जाएगा तब तक भारत अपनी सुरक्षा व्यवस्था को ध्यान में रखकर इस संधि पर हस्ताक्षर नहीं करेगा। आज भारत के पाकिस्तान जैसे परंपरागत प्रतिद्वंद्वी विदेशी देशों को केवल यह आभास है कि भारत के खिलाफ परमाणु बम के प्रयोग से हो सकता है कि भारत के पास भी परमाणु बम होगा यह डर उन्हें सोचने को विवश कर रही है, भारत ने अपने विकल्प खुला रखा है जिससे वह आवश्यकता के अनुसार परमाणु बम हासिल भी कर सकता है और नहीं भी कर सकता है, किंतु इस संधि के साथ जुड़ जाने के बाद वह ऐसा करने में स्वतंत्र नहीं रहेगा।

परमाणु परीक्षण की तीन विधियां है पहला हाड्रोन्यूक्लिअर टैस्क्रीम, दूसरा हाइड्रोडाईनेमिक टेस्क्रीम तीसरा सबक्रेटिकल टेस्क्रीन, प्रथम दो विधियों के द्वारा जो परीक्षण होता है उसमें काफी ऊर्जा निकलती है और इस कारण इसे गुप्त रूप से कार्यान्वित नहीं किया जा सकता है। तीसरे प्रकार के परीक्षण जिसे सबक्रेटिकल टेस्क्रीन कहते हैं में ऊर्जा का कोई बाहरी व्यय नहीं होता है, कम्प्यूटर पर इसके प्रभाव को जाना जा सकता है। परीक्षण की पहली दो विधियां काफी पूर्व से प्रचलित हैं यह तीसरी विधि तो अभी हाल में ही अमेरिका ने विकसित किया है हो सकता है इसी तीसरी विधि के चलते जो परमाणु संपन्न देश कल तक संधि के विरोध में थे आज हिमायती हो गए हैं, क्योंकि इस विधि के चलते परमाणु प्रयोग अत्यंत गोपनीय ढंग से पूरा किया जा सकता है और विरोधियों को इसकी भनक तक नहीं लग सकती।

कुछ भी हो परमाणु संपन्न देशों की नीति का यह विरोधाभास और पक्षपातपूर्ण रवैया इस व्यापक परमाणु परीक्षण निषेध संधि को संदिग्धता के कठघरे में खड़ा कर देता है। भारत के विरोध में विश्व के अन्य देशों को भी इस संधि के बारे में सोचने और उसकी पुर्नसमीक्षा के लिए विवश कर दिया है। आज हो सकता है कि भारत इस संधि का विरोध करने से समुदाय से अलग-थलग पड़ जाए पर यह सिर्फ भ्रांति

ही है वास्तविकता नहीं है, क्योंकि कोई भी देश अपने एक बहुत बड़े बाजार को खाना नहीं चाहेगा ऐसा करने उसे ज्यादा घाटा उठाना पड़ेगा। पाकिस्तान भी सी.टी.बी.टी. पर हस्ताक्षर करने के लिए तैयार नहीं है पाकिस्तान के सेनाध्यक्ष जनरल जहांगीर करमाकर का कहना था कि जिनेवा वार्ता के अंतिम दौर में यदि भारत संधि पर हस्ताक्षर करने के लिए तैयार भी हो तो भी पाकिस्तान हस्ताक्षर नहीं करेगा। जनरल ने कहा कि जब तक भारत सी.टी.बी.टी. पर हस्ताक्षर नहीं करता पाकिस्तान के हस्ताक्षर करने का कोई सवाल भी नहीं उठता और यदि भारत संधि पर हस्ताक्षर करने के लिए तैयार भी हो जाता है तो भी पाकिस्तान अपनी राष्ट्रीय सुरक्षा को ध्यान में रखते हुए ही कोई कदम उठाएगा।

पूर्व विदेश मंत्री श्री इंद्र कुमार गुजराल ने संसद में स्पष्ट घोषणा करते हुए कहा था कि 'संधि पर निःशस्त्रीकरण सम्मेलन में ढाई वर्ष से चल रहे वार्ता में हमने बार-बार कहा कि संधि व्यापक होनी चाहिए तथा एक निश्चित समय सीमा में सभी नाभिकीय हथियारों के पूर्ण उन्मूलन का लक्ष्य प्राप्त करने की चरणबद्ध प्रक्रिया अपनाई जाए। उन्होंने कहा कि भारत स्वीकार नहीं कर सकता कि अपनी सुरक्षा के लिए नाभिकीय हथियार रखना कुछ देशों के लिए जायज हो तथा अन्य देशों को इन हथियारों से वंचित रखा जाए। उनका कहना था कि विज्ञान और प्रौद्योगिकीय पर मुट्ठी भर देशों को एकाधिकार नहीं हो सकता 'उन्होंने आश्वासन दिया कि क्षेत्र के अन्य देशों द्वारा खुले अथवा चोरी छुपे नाभिकीय कार्यक्रम जारी रखने के कारण सुरक्षा को पेश आने वाले किसी भी खतरे को नजरअंदाज नहीं किया जाएगा।

अमेरिका के विदेश मंत्री वारेन क्रिस्टोफर ने कहा था कि सी.टी.बी.टी. के वर्तमान दस्तावेज पर भारत की आपत्ति के बावजूद क्लिंटन प्रशासन इस पर हस्ताक्षर कराने के लिए दृढ़ संकल्प है उन्होंने दस्तखत के लिए दबाव डालने के भी संकेत दिए हैं, उनका कहना है कि यदि भारत अपने निर्णय पर दृढ़ है तो अमेरिका भी दृढ़ है कि कोई एक हमें परमाणु परीक्षण प्रतिबंध संधि पर हस्ताक्षर कराने से नहीं रोक पाएगा। अमेरिका ने कहा था कि वह निर्धारित कार्यक्रम के अनुसार संयुक्त राष्ट्र में इस मसौदे पर भी सभी देशों से हस्ताक्षर कराने का उपाय ढूंढेगा। उनका कहना था कि सिर्फ भारत ही ऐसा देश है जो संपूर्ण परमाणु निःशस्त्रीकरण के लिए समय निश्चित करने की मांग करके समस्या खड़ी कर रहा है। क्रिस्टोफर ने संकेत दिया था कि उनका देश संधि पर हस्ताक्षर कराने हेतु भारत पर दबाव डालने के लिए चीन से भी सहयोग माँगेगा। ब्रिटेन, रूस और फ्रांस पहले से ही दबाव डालने के

लिए अमेरिका के साथ सहयोग करते रहे हैं। अमेरिका को डर है कि यदि भारत ने हस्ताक्षर नहीं किया तो वह संधि को निस्प्रभावी बनाने के लिए बीटो का इस्तेमाल कर सकता है। अमेरिका पूर्ण निःशास्त्रीकरण पर सहमत होने को तैयार नहीं है उसका कहना है कि मेरे खयाल से ये दो अलग-अलग बातें हैं मिश्र तथा कुछ अन्य देश भी संधि के मसौदे में फेरबदल कराने हेतु विश्व अदालत की राय के अनुसार इनमें नए शब्द जुड़वाने की कोशिश कर रहे हैं। अदालत ने परमाणु अस्त्रों को अवैध घोषित करने से इंकार कर दिया था लेकिन उसने राय जाहिर की थी कि संधि ऐसी होनी चाहिए जिससे परमाणु निःशस्त्रीकरण का मार्ग प्रशस्त हो। भारत में भी इस संधि को लेकर तीखी प्रतिक्रिया हुई संसद एवं राज्य सभा के सदस्यों तथा तमाम बुद्धिजीवी ने सी.टी.बी.टी. को लेकर सरकार से अमेरिका की गीदड़ भभकी से विचलित न होने, बदले अंतर्राष्ट्रीय सुरक्षा माहौल में भारत को नाभिकीय शक्ति संपन्न राष्ट्र बनाने की मांग की। भारतीय जनता पार्टी के श्री. के.आर. मलकारी का मानना है कि सी.टी.बी.टी. के सवाल पर सरकार का पक्ष कमजोर मालूम पड़ता है उन्होंने कहा कि सरकार ने घोषणा की है कि संधि को वर्तमान रूप में स्वीकार नहीं किया जाएगा जिसका अर्थ हुआ कि इसमें कुछ बदलाव लाया जाए तो भारत को इसे स्वीकार करने में कोई आपत्ति नहीं होगी। उन्होंने कहा कि भारत को स्पष्ट कर देना चाहिए कि जब तक नाभिकीय शस्त्र संपन्न राष्ट्र अपने हथियार को समुद्र में नहीं फेंक देते तब तक संधि को मानने का सवाल ही नहीं पैदा होता।

परमाणु संपन्न शक्तियों का सम्मेलन पुनः 28 जून 1996 को जिनेवा में समाप्त हुआ पर भारत ने अपनी वही सोची समझी नीति दुहराई जिससे इस संधि के बारे में कोई निर्णय नहीं हो सका लेकिन यदि भारत इस पक्षपात पूर्ण संधि पर हस्ताक्षर न करके इसका विरोध जारी रखता है तो निश्चिय ही यह उसके मूल्यों एवं सिद्धांतों की जीत होगी, उसकी आदर्शवादिता एवं निर्भीकता का अनुपम पैगाम इन परमाणु संपन्न देशों तक पहुंच जाएगा जो हिंदुस्तान की स्थिति को मजबूती ही प्रदान करेगा।

पंचम खंड

1. भारत की सुरक्षा समस्याएं एवं आतंकवाद
   अ. आंतरिक सुरक्षा समस्याएं
   ब. वाह्य सुरक्षा समस्याएं
2. राष्ट्र के अस्मिता के सजग प्रहरी के रूप में आई.बी., सी.बी.आई और रॉ की भूमिका

1

भारत की सुरक्षा समस्याएं एवं आतंकवाद

भारत की आंतरिक व वाह्य सुरक्षा समस्याएं

हिमालय से हिंद महासागर तक फैला भारत नाम का यह वटवृक्ष हजारों वर्षों से अनेकों थपेड़े और चुनौतियों को झेल रहा है फिर भी इसके जड़ें हरी हैं और शाखाएं आसमान चूम रही हैं। लेकिन जिसे राष्ट्र राज्य कहते हैं और जो 1947 से इस धरती पर उतरा है वह भारत, राष्ट्र के सामने अनेक समस्याएं एवं चुनौतियां पैदा की हैं। पहले हमारे तत्कालीन शासकों को जूनागढ़, हैदराबाद और कश्मीर की समस्या से जूझना पड़ा और पूर्व की दो समस्याएं तो जैसे तैसे निपट गईं लेकिन कश्मीर की समस्या सुलझने के बजाय उलझकर रह गई। कश्मीर समस्या विगत वर्षों में हुए भारत पाक के बीच चार-चार प्रत्यक्ष युद्धों के बावजूद न केवल यथावत बरकरार है अपितु और भी जटिल हो गई है।

आजादी के बाद से लेकर अब तक की प्रमुख सुरक्षा समस्याओं को हम निम्न भागों में बांट सकते हैं :

क. गोवा मुक्ति अभियान

ख. 1962 का भारत चीन युद्ध

ग. हिमालय की सुरक्षा का प्रश्न

घ. पंचवर्षीय योजनांतर्गत रक्षा चुनौतियों के समाधान का प्रयास।

च. भारत पाक युद्ध 1995

छ. भारत पाक युद्ध 1971

ज. जलते पंजाब और सीमा पर बढ़ते तनाव की समस्या

झ. आसाम के अलगांववाद की समस्या

ट. श्रीलंका का तमिल-सिंघली संघर्ष के फलस्वरूप भारत की उलझनें।

ठ. आतंकवाद की चतुर्दित फैलती ज्वाला व आई.एस.आई. की गतिविधियां।

ड. अलगांववाद स्वरूप नए संगठनों का उदय व विद्रोहात्मक गतिविधियां।

ह. क्षेत्रीयता, जातिवाद, भाषावाद, सांप्रदायिकता व आर्थिक विषमता तथा जल बंटवारे संबंधी विवाद और राजनैतिक चेतना में गिरावट व भ्रष्टाचार जैसी विषम आंतरिक समस्याएं।

अ. भारत की आंतरिक सुरक्षा समस्याएं

भारत की आंतरिक सुरक्षा समस्या को हम दो भागों में बांट सकते हैं :–

(क.) कश्मीर, पंजाब, आसाम, तमिलनाडु व अन्य जटिल समस्याएं।

(ख.) आतंकवाद अलगांववाद, क्षेत्रीयता, जातिवाद, सांप्रदायिकता, भ्रष्टाचार, राजनैतिक स्तर में गिरावट व आर्थिक विषमता आदि ज्वलंत समस्याएं।

(क.) जहां तक पंजाब, कश्मीर और आसाम जैसी समस्याओं का सवाल है, इन समस्याओं ने न केवल राष्ट्र पर दूरगामी प्रभाव डाला है वरन् एक स्थिति ऐसी बनी थी कि राष्ट्र की एकता और अखंडता पर ही प्रश्नचिन्ह लग गया था। पंजाब का सिख अलगांववाद उनकी अलग 'सिख होमलैंड' (खालिस्तान) की मांग और उनका उग्रवादी रुख अख्तियार करना तथा इतिहास के पन्नों को रक्त रंजित करने की उनकी सिलसिले वार गतिविधियों ने पूरे भारतीय उमहाद्वीप को ही झकझोर कर रख दिया था। स्वर्णमंदिर ऑपरेशन के दौरान सिख आंदोलन अपने उफान पर था। श्रीमती इंदिरा गांधी की हत्या सिख अंगरक्षकों द्वारा कर दिए जाने से इस जाति के

देशभक्ति पर प्रश्न चिन्ह लग गए थे। बड़ी संख्या में सेना में तैनात सिख सैनिक अपने-अपने बैरकों को छोड़कर भाग निकले थे, प्रतिक्रिया स्वरूप इस वर्ग के लोगों को अपार धन जन की हानि उठानी पड़ी थी। बाद में सरकार ने सिख रेजीमेंट को तोड़कर बचे हुए सिख सैनिकों को अन्यत्र रेजीमेंटों में मिला दिया था। आज पंजाब में पूर्व मुख्यमंत्री स्व. बेअंत सिंह और पूर्व पुलिस प्रमुख के.पी.एस. गिल के अथक प्रयास से भले ही शांति की साया फैल चुकी है लेकिन समय ने करवट लिया तो यह साया सिमटने में देर नहीं लकेगी। पंजाब भारत का प्रगतिशील राज्य है, इसे हरहालत में अपने साथ रखना है उग्रवादियों व अलगाववादियों के इरादों को कुचलकर स्थायी शांति बरकरार रखना होगा।

आसाम में भी नागा मीजों विद्रोह, बोडो उग्रवादियों की बोडोलैंड की मांग तथा उल्फा की 'सैद आसाम' की मांगें और उनका रक्तरंजित आंदोलन उत्तरी पूर्वी भारत को पूर्णतः प्रभावित किया है। इस क्षेत्र को कई बार सेना के हवाले किया जा चुका है। ब्रह्मपुत्र घाटी (आसाम) का चाय उद्योग जो कि यहां की अर्थव्यवस्था की रीढ़ की हड्डी है बुरी तरह प्रभावित हुआ है। इसके साथ बांग्लादेश के कट्टरपंथियों की यातना से त्रस्त बांग्लादेशी नागरिक बड़ी संख्या में पलायन कर आसाम की सरहद में घुस पैठ कर गए हैं, जिसने न केवल आसाम को वरन् संपूर्ण उत्तरी पूर्वी प्रांतों को प्रभावित किया है। वहां की आर्थिक स्थिति बिगड़ती जा रही है यहाँ तक कि सरहदी इलाकों में घुसपैठियों के भारी जमाव से वहां के भारतीय नागरिकों के अल्पसंख्यक हो जाने का खतरा उत्पन्न हो गया है। भारत सरकार बांग्ला देशियों की वापसी पर कोई ठोस निर्णय नहीं ले सकी है, निश्चित रूप से इस प्रकार की घुसपैठ से वहां अपराधिक गतिविधियां बढ़ी हैं। अपहरण, डकैतियां, लूट की बाढ़ सी आई है, जिससे सुरक्षा व्यवस्था प्रभावित हुई है।

कश्मीर समस्या पर दृष्टिपात करें तो हम पाते हैं कि यह समस्या अब शायद सिर्फ भारत की न होकर संपूर्ण दक्षिण एशियाई व्यवस्था को भंगकर दिया है, शायद ही विश्व का कोई ऐसा मंच या सम्मेलन हो जिसमें इस समस्या को गंभीरता से न लिया गया हो। पाकिस्तान की तो संपूर्ण राजनीतिक गतिविधियां कश्मीर से शुरू होकर कश्मीर में ही समाप्त हो जाती हैं। चाहे पाकिस्तानी सरकार हो या वहां का विपक्ष उसके सामने कश्मीर समस्या को उछालना ही उनका परमध्येय हो गया है। कश्मीर में मानव निर्मित वस्तुओं में आवास के अलावा कुछ भी नहीं। चाहे वह जल

में हाउसवोट हो या थल में शयन बिहार इसके अलावा मृत्युप्राय होता वहां का कालीन व शाल उद्योग, बाकी सब कुछ प्रकृति प्रदत्त वस्तुएं हैं। वहां की कंकड़ पत्थरों की छज्जियां उस पर लहराते महकते पुष्पवाटिकाएं, तश्तरी नुमे पहाड़ी सीढ़ीदार खेत, कलकलाते झरने, फिसलती बर्फे, किलकते हंस और सैर में मग्न नवविवाहित युगल यही है कश्मीर की सुषमा जो आज जंग और बारूद के ढेर में बदल गयी है। वहां की आर्थिक खुशहाली का पर्याय पर्यटन उद्योग चौपट हो गया है। पाकिस्तान और चीन ने काफी भू भाग पर कब्जा कर रखा है। भारत का अपने दोनों पड़ोसियों से वैमनस्य की जड़ कश्मीर ही है इसको पाने की ललक नें पिछले तीन-चार युद्धों को जन्म दिया, कश्मीर की जिन् कलियों को धूमिल होने से बचाने के लिए हजारों भारतीय जवानों ने अपनी जान देकर बढ़ते तूफान को रोका वहीं कलियां आज आतंकवादियों के विस्फोटक बारूदों से स्याह होती जा रही है। पाकिस्तानी परिंदों के खूनी पंजे इन कलियों को मसल देने को बेताब है लेकिन शायद उन्हें नहीं मालूम कि हिंदुस्तानी अपनी मां का केश बचाने के लिए अपना शीश देने में कभी नहीं हिचकेगा, कश्मीर भारत का शीश है इसे बचाने के लिए हर हिंदुस्तानी अपना बलिदान देने के लिए तत्पर हैं। पाकिस्तान को इस बात को गंभीरता से लेना चाहिए कि आतंकवाद से अव्यवस्था तो फैला सकता है लेकिन कश्मीर की प्राप्ति उसके लिए असंभव की बात होगी। ऐसा लगता है कि पाकिस्तान कभी कश्मीर के विषय में गंभीरता से सोचता ही नहीं, कश्मीर का प्राकृतिक सौंदर्य उसे अंधा बना रखा है, ठीक उसी तरह जैसे इंद्रप्रस्थ को देखकर दुर्योधन अंधा हो गया था, उसने उस भवन की चकाचौंध में युधिष्ठिर की शक्ति को नजरंदाज किया था।

कश्मीर को पाने के लिए पाकिस्तान ने पूरे भारत देश में आतंकवाद और अलगांववाद को बढ़ाने में देशद्रोहियों की मदद की है। आई.एस.आई. के जरिए उसने भारत में अव्यवस्था फैलाने की हर संभव कोशिश की है ताकि भारत सरकार इन आंतरिक उथल-पुथल पर ध्यान केंद्रित कर कश्मीर पर से अपना ध्यान हटा ले और कश्मीर में जारी उसका गुप्त अभियान सफल हो जाए। उसने पंजाब में सिख उग्रवादियों की मदद की, आसाम में उल्फा जैसे संगठनों को भी आर्थिक व सैन्य सामान की मदद की। बंबई, कलकत्ता, तथा दिल्ली सहित अनेक महानगरों को बम विस्फोट का निशाना बनाया तथा देश में सांप्रदायिक दंगे भड़काने का प्रयास किया। ये सारे कारनामे पाकिस्तान की खुफिया एजेंसी आई.एस.आई. ने किया, इसके

समानांतर संगठन खड़ा कर इसका मुंह तोड़ जवाब देना चाहिए, तभी इनकी गतिविधियों पर अंकुश लगाया जा सकेगा। भारतीय गुप्तचर संगठनों को जवाबी कार्यवाही के लिए तत्पर रहना होगा और इनके इरादों को नाकाम करना होगा।

उपरोक्त समस्याओं के अतिरिक्त भारत और भी आंतरिक समस्याओं से ग्रस्त है। गरीबी, भुखमरी बेकारी ने न केवल अनेकानेक समस्याएं पैदा की हैं वरन् आतंकवाद और अलगांववाद को बढ़ाने में मददगार रही है। प्रायः देखने में आया है कि छोटी-मोटी समस्याओं का सरकारी तंत्र द्वारा उपेक्षा व नजरंआज करने से भी भीषण स्थिति उत्पन्न हुई है और समस्या तब और भी जटिल हुई जब किसी वर्ग द्वारा हथियार उठा लिखा गया। समस्याओं को बढ़ाने में भारतीय राजनीति और शासनतंत्र भी जिम्मेदार रहा है राजनेताओं के राजनैतिक स्तर में काफी गिरावट आई है ईमानदारी और समाज सेवा की जगह बेईमानी और भ्रष्टाचार उभरकर सामने आया है। रिश्वतखोरी और कालाबाजारी में संतरी से मंत्री तक संलग्न है देश के अधिकांश शीर्षस्थ नेता भी दलालों के हाथ की कठपुतली बन गए हैं। घोटालों का साम्राज्य व्याप्त है कोई पाक साफ नहीं रहा। प्रतिभूति घोटाला, टेलीफोन घोटाला, चीनी घोटाला, यूरिया घोटाला, हवाला घोटाला, चारा घोटाला, आवास घोटाला आदि अन्य घोटालों के पर्दाफाश होने से स्वच्छ राजनीति और प्रशासन पर काला धब्बा लग गया है। हमारी उच्च सुरक्षा व गुप्तचर एजेंसियां भी राजनीतिज्ञों की कठपुतली बन गई है। तमाम राजनेता जातिवाद और सांप्रदायिकता फैलाकर अपना वोट बैंक बढ़ाने का प्रयास कर रहे हैं, यह भविष्य के लिए खतरे का सूचक है। इसे समाज विरोधी कुकृत्य माना जाना चाहिए। देश की एकता अखंडता के लिए समाज को तोड़ने नहीं बल्कि जोड़ने की जरूरत है। आज जगह-जगह उत्तराखंड, झारखंड बुंदेलखंड, रूहेलखंड, गोरखालैंड, बोडोलैंड, और खालिस्तान आदि क्षेत्रियता के नाम पर अलगांववाद की मांगे समय- समय पर हमारी सुरक्षा व्यवस्था को प्रभावित करती रही है, वहीं मंदिर, मस्जिद जैसे मुद्दों ने हिंदू और मुसलमानों के आंतरिक भावनाओं को ठेस पहुंचाई है और सांप्रदायिकता की आंधी पूरे देश को तबाह किया है। लाखों लोगों को जानमाल का नुकसान सहना पड़ा। ये सारी आंतरिक समस्याएं मिलकर हमारी सुरक्षा व्यवस्था के सामने गंभीर संकट उत्पन्न किए हैं यहाँ समस्याओं को पनपने और बढ़ने में बल मिलता है, इन समस्याओं को कम करके हम बाह्य समस्याओं पर भी अंकुश लगा सकते हैं।

ब. भारत की बाह्य सुरक्षा समस्याएं

भारत के इर्द-गिर्द शत्रु और मित्र दोनों प्रकार के देश हैं। पड़ोसी देशों में उत्तर में चीन, नेपाल, भूटान, पूर्व में वर्मा, बांग्लादेश पश्चिम में पाकिस्तान, अफगानिस्तान, और सोवियत रूस स्थिति है तथा दक्षिण में श्रीलंका और मालद्वीप है। अतीत में घटी घटनाओं के कारण हमें इतिहास सदैव सतर्क रहने की प्रेरणा देता है। ब्रिटिश प्रधानमंत्री पामर्स्टन का मूलमंत्र :– **अंतर्राष्ट्रीय राजनीति में न कोई किसी का स्थायी शत्रु है और न ही मित्र, यह केवल अपने-अपने हित हैं जो शत्रु और मित्र बनाते हैं।''** आज भी अक्षरशः सत्य प्रतीत होता है।

अंतर्राष्ट्रीय स्थिति की गंभीरता से हम परिचित हैं। पड़ोसी राष्ट्र में बढ़ते आधुनिक शस्त्र, उसका भारत के प्रति सशंकित रहना तथा परमाणु शक्ति के विकास में जी तोड़ प्रयास करना भारत की राष्ट्रीय सुरक्षा से प्रत्यक्ष रूप से जुड़ा हुआ है। भारतीय सुरक्षा के लिए पड़ोसी देशों में पाकिस्तान, चीन व बांग्लादेश तथा श्रीलंका का उथल-पुथल प्रमुख कारण बने हुए हैं। अन्य पड़ोसियों से हमारे संबंध फिलहाल सामान्य हैं।

पाकिस्तान की आक्रामक नीति

किसी भी शांतिकामी देश के पड़ोस में रहने वाले देश द्वारा अपनी सुरक्षा के नाम पर शस्त्रों का अंबार लगाना स्थिरता और शांति के लिए सदैव घातक रहा है। यद्यपि सैन्य शक्ति बढ़ने से सुरक्षा में वृद्धि नहीं होती बल्कि इससे असुरक्षा का भाव बढ़ता है। हथियारों की होड़ से वास्तव में टिकाऊ शक्ति या श्रेष्ठता प्राप्त नहीं होती। पाकिस्तान आत्म रक्षा के नाम पर प्रलयंकारी शस्त्रों के माध्यम से इस क्षेत्र में दबदबा बनाए रखना चाहता है जो कि शिमला समझौते के प्रतिकूल है, साथ ही वे द्विपक्षीय मामलों को उठाने से भी बाज नहीं आते।

इतिहास इस बात का साक्षी है कि पाकिस्तानी शासकों ने जब कभी अपने को नए हथियारों से लैस किया है तभी उन्होंने भारत को अपना निशाना बनाया है। छठे दशक में पाकिस्तान ने एफ-104 स्टार फाइटर विमान, महाकाल समझे जाने वाले पैटर्न टैंक और अजेय समझी जाने वाली डायलेवा पनडुब्बी खरीदी जिसका परिणाम

रहा 1965 का भारत पाक युद्ध। सातवें दशक में पाकिस्तान ने गियरिंग नामक नौसैनिक जहाज, एटलांटिक विमान और पनडुब्बी ध्वंसक हवाई जहाज के साथ ही धरती से आकाश में मार करने वाली मिसाइलें खरीदीं और इसका परिणाम रहा 1971 का युद्ध। अब भारत की राजधानी तक बेधड़क मार करने वाले एफ-16 विमान हारपून मिशाइल, एम-11, आणुविक मिशाइल आ गए हैं। पाकिस्तानी शासक कुछ भी कहें लेकिन यह हथियार भारत की धरती पर फूल नहीं बरसाएंगे सिर्फ कहर ढाएंगे। अब तो पाकिस्तानी शासकों (नवाज शरीफ) ने परमाणु बम की मौजूदगी को न केवल कुबूल कर लिया है अपितु भविष्य में युद्ध हुआ तो हार की स्थिति में इसके प्रयोग की भी धमकी दे डाली है। अब भारतीय शासकों को एक बार पुनः अपनी सुरक्षा व्यवस्था के प्रति गंभीरता से सोचने को मजबूर होना पड़ा है। हमें एन.पी.टी. व सी.टी.बी.टी. का चक्कर छोड़कर परमाणु बम बनाने चाहिए वरना पाकिस्तान जैसे देश की कृपा पर हमें निर्भर रहना पड़ेगा।

चीन की सौदागिरी एवं विस्तारवादी नीति

1962 के चीनी आक्रमण के समय से ही भारत चीन के मध्य संबंधों में कटुता आ गई । 1962 का चीनी हमला एक तरह से विपदा में आया वरदान था वह हमारी गुटनिरपेक्षता की नीति की पहली गंभीर परीक्षा थी। हमने युद्ध से यह सबक सीखा कि अंततः अपनी ही शक्ति काम आती है चीन ने भारत के एक लंबे भू-भाग पर अवैध कब्जा कर रखा है उसके बावजूद चीन का दावा है कि भारत उसके 50 हजार वर्ग मील जमीन पर कब्जा किए है, जबकि भारत ने कभी किसी पर आक्रमण ही नहीं किया। किसी भी देश के साथ संबंध सुधारने या बिगाड़ने के लिए सही समय का चुनाव करने में चीन बड़ा माहिर है।

पाकिस्तान से मित्रता कर भारत के पश्चिमी सीमा तक पहुंचने के लिए चीन ने कराकोरम राजमार्ग भी बना लिया है यह राजमार्ग भी भारतीय सुरक्षा के लिए गंभीर खतरा है । चीन पाकिस्तान को मित्र देश मानते हुए उसे समय-समय पर मदद देता रहा है और भारत के विरुद्ध भड़काता रहा है। भारतीय दृष्टिकोण से इस नए गठजोड़ से वैसे ही दूरगामी नतीजे हो सकते हैं जैसे पाकिस्तान को आवास एफ-16 या हार्पून मिसाइल तथा एम-11 मिसाइल मिलने से है। चीन इसके पूर्व बांग्लादेश को 100 चीनी युद्धक विमान, चालीस टैंक और कई समुद्री पोत तथा नौकाएं दे चुका है।

भारत-श्रीलंका के बीच चल रहे मतभेदों का फायदा उठाकर श्रीलंका को भी चीन ने शस्त्रों की आपूर्ति बढ़ा दी है। यद्यपि सीमा विवाद पर भी भारत चीन के मध्य कई दौर की बातें हो चुकी हैं किंतु अभी तक कोई ठोस परिणाम नहीं निकला है। चीन अरुणाचल प्रदेश को हथियाने के लिए तरह-तरह के प्रचार एवं बहाने ढूंढ़ रहा है। भारत को चीन से संबंध सुधारने के लिए किसी भी हाल में अपने राष्ट्रीय हितों की कुर्बानी नहीं करनी है। यद्यपि सोवियत संघ जैसे मित्र और प्रभावशाली राष्ट्र के बिखर जाने पर भारतीय सुरक्षा व्यवस्था प्रभावित हुई है लेकिन हमें सुरक्षा व्यवस्था की खामियों को समय रहते दूर कर लेना चाहिए, ताकि भविष्य में पछताना न पड़े।

बांग्लादेश और शरणार्थी समस्या

भारत और बांग्लादेश के मध्य भी संबंध मधुर नहीं कहे जा सकते। 1971 में बांग्लादेश की स्वतंत्रता के लिए भारत द्वारा किए गए अद्वितीय योगदान के फलस्वरूप भी दोनों देश अभी तक आपसी हितों के लिए ऐसे आधार नहीं खोज पाए हैं जिन पर एक स्थायी और मैत्रीपूर्ण संबंधों की स्थापना की जा सके। जल सीमा विवाद तथा भारत में आने वाले शरणार्थियों और घुसपैठियों के कारण भारत के उत्तरी पूर्वी राज्यों में आंतरिक विवाद उत्पन्न हो गए हैं।

इस समय बांग्लादेश अंतर्राष्ट्रीय षडयंत्र का केंद्र बिंदु बना हुआ है। देश की प्रशासनिक और आर्थिक व्यवस्था लगभग छिन्न-भिन्न हो चुकी है। परिस्थितियों का दबाव बांग्लादेश में अनिश्चितता का संकेत करता है। विडंबना है कि बांग्लादेश 1971 का भारत सहयोग भुलाकर आज भारत विरोधी गतिविधियों में रुचि ले रहा है।

श्रीलंका का जातीय संघर्ष

भारत के दक्षिण में हिंद महासागर को रक्त रंजित करने वाला एक छोटा-सा देश श्रीलंका भारत के सामने एक समस्या बन कर खड़ा है। वहां के नस्ली विद्रोह के तथाकथित तमिल उग्रवादी भारत के ही मूल निवासी हैं-सदियों पहले व्यापार आदि के लिए श्रीलंका गए और वहीं के होकर रह गए। ठीक उसी तरह जैसे भारत में मुसलमान। श्रीलंका में तमिलों की तादाद भारी मात्रा में हो गई है लेकिन वहां की सरकारों द्वारा उन्हें मौलिक अधिकारों से वंचित होना पड़ा है, उन पर काफी अत्याचार किए गए। परिणामस्वरूप अपनी जायज मांगों को लेकर तमिल युवकों ने

एक संगठन बना लिया और सशक्त आंदोलन की शुरुआत की जो आज तक अनवरत् जारी है। इस तमिल-सिंघली संघर्ष में दोनों ओर से अब तक हजारों की संख्या में लोग मारे गए और अरबों की संपत्ति नष्ट हो चुकी है। लिट्टे तमिलों का एक सशक्त उग्रवादी संगठन है जिसने श्रीलंकाई सेना से सीधे टक्कर लेकर उनकी नाक में दम कर रखा है। इस संघर्ष में श्रीलंका के राष्ट्रपति, प्रधानमंत्री विदेश मंत्री सहित अनेकों विशिष्ट व्यक्ति भी आतंकवाद की भेंट चढ़ चुके हैं।

श्रीलंका के इस खूनी संघर्ष का भारत पर दो तरह से प्रभाव पड़ सकता है, जो सुरक्षा व्यवस्था में एक विकट समस्या उत्पन्न कर देगा। पहला यह की तमिलों की पराजय के बाद यदि उन्हें वहां से निष्कासित किया गया या उन पर और अधिक जुल्म ढाए गए तो वे बड़ी संख्या में भारत की ओर पलायन कर अन्य घुपैसिठयों की तरह आर्थिक संकट उत्पन्न करने के साथ-साथ हमारी सुरक्षा व्यवस्था को प्रभावित करेंगे, खास तौर से लिट्टे जैसे खूंखार आतंकवादी संगठन के सदस्यों की यहां मौजूदगी गंभीर संकट उत्पन्न कर देगी। दूसरी बात संकटपूर्ण तब हो सकती है जबकि श्रीलंका के हरी झंडी दे देने पर वहां शांति स्थापना के नाम पर बाह्य शक्ति खासतौर से अमेरिका, पाकिस्तान, चीन आदि के आ धमकने से भारत के ऊपर गंभीर खतरा उत्पन्न हो जाएगा, क्योंकि ये देश भारत से शत्रुता का भाव रखते हैं और अमेरिका जैसा देश जिसकी सेनाएं एक बार जहां जम गईं वहां से लौटने का नाम नहीं लेती और न ही श्री लंका जैसा देश उन्हें वापस जाने के लिए दबाव डाल सकता है, खाड़ी क्षेत्र इसका जीता जागता उदाहरण है। श्रीलंका के प्रधान मंत्री प्रेमदासा ने भारतीय शांति सैनिकों के बलिदान को भूलकर उन्हें उपेक्षापूर्वक वापस लौटा दिया था, लेकिन अमेरिका जैसे देश के लिए श्रीलंका के शासक इस नीति को दोहराने की हिम्मत नहीं करेंगे। भारतीय उपमहाद्वीप के निकट सर्वशक्ति संपन्न देशों की सेनाओं की मौजूदगी से भारत के सामने आत्महत्या जैसी स्थिति उत्पन्न हो जाएगी और हमारी सुरक्षा व्यवस्था सीधे-सीधे प्रभावित होगी। भारत के पूर्व प्रधानमंत्री स्वर्गीय राजीव गांधी ने अपना बलिदान देकर जिस शांति सेना को श्रीलंका भेजा था उसका मकसद भी यही था कि इस क्षेत्र में महाशक्तियों और शत्रु राष्ट्र के हस्तक्षेप को रोका जाए क्योंकि उनके आने से श्रीलंकाई आतंकवाद इस क्षेत्र की दूसरी समस्या होकर रह जाएगी पहली मुख्य समस्या होगी नवागंतुक सैनिकों की वापसी।

हिन्द महासागर में महाशक्तियों के सैनिक अड्डों की स्थिति

हिंद महासागर

हिंदमहासागर में कई महाशक्तियों के एक साथ मौजूदगी से स्थिति गंभीर हुई है। परमाणु अस्त्रों से लैस जहाज इधर-उधर गस्त लगाते रहते हैं। हमारा समुद्र तट लंबा है अधिकांश व्यापार समुद्र के रास्ते से होता है हिंद महासागर में बड़ी ताकतों की मौजूदगी हमारे सामुद्रिक परिवेश में एक खतरा है यहां की शांति और सुरक्षा की समस्या काफी गंभीर और महत्वपूर्ण है। भारत का चिंतित होना स्वाभाविक है, क्योंकि उसका आर्थिक विकास और सुरक्षा का प्रश्न इस महासागर की लहरों से जुड़ा हुआ है। दुर्भाग्यवश संयुक्त राष्ट्र संघ भी इसे शांति का क्षेत्र घोषित करने की सिफारिश को उतनी गंभीरता से नहीं लिया जितनी कि उसे लेना चाहिए था।

अमेरिका, पाकिस्तान व चीन के त्रिगुट द्वारा अपनाई कूटनीति का गहरा मूल्य हमें चुकाना न पड़े इसलिए यह आवश्यक है कि भारत आंतरिक एवं वाह्य दोनों मोर्चों पर शक्तिशाली बने। सीमाओं पर मंडरा रहे युद्ध के बादल को दूर हटाने एवं शांति स्थापित करने के लिए भारत को कठोर कदम उठाना पड़ेगा। अतः भारत को सामरिक दृष्टि से सबल होना अनिवार्य है सिर्फ कूटनीतिक तरीकों या अन्य किसी पर निर्भर रहकर अपने अस्तित्व की रक्षा एवं देश की सुरक्षा असंभव है। सभी खतरों पर दूर दृष्टि रखना बहुत जरूरी है और भी अधिक जरूरी है कि मजबूत केंद्रीय

सरकार के साथ मिलकर सामूहिक रूप से खतरों का प्रतिकार किया जाए।

यह भी उल्लेखनीय है कि चीन, पाकिस्तान, बांग्लादेश व अमेरिका के अतिरिक्त अन्य पड़ोसी देशों जैसे नेपाल, भूटान तथा मालदीप को अनदेखा करने के घातक परिणाम हो सकते हैं। भारतीय सामरिक हितों को नुकसान पहुंचाने के लिए सदैव तत्पर कोई भी महाशक्ति यदि पड़ोस के इन देशों में जबरन घुस आए तो आक्रमणकारी को बाहर निकालना भारत के लिए असंभव बन सकता है इसलिए अतः भारत के लिए तेजी से निरंतर बदल रहे घटनाक्रम के वातावरण में इस बात के लिए सक्रिय रहना भी नितांत आवश्यक है कि पड़ोस में सैनिक व शोषक परिजीवी विदेशी घुसपैठ न होने पाए। नेपाल में आई.एस.आई. जैसे संगठनों की मौजूदगी वास्तव में चिंता का विषय है, पड़ोसी देशों में हल्का तूफान के आने से यदि उनकी बंद खिड़कियां झटके से खुलती हैं अथवा उनकी खिड़कियों के शीशे टूटते हैं तो उसका असर भारत पर पड़े बिना न रहेगा।

2

राष्ट्र के अस्मिता के सजग प्रहरी के रूप में आई.बी, सी.बी.आई. और रॉ की भूमिका

पृष्ठ भूमि

जासूसी कूटनीति का अनिवार्य अंग है तथा कूटनीति और राजनीति सैन्य विज्ञान के मुख्य विषय वस्तु है। प्रत्येक युग में गोपनीय ढंग से सूचनाएं प्रदान करने वालों की भूमिका महत्वपूर्ण रही है इसी के आधार पर शासकों ने अपनी शक्ति का सही ढंग से उपयोग कर राज्य में शांति व्यवस्था बनाए रखने के साथ वाह्य आक्रमणकारी से अपने राज्य की रक्षा की है। कौटिल्य ने अपने अर्थशास्त्र में गुप्तचर विभाग के महत्व और कार्यों को दर्शाया है, दूतों और गुप्तचरों के कार्य पर प्रकाश डालते हुए कौटिल्य ने लिखा है कि ''इन्हें शत्रु राज्य के महत्वपूर्ण व्यक्तियों से घनिष्ठ संबंध रखना चाहिए। शत्रु राज्य में शत्रु सेना के निवास, उनके दुर्ग, सैनिक छावनियों, आर्थिक दशा, नागरिकों के आचार-विचार तथा शत्रु सेना की वास्तविक शक्ति और उसकी कमजोरियों का सही पता लगाने का प्रयत्न करना चाहिए। कौटिल्य का राजनीति और कूटनीतिक सिद्धांत आने वाली पीढ़ियों तथा कूटनीति एवं समरनीति के निर्माताओं एवं विशेषज्ञों के लिए प्रेरणा श्रोत बना रहेगा।

राष्ट्रों का भाग्य बहुत हद तक सही सूचनाओं पर निर्भर करता है विशेषकर

ऐसे युग में जब अधिकांश राष्ट्रों के पास इतनी शक्ति हो गई है कि वह किसी की भी सुरक्षा व्यवस्था को मिनटों में धराशाही कर सकते हैं, उस समय युद्ध जीतने का एक मात्र सफल हथियार आकस्मिक आक्रमण ही रह जाता है और मेरी समझ से आकस्मिक आक्रमण वही राज्य कर सकता है जिसकी गुप्त सूचनाएं देने वाली एजेंसियां इतनी सक्षम होंगी कि वस्तु स्थिति का शत-प्रतिशत शुद्ध जानकारी अपनी सरकार को सही समय पर दे सके। देश के अंदर आंतरिक उथल-पुथल या उग्रवादी गतिविधियों को रोकने में सुरक्षाबलों को तभी कामयाबी मिल सकती है जबकि गुप्तचर संस्थाएं उन्हें सही और समय पर जानकारी देती रहे। इस प्रकार देश के अंदर और बाहर राजनीतिक, कूटनीतिक और समरतांत्रिक सफलता बहुत हद तक गुप्तचर एजेंसियों के सफलता पर निर्भर करती है।

भारत में मुख्यतः रिसर्च एंड एनालिसिसविंग जिसे 'रॉ' के नाम से पुकारते हैं तथा इंटेलीजेंस ब्यूरो जिसे आई.बी. के नाम से जानते हैं, महत्वपूर्ण सूचनाओं को एकत्र करने के संबंध में गठित की गई है। रॉ देश के बाहर तथा आई.बी. देश के अंदर की सूचनाओं को राष्ट्रीय हित के परिप्रेक्ष्य में प्राप्त करने का दायित्व का निर्वाह करती है। एक तीसरी संस्था जिसे सी.बी.आई. कहते हैं यह प्रधानमंत्री के अधीन रहते हुए प्रमुख घटनाओं की जांच-पड़ताल का काम करती है तथा अपराधियों को बेनकाब करके उन्हें सजा हेतु अदालत में पेश करती है।

भारत में कई गुप्तचार संस्थाएं व एजेंसियां हैं जो जासूसी संबंधी तथ्यों के संग्रहण, परिकुलन, विश्लेषण और प्रसार का कार्य करती हैं। प्रत्येक इकाईयों को एक विशेष भूमिका प्रदान की गई है और उनकी भूमिका के अनुरूप ही उनकी संगठनों का निर्माण किया गया है। यहां हम केवल उन्हीं एजेंसियों पर प्रकाश डालेंगे जिनकी भूमिका भारत की राष्ट्रीय सुरक्षा के प्रति प्रासंगिक है। हालांकि राजस्व गुप्तचर महानिदेशालय (D.R.I. Directrate Revneu Intelligence)] नारकोटिक ब्यूरों (एन. सी.बी.) नारकोटिकस कंट्रोल ब्यूरो (NCB, Narcotics Control Bureau) जैसी एजेंसियां भी सामान्य महत्व की हैं।

संयुक्त गुप्तचर समिति

संयुक्त गुप्तचर समिति (J.I.C., Joint Intelligence Committee) भारत की उच्च खुफिया मूल्यांकन संस्था या निकाय है जिसमें देश की सभी गुप्तचर संस्थाओं

के प्रतिनिधि शामिल होते हैं। जिसका गठन "इस्म समिति" की सिफारिश पर सन् 1948 में किया गया था। इसका प्रमुख कार्य राष्ट्रीय सुरक्षा के परिप्रेक्ष्य में राजनीतिक, आर्थिक, वैज्ञानिक, और सैनिक जासूसी की समीक्षा करना है। यह प्रधानमंत्री एवं भारत सरकार के संबंधित मंत्रालय एवं विभागों के लिए राष्ट्रीय गुप्तचर अनुमान तैयार करती है। संयुक्त गुप्तचर समिति कैबिनेट सचिवालय के तहत आती है तथा इसका अध्यक्ष अतिरिक्त सचिव के रैंक का अधिकारी होता है।

(1) **केंद्रीय गुप्तचर ब्यूरो :** केंद्रीय गुप्तचर ब्यूरो (C.B.I. Central Bureau of Investigation) जिसको प्रायः आई.बी. (I.B.- Intelligence Bureau) के नाम से जाना जाता है यह देश की आंतरिक सुरक्षा और प्रति गुप्तचरी से संबद्ध एक प्रमुख एजेंसी है। यह देश की आंतरिक सुरक्षा से संबंधित खुफिया तथ्यों से संग्रहण विश्लेषण और संप्रेषण का कार्य करती है। यह विद्रोह, आतंकवाद और सांप्रदायिक दंगों जैसी आंतरिक समस्याओं के प्रति भी जागरुक रहती है। 1947 से लेकर 1951 तक आई.बी. पर केवल आंतरिक गुप्तचरी का ही कार्यभार था, लेकिन 1951 में "हिम्मत सिंह की समिति" ने यह सिफारिश की कि आई.बी. को वाह्य गुप्तचरी के मामलों को भी देखना चाहिए। हालांकि 1949 में ही आई.बी. के तत्कालीन निदेशक टी.जी. संजीवी पिल्लई ने एक "विदेश गुप्तचर सेल" की स्थापना कर दी थी, इसके बाद 1968 तक (रॉ के गठन के पूर्व तक) यह भारत की सुरक्षा से संबंधित सभी गुप्तचरी पहलुओं की देख-रेख करती थी। आई.बी. गृह मंत्रालय (Ministry of Home Affaire) द्वारा नियंत्रित होता है इसका निदेशक देश का उच्च पदस्थ पुलिस अधिकारी होता है।

(2) **अनुसंधान एवं विश्लेषण शाखा (रॉ) :** वर्तमान रूप में रॉ (रिसर्च एंड एनालिसिस विंग (Research & Analysis Wing) का गठन सितंबर 1968 में करके इसको वाह्य गुप्तचरी का कार्यभार सौंपा गया। रॉ बाह्य आयामों से संबंधित देश की राष्ट्रीय सुरक्षा के विविध पहलुओं पर खुफिया तथ्यों एवं आंकड़ों का संग्रहण, विश्लेषण एवं संप्रेषण कार्य करता है। यह विद्रोह, आतंकवाद और सीमा पार से उत्पन्न की जाने वाली बाधाओं के मूल्यांकन के क्षेत्र में भी अहम् भूमिका अदा करता है। रॉ कैबिनेट सचिवालय के अंतर्गत आता है और इसका निदेशक सचिव रैंक का अधिकारी होता है। मात्र 250 लोगों के साथ प्रारंभ होने वाली इस संस्था

में आज 10 हजार लोग कार्यरत हैं। मूलतः रॉ का लक्ष्य भारत के उन सभी समीपवर्ती देशों से संबंधित खुफिया तथ्यों का संकलन करना होता है जिनकी विदेश एवं रक्षा नीतियां हमारी राष्ट्रीय सुरक्षा को प्रभावित करती हैं। यह चीन और उसके पड़ोसी रूस तथा अमेरिका सहित अन्य देशों पर भी नजर रखता है, और उसकी समीक्षा करता है। रॉ विदेशों में रहने वाले भारतीय मूल के लोगों से भी संपर्क रखता है ताकि इन देशों में एक दीर्घकालीन लाबी बनाई जा सके जिसमें भारतीय प्रभावकारी स्थिति में हों साथ ही अंतर्राष्ट्रीय बाजार में व्यापार, हथियारों की खरीदारी एवं तस्करी आदि पर भी अपनी पैनी दृष्टि रखते हुए रॉ अपनी भूमिका का निर्वाह करता है।

(3) **केंद्रीय जांच ब्यूरो :** केंद्रीय जांच ब्यूरो जिसे सी.बी.आई. (Central Bureau of Investigation) के नाम से जानते हैं, यह वास्तव में आई. बी. और रॉ. के बीच की कड़ी है। यह खुफिया विभाग की तीसरी संस्था प्रधानमंत्री के अधीन रहते हुए प्रमुख घटनाओं की जांच पड़ताल का कार्य करती है तथा अपराधियों को बेनकाब करके उन्हें सजा दिलाने हेतु अदालत में पेश करती है। सी.बी.आई. आंतरिक खुफिया मामलों से संबंधित आई.बी. की रिपोर्टों और बाह्य मामलों से संबंधित रॉ की रिपोर्टों का भी अध्ययन करती है। आम तौर से कहा जाता है कि आई.बी. साधारण तौर पर शुरुआती निगरानी करके जासूसों को फंदे में फंसाती है और सी.बी.आई. इन पर मुकदमा चलाती है। इधर के कुछ वर्षों से इसरो जासूसी कांड, राजीवगांधी हत्याकांड और हवाला तथा प्रतिभूति घोटाले सहित तमाम एक के बाद एक हुए घोटालों ने सी.बी.आई. की भूमिका को बहुत महत्वपूर्ण बना दिया है। इस संस्था पर समय-समंय पर प्रधानमंत्री के इशारे पर चलने के आरोप लगते रहे हैं अब देखना है कि सुप्रीम कोर्ट के ऊपरी दबाव और नेताओं में आंतरिक दबाव के चलते यह अपनी स्थिति से कैसे उबर पाती है।

वैसे भारत में इंटेलीजेंस व्यवस्था अब भी काफी कमजोर है क्योंकि जिस उद्देश्य से इसका गठन किया गया था वह प्राप्त करने में यह असफल रही है। चाहे वह 1956 की नागालैंड और 1967 में मिजोरम में हिंसात्मक विद्रोहियों द्वारा की जाने वाली कार्यवाही रही हो या फिर 1960 में आंध्र प्रदेश और केरल के नक्सलवादियों

द्वारा की जाने वाली हिंसक गतिविधियां रही हों या फिर 1970-71 का बंगला विद्रोह। इन कार्यवाहियों ने शुरू से ही बार-बार हमारे गुप्तचर व्यवस्था की कार्यक्षमता पर प्रश्न चिन्ह लगाया है। भारत के अधिकांश भागों में पिछले वर्षों में आतंकवाद, उग्रवाद तथा अलगांववाद, जनजाति विद्रोह, सांप्रदायिक दंगे और किसान आंदोलन रह रहकर तूफान की तरह उठते रहे हैं, जिनकी कोई सही जानकारी या पूर्व चेतावनी हमारी इंटेलीजेंस व्यवस्था देने में असमर्थ रही है। 1960 ई. में दिल्ली पुलिस द्वारा हड़ताल पर चले जाने तथा 1973 में उत्तर प्रदेश में पी.ए.सी. द्वारा भयानक विद्रोह और 1979 में विभिन्न राज्यों के पुलिस तथा पैरामिलिट्री संगठन द्वारा इसी प्रकार की कार्यवाही की पुनरावृत्ति और पुनः 1988 में गुजरात में अचानक पुलिस हड़ताल से हमारी इंटेलीजेंस व्यवस्था पर हजारों प्रश्न चिन्ह लगाए गए। पंजाब में किए ऑपरेशन ब्लूस्टार के अंतर्गत सैनिक अत्यंत गुप्त तरीके से पहुंचाए गए थे फिर भी राज्य के सीमांतों और आतंकवादियों के प्रमुख अड्डों के इर्द-गिर्द घेरा डाले स्वर्ण मंदिर में बैठे नेताओं को पक्की खबर हो गई थी कि कार्यवाही अवश्यंभावी एवं संनिकट है। यहां तक कि आतंकवादी 4 जून तक पता लगा चुके थे कि मद्रास रेजीमेंट, गढ़वाल रेजीमेंट, पंजाब रेजीमेंट तथा डोगरा रेजीमेंट के जवानों ने जगह-जगह पोजीशन ले ली है। भीतर से लौटे कुछ जासूसों ने सैनिक अधिकारियों को खबर दी कि आतंकवादियों के जनरल शाहवेग सिंह की धारणा है कि बिग्रेड़ ऑफ गार्ड्स के जवान और कमांडो भी कार्यवाही में जरूर भाग लेंगे। वे ये भी समझते थे कि ऐसी कोई रेजीमेंट इस कार्यवाही में नहीं शामिल की जाएगी जिसमें सिक्ख जवान हैं। उनका अंदाजा वास्तव में सच निकला जबकि हमारी इंटेलीजेंस सूत्र ने स्वर्ण मंदिर को घेरने से पहले सेना को जो खुफिया रिपोर्ट दी थी वह वास्तव में एक अधूरी जानकारी थी। खुफिया एजेंसियों ने भीतर मोर्चा लेने वाले आतंकवादियों के पास अधिकतम 10 लाइट मशीननें होने का दावा किया था जबकि भीतर घुसने पर सैनिकों ने पाया कि सिर्फ अकाल तख्त से ही 25 लाइट मशीनगनें गोलियां बरसा रही थीं। इंटेलीजेंस सूत्रों ने स्वर्ण मंदिर के तलहटों और भूमिगत मार्गों के जो नक्शे सेना को बनाकर दिए थे वे काफी हद तक भ्रामक थे जो कि जिस तल पर गोदाम बताया गया था उसमें उन्नति किस्म के हाथ गोले बनाने की फैक्ट्री थी। स्वर्ण मंदिर पर कब्जा करने के बाद सैनिकों ने आतंकवादियों से 103 की 249 राइफल, और 49 सेल्फ लोडिंग राइफल, 507 हथगोले 59 कारबाइनें, 33 अन्य गोले एक राकेट लांचर सहित वायरलेस सेट आदि आधुनिक अस्त्र-शस्त्रों का भारी जखीरा बरामद किया, इससे सिद्ध हो गया कि अधूरी खुफिया रिपोर्ट के आधार पर की जाने वाली कोई

भी कार्यवाही नुकसान देय साबित हो सकती है। भारतीय सैनिक साहस और अनुशासन से काम लेते हुए स्वर्ण मंदिर को धराशायी होने से बचा लिया नहीं तो सिखों का यह सर्वाधिक पुनीत पूजास्थल खंडहर भी बन सकता था। राष्ट्र लगभग अरबों रुपए आई.बी. पर खर्च करता है वह सिर्फ इसलिए नहीं कि आई.बी बताए कि राष्ट्र को खतरा विशेष स्थान पर है, क्योंकि यह सभी जानते हैं कि जैसे हालात होंगे उसी के अनुरूप देश या विशेष स्थान को खतरे होंगे। जानना तो यह है कि खतरा कहां से है, क्यों है? और किस बिंदु पर केंद्रित है जिसे कि आई.बी. गंभीरता से नहीं लेती। दिल्ली में एशियाई खेल हुए थे खुफिया सूत्रों ने सूचना दी कि उत्तर पूर्वी राज्यों और पंजाब के उग्रवादी कुछ करने वाले हैं सरकार ने सुरक्षात्मक दृष्टि से स्टेडियम में कैमरा, दुर्बीन, अखबार और लंच आदि न ले जाने की घोषणा कर दी जबकि यह कदम बड़ा हास्यास्पद कहा जाएगा क्योंकि इंटेलीजेंस अधिकारी अगर गौर करें तो उनहें मालूम होना चाहिए कि जूतों की एड़ी में टाइम बम लगाया जा सकता है। पंजाब को ही ले तो सारी घटनाएं हमारी खुफिया एजेंसियों पर उंगली उठाती हैं ऐसा लगता है कि हमारे इंटेलीजेंस अधिकारी राजनीतिज्ञों से अंधों की तरह हस्ताक्षर करा लेते हैं वे अनुसंधान और प्रयास को कोई महत्व नहीं देते।

मुझे याद है कि मेरठ के संदर्भ में भी इंटेलीजेंस सूत्रों ने ऐसी ही खबर दी थी उन्होंने प्रधानमंत्री को सुरक्षा का खतरा बता कर वहां जाने से मना कर दिया था। इसमें इटेलीजेंस विभाग ने कौन-सा तीर छोड़ दिया ये तो आम आदमी भी जानता है कि जो भी दंगाग्रस्त क्षेत्र में जाएगा उसकी सुरक्षा को खतरा होगा ही। इस प्रसंग में आई.बी. के भूतपूर्व निदेशक स्वर्गीय बी.एन. मलिक का स्मरण हो आना स्वाभाविक है जिनसे एक बार पंडित नेहरू ने पूछा कि मैं उपद्रव ग्रस्त क्षेत्र मे जाना चाहता हूं आपकी क्या राय है? श्री मलिक ने उत्तर दिया कि आप देश के प्रधानमंत्री हैं आप जहां चाहें कभी भी जाएं आपको सुरक्षा प्रदान करना हमारा दायित्व है। वास्तव में इतना अंतर झलकता है - तब और अब की स्थितियों में।

भारत में कोई भी इंटेलीजेंस एजेंसी अक्षमता में किसी से भी कम नहीं हैं जैसे पंजाब में जहां आई.बी. असफल हुई वहीं रॉ ने कौन-सा कमाल दिखाया इतनी बड़ी मात्रा में हथियार एकत्रित किए गए और बहुत सारे अंतर्राष्ट्रीय बाजारों से खरीदे गए जबकि रॉ की ड्यूटी यह है कि भारत के आतंकवादी संगठनों द्वारा अंतर्राष्ट्रीय बाजार में खरीदारी पर नजर रखे। रॉ की एक विशेष शाखा डी.जी.एस. है, इस विभाग की एक विशेष ड्यूटी है कि देश की अंतर्राष्ट्रीय सीमाओं में चालीस किलोमीटर के अंदर

दोनों ओर की गतिविधियों पर नजर रखे इस सीमा में अमृतसर का मंदिर और लाहौर भी आ जाता है लेकिन ऑपरेशन ब्लू स्टार के समय इस विभाग की गतिविधियां भी फ्लॉप रहीं।

प्रधानमंत्री श्रीमती इंदिरा गांधी की उनके निवास पर तथा उन्हीं के अंगरक्षक के द्वारा की गई हत्या ने दोनों ही इंटेलीजेंस एजेंसियों की अक्षमता पर लगने वाले आरोपों को पूर्णतः सिद्ध कर दिया। पंजाब में स्वर्ण मंदिर में सैनिक कार्यवाही के बाद लगातार ऐसी आशंका व्यक्त की जा रही थी कि आतंकवादी सरकार की इस कार्यवाही से विक्षुब्ध होकर कार्यवाही कर सकते हैं लेकिन इसके प्रति जिम्मेदार इन एजेंसियों को भनक न लगी और आतंकवादियों ने उन्हीं के सुरक्षागार्डों को षडयंत्र में शामिल कर उनकी हत्या कर दी। ठीक यही पुनरावृत्ति राजीव गांधी के साथ लिट्टे उग्रवादियों द्वारा की गई लेकिन हमारी सुरक्षा खुफिया एजेंसियों ने इतिहास और स्थितियों से सबक नहीं सीखा। बाद में ऐसी ही पुनरावृत्ति हो जाए तो उसमें कोई आश्चर्य की बात नहीं। बांग्लादेश में भी रॉ की असफलताएं उस समय दिखाई देने लगीं जब शेख मुजीर्बुरहमान की हत्या हुई तब यह प्रचार किया गया। कि शेख मुजीर्बुरहमान हमारी सलाह नहीं मानते, हमारे हजारों सैनिकों के बलिदान और करोड़ों रुपयों के खर्च से शेख मुजीब सत्तासीन हुए थे यदि शेख हमारी सलाह नहीं मानते थे तो हटाकर दूसरा व्यक्ति लाया जा सकता था लेकिन मुजीब के चरित्र का विश्लेषण भी तो रॉ ने ही करके प्रधानमंत्री को दिया था इसमें इतनी बड़ी भूल कैसे हुई।

सैनिक गुप्तचरी

भारत में सैनिक गुप्तचरी देश की तीनों सेनाओं के लिए मौजूद है प्रत्येक सेनाओं की इससे संबंधित अपनी इकाइयां हैं इनका प्रमुख एक निदेशक होता है। - थल सेना, नौ सेना, और वायु सेना की सैनिक गुप्तचरी, (MI-Military Intelligence) का प्रमुख क्रमशः लेफ्टीनेंट जनरल, कमांडो और एयर वाइस मार्शल रैंक का होता है। थल सेना की एम. आई. सबसे बड़ी है। एम.आई.मुख्यतः सूचनाएं एकत्र करती है और विदेशी सेना की क्षमता का आंकलन करती है इसके द्वारा एकत्र की गई सूचनाओं में सामरिक जासूसी या सैन्य दलों की ब्यूह रचना, युद्ध संबंधी आदेश, तथ्य की मनोदशा या मनोबल, शत्रु कमांडरों की व्यक्तिगत प्रोफाइल आदि शामिल होते हैं। भारत में 50 के दशक में सैनिक गुप्तचरी की शुरुआत की गई लेकिन

विभिन्न कारणों से इसकी गतिविधियां सीमित ही रहीं। 1962 के चीन युद्ध के बाद इस तरफ ध्यान दिया गया और 60 के दशक में इस क्षेत्र में उल्लेखनीय प्रगति हुई जिसका लाभ 1971 के युद्ध मे मिला। वस्तुतः 70 के दशक में इसका पुर्नगठन किया गया और गुप्तचरी प्रति गुप्तचरी एवं क्षेत्र सुरक्षा मे इसको मजबूती प्रदान की गई। इसके पश्चात ऑपरेशन ब्लू स्टार, जम्मू कश्मीर, श्रीलंका की प्रमुख समस्या, हजरत बल प्रकरण आदि में एम.आई. ने उल्लेखनीय कार्य किया और अभी भी अपने कार्यक्षेत्र में दृढ़ता के साथ अग्रसर है। इनमें भर्ती विदेशी दूतावासों में होती है इनका एक काम यह भी है कि वह सरकार को बताए कि हमारे देश में आतंकवादियों एवं देश द्रोही दलों को सैनिक सहायता कहां से मिल रही है इतनी भारी मात्रा में हथियार देश में कब और कैसे आए सैनिक प्रतिष्ठानों से हथियार कैसे चोरी हुए लेकिन इन मामलों में एम.आई. भी असफल रही है। सेना में भारी मात्रा में सिक्ख सैनिक विद्रोह कर बैठे इसकी पूर्व सूचना भी सैनिक पुलिस और सैनिक गुप्तचर विभाग को नहीं थी जबकि यह बात स्वाभाविक ही थी कि जब स्वर्ण मंदिर से सैनिक कार्यवाही होनी थी तो उस आस्था से जुड़े सैनिकों पर विशेष नजर रखना आवश्यक था। ऐसा लगता है कि हमारे सैनिक अधिकारी भी श्रद्धा और विश्वास पर अपनी योजनाएं बनाते हैं न कि व्यवहारिक दृष्टि से हर पहलुओं पर विचार करके। कुल मिलाकर आई.बी, सी.बी.आई. और रॉ की भांति सैनिक गुप्तचर विभाग की असफलताएं भी कम नहीं है। इससे जासूसी कार्य को लेकर तो देश का आम नागरिक भी इन गुप्तचर एजेंसियों का मजाक उड़ाने लगा है।

पिछले कुछ वर्षों में घटित महत्वपूर्ण घटनाओं में इन खुफिया विभागों की अंर्तकलह ने मामलों को पेचीदा बनाने के सिवाय कुछ नहीं किया। इसरो में हुए फूहड़ सेक्स जासूसी कांड से ऐसी ही तस्वीर उभरी है। देश में खुफिया जानकारी जुटाने और प्रति गुप्तचरी के लिए मुख्य एजेंसी गुप्तचर ब्यूरो "आई.बी. और देश की प्रमुख जांच एजेंसी केंद्रीय जांच ब्यूरो ("सी.बी.आई") एक दूसरे से उल्टा काम कर रही है। हालांकि उन्हें एक दूसरे का पूरक माना जाता है इस मामले में आई. बी. ने जो कहानी बुनी है उसके मुताबिक इसरो के करीब 85 किलो गुप्त दस्तावेज पिछले चार साल में लगभग 250 करोड़ के बदले अनेक विदेशियों के हाथ बेचे गए। आई.बी. ने इससे संबंधित अधिकांश सामग्री केरल हाईकोर्ट में पेश की है लेकिन सी.बी.आई. जिसे 4 दिसंबर 1995 को यह मामला सौंपा गया है इस दावे को झूंठा बताते हुए कहती है कि अभी तक उसे जासूसी के कोई सबूत नहीं मिले, यह बात

इसके निदेशक विजय रामाराव ने अदालत में पेश हलफनामें में कही है। उधर देश की विदेशी गुप्तचर एजेंसी अनुसंधान एवं विश्लेषण शाखा (रॉ) ने हमेशा की तरह अदालत में "हम इससे अधिक नहीं जानते" वाला रवैया अपनाया। नतीजतन साउथ ब्लाक में खुले आम झड़पे हुई और इन गुप्तचर एजेंसियों के मतभेदों की जम कर आलोचना की गई। न्याय पालिका भी सक्रिय हो उठी और उसने कोचि के एक सामाजिक संगठन की जनहित याचिका पर संजीदन रूप अपनाते हुए सी.बी.आई. को मामले की मजबूती से छान-बीन करने के लिए कहा। जब आई.बी. ने सील बंद लिफाफे में सामग्री पेश की और अपनी गोपनीयता का हवाला देते हुए जजों से इनका अध्ययन न करने की गुजारिश की तो अदालत ने इस अनुरोध को ठुकरा कर सारे दस्तावेजों और आई.बी. की पूछताछ के दौरान हासिल स्वीकारोक्तियों के तीन वी. डी.ओ. टेप देखे, जजों ने आई.बी. और सी.बी.आई. को काफी विरोधाभाषी पाया। इस षडयंत्र का पर्दाफाश करने में उन गुप्तचर एजेंसियों द्वारा जो गड़बड़ियां हुई वे कुछ इस प्रकार हैं :—

1. संदिग्ध षडयंत्रकारियों की मुलाकातों की तारीखों और स्थानों की जांच किए बिना आई.बी. सीधे नतीजों पर कूदी परिणाम स्वरूप मुख्य अभियुक्तों को मजबूत बहाने मिल गए।
2. संदिग्ध व्यक्तियों पर बिना नजर रखे, बिना टेलीफोन टेप किए, बिना उनके संपत्ति सूत्र का पता लगाए और उन्हें रंगे हाथों पकड़े, जांच कर्त्ताओं ने उन्हें गिरफ्तार किया।
3. श्रेय लेने के लालच मे गुप्तचर एजेंसियों ने जासूसी के बारे में जरूरत से ज्यादा अनुमान लगाने की जल्दबाजी दिखाई।
4. विभिन्न गुप्तचर एजेंसियों के बीच कोई ताल-मेल नहीं रहा।
5. सी.बी.आई. ने अपनी केश डायरी आई.बी. की पूछताछ की रिपोर्ट के आधार पर बनाई अब चूंकि उसकी राय आई.बी. से मेल नहीं खाती इस पर अदालतों को यह समझा पाना काफी मुश्किल है कि यह जानबूझकर उन तथ्यों से परे नहीं हट रही है।

बहरहाल नार्थ ब्लाक में भी इस बात को लेकर थोड़ी बेचैनी थी कि कहीं अनाड़ी तरीके से खोज बीन करने से जासूसी का यह मामला सनसनी खेज होकर तूल न पकड़ ले शुरू में आई.बी. का कहना था कि न सिर्फ पाकिस्तान बल्कि समूचा

विश्व भारत के अंतरिक्ष कार्यक्रम में सेंध लगा चुका है। दस्तावेज जाहिर तौर पर मास्को के एक सिंडीकेट की तरफ से रूसी अंतरिक्ष एजेंसी लोबक्समास में काम कर रहे एलेकसिचासिव खरीदते रहे। वह हालैंड के रास्ते उत्तरी कोरिया भेजा जाता रहा। एक संभावना यह है कि पाकिस्तान ने मालद्वीप के जासूसों का इस्तेमाल करके जर्मनी में नकली कंपनी खोली। विश्वासघाती रूसी वैज्ञानिकों को खरीदा और साझे में उद्यम के अंतर्गत उत्तरी कोरिया में प्रक्षेपास्त्र बनाए। तीन मित्र देश संदिग्धों में थे ही आई.बी. ने संभावित खरीददारों की सूची में इडोनेशिया का नाम भी जोड़ दिया बताया जाता है कि उसने 1982 में इसरो के लियूगिस्ट प्रोपलसन के उपनिदेशक एस.नावी नारायणन से पहली बार संपर्क साधा था। आई.बी. के मुताबिक नांबी नारायणन ने यह प्रस्ताव ठुकरा दिया था क्योंकि उन्हें डर था कि उनके सचिव ने कहीं टेलीफोन पर हुई बात को सुन न ली हो।

कुछ भी हो अखबार व पत्र पत्रिकाओं में खुद सी.बी.आई. पर मामला दबाने के आरोप लगे हैं और वह इसलिए कि इसमें हैदराबाद के व्यापारी के.वी. रवींद्र रेड्डी शामिल हैं जिनकी एम.ए.टी.आर. इंटेलीजेंट नामक कंपनी इसरो को माल बेचने वाले सैकड़ों विक्रेताओं में से हैं और जो तत्कालीन प्रधानमंत्री के विवादास्पद पुत्र पी.बी. प्रभाकर राव के करीबी बताए जाते हैं। बहरहाल मरियम रशीदा और फौजिया हसन जैसी मालद्वूपियाई सीक्रेट सर्विस की छोटी सी कर्मचारी होने के बावजूद एस. नाबींनारायण, के. चंद्रशेखरन, आर.के. सिंह (पूर्व वायुसेना के अवकाश प्राप्त स्कवार्डन लीडर) पी.सी. कुमारन, एस.बी. शर्मा जैसे वैज्ञानिकों को मिलाकर भारत के इस अंतरिक्षत कार्यक्रम संस्थान में न केवल सेंध लगाने में सफल हुए बल्कि अपनी गुप्त गतिविधियां लंबे समय तक जारी रखे रहे लेकिन हमारी गुप्तचर एजेंसियों का इस ओर ध्यान न जाना एक दुखद आश्चर्य जनक और हास्यास्पद विषय है। क्योंकि इसरो का अतंरिक्ष कार्यक्रम परमाणु संस्थान उच्च टेक्नालॉजी और सुरक्षा व्यवस्था से जुड़ा हुआ है। गुप्तचर एजेंसियों द्वारा इस पर विशेष ध्यान रखा जाना चाहिए था लेकिन ऐसा नहीं किया गया फलतः इसरो कांड ने इन एजेंसियों की भूमिका की कलई खोल दी और इसकी जांच प्रक्रिया को लेकर दोनों खुफिया एजेंसी के बीच जो ढोल मेल हुआ उससे इस विभाग की और छीछा लेदर हुई है।

देश के तीनों शीर्ष गुप्तचर संगठनों, के बारे में समझा जाता है कि देश की अस्मिता के सजक प्रहरी हैं किंतु इनकी स्थिति यह है कि यह सत्तारूढ़ दल के

राजनीतिक व प्रशासनिक हितों के रक्षक चाकर हैं। ये देश के लिए नहीं प्रधानमंत्री के लिए कार्य करते हैं। इस स्थिति की शुरुआत श्रीमती इंदिरा गांधी के समय में हुई थी किंतु आज यह बहुत बद्तर हालत में पहुंच चुकी है। अब तो ऐसा लग रहा है कि देश में व्यक्ति की स्वतंत्रता एवं घर पर उसका निजी जीवन भी निरापद नहीं रह गया है। गत वर्षों से अब तक घोटालों की बेतरतीब वृद्धि हुई लेकिन इन एजेंसियों के क्रियाकलाप काफी संदिग्ध रहे हैं। गुप्त जानकारी प्राप्त करने के नाम पर गुप्तचर ब्यूरो ने उन्हीं लोगों की फाइल तैयार करने में रुचि ली है जो सरकार के चहेते नहीं हैं। तथ्यों के साथ कही सुनी बातों का घाल मेल हो रहा है गुप्तचर ब्यूरो राजनीतिक जासूसी में लिप्त है इसलिए उसके पास सामान्य सतर्कता के कार्य के लिए समय ही नहीं रह गया है। इसी कारण बंबई कलकत्ता में हुए बम विस्फोटों में गुप्तचर ब्यूरो को असफलताएं ही हाथ लगी हैं।

जहां तक सी.बी.आई. का सवाल है देखा जाए तो यह प्रधानमंत्री सचिवालय का विस्तार ही है। किसी भी मामले में निष्पक्ष जांच न करके प्रधानमंत्री के इशारे पर काम करती है। इसने एक फार्म गोल्ड स्टार के कथित तौर पर करोड़ों रुपए की आय का पता लगाने में संयुक्त संसदीय समिति के निर्देशों की इसलिए अवहेलना की थी कि इस मामले में प्रधानमंत्री के पुत्र का संबंध था। ऐसे ही सी.बी.आई. को जब बैंक घोटाले का जांच सौपा गया था तो चाहती तो तभी वह हर्षद मेहता को गिरफ्तार कर सकती थी व पोल खोल सकती थी। बोफोर्स तोप दलाली सी.बी.आई. द्वारा पर्दा डाले जाने के बावजूद घेरे में आ गया। अब वह पर्दे के पीछे से इस बात की कोशिश में है कि राजीव गांधी के संबंधों को उजागर नहीं होने दिया जाए।

जहां तक रॉ का संबंध है उसकी महत्त्वपूर्ण गतिविधियां भी आंतरिक ही रह गई हैं, हालांकि उससे यह उम्मीद की गई थी कि वह हमारे देश की सी.आई.ए. है जिसके द्वारा यह पता लगाने का प्रयास किया जाएगा कि दुनिया में क्या कुछ होता है और उससे भारत पर क्या प्रभाव पड़ता है लेकिन राजनैतिक दखलंदाजी ने उसे भी भ्रष्ट बना दिया है। प्रधानमंत्री का सचिवालय जिसके तहत रॉ कार्यरत है इसका इस्तेमाल यह जानने के लिए करता है कि प्रधामनंत्री के विरोधी नेता क्या कर रहे हैं किस-किस से मिलते हैं उनकी गतिविधियां क्या हैं। रॉ का इस्तेमाल यह आंकलन करने के लिए भी किया जाता है कि अपने किन-किन लोगों पर कहां तक भरोसा किया जा सकता है। यहां तक कि सांसदों की खरीद फरोख्त और उन पर मनोवैज्ञानिक दबाव बनाने के लिए भी उनका इस्तेमाल होता है।

यह सिलसिला श्रीमती इंदिरा गांधी ने शुरू किया था उन्होंने 1969 में पार्टी के विभाजन के दौरान कांग्रेस कार्य समिति के सदस्यों को धमकाने व फुसलाने के लिए पुलिस का इस्तेमाल किया था। उन्होंने आपातकाल के दौरान ही फिर ऐसा ही किया था जब पुलिस को खाली गिरफ्तारी वारंट सौंप दिए गए थे ताकि वह किसी भी ऐसे व्यक्ति को जिसके बारे में उन्हें यह संदेह हो कि वह श्रीमती गांधी के खिलाफ आवाज उठाने का साहस कर सकता है उन्हें गिरफ्तार कर सके। तब एक लाख से अधिक लोग बिना अभियोग चलाए ही जेलों में डाल दिए गए थे। राजीव गांधी ने तो इस क्षेत्र का और भी अधिक विस्तार करते हुए चुनाव के लिए कांग्रेसी प्रत्याशियों का चयन और उस समय के कांग्रेसी सांसदों के बारे में जानकारी प्राप्त करने के लिए भी पुलिस व खुफिया एजेंसियों का इस्तेमाल किया था। प्रधानमंत्री राव भी न केवल बहुमत प्राप्त करने के लिए बल्कि अपने पार्टी को इकट्ठा करने और दूसरे पक्ष के सदस्यों को पटाने में इन एजेंसियों का सहारा लिया था। उनके अपने प्रधानमंत्रित्व काल में हुए तमाम घोटालों पर पर्दा डालने हेतु सी.बी.आई. को इशारा करने पर विपक्षी पार्टियों द्वारा जमकर आलोचना की गई। बोफोर्स और प्रतिभूति घोटाले के बाद चारा घोटाला, चीनी घोटाला, टेलीफोन घोटाला, यूरिया घोटाला सहित एक के बाद एक घोटाले होते गए लेकिन अदालत से स्प्ष्ट दिशा निर्देश और खिंचाई के बावजूद सी.बी.आई. ने जांच कार्य में पर्याप्त हीला हवाली की क्योंकि इन घोटालों में अनेक बड़े नेताओं, मंत्रियों और वरिष्ठ अधिकारियों का हाथ था अतः इनके दबाव के चलते सी.बी.आई. द्वारा जांच कार्य निश्चय ही प्रभावित हुआ होगा। हवाला जैसे कांड में न केवल पक्ष और विपक्ष के वरिष्ठ नेताओं बल्कि प्रधानमंत्री पर भी हवाले का धन लेने के लिए उंगली उठाई गई हिंदुस्तान की जनता जनार्दन जिनके साये में देश के विकास का सपना संजोए बैठी है उनका इन नेताओं पर से विश्वास उठता जा रहा है। जब जन प्रतिनिधि ही इतना भ्रष्ट हो जाए तो जनता की आवाज भ्रष्ट अधिकारियों के कानों में नहीं पहुंच सकती, इसलिए यह अक्सर कहा जाता है कि पुलिस जनता की रक्षक न होकर भक्षक बन गई है।

कोई भी यह आशा ही कर सकता है कि आई.पी.एस. एसोसिएशन स्थिति की समीक्षा करेगा जिस तरह से उसने आपात काल के समापन पर की थी। मैं पुलिस द्वारा किए गए दमन और अत्याचारों का विषय नहीं छेड़ रहा हूं क्योंकि वे तो अलग लेख का विषय बन सकते हैं मैं तो गुप्तचर ब्यूरो, केंद्रीय जांच ब्यूरो और रॉ की असफलता का उल्लेख कर रहा हूं जो कि उनके कर्त्तव्य पालन के स्तरों के अनुरूप

नहीं है, क्योंकि जब वरिष्ठ अधिकारी अच्छे पदों पर नियुक्ति बिना बारी के पदोन्नति का कार्यकाल में विस्तार के लिए लालायित रहें तो स्तरों को कायम रखना कठिन हो ही जाता है। जब संगठन के बड़े अधिकारी ही राजनीतिक दबाव के समक्ष नत-मस्तक हो जाएं तो फिर उस राजनीति के प्रदूषित होने से कैसे बचाया जा सकता है। प्रस्तावित मानव अधिकार आयोग जो विदेशों के लिए सरकार का एक जनसंपर्क अधिकार है वह भी उस स्थिति में एक हास्यास्पद तस्वीर बन कर ही उभरेगा जबकि वर्तमान पुलिस मशीनरी उसकी जांच करने वाला यंत्र बनेंगी। एक ऐसा बल जिसने आइने में अपनी शक्ल देखना ही बंद कर दिया हो वह दूसरों को आइना नहीं दिखा सकता। पुलिस एक सरकारी ढांचा है जब वह स्वयं ही अधिकाधिक ज्यादतियों का दोषी बनता जा रहा हो तो वह सरकार अथवा आतंकवादियों के ज्यादतियों के मामले की पड़ताल कैसे करेगी। जब पुलिस बल को यह अनुभूति होगी कि शासक तो खुद ही मानव अधिकारों का सम्मान नहीं कर रहे हैं तो वह व्यक्तिगत अधिकारों और उचित सम्मान के प्रति और अधिक अवज्ञाकारी सिद्ध होगी। वास्तविक कारण तो यह है कि पुलिस इस ढंग से आचरण करती है कि वह किसी के प्रति जवाब देह है ही नहीं। कुछ लोगों को सताया जाना या रिहा किया जाना पूरी तरह राजनीतिक उहापोहों पर आधारित होता है जबकि किसी सामान्य आदमी का मामला हो तो स्थिति और भी अधिक खराब हो जाती है और वह पुलिस के प्रकोप से नहीं बच पाता।

गुप्तचर ब्यूरो, केंद्रीय जांच ब्यूरो और रॉ को अपने खुद के हित में यह करना चाहिए कि वह स्वयं के किसी न किसी ढंग से सार्वजनिक पड़ताल कराए उनके नाम पर धब्बा लग रहा है यों भी उनके कार्यों का एक विशिष्ट क्षेत्र है इसलिए यह आवश्यक है कि इस बारे में सुनिश्चित हुआ जाए कि उनकी गतिविधियों में कभी भी गलती न हो और उससे व्यक्तिगत तौर पर नागरिक के जीवन और आजादी की प्रतिष्ठा पर आंच नहीं आए। इसकी जवाब देही जरूरी है।

विश्वास किया जाना चाहिए कि हमारे देश के राजनीतिज्ञ भी पंजाब की घटनाओं, इंदिरा गांधी जी की हत्या एवं इसके बाद भड़के दंगे, राजीव गांधी की हत्या, सांप्रदायिकता मे प्रगति, बम विस्फोटों व अन्य मामलों से सबक लेंगे और यह समझेंगे कि इंटेलीजेंस क्या है इसके उद्देश्य क्या हैं इसका उद्देश्य मात्र इतना ही नहीं कि कोई व्यक्ति सवेरे से लेकर रात तक क्या करता है अपितु यह जानना है कि वह अगर किसी व्यक्ति से मिला तो क्या बातें हुईं? भविष्य में क्या योजना है?

और यदि भविष्य की योजना राष्ट्र हित में नहीं है तो उसे विफल करने और भविष्य में ऐसी संभावनाओं को समाप्त करने का महत्वपूर्ण दायित्व भी जागरुक इंटेलीजेंस एजेंशियों का ही है।

अब तक के विश्लेषण से यही आभास होता है कि आंतरिक व वाह्य चुनौतियों से निपटने के लिए इंटेलीजेंस की भूमिका निर्णायक होती है किंतु इस दिशा में किए गए प्रयास सही नहीं हैं । दंगे, क्रांति नरसंहार, सामूहिक हड़ताल और घोटालों को देखते हुए तथा उनके बारे में पूर्व सूचना का अभाव यह प्रदर्शित करता है कि हमारी इंटेलीजेंस व्यवस्था सक्षम नहीं है और इनमें पर्याप्त सुधार की आवश्यकता है। विभिन्न भौगोलिक आर्थिक राजनीतिक सामाजिक सांस्कृतिक और सैनिक क्षेत्रों की गतिविधियों अस्थिरता के दौर से जुड़ी तथा उलझी गुत्थियों के संबंध में जानकारी प्राप्त कर उसके दूरगामी परिणामों के संदर्भ में बुद्धिमत्ता पूर्ण निवारक कदम उठाना तभी संभव है जब इंटेलीजेंस एजेंसियां एक जुट होकर कार्य करें जिससे सूचनाओं का तालमेल सही बैठे। इंटेलीजेंस के महत्व को देखते हुए यह आवश्यक हो गया है कि यह एजेंसियां स्वतंत्र रूप से कार्य करें इनका नियंत्रण संयुक्त संगठन के माध्यम से किया जाए केवल इंटेलीजेंस के माध्यम से किसी क्षेत्र में विशेष सूचनाओं के सही एकत्रीकरण की संभावना नहीं दिखाई देती। एक इंटेलीजेंस द्वारा दी गई सूचनाओं को कैबिनेट सेक्रेटरी की संबद्ध शाखा को उसे स्वीकृति देने के अतिरिक्त और कोई विकल्प नहीं होगा जबकि कई इंटेलीजेंस एजेंसियों द्वारा प्राप्त सूचनाओं के आधार पर उनका सही विश्लेषण कर सही निष्कर्ष पर पहुंचने में सरलता भी और उनकी सत्यता की संभावना भी बढ़ जाएगी साथ ही स्थिति के आंकलन में उत्पन्न विलंब तथा कार्य का दोहरापन इत्यादि समस्याओं से निपटने में मदद मिलेगी।

इस बात पर जोर देना उचित होगा कि आडंबर पूर्ण प्रतीत होने का जोखिम उठाते हुए भी पुलिस व खुफिया एजेंसियों को अपना हर निर्णय नियामक प्रक्रिया में नैतिक पक्ष को उसका वाजिब स्थान देना ही चाहिए। वार्टलिप मैंन ने कहा था कि ''ऐ राष्ट्र के आदर्शों एवं उसकी पोषित आशाओं जिस विश्वास के आधार पर राष्ट्र व्यक्तियों के समूह मात्र से ऊपर उठकर एक स्वरूप ग्रहण करता है, को यदि वे आत्म तुष्टि कुटिल अथवा अर्जनशीलता की भावना को अपने शब्द या उदाहरण से बढ़ावा देंगे तो अपने प्रति विश्वास के मामले में कृतघ्न ही साबित होंगे।

षष्ठम खंड

1. भारत की सुरक्षा तैयारियां
   ''पाक सुरक्षा घेरे व यौद्धिक आतंक के परिप्रेक्ष्य में''
2. सैन्य संतुलन व भारत पाक युद्ध की संभावना
3. वर्तमान चुनौतियां

1

भारतीय सुरक्षा तैयारियां

पाक सुरक्षा घेरे एवं यौद्धिक आतंक के परिप्रेक्ष्य में

आज जहां तेजी से अंतर्राष्ट्रीय मानचित्र पर खतरे के बिंदु बढ़ते जा रहे हैं, वहीं शस्त्रों की अचूक निशानेबाजी और बढ़ती मारक दूरी ने रणभूमि का क्षेत्र हजारों वर्ग मील तक फैला दिया है जिससे निरंतर राष्ट्रीय सुरक्षा के समक्ष जटिलताएं बढ़ती जा रही है। चूकि राष्ट्र की सुरक्षा को स्थायी रूप देने का ठोस पैमाना तो है नहीं, अतः अब इस सूत्र वाक्य की "यदि आपने शांतिकाल में अपना पसीना बहाया है तो युद्धकाल में आप अपना खून बचाएंगे" को आधार मानकर राष्ट्र अपनी सामर्थ्य और प्रतिरोधक शक्ति को बढ़ाने की दिशा में सब कुछ कर गुजरने को कटिबद्ध है।

शांति विज्ञानी एक स्वर से यह वकालत करते हैं कि विकास कार्यों में राष्ट्र अधिक रुचि ले और सुरक्षा के प्रति विशेष चिंतित न हो। यह सच है कि कोई राष्ट्र तब तक युद्ध नहीं चाहेगा, जबकि उसके सामने उत्तरजीविका की मार्मिक समस्या न खड़ी हो, लेकिन यहां सबसे नाजुक मुद्दा तो यह है जिस पर शांति विज्ञानियों को गौर फरमाना चाहिए कि आज दुनिया में 225 से भी अधिक ठिकानों पर परमाणु दानव तैनात हैं। अगर किसी स्थानीय कमांडर की गलती से या तैश में आने से या किसी तकनीकी गड़बड़ी से यह परमाणु बम अपना करिश्मा दिखाने के लिए चल

पड़े तो अंजाम क्या होगा? इस बात की ही क्या गारंटी है कि दुनिया में कोई पागल शासक पैदा नहीं होगा? ध्यान दीजिए रोमन सम्राट नीरो के पागलपन से सारा रोम जलकर राख हो गया था क्या इसकी पुनरावृत्ति असंभव है?

मानव अथवा राष्ट्रों के जीवन में शस्त्र का वही महत्व है जो नारी के जीवन में मातृत्व का। यदि कहा जाए कि शस्त्र नहीं तो राष्ट्र का अस्तित्व नहीं तो कोई अतिसंयोक्ति नहीं होगी। भारत धर्म का रक्षक और शांति का पुजारी है किंतु शांति के पुजारी को भी तो अपने मंदिर की सुरक्षा तो करनी है। महाभारत के महान नायक द्रोणाचार्य का भी यही कहना था "मैं अपने हाथों में चारो वेद रखता हूं और अपनी पीठ पर तीर धनुष धारण करता हूं। मैं ब्राह्मण भी हूं और क्षत्रिय भी, आपको जो पसंद है चुनिए शांति अथवा युद्ध।"

स्पष्ट है कि यदि युद्ध के लिए तैयारी जारी रहे तो इसका मतलब शांति सुनिश्चित है। भारत विश्व राजनीति के इस संक्रांति में क्या कर सकेगां यह तो भविष्य के गर्त में है किंतु आज भारत के जनमानस ने राष्ट्रीय सुरक्षा को अखंड बनाए रखने के लिए जिस नई सोच को जन्म दिया है निश्चित रूप से उसके शुभ परिणाम होंगे। कम से कम राष्ट्र ने यह तो सोचा कि हमारे एतिहासिक दृष्टिकोण में चालाकी का पुट कभी नहीं रहा जो हमारी भूल थी। इस भूल को ध्यान में रखकर ही भारत ने अपनी सामरिक नीति और प्रहारक शक्ति में अभूतपूर्व परिवर्तन किए हैं जिससे भविष्य में कोई भी भारत माता को आंखें तरेर कर न देख सके।

पाकिस्तान ने जम्मू कश्मीर में अपनी अवांक्षिक गतिविधियां और तेज की हैं। पाकिस्तान के प्रधानमंत्री कश्मीर में आतंकवाद को समर्थन देने की सरेआम घोषणा कर रहे हैं। प्रधानमंत्री नवाज शरीफ परमाणु बम की धमकी दे चुके हैं भारतीय राजनयिकों का पाकिस्तान में जीना कठिन हो गया है। क्या इन स्थितियों ने भारत और पाकिस्तान को युद्ध के मोड़ पर लाकर खड़ा कर दिया है। यदि युद्ध हुआ तो क्या भारत इस स्थिति में है कि वह पाकिस्तान अधिकृत कश्मीर को मुक्त करा लेगा?

फिलहाल - जंग खुद ही एक मसला है, जंग क्या मसलों का हल देगी।
आग और खून आज बरसेगी, भूख और अहतजात कल देगी।
जंग तो एक दिन होती है, जिंदगी वर्षों तलक रोती है।
इसलिए ये शरीफ इंसानों, जंग टलती रहे तो बेहतर है।

सन् 1965 के भारत पाक युद्ध के बाद शाहिर लुधियानवी ने ये पंक्तियां लिखी थीं लेकिन सियासी रहनुमा साहित्यकारों के मसविदे कम ही मानते हैं। इसलिए उस युद्ध के बाद एक और जंग 1971 में हुई और आज 25 वर्षों के बाद कश्मीर को लेकर पश्चिमी सीमा पर फिर युद्ध के बादल मंड़रा रहे हैं। संभव है कि ये बादल बरसे बिना ही निकल जाएं जैसा कि अब से पूर्व कई बार हुआ है, पहले भी अखबारों और रिसालों में युद्ध का वातावरण छाया रहा था, लेकिन बाद में तफ्तीश से पता चला कि लड़ाई की आशंका निराधार थी। पुस्तक क्रिटिकल मास में निष्कर्ष निकाला गया कि 1990 के दरम्यान में भारत और पाकिस्तान युद्ध के कगार पर पहुंच गए थे, उस समय इस किस्म की चर्चाएं भारतीय मीडिया में भी प्रमुखता लिए हुई थीं। इन अटकलों की सच्चाई जानने के लिए वाशिंगटन डी.सी. के हैरीएल स्टेंसन सेंटर ने एक बैठक 16 फरवरी 1994 को बुलाई। बैठक में भारत व पाकिस्तान के तत्कालीन अमेरिकी राजदूत क्रमशः विलियम क्लार्क और रावर्ड गोखले के अलावा भारत के रक्षा विशेषज्ञ जनरल के सुंदर जी व भारत में पाकिस्तान के पूर्व राजदूत अब्दुल सत्तार भी शामिल थे। इस बैठक में यह नतीजा निकाला गया कि युद्ध की आशंका दिल्ली और इस्लामाबाद से ज्यादा वाशिंगटन में थी। क्योंकि न तो पाकिस्तान ने काहूटा यूरेनियम प्लांट को खाली किया था और न तो उसने एफ-16 विमानों पर परमाणु हथियार तैनात किए थे, इसी तरह भारत ने भी अपने लड़ाकू बलों को उन स्थानों से बाहर निकाला ही नहीं था जहां वे शांति के समय आराम करते हैं।

1982 के बाद ऐसे अनेक अवसर आए थे जब भारत और पाकिस्तान में युद्ध छिड़ सकता था, बी.बी.सी. टेलीविजन ने अपने कार्यक्रम में कुछ इसी प्रकार की घोषणा की थी कि 1984 में पाकिस्तान ने बंबई के निकट भारतीय न्यूक्लीअर रियेक्टरों पर एफ-16 विमानों से तकरीबन बम गिरा ही दिए थे। एक कार्यक्रम में पाकिस्तान के एयर कमांडोर शहीद जावेद ने कहा था कि भारतीय डरे हुए हैं हमने उन्हें दस वर्ष पूर्व धमकाया था कि अगर वे हमारे परमाणु संयत्रों पर हमला करेंगे तो वे भी बंबई स्थित परमाणु क्षमता को खो देंगे। देखा जाए तो 1984 में भारत को पंजाब में अपनी कोरों की तैनानी करनी पड़ी थी क्योंकि पाकिस्तान के चार कोर अपने वार्षिक ऑपरेशन एलर्ड को समाप्त करने के बावजूद अपने बैरकों में नहीं लौटे थे। दोनों तरफ से इस तैनाती को देखते हुए सीमा के ग्रामवासी डर के मारे बड़ी संख्या में सुरक्षित स्थानों को चले गए थे, साथ ही 1984 में ही सियाचिन को लेकर दोनों देशों में जबदस्त गोली बारी हुई थी।

23 जनवरी
चीन
अफगानिस्तान
जम्मू और
कश्मीर
पंजाब
पाकिस्तान
भारत
दिल्ली
राजस्थान
गुजरात

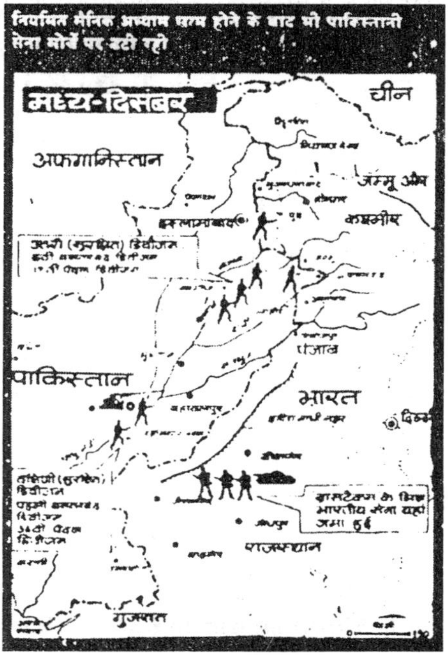
मध्य-दिसंबर
चीन
अफगानिस्तान
जम्मू और
कश्मीर
पंजाब
पाकिस्तान
भारत
दिल्ली
राजस्थान
गुजरात

PAKISTAN
J&K
WITHDRAWAL OF FORCES BY BOTH SIDES FROM RAVI-CHENAB CORRIDOR FROM SHAKARGARH BULGE TO AKHNUR IN 15 DAYS
SECTORWISE PULL-OUT IN OTHER SECTORS WOULD BE DISCUSSED SUBSEQUENTLY
PAK TROOPS DEPLOYMENT ACROSS SUTLEJ WILL REMAIN UNCHANGED TILL "BRASS TACKS" EXERCISE
KHARIAN
SIALKOT
CHENAB
GUJRANWALA
SHAKARGARH BULGE
R. RAVI
LAHORE
AKHNUR
JAMMU
PATHANKOT
GURDASPUR
AMRITSAR
PUNJAB
FEROZEPUR
ARMY RESERVE SOUTH
FAZKKA
MULTAN
R. SUTLEJ
GANGANAGAR
INDUS
BAHAWALPUR
INDIA
RAHIMYAR KHAN
BIKANER
RAJASTHAN
OPERATION "BRASS TACKS" WILL CONTINUE AS SCHEDULED ON DECIDED SCALE NEAR JAISALMER
JAISALMER
100

जनवरी आरंभ
चीन
अफगानिस्तान
जम्मू और
कश्मीर
इस्लामाबाद
आक्रामक मोर्चाबंदी
पंजाब
पाकिस्तान
भारत
दिल्ली
राजस्थान
गुजरात

इसी तरह 1987 में भारत में हुए ब्रांसटैक्स अभ्यास और 1989 में पाकिस्तान में हुए जर वे मोमिन अभ्यास को युद्ध की पृष्ठभूमि तैयार करने के रूप में देखा जा सकता है। राजस्थान में आयोजित ब्रासटैक्स भारतीय उप महाद्वीप में होने वाला आज तक का सबसे बड़ा सैन्य अभ्यास था उसमें 450 ट्रेनों में युद्ध सामग्री को लाया गया था। वायुसेना और नौ सेना को भी रेड एलर्ट पर रखा गया था। इतने ही जोश से पाकिस्तान में जर्वे मोमिन अभ्यास हुआ रक्षा विशेषज्ञों का मानना है कि यह अभ्यास युद्ध शुरू करने के लिए कारण बन जाते हैं। एक अवकाश प्राप्त जनरल का कहना था कि यह एक पुराना तरीका है कि आप अभ्यास के लिए एकत्र हों और फिर उस अभ्यास स्थल को ही युद्ध करने का अड्डा बना लें।''

उपर्युक्त तनाव का उल्लेख इसलिए आवश्यक था ताकि यह बताया जा सके कि पिछले दो दशकों के दौरान भारत और पाकिस्तान के बीच कई बार संबंध बिगड़ते-बिगड़ते युद्ध के कगार पर पहुंच गए थे। दिन प्रतिदिन स्थितियां और गंभीर होती जा रही हैं, दोनों देश वरिष्ठ राजनयिक को अपने यहां से बर्खास्त करते रहे साथ ही पाकिस्तान न सिर्फ कश्मीर और पंजाब में आतंकवादियों को समर्थन दे रहा है बल्कि उसने अपनी विघटनकारी गतिविधियां देश के अन्य भागों में फैला दी हैं। बंबई बम कांड के अभियुक्त याकूब मेमन के बयानों से साफ ज़ाहिर होता है। वैसे पाकिस्तान की अंदरूनी स्थिति उसे जंग छेड़ने पर मजबूर कर सकती है क्योंकि राजनैतिक पर्यवेक्षकों का कहना है कि जब-जब पाकिस्तान की सेना मजबूत हुई है वहां सैनिक शासन स्थापित हुआ है। सेना शासन करने के बारे में न सोचें इसलिए उसे युद्ध या युद्ध जैसी स्थिति में लगाए रखना आवश्यक है। पाकिस्तानी प्रधानमंत्री नवाज शरीफ द्वारा भारत विरोधी अभियान और बेनजीर सरकार द्वारा उस समय हुई 52 मुस्लिम देशों की बैठक में और फिर संयुक्त राष्ट्रसंघ में कश्मीर का मुद्दा उठाया जाना दोनों देशों के बीच बिगड़ते संबंध की ओर संकेत करता है क्योंकि 1972 के शिमला समझौते में विवाद के किसी भी मुद्दे को आपसी बातचीत के जरिए हल करने को कहा गया है। पाकिस्तान भारत के खिलाफ परमाणु हथियार प्रयोग करने की धमकी देता है और पाक प्रधानमंत्री कश्मीर को मुक्त कराना बंटवारे की अपूर्ण स्थिति को पूरा करना मानते है।

कश्मीर में आतंकवादी गतिविधियों को खत्म करने के लिए कई राजनीतिक दलों विशेषकर भाजपा ने यह सुझाव रखा है कि पाक स्थिति आतंकवादियों के प्रशिक्षण कैंपों को बमबारी करके नष्ट कर दिया जाए हालांकि इस किस्म के सुझाव

को सैन्य विशेषज्ञ मोजूदा स्थिति में उपयोगी नहीं मानते। कश्मीर में आतंकवाद रोकने के लिए फिलहाल बेहतर यह होगा कि किसी को नियंत्रण रेखा पार न करने दी जाए और पार करने वालों को पाक अधिकृत कश्मीर में 5 से 10 किलोमीटर तक घुस कर रोका जा सकता है लेकिन ऐसा करने का निर्णय स्थानीय कमांडरों पर छोड़ देना चाहिए क्योंकि उसमें जवानों के ट्रैक होने का खतरा है। पाकिस्तान में बने आतंकवादियों के अड्डों पर हमला करना मौजूदा स्थिति में सैन्य विशेषज्ञ इसलिए सही नहीं मानते क्योंकि ये कैंप पाकिस्तान में काफी अंदर बने हुए हैं और कुछ अफगानिस्तान में भी हैं। अतः इन पर हमला करने का मतलब युद्ध का फौरन छिड़ जाना है इसलिए विशेषज्ञों की राय है कि इन पर हमला युद्ध के समय तब हो जब पाक अधिकृत कश्मीर को मुक्त कराने का पक्का इरादा बन जाए। सैन्य व राजनीतिक पर्यवेक्षकों का मानना है कि कश्मीर में स्थायी शांति पाक अधिकृत कश्मीर को मुक्ति के बाद ही संभव है क्योंकि पाक अधिकृत कश्मीर का क्षेत्र पाकिस्तान के लिए रक्षा कवच बना हुआ है। अगर पुंछ, कोटली, मीरपुर भारत के पास होते तो पाकिस्तान की राजधानी क्षेत्र पूरे पश्चिम पंजाब और नार्थ वेस्ट फ्रंटियर प्राविंस पर पाकिस्तान के लिए एक बड़ा सैन्य खतरा मड़राता रहता। उस स्थिति में पाकिस्तान कश्मीर में आतंकवाद को बढ़ावा देने की हिम्मत नहीं करता इसलिए अधिकृत कश्मीर का मुक्त होना आवश्यक है। लेकिन अहम् सवाल यह है कि क्या भारतीय सेना मौजूदा समय में इतनी तैयार है कि राजनीतिज्ञ उससे इतना बड़ा काम ले सके।

2

सैन्य शक्ति संतुलन

दोनों देशों की सैन्य शक्ति पर नजर डाली जाए तो भारत पाकिस्तान से भारी पड़ता है। भारतीय स्थल सेना पर सुरक्षा की दृष्टि से लगभग 12 हजार किलोमीटर लंबी सीमा का महत्वपूर्ण भार है जिसमें 1900 किलोमीटर लंबी सीमा में गुजरात का दलदल और राजस्थान का धूल उड़ाता रेगिस्तान है। पंजाब और जम्मू के घनी आबादी वाले क्षेत्रों के अतिरिक्त जम्मू कश्मीर या हिमालय पर्वत शृंखला से जुड़े घने जंगल तथा ऊंची पहाड़ियां जिनमें ऐसी चौकिया भी शामिल हैं जहां साल भर बर्फ पड़ने के कारण रक्षा का कार्य अत्यंत जोखिम भरा है। 3200 किलोमीटर लंबी भारत तिब्बत की सीमा लद्दाख से शुरू होकर बर्मा तक जाती है, इनमें तिब्बत, नेपाल, भूटान और बर्मा जैसे देश की सीमाएं मिलती हैं। यहां का मार्ग बहुत ही दुर्गम है। संख्या की दृष्टि से भारतीय थल सेना आज विश्व की चौथी सबसे बड़ी सेना है। सोवियत संघ अमेरिका और चीन के बाद इसी का नंबर आता है। भारतीय थल सेना में 11 लाख सैनिक हैं इनका समायोजन 19 इनफैंट्री, 2 आर्मर्ड और मैकेनाइज्ड, डिवीजन पर आधारित है। इसके अलावा 8 आर्म्ड 8 इनफैंट्री एक मेकेनाइज्ड 3 आर्टिलरी की स्वतंत्र ब्रिगेड है। भारतीय रक्षा उद्योगों ने स्थल सेना संबधित उपकरणों के क्षेत्र में काफी हद तक आत्म निर्भरता प्राप्त कर ली है। पैदल सेना के लिए अत्याधुनिक राइफलों, लाइट मार्टर, हैवी मार्टर, हल्की मशीनरी, पर्वतीय व मैदानी तोपें तथा उत्तम

किस्म के टैंकों आदि का निर्माण करने में दक्षता प्राप्त की है। भारत के पास अपने टैंक विजयंत तथा वेलकस ए.एम. एक्स. सेनचूरियन, टी-72, टी-55, तथा एम.बी. टी. (मेन बेटल टैंक) 'अर्जुन' आदि हैं, जो दुश्मन के किसी भी आक्रमण को विफल करने में पूर्ण सक्षम हैं। अर्जुन टैंक कई तरह से आधुनिक है तथा टी-72 जैसे आधुनिक टैंक के मुकाबले खड़ा हो सकता है। यह खुद को अंधेरे में छिपा भी सकता है और रात्रि में 5 किलोमीटर दूरी तक आसानी से देख सकता है यह पूरी तरह स्वचालित है इसके पहले जो टैंक थे वे चलते समय दूसरे चलते हुए टैंक को नहीं मार सकते थे लेकिन अर्जुन चलते-फिरते टैंकों को भी धराशायी करने में सक्षम है। अर्जुन पर दूर तक मार करने वाली 120 मिलीमीटर की राइफल लगी है और इसका कवच बहुत ही मजबूत है इसमें चार व्यक्ति बैठ सकते हैं आकार व ऊंचाई में अन्य टैंकों से छोटा है तथा अर्जुन की अधिकतम गति 70 किलोमीटर प्रतिघंटा है यह आठ घंटे तक लगातार युद्ध कर सकता है। अर्जुन की पहली खेप 15 जून 1993 को सेना में शामिल की गई तत्कालीन थल सेना अध्यक्ष जनरल एस.एफ. रोड्रिक्स ने टैंक सौंपने के अवसर पर कहा कि हम पहली बार देश की उन्नति प्रौद्योगिकी के इस टैंक को सेना में शामिल कर रहे हैं जो हमारे पश्चिमी क्षेत्र की धरातली विषमताओं में काम करने के अनुकूल है।[64] मद्रास के निकट हाउड़ी स्थित भारी वाहन फैक्ट्री और समाघात वाहन तथा विकास संगठन, भारत हैवी इलेक्ट्रिकल्स लि. एवं भारत अर्थ मूवर्स लि. के सहयोग से विकसित यह आधुनिकतम 55 टन का लड़ाकू टैंक अर्जुन निश्चय ही देश के लिए एक महान उपलब्धि है। चाहे पृथ्वी आदि मिसाइलों का प्रक्षेपण हो या अर्जुन जैसे टैंक की बात अब हम अपनी रक्षा करने में सक्षम हो गए हैं। भारत अपनी सुरक्षा के लिए अब विदेशी सहायता का मुहताज नहीं। शुरू में एफ-80 फिर बाद में चेतक और फिर अर्जुन नाम से सुविकसित यह टैंक सैन्य विशेषज्ञों के अनुसार अमेरिका के एम्स-1 ए, जर्मनी के लेपर्ड-2 और रूस के पी-80 टैंकों के समकक्ष संहारक क्षमता वाला टैंक माना जाता है।[65] हमारा विस्तृत समुद्री सीमां तथा हिंद महासागर में बढ़ती विदेशी नौसेनाओं की हलचल ने हमें अपने नौ-सेना के विकास व विस्तार पर सोचने को मजबूर किया है। 1971 की जंग में भारतीय नौसैनिकों की भूमिकाएं बड़ी सराहनीय रही हैं फिर भी जरूरत के मुताबिक भारतीय नौसेना पर इतना ध्यान नहीं दिया गया कि जितना दिया जाना चाहिए था। आम तौर पर कहा जाता है कि किसी स्वतंत्र देश को अपनी आत्म निर्भर नौ-सेना खड़ी करने में 50 वर्ष का समय लगता है जबकि भारत अपना 60वां वर्ष पूरा कर

रहा है लेकिन यहां की नौ-सेना पूर्णतयः विकसित नहीं हो पाई है क्योंकि एक लंबी जल सीमा रेखा होने के बावजूद भारत ने न तो अपने आपको एक नौ-सैनिक शक्ति के रूप में खड़ा करने की कोशिश की और न ही समुद्र के साथ सेना और समाज के रिश्तों को मजबूत करने का प्रयास किया। 1971 के युद्ध के पहले हिंद महासागर को हिमालय की तरह अजेय माना जाता था, भारत के केवल दो जल पड़ोसी हैं पाकिस्तान और श्रीलंका, श्रीलंका से खतरे की हमें कोई आशंका नहीं रही है और पाकिस्तान को हमने कमजोर शत्रु माना। 1971 की लड़ाई में पहली बार नौसेना की परीक्षा हुई जिसमें उसे अप्रत्याशित सफलता भी मिली साथ में यह नसीहत भी कि थल या वायु सेना के मुकाबले पानी के रास्ते खतरा कहीं अधिक है। इस बात की पुष्टि खाड़ी युद्ध से भी हो गई क्योंकि ईराक कभी स्वप्न में भी नहीं सोचा था कि अमेरिका तक की नौ-सेनाएं उसे आ घेरेंगी।[66] उस युद्ध के बाद दुनिया के तमाम देश जो पूर्ण या आंशिक रूप से समुद्र के किनारे बसे हुए हैं अचानक चौकस हो गए हैं। भारत को तो प्रायः द्वीप कहा जाता है इसके तीनों तरफ लंबी जल सीमा है। इस समय भारत का 50 प्रतिशत से अधिक व्यापार जल मार्ग से होता है। अतः इन जहाजों की जल यात्राएं निरापद बनाने के लिए नौ-सेना की चौकसी जरूरी है। भारतीय नौ-सेना में 55 हजार सैनिक व अधिकारी हैं नौसेना के बेड़ों के पास वायुयान वाहक, आई.एन.एन. विक्रांत व विराट तथा राजपूत श्रेणी के विध्वंसक नौसेना के तीन सशक्त प्रहरी राणा, रणजीत और राजपूत की तूफानी गति और अचूक निशानेबाजी का जवाब नहीं। ये लड़ाकू जलपोत मिसाइल, रडार चालित तोपों और राकेटों से लैस तथा अपने साथ एक हेलीकाप्टर लेकर चलते हैं आई.एन.एस. विक्रांत में भी समय को देखते हुए काफी सुधार किया गया है इसमें नए मार्ग निर्देशक संचार, तारपीडो एवं पनडुब्बी रूपी यंत्र लगाए गए हैं और इसकी गोलंदाजी क्षमता में भी वृद्धि की गई है। आई.एन.एस. गोदावरी भी किसी से कम नहीं है यह पूर्णतः स्वदेश निर्मित है, तथा आधुनिक हथियारों से लैस इसमें अपनी श्रेणी के किसी भी विदेशी युद्ध पोतों से टक्कर लेने की क्षमता है। मिसाइल पोत विजय दुर्ग और सिंधु दुर्ग अचूक निशानेबाजी में किसी से कम नहीं हैं और चैरियट तथा तारागिरी जैसे पनडुब्बियों से दुश्मन के बड़े-बड़े युद्ध पोत थर्राते हैं। आई.एन.एस. कृष्णा कावेरी गोदावरी, आई. एन. एस. राजरी, कासीम तथा युद्ध पोत मैसूर जैसा भारतीय नौ सेना की अद्वितीय नौशक्ति है जो दुश्मन के किसी भी आक्रमण का जवाब है।[67]

जहाँ तक वायु क्षमता का प्रश्न है 19 फरवरी 1994 को अग्नि का तीसरा

सफल परीक्षण करके भारत ने न केवल बड़ी-बड़ी महाशक्तियों को चौका दिया बल्कि उन्हें यह मानने के लिए विवश कर दिया कि मिसाइलों की दुनिया में हम किसी से कम नहीं है। इस मिसाइल पर एक टन का हथियार लाद कर 2500 किमी. तक फेंका जा सकता है इस श्रेणी की मिसाइलें दुनिया के गिने-चुने देशों के पास ही है। भारत के पास पृथ्वी (250) किमी., त्रिशूल (900 किमी.) आकाश (27 किमी.) और टैंक भेदी नाग जैसी बैलेस्टिक मिसाइलें भी हैं। इनसे पारंपरिक अथवा परमाणु हथियारों को दागा जा सकता है। अग्नि की भयंकरता और विनाशक क्षमता को देखते हुए अमेरिका ने दबाव डालकर इसके परीक्षण पर रोक लगाने का प्रयास किया। वर्तमान प्रधानमंत्री फौजों पर बहुत ज्यादा खर्च करने की स्थिति में नहीं है यह बात वह कई बार कमांडरों की बैठक में कह चुके हैं कि हमें जहां से कर्ज मिल रहा है वहां की शर्त भी यही है कि पैसा विकास पर खर्च होना चाहिए हथियार खरीदने पर नहीं, परमाणु कार्यक्रमों पर तो बिलकुल नहीं।[68]

बहरहाल भविष्य में किसी भी राष्ट्र की गतिशीलता का आंकलन उसकी सामुद्रिक क्षमता से किया जाएगा। दुनिया के बहुत से राष्ट्र हिंद महासागर में अपनी नौसैनिक अड्डे बनाने के इच्छुक हैं जो कि भारत जैसे हिंद महासागर की गोद में बसे देशों के लिए एक अत्यंत दुर्भाग्यपूर्ण स्थिति है और यहां तक कि नौसेनिक शक्ति प्रतिद्वंद्विता किसी भी समय युद्ध का रूप ले सकती है। इसलिए भविष्य की चुनौतियों को देखते हुए भारत को अपने नौसेना के विकास हेतु पुनर्विचार करना होगा।

अपने विस्तृत आकाश क्षेत्र का सजक प्रहरी होने के साथ थल एवं जल सेना को सहयोग देने में वायु सेना की भूमिका काफी महत्वपूर्ण होती है। घड़घड़ाते टैंकों के गोलाबारी दुर्गम स्थानों में बचाव एवं आपूर्ति व्यवस्था को बनाए रखने घायलों को युद्ध क्षेत्र से हटाने तथा दुश्मन के हवाई आक्रमण को विफल करने और उन्हें नेस्तनाबूत कर देने के लिए किसी भी देश को सुदृढ़ वायुसेना की जरूरत होती है। वायु सेना की निगाहें आकाश जल एवं थल तीनों में रहनी चाहिए इसलिए वायु सेना को उच्च स्तरीय मनोबल प्रशिक्षण एवं अत्याधुनिक होना जरूरी है तभी वह संघर्ष करने में सक्षम होगी। सौभाग्य से हमारी वायुसेना में उपरोक्त गुण विद्यमान हैं उसमें मित्रों से फूलों की तरह प्यार करने की प्रतिभा तो है ही इसके साथ ही दुश्मन की नफरत को कब्रिस्तान में बदलने की क्षमता भी है। वायुयानों के निर्माण एवं आत्मनिर्भरता की दिशा में हिंदुस्तान एयरों नॉटिक्स लिमिटेड अपनी महत्वपूर्ण भूमिका निभा रहा है। इस समय 6 राज्यों में इसकी 11 फैक्टरियां हैं। इसका मुख्य

कार्य विमान एवं हेलीकॉप्टरों का निर्माण तथा मरम्मत करना एवं इंजन और सहायक अंग बनाने हैं। भारतीय हवाई बेडे में कुल 45 स्क्वाड्रन हैं इसमें एक लाख दस हजार जवान हैं, उनके पास 836 लड़ाकू विमान, 186 ट्रांसपोर्ट जहाज तथा 150 से अधिक हेलीकॉप्टर हैं। इस प्रकार लड़ाकू विमानों, लड़ाकू बम वर्षक, लड़ाकू अवरोधक एवं परिवहन विमानों में बहुत से पुराने किस्म के हैं। एस.यू.-7, हंटर, नेट, अजीत, मिग-27, मिग-23, जगुआर तथा एच.एफ.24 महत्वपूर्ण लड़ाकू विमान हैं। बम वर्षक बेड़ा कैनेबरा विमानों का है। परिवहन बेड़े में के.एन. 12, डाकोटा, फेयर चाइल्ड, पैकेट, कैरेबू, टी.यू. 124, ओटर और एच.एम.आई. 8 तथा स्वदेश निर्मित चीता और चेतक हेलीकॉप्टरों का प्रयोग हो रहा है। प्रशिक्षणयानों में एच.पी.2, एच. जे.टी. 16, (किरण), जेट फाइटर तथा एच.एस. 748 प्रमुख हैं। पाकिस्तान के एफ-16 लड़ाकू विमान के मुकाबले भारत ने फ्रांस से मिराज 2000 विमान खरीदे हैं। मिग-27 भी नई किस्म का विमान है भारत को प्राप्त मिग-29 विमान विश्व के सर्वाधिक शक्तिशाली विमानों में से एक हैं जो अमेरिका के एफ-16 से कहीं बेहतर और शक्तिशाली हैं फिर भी विश्व में हो रहे नित नवीन परिवर्तन और लड़ाकू विमानों की प्रतिस्पर्द्धा को देखते हुए तथा अपने पड़ोसियों से तनाव के मद्दे नजर भारत को अपने वायु सेना के विकास में आमूलचूल परिवर्तन करने होंगे।[69]

दूसरी ओर पाकिस्तान के पास 5 लाख 77 हजार सैनिक हैं जो 17 इनफैंटरी और दो आर्मड डिवीजन में बंटे हैं। इसके अलावा उसके पास स्वतंत्र रूप से 8 इनफेंट्री, 8 आर्टिलरी और 3 स्वतंत्र ब्रिगेड हैं। उसके वायुसेना में 45 हजार जवान हैं जिनके पास 451 लड़ाकू, 50 ट्रांसपोर्ट हवाई जहाज तथा 100 हेलीकॉप्टर हैं, उसकी नौसेना के 22 हजार जवानों के पास डिस्ट्रायर, 3 फ्रिगेट, 6 सबमेरिन और 29 निगरानी जहाज हैं, साथ ही उसके पास एफ-16 विमान, एक व दो मिसाइल चीन से ली गई एम-11 मिसाइलें और चीन के ही टी-85 टैंक भी हैं। पूर्व प्रधानमंत्री नवाजशरीफ के बयान से अब इस बात की भी पुष्टि हो गई है कि उसके पास परमाणु बम भी हैं। अमेरिकी मीडिया ने भी पाकिस्तन के पास 30 किलो टन के 7 से 12 परमाणु बम होने की संभावना जताई है इसलिए पाकिस्तान की परमाणु बम बनाने की क्षमता को देखते हुए अमेरिका ने अक्टूबर 1990 में प्रेसलर संशोधन के तहत पाकिस्तान को सैन्य व आर्थिक मदद देनी बंद कर दी थी और पाकिस्तान को पेसलर एक्ट के कारण 71 एफ-16 विमानों की आपूर्ति रोक दी गई थी। हालांकि पाकिस्तान 658 मिलियन डालर का पूरा भुगतान कर चुका था. क्लिंटन प्रशासन के नरम रवैये से सैन्य सामग्री

के सौदे की आपूर्ति पर लगे रोक की पुर्नबहाली कर दी गई जो अब तक जारी है।

बहरहाल दोनों देशों की तुलनात्मक सैन्य शक्ति से जाहिर है कि भारत लाभ की स्थिति में है लेकिन रक्षा विशेषज्ञों का कहना है कि हमें अति आत्मविश्वास का शिकार नहीं होना चाहिए क्योंकि लंबी हिमालय सीमा, उत्तर पूर्व में घुसपैठ व आतंकवाद तथा रोज उभरती सुरक्षा मांगों को मद्‌दे नजर रखते हुए मैं नहीं समझता कि भारत पश्चिमी सीमा पर सियाचिन से लेकर रन ऑफ कक्ष तक 20 डिवीजनों से अधिक सेना तैनात करने की स्थिति में है। इसी कारण बहुत से पश्चिमी सैन्य विशेषज्ञ भारत और पाकिस्तान के सैन्य शक्ति को समान मानते हैं। कुछ विशेषज्ञों का मानना है कि पाकिस्तान को एफ-16 विमान के मिल जाने से उसकी वायु शक्ति भारत की तुलना में प्रबल हो जाएगी क्योंकि 27 एफ-16 विमान पाकिस्तान के पास पहले से ही हैं और 71 एफ-16 विमानों की नई खेप से निश्चय ही उसकी वायु शक्ति में वृद्धि होगी। जिसकी तुलना में भारत के पास मात्र 45 मिराज 2,000 ही हैं इसलिए भारत को अपने रक्षा बजट के बारे मे फिर से सोचना पड़ेगा।[70]

भारत के दो प्रमुख प्रतिद्वंद्वी चीन व पाकिस्तान अपने-अपने सकल घरेलू उत्पाद का क्रमशः 10 व 7 प्रतिशत हिस्सा रक्षा पर खर्च करते हैं जबकि भारत का खर्च सिर्फ 2.44 प्रतिशत है। 1994-95 में 23 हजार करोड़ रुपए भारत ने रक्षा के मद में खर्च किया था फिर भी आई.एम.एफ. और विश्व बैंक चाहते हैं कि भारत रक्षा खर्चों में कटौती करे इस प्रकार रक्षा बजट संसाधनों में कमी, पूर्व सोवियत संघ से कल पुर्जों की आपूर्ति बंद होने और सेना के घरेलू मामलों के बढ़ते उपयोग के कारण हमारी पाकिस्तान पर बढ़त कम होती जा रही है। यदि रक्षा बजट में बढ़ोत्तरी न की गई तो भारत के लिए यह निर्णय आत्मघाती सिद्ध हो सकता है। यदि रक्षा में आबंटित धनराशि के बंटवारे पर नजर डाली जाए तो पता चलता है कि 1994-95 की रक्षा बजट पर 40 प्रतिशत वेतन व भत्तों पर खर्च होता है। 10.3 प्रतिशत आर्डीनेंस फैक्ट्रीरियों पर, 43 प्रतिशत स्टोर पर, 3 प्रतिशत ट्रांसपोर्ट पर और 5 प्रतिशत विकास पर खर्च होता है।[71] इस प्रकार से नए व आधुनिक हथियारों के लिए ही नहीं कलपुर्जों के लिए भी पैसा कम ही रह जाता है। भारतीय सेना की समस्या यह कि सेना के अफसर नागरिक क्षेत्रों में अधिक लुभावने कैरियर को देखकर सेना से नौकरियां छोड़ रहे हैं। उनका मानना है कि निजी क्षेत्र में एक मैनेजर की सेना के मेजर से अधिक आय होती है। इसीलिए एक आंकड़े के अनुसार पिछले 4-5 वर्षों में लगभग 4000 अधिकारी सेना के तीनों सेवाओं से त्याग पत्र दे चुके हैं। कर्नल,

मेजर और कैप्टन के पदों पर काफी नियुक्तियां खाली पड़ी हैं।

आबादी के हिसाब से सैनिकों का प्रतिशत देखा जाए तो पाकिस्तान में प्रति 2 हजार व्यक्तियों पर 11 सैनिक हैं, चीन में 5 हैं जबकि भारत में सिर्फ तीन, फिर भी एक बड़ी आबादी वाला देश होने के नाते भारतीय सेना पाकिस्तान पर हरहाल में भारी पड़ेगी।

जबसे पाकिस्तान ने परमाणु हथियार बनाने की क्षमता हासिल की है तब से वह द्विपक्षीय सहयोग में दिलचस्पी लेना और कम कर दिया है। इस रवैये से जाहिर है कि भारत के साथ वह शांति रहने का इच्छुक नहीं है, तो क्या जंग होगी? इस सवाल के जवाब के लिए एयर कमोडोर जसजीत सिंह द्वारा तैयार की गई रिपोर्ट (अफोर्ड डेविल क्रेडिबल डिफेंस ऑफ इंडिया) देखना महत्वपूर्ण है जिसमें कहा गया है 'यद्यपि जम्मू कश्मीर में पाकिस्तान का प्राक्सीवार अगले कुछ और वर्षों तक जारी रह सकती है लेकिन दोनों देशों के बीच अगले 10 वर्षों के भीतर नियमित जंग के आसार बहुत ही कम हैं। पाकिस्तान अपने परमाणु हथियारों की अधिक चर्चा राजनीतिक व राजनैयिक सफलता अर्जित करने के लिए करता है जो महज एक धमकी तक सीमित होती है। पाकिस्तान परमाणु हथियारों की धमकी के आंड़ में आतंकवाद निर्यात करता रहेगा ताकि भारत में गड़बड़ी फैलती रहे।''[72]

कुछ लोगों की राय है कि पाकिस्तान को भी इसी प्रकार की कड़ी सैन्य धमकी दी जाए और भारत को चाहिए कि अपने परमाणु कार्यक्रम दुनिया के सामने घोषित कर दें क्योंकि परमाणु हथियार ही परमाणु हथियारों को रोक सकता है। दक्षिण एशिया में फिलहाल जो परमाणु असमानता है वह न तो भारत के लिए उचित है और न क्षेत्रीय शांति के लिए। इसलिए राष्ट्रीय सुरक्षा व क्षेत्रीय जनता के लिए भारत के समक्ष परमाणु शक्ति बनने के अलावा कोई और विकल्प नहीं है। अगर इस विकल्प पर गौर न किया गया तो रक्षा विशेषज्ञों के अनुसार पाकिस्तान निःसंदेह कश्मीर घाटी में और पूछ सेक्टर में अधिक से अधिक क्षेत्र पर कब्जा करने का प्रयास करेगा और सायोक घाटी की तरफ बढ़कर सियाचीन में भारतीय ठिकानों को काटने का प्रयास करेगा। पाकिस्तान की इन संभावित गतिविधियों से जंग भड़कने की आसार बढ़ सकते है। अगर युद्ध सीमित और घाटी तक ही रहा तो रक्षा विशेषज्ञों के अनुसार पाकिस्तान अपने कब्जे वाले कश्मीर को बचाने में सक्षम रहेगा परंतु यदि युद्ध व्यापक हुआ और महीनों तक चलता रहा तो पाक अधिकृत कश्मीर ही नहीं

सिंध के मुक्त होने के भी आसार बढ़ जाएंगे।[73]

भारत-पाक युद्ध "हौआ या हकीकत"

भारत-पाक युद्ध हुआ तो क्या कश्मीर आजाद होगा? या पूर्व की भांति अनिर्णित रहेगा? अथवा परमाणु बम का प्रयोग कर संपूर्ण एशियाई क्षेत्रों को बीरान कर दिया जाएगा?

एक ओर पाकिस्तानी प्रधानमंत्री पाकिस्तान के स्थापना की सालगिरह (14 अगस्त) पर संपूर्ण कश्मीर घाटी को पाकिस्तान का अविभाज्य अंग बताकर 1947 के अपूर्ण कार्य को पूरा करने की घोषणा करते हैं तो वहीं दूसरी ओर 15 अगस्त को भारतीय प्रधानमंत्री लाल किले की प्राचीर से अपने ऐतिहासिक भाषण में पाक अधिकृत कश्मीर को मुक्त कराना न्याय संगत और नैतिक दायित्व मानते हैं। यह प्राक्कथन एक लंबे अर्से से चला आ रहा है लेकिन गत 15 अगस्त 1995 को जम्मू कश्मीर में पाकिस्तान के आतंकवादी गतिविधियों से परेशान पूर्व प्रधानमंत्री नरसिंह राव ने लाल किले के एतिहासिक भाषण में इस दिन जो तेवर दिखाए उससे राजनीतिक और कूटनीतिक हल्कों में सनसनी फैल गई। इसका गहन विश्लेषण शुरू हो गया कि राव के कहने का मतलब क्या है? क्या यह मात्र धमकी है या भारत और पाकिस्तान के बीच कश्मीर को लेकर चौथे युद्ध की भूमिका बन रही है? कूटनीतिक हल्कों में इन धमकियों को गंभीरता से लिया जा रहा था।

भारतीय रक्षा विशेषज्ञों का मानना है कि भारत की मजबूत सैन्य शक्ति के चलते पाकिस्तान सीधी लड़ाई की बात सोच नहीं सकता लेकिन युद्ध शुरू होने की परिस्थितियां कुछ और ही होती हैं। देश की रक्षा अध्ययन संबंधित संस्था रक्षा अध्ययन एवं विश्लेषण संस्थान के उपनिदेशक मेजर जनरल ए.के.बनर्जी का कहना है "यह तो पाकिस्तान को पहले भी पता था कि उसकी सैन्य शक्ति भारत के मुकाबले कम है फिर भी 1965-71 में पाकिस्तान ने भारत पर आक्रमण कर ही दिया।" यही कारण है कि भारत के सैन्य विशेषज्ञ इस बात की मीमांशा में जुट गए कि अगर भारत-पाक युद्ध हुआ तो पाक अधिकृत कश्मीर को कैसे मुक्त कराया जा सकता है।[74]

पिछले कई वर्षों से पाकिस्तान कश्मीर घाटी में आतंकवादी ताकतों को खुलकर

मदद दे रहा है और लगातार नियंत्रण रेखा का उल्लंघन कर रहा है तथा भारत के खिलाफ एक प्रकार से अघोषित गुरिल्ला युद्ध लड़ रहा है। अफगानिस्तान में नजीब सरकार के गिरने के बाद पाकिस्तान पश्चिमोत्तर प्रांत की दिक्कतों से उबर चुका है। अब उसका पूरा दबाव कश्मीर की ओर है। प्रसिद्ध रक्षा पत्रिका 'इंडिया डिफेंस रिव्यू' के संपादक और कश्मीर के सैन्य विशेषज्ञ मेजर जनरल अफसर करीम का मानना है कि पाकिस्तान का मंसूबा साफ है, वह घाटी में लुका-छिपी लड़ाई से भारत के खिलाफ माहौल बना रहा है, ताकि मौका आने पर कश्मीर पर आक्रमण कर सके। यद्यपि पाकिस्तान भारत के साथ सीधी लड़ाई में हिचकिचाता है लेकिन कश्मीर पर कब्जा करने के लालच में वह ऐसा कर सकता है।"[75]

पिछले कई वर्षों से पाकिस्तान द्वारा जम्मू कश्मीर में चलाए जा रहे इस अघोषित युद्ध के परिणाम सामने हैं। आई.एस. आई. प्रशिक्षित आतंकवादियों और अफगान मुजाहिद्दीनों के जरिए पाकिस्तान ने कश्मीर घाटी में आतंक का साम्राज्य फैला दिया है। सामरिक स्थानों में भयंकर तोड़-फोड़ की गई और कश्मीरी जनता को भावनात्मक रूप से बरगला दिया है। बेनजरी भुट्टो के सत्ता में आने के बाद भारत पाक संबंधों में लगातार गिरावट आई स्थिति यहां तक पहुंच गई कि पाकिस्तान स्थिति भारतीय राजनायिकों का जीना मुश्किल हो गया है, आई.एस. आई. के लोग उनके साथ दुर्व्यवहार करते रहे और उन्हें डराते धमकाते रहे। दोनों ओर से राजनैयिकों को निकाले जाने का क्रम जारी है। इन स्थितियों ने भारत और पाकिस्तान के संबंधों को एक ऐसे नाजुक मोड़ पर ला दिया जहां से इन्हें अपनी पहली स्थिति में पहुंचने के लिए एक लंबा और जटिल रास्ता तय करना पड़ सकता है।

पाक अधिकृत कश्मीर का मसला

आखिर पाक अधिकृत कश्मीर क्या है? कितना बड़ा भू-भाग है और पाकिस्तान, वहां क्या कर रहा है? इसके लिए हमें इसके भौगोलिक और ऐतिहासिक तथ्यों को समझना होगा। जम्मू कश्मीर प्रांत के पश्चिमी भाग में स्थित पाक अधिकृत कश्मीर लगभग 13 हजार किमी. में फैला हुआ है। उत्तर से दक्षिण की ओर लंबाई में फैले हुए इस भू-भाग में कहीं हिमांक्षादित पहाड़ हैं कहीं मैदानी इलाका है, घने जंगलों, तेज बहती नदियों, और घुमावदार झरनों के इस प्रदेश की आबादी लगभग 20 लाख है। उत्तरी छोर के मुजफ्फराबाद इलाके में जहां जाड़े में बर्फ जमी रहती है वहीं मीरपुर और कोटली के मैदानी इलाकों में मई, जून के महीनों में खूब गरमी पड़ती है। यह

प्रदेश जम्मू कश्मीर से लगा हुआ है, पाक अधिकृत कश्मीर में कुल पांच जिले हैं - मुजफ्फराबाद, बांघ, पुंछ, मीरपुर और कोटली। पुंछ जिले का शहरी इलाका भारत के कब्जे में है और देहाती इलाका पाकिस्तान के कब्जे में है। सामरिक दृष्टि से पाक अधिकृत कश्मीर का महत्व इस बात से पता चलता है कि पाकिस्तान की राजधानी इस्लामाबाद यहां से लगभग 150 किमी. दूर है। इस प्रकार देखा जाए तो पाक अधिकृत कश्मीर का पश्चिमी इलाका पाकिस्तान की राष्ट्रीय राजधानी से लगा हुआ है तथा सामरिक महत्व के क्षेत्र जैसे रावलपिंडी और काहूटा भी इस इलाके से जुड़े हैं। पाक अधिकृत कश्मीर रेल और सड़कों के माध्यम से रावलपिंडी से अच्छी तरह जुड़ा हुआ है। आजादी के पहले कश्मीर घाटी से अविभाजित भारत का अन्य भाग रावलपिंडी के ही जरिए जुड़ा हुआ था, यानी अगर श्रीनगर से दिल्ली आना हो तो रावलपिंडी जाकर लाहौर पंजाब होते हुए आना पड़ता था। महाराज हरी सिंह की अपनी निजी सेना को रौंदते हुए जम्मू कश्मीर की सीमा लांघकर अंदर आई कबायिलों और पाकिस्तानी सेना को पीछे ढकेल कर भारतीय सेना ने उस समय जिस नियंत्रण रेखा का निर्माण किया था युद्ध विराम के बाद उसी सीमा रेखा के रखवाली हेतु दोनों देशों की सेनाएं आज भी आमने सामने खड़ी हैं। उस वक्त की खींची वह युद्ध विराम रेखा आज भी भारत और पाकिस्तान के बीच संबंधों के सुधरने में रोड़ा बनी हुई हैं। संबंध सुधरने की बात तो दूर इस नाजायज कब्जे के चलते 1965 और 1971 के दो बडे युद्ध लड़े जा चुके हैं। हालांकि 1949 के करांची युद्ध विराम समझौते के तहत दोनों देशों में यह सहमति है कि सीमा पर तैनात फौजों की संख्या नहीं बढ़ाई जाएगी लेकिन गत दो युद्धों के बाद दोनों देशों की सैन्यशक्ति बढ़ी है। पाकिस्तानी सेना की एक कोर कमान पाक अधिकृत कश्मीर की रक्षा के लिए तैनात है। उत्तरी छोर पर गिलगिट से लेकर दक्षिण छोर पर मंगला तक उनकी 4 डिवीजन पैदल सेना तैनात है। यहां की ऊंची पर्वत श्रृंखलाओं के इस इलाके में युद्ध के लिए पैदल सेना सबसे उपयुक्त होती है जहां गिलगिट में 4 ब्रिगेड हैं तहीं पाक अधिकृत उरी में 5 ब्रिगेड हैं इसी तरह झेलम इलाके में भी 4 ब्रिगेड हैं। इन सभी ब्रिगेडों के पास आवश्यक हथियार और गोला बारूद की पर्याप्त व्यवस्था है। इस प्रकार देखने से पता चलता है कि पाकिस्तानी सेना का 20 प्रतिशत हिस्सा पाक अधिकृत कश्मीर के लिए तैनात किया गया है लेकिन ऐसा नहीं है कि इस इलाके में आक्रमण करने के लिए भारतीय सेना के पास कोई अवसर न हो। गिलगिट, स्कारदू, मुजफ्फराबाद, हाजीपीर कोटली व मीरपुर जैसे इलाकों में कई स्थान हैं, जहां भारतीय सेना

पाकिस्तानी रेखा पंक्ति में सेंध लगा सकती है।

सैन्य विशेषज्ञ मानते हैं कि टैंकों का सही समय पर सही इस्तेमाल करने वाली सेना अक्सर युद्ध में महत्वपूर्ण उपलब्धियां हासिल करती हैं लेकिन गिलगिट जैसे क्षेत्रों में पहाड़ी क्षेत्र होने के कारण टैंकों का उपयोग संभव नहीं है। पाक अधिकृत कश्मीर की रक्षा के लिए पाकिस्तान के पास उत्तरी इलाके में एक कोर कमान सेना और है, साथ ही लगे हुए सियालकोट क्षेत्र में पाकिस्तानी सेना का एक भारी जमावड़ा है। इन सब का उपयोग पाक अधिकृत कश्मीर की रक्षा के लिए किया जा सकता है। पाकिस्तानी सेना के पास कुल नौ कोर कमान हैं इस तरह कुल मिलाकर पाक अधिकृत कश्मीर की रक्षा के लिए पाकिस्तानी सेना के पास डेढ़ से दो लाख लड़ाकू जवान उपलब्ध हैं। सेना के इस भारी जमावड़े के साथ-साथ सामरिक महत्व के लिए पाकिस्तान के पास इस क्षेत्र के आस-पास महत्वपूर्ण सैनक अड्डे भी हैं इनमें से रावलपिंडी, पेशावर, खारियां व सियालकोट प्रमुख हैं इसके अतिरिक्त सरगोधा और स्काई़ू के हवाई अड्डे किसी भी युद्ध में निर्णायक भूमिका अदा कर सकते हैं।

सेना के पूर्व अधिकारी मेजर जनरल अफसर करीम का कहना है अगर कश्मीर सीमा पर कोई निर्णायक युद्ध होना है तो यह दो महीने से ज्यादा दिन चलेगा। जहां तक पाक अधिकृत कश्मीर के पहाड़ी इलाकों जैसे मुजफ्फराबाद की बात है वहां एक-एक इंच जमीन के लिए काफी मेहनत करनी पड़ेगी। पीरपंजाल पर्वत शृंखला के इस इलाके में युद्ध करना बहुत कठिन और जोखिम भरा काम है। यहां लड़ रही सैनिक टुकड़ियों को वायु मार्ग से मदद के लिए भरोसा नहीं किया जा सकता क्योंकि खराब मौसम के कारण बादलों के ऊपर न उड़ने की मजबूरी के चलते वायु मार्ग से सीमित सहायता ही मिल सकती है।[76]

इसीलिए पाक अधिकृत कश्मीर की पहाड़ी इलाके में हाजी पीर पाकिस्तान में घुसने के लिए संवेदनशील इलाका है। इसके अतिरिक्त भारतीय सेना को यह भी ध्यान रखना होगा कि भारत के कुछ इलाके पाकिस्तान के लिए संवेदनशील साबित हो सकते हैं जिनमें साभा, दयालचक, अखनूर, और रियासी जैसे क्षेत्र शामिल हैं इसी तरह 1965 और 1971 के युद्ध में राजौरी और पुंछ जैसे इलाकों में भारी लड़ाई हुई थी। अगर पाकिस्तान अखनूर के रास्ते जम्मू से कश्मीर की जाने वाली रसद का मार्ग काट देता है तो वह पहाड़ी इलाकों में टिथवाल, करेन, गुरेंच और अन्य इलाकों में आक्रमण करने में सफल होगा।

भारत की दक्षता

पाकिस्तान के उपरोक्त मोर्चे बंदी का यह अर्थ नहीं है कि भारतीय सेना पाक अधिकृत कश्मीर में सेंध लगाने व दूर तक मार करने में सक्षम नहीं है। भारतीय सेना के दो कोर कमान स्थायी रूप से जम्मू व कश्मीर में रहते हैं। इसके अलावा जम्मू कश्मीर में आंतरिक सुरक्षा व्यवस्था हेतु एक कोर कमान सेना और तैनात है। सैन्य विशेषज्ञों का मानना है कि दोनों देशों की सैनिक क्षमता को देखते हुए यह कहा जा सकता है कि भारत पाकिस्तान के बीच किसी युद्ध में भारत का पड़ला भारी होगा। वरिष्ठ प्रतिरक्षा टिप्पणी कार मनोज जोशी मानते हैं ''दो सप्ताह की लड़ाई में दोनों देश बराबरी पर छूट सकते हैं लेकिन दो माह की लड़ाई में भारत की जीत कोई नहीं रोक सकता।'' पूर्व थल सेना अध्यक्ष बी.एन. शर्मा का कहना है कि ''यह संभव नहीं है कि भारत पाकिस्तान के बीच युद्ध केवल जम्मू कश्मीर की सीमा पर ही लड़ा जाए, युद्ध जब भी होगा पूरी पश्चिमी सीमा पर होगा इसलिए जम्मू कश्मीर में निर्णायक युद्ध के दौरान सैन्य संतुलन की गणना इन बातों को ध्यान में रखकर करनी होगी।''[77]

हालांकि जम्मू कश्मीर सीमा की रक्षा के लिए आवश्यक सेना तैनात है, फिर भी कश्मीर घाटी की निर्णायक जंग के दौर में पठानकोट, पटियाला, मेरठ और ग्वालियर जैसी सैन्य छावनियों से 48 घंटे में सेना सीमा तक पहुंच सकती है इसके अलावा मध्य और दक्षिणी कमान से भी सैनिक तथा बख्तरबंद डिवीजन थोड़े ही समय में सीमा तक पहुंचाए जा सकते हैं। भारतीय सेना की एक बड़ी दिक्कत यह है कि जम्मू, श्रीनगर के बीच कोई भी रेल सेवा उपलब्ध नहीं है, और सड़क सेवा भी सीमित है इसलिए जम्मू से कश्मीर सीमा की ओर सैनिक टुकड़ियों को ले जाने के लिए सड़क और हवाई मार्ग दोनों का उपयोग होगा। एक सैन्य विशेषज्ञ का कहना है कि यदि पाकिस्तानी कश्मीर को जम्मू से काटने में सफल भी हो जाते हैं तो भी कोई बात नहीं क्योंकि कश्मीर में भारतीय सेना के पास इतनी रसद उपलब्ध है कि बगैर किसी सहायता के चार महीने तक लड़ सकती है।

अगर कश्मीर के अस्तित्व को लेकर भारत पाक युद्ध होता है तो भारत की विजय तभी संभव है जब युद्ध दो महीने तक चले। इस युद्ध में पहले चार हफ्तों में पाकिस्तान के 10 डिवीजन के मुकाबले भारत की 15 डिवीजन सेना लड़ेगी इसके बाद अगले दो सप्ताह में पाकिस्तान के शेष डिवीजन लड़ाई में भाग लेंगे जबकि

भारत के 15 डिवीजन तब भी शेष रहेंगे। सैन्य विशेषज्ञों का मानना है कि भारत पाक अधिकृत कश्मीर को दो महीने में जीत लेगा बशर्ते पाकिस्तान इसी बीच परमाणु बम चलाने की धमकी न दें। इस धमकी के आने के बाद युद्ध विराम के लिए अमेरिकी हस्तक्षेप अवश्य होगा संयुक्त राष्ट्र संघ की सुरक्षा परिषद युद्ध विराम के प्रस्ताव पारित कर सकती है। पूर्व थलसेना अध्यक्ष जनरल शर्मा का यही मानना है कि अधिकृत कश्मीर को भारतीय फौजों के लिए जीतना तो आसान है लेकिन विश्व संस्थाओं के दबाव के आगे उसे अपने कब्जे में कितने दिन रखा जा सकता है यह एक बड़ा प्रश्न है।[78]

फिलहाल अपनी हार की स्थिति को देखते हुए यदि पाकिस्तान ने परमाणु बम का उपयोग किया जैसा कि वह धमकी देते चला आ रहा है तो न केवल भारत और पाकिस्तान के लिए वरन् संपूर्ण एशियाई महाद्वीप के लिए आत्मघाती सिद्ध होगा। परमाणु की परिकल्पना से ही बुद्धिजीवी मानव कांप जाता है। आज जो देश जितने ही विकसित हैं उस देश की जनता उतनी ही इस घिनौनें शस्त्र का विरोध कर रही है। परमाणु भंडार की ओर यदि पाकिस्तान के कदम बढ़ गए तो न केवल संपूर्ण महाद्वीप वीरान हो जाएगा वरन् संपूर्ण विश्व इससे बुरी तरह प्रभावित होगा और बहुत संभव है कि भारत पाक युद्ध परमाणु युद्ध का रूप ले ले, तब यह युद्ध जीवन मरण का युद्ध होगा। वैसे पाकिस्तान परमाणु दानव के विनाश लीला से पूर्णतः परिचित है और ऐसा आत्मघाती कदम नहीं उठाएगा। उसके मित्र देश भी इस घिनौने खेल को खेलने की सलाह नहीं देंगे फिर भी आधुनिक तकनीक से विकसित मिसाइलों का प्रयोग तो अगले युद्ध में होगा ही जो भारत और पाकिस्तान दोनों देशों के खुशहाल क्षेत्रों को बरबाद करके रख देगा जैसे कि खाड़ी युद्ध में हुआ था। इस लिए दोनों देशों के हित में यही होगा कि शिमला और ताशकंद समझौते को मानते हुए उसे कार्यरूप में परिणति कर और बचे हुए मुद्दों को भी आपस में मिल बैठकर दोनों देश सुलझा लें यही समय और परिस्थिति की मांग भी है।

3

वर्तमान चुनौतियां

किसी भी राष्ट्र की शक्ति व सुरक्षात्मक स्थिति का अनुमान उस राष्ट्र की सेना की कार्य कुशलता और सौर्य से लगाया जाता है। जिस देश की सेना जितनी मजबूत होगी उतना ही वह देश मजबूत व सुदृढ़ होगा। प्रत्येक देश अपना सैन्य संगठन युद्ध की आवश्यकताओं और सुरक्षा की स्थितियों को ध्यान में रखकर करता है इस संबंध में भारत एक प्रभुसत्ता संपन्न गणराज्य है भारत की नीति गुट निरपेक्षता, सहअस्तित्व व बंधुत्व की प्रवृत्ति आकांक्षाओं के अनुरूप रही है इसलिए भारतीय सैन्य संगठन का स्वरूप साम्राज्यवादी तथा विस्तार वादी न होकर केवल प्रतिरक्षा वादी है।

वर्तमान बदलते परिवेश में सोवियत संघ के टूट जाने के बाद और नए राष्ट्र कुल के बन जाने से भारतीय प्रतिरक्षा का वातावरण जटिल सा हो गया है। विश्व स्तर पर उभर रहे नए सामरिक समीकरण काफी महत्वपूर्ण हो गए हैं। इस शताब्दी का अंतिम दशक अनेक समस्याओं को लेकर भारत के सामने खड़ा है। सोवियत संघ के समाप्त होने के बाद भारतीय सैन्य क्षेत्र में जो अहम सवाल पैदा हुए हैं उनमें सबसे प्रमुख यह है कि भारत की तीनों सेनाएं अभी तक गंभीर रूप से सोवियत संघ पर आश्रित थीं अब इस मित्र महाशक्ति के पतन के बाद भारत की सैन्य आयात नीति कैसी होगी? क्योंकि राष्ट्र कुल के नेता पश्चिम गुट में शामिल होना चाहते हैं । दूसरे संयुक्त राष्ट्रसंघ में विश्व की अवहेलना करके भारत के पक्ष में कौन

अपने बीटों का प्रयोग करेगा? संयुक्त राष्ट्र संघ के लिए भी यह चिंता और बहस का विषय होगा कि नए राष्ट्र कुल को बीटों शक्ति दी जाए या उनमें से किसी एक गणराज्य को दी जाए, इसी के साथ संयुक्त राष्ट्र संघ की यह भी समस्या होगी कि सोवियत संघ के बिना पूर्ण भागीदारी के संयुक्त राष्ट्र संघ सुरक्षा परिषद का प्रारूप कैसा होगा। भारत की तीसरी समस्या यह है कि जब उसे यह निश्चित करना है कि वह संसार के एक मात्र महाशक्ति अमेरिका के गुट में शामिल हो या स्वतंत्र संघर्ष पूर्ण नीति को लेकर ही चले और गरीब देशों का नेतृत्व जारी रखे। इसलिए बदलते परिवेश में इस बात का पुर्नमूल्यांकन अनिवार्य सा प्रतीत हो गया है कि भारत का शक्ति संतुलन कितना और कैसे प्रभावित होगा, शस्त्रास्त्रों के संबंध में हमारी क्या जरूरतें होंगी तथा उन्हें कैसे पूरा किया जा सकेगा।

पड़ोसी देशों की तुलना में यद्यपि भारत दूसरी सबसे बड़ी शक्ति है लेकिन पाकिस्तान जैसे देश अपनी सैन्य शक्ति का तेजी से विस्तार कर रहे हैं यहां तक कि परमाणु शक्ति संपन्न देशों की श्रेणी में खड़े हो गए हैं। इस स्थिति को देखते हुए भारत भी अपने परमाणु विकल्प को खुला छोड़ रखा है ताकि पाकिस्तान की परमाणु धमकी के सामने झुकना न पड़े। अमेरिका लगातार व्यापक परमाणु प्रसार निषेध संधि (सी.टी.बी.टी.) पर हस्ताक्षर के लिए भारत पर दबाव बनाए हुए हैं कि वह इस संधि पर हस्ताक्षर कर दे और भविष्य में कभी भी परमाणु बम का निर्माण न करें लेकिन भारत ऐसा आत्मघाती कदम नहीं उठा सकता क्योंकि उसके दो-दो पड़ोसी देश जो कि उसके शत्रु भी हैं परमाणु शक्ति संपन्न हो चुके हैं। उनका मुकाबला परमाणु शक्ति संपन्न देश बनकर ही किया जा सकता है। भारत का कहना है कि विश्व के संपूर्ण परमाणु शक्ति संपन्न देश अपने परमाणुविक हथियार पूर्णतः नष्ट करके शांति एवं संधि के रास्ते पर आगे बढ़े तभी इस समानता के तहत ही हस्ताक्षर संभव हो जाएगा और तभी स्थायी शांति दुनिया में संभव हो पाएगी। यदि बड़े देश ऐसा नहीं करते हैं तो खुद शक्ति संपन्न बनकर दूसरों के लिए रास्ता बंद कर रहे हैं ताकि निर्बल राष्ट्र उनकी कृपा दृष्टि पर जिंदा रहे और उनकी कमजोरी का शोषण किया जाता रहे। यह दोरंगी एक पक्षीय और अन्याय पूर्ण संधि है भारत को इस पर हस्ताक्षर हर्गिज नहीं करना चाहिए और भारत को आत्मनिर्भरता की ओर तेजी से कदम बढ़ाकर निर्बल राष्ट्रों को साथ लेकर इन शक्तिशाली देशों के समानांतर ही एक मजबूत सैन्य शक्ति संगठन खड़ा करना होगा ताकि कोई भी देश भारत की तरफ अपनी निगाहें गढ़ाए तो परिस्थितियां उन्हें सौ बार सोचने के लिए विवश कर दें।

सप्तम खंड

1. आतंकवाद और उसका समाधान

1. भारत की सुरक्षा नीति
2. विदेश नीति
3. आर्थिक नीति

2. अंतर्राष्ट्रीय कानून

3. अन्य उपाय

1

आतंकवाद और उसका समाधान

आतंकवाद जैसी जटिल समस्या का निदान किसी एक आयामों पर चलकर नहीं किया जा सकता अपितु इसके लिए विविध आयामों पर सम्यक दृष्टि डालनी अनिवार्य है आतंकवाद निश्चित रूप से हमारी सुरक्षा, विदेश व आर्थिक नीतियों को प्रभावित करता है, अतः इन नीतियों में समसामयिक बदलाव व एक नई दृष्टिगोचरता, चिंतनशीलता प्रभावशाली व्यवस्था का होना आवश्यक है जिसके साथ ही राष्ट्रीय व अंतर्राष्ट्रीय समूहों का आपसी सहयोग भी परमावश्यक है।

कुछ देश की अपनी कमजोरियां व अव्यवस्थाएं होती हैं जिनके कारण आतंकवाद पनपता है, उन कमजोरियों के रहते आतंकवाद की समाप्ति कदापि संभव नहीं इसके लिए वहां की जनता और सरकार के सामजंस्य से एक नई चेतना, त्याग और आत्म विश्वास की जरूरत होगी इन्हीं हथियारों से स्थितियों में मौलिक सुधार लाया जा सकता है तभी आतंकवाद के मुकाबले एक सशक्त व्यवस्था का उद्भव होगा जिनके सामने आतंकवादी व्यवस्था को झुकना ही पड़ेगा। पंजाब आदि इसके उदाहरण हैं। यहां हम भारतीय उप महाद्वीप के परिप्रेक्ष्य में आतंकवाद के निदानात्मक उपायों पर विचार प्रस्तुत करेंगे।

1. आतंकवाद और सुरक्षानीति

शांति और नई विश्व व्यवस्था के स्थान पर आज हम नए-नए संघर्ष और निरंतर

व्याप्त अव्यवस्था से दो चार हो रहे हैं। दो देशों के बीच युद्ध इतने नहीं चल रहे हैं जितने कि अंतर्राजीय हिंसा व अंतर्राज्यीय आतंकवाद और बाह्य शक्तियों द्वारा परोक्ष युद्ध चलाए जा रहे हैं। यदि कहा जाए कि भारत संप्रति अपनी सुरक्षा के एक कठिन दौर से गुजर रहा है तो गलत न होगा। पूरा का पूरा कश्मीर जल रहा है समूचे उत्तर पूर्व में उग्रवाद की आग जल रही है और पंजाब में खालिस्तान समर्थक खाड़कू भी कभी-कभी अपनी मौजूदगी का अहसास करा जाते हैं। प्रभुत्व प्राप्त करने की आकांक्षा जातिवाद और धार्मिक रूढ़िवाद को पुर्नजीवित करके देश में आतंरिक अशांति फैलाने की कोशिश कर रही है। झारखंड उत्तराखंड, बुंदेलखंड, रूहेलखंड जैसे मुद्दे भी सरकारी तंत्र को अव्यवस्थित किए हैं देश में मादक पदार्थों, हथियारों एवं विस्फोटक सामानों की तस्करी बदस्तूर जारी है इतना ही नहीं रूस निर्मित विमान ए.एन.26 रांची से उड़ता है और पुरूलिया में हथियारों व विस्फोटकों का जखीरा गिरा कर कलकत्ता होते हुए थाईलैंड चला जाता है। वापसी में वह तब पकड़ा जाता है जब उसे धर दबोचने के लिए भारतीय वायु सेना के दो मिग 21 विमान उड़ान भरते हैं। जिस युग में अत्याधुनिक रडार मीलों दूर चल रहे हैं बिजली के पंखे तक की सूचना मुहैया करा सकता है उस युग में हमारी सुरक्षा एजेंसियां हथियार ला रहे विमान की टोह तक नहीं ले पाती हैं। यदि वही विमान हमारे किसी शहर पर बम गिराकर चला जाता तो यहां थोड़ा रुक कर सोचने वाली बात है कि हम अपनी सुरक्षा के प्रति कितने सतर्क हैं। हमारी सुरक्षा व्यवस्था में आखिर चूक कहां है क्या हम इसी सुरक्षा व्यवस्था के दम पर अपने देश की अखंडता और सीमाओं की सुरक्षा सुनिश्चित करेंगे। हमें निश्चित रूप से इन खामियों को दूर करना होगा और अपनी मातृभूमि की रक्षा के लिए आंतरिक और बाह्य दोनों मोर्चों पर मुस्तैदी दिखाने की जरूरत है।

सबसे आश्चर्यजनक बात तो यह है कि गत वर्षों में देश में कोई पूर्ण स्तरीय रक्षामंत्री भी नहीं था। इससे स्पष्ट होता है कि हमारे सरकार के पास राष्ट्रीय सुरक्षा का न तो कोई सिद्धांत है न ही इसके प्रति गंभीर चिंता स्वतंत्र प्रभार वाले पूर्ण स्तरीय रक्षा मंत्री के न होने से नुकसान स्वाभाविक है क्योंकि प्रधानमंत्री के ही रक्षामंत्री रहने से तीनों सेनाओं के प्रमुखों का उनसे सीधा संपर्क नहीं बढ़ पाता है, निर्णय संबंधी फाइलें प्रधानमंत्री कार्यालय मे ही दबी रह जाती हैं और सबसे ऊपर प्रधानमंत्री और मंत्रिमंडल के समक्ष सेनाओं का नजरिया रखने वाला कोई माध्यम नहीं होता। कुल मिलाकर स्थिति काफी अनिश्चिय की होती है।

वास्तव में आतंकवाद निरुद्देश्य और क्रूर उत्पीड़न, जोर जबरदस्ती या जान

माल की हानि की तकनीकी है इसका प्रयोग ऐसे अंतर्राष्ट्रीय समूहों द्वारा किया जाता है जो तनाव की भिन्न-भिन्न स्थितियों में काम करते हुए वास्तविक अथवा भ्रांति मूलक लक्ष्यों को प्राप्त करना चाहते हैं। आतंकवादी हिंसा और दहशत फैला कर अपने हित की बातों को मनवाने की मंशा रखते हैं।

अतीत से ही भारत सहिष्णु और शांतिप्रिय देश रहा है इतिहास साक्षी है कि भारत ने कभी किसी देश पर राजनीतिक प्रभाव लादने या उसकी प्रादेशिक अखंडता को भंग करने की चेष्टा नहीं की। यह ऐतिहासिक परंपरा भारत की विदेश नीति का महत्वपूर्ण तथ्य है। स्वाधीन भारत में पिछले 6 दशकों में सभी देशों के साथ समानता और मित्रता की नीति निभाई है। पाकिस्तान ने भारत पर चार-चार आक्रमण किए और प्रत्येक युद्ध में भारत ने पाकिस्तान को हराया किंतु उस पर अपनी शर्तें नहीं लादी। 1965 के युद्ध में पाकिस्तान का जो भू-भाग भारत ने छीन लिया था वह ताशकंद समझौते द्वारा लौटा दिया गया। 1971 में जीते गए भू-भाग को शिमला समझोते के तहत भारत ने पाकिस्तान को उसकी समस्त अधिकृत भूमि लौटा दी, फिर भी पाकिस्तान हमें अपना नं. 1 का दुश्मन मानता है और हमारे देश के अंदर आतंकवाद व उग्रवाद को हवा देकर तथा बाहर मानवाधिकार जैसे मुद्दे उठाकर हमें पराजित करना चाहता है। साम्यवादी चीन भी भारत के प्रति शत्रुता का भाव रखता है, और 1962 में अचानक बड़े पैमाने पर हमला करके हमारा एक बड़ा भू-भाग कब्जे में कर लिया है तथा भारत इस समस्या को बातचीत से हल करने की कोशिश करता रहा है लेकिन दुर्भाग्य है कि चीन हमारे विरोधी गतिविधियों में रुचि लेता रहा है।

आज स्थितियां काफी कुछ बदल गई है हमारा मित्र राष्ट्र सोवियत रूस स्वयं विपन्न अवस्था में है विश्व का ध्रुवीकरण उलट कर एकतरफा हो गया है, अमेरिका सारे विश्व का एक मात्र तानाशाह बनना चाहता है। भारतीय विदेश नीति शुरू से ही गुट निरपेक्षता के साऐ तले पली व बढ़ी है आज भी हम मूल रूप से उसी नीति का अनुसरण करते हैं। अतः किसी भी गुट व राष्ट्र की दादागिरी के सामने कभी झुक नहीं सकते जबकि अमेरिका हमें झुकाने के लिए धरती आसमान एक कर रहा है।

शीतयुद्ध समाप्ति के बाद यह आशा बंधी थी कि पुरानी दोस्तियां और पुराने गुट चूंकि अप्रासंगिक हो गए हैं इसलिए अमेरिका पाकिस्तान को तरजीह नहीं देगा लेकिन अमेरिका लगातार पाकिस्तान को खुश करने और भारत को चिढ़ाने वाली बात करता रहा है। कभी मानवाधिकारों के हनन के नाम पर और कभी अन्य किसी मुद्दे पर विरोध करता रहा। अमेरिका ने रूस पर दबाव डालकर भारत को मिलने

वाली क्रोयोजेनिक इंजन पर भी रोक लगा दी। वह कभी हम पर सुपर 301 लगाता है और कभी स्पेशल 301। इधर परमाणु प्रसार निषेध संधि पर हस्ताक्षर करने के लिए दबाव डाल रहा है। जब पाकिस्तान के पास परमाणु बम है और पाकिस्तान आतंकवादी कार्यवाहियों में रुचि लेता रहा है लेकिन अमेरिका ने उसे आतंकवाद प्रायोजक देशों की शृंखला में अब तक नहीं रखा है। पाकिस्तान भारत के साथ ही अफगानिस्तान पर भी तालिबानो की सहायता से अपना प्रभाव थोपना चाहता है अमेरिकी राष्ट्रपति क्लिंटन ने ब्राउन संशोधन के तहत पाकिस्तान को नए सिरे से शस्त्रास्त्रों की अनुमति देकर दक्षिण एशिया में हथियारों की नई होड़ पैदा कर दी ।

कल तक जिस पाकिस्तान को आतंकवादी देश घोषित करने की चर्चाएं थीं उसी पाकिस्तान को इस बहाने हथियार देना की अब वह आतंकवाद को खत्म करने मे मदद करेगा किसके गले उतरेगा? हर तरह के प्रमाण मौजूद है कि पाकिस्तान भारत में आतंकवाद फैला रहा है लेकिन अमेरिका ने उसे फटकार लगाने की बजाय मदद देने का फैसला किया ।

किसी देश की सरकार एवं वहां की जनता के लिए उसकी सुरक्षा सदैव चिंतन एवं मनन का मुद्दा होना चाहिए, सुरक्षा एक स्थायी एवं सतत् गारंटी है जो वाह्य एवं आंतरिक तत्वों द्वारा किए गए आक्रमण, विद्रोह, खतरे और हानि के विरुद्ध राज्य द्वारा दी जाती है। यह अपने नागरिकों एवं संपत्ति की सुरक्षा भी सुनिश्चित करती है। अपनी संपत्ति प्रतिष्ठान या व्यवस्था और हितों की सुरक्षा के अतिरिक्त राज्य देश की एकता एवं संप्रभुता की गारंटी भी देता है।

32, 87, 263 वर्ग किमी. क्षेत्रफल वाले हमारे देश की भू सीमा 15200 कि.मी. से भी अधिक लंबी है। यह कच्छ के दलदलीय क्षेत्रों, हिमालय की पर्वत शृंखलाओं और पुर्वोत्तर के घने जंगलों से होकर गुजरती है। भारत जैसे विशाल एवं विविधता वाले राष्ट्र के लिए अपनी सुरक्षा में लगातार समीक्षा करना वैसे भी आवश्यक है, क्योंकि सिकंदर से लेकर 1971 के पाक आक्रमण तक भारत सदैव वाह्य हमलों का शिकार होता रहा और अब पड़ोसी देश भारत की राष्ट्रीय सुरक्षा की धज्जियां उड़ाने की मंशा रखने लगे हैं इसलिए हमें न केवल अपने पड़ोस में हो रही गतिविधियों पर नजर रखने की जरूरत है बल्कि पश्चिम और मध्य एशिया से लेकर पूरे दक्षिण एशिया के घटनाक्रम से सबक लेने की आवश्यकता है। आस्ट्रेलिया से लेकर दक्षिण अफ्रीका तक फैले हिंद महासागर मे और उसके तटीय देशों में जो कुछ होता है उससे अपनी सुरक्षा पर पड़ने वाले संभावित खतरों का आंकलन भी जरूरी है क्योंकि नेहरू जी

का मानना था कि "भारत अंतर्राष्ट्रीय राजनीति के चौराहे पर स्थित है उसके एक ओर पश्चिम एशिया दूसरी तरफ दक्षिण पूर्व एशिया के अति महत्वपूर्ण सामरिक क्षेत्र है। जिसका प्रवेश द्वारा भारत को बनाया जा सकता है। उत्तर में चीन और दक्षिण में हिंद महासागर भारत को और अधिक महत्वपूर्ण देश बना देते हैं।"[79]

भारतीय सेना का कम लागत पर आधुनिकी करण किए जाने के लिए सोवियत संघ एक विश्वसनीय स्रोत रहा है। मिग 21 से लेकर मिग 29 तक का आयात सोवियत संघ से किया गया, लेकिन सोवियत संघ के टूटने के बाद से सोवियत सहायता तो लगभग बंद हुई ही साथ में सैन्य उपकरणों के हिस्से पुर्जों के आपूर्ति में भी समस्याएं उठ खड़ी हुई हैं। हालांकि इस समस्या का समाधान कर लिया गया है लेकिन वर्तमान बदलते विश्व सैन्य परिवेश में भारतीय सेना और देश की सरकार को इसके विकल्पों पर भी ध्यान देना होगा। फिलहाल आज भारत और अमेरिका के बीच रक्षा सहयोग बढ़ा है दोनों ने अभी हाल में कई संयुक्त सैनिक अभ्यास भी किए हैं लेकिन शीत युद्ध के दौरान सोवियत संघ के साथ रहे भारत को लेकर अमेरिका काफी पशोपेश में है कि भारत को वह मित्र की श्रेणी में रखे या शत्रु की श्रेणी में। जहां तक ऐशिया के सुरक्षा परिवेश का प्रश्न है हाल के वर्षों में यद्यपि बहुत सुधार हुआ है लेकिन फिर से इसके बिगड़ जाने के संभावना से इंकार नहीं किया जा सकता। जिस तरह से पड़ोसी देश विशेष कर पाकिस्तान प्रक्षेपास्त्रों और परमाणु बमों का जखीरा खड़ा करने में लगा हुआ है और भारत के दो पड़ोसी देशों में चीन पाक का परस्पर सैनिक गठबंधन मौजूद है तथा आतंकवाद को बढ़ाने की प्रबल कोशिश रही है उसके मद्देनजर भारत अपने राष्ट्रीय हितों की सुरक्षा के लिए पर्याप्त रूप से शक्तिशाली रक्षा क्षमता और साथ ही जरूरी है सुरक्षा एजेंसियों को तालमेल के साथ सदैव मुस्तैद रहने की।

2. आतंकवाद और विदेश नीति

किसी भी देश की वैदेशिक नीति का निर्धारण तत्कालीन अंतर्राष्ट्रीय राजनीति के सापेक्ष और राष्ट्र हितों के परिप्रेक्ष्य में किया जाता है किंतु भारत के वैदेशिक नीति के निर्धारण ने इस अवधारणात्मक पहलू के अलावा इस देश की प्राचीन परंपराओं और स्वाधीनता आंदोलन के उच्च आदर्शों का भी ध्यान रखा गया है। भारतीय चिंतन एवं दर्शन की उत्कृष्ट परंपराओं जिसका स्वभाव सहिष्णुता एवं सह अस्तित्व रहा है के कारण ही भारत के वैदेशिक नीति में गुट निर्पेक्षता और विवादों के शांतिपूर्ण समाधान

के तत्वों को सर्वोपरि महत्व दिया गया है। हजारों वर्षों से भारत वैदेशिक शांति, समता आधारित एवं सहयोग की भावना से ओत-प्रोत रही हैं। हमने जिस वसुधैव कुटुंबकम की परिकल्पना की वो हमारी परंपरा संस्कृति से हटकर नहीं थी, हमारी विदेश नीति में देश की उन्नत सांस्कृतिक परंपरा गांधी के दर्शन एवं उन्हीं अवधारणाओं का सुखद मिश्रण है, इसकी आधार शिला में बुद्ध और अशोक के शाश्वत सिद्धांतों के दर्शन मिलते हैं हमारी वैदेशिक नीति के अंतर्गत उपनिवेशवाद, जातिवाद, फासीवाद, आतंकवाद आदि का विरोध सन्निहित है, यूं कहें कि भारत की विदेश नीति की जड़ें विगत कई शताब्दियों में विकसित समस्याओं के मूल में छिपी हैं और इसमें चिंतन शैलियों, ब्रिटिश नीतियों की विरासत, स्वाधीनता आंदोलन तथा वैदेशिक मामलों में भारतीय राष्ट्रीय कांग्रेस की पहुंच, गांधी वादी दर्शन के प्रभाव, अहिंसा तथा साध्य और साधनों के महत्व के गांधी वादी सिद्धांतों आदि का प्रभावशाली योगदान रहा है।

आज भी वैदेशिक नीति की प्राथमिकताएं कुछ अन्य बिंदुओं पर केंद्रित हो गई है जैसे विश्व शांति, गुट निरपेक्षता व निरस्त्रीकरण का समर्थन, साम्राज्यवाद, उपनिवेशवाद व नस्लवाद का विरोध, अफ्रो एशियाई का आह्वान तथा संयुक्त राष्ट्र के सिद्धांतों में आस्था आदि भारतीय विदेश नीति के आधार स्तम्भ है।

आज भारत आंतरिक और बाह्य मोर्चो पर समान रूप से जूझ रहा है, आतंकवाद, उग्रवाद, जातिवाद और आंतरिक समस्याएं जहां देश को कमजोर करने मे लगी हैं वहीं एक पक्षीय ध्रुवीकरण से जिसमें अमेरिका जैसा देश दादागिरी दिखा रहा हो ये समस्याएं भारत की विदेश नीति में परिवर्तन की मांग करती है। इसलिए यह आवश्यक हो गया है कि अब हम घिसी-पिटी नेहरू व गांधी की नीतियों से थोड़ा हटकर समस्या के परिस्थितिजन्य कारणों को ध्यान में रखते हुए आंतरिक और वाह्य दोनों नीतियों में आमूल चूल परिवर्तन करें। सोवियत संघ विखंडित व असहाय है अतः हमें उससे किसी मदद की उम्मीद नहीं करनी चाहिए हमें अब चीन, जापान फ्रांस, ब्रिटेन आदि देशों की ओर मित्रता का हाथ बढ़ाना चाहिए क्योंकि यह राष्ट्र हित में हैं। अब यह जरूरी हो गया है कि एशिया महाद्वीप के शक्तिशाली राष्ट्रों खास तौर से चीन, जापान, इंडोनेशिया के सहयोग से अमेरिका की धमकी व कुरीतियों का प्रतिकार करें साथ ही विश्व के सभी आतंक पीड़ित राष्ट्रों को आतंकवाद के विरुद्ध लड़ने के लिए संगठित करना चाहिए और आतंक समर्थक देशों को खुलकर विरोध करना चाहिए। इसके साथ ही देश के अंदर आतंकवाद से निपटने हेतु सुरक्षाबलों, सुरक्षा एजेंसियों व जनता को शारीरिक और मानसिक रूप से आतंकवाद जैसे गंभीर समस्या से लड़ने के लिए तैयार करना

चाहिए क्योंकि अंदर और बाहर हर मोर्चे पर सजग रहने से ही हमारी अखंडता और एकता सुरक्षित रह पाएगी।

३. आतंकवाद और आर्थिक नीति

आज विश्व के प्रायः सभी देश गंभीर अर्थ संकट के दौर से गुजर रहे हैं चाहे वह भारत या पाकिस्तान जैसे विकासशील राष्ट्र हो या फिर अमेरिका जैसी विश्व की वर्तमान अकेली महाशक्ति ही क्यों न हो। इस अर्थ संकट का स्पष्ट प्रभाव संबंधित देशों की विदेश व समर नीति पर पड़ रहा है यही कारण है कि सभी राष्ट्रों की विदेश नीतियां पुर्नपरिभाषित हो रही हैं। अमेरिका ने जिसने प्रेशलर संशोधन के तहत कभी पाकिस्तान को सैनिक सहायता देने पर रोक लगा दी थी अब अर्थ संकट के कारण मजबूर होकर ब्राउन संशोधन के तहत उसी पाकिस्तान को पुनः सैनिक सहायता देना मंजूर कर लिया। अमेरिका जैसी विश्व ताकतों द्वारा अपने विदेश नीति में परिवर्तन लाने के पीछे गंभीर आर्थिक कारण छिपे हैं। दरअसल शीत युद्ध के दिनों में जब सारे विश्व में हथियारों की होड़ चल रही थी उस समय प्रायः सभी देश अपने संसाधनों का अधिकांश हिस्सा रक्षा उपकरण प्राप्त करने में झोंक देते थे क्योंकि अमेरिका जैसे देश उस समय प्रमुख हथियार उत्पादक देश थे इसलिए सारे विश्व से पैसा खिंचता हुआ अमेरिका के पास चला जाता था। शीत युद्ध के दिनों में अमेरिकी समृद्धि का मूल कारण यही था लेकिन शीत युद्ध का दौर खत्म होते ही हथियारों की मांग भी एकाएक कम हो गई और इसके साथ ही अमेरिका का वैभव भी घटता गया। अब मजबूर होकर अमेरिका ने विश्व के विभिन्न हिस्सों में ऐसी परिस्थितियां उत्पन्न करनी शुरू कर दीं जिससे कि वहां का माहौल तनाव पूर्ण (शीत युद्ध जैसी स्थिति) में रहे ताकि आस पास के देश एक दूसरे से खतरा महसूस करने लगे। जाहिर है कि जब ऐसा होगा तब वह देश हर कीमत पर हथियार प्राप्त करना चाहेंगे और ऐसे शुभ अवसर का लाभ उठाते हुए अमेरिका एक बार फिर हथियार विक्रेता बन जाएगा। ऐसी स्थिति पैदा करने के लिए अमेरिका ने आतंकवाद का सहारा लिया इसीलिए जगह-जगह आतंकवादियों की मदद कर रहा है ताकि उससे आतंकवादी और आतंकवाद से पीड़ित राष्ट्र दोनों को ही मनचाहे दामों पर हथियारों की आपूर्ति करता रहे। आर्थिक और सामरिक दबाव की वर्तमान नीति विश्व को पुनः एक नए औपनिवेशिक और शीत युद्ध की दौर की ओर ले जाती दिखती है। भारत भी इस आर्थिक दबाव से मुक्त नहीं हो सका है उसने मजबूर होकर

आर्थिक उदारीकरण की नीति भी चलाई है और देश में विदेशी पूंजी निवेश के नए द्वार खोले हैं। इसलिए यह कहना गलत न होगा कि बदलते विश्व परिदृश्य में हर राष्ट्रों की विदेश नीतियां आर्थिक मुद्दों को लेकर पुर्नपरिभाषित हो रही हैं।

जहां तक आतंकवाद से आर्थिक नीति के संबंध का सवाल है तो प्रायः ऐसा देखा गया है कि वही देश आतंकवाद के शिकार हुए हैं जो आर्थिक रूप से कमजोर हैं। अमेरिका, जापान, चीन, फ्रांस, ब्रिटेन, जर्मनी आदि देशों में आतंकवाद उभर नहीं सका है जब कि भारत अफगानिस्तान, सूडान, रूवांडा, बोस्नियायां आदि देश आर्थिक बदहाली के साथ-साथ आतंकवाद के झंझावात से भी त्रस्त रहे हैं आतंकवाद के उभार के साथ-साथ आर्थिक विपन्नता की छाया भी फैलती रहती है जिससे वहां के लोगों का जीवन यापन भी दुर्लभ हो जाता है। आतंकवादी भी यही चाहते हैं कि परेशान जनता अपने सरकार के विरुद्ध विद्रोह करें और हमारी नीतियों का समर्थन करें। कितने नवयुवक बेरोजगारी और भुखमरी से त्रस्त होकर आतंकवादियों की शरण में चले जाते हैं ताकि अपनी शेष जिंदगी संगीनों के साए में ही सही आराम से तो गुजार सकें। सरकार जो भी धन खाद्यान्य आदि आतंक ग्रस्त क्षेत्र में मुहैया कराती है वह प्रशासन पर हावी बड़े लोग ही खा जाते हैं, गरीब जनता के पास तक पहुंचना मुश्किल हो जाता है। कश्मीर आदि की स्थिति कुछ इसी प्रकार की है, सोवियत संघ जैसा देश भी जो पहले विश्व की महाशक्ति था अपनी आर्थिक कमजोरी के चलते अलगांववाद का शिकार हो गया।

सरकार का दायित्व है कि जनता में विश्वास बढ़ाने के साथ-साथ देश की आर्थिक सामाजिक और शैक्षिक कमियों को दूर करें तभी स्वस्थ शरीर और स्वस्थ मानसिकता वाले लोग ही देश पर आए संकट का सामना कर सकते हैं। आतंकवादियों के अनुसंधात्मक विश्लेषण करने से पता चलता है कि कश्मीर पंजाब और आसाम के आतंकवादी गुटों में ऐसे नवयुवकों की संख्या सर्वाधिक है जो धन व ऐशोराम के लिए ही राइफल उठाए हैं इससे वह स्वयं के साथ ही अपने परिवार की मदद भी करते हैं। स्वाभाविक है कि कोई भी व्यक्ति आतंकवादियों का विरोधकर अपनी बर्बादी कराने से अच्छा वह उन्हीं के शरण में जाकर खुद को सुरक्षित व संपन्न बनाने के लिए सोचेगा, निश्चित रूप से सरकार की वह सारी नीतियां जो दिल्ली से चलकर कश्मीर, असम तक पहुंचती हैं एक दिखावा मात्र रह गई हैं वास्तविक रूप में उनका पालन व संचालन नहीं हो पाता और वहां की जनता की हालत सुधरने के बजाए और बिगड़ती जा रही है। आतंकवादी इसी का फायदा उठाकर अपनी योजनाओं में सफल हो जाते हैं।

2

आतंकवाद और अंतर्राष्ट्रीय कानून

पिछले दो दशकों से हवाई जहाजों के अपहरण, कूटनीतिज्ञों व पर्यटकों का अपहरण, दूतावासों में विस्फोट, राजकीय भवनों, अंतर्राष्ट्रीय निगमों व कार्यालयों मे विस्फोट तथा यात्रियों, व्यापारियों को बंधक बनाने आदि जैसी कार्यवाही विश्व जनसमुदाय और मानवता के लिए एक खतरनाक समस्या बनकर उभरी है।

संयुक्त राष्ट्र संघ महासभा के 27वें अधिवेशन में अंतर्राष्ट्रीय आतंकवाद की समस्या को शामिल किया गया, यह विषय महासभा की विचार सूची में 12 क्रमांक पर इस शीर्षक के रूप में शामिल किया गया था, इसमें स्पष्ट करते हुए कहा गया था कि **'जो निर्दोष मानव जिंदगियों को नष्ट** करता है या संकट में डालता है या मूल भूत स्वतंत्रताओं को खतरे में डालता है को रोकने के उपाय और आतंकवाद तथा हिंसक कृत्यों के कारण कुंठा शिकायत एवं निराशा में अंतनिर्हित उन कारणों पर विचार जो कुंठित व्यक्तियों में मूलगामी परिवर्तन लाने के प्रयत्न में स्वयं के जीवन सहित अन्य मानव जिंदगियों को बलिदान करने के लिए प्रेरित करते हैं'', इनका सीमांकन हेतु एक कानूनी लकीर खींचना आवश्यक है।

परिभाषा

आतंकवाद की कानूनी परिभाषा कुछ इस प्रकार है :

अंतर्राष्ट्रीय कानून के एक पात्र द्वारा दूसरे पात्र के विरुद्ध निष्पादित आतंकवादी कृत्य इसमें (अ) राज्य (ब) मुक्ति के लिए युद्धरत् राष्ट्र (स) अंतर्राष्ट्रीय संगठन द्वारा निष्पादित आतंकवादी कृत्य शामिल होगा।

राजकीय आतंकवाद की व्याख्या में राजनैतिक जातीय और धार्मिक उद्देश्यों से व्यक्तियों के समूह या आम जनता के विरुद्ध अधिकारियों के द्वारा अपनाई गई आतंकवादी नीति समाविष्ट होगी, एक संस्था की गुप्तचर सेवाओं द्वारा दूसरे राज्य के क्षेत्रों में की गई आतंकवादी गतिविधियां भी इसमें शामिल हैं।

अंतर्राष्ट्रीय संबंधों को प्रभावित करने वाला आतंकवादी कृत्य निम्न कारणों से अंतर्राष्ट्रीय कानून के रूप में विचाराणीय बन जाता है :–

अ. अंतर्राष्ट्रीय कानून के विषयों (पात्रों) द्वारा निष्पादित होने के कारण,

ब. अंतर्राष्ट्रीय संबंधों को उत्पन्न खतरे के कारण।

स. उसमें निहित अंतर्राष्ट्रीय तत्व के कारण।

द. किसी विशेष आतंकवादी कृत्य से उत्पन्न सामाजिक खतरे के कारण इस तरह के कृत्यों के विरुद्ध संघर्ष करने के लिए अंतर्राष्ट्रीय स्तर पर कार्यवाही संगठित करने में राज्य की दिलचस्पी के कारण।

अंतर्राष्ट्रीय आतंकवाद के कृत्यों के निवारण तथा उन्हें दंडित करने के बारे में अंतर्राष्ट्रीय समझौते

आतंकवाद के निवारण तथा उसे दंडित करने के लिए अभिकल्पित निम्नलिखित समझौते आज प्रमाणिक हैं।

1. आतंकवाद का निवारण तथा उसे दंडित करने के लिए 1937 का कन्वेंशन : 1 नवंबर से 16 नवंबर 1937 तक जिनेवा में आयोजित अंतर्राष्ट्रीय कांफ्रेंस ने दो कन्वेशनों को जांचा और उन्हें स्वीकार किया। एक कन्वेंशन आतंकवाद का निवारण तथा उसे दंडित करने के बारे में था तथा दूसरा एक अंतर्राष्ट्रीय शांति न्यायालय की स्थापना के बारे में था। आतंकवाद का निवारण और उसे दंडित करने के बारे में कन्वेंशन में एक भूमिका एवं 29 धाराएं हैं। भूमिका में इस बात पर बल दिया गया है कि यह कन्वेंशन अंतर्राष्ट्रीय चरित्र वाले आतंकवाद के निवारण तथा उसे दंडित करने के काम को प्रभावशालो बनाने के लिए लक्षित है।

2. विश्व सेवाओं के संचालन में गैर कानूनी हस्तक्षेप को रोकने के लिए कन्वेंशन : पिछले चार दशकों से विमान अपहरण की घटनाएं बढ़ी हैं विश्व में जनवरी 1948 से सितंबर 1969 तक ही 121 विमानों का अपहरण किया गया और 47 देशों की विमान सेवाओं, हवाई यात्राओं में बाधाएं उत्पन्न हुई इन परिस्थितियों में किसी भी नागरिक विमान के अपहरण के विरुद्ध कृत्यों के निवारण तथा उन्हें रोकने के लिए अंतर्राष्ट्रीय उपाय किए गए हैं, सात वर्ष से कम अवधि में एक के बाद एक तीन कन्वेंशन बनाए गए जो एक दूसरे के संपूरक हैं, और अंतर्राष्ट्रीय नागरिक विमान यात्रा के सामान्य संचालन में बाधा डालने वाले लगातार बढ़ते खतरों को रोकने का काम करते हैं :

(अ) 14 सितंबर 1963 को टोकियो (जापान) में हस्ताक्षरित आकाश में यात्रा करते विमान में किए गए अपराधों व कुछ अन्य कृत्यों के बारे में कन्वेंशन

(ब) 25 दिसंबर 1970 को हेग (हॉलैंड) में हस्ताक्षरित विमान की गैर कानूनी जब्ती को रोकने के लिए कन्वेंशन।

(स) 23 सितंबर 1971 को माट्रियल (कनाडा) में हस्ताक्षरित नागरिक विमान यात्रा के सुरक्षा के लिए गैर कानूनी कृत्यों को रोकने के लिए कन्वेंशन।

3. अंतर्राष्ट्रीय महत्व वाले व्यक्तियों के विरुद्ध अपराध तथा उससे बलात् छीना झपटी का रूप अख्तियार करने वाले आतंकवादी कृत्यों के निवारण और उन्हें दंडित करने हेतु 1971 का कन्वेंशन : अमेरिकी राज्यों के संगठन की मांग पर महासभा ने 25 जनवरी से 2 फरवरी 1971 तक वाशिंगटन में आयोजित इस अधिवेशन में अंतर्राष्ट्रीय महत्व वाले व्यक्तियों के विरुद्ध अपराध तथा उससे बलात् छीना-झपटी का रूप धारण करने वाले आतंकवादी कृत्यों के निवारण और उन्हें दंडित करने के लिए कन्वेंशन को स्वीकृत दी। इस कन्वेंशन में एक प्रस्तावना और 13 धाराएं हैं। प्रस्तावना इस पर बल देती है कि अमेरिकी राज्यों के संगठन की महासभा ने अपने 13 जून 1970 के प्रस्ताव संख्या 4 में आतंकवादी कृत्यों विशेषतः व्यक्तियों के अपहरण तथा इस अपराध के क्रम में उनसे बलपूर्वक छीना झपटी की निंदा की और ऐसे अपराधिक कृत्यों को गंभीर अपराध घोषित किया है। प्रस्ताव में यह भी बताया गया है कि अंतर्राष्ट्रीय कानून के अंतर्गत विशेष संरक्षण के अधिकारी व्यक्तियों के विरुद्ध आपराधिक कृत्य बढ़ते जा रहे हैं और इन कृत्यों से राज्यों के बीच संबंधों के लिए जो परिणाम निकल सकते हैं उनके कारण यह कृत्य अंतर्राष्ट्रीय

महत्व के हो जाते हैं।

4. कूटनीतिक प्रतिनिधियों सहित अंतर्राष्ट्रीय स्तर पर संरक्षित व्यक्तियों के विरुद्ध अपराधों के निवारण तथा उन्हें दंडित करने के बारे में 1973 का कन्वेंशन—संयुक्त राष्ट्र संघ की महासभा के 28वें अधिवेशन (1973) ने अंतर्राष्ट्रीय कानून कमीशन द्वारा प्रस्तुत कूटनीतिक प्रतिनिधियों तथा अंतर्राष्ट्रीय स्तर पर संरक्षित अन्य व्यक्तियों के विरुद्ध अपराधों को रोकने और उन्हें दंडित करने के बारे में कन्वेंशन के मसविदे पर विचार करने के बाद कूटनीतिक प्रतिनिधियों सहित अंतर्राष्ट्रीय स्तर पर संरक्षित व्यक्तियों के विरुद्ध अन्यायों को रोकने तथा उन्हें दंडित करने के बारे में एक कन्वेंशन को स्वीकार किया। संरचना की दृष्टि से कन्वेंशन में एक प्रस्ताव और 20 धाराएं हैं।

5. आतंकवाद को रोकने के बारे में 1977 का यूरोपियन कन्वेंशन : यूरोपीय देशों के कानूनी सहयोग से आतंकवाद को रोकने के लिए यूरोपियन कन्वेशन की रचना हुई जिस पर स्टासबोर्ग में 27 जनवरी 1977 को हस्ताक्षर हुए कन्वेंशन में 16 धाराएं और एक भूमिका है। जैसा कि भूमिका में बतलाया गया है कन्वेशन का उद्देश्य ऐसे प्रभावी उपाय करना था जिनसे यह निश्चित किया जा सके कि आतंकवादी कृत्यों के कर्ता मुकदमें तथा दंडों से नहीं बच सकेंगे।

6. अपहरण कर बंधक बनाए जाने के विरुद्ध 1979 का अंतर्राष्ट्रीय सम्मेलन : संयुक्त राष्ट्र महासभा के 31वें अधिवेशन में पश्चिमी जर्मनी ने अपहरणों के विरुद्ध एक अंतर्राष्ट्रीय अनुबंध का मसौदा तैयार करने की मांग की। 1979 में महासभा ने इस मामले का अध्ययन करने के लिए एक अस्थायी समिति का गठन किया। 17 दिसंबर 1979 को महासभा ने बंधक बनाने के विरुद्ध उस अंतर्राष्ट्रीय अनुबंध को पारित कर सरकारों के समक्ष हस्ताक्षर हेतु प्रस्तुत किया। अनुबंध पर हस्ताक्षरकर्ता राष्ट्रों के लिए एक आवश्यक कार्य दिया गया कि वे बंधक बनाने की कार्यवाही करने वाले के विरुद्ध अपराधिक विधि के तहत अभियान चलाए अथवा अभियोग हेतु उसे प्रत्यार्पित करे और ऐसे मामलों को गंभीर अपराध मानते हुए इनके विरुद्ध उचित दंड की व्यवस्था करे।

7. भाड़े का सैन्यवाद, एक अंतर्राष्ट्रीय अपराध : 12 दिसंबर 1973 को महासभा ने घोषणा की कि उपनिवेशवादी और विदेशी गुलामी के जुए को उतार फेंकने तथा स्वाधीनता व स्वतंत्रता के लिए राष्ट्रीय मुक्ति आंदोलन में संघर्षरत जनता

के विरुद्ध उपनिवेशवादी और नस्लवादी हुकूमतों द्वारा भाड़े के सैनिकों का प्रयोग अपराधिक कृत्य माना जाएगा और भाड़े के सैनिक अपराधियों की भांति ही दंडित होंगे।

संयुक्त राष्ट्र महासभा ने अपने 34 सत्र के अंतर्राष्ट्रीय आतंकवाद पर बहस करने के बाद एक महत्वपूर्ण प्रस्ताव तैयार किया। इसमें सामान्यतः अंतर्राष्ट्रीय आतंकवाद की उन सारी कार्यवाहियों की भर्त्सना की गई, जिनसे मानवीय जीवन खतरे में पड़ जाता है और मूलभूत मानवीय अधिकार दांव पर लग जाते हैं। संयुक्त राष्ट्र महासभा ने उपनिवेशवादी, नस्लवादी और विदेशी आधिपत्य वाली सरकारों का बनना और आतंकवादी गतिविधियां जारी रखने और लोगों के आत्म निर्णय, स्वाधीनता और अन्य मानवीय अधिकारों व स्वतंत्रताओं को ठुकराने की भर्त्सना की। प्रस्ताव में समस्त देशों से अंतर्राष्ट्रीय आतंकवाद के कारणों को समाप्त कर डालने के लिए सहयोग की अपील की गई। महासभा ने सभी देशों से अपील की है कि अंतर्राष्ट्रीय आतंकवाद के उन्मूलन और बचाव हेतु सूचनाओं के आदान प्रदान विशेष संधियों या अंतर्राष्ट्रीय आतंकवादियों पर अभियोजन या प्रत्यर्पण के लिए द्विपक्षीय समझौतों द्वारा परस्पर सहयोग को और अधिक मजबूत करे।

आतंकवाद, मानवाधिकार और अंतर्राष्ट्रीय कानून : (कश्मीर के विशेष संदर्भ में)

1948 में संयुक्त राष्ट्र संघ महासभा में आतंकवाद के फलस्वरूप हो रहे मानवाधिकार के हनन की कानूनी प्रक्रिया की घोषणा हुई, जिसमें कहा गया कि ''इसमें सभी लोगों के लिए समान मानदंड माना है इस उद्देश्य हेतु कि प्रत्येक व्यक्ति और समाज के प्रत्येक अंग को इस घोषणा को सतत ध्यान में रखते हुए इन अधिकारों और स्वतंत्रताओं के प्रति सम्मान बढ़ाना चाहिए।''

अनुच्छेद एक के अनुसार सभी मनुष्य जन्म से स्वतंत्र हैं, तथा गरिमा और अधिकारों की दृष्टि से वे समान हैं, उनके पास तर्क शक्ति और विवेक है और उनको एक दूसरे के प्रति भ्रातृत्व की भावना से व्यवहार करना चाहिए।

अतः संगठित समूहों द्वारा की गई हिंसा मानवाधिकारों की वैश्विक घोषणा का उल्लंघन और मानवता के विरुद्ध अपराध है, जिसके विरुद्ध कार्यवाही की जानी चाहिए, न केवल स्थानीय कानून के अंतर्गत बल्कि अंतर्राष्ट्रीय कानून के अंतर्गत भी कार्यवाही होनी चाहिए।

वर्तमान रूप में जिस हिंसा को दुनिया जानती है उसकी शुरुआत पाकिस्तान द्वारा समर्थित संगठनों ने कश्मीर में अल्पसंख्यक हिंदुओं के प्रति की थी। यह हमारे लिए कितने शर्म की बात है कि कश्मीर में आतंकवादी हिंसा के शिकार हिंदुओं के मानवाधिकारों के उल्लंघन की बात पहली बार भारत के किसी मानवाधिकार संगठन या राजनीतिज्ञ ने नहीं उठाई बल्कि दक्षिण एशिया और प्रशांत महासागर के मामलों की अमेरिकी कांग्रेस उप समिति के अध्यक्ष स्टीफन सोलार्ज ने उठाई, उन्होंने जून 1990 में विश्व को पहली बार बताया कि कश्मीर में आतंकवादियों की गोलियां झेल रहे कश्मीरी हिंदुओं के मानवाधिकारों का हनन हो रहा है। वास्तव में वे ही मानवाधिकारों के हनन के प्रतिनिधि उदाहरण हैं।

मानवाधिकारों की वैश्विक घोषणा में ऐसे मुस्लिम राज्य की कल्पना नहीं की गई है जो मानवाधिकारों का उल्लंघन कर मुसलमानों की रक्षा करे। मानवाधिकार कश्मीर के मुसलमानों को राज्य के स्वेच्छाचारी आचरण से संरक्षण देते हैं, परंतु वे हिंदू व अन्य नस्लीय और पंथिक समूहों को भी आतंकवादियों के मजहबी उत्पीडन और दासत्व से संरक्षण प्रदान करवाते हैं, अगर वे इस्लामिक राज्य में शामिल होने को तैयार नहीं हैं।

मानवाधिकार राज्य के अधिकारियों पर कुछ पाबंदी लगाता है, लेकिन साथ ही वह राज्य पर भी समान रूप से दायित्व डालता है कि चाहे जेहाद के नाम पर इस्लामिक मजहबी युद्ध करने वाले ही क्यों न हों, राज्य को सभी के जीवन की रक्षा करने के लिए समान कानून लागू करना चाहिए। मानवाधिकार ऐसे किसी मजहबी राज्य को मान्यता नहीं देता, जिसमें धार्मिक अल्पसंख्यकों को गुलामी स्वीकार करनी पड़े। मानवाधिकार के सिद्धांत उन सभी राजनीतिक संगठनों के लिए अस्वीकार्य हैं, जो मजहबी परंपराओं और सिद्धांतों से संच लित हैं। मानवाधिकार मजहबी बाड़ेबंदी एवं नागरिकों के समान अधिकारों के भेदभाव का विरोध करता है। यहां क्या चलेगा - निजमा - ए - मुस्तफा (यहां केवल इस्लामी राज्य चलेगा) कश्मीर में यह इस्लामी जेहाद का नारा घाटी में रह रहे अन्य पंथिक अलसंख्यकों के मानवाधिकारों को नकारता है। यह कानून की निहित प्रक्रिया का भी उल्लंघन करता है, जो सभी मानवाधिकारों और राष्ट्रीय तथा अंतर्राष्ट्रीय समानता के मूल में हैं।

यह एक गलत धारणा है कि मानवाधिकार कानून रक्षा की दृष्टि से केवल राज्य की गतिविधियों के खिलाफ गारंटी देता है मानवाधिकारों की घोषणा के 31 अनुच्छेदों में निहित अवधारणाएं न केवल कानूनी संरक्षण ही देती हैं बल्कि मानव

जाति के मूलभूत अधिकारों को विश्व स्तर पर मान्यता भी देता है। इन अनुच्छेदों में मुख्य रूप से ये बिंदु शामिल हैं :–

1. व्यक्तियों की समानता और भ्रातृत्व की भावना।
2. विचार व्यक्त और आस्था की स्वतंत्रता।
3. कानून की समान प्रक्रिया
4. प्रतिनिधित्व के आधार पर राजनीतिक शक्ति
5. आर्थिक और सामाजिक संगठन में समानता का अधिकार।

सार तत्व की दृष्टि से मानवाधिकार वैश्विक है अतः उनकी रक्षा का दायित्व राज्य के अधिकार तक सीमित नहीं है यह सभी प्रकार के सामाजिक और राजनैतिक सत्ता या संगठनों और समूहों तथा सभी अंतर्राष्ट्रीय संगठनों पर लागू होता है। यहां यह बात ध्यान देने योग्य है कि मानवाधिकारों की वैश्विक घोषणा का अर्थ विश्व समुदाय के न्यायिक, राजनीतिक संगठन को स्वीकार करना है, जिसमें मानव जीवन और व्यक्ति की गरिमा का आदर किया जाएगा। परिणाम स्वरूप यह माना गया है कि मानव के पास गरिमा पूर्ण जीवन के अधिकार के अलावा सत्य की खोज और नैतिक सत्य तथा न्याय की खोज में एक स्थान से दूसरे स्थान पर जाने का मौलिक अधिकार है।

हिंसा के विविध आयाम ·

कश्मीर में आतंकवादी हिंसा के कई आयाम हैं, जिनसे वहां सीधे-सीधे मानवाधिकारों का उल्लंघन हो रहा है। सर्वप्रथम तो कश्मीर में आतंकवादी हिंसा राजनीतिक प्रतिबद्धता के साथ चल रहा एक वैचारिक संघर्ष है जो वस्तुतः मूल रूप से कट्टरपंथी और सांप्रदायिक है। कश्मीर में आतंकवादी हिंसा को स्थानीय असंतोष का विस्फोट कहना गहराई से इस समस्या का विश्लेषण करने से बचना है। राजनीतिक असंतोष को अभिव्यक्त करने और समस्याओं को हल करने की मांग करने के सभ्य तरीके भी हैं यदि कुछ ऐसे समूह हैं जो खुद को सेकुलर कहते हैं पर उनकी कार्य प्रणाली पथिक अल्पसंख्यकों के खिलाफ होती है, तो यह उनके ही दावों को झुठलाता है उन्हें तो हिंदुओं की रक्षा के लिए खड़ा होना चाहिए था और निर्दोष लोगों की हत्या में खुद को शामिल नहीं करना चाहिए अपने अभियान को सेकुलर बताना आसान है, जबकि घायल पंथिक अल्पसंख्यकों को घाटी से खदेड़ दिया गया है।

इस हिंसक अभियान के पीछे मजहबी जेहाद की भावना मुख्य रूप से दोषी है जो विभाजन पूर्व मुसलमानों की भारत में ही एक अलग होमलैंड की मांग के विवाद को जारी रखना है, यह पाकिस्तान द्वारा पिछने तीन युद्धों की शृंखला की एक और कड़ी है, जिससे जम्मू और कश्मीर के मुस्लिम बहुल हिस्से वाले राज्य को हासिल कर भारत का एक और विभाजन किया जा सके।

कश्मीर में हिंसा का दूसरा आयाम हिंदुओं को घाटी से निकालने के प्रति आतंकवादियों की वचनबद्धता है क्योंकि वे जानते हैं कि हिंदू नहीं चाहेंगे कि जम्मू कश्मीर का पाकिस्तान में विलय हो और न ही वे भारत के पंथ निरपेक्ष चरित्र को छोड़कर ऐसे देश के नागरिक बनना चाहेंगे जहां केवल इस्लामी कानून कायदे हों। राज्य में आतंकवादी हिंसा का सबसे उल्लेखनीय आयाम पाकिस्तानी हस्तक्षेप है पाकिस्तान कश्मीर में मुसलमानों को लगातार समर्थ दे रहा है।

मानवाधिकारों की वैश्विक घोषणा के उच्च सिद्धांतों और अंतर्राष्ट्रीय न्याय के सिद्धातों का मुस्लिम राज्य के लिए जेहाद के सिद्धांत से सांमजस्य कैसे बैठा सकते हैं, जिसके परिणाम स्वरूप कश्मीरी हिंदुओं का नरसंहार हुआ है?

आतंकवादी हिंसा के महत्वपूर्ण घटक की अनदेखी करना मानवं इतिहास की विडंबना ही है, जो अंततः राज्य की कार्यवाही की सीमाएं और व्यापकता को तय करता है। ''कश्मीर में आतंकवादी हिंसा मानवाधिकार हनन के सभी पहलुओं की जाँच में प्राथमिक है क्योंकि वास्तव में आतंकवाद अपने आपमें मानवाधिकार का उल्लंघन है और यह मानवता के विरुद्ध एवं अंतर्राष्ट्रीय कानून के अंतर्गत एक अपराध है।'' कश्मीर में आतंकवादी हिंसा का वैचारिक प्रयोजन कुछ भी हो, इसके फलस्वरूप हत्याएं, उत्पीड़न, बलात्कार, अपहरण और घाटी से हिंदुओं का जबरन पलायन हुआ है, जिससे अंततः कश्मीरी हिंदुओं का नरसंहार हुआ है, किसी भी प्रकार की आतंकवादी हिंसा के राजनीतिक, सैद्धांतिक या लक्ष्य संरचना के आधार पर इसका औचित्य सिद्ध नहीं किया जा सकता।

हमें इस मुद्दे पर बिल्कुल स्पष्ट होना चाहिए और यह जोर देकर कहना चाहिए कि मानवाधिकार पर कोई भी अंतर्राष्ट्रीय सम्मेलन या समझौता आतंकवादी हिंसा को किसी वैचारिक तथा राजनीतिक प्रतिबद्धता के वैध सहभागी के रूप में मान्यता देगा। कश्मीर में आतंकवादी हिंसा की शुरुआत स्पष्ट रूप से एशिया में इस्लामिक कट्टरवाद के सैन्यीकरण से हुई, जो भारत से राज्यों को अलग करने की

प्राथमिकतावादी आंदोलन की प्रतिबद्धता तथा पाकिस्तान की जम्मू और कश्मीर हथियाने की राजनीति का ही एक हिस्सा है, यहां तक कि वे लोग जो आजादी चाहते हैं और सेकुलर होने का दावा करते हैं, दिन रात चल रही अपनी आतंकवादी गतिविधियों को वैध नहीं ठहरा सकते।

आतंकवाद - अंतर्राष्ट्रीय अपराध

आतंकवाद पर अंतर्राष्ट्रीय सम्मेलन की तदर्थ समिति ने हत्या, अपहरण, उत्पीड़न आदि को अंतर्राष्ट्रीय अपराध माना गया है। अंतर्राष्ट्रीय आतंकवाद को रोकने के उपायों के संबंध में संयुक्त राष्ट्र संघ की महासभा के प्रस्ताव दिनांक 9 दिसंबर 1985 और सुरक्षा परिषद के प्रस्ताव दिनांक 18 दिसंबर 1985 को पढ़ने से इन संस्थाओं का सरोकार इस रूप में सामने आता है।

"हम सभी प्रकार की आतंकवादी गतिविधियों में विश्व व्यापी बढ़ोत्तरी पर अत्यंत चिंतित हैं, जो निर्दोष लोगों की जानें लेती रही हैं, इससे मौलिक स्वतंत्रता पर संकट उत्पन्न हो गया है और मानव की गरिमा पर गंभीर खतरा बना हुआ है। प्रासंगिक अंतर्राष्ट्रीय मानदंडों के अनुरूप व्यक्ति के मौलिक अधिकारों को बनाए रखने और उनकी सुरक्षा के प्रति सचेत रहते हुए हम घोषित करते हैं :–

(अ) हम स्पष्ट रूप से आतंकवादी पद्धतियों से जुड़े अपराधों, कार्यों व तरीकों को अपराध मानते हुए उसकी निंदा करते हैं, चाहे वह जहां कहीं भी शामिल हैं, जो राज्यों के बीच की दोस्ती में खतरा पैदा करते हैं।

(ब) हम ऐसी आतंकवादी गतिविधियों के परिणाम स्वरूप होने वाली निर्दोष मानवीय क्षति की घोर भर्त्सना करते हैं।

(स) हम सभी देशों को आमंत्रित करते हैं कि वे अंतर्राष्ट्रीय आतंकवाद की समस्या को तेजी से अंतिम रूप से समाप्ति के लिए उपयुक्त कदम उठाएं और आंतरिक कानून का अंतर्राष्ट्रीय कानूनों से सामंजस्य स्थापित करते हुए आतंकवाद का अंतर्राष्ट्रीय समझौते द्वारा उन्मूलन करे और आतंकवाद को अंतिम रूप से समाप्त करे।"

राजनीति प्रेरित अपराधों विशेषकर आतंकवाद से निपटने के लिए अंतर्राष्ट्रीय कानून और समझौते में काफी बढ़ोत्तरी हुई। आतंकवाद अपराध के रूप में ही पहचाना गया है यहां तक कि विभिन्न रूपों और ज्यादातर मामलों में इसे परंपरागत

अंतर्राष्ट्रीय अपराध की तुलना में ज्यादा गंभीर माना गया है। यहां पर आतंकवादी अपराधों के उन प्रमुख पहलुओं को सूचीबद्ध किया जा रहा है जो कश्मीर में पड़ोसी देश पाकिस्तान द्वारा किए जा रहे हैं :—

1. हिंदुओं की हत्या
2. हिंदुओं का उत्पीड़न और अपहरण
3. कश्मीर से हिंदुओं को जबरदस्ती खदेड़ना जिसके परिणाम स्वरूप उनका नस्लीय उन्मूलन हो।

हिंदुओं का नरसंहार

नरसंहार के अपराध को रोकने तथा दंडित करने के बारे में 1948 में एक अधिवेशन हुआ, जिसकी धारा 13 के अनुसार कश्मीरी पंडितों के ऊपर अत्याचार, नरसंहार की श्रेणी में आते हैं। इस अधिवेशन में जे.ए. अधिनियम जेड 60ए (तृतीय) 174 पर ई (1) यू.एन.ओ.यू.एन.डोस.ए./810 (1948) 12 फरवरी 1941 में लागू हुआ।

उक्त अधिवेशन की धारा द्वितीय, तृतीय एवं चतुर्थ को हम यहां प्रस्तुत कर रहे हैं :—

धारा द्वितीय की परिभाषा

नरसंहार का अर्थ नीचे लिखे किसी भी कृत्य से लगाया जा सकता है, जो किसी राष्ट्रीय नस्लीय वर्ग या धार्मिक समूह को पूर्ण रूप से समाप्त करने के आशय से किया गया हो जैसे—

1. समूह के सदस्यों की हत्या करना।
2. किसी समूह के सदस्यों को गंभीर शारीरिक या मानसिक क्षति पहुंचाना।
3. किसी समूह पर जीवन के ऐसे तौर तरीके जबरदस्ती थोपना जिससे वे पूर्ण रूप से या आंशिक रूप से नष्ट होते हों, आदि।

धारा तृतीय

निम्नलिखित कृत्य दंडनीय होंगे :—

1. नरसंहार
2. नरसंहार करने का षडयंत्र करना।
3. नरसंहार करने को प्रत्यक्ष और सार्वजनिक रूप से प्रोत्साहन देना।
4. नरसंहार करने का प्रयत्न करना।
5. नरसंहार करने में साझेदारी।

धारा चतुर्थ

नरसंहार या अन्य गतिविधियों में शामिल व्यक्तियों, जिनका विवरण धारा तृतीय में दिया गया है को दंडित किया जाएगा, चाहे वे संवैधानिक रूप से जिम्मेदार शासक हों, नागरिक, अधिकारी या कोई सामान्य व्यक्ति।

क्या कश्मीर के हिंदू नरसंहार की सूली पर चढ़ाए गए हैं? यदि उनके साथ ऐसा हुआ है और जैसा हम जानते हैं कि ऐसा हुआ है तो क्या आतंकवादी हिंसा के अपराधी तथा उनके सहयोगी और उनको उकसाने वाले देश पाकिस्तान को मानवता के प्रति अपराध के लिए और अंतर्राष्ट्रीय कानूनों के उल्लंघन के अपराध के लिए क्या उन्हें दंडित नहीं किया जाना चाहिए?

यह तो एकदम स्पष्ट है कि :–

(1) कश्मीर में हिंदुओं की सामूहिक तौर पर हत्याएं, अपहरण और बंधकों की हत्याएं मानवाधिकारों का उल्लंघन है। यह मानवता के प्रति भी अपराध है।

(2) कश्मीर में हिंदुओं का नरसंहार मानवाधिकारों का उल्लंघन है, यह मानवता के प्रति भी अपराध है।

(3) कश्मीर में हिंदुओं का उत्पीड़न गला घोंटकर हत्या, निर्मम वध, टुकड़े-टुकड़े कर देना, फांसी पर चढ़ा देना और लोहे से दागकर हत्या करना, मानवाधिकारों का उल्लंघन और मानवता के प्रति घोर अपराध है।

(4) कश्मीर मे मौत की धमकियां मिलने के परिणाम स्वरूप हिंदुओं का बलात् पलायन मानवाधिकारों का उल्लंघन और मानवता के प्रति घोर अपराध है।

इस्लामिक घोषणा का उल्लंघन

कश्मीर के कट्टरपंथी आतंकवादियों ने मानवाधिकारों को ही नहीं वरन्

वैश्विक इस्लामी घोषणा (1981) का भी उल्लंघन किया है। पैंगंबर मोहम्मद और उनके संदेश के विषय पर यह घोषणा 1980 में लंदन में हुए अंतर्राष्ट्रीय सम्मेलन में की गई थी। यह कानून प्रमुख मुस्लिम न्यायविदों और अन्य विद्वानों द्वारा विभिन्न इस्लामिक आंदोलनों के प्रतिनिधियों के सहयोग से बनाया गया था। इसमें कहा गया कि ''इस्लाम में मानवाधिकारों का उद्‌गम दैवीय है, इसका अर्थ है कि ये अधिकार सभी मुस्लिम सरकारों और इस्लामी समाज के सभी अंगों के लिए अपरिहार्य हैं।''

हमारे विचार से इन कानून की जिन धाराओं का कश्मीरी मुस्लिम आतंकवादियों ने उल्लंघन कियां है, वे निम्नलिखित हैं :–

(1) जीवन का अधिकार

क. मानव जीवन पवित्र है, इसका हनन नहीं किया जा सकता और इसकी रक्षा के समस्त प्रयास करने चाहिए। सामान्यतः कानूनी अधिकारों के बिना किसी की हत्या या उसे चोट नहीं पहुंचानी चाहिए।

ख. जैसा व्यवहार जीवन में होता है वही व्यवहार मृत्यु के पश्चात करना चाहिए। आस्थावान लोगों का यह कर्त्तव्य है कि वे मृत व्यक्ति की शरीर का अपेक्षित विधि विधान से संस्कार करे।

(2) अल्प संख्यकों के अधिकार

क. कुरान के सिद्धांत –''मजहब के मामले में कोई जबरदस्ती नहीं होनी चाहिए'' के अनुसार ही गैर मुस्लिम अल्पसंख्यकों के अधिकारों का संरक्षण होना चाहिए।

ख. किसी को भी अन्य संप्रदाय का अपमान या उसका उपहास या उसके विरुद्ध सार्वजनिक शत्रुता को प्रोत्साहन नहीं देना चाहिए। अन्य धर्मावलंबियों की धार्मिक भावना का सम्मान करना सभी मुसलमानों का दायित्व है।

अंतर्राष्ट्रीय मानवाधिकार संगठनों ने अपनी जांच पड़ताल को प्रायः संप्रभुत्व राज्य द्वारा किए गए मानवाधिकार के उल्लंघनों पर कोई महत्वपूर्ण रपट प्रस्तुत नहीं की। आतंकवादियों की गतिविधियों और भारत व अन्य स्थानों पर उनके द्वारा किए गए अत्याचारों को ध्यान में रखते हुए एमनेएटी इंटरनेशनल ने सितंबर 1990 से पहले नीतिगत परिवर्तन की घोषणा की है। अब वे आतंकवादियों द्वारा किए गए मानवाधिकारों के उल्लंघन की जांच भी करेंगे। बहरहाल एशिया वाच, अमेरिका के

मानवाधिकार संगठन ने कश्मीर के संबंध में जारी रपट में यह लिखा कि :

> ''उग्रवादियों ने (कश्मीर में) हत्याएं, अपहरण और नागरिकों पर हमले कर स्पष्ट रूप से अंतर्राष्ट्रीय मानवीय कानूनों का उल्लंघन किया है। एशिया वाच ने ऐसे हमलों के प्रमाण इकट्ठे किए हैं। 1989 के बाद उग्रवादी संगठनों ने मौत के फतवे जारी किए हैं और अल्पसंख्यक हिंदू समुदाय के सदस्यों की हत्याएं की हैं।''

उपरोक्त उल्लंघनों की अमेरिकी कांग्रेस (फीधन संशोधन) ने भी पुष्टि की है। कांग्रेस की रपट में लिखा है—''कश्मीर में हत्या, धमकी और उग्रवादियों के अत्याचारों ने कश्मीरी हिंदू समुदाय के लिए विस्थापन की स्थिति पैदा कर दी है।

कश्मीरी पंडित समुदाय का नरसंहार एक गंभीर मामला है जिसकी अनदेखी भारत नहीं कर सकता इसका समाधान खोजना ही होगा। ईराक के कुर्दों की तरह कश्मीरी पंडितों को भी अपने पैतृक घरों में वापसी के लिए घाटी में ''सुरक्षित क्षेत्र'' स्थापित कर हर कीमत पर उनका पुर्नस्थापन करना ही होगा, चाहे इसके लिए पाकिस्तान से एक और युद्ध ही क्यों न करना पड़े।

3

अन्य उपाय

उपरोक्त चारों मौलिक व्यवस्थाओं के अतिरिक्त अनेक अन्य आवश्यक तरीकों को अपनाना आतंकवाद के खात्मे के लिए अति आवश्यक है ये समस्याऐं हमारे आंतरिक व्यवस्थाओं से जुड़ी हुई हैं।

(1) स्थायी सरकार की आवश्यकता –देखा जाए तो पिछले कई सालों से हमारे देश में कोई स्थायी व बहुमत की सरकारें नहीं बन सकीं। अल्पमत, बहुदलीय व गठबंधन की सरकार प्राय अपने शासनावधि में सारी ऊर्जा व विवेक अपनी सरकार को बचाए रखने के दांव पेंच में ही लगा देती है। ऐसी स्थिति में देश की गंभीर समस्याओं पर वह ध्यान केंद्रित नहीं कर पाती। उन महत्वपूर्ण प्रश्नों पर भी स्पष्ट व दृढ़ता के साथ न्याय नहीं कर पाती, जिनसे कि आम आदमी का भविष्य और राष्ट्र की सुरक्षा का प्रश्न जुड़ा हुआ है। दबाव की मनःस्थिति में वह देश के अंदर व बाहर दोनों मोर्चों पर सही कदम समय से नहीं उठा पाती कालांतर में छोटी-छोटी समस्याएं समाज का कैंसर बन जाती हैं।

आज की गंदी राजनीति और भ्रष्ट राजनीतिज्ञों पर टिका देश का भविष्य धूमिल दिखाई दे रहा है। भ्रष्टाचार, जातिवाद, सांप्रदायिकता, भाषावाद, जल विवाद आदि ने जहां भारत के आंतरिक व्यवस्था को कमजोर किया है वहीं देश के बाहर

भी मानवाधिकार आणुविक प्रक्षेपण निषेध संधि आदि मुद्दों पर वह पाकिस्तान और उसकी मित्र मंडली की साजिश का शिकार है। जब तक दिल्ली मजबूत नहीं होगी वाह्य व आंतरिक किसी भी समस्या का मुकाबला नहीं कर सकती। नेतृत्व में चारित्रिक अभाव और भ्रष्टाचार तथा घोटाले में हो रहे वृद्धि से देश के नेताओं पर से जनता का विश्वास उठता जा रहा है, लोकप्रिय व बहुमत सरकार का न बनना इसका प्रमाण है। नेतृत्व की असफलता, अक्षमता और अदूरदर्शिता से देश में आतंकवाद, उग्रवाद, अलगाववाद व जातिवाद आदि बढ़ा है, जिनसे हमारी सुरक्षा व्यवस्था गंभीर रूप से प्रभावित हो रही है। आज अमेरिका कश्मीर को विवादित क्षेत्र मानता है और पाकिस्तान तथा कश्मीरी उग्रवादियों को व्यापक सैन्य सहायता दे रहा है। कभी सुपर 301 तो कभी स्पेशल 301 और कभी सी.टी.बी.टी. व एन.पी.टी. या फिर गेट तथा डंकल जैसे प्रस्ताव को मानने के लिए हमें बाध्य करता रहा है, वह हमारी हर गतिविधियों पर नजर रखता है और हमें शंका की दृष्टि से देखता है। हम अपने मिसाइलों की चर्चा करें तो तैनाती का रूप देकर हो हल्ला मचाता है, भला ऐसा क्यों? हम उन्हें नहीं रोकते, कुछ नहीं कहते कि क्यों बनाते हो ये अत्याधुनिक विषैले हथियार? क्यों दुनिया को बांट रहे हो और जगह-जगह तनाव बढ़ा रहे हो? आतंकवादियों का विरोध करने के बजाय उन्हें आर्थिक व सैनिक मदद क्यों दे रहे हो? आखिर कब तक हम अमेरिकी दादागिरी के आगे झुकते रहेंगे। वह मनमानी करे और हम अपनी सुरक्षा के लिए एक मिसाइल न बनावें, निश्चित रूप से हमारे केंद्रीय नेतृत्व ने माकूल जवाब नहीं दिया और उल्टे उन्हें समझाने, मनाने का प्रयास किया है। हमें साफ कह देना चाहिए कि आप कौन होते हैं हमारे नीतियों में दखलंदाजी करने वाले। आपको हमारे किसी भी मामले में दखलंदाजी करने का कोई हक नहीं ठीक वैसे ही जैसे जापान और चीन ने दिया था। उन्हें स्पष्ट तौर पर समझा देना चाहिए कि हम आपकी धमकियों में आने वाले नहीं, आज पृथ्वी बना रहे हैं, कल अग्नि बनाएंगे और परसों कोई और। वास्तव में दिल्ली दृढ़ होनी चाहिए और यह तभी होगा जब वहां स्थायी, बहुमत की लोकप्रिय सरकार हो। हमारे नेताओं को इस देश, समाज और लोगों के बारे में गंभीरता से सोचना होगा। यदि समय रहते उनकी सोच न बदली तो निश्चय ही यह भारत जिसे गांधी ने अहिंसा के बल पर आजाद कराया था, वह पुनः एक हिंसक आंदोलन के झंझावात में पड़कर गुलाम हो जाएगा। हमारे कुछ उच्च पदस्थ नेताओं के संबंध आतंकवादियों से उजागर हुए हैं वास्तव में यह एक चिंतनीय और शर्मिंदगी का सवाल है जिनके अंदर एक शुद्ध भारतीयता की विचार धारा की कमी

हो, उनके हाथों में देश का नेतृत्व कदापि नहीं देना चाहिए ऐसे व्यक्ति देशद्रोहियों की श्रेणी में आते हैं। दूसरी समस्या केंद्र और राज्य सरकारों की आपसी अंतर्विरोध का है। केंद्र आंतरिक समस्याओं की जिम्मेदारी संबंधित राज्यों पर डालकर चुपचाप देखती रहती है, यह न तो आवश्यकता पड़ने पर मदद करती है और न कुशासन का हस्तक्षेप करती है। इसका मुख्य कारण केंद्र और राज्य में अलग-अलग दलों की सरकारों का होना तथा नेतृत्व में देश व समाज सेवा का अभाव हैं। आज उन्हीं प्रदेशों को मदद मिलती है जिस राज्य मे केंद्र की पार्टी से संबंधित सरकार होती है, अन्यथा उन्हें उपेक्षा पूर्ण स्थिति का सामना करना पड़ता है। जब देश का नेतृत्व देश की समस्याओं पर चिंतित न होकर आपसी अंतर्विरोधों में मशगूल रहे तथा अपनी कुर्सी की हिफाजत में ही समय गंवाए और देश की वे गंभीर समस्याएं जो खास तौर से सीमांत क्षेत्रों में घट रही हैं से अनभिज्ञता जताए, विदेशों में देश की साख बढ़ाने में असमर्थ रहे और विपक्ष का सिर्फ एक उद्देश्य हर अच्छे बुरे मुद्दों का विरोध करना रह गया हो तो निश्चय ही यह देश का दुर्भाग्य ही कहा जाएगा और समझ लेना चाहिए कि देश को 21वीं सदी में ले जाने वाले लोग पतन की ओर उन्मुख हैं।

जब तक स्थायी सरकार नहीं बनेगी और उसे देश की अधिकांश जनता की लोकप्रियता नहीं हासिल होगी तथा राज्य सरकारों के साथ उसके सामंजस्य पूर्ण व्यवहार नहीं सामने आएंगे तब तक देश में अल्पकालिक सरकार, शासन में उथल पुथल, अव्यवस्था, अक्षमता की स्थिति बनी रहेगी। ऐसी सरकार दृढ़ता, विश्वास तथा न्याय पूर्ण शासन नहीं दे सकती। अब यह जरूरी हो गया है कि हमारा नेतृत्व व बुद्धिजीवी वर्ग भ्रष्ट अपराध पूर्ण राजनीति से हटकर एक नई राजनीति की दिशा तय करे, जिस पर चलने के लिए गांधी, नेहरू व सुभाष बाबू ने संकेत दिया था, वही रास्ता हमें शांति, सुरक्षा, सुसंपन्नता, एकता व भाईचारे के मार्ग पर ले जा सकता है।[80]

(2) नैतिक शिक्षा पर जोर दिया जाए —आज की शिक्षा पद्धति में जो विषय वस्तु रखी गई हैं वह मानवीय दृष्टिकोण से अपूर्ण हैं। प्रायः ऐसा देखा गया है कि एक उच्च शिक्षित व्यक्ति में आज व्यावहारिक रूप से ऐसी बातें नजर नहीं आती जो एक शिक्षित व्यक्ति में होनी चाहिए। शिक्षा न केवल ज्ञान विज्ञान से संबंधित होनी चाहिए, वरन् इसमें नैतिकता और मानवीय मूल्यों का पूर्ण समावेश होना चाहिए। किसी व्यक्ति के आचार-विचार, उठने-बैठने, बोलने व सम्मान देने के ढंग ही उसे शिक्षित के रूप में परिभाषित कर सकते हैं, अन्यथा एक अशिक्षित व्यक्ति और उनमें क्या अंतर रह जाएगा।

ज्यादातर मामलों में देखा गया है कि उद्दंडता, अपराध व अन्य समाज विरोधी गतिविधियों में लिप्त शिक्षित व्यक्तियों की संख्या अधिक है, अब यह आवश्यक हो गया है कि हमारे बुद्धिजीवियों, वैज्ञानिकों व सरकार को शिक्षा व्यवस्था की खामियों पर विचार करना चाहिए। इस विषय पर मुझे एक सुना हुआ प्रसंग याद आ रहा है, सन् 1977 के दौरान उ. प्र. के विधान सभा में बहस चल रही थी, पं. लोकपति त्रिपाठी कांग्रेस से मुख्यमंत्री थे, विपक्ष के नेता चौधरी चरण सिंह ने छात्रों के असंतोष का जिक्र करते हुए कांग्रेस पर आरोप लगाया कि यह सरकार शासन चलाने में असमर्थ है, इस पर कांग्रेस के एक सदस्य ने कहा कि छात्रों की हड़ताल और तोड़-फोड़ की कार्यवाही विपक्षी पार्टियों के इशारे पर हो रही है। वे मेरी सरकार को बदनाम करना चाहते हैं, क्योंकि इसके पहले कभी भी छात्र आंदोलन इतना उग्र नहीं हुआ। इसका सटीक जबाव देते हुए चौधरी चरण सिंह ने कहा मान्यवर इसके पहले छात्र आंदोलन इसलिए उग्र नहीं होता था क्योंकि उस समय छात्रों के आदर्श गोखले जी थे, महात्मा गांधी जी थे, जयप्रकाश और डॉ. राजेद्र प्रसाद थे, और आज के छात्रों के आदर्श आप हैं, पं. लोकपति त्रिपाठी और आप हैं, बाबू जग जीवन राम तथा बहन इंदिरा जी हैं, भला ऐसे लोगों के आदर्श छात्रों में असंतोष क्यों नहीं उत्पन्न करेंगे। आज हम देखें कि 20 वर्ष पहले जब नेताओं के आचरण में गिरावट की शुरुआत थी, तभी से आंदोलन और उग्र गतिविधियों ने जन्म लिया, तो आज के नेता तो भ्रष्टता की चरम सीमा पर हैं। प्रधानमंत्री, मुख्यमंत्री, मंत्री, अधिकारी भ्रष्टाचार व घोटालों में लिप्त हैं। भला छात्र उनके इस आचरण से क्या सीखेंगे।

विद्या के मंदिर में आज ज्ञान विज्ञान से अधिक घोटालों और नेताओं की चर्चा होती है स्वाभाविक है कि छात्र इससे अवश्य प्रभावित होंगे। उन आदर्श महापुरुषों को स्थान नहीं दिया जा रहा है, जो जन जन के आदर्श थे। राम, कृष्ण, गांधी, नेहरू, सुभाष, अबुल कलाम आजाद, राम मनोहर लोहिया, जय प्रकाश, लाल बहादुर शास्त्री, स्वामी विवेकानंद तथा युग पुरुष महाराणा प्रताप, शिवाजी ये लोग आज भले ही हमारे सामने नहीं हैं, लेकिन इतिहास के पन्नों और भारत देश की सांस्कृतिक, सामाजिक तथा राजनैतिक शक्ति व सत्ता के गलियारे में ऐसा निशान छोड़ गए हैं, कि राष्ट्र को आज भी उन पर गर्व है। इन्हीं के आदर्श ही हमें सुशिक्षित बना सकते हैं आज के भ्रष्ट राजनेताओं के नहीं। इन आदर्श महापुरुषों का दृष्टिकोण, सत्ता, लालच, भ्रष्टता, बेईमानी के विपरीत राष्ट्र भक्ति, जन शक्ति, नैतिक शिक्षा की मानवीयता के प्रति जुड़ा था। आज के बहुसंख्यक अशिक्षित व्यक्ति भी इनको अपना आदर्श व आराध्य

मानते आए हैं फिर एक शिक्षित व्यक्ति का आचरण तो इनके अनुकूल होना ही चाहिए, तभी वह बेईमानी और भ्रष्टाचार के खिलाफ संघर्ष कर सकेगा तथा राष्ट्र द्रोही तत्वों को करारा जबाव देते हुए भारत को विकास, शांति और समृद्धि की ओर ले जाया जा सकता है। यदि मानवीयता के हजारों, लाखों दीपक जिस दिन प्रज्ज्वलित हो जाएंगे, उस दिन दानवीयता का घनघोर अंधेरा छंट जाएगा। हमें ऐसे बालकों का निर्माण करना है, जिनके शरीर वज्र और हृदय में अटूट आत्म विश्वास तथा अपने पूर्वजों के प्रति गौरव व स्वदेश के लिए सर्वस्व अर्पण करने की सिद्धता हो। इसके लिए हमें त्याग, साहस, पराक्रम और शौर्य व मानव मूल्यों के प्रति आस्था रखने की जरूरत है। इस प्रकार की शिक्षा प्रणाली का विकास करना है, जिसके द्वारा ऐसी युवा पीढ़ी का निर्माण हो सके, जो राष्ट्र भक्ति से ओत-प्रोत मानसिक, बौद्धिक व आध्यात्मिक दृष्टि से पूर्ण विकसित हो तथा जो जीवन की वर्तमान चुनौतियों का सामना सफलता पूर्वक कर सके और उसका जीवन ग्रामीण, बनवासी, गिर कंदाराओं तथा झुग्गी झोंपड़ियों में निवास करने वाले दीन दुखी, अभाव ग्रस्त अपने बांधवों को सामाजिक कुरीतियों, शोषण और अन्याय से मुक्त कराकर राष्ट्र जीवन को समरस, सुसंपन्न और सुसंस्कृत बनाने के लिए समर्पित हो।

(3) मौलिक अधिकारों व आवश्यकताओं की उपलब्धि —व्यक्ति समाज का एक अंग है और समाज देश का, अतः देश व समाज को सुव्यवस्थित बनाए रखने के लिए प्रत्येक व्यक्ति की महत्वपूर्ण भूमिका होती है। प्रत्येक व्यक्ति के उनके मौलिक अधिकार और मूलभूत आवश्यकताएं हैं, उसे पाने के लिए उसे समाज में जगह-जगह संघर्ष करना पड़ता है, कभी-कभी यही संघर्ष एक सामूहिक हित के लिए सामूहिक रूप से लड़ा जाता है, और कभी यह जायज होता है तथा कभी नाजायज भी। उदाहरण स्वरूप भारत की स्वाधीनता आंदोलन भी एक सामूहिक हित हेतु किया गया अप्रतिम संघर्ष ही था, लेकिन यह जायज इसलिए माना गया क्योंकि इसमें मुट्ठी भर लोग एक बहुमत समाज को पराधीन बनाए हुए थे, जिसमें उनका सामाजिक, राजनैतिक, आर्थिक व मौलिक विकास नगण्य हो गया था, इसी से उबरने और स्वतंत्र विचार धारा प्रवाहित करने हेतु ही इतना बड़ा आंदोलन करना पड़ा था। जहां तक नाजायज संघर्ष का अर्थ है ऐसा स्वार्थी मौका परस्त लोग आतंक के बल पर जनता और वहां की सरकार को अपने वश में करने के लिए करते हैं, इसके लिए वे घिनौने से घिनौने अपराध करने से भी नहीं चूकते। पंजाब, कश्मीर व असम आदि के उग्रवादी दल इसी श्रेणी में आते हैं। इन देशद्रोही गतिविधियों पर नियंत्रण करने

के लिए प्रभावित क्षेत्र की जनता के हित को ध्यान में रखते हुए वहां समस्त जरूरी सुविधाओं को मुहैया कराया जाना चाहिए, ताकि उनका अपनी सरकार से मोह भंग न हो, उनका विश्वास बना रहे और वे आतंकवादियों व उग्रवादियों के बहकावे में न आवें। ज्यादातर देखा जाता है कि सरकार की जरा सी लापरवाही से लोग आतंकवादियों के भय व लालच के शिकार हो जाते हैं और देश विरोधी गतिविधियों में शरीक हो जाते हैं। सरकार का यह दायित्व है कि वह ऐसी स्थिति न उत्पन्न होने दे, और देशद्रोही गतिविधियों पर कड़ी नजर रखे तथा जनता के अंदर साहस, विश्वास और धैर्य बनाए रखने का संबल प्रदान करे।

(4) पुलिस व गुप्तचर संस्थाओं में मौलिक सुधार :—पुलिस में व्याप्त भ्रष्टाचार पर नियंत्रण किया जाए, सी.आई.डी. शाखा को चुस्त दुरुस्त व क्रियाशील बनाई जाए तथा संबंधित क्षेत्र के अधिकारियों को उनके गैर जिम्मेदाराना कार्य के लिए किसी दूसरे विभाग द्वारा जांच कराया जाए और दोषी पाए जाने पर दंडित किया जाए। पुलिस की निष्क्रियता व लापरवाही से ही अपराध व अव्यवस्था फैलती है, अतः इस इकाई के कार्य कलाप अत्यंत सोचनीय हैं, इनमें पर्याप्त सुधार लाना आवश्यक है।

साथ ही देश की गुप्तचर व्यवस्थाएं जैसे आई.बी., सी.बी.आई. व रॉ आदि को देश की आंतरिक व बाह्य गतिविधियों पर नजर रखनी होगी, तथा हर समय हर क्षण देश हित में तत्पर रहना होगा।

(5) अंतर्राष्ट्रीय नेटवर्क का गठन :— पाकिस्तान हमारे विरुद्ध अंतर्राष्ट्रीय स्तर पर कुप्रचार कर रहा है और कश्मीर समस्या पर भारत की ज्यादती का रोना रो रहा है उसकी आई.एस.आई. ने अमेरिकी खुफिया ऐजेंसी, सी.आई.ए. से मिलकर भारत अफगानिस्तान जैसे तमाम जगहों पर अव्यवस्था व आतंकवाद फैलाकर अलगाव वाद को बढ़ावा दे रही है, इसके जबाव में हमें भी चाहिए कि अपने सहयोगी देशों को साथ लेकर अंतर्राष्ट्रीय स्तर पर सभी गुप्तचर संस्थाओं के सहयोग से एक समन्वित नीति के तहत उनके दुष्प्रचार का जवाब दिया जाए, अंतर्राष्ट्रीय स्तर पर कूटनीतिक प्रयास तेज किए जाएं और अमेरिका समर्थक के विरुद्ध बन रहे जनमत को अपने साथ मिलाया जाए, खास तौर से एशिया के दक्षिणी पूर्वी राष्ट्रों को जिसमे कि जापान भी शामिल हो, मिलाकर अमेरिकी ध्रुवीकरण को चैलेंज दिया जा सकता है।

सोवियत रूस के पतन के बाद अमेरिकी प्रशासन के सामने विश्व के अन्य सभी

देश बोने लग रहे हैं और वह मनमानी कर रहा है, शायद उसने खाड़ी युद्ध से भी कोई सीख नहीं ली, क्योंकि यदि ईराक जैसा देश जो अमेरिका सहित लगभग 30 देशों की सम्मिलित सेनाओं को अकेले महीनों तक रोक रख सकता है और बराबर की बमबारी करता है तो यदि सिर्फ अमेरिका चाहे कि भारत, चीन, जापान व ईराक आदि को नेस्तनाबूत कर देगा तो यह स्वयं उसके लिए भी मंहगी पड़ सकती है, वियतनाम आदि इसके उदाहरण है। अतः हमारी सरकार को दृढ़ विश्वास, साहस और पूरे मन से आगे बढ़ना होगा।

(6) समसामयिक समस्याओं का तात्कालिक निराकरण :—किसी भी क्षेत्र व समाज की मूलभूत आवश्यकताओं तथा जन भावनाओं को ध्यान में रखते हुए उनके समसामयिक समस्याओं का निराकरण सरकार को तत्काल करना चाहिए ऐसा न हो पाने पर वहां की जनता के बीच सरकार पर से विश्वास कमजोर हो जाता है और देश द्रोहियों को उनके विरुद्ध भड़काने का बहाना मिल जाता है। पंजाब असम आदि की आतंकवादी गतिविधियां इसका साक्ष्य रहीं हैं। यदि शुरू से ही हमारी सरकार पंजाब के मूलभूत आंतरिक समस्या पर ध्यान केंद्रित कर लेती तो पहले ही आतंकवाद पर काबू किया जा चुका होता। असम में भी कुछ इसी प्रकार की स्थिति है वहां की आर्थिक, शैक्षिक, गिरावट व बेरोजगारी तथा भौगोलिक व सीमावर्ती घुसपैठ आदि की जटिल स्थिति ने वहां दिन पर दिन समस्या को गंभीर बनाया है, अब यह जरूरी हो गया है कि हमारी केंद्र व राज्य की सरकार मिलकर वहां की जनता की मूलभूत समस्याओं को गंभीरता से ले और उन पर जरूरी कदम तत्काल उठाए, तथा जनता में सही माने में विश्वास कायम करे।

इसके साथ ही जहां भी इस प्रकार की जटिल समस्या की उत्पत्ति हो वहां समय रहते सरकार को गंभीर हो जाना चाहिए, यदि ऐसा नहीं हुआ तो वही समस्या समाज का कैंसर बनकर सामने आएगी और देश में आतंकवाद, अलगाववाद, जातिवाद, सांप्रदायिकता के इतिहास में एक और अध्याय जोड़ देगी।

आज हम जिन गंभीर समस्याओं से जूझ रहे हैं दरअसल मानव समाज को अधिकाधिक उदार बनाने की लड़ाई है, और उन व्यक्तियों, समूहों, विचारों और व्यवस्थाओं के विरुद्ध लड़ाई है जो एक व्यक्ति की दूसरे व्यक्ति से किसी भी रूप में किसी भी तरह अलग बनाए रखने में सहायक है। भारत के संदर्भ में यह लड़ाई एक ऐसे विचारधारा के विकास की लड़ाई है जो मौजूदा किसी भी धर्म, संप्रदाय के

अनुयायियों को प्रत्यक्षतः आहत किए बिना सभी को अपने कलेवर में समेट कर विकसित हो सके।

सभी को समेट कर चलने वाली विचारधारा की आदर्शवादी परिकल्पना जितनी आसान है उसको व्यवहार के स्तर पर उतारना उतना ही कठिन है, फिर भी भविष्य के समाज को हम इस आदर्शवादी परिकल्पना के बिना जिंदा नहीं रख सकते। जब तक हम किसी विग्रह रहित उदार और शांतिपूर्ण समाज के लक्ष्य को राज्य के लक्ष्य के रूप में और जन आकांक्षा के रूप में स्थापित नहीं कर देते तब तक हम एक आतंक मुक्त समाज की परिकल्पना भी नहीं कर सकते। भारत में इस दिशा में शुरुआत राज्य और जनता दोनों ही स्तरों पर होनी चाहिए। राज्य का यह दायित्व होना चाहिए कि उसकी ओर से किसी भी सूरत में उन प्रवृत्तियों और व्यक्तियों को प्रोत्साहन न मिले जो अपनी परंपराओं, विश्वासों और अपनी रीति-नीतियों के आधार पर खुद को दूसरे से अलग ठहराने के आदी हो। राज्य को किसी भी सूरत में उन विचारों व उन धार्मिक आस्थाओं को पनपने नहीं देना चाहिए, जिनके लिए एक व्यक्ति दूसरे की हिंसा के लिए प्रेरित होता हो। आज के युग में समूची पवित्रता और समूची नैतिकता व्यक्ति के उदार और संवेदनशील होने में निहित है और जो लोग व्यवस्था बद्ध धर्म या मजहब से जुड़े हुए हैं, उनसे इस किस्म की उदारता की अपेक्षा नहीं की जा सकती। भारतीय राज्य एक शक्तिशाली राज्य है, इसलिए कट्टर पंथियों से निपटने में उसे दृढ़ संकल्प होना चाहिए।

भारत को विश्व स्तर पर अपनी मुहिम तेज करनी चाहिए, कि दुनिया के किसी भी हिस्से में अगर धर्म, क्षेत्र, संस्कृति आदि के नाम पर कोई भी अलगाववादी मांग उठ रही हो या वहां कोई आतंकवादी गुट या गतिविधि पनप रही हो तो वह अवैध मानी जाए। व्यक्ति और समूहों के अधिकारों के नाम पर अनुदार व्यक्तियों को मुक्त कर देने का अर्थ भयावह परिणाम को आमंत्रण देना होता है। यह बात पूर्व सोवियत संघ के नव स्वतंत्र गणराज्यों ने सिद्ध कर दी है। इन गणराज्यों की मौजूदा स्थिति समूचे विश्व के लिए एक चेतावनी है।

चाहे यूगोस्लाविया का विग्रह हो या भारत पाकिस्तान का अलग होना, यह एक दुर्घटना है। भौगोलिक रूप से बंटवारा दो समुदायों के बीच शांति का उपादान नहीं हो सकता इसीलिए इस समस्या का हल समन्वयपूर्ण संस्कृति में ही देखा जाना चाहिए। जिन भी अलग-अलग समुदायों में उदारवादी शक्तियां पनप रही हैं, उन सबके बीच

समन्वय स्थापित करना भी राज्य का दायित्व होना चाहिए। इसे दुर्भाग्यपूर्ण ही कहा जाएगा कि भारतीय राज्य प्रायः धर्म निरपेक्षता अथवा धार्मिक आजादी के नाम पर ऐसे नेतृत्व को वैधता प्रदान कर देता है, जिसका वस्तुतः बहिष्कार होना चाहिए। मौजूदा भारतीय समाज में धार्मिक कट्टरपंथी नेताओं का बढ़ता वर्चस्व भारतीय राज्य व्यवस्था की आत्मघाती प्रवृत्ति का प्रतीक है इससे उबरना अत्यंत आवश्यक है।

इस तरह भारत में आतंकवाद के विरुद्ध लड़ाई एक लंबी लड़ाई है, जिसे वैचारिक स्तर पर भी भारत की प्रशासनिक व्यवस्था इतनी चुस्त दुरुस्त तो करनी ही होगी, कि आतंकवादी और अपराधी जो धर्म के स्वार्थपरक इस्तेमाल के कारण एक दूसरे के पर्याय बन जाते हैं, बंबई जैसी घटना की पुनरावृत्ति न कर सके दूसरी ओर उसे भारत को विभिन्न सांप्रदायिक समाजों में उदारवाद की प्रक्रिया को बढ़ावा देने के प्रयास भी करने चाहिए। कट्टरपंथी ताकतों को हतोत्साहित किया जाना चाहिए, साथ ही उन लोगों को अन्य संप्रदाय के लोगों के साथ सामाजिक आवाजाही के भरपूर अवसर प्रदान किए जाने चाहिए, जो लोग उदार और संवेदनशील हैं तथा समन्वय के साथ रहने के इच्छुक हैं। इस प्रकार के लोगों को चिन्हित करना कठिन कार्य नहीं है, लेकिन इस प्रक्रिया को गति देने के लिए भारतीय राज्यों को नए संकल्पों की जरूरत है और यह संकल्प भारतीय राज्य तभी ले सकता है, जब उसके लिए उसे नए सिरे से जनादेश मिले। इस जनादेश की तैयारी का दायित्व समाज के लिए हर समझदार और संवेदनशील व्यक्ति पर है, अन्यथा आतंकवाद की नियति यह है कि जो इसे पैदा करता है, यह उसे भी खाता है और जिसके विरुद्ध पैदा होता है उसे भी खाता है। दूसरी बात यह है कि भारत को आतंकवाद के विरुद्ध विश्वव्यापी मुहिम में न केवल अपनी भरपूर भागीदारी निभानी है बल्कि कई मोर्चों पर अगुवाई भी करनी चाहिये, तभी वह स्वयं को आयातित आतंकवाद के झटकों से बचा सकेगा।

सन्दर्भ-सूची

1. डा० बी० एल० फाड़िया, आतंकवाद और अन्तर्राष्ट्रीय कानून, पृ० 182
2. संयुक्त राष्ट्र संघ महासभा, ए. सी. 6/418 नवम्बर 1972, पृ० 11
3. डा० बी०एल० फाड़िया, आतंकवाद और अन्तर्राष्ट्रीय कानून, पृ०182
4. डा० अशोक कुमार सिंह, राष्ट्रीय सुरक्षा के आयाम, पृ० 406-407
5. राष्ट्रीय सहारा, रविवारीय (आतंकवाद पर) विशेषांक, 1993, पृ० 4
6. डा० अशोक कुमार सिंह, राष्ट्रीय सुरक्षा के आयाम, पृ० 607
7. तदैव..........
8. तदैव..........पृ० 32
9. पाँच जन्य पत्रिका, कश्मीर अंक, 10 अप्रैल 1994
10. डा० अशोक कुमार सिंह, राष्ट्रीय सुरक्षा के आयाम, पृ० 43-44
11. तदैव............ पृ० 48-49
12. मेजर नरेन्द्र कुमार सिंह, प्रो० सन्तोष कुमार सिंह सेंगर- भारतीय युद्धकला एवं सैन्य इतिहास पृ० 93

13. तदैव.........

14. तदैव..........

15. अमर उजाला समाचार पत्र, कानपुर से प्रकाशित, 3 दिसम्बर 1993

16. तदैव.......... 12 अगस्त 1993, सम्पादकीय

17. इंडिया टुडे, 28 फरवरी 1994, पृ० 60-61

18. तदैव.........

19. तदैव......... पृ० 46-47

20. तदैव..........

21. इंडिया टुडे, 20 फरवरी 1994, पृ० 61

22. इंडिया टुडे, 15 सितम्बर 1994, पृ० 47

23. स्वतंत्र भारत समाचार पत्र, लखनऊ से प्रकाशित, 29 फरवरी 1994

24. दैनिक जागरण समाचार पत्र, लखनऊ से प्रकाशित, 13 अगस्त 1993

25. अमर उजाला, समाचार पत्र, कानपुर से प्रकाशित, 9 अगस्त 1993

26. इंडिया टुडे, 31 मई 1993, हाथ से छूटती कमान विशेषांक, पृ० 41

27. स्वतंत्र भारत समाचार पत्र, लखनऊ से प्रकाशित, 27 फरवरी 1994

28. स्वतंत्र भारत समाचार पत्र, लखनऊ से प्रकाशित, 20 फरवरी 1995

29. इंडिया टुडे, 15 फरवरी 1995, पृ० 24

30. स्वतंत्र भारत समाचार पत्र, लखनऊ से प्रकाशित, 7 मार्च 1993

31. अमर उजाला समाचार पत्र, कानपुर से प्रकाशित, 29 अगस्त 1993

32. अमर उजाला समाचार पत्र, कानपुर से प्रकाशित, 1 जून 1992

33. तदैव.........

34. पाँच जन्य पत्रिका, कश्मीर अंक, 10 अप्रैल 1994

35. तदैव....... 15 अप्रैल 1994

36. दैनिक जागरण समाचार पत्र, लखनऊ से प्रकाशित

37. स्वतंत्र भारत समाचार पत्र, लखनऊ से प्रकाशित, 15 अप्रैल 1994

38. अमर उजाला समाचार पत्र, कानपुर से प्रकाशित, 9 अगस्त 1993

39. स्वतंत्र भारत समाचार पत्र, लखनऊ से प्रकाशित, 13 अप्रैल 1994

40. पाँच जन्य पत्रिका, 10 अप्रैल 1994, पृ० 19

41. स्वतंत्र भारत समाचार पत्र, लखनऊ से प्रकाशित, 29 फरवरी 1994

42. प्रतियोगिता विकास, अक्टूबर 1994, पृ० 8

43. इंडिया टुडे, 31 अगस्त 1994, पृ० 96

44. इंडिया टुडे, 31 मई 1990, पृ० 41-42

45. इंडिया टुडे, 31 मार्च 1995, पृ० 41-42

46. तदैव.........

47. तदैव...........

48. स्वतंत्र भारत समाचार पत्र, लखनऊ से प्रकाशित, 29 फरवरी 1994

49. पाँच जन्य पत्रिका, 10 अप्रैल 1994, पृ० 59

50. डा० अशोक कुमार सिंह, राष्ट्रीय सुरक्षा के आयाम,

51. तदैव..........

52. अमर उजाला समाचार पत्र, कानपुर से प्रकाशित, 23 सितम्बर 1993

53. राष्ट्रीय सहारा समाचार पत्र, लखनऊ से प्रकाशित, 25 अप्रैल 1993, (हस्तक्षेप अंक)

54. अमर उजाला समचार पत्र, कानपुर से प्रकाशित, 10 अप्रैल 1993

55. अमर उजाला समचार पत्र, कानपुर से प्रकाशित, 22 मई 1993

56. स्वतंत्र भारत समाचार पत्र, लखनऊ से प्रकाशित, 26 फरवरी 1994

57. राष्ट्रीय सहांरा समाचार पत्र, लखनऊ से प्रकाशित, 16 फरवरी 1994

58. स्वतंत्र भारत समाचार पत्र, लखनऊ से प्रकाशित, 12 मार्च 1994

59. तदैव.........

60. डा० अशोक कुमार सिंह, राष्ट्रीय सुरक्षा के आयाम, पृ० 35

61. स्वतंत्र भारत समाचार पत्र, लखनऊ से प्रकाशित, 6 अगस्त 1991

62. माया पत्रिका, 15 अक्टूबर 1994, पृ० 28

63. डा० अशोक कुमार सिंह, राष्ट्रीय सुरक्षा के आयाम, पृ० 343

64. राष्ट्रीय सहारा समाचार पत्र, लखनऊ से प्रकाशित, 8 जुलाई 1993

65. माया पत्रिका, 15 अक्टूबर 1995, पृ० 23

66. स्वतंत्र भारत समाचार पत्र, लखनऊ से प्रकाशित, 6 दिसम्बर 1994

67. डा० अशोक कुमार सिंह, राष्ट्रीय सुरक्षा के आयाम, पृ० 325

68. तदैव......... पृ० 327–328

69. तदैव.........

70. माया पत्रिका, 15 अक्टूबर 1994, पृ० 24

71. तदैव..........पृ० 25–26

72. तदैव.............

73. तदैव............

74. तदैव..........पृ० 26–27

75. तदैव.......

76. तदैव......... पृ० 28–29

77. तदैव.......... पृ० 29

78. दैनिक जागरण समाचार पत्र, लखनऊ से प्रकाशित, 12 जनवरी 1992

79. सिविल सर्विसेज कॉनिकल पत्रिका, जनवरी 1996

80. दैनिक जागरण समाचार पत्र, लखनऊ से प्रकाशित

◆ ◆ ◆